The Most Frequently Tested Words

VOCA Bible 4.0

A

보카바이블 4.0

허 민 지음

보카바이블닷컴(www.vocabible.com) 자료실

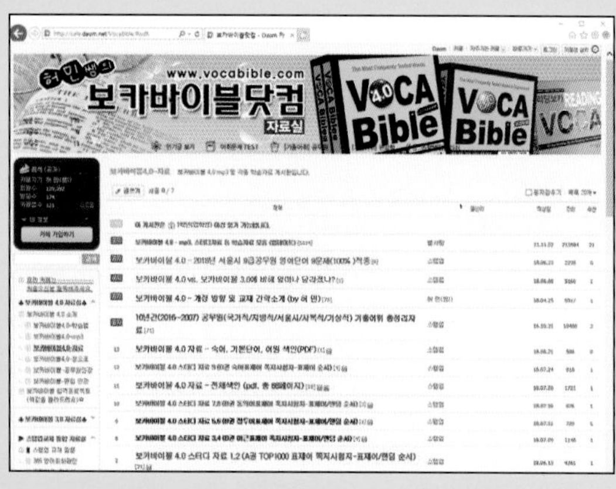

▶ 원어민 mp3 다운로드(무료)

▶ 각종 스터디 자료 및 보충자료 제공

▶ 각종 영어시험 기출문제 제공

▶ 영어어휘 학습상담 및 교재 문의(e-mail)

보카바이블 4.0 동영상 강좌(유료)

MAGONGSTUDY

온라인 인강 사이트 마공스터디(magongstudy.com)

▶ 한상준 선생님(전 김영편입학원 어휘 대표강사)

보카바이블 4.0 유튜브 동영상 (무료)

▶ 보카바이블4.0에 수록된 단어들의 암기에 도움이 되도록 다양한 암기동영상 제공

- 보카바이블 4.0[A권] – 표제어1000개 이미지로 정복하기 (총 48개 영상)
- 보카바이블 4.0[A권] – 동의어 자동암기(총48개 영상)
- 보카바이블 4.0[B권] – 접두어로 어원훈련(기초편) (총10개 영상)
- 보카바이블 4.0[B권] – 어원으로 단어확장(어근편)(총30개 영상)
- 보카바이블 4.0[B권] – 공무원기출숙어 하루 10문제 풀어보기(총39개 영상)

▶ 쉬는 시간이나 이동할 때 반복적으로 복습하기에 매우 유용

유튜브 바로가기

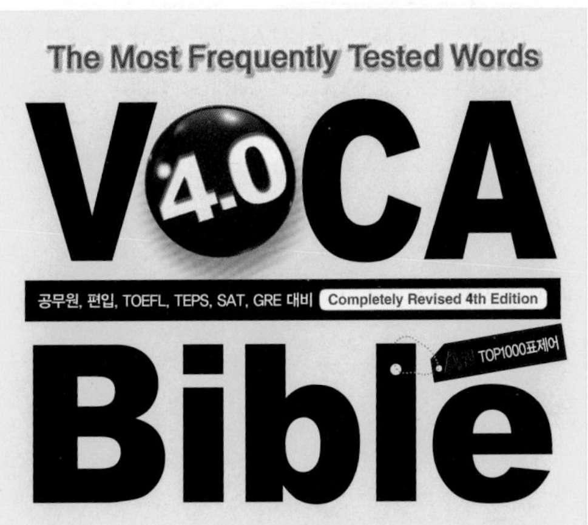
The Most Frequently Tested Words
VOCA 4.0
공무원, 편입, TOEFL, TEPS, SAT, GRE 대비
Completely Revised 4th Edition
TOP1000표제어
Bible

보카바이블 4.0

보카바이블 4.0 합격프로젝트 신청서

보카바이블 4.0으로 열심히 공부하셔서 합격하시고 합격수기를 올려 주시면 책값을 현금으로 돌려 드립니다.
신청방법, 부대조건 및 자세한 내용은 보카바이블닷컴(www.vocabible.com)에서 반드시 확인하세요.

① 성 명 : ______________________

② 합격한 시험 : ______________________

③ 수 험 번 호 : ______________________

④ 연 락 처 : ______________________

⑤ 계 좌 번 호 : ______ 은행 ______________

⑥ e-mail 주소 : ______________________

⑦ 교재 구매일 : ______________________

⑧ 구 매 서 점 : ______________________

※ 보내 주신 개인정보는 본 이벤트 이외의 어떤 목적으로도 활용되지 않습니다.

※ 이 신청서의 유효기간은 구매일로부터 1년 6개월(구매 영수증이 있는 경우) 또는 아래 판권에 있는 교재 인쇄일로부터 2년간입니다.

※ 신청서 작성은 반드시 싸인펜이나 볼펜으로 작성하셔야 합니다. (연필로 작성시 무효)

※ 신청서를 작성하신 후에 아래의 판권 정보를 포함한 전체 페이지를 스캔하여 보카바이블닷컴 공지된 양식과 함께 이메일(ub40@daum.net)로 발송해 주시기 바랍니다. (발송 전 반드시 보카바이블닷컴 공지를 확인해 주세요.)

VOCA Bible 4.0 (The Most Frequently Tested Words)

지 은 이 **허 민**
펴 낸 이 **허 민**
펴 낸 곳 **스텝업**

디 자 인 **홍은선**
마 케 팅 **김봉주**

1판 1쇄 발행 2006.02.20 (타사)
6쇄 인쇄 2006.11.10 (타사)
2판 1쇄 발행 2007.02.25 (타사)
68쇄 인쇄 2011.02.05 (타사)
3판 1쇄 발행 2011.07.07
49쇄 인쇄 2018.02.28
4판 1쇄 발행 2018.06.12
24쇄 인쇄 2024.12.24 (총 147쇄)

출판신고 **2012년 9월 12일 제 324-2012-000051호**
05248 서울시 강동구 올림픽로 667 대동피렌체리버 705호

TEL 02-747-7078
FAX 02-747-7079

www.vocabible.com
www.stepupbook.net

ISBN 978-89-94553-09-2-13740

가격은 뒤표지에 있습니다.

허 민 지음

보카바이블 4.0

스텝업

7년 만에 다시 쓰는 머리말

"영어단어에서 시작하고 영어단어에서 끝난다."라는 말처럼 영어를 공부하는데 있어서 가장 중요하고 가장 많은 시간이 소요되는 것이 단어학습입니다. 영어 실력을 평가하고자 만든 영어시험의 성적도 결국 영어 어휘력에 의해 좌우되는 것이라 하겠습니다. 비단 단어 문제뿐만 아니라 문장을 구성하는 수많은 어휘들을 알아야만 독해도 가능한 것이기 때문입니다.

수많은 영어 어휘교재, 단어장들의 홍수 속에서 진정한 바이블로 불릴만한 어휘 교재를 만들어 보겠다는 일념으로 기획과 집필을 처음 시작한 것이 2004년 봄이었습니다. 2년여에 걸친 집필 작업 끝에 2006년 2월 말 세상에 첫 선을 보인 보카바이블은 출판되자마자 수많은 독자님들로부터 분에 넘치는 호평과 지지를 얻으면서 출간 첫해에 베스트셀러로 자리 잡았습니다. 1년 만에 초판의 미흡한 점을 보완하여 두 번째 개정판인 2nd Edition을 출간하였고 이후 4년간 보카바이블은 수십만의 독자와 수험생활을 함께 하는 동안 수 만 명에 이르는 시험 합격자를 배출하여 왔으며, 독보적인 어휘 교재 베스트셀러의 명성과 함께 어휘 교재의 대명사로 우뚝 서게 되었습니다. 시험에 자주 나오는 어휘인 표제어를 근간으로 어원과 동의어 그리고 테마를 통해 수많은 어휘를 확장하는 방식으로 구성된 기존 보카바이블 2nd Edition은 각종 시험에서 최고의 적중률을 자랑했고, 독자님들로부터 최고의 평가를 이끌어 냈습니다.

이후 독자님들의 의견, 보다 효율적인 구성에 대한 고민의 결과, 그리고 지난 5년간의 각종 시험의 출제경향을 완벽하게 반영하여 초판 출간 후 5년이 지난 시점인 2011년 초여름에 세 번째 개정판 격인 보카바이블 3.0을 새롭게 출간했습니다. 보카바이블 3.0은 기존 보카바이블의 장점은 충분히 살리면서 단점은 대대적으로 수술하고 새로운 기획을 더한 전면개정판이었습니다. 보카바이블 3.0은 불가피한 사정이 있어 기존 공저자 선생님과 결별하고 출판사를 바꾸어 출간된 첫 책인데, 기존 출판사에서 "보카바이블"이란 같은 이름과 구성도 거의 똑같은 어휘교재를 출간하는 바람에 이 세상에 "보카바이블"이란 이름의 영어어휘교재가 두 권이 되어버리는 초유의 사태가 벌어져 버렸습니다. 시중에 같은 이름의 책이 서로 정통이라고 주장하는 혼란스러운 상황 속에서 다행히도 현명한 독자님들이 압도적으로 저의 보카바이블 3.0을 선택해주신 덕분에 초판 출간 후 13년 동안 "대한민국 국가대표 영어어휘서"라는 타이틀을 굳건히 지켜갈 수 있었습니다. 독자님들의 열렬한 지지 속에서 보카바이블은 13년 동안 영어어휘교재 중 판매량 1위를 굳건히 지켜왔고 두 곳의 출판사에서 도합 123쇄를 인쇄하는 기염을 토했습니다. 보카바이블에서 전 세계에서 최초로 시도된 좌우 한 페이지 편집이라는 독특한 구성을 많은 출판사들이 흉내 내면서 이제는 흔한 편집방식이 되어버리는 등 보카바이블은 어휘교재의 표준이 되었습니다.

보카바이블 3.0이 출간된 지 5년 후부터 네 번째 개정판 준비를 시작했지만 역대 어느 개정판보다 더 많은 변화를 꾀하느라 새로 책을 집필하는 정도의 작업량이 필요해서 개정판 출간이 예상보다 많이 늦어졌습니다. 총 2년간 새롭게 준비한 보카바이블의 네 번째 개정판인 "보카바이블 4.0"은 우선 2011년부터 7년간의 각종 영어시험의 출제 데이터를 교재에 모두 반영하였습니다. 또한 독자님들의 학습패턴을 수용하여 기본편인 본서의 표제어에서는 학습량을 획기적으로 줄이는 대신, 별책의 심화편에서 내용을 강화했습니다. 수록한 숙어에 모두 예문을 제공하고, 어근을 대폭 추가했으며, 동의어별로 기출어휘를 학습하고 앞에서 학습한 어휘들을 동의어별로 복습할 수 있는 "테마(동의어별) 기출어휘" 섹션을 도입했습니다. 보카바이블 4.0은 A권에서 시험에 가장 많이 출제된 어휘 1000개(TOP1000 표제어)를 우선 학습하고, A권에서 학습한 "TOP1000 표제어"들을 B권의 어원편에서 새로운 기출어휘(어원 표제어)와 함께 어원별로 모아서 복습하게 되며, 같은 의미를 갖는 기출어휘(테마 표제어)끼리 모아서 학습하고 동시에 기존에 학습한 "TOP1000 표제어"와 "어근표제어"와 함께 복습하게 됩니다. 결국 보카바이블 4.0을 1회독하게 되면 기출어휘들은 많게는 총 3번을 다양한 방식(빈출도별, 어근별, 동의어별)을 통해 학습하게 되는 것입니다. 또한 기존 심화학습 자리에 "이미지 연상훈련" 섹션을 통해 암기하고자 하는 단어에 가장 어울리는 이미지와 단어, 뜻을 제공하여 암기에 도움이 되도록 하였습니다.

이번 개정판 출간을 준비하면서 많은 분들의 도움이 있었습니다. 수개월간 야근을 마다하지 않고 개정판 작업을 함께 해준 스텝업 연구원들과, 기존 보카바이블 3.0에 이어 이번 보카바이블 4.0의 전체적인 디자인 작업을 도맡아 주신 홍은선 디자이너님께 감사의 말씀을 드립니다. 그리고 촉박한 일정에도 불구하고 보다 완벽한 보카바이블 4.0의 출간을 위해 수고해 주신 김헌진님, 박수완님, 선창욱님 등 10여명의 베타테스터님에게도 진심으로 감사드리는 바입니다. 무엇보다도 보카바이블이 13년 동안 절판되지 않고 베스트셀러로 자리 잡을 수 있도록 과분한 사랑을 주신 독자님들에게 무한한 고마움을 전하고자 합니다.

보카바이블 4.0이 앞으로도 독자님들이 믿고 공부할 수 있는 든든한 지원군으로서 역할을 할 수 있도록 계속 노력할 것을 약속드리며, 제가 제일 좋아하는 모토인 "노력은 태산을 움직인다."는 말로 여러분을 응원합니다.

새로운 시대가 열리는 문턱에서…

허 민 드림

contents

[A권]

보카바이블 4.0의 구성 및 학습방법 (필독!!!)

1. 보카바이블 4.0의 주요 특징
2. 보카바이블 4.0의 구성
3. 보카바이블 4.0의 시험별 범위 및 학습방법

PART 1. TOP 1000 WORDS (TOP1000 표제어)

DAY 01. TOP 0001 ~ 0025 ····· 3 ~ 14
DAY 02. TOP 0026 ~ 0050 ····· 15 ~ 26
DAY 03. TOP 0051 ~ 0075 ····· 27 ~ 38
DAY 04. TOP 0076 ~ 0100 ····· 39 ~ 50
DAY 05. TOP 0101 ~ 0125 ····· 51 ~ 62
DAY 06. TOP 0126 ~ 0150 ····· 63 ~ 74
DAY 07. TOP 0151 ~ 0175 ····· 75 ~ 86
DAY 08. TOP 0176 ~ 0200 ····· 87 ~ 98
DAY 09. TOP 0201 ~ 0225 ····· 99 ~ 110
DAY 10. TOP 0226 ~ 0250 ····· 111 ~ 122
DAY 11. TOP 0251 ~ 0275 ····· 123 ~ 134
DAY 12. TOP 0276 ~ 0300 ····· 135 ~ 146
DAY 13. TOP 0301 ~ 0325 ····· 147 ~ 158
DAY 14. TOP 0326 ~ 0350 ····· 159 ~ 170
DAY 15. TOP 0351 ~ 0375 ····· 171 ~ 182
DAY 16. TOP 0376 ~ 0400 ····· 183 ~ 194
DAY 17. TOP 0401 ~ 0425 ····· 195 ~ 206
DAY 18. TOP 0426 ~ 0450 ····· 207 ~ 218
DAY 19. TOP 0451 ~ 0475 ····· 219 ~ 230
DAY 20. TOP 0476 ~ 0500 ····· 231 ~ 242
DAY 21. TOP 0501 ~ 0525 ····· 243 ~ 254
DAY 22. TOP 0526 ~ 0550 ····· 255 ~ 266
DAY 23. TOP 0556 ~ 0575 ····· 267 ~ 278
DAY 24. TOP 0576 ~ 0600 ····· 279 ~ 290
DAY 25. TOP 0601 ~ 0625 ····· 291 ~ 302
DAY 26. TOP 0626 ~ 0650 ····· 303 ~ 314
DAY 27. TOP 0651 ~ 0675 ····· 315 ~ 326
DAY 28. TOP 0676 ~ 0700 ····· 327 ~ 338
DAY 29. TOP 0701 ~ 0725 ····· 339 ~ 350

DAY 30. TOP 0726 ~ 0750 ········ 351 ~ 362
DAY 31. TOP 0751 ~ 0775 ········ 363 ~ 374
DAY 32. TOP 0776 ~ 0800 ········ 375 ~ 386
DAY 33. TOP 0801 ~ 0825 ········ 387 ~ 398
DAY 34. TOP 0826 ~ 0850 ········ 399 ~ 410
DAY 35. TOP 0851 ~ 0875 ········ 411 ~ 422
DAY 36. TOP 0876 ~ 0900 ········ 423 ~ 434
DAY 37. TOP 0901 ~ 0925 ········ 435 ~ 446
DAY 38. TOP 0926 ~ 0950 ········ 447 ~ 458
DAY 39. TOP 0951 ~ 0975 ········ 459 ~ 470
DAY 40. TOP 0976 ~ 1000 ········ 471 ~ 482

[B권]

PART 2. ETYMOLOGY & IDIOMS (어원표제어)

PART 3. SYNONYM/THEME & WORDS (동의어표제어)

보카바이블 4.0의 구성 및 학습방법

보카바이블 4.0은 13년간 영어어휘 베스트셀러인 보카바이블의 4번째 전면개정판입니다. 공무원, 편입, 토플, 텝스 등의 국내 영어 시험과 SAT, GRE 등 유학시험을 위한 영어어휘교재로서 국내 모든 영어시험의 30여 년간의 기출어휘를 집중분석하고 이를 빈출도순으로 배열하여 출제가능성을 고려한 수험효율성을 극대화하였고, 어원/숙어/동의어 학습 등 단계적 학습방법으로 암기 효율성을 극대화하였습니다. 이번 개정판은 A권과 B권 두 권으로 나누어 구성하였는데 A권에는 영어시험에 가장 많이 나온 단어 1000개를 시험에 많이 출제된 순서대로 배치한 **PART1. TOP1000 WORDS (TOP1000 표제어)**를 담고 있습니다. B권에서는 우선 **PART2. ETYMOLOGY & IDIOMS (어원표제어 & 숙어표제어)**에서 기타 기출어휘들을 어원(접두어, 접미어, 어근) 학습을 통해 학습할 수 있게 함과 동시에 전치사, 부사, 기본동사, 기본명사를 통해 기출 이디엄을 학습할 수 있도록 하였습니다. 또한 앞에서 학습한 TOP1000 표제어를 같은 어원끼리 복습할 수 있도록 구성하였습니다. 다음으로 **PART3. SYNONYM/THEME & WORDS (동의어표제어)**에서는 어원으로 접근할 수 없는 기출어휘들을 동의어나 분야별로 묶어서 한꺼번에 학습할 수 있게 함과 동시에 앞에서 학습한 TOP1000 표제어, 어원표제어들을 동의어로 묶어서 복습할 수 있도록 구성하였습니다. A권, B권을 순서대로 학습하면 시험에 많이 출제된 표제어들을 최대 3회 이상 복습하게 되는 유기적인 학습시스템입니다. 보카바이블 4.0은 기존 보카바이블 3.0과 비교해서 거의 새로운 책이라 해도 무방할 정도로 구성과 내용이 획기적으로 바뀌었으며, 변경된 상세한 내용은 다음과 같습니다.

1. 보카바이블 4.0의 주요 특징

❶ 시험에 가장 많이 나온 어휘부터 공부하자!

시험에 가장 많이 출제되었던 어휘(각종 시험에서 최소 5회 이상 출제된 영어단어) 1,000개(파생어 포함 4000개)를 **〈A권〉 PART1. TOP1000 WORDS의 TOP1000 표제어**로 선정, 이를 빈출도 순서로 TOP 0001~1000번까지 배열하였습니다. 이들 1,000개의 표제어는 공무원 어휘 90% 이상, 편입 시험 어휘의 60% 이상, 그리고 기타 시험의 50% 이상을 적중하는 가장 중요한 어휘들입니다. 표제어 1번인 vulnerable은 역대 모든 시험에서 가장 많이 출제된 영어단어로 31회 이상 출제되었으며 최근 시험에도 매년 출제되는 가장 중요한 영어 단어입니다.

❷ 파생어, 동의어, 반의어, 혼동어휘, 관련어휘를 같이 공부하자!

TOP1000 표제어에는 품사만 다르고 뜻은 거의 같은 파생어를 최대한 자세히 소개하였으며, 해당 단어가 가지는 여러 의미별 동의어를 자세히 소개하였고(국내 최다 동의어 소개), 반대의 뜻을 가진 "반의어", 모양이나 발음이 비슷한 "혼동어휘", 기타 관련어휘를 부제어로 설명하여 하나의 단어로 학습하면서 많게는 열 개 이상의 단어로 쉽게 확장할 수 있도록 하였습니다.

❸ 단어의 의미와 뉘앙스를 정확히 이해하자!

TOP1000 표제어에는 간결하고 핵심적인 영영 정의와 각 단어마다 평균 3개의 예문을 통해 각 단어의 의미와 뉘앙스를 정확히 학습할 수 있도록 하였습니다. 보카바이블 4.0 A권에는 총 3,000여 개의 예문이 제공됩니다.

❹ 영어단어를 직관적으로 이해할 수 있는 이미지를 통해 암기효과를 극대화하자!

이번 보카바이블 4.0에 새로 도입된 "이미지 연상훈련" 코너는 각 단어의 의미를 쉽게 이해하고 이이지와 단어를 한꺼번에 기억 속에 각인시켜 암기효과가 오래가도록 하였습니다.

❺ 어원학습으로 암기 효과 증대와 어휘를 확장하자!

〈B권〉의 **PART2. ETYMOLOGY & IDIOMS**에서는 시험에 출제된 단어들을 접두어, 접미어, 어근별로 묶어서 학습하도록 해서 영어단어를 오래오래 기억하고 풍부한 어휘 확장 효과를 낼 수 있도록 하였으며, 앞에서 공부한 해당어원과 관련된 TOP1000 표제어를 함께 복습할 수 있도록 했고 링크인덱스를 통해 유기적으로 참고할 수 있도록 하였습니다.

❻ 숙어나 표현도 어휘학습의 중요한 부분이다!

각종 시험에 많이 나오는 필수 숙어 3,000여 개를 중학교 과정에 나오는 기본단어를 이용하여 의미론적으로 쉽게 설명하여 용이하게 학습할 수 있도록 하였습니다. 기존 보카바이블 3.0의 본서에 있었던 내용을 이번 보카바이블 4.0에서는 PART2. ETYMOLOGY & IDIOMS 파트의 각 어원의 뜻과 맞추어 수록했습니다. 예를 들어 "take"의 의미를 갖는 어근을 학습한 다음에 "take"로 구성되는 구동사나 이디엄을 학습함으로서 효율성을 극대화하고자 했습니다. 기존에 온라인에 자료로 제공했던 숙어예문들이 이번에는 교재에서 직접 지원하고 어느 시험에서 출제되었는지도 교재에 모두 표시하였습니다.

《B권》의 PART3. SYNONYM/THEME & WORDS에서는 시험에 출제된 단어들을 동의어나 테마별로 묶어서 학습하고 정리할 수 있도록 하였으며, 앞에서 공부한 TOP1000 표제어, 어원표제어를 복습할 수 있게 했고 링크인덱스를 통해 유기적으로 참고할 수 있도록 하였습니다.

❽ 어려운 단어나 중요성이 떨어지는 단어(회색 단어)는 참고만 하자!

사용빈도가 떨어지는 어려운 단어나 시험에 출제될 가능성이 떨어지는 고급어휘들은 회색으로 처리하여 상위권 대학의 편입을 준비하는 독자나 고급어휘를 공부하고자 하는 독자가 아니라면 건너뛸 수 있도록 하였습니다.

❾ 모르는 단어는 획기적인 인덱스 시스템을 통해 찾기 편리한 보카바이블 4.0에서 찾아보자!

보카바이블 시리즈에서 구현된 특유의 인덱스 시스템은 조금만 이해하면 어느 책보다 더 빠르게 단어를 책에서 찾을 수 있는 아주 편리한 방법입니다. 보카바이블 시리즈의 인덱스는 어휘의 위치를"페이지"로만 표시하여 해당 단어를 확인하는데 오랜 시간을 들여야 했던 타 교재들의 인덱스 방식을 탈피해 각 단어의 위치를 바로 확인할 수 있도록 페이지 안의 위치번호를 특정하였습니다. 기존 색인에 비해 검색 시간이 1/4밖에 걸리지 않아 보카바이블 4.0을 사전으로도 활용할 수 있도록 하였습니다. 이번 4.0은 기존 시스템을 강화하여 모든 단어에 고유번호를 표시해서 더욱 찾기가 쉬워졌습니다.

2. 보카바이블 4.0의 구성

Ⅰ. 보카바이블 4.0의 전체적인 구성

보카바이블 4.0은 크게 A권, B권으로 나누어 구성됩니다.

A권

B권

《A권》은 **PART1. TOP1000 WORDS**로 구성됩니다. PART. 1 TOP 1,000 WORDS에는 시험에 가장 많이 나왔던 영어단어 1000개**(TOP1000 표제어)**를 다루는데 이들 표제어는 각종 영어시험에서 최소 5회에서 최대 31회 이상 출제된 가장 중요한 단어들입니다.

TOP1000 표제어는 시험에 많이 출제된 순서대로 배치되어 있으며, 각 DAY 별 25개씩의 표제어들을 학습하여 총 40 DAY에 걸쳐 1회독을 할 수 있도록 구성되어 있습니다.

《B권》은 우선 **PART2. ETYMOLOGY & IDIOMS (어원표제어 & 숙어표제어)**에서 A권에서 다루지 않은 기출단어와 기출숙어들을 어원(접두어, 접미어, 어근)과 전치사, 부사, 기본동사, 기본명사 등을 통해 체계적으로 학습할 수 있도록 일목요연하게 정리하여 총 40일간 학습할 수 있도록 구성하였습니다. 다음으로 **PART3. SYNONYM/THEME & WORDS (동의어표제어)**에서 앞에서 다루지 않은 기출단어들을 동의어별, 테마별로 묶어서 학습함과 동시에, 앞에서 학습한 TOP1000 표제어와 어원표제어를 동의어별로 묶어서 복습할 수 있도록 20일 분량으로 구성하였습니다.

마지막으로 보카바이블 4.0에 담긴 모든 단어의 위치를 손쉽게 찾을 수 있는 색인은 교재지원 카페인 **"보카바이블닷컴(www.vocabible.com)"**에서 자료로 제공됩니다.

〈자매서 소개〉

항상 책상 위에 올려두고 쉬는 시간이나 잡생각 날때 언제든 빠르게 복습할 수 있는 용도로 기획된 《보카바이블 4.0 데스크북》을 활용하여 표제어 암기에 도움을 받을 수 있습니다.
《보카바이블 4.0 데스크북》에는 이동시에 휴대할 수 있는 〈미니단어장〉이 무료로 제공됩니다.
보카바이블 4.0 (B권)에 수록된 기출숙어 표제어들을 기출문제를 통해 학습하고 암기에 도움을 받을 수 있는 《보카바이블 4.0 – 이디엄워크북》도 있습니다.

II. 보카바이블 4.0 자세히 들여다보기

PART 1. TOP 1000 WORDS (A권)

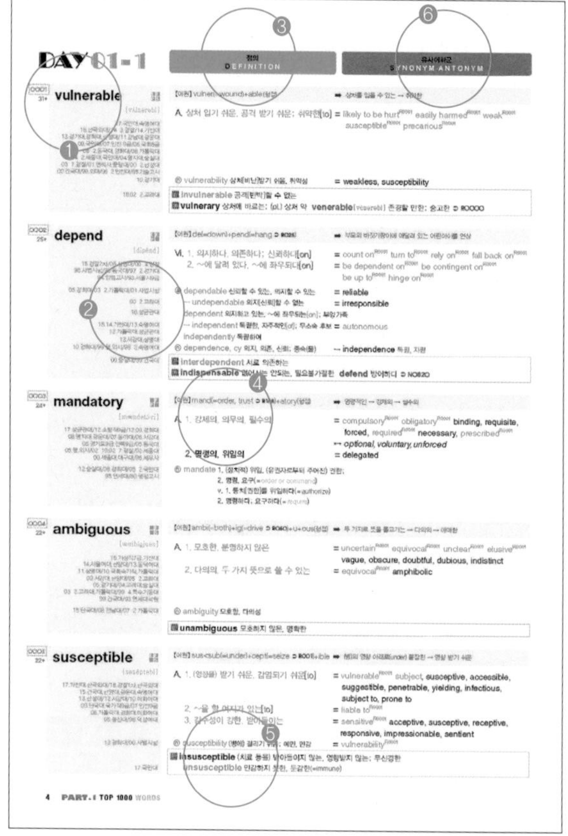

❶ **표제어 TOP 1000:** 과거 30여 년간 각종 시험(공무원, 편입, 고시, 대학원)에 출제되었던 어휘들 중 5회 이상 출제되었던 최빈출 어휘 1,000개를 선정하고 빈출 순서대로 배치하였습니다. 수험을 목적으로 할 때에는 가장 중요한 단어이므로 최우선으로 학습할 단어들입니다. 각 TOP1000 표제어 옆에는 해당 단어의 순위를 의미하는 색인번호를 매겨 놓았으며 0001위가 가장 많이 출제된 단어로서 vulnerable입니다.

❷ **기출 원전의 표시:** 각 표제어 밑에 기출근거를 밝혀 놓은 것은 독자로 하여금 시험의 출제경향을 정확히 파악하라는 의도에서입니다. 왜냐하면 기출어휘의 반복 출제도 일정한 패턴이 있기 때문입니다. 예를 들어 편입시험의 경우 그 학교에서 출제되었던 어휘가 2년 내에 다시 동일 학교시험에 출제되는 경우가 상당히 많습니다. 그 이유는 그 대학교의 영어교수님이 바뀌지 않는 한 동일한 분이 다시 시험문제를 출제하는 경우가 많기 때문입니다. 또한, 공무원 시험도 과거 다른 시험의 기출문제가 다시 출제될 확률이 상당히 높습니다. 과거 고시시험에 출제되었던 어휘가 7.9급 공무원 시험이나 경찰시험에 자주 등장하는 것이 그 예입니다. 또한, 각 어휘 발음기호 옆의 네모박스에 TOEIC, TOEFL, TEPS, SAT, GRE 등 공인시험의 빈출표시를 별도로 부가하여 목표로 하는 시험에 맞는 어휘를 보다 쉽게 파악할 수 있도록 하였습니다.

❸ **정의(Definition):** 단어의 의미를 수록하는데 있어서 시험에 실제로 출제되었던 의미를 우선으로 배열하였고, 독해나 번역에 도움이 되도록 가급적 사전에 나오는 의미를 충실히 수록하도록 노력 하였습니다. 실제 시험에는 하나의 대표적인 의미로만 출제되는 것이 아니고 2차적 의미를 묻는 문제도 많이 출제되기 때문에 한 단어에 한 뜻으로는 올바른 영어학습에 도움이 안 되고 수험준비에도 불충분하기 때문입니다. 한글 의미에 별색으로 표시된 것은 시험에 출제되었던 의미였음을 표시하는 것으로서 특히 눈여겨보셔야 합니다.

❹ **어원 풀이 및 연상 등 암기장치:** 해당 단어의 어원을 쉽게 풀어 이해할 수 있게 하였으며 해당 관련 어근의 단어를 어원파트에서 참고할 수 있도록 링크인덱스를 제시하였습니다. 또한 어원학습으로 의미가 없는 단어들은 연상법을 이용하여 암기에 도움이 되고자 하였습니다.

❺ **부제어(파생어, 유사어휘, 반의어, 혼동어휘, 표현):** 각 단어 설명 하단에 표제어의 파생어를 최대한 충실하게 설명하였습니다. 파생어는 접미어의 형태만 이해하면 한 단어를 학습하면서 여러 개 단어를 거저 습득할 수 있기 때문에 같이 공부하는 것이 절대적으로 유리합니다. 또한 표제어와 관련되는 중요어휘들을 박스안의 부제어의 형태로서 같이 설명하였습니다. 특정어휘와 발음이나 스펠링이 유사해서 혼동되는 어휘는 혼으로서, 특히 in이나 un 등의 접두어가 붙은 반대말이 있는 경우는 반으로, 관련 단어가 있는 경우는 관으로, 관련 표현이나 숙어의 경우 표로 설명하였습니다.

❻ **유사어휘군(Synonym, antonym):** 영어어휘에 뜻의 구분 없이 동의어나 반의어를 설명하는 전통적인 교재서술방식에서 탈피하여 한글 정의에 합치하는 동의어를 한글의미 바로 옆에 예시해 줌으로써 정확한 동의어의 학습과 한영사전으로서의 역할도 같이 할 수 있게 하였습니다. 또한, 그 수량에 있어서도 그 어느 교재와도 비교가 안될 만큼 풍부하게 수록하였으며, 실제로 시험에 정답지문으로 출제되었던 동의어는 별색으로 표시하고 해당 단어가 어디에 있는지를 알 수 있는 링크 인덱스를 부여하여 실제 수험준비에 도움이 되도록 하였습니다.

[주의] 본란에 서술된 동의어는 자기의 어휘실력이 월등히 뛰어나다고 생각되지 않는 한 1회독 이전에는 거들떠보지도 마세요. 대부분 본 교재의 다른 부분에서 설명되어 있는 어휘이므로 나중에 복습자료로 활용을 추천!

[색인] 유사어휘군 테이블의 동의어에 표시된 링크인덱스는 다음과 같습니다.

N0001 (A권, TOP1000 표제어), **D0001** (A권, TOP1000 표제어의 파생어), **R0011** (B권 어근표제어), **P0011** (B권 접두어표제어), **S0011** (B권 접미어표제어)
I00101 (B권 숙어표제어), **T0101** (B권 동의어표제어) *숫자 마지막 자리가 0인 경우은 오른쪽 심화코너에 있는 단어입니다.

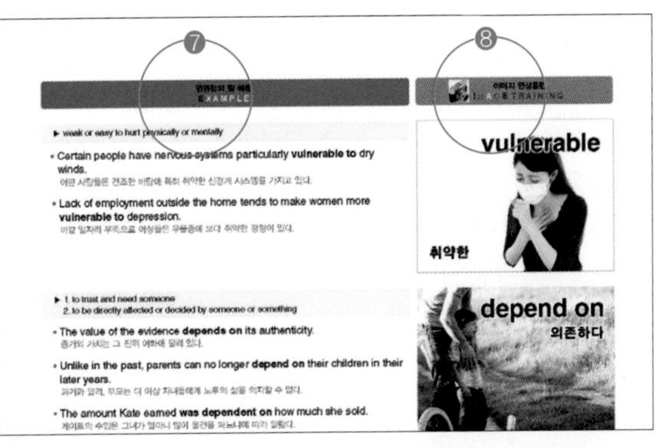

❼ **영영식 정의 및 예문(Example):** 단어의 쓰임새를 정확하게 설명해 줄 수 있는 영영식 정의를 4대 영영사전을 참조하여 간략하고 명확하게 수록하였고 실제 어휘문제로 출제되었던 기출문제를 예문화하고 해당 단어를 가장 잘 설명해 줄 수 있는 예문을 최대 4개 이상 선별 수록하여 정확한 뉘앙스를 파악하고 독해에도 도움이 되도록 하였습니다. 국내 영어단어 교재에서 최대로 많은 3,000개 이상의 예문을 수록하였습니다.

❽ **이미지 연상훈련(Image Training):** 이미지 연상훈련은 학습하고자 하는 영어어휘를 가장 직관적으로 이해하고 머리에 각인할 수 있도록 이미지를 통해 단어의 의미를 연상하는 암기장치입니다.

❾ **이미지 연상을 통한 예습과 복습(Preview, Review):** 표제어를 학습하기 전과 후에 본문의 이미지 연상훈련에 사용된 이미지를 통해 예습과 복습이 가능하도록 하였습니다. Preview에서는 이미지와 영어단어 스펠링을 통해 한글 뜻을 유추해내는 연습을 통해 예습하고, Quick Review에서는 반대로 이미지와 한글 뜻을 보고 해당 단어를 유추해 내는 방식으로 복습하게 됩니다.

PART 2. ETYMOLOGY & IDIOMS (B권)

1 접두어(PREFIX)/접미어(SUFFIX)로 학습하는 필수어휘

어원학습에 있어서 가장 기초적인 부분으로서 접두어와 접미어를 비교적 쉬운 단어로 이해할 수 있게 하였습니다. 여기서는 접두어/접미어에 대한 대략적인 느낌이나 분위기만 이해하면 되고 본격적인 어원 공부는 어근 파트에서 하게 됩니다. 총 10일간 학습할 수 있도록 분량을 나누었습니다.

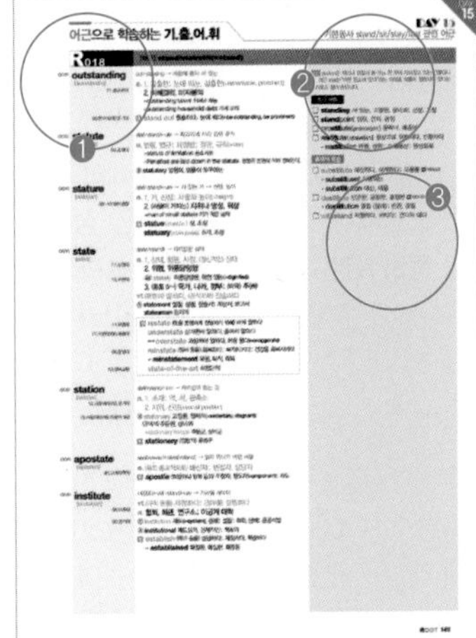

2 어근(ROOT)으로 학습하는 기출어휘

어원학습에 있어 가장 중요한 부분으로서 모든 단어에 공통적으로 들어가는 단어의 핵심의미를 좌우하는 어근을 학습하게 됩니다. 약 400여 개의 어근을 통해 총 7,000여 개의 어휘를 확장할 수 있도록 하였습니다. 총 30일간 학습분량으로 구성됩니다.

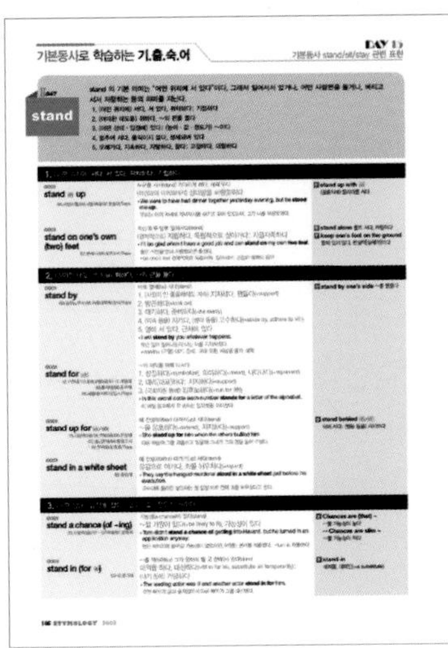

❶ **어원표제어:** 본서 표제어에 포함되지 못한 기출어휘(1~4회 출제) 중 어근 관련 단어 약 1,000개를 어근 표제어로 다룹니다. ❷ 시험에는 출제되지 않았지만 해당 어근으로 확장할 수 있는 보충어휘들을 〈추가어휘〉란에 수록하였습니다. ❸ 본서 TOP1000 표제어에서 학습했던 해당어근과 관련된 표제어들을 〈표제어 복습〉란에 링크와 함께 제공하여 복습의 형태로 연계학습이 가능하도록 하였습니다.

3 전치사/기본동사로 공부하는 기출숙어

과거 30여 년간 각종 시험(공무원, 편입, 고시, 대학원)에 가장 자주 출제되었던 표현(Idiom+구동사)들을 모두 수록하여 어휘뿐 만 아니라 날이 높아져 가는 숙어 및 표현, 생활영어 문제에도 대비할 수 있도록 배려하였습니다. 국내 최초로 이미 중학교에서 배웠던 기본전치사, 기본동사, 기본명사들의 기본개념을 정리한 후 각 기본 의미별로 해당 이디엄을 설명하여 의미론적인 숙어학습이 가능하도록 하였습니다. 구판에는 지면의 제약으로 인해 수록하지 못했던 예문을 모두 수록하였습니다. 숙어 기출문제는 본서의 자매서인 "보카바이블 4.0 이디엄워크북(근간)"을 이용하시기 바랍니다.

PART 3. SYNONYM/THEME & WORDS (B권)

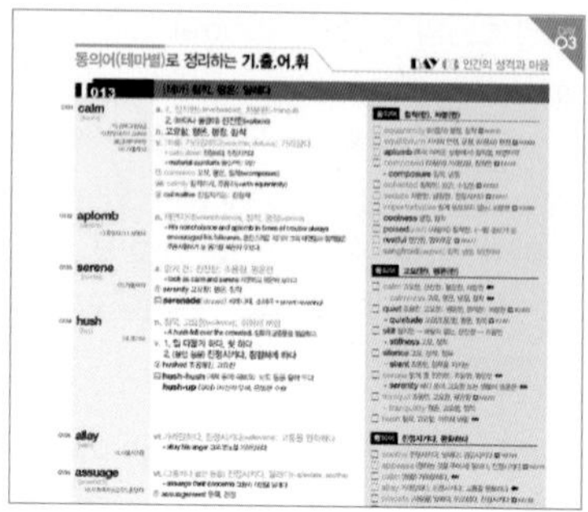

Part1,2에서 다루지 않은 기출어휘들을 총 20개 분야별 카테고리로 나누어서 관련 동의어와 함께 수록하였습니다. 기존 구판의 심화학습에 있던 동의어, 테마들을 옮겨오고 강화해서 동의어표제어 오른쪽에 배치하여 함께 학습할 수 있도록 하였습니다. TOP1000 표제어와 어원표제어로 학습했던 단어들을 동의어별로 모두 모아서 최종 정리할 수 있도록 구성하고 링크인덱스를 통해 참고할 수 있도록 배려하였습니다.

3. 보카바이블 4.0의 학습방법

보카바이블 4.0은 국내 어느 교재보다 많은 어휘와 숙어를 수록하고 있으므로(약 13,000여 개) 독자 개개인의 수준이나 어휘학습의 목적(공무원, 편입 수험생, 일반영어 학습자, 유학 대비)에 따라 목표로 하는 어휘의 선정 및 학습방법을 달리하시는 것이 효과적입니다. 아래에서는 준비 시험별로 학습방법을 간단히 소개해 볼까 합니다.

Ⅰ. 어휘의 학습목표 어휘의 선정

1 공무원 시험을 준비하는 독자

9급, 7급 공무원, 경찰, 법원 등 공무원 시험을 준비하는 독자는 **TOP 1000 표제어 및 어원표제어, 숙어표제어, 동의어표제어** 등의 기출어휘와 숙어를 학습해주면 충분합니다. 어원이나 동의어 파트에 부가적으로 제공되는 심화어휘들은 추가로 학습해주면 독해와 고득점에 도움이 됩니다.

2 편입학 시험을 준비하는 독자

편입시험은 학교별로 어휘의 출제비중이나 난이도가 조금씩 차이가 있으므로 본인이 목표하고자 하는 대학의 수준에 맞게 어휘학습을 하여야 합니다. 고려대, 중앙대 등 **상위권 대학교**를 목표로 하는 경우에는 **본서의 전체**를 모두 학습하여야 고득점이 가능한 반면, **수도권의 중하위권 대학교나 지방대학**의 경우에는 **TOP 1000 표제어 및 어원표제어, 동의어표제어** 등을 중점적으로 학습하면 충분합니다. 숙어문제가 출제되는 일부대학을 목표로 하는 수험생들은 숙어표제어도 같이 봐주셔야 합니다.

3 TOEFL, TEPS, SAT, GRE시험을 준비하는 독자

TOEFL, TEPS를 준비하는 독자는 TOP 1000 표제어 및 어원표제어, 동의어표제어 등 기출어휘를 학습하여야 하고 TEPS를 준비하는 독자는 TOP 1000 표제어 및 어원표제어, 동의어표제어에 숙어표제어를 추가적으로 학습해야 합니다. SAT, GRE 시험을 준비하는 독자는 교재 전반을 충실히 준비하셔야 하며, 회색처리된 단어들도 모두 봐주시는 것이 유리합니다.

Ⅱ. 학습순서

1 1회독 (총 100일 완성)

(1) 《A권》 **PART1. TOP1000 WORDS**의 TOP1000 표제어를 학습한다. (40일 완성)
(2) 《B권》 **PART2. ETYMOLOGY & IDIOMS**를 통해 어원표제어와 숙어표제어를 학습한다. (40일 완성)
(3) 《B권》 **PART3. SYNONYM/THEME & WORDS**를 통해 동의어표제어를 학습한다. (20일 완성)

2 2회독 이후

회독수를 거듭할수록 〈1회독〉에 걸렸던 시간보다 단축하여 학습한다.

V W O R D & E
O I D I O M X
C B E S T P
vulnerable
취약한
A S E L L E R
B I B L E 4.0 E
U PART. 1 S
L TOP 1000 S
A WORDS I
R E V I S E O
articulate
똑똑히 발음하다
sluggish
느린
Y 4 T H N
E D I T I O N

INTRODUCTION

- 이 장에서는 출제 빈도순으로 배열된 시험에 가장 많이 나온 어휘 1,000개를 학습합니다.
  - 시험에 최소 5회 이상 출제되었던 어휘들로서 최우선 학습 대상입니다.
- 하루 학습량으로 1일 25개의 표제어를 배치하여 총 40일간 학습 플랜을 제시합니다.
- 1,000개의 표제어를 기반으로 파생어, 반의어, 관련 어휘, 유사어의 형태로 거의 10배에 달하는 어휘를 확장할 수 있게 하였습니다.

학습방법

- 처음 학습 시에는 정의란과 영영정의 및 예문만 학습할 것을 추천합니다.
  (유사어휘군 테이블의 동의어는 최소 2회독 이상부터 학습하셔야 효율적입니다.)
- 하루치의 분량을 학습한 다음 〈보카바이블닷컴TV 유튜브공식채널〉에 제공되는 암기동영상을 통해 복습하세요.
  (이미지와 발음 mp3를 통합적용해 제작한 암기 동영상은 암기효과를 획기적으로 상승시켜 줍니다.)
- 어원북(ETYMOLOGY BOOK)과의 상호 연계 학습
  - 보카바이블의 어휘학습방법의 핵심은 어원을 통한 암기입니다.
  - 어원 학습은 먼저 접두어나 접미어의 형태와 의미나 느낌을 이해한 후에 각 어근별 단어를 묶어서 학습하시면 보다 암기 효과가 오래가게 됩니다.
  - 각 표제어에는 해당 어휘의 어원이 상세하게 풀이되어 있으며 해당 어근의 관련 어휘들을 찾아볼 수 있도록 어원편 링크 인덱스가 제시되어 있으니 수시로 관련 어근 단어들을 참조하면서 이해를 도울 수 있습니다.

색인 및 기호설명

- 각 표제어 앞에 표시된 번호는 표제어 고유의 번호입니다.
  - TOP 1000 표제어는 색인에 N0001~N1000으로 표시됩니다.
  - 정의(DEFINITION)란 테이블에 있는 단어들은 D0001~D1000으로 표시됩니다.
- 각 표제어 바로 옆에 4칸의 정사각형 박스 EFPS 는 토익, 토플, 텝스, SAT/GRE 기출어휘를 표시합니다.
  - E (토익 기출어휘), F (토플 기출어휘), P (텝스 기출어휘), S (SAT/GRE 기출어휘)
- 발음기호 아래에는 각 표제어가 어휘 문제로 출제된 시험명을 표시합니다.
  - 표시 기준은 어휘문제로 출제된 것만을 기준으로 하며 정답과 무관한 보기항에 나온 것은 제외합니다.
    ex) 11.광운대 : 2011년 광운대 편입 시험에 어휘문제로 출제된 어휘임을 표시합니다.
    ex) 03-7.경찰: 2003년 7월에 시행되었던 경찰채용 시험에 어휘문제로 출제되었던 어휘입니다.
- 본문에서 청색으로 표시된 어휘, 의미, 동의어는 시험에 출제되었음을 의미합니다.

Preview

0001

0002

0003

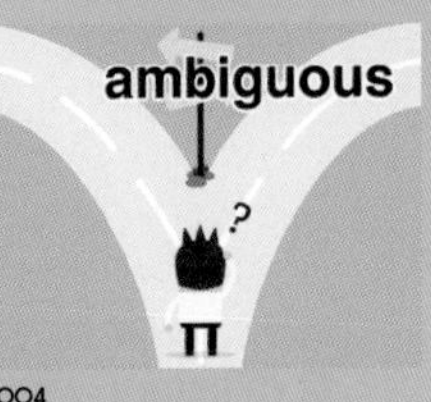

0004

0005

0006

0007

0008

0009

0010

0011

0012

0013

0014

0015

0016

0017

0018

0019

0020

0021

0022

0023

0024

0025

Answer 0001 취약한 0002 의존하다 0003 강제의 0004 모호한 0005 감염되기 쉬운
0006 구식의 0007 만져서 알 수 있는 0008 수지맞는 0009 알려지지 않은 0010 처리하다
0011 불확실한, 운에 맡기는 0012 고통을 완화시키다 0013 변덕스러운 0014 방해하다, 저지하다 0015 휴면상태의, 잠자는
0016 다 써버리다, 지치다 0017 상당한, 많은 0018 영향을 미치다 0019 세밀히 조사하다 0020 번성하다
0021 솔직한 0022 무익한, 쓸데없는 0023 차별대우 0024 무시해도 좋은, 사소한 0025 무심코

▶ 유튜브 바로가기

DAY 01-1

정의 DEFINITION	유사어휘군 SYNONYM·ANTONYM

0001 31+ **vulnerable** [vʌ́lnərəbl]

17.국민대,숙명여대 16.한국외대/14-3.경찰/14.가천대 13.경기대,경희대,한성대/11.강남대,광운대 09.국민대/07.인천 9급/06.국회8급 06-2.동국대,경희대/06.가톨릭대 04-2.세종대,국민대/04.명지대,숭실대 03-7.경찰/01.변리사,중앙대/00-2.한성대 00.건국대/99.외대/96-2.인천대/95.기술고시

【어원】vulner(=wound)+able(형접) ➡ 상처를 입을 수 있는 → 취약한

A. 상처 입기 쉬운, 공격 받기 쉬운; 취약한[to] = likely to be hurt, easily harmed, weak[S0854] susceptible[N0005] precarious[N0011]

10.경기대 ⓝ vulnerability 상처[비난]받기 쉬움, 취약성 = weakness, susceptibility

16.02-2.고려대
- 반 **invulnerable** 공격[반박]할 수 없는
- 혼 **vulnerary** 상처에 바르는; (pl.) 상처 약 **venerable**[vénərəbl] 존경할 만한; 숭고한 ➲ T0483

0002 24+ **depend** [dipénd]

15.경찰2차/08.상명대/00-4.경찰 98.사법시험/98.동국대/97-2.경기대 94.입법고시/93.서울시9급

【어원】de(=down)+pend(=hang ➲ R025) ➡ 부모의 바짓가랑이에 매달려 있는 어린아이를 연상

Vi. 1. 의지하다, 의존하다; 신뢰하다[on] = count on[I10505] turn to[I06617] rely on[D0303] fall back on[I10505]
2. ~에 달려 있다, ~에 좌우되다[on] = be dependent on, be contingent on[N0744] be up to[I00715] hinge on[I00438]

05.경희대/03-2.가톨릭대/01.사법시험 ⓐ dependable 신뢰할 수 있는, 의지할 수 있는 = reliable

00-2.고려대 ↔ undependable 의지[신뢰]할 수 없는 = irresponsible

10.성균관대 dependent 의지하고 있는, ~에 좌우되는[on]; 부양가족

15.14.가천대/13.숙명여대 12.가톨릭대,성균관대 ↔ independent 독립한, 자주적인[of]; 무소속 후보 = autonomous[N0413]

13.서강대,상명대 independently 독립하여

10.경희대/99.행,외시/98-2.숙명여대 ⓝ dependence, cy 의지, 의존, 신뢰; 종속(물) ↔ independence 독립, 자립

08.중앙대/99.건국대
- 관 **interdependent** 서로 의존하는
- 혼 **indispensable** 없어서는 안되는, 필요불가결한 ➲ N0254 **defend** 방어하다 ➲ N0725

0003 23+ **mandatory** [mǽndətɔ̀:ri]

17.성균관대/12.소방직9급/12.09.경희대 08.명지대,광운대/07.동아대/06.서강대 06.경기도9급,전북9급/05.동국대 05.행,외시/02-10.02-7.경찰/02.세종대 00.세종대,대구대/96.세무사

【어원】mand(=order, trust ➲ R252)+atory(형접) ➡ 명령적인 → 강제의 → 필수의

A. 1. 강제의, 의무의, 필수의 = compulsory[N0138] obligatory[N0139] binding, requisite, forced, required[R1033] necessary, prescribed[D0265]
↔ *optional, voluntary, unforced*
2. 명령의, 위임의 = delegated

12.숭실대/06.경희대/05-2.국민대 95.연세대/80.행정고시

ⓝ mandate 1. (정치적) 위임, (유권자로부터 주어진) 권한;
2. 명령, 요구 = order or command
v. 1. 통치[권한]를 위임하다 = authorize
2. 명령하다; 요구하다 = require

0004 22+ **ambiguous** [æmbígjuəs]

16.기상직7급,가천대 14.서울여대,한양대/13.동덕여대 11.상명대/10.국회속기직,가톨릭대 09.서강대,한양대/05-2.고려대 05.경기대/04.고려대,숭실대 03-2.고려대,가톨릭대/99-4.특수기동대 99.건국대/93.연세대학원

【어원】ambi(=both)+ig(=drive ➲ R065)+u+ous(형접) ➡ 두 가지로 뜻을 몰고가는 → 다의의 → 애매한

A. 1. 모호한, 분명하지 않은 = uncertain[R0153] equivocal[N0073] unclear[R2391] elusive[D0187] vague, obscure, doubtful, dubious, indistinct
2. 다의의, 두 가지 뜻으로 쓸 수 있는 = equivocal[N0073] amphibolic

15.단국대/08.전남대/07-2.가톨릭대 ⓝ ambiguity 모호함, 다의성

- 반 **unambiguous** 모호하지 않은, 명확한

0005 22+ **susceptible** [səséptəbl]

17.가천대,한국외대/16.경찰1차,한국외대 15.건국대,한양대,광운대,숙명여대 13.한성대/12.서강대/10.이화여대 09.단국대,국가직9급/07.인천9급 06.가톨릭대,경희대,이화여대 05.총신대/96.덕성여대

【어원】sus<sub(=under)+cept(=seize ➲ R001)+ible ➡ (병)의 영향 아래로(under) 붙잡힌 → 영향 받기 쉬운

A. 1. (영향을) 받기 쉬운, 감염되기 쉬운[to] = vulnerable[N0001] subject[N0335] susceptive, accessible, suggestible, penetrable, yielding, infectious
2. ~을 할 여지가 있는[to] = liable to[N0089]
3. 감수성이 강한, 받아들이는 = sensitive[N0223] acceptive, susceptive, receptive, responsive, impressionable, sentient

13.경희대/00.사법시험 ⓝ susceptibility (병에) 걸리기 쉬움; 예민, 민감 = vulnerability[D0001]

17.국민대
- 반 **insusceptible** (치료 등을) 받아들이지 않는, 영향받지 않는; 무신경한
- **unsusceptible** 민감하지 못한, 둔감한 = immune

영영정의 및 예문
EXAMPLE

이미지 연상훈련
IMAGE TRAINING

▶ weak or easy to hurt physically or mentally

- Certain people have nervous systems particularly **vulnerable to** dry winds.
  어떤 사람들은 건조한 바람에 특히 취약한 신경계 시스템을 가지고 있다.
- Lack of employment outside the home tends to make women more **vulnerable to** depression.
  바깥 일자리 부족으로 여성들은 우울증에 보다 취약한 경향이 있다.

▶ 1. to trust and need someone
2. to be directly affected or decided by someone or something

- The value of the evidence **depends on** its authenticity.
  증거의 가치는 그 진위 여하에 달려 있다.
- Unlike in the past, parents can no longer **depend on** their children in their later years.
  과거와 달리, 부모는 더 이상 자녀들에게 노후의 삶을 의지할 수 없다.
- The amount Kate earned **was dependent on** how much she sold.
  케이트의 수입은 그녀가 얼마나 많이 물건을 파느냐에 따라 달랐다.

▶ required or commanded by a law or authority

- In most countries it is **mandatory** for drivers to fasten their seat belts while driving.
  대부분의 나라에서는 운전자가 운전할 때 안전벨트를 반드시 매도록 되어 있다.
- Membership in the labor union is **mandatory** for anyone wanting to work here.
  여기서 일하기를 원하는 사람이라면 누구든 노조 가입이 의무적이다. *labor union 노동조합

▶ 1. not clearly stated or defined 2. having more than one possible meaning

- This is the third time today dad has given us an **ambiguous** reply.
  아버지께서 우리에게 모호한 대답을 한 것이 오늘 벌써 세 번째다.
- His **ambiguous** directions misled us; we did not know which road to take.
  그의 애매한 지시는 우리를 오도케 했다. 우리는 어느 길을 택해야 할지 몰랐다.

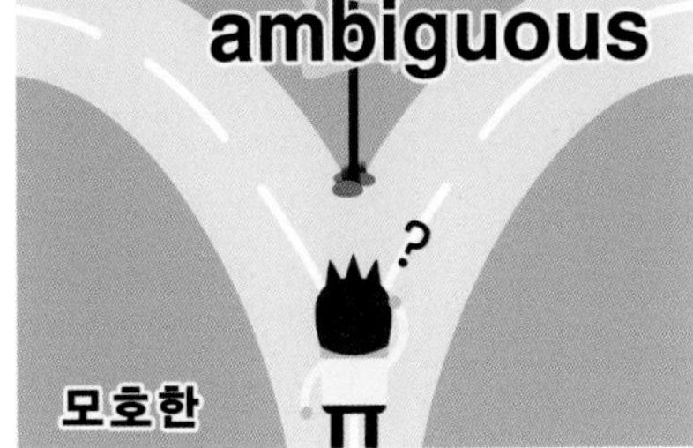

▶ 1. likely to be affected with a disease, infection 2. capable of something
3. easily impressed emotionally

- Today's children are so **susceptible to** the lure of television and video games.
  오늘날의 아이들은 텔레비전과 비디오 게임의 유혹에 잘 빠진다.
- Another critical factor that plays a part in **susceptibility to** colds is age.
  감기에 잘 걸리게 하는 역할을 하는 또 다른 중요한 요인은 나이이다.

DAY 01-2

정의 DEFINITION	유사어휘군 SYNONYM·ANTONYM

0006 21+
obsolete
[àbsəlí:t]

17.이화여대/16.서울시9급/15.국민대,홍익대 14.가천대,경희대,산업기술대/11.한국외대 09.경희대/07.인천9급/04-2.명지대 02-2.동국대/01.가톨릭대/00.세무사 98-2.건국대/96-2.한양대/94.서울대학원 92.연세대학원,한국외대/90.행자부7급

【어원】 ob(=against)+sol(=to be accustomed)+ete ➡ 일반적으로 받아들여지는(유행하는) 것에 거스르는 → 구식의

A. 1. 시대[유행]에 뒤떨어진, 구식의 = outmoded[R0634] outdated[R2030] out of date[I00305] archaic[N0951]

2. 더 이상 쓸모가 없는; (기관이) 퇴행한 = unnecessary[T0806] disused ↔ *indispensable*[N0254]

N. 시대에 뒤진 사람; 폐어, 폐물

ⓥ obsolesce 쇠퇴하다, 시대에 뒤떨어지다

15.광운대 ⓝ obsolescence 쇠퇴; 노폐(화), 노후

동 **out of date** 구식의, 시대에 뒤진(=obsolete) ⊃ I00305
dated 구식의, 구시대의(=oldfashioned)

0007 21+
tangible
[tǽndʒəbl]

17.국민대,명지대/15.홍익대 14.경희대,이화여대 06.항공대/05.행자부7급/05.고려대 03-2.가톨릭대/03.고려대 02.경희대,삼육대,세종대 01.숙명여대

【어원】 tang(=touch ⊃ R034)+ible(형접) ➡ 만질 수 있는 → 실체가 있는 → 명백한

A. 1. 만져 알 수 있는; 유형의, 실체가 있는 = real[S0712] substantial[N0017] palpable[N0511] tactile[R0342] perceptible, touchable; material, physical, bodily, concrete, corporeal

2. (사실 · 근거 등이) 명백한, 확실한 = concrete[R1704] definite[R2074]

17.이화여대/13.세종대 12.동덕여대/11.성균관대 08.서울시9급/05-2.03.세종대

반 **intangible**[intǽndʒəbl] 손으로 만질 수 없는; 실체가 없는, 무형의; 막연한 = impalpable[D0511] incorporeal, immaterial; shapeless, formless, amorphous, abstract

0008 20+
lucrative
[lú:krətiv]

17.단국대,명지대/16.한국산업기술대 13.한양대/11.덕성여대,광운대/08.국가직7급 07.경원대,건국대/06.선관위9급,전남9급 05-2.한성대/05.고려대 03-9.00-10.경찰 01.중앙대/98.한국외대 95.경기대/94.원광대,덕성여대

【어원】 lucr(=gain)+ative ➡ 얻는게 많은 → 수지맞는 → 유리한

A. 이익이 있는, 수지맞는; 유리한 = profitable[N0433] well-paying[I04003] remunerative, paying; advantageous, favorable ↔ *unprofitable, profitless, unremunerative; disadvantageous, unfavorable*

ⓝ lucre (경멸적) 이익, 금전적 보수; (부정한) 벌이

0009 20+
obscure
[əbskjúər]

15-2.경찰/13.서울시7급,경희대 12.상명대/11.법원직/11.고려대 10.명지대/09.경기대/08.전남대 06.경희대,서강대/05.한국외대 03.숭실대/02-2.세종대,경희대 96.숙명여대/95.서울대학원 94.연세대학원

【어원】 ob(=over)+scur(=dark)+e ➡ 완전히 어두운 → 희미한 → 눈에 띄지 않는

A. 1. 분명치 않은, 불명료한; 모호한 = unclear[R2391] murky[T0083] indistinct[D0096] vague[N0640] cryptic[N0517] ↔*obvious, apparent*

2. 눈에 띄지 않는; 세상에 알려지지 않은 = hidden[T0943] unknown

Vt. 1. (어떤 것이 다른 것을) 가리다; 흐리게 하다 = block[T0831] hide[T0943] cover, veil, screen; blur[D0274] obfuscate[R1489] overshadow, eclipse

2. (본심 등을) 숨기다 = conceal[N0321]

16.한성대/04.고려대 ⓝ obscurity 불분명; 모호; 세상에 알려지지 않음 = unknownness, anonymity[D0033]

ⓐⓓ obscurely 어둡게; 막연히; 암암리에

관 **obscurantism** 반계몽주의 ↔ **illuminism** 계몽주의

0010 20+
dispose
[dispóuz]

15.산업기술대,항공대/12.이화여대 06.성균관대/05.단국대/99.행.외시 95.한국외대,덕성여대/93.사법시험

【어원】 1. dis(=apart)+pose(=put, place ⊃ R013) ➡ 따로따로 놓아 두다 → 배치하다 2. dis(강조)+pose(=put, place) ➡ 특히 (마음을) 두다 → ~하는 경향이 있다 3. dis(=away, not)+pose(=put, place) ➡ 멀리 두다 → 처분하다, 처리하다

Vt. 1. 〈수동〉 ~하는 경향이 있다; ~할 마음이 나게 하다

2. (문제 등을) 처리하다 = settle[N0149]

Vi. 처리하다, 처분하다[of] = get rid of[I03810] sell

04.서강대/93.사법시험 ⓝ disposition 성질, 기질; 경향; 배열, 배치 = temper[R1321] temperament[R1322] ; bent[N0648]

17.이화여대/15.성균관대/06.삼육대 cf. predisposition 경향, 성질; 소질 = proneness[D0204]

14.상명대/07.건국대 disposal (재산 등의) 처분, 처리; 처분권

91.행정고시 *at sb's disposal 마음대로 사용할 수 있는, ~의 처분에 맡기는

11.강남대 ⓐ disposable 처분할 수 있는, 마음대로 쓸 수 있는; (종종 pl.) 일회용 물품

13.고려대/02.사법시험
반 **indisposed** 마음이 내키지 않는(=reluctant) 몸이 좀 아픈(=under the weather)
관 **predisposed** ~하는 성향이 있는

영영정의 및 예문
EXAMPLE

이미지 연상훈련
IMAGE TRAINING

▶ no longer in use or fashionable because something better has been invented

- This type of computer is **obsolete**.
  이런 종류의 컴퓨터는 구식이다.
- He wants to get his money's worth before the appliance becomes **obsolete**.
  그는 그 기기가 못 쓰게 되기 전에 돈 들인 만큼의 가치를 뽑아내고자 한다.
  *appliance (가정용)기기, 기구

▶ 1. able to be touched or clearly seen to exist 2. important and noticeable

- In the long run, ideas are more powerful than **tangible** weapons.
  결국, 사상이 유형의 무기보다 더 강력하다.
- They should achieve **tangible** results from the negotiation on Thursday.
  그들은 목요일에 있을 협상에서 실질적인 성과를 거두어야 한다.
- You should find **tangible** evidence if you want to take legal action.
  네가 법적 대응을 원한다면 확실한 증거를 찾아야 한다.

▶ producing a lot of money or a profit

- Recently, CD piracy has become a **lucrative** business.
  최근에는, CD 불법 복제가 수지 맞는 장사가 되었다. *piracy 해적질, 저작권 침해
- The oldest brother now has a very **lucrative** position.
  큰 형은 현재 돈을 많이 벌 수 있는 자리에 있다.

▶ A. 1. not clearly understood or expressed 2. not well known
V. to make something unclear or difficult to understand

- The student's writing is so **obscure** that it is very hard to understand.
  그 학생의 글은 너무 애매해서 이해하기가 무척 어렵다.
- He is working on an **obscure** poet in the eighteenth century.
  그는 18세기 한 무명 시인을 연구하고 있다.
- His musical ability has **been obscured by** his other accomplishments.
  그의 음악적 재능은 그의 다른 재능들에 가려져 왔다. *accomplishments 재능; 업적

▶ 1. to make someone think or behave in a particular way
2. to get rid of something or deal with something such as a problem

- The people in power are **disposed** toward conservatism.
  권력을 가진 사람들은 보수적인 성향이 짙다.
- Method of **disposing of** the dead varied among the tribes.
  죽은 자를 처리하는 방식은 부족마다 달랐다.

DAY 01-3

정의 DEFINITION | 유사어휘군 SYNONYM·ANTONYM

0011 19+
precarious
[prikέəriəs]

17.가천대,명지대,중앙대
16.경찰1차,국민대/13.명지대
07.중앙대/06.항공대/05-2.경기대
05.경기대,중앙대
04-2.고려대/04.덕성여대
02.가톨릭대/00.건국대
99.행자부7급/98-2.숭실대
97.지방고시/94.서울대학원

【어원】prec(=pray)+ari+ous(형접) ➡ 아무 일 없기만을 비는 → 운에 맡기는 → 불확실한

A. 1. 불확실한, 운에 맡기는; 위험한 = unstable[N0244] insecure[D0477] uncertain[R0153]; hazardous[N0465] at risk[I01618] perilous[R0714]; unsafe[T0844]

2. 근거가 박약한, 확고하지 못한 = weak, unfounded, groundless, baseless

ad precariously 불확실하게, 불안하게 = insecurely[D0477]

0012 19+
alleviate
[əlí:vièit]

15.지방직9급,홍익대,한국외대
14.항공대,서울시7급/13.한성대
12.지방직7급/11.인천대/09.국민대
07.가톨릭대/06.경희대/05-2.중앙대
05.경희대/03-2.세종대/03.경기대
02.경기대/99.중앙대/94.한양대,사법시험

【연상】al<ad(=to)+lev(=light ➲ R173)+i+ate(=make) ➡ (고통을) 가볍게 하다 → 완화시키다

Vt. (고통을) 완화시키다, 경감하다 = relieve[R1734] assuage[T0136] mitigate[N0179] lessen[S0732] allay[R0165] palliate[T0137] soothe[N0764] relax, subdue, obtund, appease
↔ *aggravate*[N0114] *deteriorate*[N0113]

ⓝ alleviation 경감, 완화 = mitigation
alleviator 완화제, 완충기

관 진통제 : **painkiller, lenitive, anodyne, emollient** 피부완화제

0013 19+
capricious
[kəpríʃəs]

16.기상직7급,한양대/14.홍익대
12.단국대,숙명여대,이화여대/10.경희대
08.한국외대,세종대/07.이화여대
03-6.경찰/02.명지대/96.서울대학원
96.지방고시/95.한국외대
93.성균관대/89.행자부7급
01-2.계명대

【어원】cap(=head ➲ R183)+ric(=curl)+i+ous(형접) ➡ (머리가 제멋대로인) 곱슬머리 상태 → 변덕스러운

A. 1. 변덕스러운, 마음이 변하기 쉬운 = whimsical[T0162] fickle[T0161] mercurial[T0163] volatile[N0243] quicksilver, mutable

2. (날씨 따위가) 불규칙적인 = unpredictable, irregular, unstable

ⓝ caprice 변덕, 일시적 기분 = vagary[R2134]
ad capriciously 변덕스럽게

0014 19+
hinder
[híndər]

13.숙명여대
12.경기대,동덕여대,상명대,인천대
10.영남대/07.경원대
06.경희대,항공대/05.숭실대
00-10.경찰/98.총신대/96.광운대
93.기술고시/92.행자부7급
16.단국대/01.한국외대,외무고시

【어원】hind(=behind ➲ P044)+er ➡ 앞에 달리는 사람이 뒤에서(behind) 쫓아오는 사람의 진로를 방해하다

Vt. 방해하다, 저지하다 = block[T0831] retard[N0897] thwart[N0729] obstruct[P0521] impede[N0101] deter[N0102] hamper[N0189] cramp[N0596] inhibit[N0389] tie up[I00706] interfere with, encumber, prevent

*hinder A from ~ing A가 ~하는 것을 방해하다

ⓝ hindrance 방해, 장애; 장애물; 고장 = impediment[D0101] deterrence[D0102] obstacle, clog, obstruction, interference, interruption

관 **hind** [háind] 뒤쪽의, 후방의(=rear) ➲ P0441

0015 19+
dormant
[dɔ́:rmənt]

16.한국외대/14.성균관대/12.국민대
10.서울여대,국민대,동국대
08.이화여대,강남대/07.숭실대
05.중앙대/06.가톨릭대,경희대
05.서울여대,삼육대/05.법원직
02.고려대/01-2.명지대/00.명지대

【어원】dorm(=sleep ➲ R176)+ant(형접) ➡ 잠자는 것 같은 → 휴면상태의

A. 1. 휴면 상태의, 잠자는 (것 같은) = inactive[N0145] in a sleeping condition, resting[R0472] torpid, motionless

2. (능력 등이) 잠재하는; 잠복중인 = latent[R0514] potential

ⓝ dormancy 수면[휴면] 상태; 휴지 상태

관 **hibernate** [háibərnèit] 동면하다, 겨울잠을 자다; 칩거하다
↔ **aestivate** [éstəvèit] 여름잠을 자다; 피서하다

영영정의 및 예문
EXAMPLE

이미지 연상훈련
IMAGE TRAINING

▶ not certain or safe

- The establishment of apartheid created a **precarious** situation in Brazil.
  인종차별제도는 브라질의 정세를 불안정하게 만들었다. *apartheid 인종차별정책

- The bird's nest was **precarious** on the swaying branch.
  그 새 둥지는 흔들리는 가지 위에서 위태로웠다.

- The mountain climber rested **precariously** on a narrow ledge before continuing on.
  그 등산가는 산을 계속 오르기 전에 좁은 암벽 위에서 불안정하게 휴식을 취했다. *ledge 암붕

▶ to make something less severe or painful

- Pain-killing drugs are among the greatest advances in the history of medicine. Properly used, they can be a boon in **alleviating** suffering and in treating disease.
  진통제는 약의 역사에서 가장 위대한 진보 중 하나이다. 적절히 사용하면, 진통제는 고통을 완화시키고 질병을 치료하는데 도움이 될 수 있다. *pain-killing drug 진통제 boon 혜택, 이익

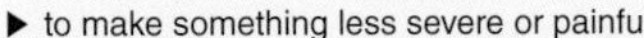

- Many economists argue that free trade is a magic bullet - the quickest way to fuel growth and **alleviate** poverty.
  많은 경제학자들은 자유무역이 마법의 총알, 즉 성장을 자극하고 빈곤을 완화하는 가장 빠른 방법이라고 주장한다.

▶ showing sudden changes in attitude or behaviour without any good reason

- The storm was **capricious** and changed course constantly.
  태풍은 변덕스러워서 거듭 진행 경로를 바꾸었다.

- My brother was so **capricious** that he constantly changed his political outlooks.
  나의 형은 너무나 변덕스러워 끊임없이 자신의 정치적 견해를 바꾸었다.

▶ to make it difficult for someone to do something or something to develop

- The storm **hindered** our progress.
  폭풍우로 인해 진행에 차질이 생겼다.

- Nothing shall **hinder** me **from** accomplishing my purpose.
  어떤 난관이 있어도 나는 내 목적을 이루고야 말겠다.

- The rigid labor market is one of the major **hindrances** to corporate investment.
  경직된 노동 시장이 기업 투자의 주된 장애요인 중 하나이다.

▶ not active now but having the ability to be active later

- Scientists discovered recently that the virus is **dormant** in most brain tissue.
  과학자들은 최근에 그 바이러스가 대부분의 뇌 조직에 잠복해 있다는 사실을 발견했다.
  *tissue (생물의) 조직

- The artist's talent for painting was **dormant** until his teacher discovered it.
  선생님이 깨우쳐 주기까지 그 화가의 그림에 대한 재능은 잠재되어 있었다.

- Many people disliked the plan, but opposition remained **dormant** because nobody could think of a better one.
  많은 사람들이 그 계획을 싫어했다. 그러나 반대자들은 그 누구도 더 좋은 계획을 생각해낼 수 없었기 때문에 잠자코 있었다. *opposition 반대파

정의 DEFINITION | 유사어휘군 SYNONYM·ANTONYM

0016 19+ **exhaust** [igzɔ́:st]

【어원】 ex(=out)+haust(=draw) ➡ (기운을) 밖으로 빼내다

10.법원직/03.고려대/02.건국대

Vt. 1. (자원 등을) 고갈시키다, 다 써버리다 = drain, use up, consume
2. **(체력을) 소모하다, 〈수동〉 몹시 지치다** = enervate, weaken; be used up, be tired out
3. **철저히 규명하다**
4. **(공기 · 가스 등을) 배출하다** *exhaust system(자동차 등의) 배기장치

06.건국대 — ⓐ exhausted 다 써버린, 고갈된; 지친, 기진맥진한 = extremely tired

14.서강대/08.영남대,한국외대 — exhausting 지치게 하는 = grueling[N0805] fatiguing

15.중앙대/12.숙명여대/11.중앙대 10.동덕여대/05.건국대/95.효성대 11.명지대 — exhaustive 철저히 규명하는; 소모적인 = thorough[R0397]

exhaustible 고갈시킬 수 있는, 다 사용할 수 있는

↔ inexhaustible 지칠 줄 모르는; 끈기있는 = untiring, indefatigable

12.국회8급/09.명지대 — ⓝ exhaustion 배출; 소모, 고갈; 기진맥진 = fatigue[D0816] tiredness, weariness, lassitude

08.건국대/04.동국대 — ⓐⓓ exhaustively 철저하게, 남김없이, 속속들이 = thoroughly[R0397] without omission[R0521]

0017 19+ **substantial** [səbstǽnʃəl]

【어원】 sub(=under)+stant(=stand ➲ R020)+ial(형접) ➡ 아래(근본)에 자리잡고 있는 → 중요한

17.이화여대/10.명지대/09.서강대/07.세무사 07.한국외대/04-2.성균관대/03.고려대 02.서울여대/00.변리사/98-2.숙명여대

A. 1. 상당한, 많은 = considerable[N0384] significant[D0040] large
2. **실재하는, 실질적인; 중요한** = real; important, major, valuable
3. **물질의** = material, physical, corporeal

16.한국외대 — ⓝ substance 물질, 내용; 요지; 실체; 중요성 = importance

02.서울여대 — ⓐⓓ substantially 상당히, 대폭적으로; 실질적으로 = greatly

ⓝ substantiality 실재성, 실질성; 본체, 실질/substantialism 실체론

13.서강대/10.단국대/05.경기대 — ⓐ substantive 실재하는; 본질적인; 중요한; 독립적인 = important, independent

07.성균관대/02.건국대 — ⓥ substantiate 실체화하다; 실증하다, 입증하다 = affirm

13.한성대/02.세종대 — 반 **insubstantial/unsubstantial** 실체가 없는, 비현실적인; 빈약한(=tenuous)

0018 18+ **affect** [əfékt]

【어원】 af<ad(=to, near)+fec<fect(=make ➲ R060) ➡ 1. ~에게 (변화를) 만들어 주다 → 영향을 미치다 2. ~에 가깝게 만들다

17.한양대/07.서강대,계명대/05.한양대 04-2.계명대/98.전남대/98.서울대학원 92.고려대학원

Vt. 1. ~에 영향을 미치다, 작용하다 = influence[R2173] have an effect on[D0056] cut across[I09312]
2. ~를 가장하다,~인 체하다 = feign[T0239] disguise, assume, pretend, make believe
3. **~을 즐겨 쓰다, 애호하다** = fancy, be fond of, have a liking for

13.한국외대 — ⓝ affection 애정, 애착; 질병, 질환; 영향 = attachment

16.서울여대/15.단국대/14.가천대 11.국민대/행정고시 02-2.단국대 — affectation 꾸미기, 가장 = hypocrisy[D0519] pretension[D0268] pretense[D0268] artificiality[D0908]

ⓐ affecting 감동시키는, 감격적인 = moving[R0581]

affective 감정의, 정서의 affected 잘난체 하는, 영향을 받은

affectionate 애정이 넘치는 ↔ *affectless* 무정한, 냉혹한

04-2.한성대 — 반 **unaffected** 자연스러운, 꾸밈없는; 영향을 받지 않은

09.이화여대 — **disaffect** ~에게 불만을 품게 하다, (실망하여) 배반케 하다(=estrange)

0019 18+ **scrutinize** [skrú:tənàiz]

【어원】 scrut(=examine ➲ R230)+in(=in)+ize(동접) ➡ 검사하다 → 세밀히 조사하다

14.중앙대/12.성균관대/11.한국외대 07.이화여대/04.가톨릭대/03.세종대 02-2.숙명여대,숭실대/01-2.명지대 99.행,외시/97-2.숭실대/97.시립대 91.서울대학원

V. 세밀히 조사하다, 철저히 검사하다, 유심히 보다 = examine, canvass[T0955] probe[N0741] overhaul[N0929] inspect[R0735] explore, delve into, winnow, investigate, inquire into, sift, comb through, search for, rummage, ransack, scan

13.고려대/11.경희대/02.중앙대/00.명지대 — ⓝ scrutiny 정밀한 조사[검사]; 감시, 감독 = close examination, analysis[T1102] check-over, going-over

*be under close scrutiny 엄밀한 조사를 받다, 밀착 감시하에 있다.

ⓝ scrutator 검사자 scrutineer 투표검사인

표 **up close and personal** (언론의) 밀착취재

0020 18+ **thrive** [θráiv]

【어원】 tribe(종족)이 번창하다 ➡ 절약(하여) 금융기관(에) 저축(하면) 번영(합니다)

11.경기대/08.고려대,전남대/07.동아대 05.서강대/03.세무사/00.행자부7급 97-2.총신대/95.서울대학원

Vi. 1. 번영하다, 번성하다 = prosper[D0657] flourish[N0229]
2. (사람 · 동식물이) 잘 자라다; 무성해지다 = grow vigorously[R1935]
3. 성공하다, 부자가 되다 = come to wealth, make a fortune

17.한양대/13.단국대/02-2.경기대 93.연세대학원/92.서울산업대 13.경기대/97.고려대학원/93.덕성여대 — ⓝ thrift 절약, 검약; 저축 금융기관; 번성, 무성 = frugality[D0174] economy, saving, husbandry

ⓐ thrifty 검약하는, 아끼는; 번성하는; 무성한 = frugal[N0174] economical[R2141] sparing, saving ↔ *thriftless*

97.총신대 — ⓐ thriving 번성하는, 무성한 = prosperous[N0657] flourishing, prospering

동 **tribe**[tráib] 부족, 종족; 대가족

영영정의 및 예문
EXAMPLE

이미지 연상훈련
IMAGE TRAINING

▶ 1. to use up something completely 2. to make someone feel extremely tired 3. to treat thoroughly 4. to let out or draw off

- The world's powerful nations have **exhausted** public resources in pursuit of their narrow interests.
  강대국들은 그들의 눈앞의 이익을 얻고자 공적 자원을 고갈시켰다.
- Tom was pretty much tired from the trip, but most people didn't think it was **exhausting** at all.
  톰은 그 여행으로 대단히 피곤했지만, 대부분은 전혀 그 여행이 피곤하다고는 생각하지 않았다.
- Only a handful of plants species have been **exhaustively** studied for their potential value as a source of drugs.
  소수의 식물 종만이 약의 재료로써 잠재적 가치를 위해 철저히 연구되어왔다.

▶ 1. large in size or value 2. important or real 3. relating to substance

- **Substantial** penalties will be charged whenever a customer withdraws funds from this account prior to the maturity date.
  만기일 전에 고객이 이 계좌에서 돈을 인출할 경우 상당액의 위약금이 부과될 것이다.
- Every effort was made to reduce the budget **substantially**.
  예산을 크게 줄이기 위해 모든 노력이 강구되었다.
- The lack of **substantive** discussion of serious issues is slowing down the project.
  심각한 문제들에 대한 실질적인 토론이 부족해서 그 계획이 늦어지고 있다.

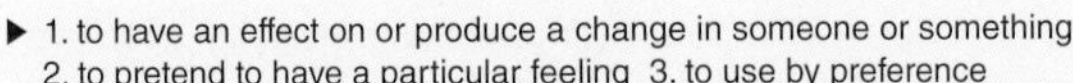
▶ 1. to have an effect on or produce a change in someone or something 2. to pretend to have a particular feeling 3. to use by preference

- Inflation, prolonged for several months, is bound to **affect** personal spending.
  여러 달 동안 지속되는 인플레이션은 개인 소비에 영향을 미치기 마련이다.
- To all problems concerning her family, she **affected** indifference.
  그녀의 가족과 관련된 모든 문제에 대해 그녀는 무관심한 척 했다.
- One of the most **affecting** pieces of the film shows soldiers standing around a mass grave.
  가장 감동적인 영화 장면들 중 하나는 군인들이 큰 무덤가에 둘러서 있는 장면이다.

▶ to examine carefully for accuracy

- The scientists **scrutinized** thousands of pages of computer printouts, looking for a clue to why the rocket had exploded.
  과학자들은 로켓이 왜 폭발했는지에 대한 단서를 찾으면서 수천 페이지에 달하는 컴퓨터 출력정보를 정밀하게 조사했다.
- I don't think her ideas will hold up under **scrutiny**.
  그녀의 아이디어가 철저한 조사를 버텨낼 거라고는 생각하지 않는다.

▶ to become successful, strong, or healthy

- Many animals **thrive** in the Serengeti plain.
  많은 동물들이 Serengeti 평원에서 번성하고 있다.
- I remember that **thrift** and saving were ideals which our parents considered important enough to urge upon us.
  나는 절약과 저축이 부모님께서 우리에게 강력히 권고할 정도로 중요히 여기신 이상이었음을 기억한다.

0021 17+

candid

E P S

[kǽndid]

14.홍익대/10.국가직9급/03-2.경기대
02.동국대/00-2.고려대/95.세종대
95.강남대/95.서울대학원

17.홍익대/10.서울여대
05.명지대.중앙대/04-2.가톨릭대
00-2.고려대.경원대.명지대/95.고려대

【어원】cand(=shining white)+id cf.candle (양초) ➡ 하얗게 빛나는 → 공정한 → (공정하면 숨길게 없으니) 솔직한

A. 1. 솔직한, 숨김없는, 거리낌 없는
= frank[T0237] forthright[N0795] sincere[T0238] truthful[T0710] outspoken[P0058] honest, plain, downright, outright

*candid camera 몰래카메라

2. 공정한, 공평한; 편견 없는
= righteous, upright, nonpartisan

ⓝ candor 1. 솔직, 정직; 성실
= honesty, frankness[T0237] sincerity[T0238] uprightness straightforwardness

2. 공평, 공명정대
= justice, rectitude, probity, righteousness, integrity, fairness, equity

ⓝ candidness 솔직, 정직

ad candidly 솔직하게

0022 17+

futile

F P

[fjúːtl, -tail]

16.국가지9급/13.한성대/11.경기대
09.국회직 9급/09.서강대
08.덕성여대.명지대/06.단국대
04-2.세종대/03-2.세종대/03.고려대
02.경희대.한국외대

05.고려대/95.경기대/94.홍익대

【어원】fut(=pour ➲ R126)+ile(형접) ➡ 쏟아 부은 → 효과없는, 무익한 → 시시한

A. (행동 등이) 효과 없는; 무익한
= vain[N0750] useless[R1770] unsuccessful[R0383] fruitless, resultless, no good, profitless

ⓝ futility 헛됨, 무익, 무용; 공허; 무익한 행동

ⓐ futilitarian 비관주의의 (사람), 시시한 취미에 열심인 (사람)

图 **fertile**[fə́ːrtl] 기름진, 비옥한; 다산의; 상상력이 풍부한 ➲ NO123

0023 17+

discrimination

E P

[diskrìmənéiʃən]

15.국회8급/14.서울시7급/07.경남7급
00.단국대/96-2.한성대
95.외무고시/93.기술고시

06.계명대/01-2.단국대

15.사회복지9급/14.국회8급
08.건국대/05.경희대
08.세종대/03.경기대/01-2.세종대

11.서강대

【어원】dis(=apart)+crimin(=separate ➲ R257)+a+tion(명접) ➡ 따로따로(apart) 떼어 놓는 것 → 구별 → 차별

N. 1. 구별, 식별(력), 안목
= distinction, distinguishment; insight, a good eye

2. 차별, 차별 대우
= differentiation[D0284] segregation

*reverse discrimination 역차별
↔ *equal treatment* 동등한 대우

ⓐ discriminating 구별할 수 있는; 식별력이 있는
= discerning[D0273]

↔ indistinguishable 구별할 수 없는

discriminatory/discriminative 차별적인

ⓥ discriminate 구별[식별]하다; 차별하다
= distinguish[N0096] separate; segregate

빈 **indiscriminate** 무차별의, 마구잡이의
= haphazard[R2422] indiscreet[D0095] promiscuous[T0975]

- **indiscriminately** 무차별적으로

0024 17+

negligible

F S

[néglidʒəbl]

14.고려대/10.지방직7급.상명대
08.이화여대/07.서울여대
93.서울대학원.경찰간부

13.광운대/11.성신여대/08.덕성여대

05-2.숭실대/05.경희대/97.변리사

04.고려대/00-2.인천대/96-2.인천대

【어원】neg(=not ➲ R234)+lig(=gather ➲ RO53)+ible(형접) ➡ 수확할 필요가 없을 만큼 사소한

A. 무시해도 좋은; 하찮은, 사소한
= slight[T1462] small, trivial, trifling, petty, paltry, fiddling, insignificant, unimportant

ⓥ neglect 게을리 하다, 소홀히 하다; 간과하다
= disregard[N0300]

ⓐ neglectful 소홀히 하는, 부주의한; 태만한

negligent 태만한, 부주의한
= careless[S0772] remiss[R0528] heedless, unheeding

ⓝ negligence 태만, 부주의; 무관심
= carelessness[S0772] heedlessness, inattention neglect, slackness; indifference

0025 17+

inadvertently

E F P

[ìnədvə́ːrtntli]

16.경기대/14.숙명여대/13.국민대
12.한국외대/06.세종대.국민대
01.경기대.변리사/96.기술고시/95.행정고시
93.고려대학원

09.서울시9급/07.대구대/06.성균관대
05-2.고려대/01-2.경기대

【연상】in(=not)+ad(=to)+vert(=turn ➲ RO55)+ent+ly ➡ ~를 향해(목적이 있어) 방향을 돌린 것이 아닌 → 우연히

Ad. 아무 생각 없이, 무심코; 우연히
= accidentally[D0314] unintentionally[D0225] unwittingly[R1423] involuntarily[D0376] casually

ⓐ inadvertent 1. 고의가 아닌, 우연의;
= unintentional[D0225]

2. 부주의한, 소홀한, 태만한
= thoughtless, inattentive, careless, heedless

빈 **advertent**[ædvə́ːrtnt] 주의 깊은(=careful)

- **advertently** 주의깊게

영영정의 및 예문
EXAMPLE

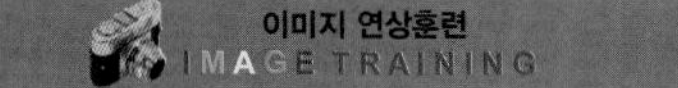

▶ speaking truthfully and honestly, even about something difficult

- I take it that you have been quite **candid** with me.
  전 당신이 저에게 대단히 솔직했다고 생각합니다.
- They were talking of personal matters with unusual **candor**.
  그들은 여느 때와 달리 허심탄회하게 개인적인 문제들에 관해 이야기를 나누고 있었다.

▶ producing no useful result

- It was **futile** to complain about the injustice of the system.
  제도의 불공정함을 불평하는 것은 쓸데없는 짓이었다.
- It is **futile** to argue with his mother once she made up her mind.
  그의 어머니는 한번 결정하시면 아무리 말해도 소용 없다.

▶ 1. the ability to recognize the difference between things
2. treatment of a person differently in an unfair way

- He is working hard to reduce racial **discrimination**.
  그는 인종차별을 줄이기 위해 열심히 노력하고 있다.
- Every **discriminating** person will accept the importance of an expressive, intelligently used vocabulary.
  식별력이 있는 사람은 표현력이 풍부하고 지적으로 사용되는 어휘의 중요성을 인정할 것이다.
- In the novel Silent Spring, Rachel Carson forcefully decried the **indiscriminate** use of pesticides.
  "고요한 봄"이라는 소설에서, 레이첼 카슨은 살충제의 무분별한 사용을 강력히 비난했다.

▶ very small and not worth considering

- If the subject deals with very basic principle, the difference is **negligible**.
  만일 그 주제가 아주 기초적인 원리를 다룬다면, 그 차이점은 대수롭지 않은 것이다.
- The number of patients dying from medical **negligence** is increasing every year.
  의료과실로 사망하는 환자들이 해마다 늘고 있다.
- As far as young people are given a choice of what to read, anything written before their time is bound to be **neglected**.
  젊은이들에게 무엇을 읽을 것인지 선택권이 주어지는 한, 그들의 시대 이전에 쓰인 어떤 것도 무시되기 마련이다.

▶ without knowledge or intention

- First I couldn't locate my math homework, but after a while I found it in my English notebook. I must have put it there **inadvertently**.
  처음에 나는 내 수학 숙제를 찾을 수가 없었지만, 잠시 후에 영어 공책 안에서 찾았다. 내가 무심코 거기에 놔둔 것이 분명했다.
- Unfortunately, I made an **inadvertent** remark about his failure while he was present.
  불행하게도 나는 그가 있는 자리에서 그가 낙제한 것에 대한 경솔한 언급을 했다.

Quick Review

0001
v

0002
d

0003
m

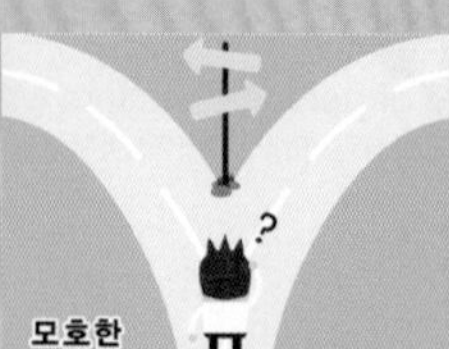

0004
a

0005
s

0006
o

0007
t

0008
l

0009
o

0010
d

0011
p

0012
a

0013
c

0014
h

0015
d

0016
e

0017
s

0018
a

0019
s

0020
t

0021
c

0022
f

0023
d

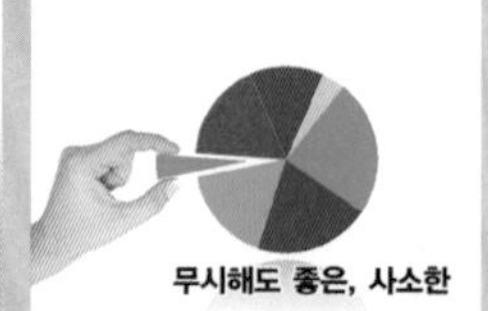

0024
n

0025
i

Answer 0001 **vulnerable** 0002 **depend on** 0003 **mandatory** 0004 **ambiguous** 0005 **susceptible**
0006 **obsolete** 0007 **tangible** 0008 **lucrative** 0009 **obscure** 0010 **dispose**
0011 **precarious** 0012 **alleviate** 0013 **capricious** 0014 **hinder** 0015 **dormant**
0016 **exhaust** 0017 **substantial** 0018 **affect** 0019 **scrutinize** 0020 **thrive**
0021 **candid** 0022 **futile** 0023 **discrimination** 0024 **negligible** 0025 **inadvertently**

Preview

DAY 02

0026

0027

0028

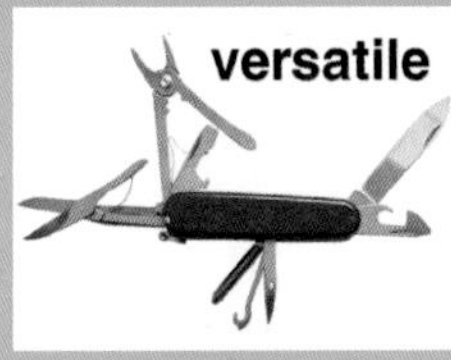

0029

0030

0031

0032

0033

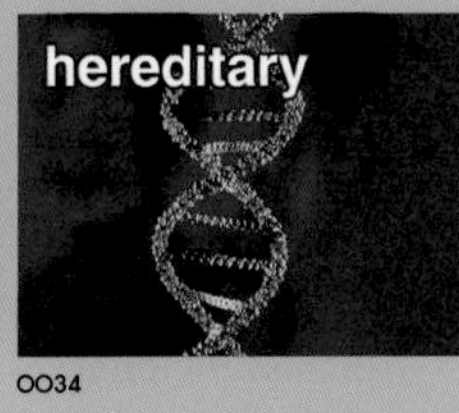

0034

0035

0036

0037

0038

0039

0040

0041

0042

0043

0044

0045

0046

0047

0048

0049

0050

Answer 0026 고치다 0027 꼼꼼한 0028 꼼꼼한 0029 만능의, 다용도의 0030 설명하다
0031 독점기사, 유일의 0032 억제하다 0033 익명의 0034 유전적인 0035 선례가 없는
0036 공평한 0037 편향된 0038 엉뚱한 0039 동종의/이질적인 0040 하찮은, 사소한
0041 존경, 인사 0042 버리다 0043 떠받치다, 부양하다 0044 유익한 0045 양자택일
0046 집요한 0047 뿌리째 뽑다 0048 손해를 입히는 0049 지배하다 0050 능가하다

▶ 유튜브 바로가기

정의 DEFINITION | 유사어휘군 SYNONYM·ANTONYM

0026 17+ **alter** [ɔ́:ltər]

17.경찰1차 13.건국대/12.이화여대/11.한양대 08.숭실대/07.이화여대/02.세무사 97.고려대학원/93.대신대/91.행정고시

【어원】 alter(=other ➲ R194) ➡ 다른 것으로 만들다 → 바꾸다 → 고치다 → 변하다

Vt. 바꾸다, 고치다 = change, shift[N0734] modify[R0631] tamper with[N0496] transform, correct, amend, rectify, revise, reverse, convert, vary

Vi. 변하다, 바뀌다 = change, vary

ⓐ alterable 바뀔 수 있는 ↔ *unalterable*

alterative 변화를 촉진하는 alterant 변화시키는; n. 염색제

17.가천대/11.서울여대/01.강남대/94.연세대학원 ⓝ alteration 변경, 개조, 수정 = shift[N0734] renovation[D0820]

17.경기대/15.국민대/14.서울여대

반 **unalterable**[ʌnɔ́:ltərəbl] 바꿀 수 없는, 불변의 = immutable

혼 **altar**[ɔ́:ltər] 제단 **altercate**[ɔ́:ltərkèit] 격렬하게 논쟁하다

0027 17+ **meticulous** [mətíkjuləs]

17.이화여대/13.명지대/11.성균관대/10.한성대 07.숭실대,동국대/07.공인노무사 97.세무사/04.세종대/03-2.경기대

【어원】 met(=measure ➲ R224)+icul+ous(형접) ➡ 꼼꼼이 자로 재면서 하는 → 세심한 → 소심한

A. 1. 세심한, 꼼꼼한, 신중한 = very careful[S0772] scrupulous[N0028] particular[R1096] punctilious[R1209] fastidious[N0366] precise

2. 작은 일에 신경을 쓰는; 소심한, 좀스러운 = overscrupulous[D0028] fussy

17.단국대/15.국가직9급/05-2.고려대,세종대 01-2.고려대/99.공인회계사 ⓐⓓ meticulously 좀스럽게, 꼼꼼하게 = carefully[S0772] scrupulously[D0028] precisely, nicely

07.감정평가사 ⓝ meticulousness 세심함, 꼼꼼함

혼 **meretricious**[mèrətríʃəs] (물건 등이) 저속한, 겉만 화려한(=garish, gaudy, tawdry)

0028 17+ **scrupulous** [skrú:pjuləs]

17.상명대/16.중앙대/14.동덕여대/13.한국외대 09.한국외대,대구대/06.고려대 01-2.단국대/97-2.건국대/96.숙명여대 사법시험

【어원】 scrup(=examine ➲ R230)+ul+ous(형접) ➡ 꼼꼼히 검사하는

A. 1. 꼼꼼한, 세심한, 용의주도한 = exact[R0650] careful[S0772] meticulous[N0027] punctilious

2. 양심적인, 성실한 = conscientious[R1441] honest

ⓐⓓ scrupulously 꼼꼼하게 = meticulously[D0027]

16.국회8급/12.경희대/10.중앙대 08.고려대/01-2.단국대

반 **unscrupulous** 비도덕적인, 비양심적인 관 **overscrupulous** 너무 세심한

0029 17+ **versatile** [və́:rsətl, -tail]

14.법원직/13.기상직9급,경희대/11.중앙대 10.경기대,서울여대/09.국가직7급,명지대 05.성균관대/05-2.항공대/01.세종대 00-2.강남대/85.연세대학원/경찰간부

【어원】 vers(=turn ➲ R055)+at+ile(형접) ➡ 여러 군데로 관심을 돌리는 → 다방면의

A. 다재다능한, 만능의; 다용도의 = many-sided, all-round, multifaced protean[T0057] various, almighty; all-purpose, multipurpose, miscellaneous

06.성균관대 ⓝ versatility 융통성, 다재다능

99.서울대학원

관 **versed**[və́:rst] ~에 숙달한, 정통한 *well versed in ~에 정통한

conversant[kənvə́:rsənt] ~에 정통한, 친한

표 **jack of all trades** 팔방미인, 만물박사 ➲ I3403

0030 17+ **account** [əkáunt]

16.지방직9급/10.국민대 09.성균관대,광운대 08.성균관대,전남대 06.광운대/97.세종대 89.86.행자부9급

【어원】 ac<ad(=to)+count(=reckon ➲ R223) ➡ 숫자를 세다 → 1. 설명하다 2. 득점하다

Vi. 1. (이유를) 설명하다, 밝히다[for] = explain[P0035]

2. 비율을 차지하다[for]

3. 책임을 지다[for] = be responsible for

Vt. ~이라고 간주하다 = consider, regard

N. 1. 서술, 이야기, 기사 = statement, tale

2. 변명, 설명; 이유, 근거, 동기 = explanation, narrative; grounds

3. 예금계좌, 계정; 신용거래; 고객; (pl.) 계산서 = balance 계정

08.경희대/03.중앙대 ⓐ accountable 책임이 있는 = responsible[N0304] ↔ *unaccountable* 이해할 수 없는

14.명지대/13.성균관대 ⓝ accountability 책임, 의무 = responsibility[D0304]

02.입법고시 ⓝ accountant 회계원, 공인회계사 accounting 회계학, 경리, 결산, 정산

표 **take into account** 고려하다, 참작하다(=make allowance for) ➲ I03729

↔ **do not take into account** 고려하지 않다(=discount) ➲ I03729

on account of ~때문에 ➲ I00431

on no account 무슨 일이 있어도; 결코 ~(하지) 않는 **on your account** 너의 체면을 보아서

영영정의 및 예문
EXAMPLE

이미지 연상훈련
IMAGE TRAINING

▶ to make something change; to change

- The advent of the automobile may have **altered** the growth pattern of the city.
  자동차의 출현이 도시의 성장패턴을 바꾸었는지도 모른다.
- Nothing has **altered** since she left.
  그녀가 떠난 후 바뀐 건 하나도 없었다.
- The house needed extensive **alterations** when we moved in.
  우리가 이사 왔을 때 그 집은 광범위한 개조가 필요했다.

▶ extremely careful and concerned with every detail

- Mr. John is **meticulous** about his appearance. He never has a wrinkle in his clothes or a hair out of place.
  존 씨는 외모에 무척 신경을 쓴다. 옷에는 주름하나 없고 머리카락 한 올 흐트러진 데가 없다.
  *wrinkle 주름 not have a hair out of place 머리카락 한 올 흐트러진 데가 없다
- The painting had been executed with **meticulous** attention to detail.
  그 그림은 세부적인 곳까지 세심한 주의를 기울여 완성되었다.

▶ 1. very careful about paying attention to detail 2. very careful to be honest

- My boyfriend is very smart, but too **scrupulous**.
  내 남자친구는 똑똑하긴 하지만 지나치게 꼼꼼하다.
- He is a sharp but fairly **scrupulous** businessman.
  그는 예리하지만 꽤 양심적인 사업가이다.
- You have to look out for **unscrupulous** salesmen if you buy a used car from a car dealer.
  자동차 판매원에게서 중고차를 구매한다면 비양심적인 판매원을 주의해야 한다.

▶ having many different skills or uses

- They need a **versatile** actor who can play many different roles.
  그들은 다양한 배역들을 소화할 수 있는 다재다능한 배우를 원한다.
- Behind aluminum's **versatility** lie the properties so various that they almost seem to belong to several different metals.
  알루미늄의 다양한 용도 뒤에는 마치 몇 가지 서로 다른 금속의 것처럼 보이는 매우 다양한 속성들이 있다.

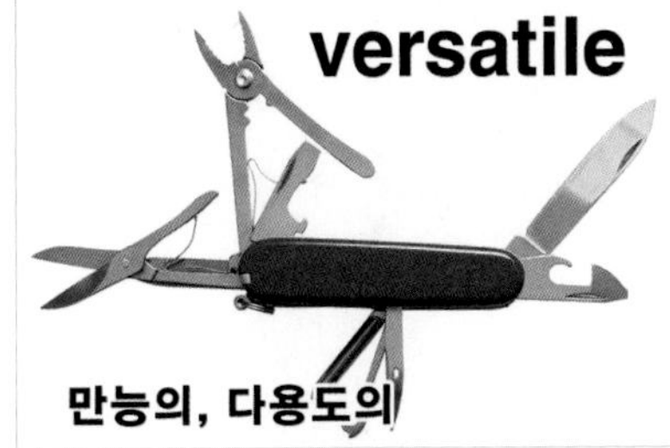

▶ 1. to give a clear explanation of something
2. to form a particular proportion of something

- The old theory cannot **account for** this phenomenon.
  그 오래된 이론은 이러한 현상을 설명할 수 없다.
- Foreign workers **account for** nearly 30 percent of our workforce.
  외국인 근로자가 우리 인력의 거의 30%를 차지한다.
- This book contains an authentic **account** of the battle.
  이 책은 그 전쟁이 일어난 진짜 이유를 담고 있다. *authentic 진짜의

정의 DEFINITION | 유사어휘군 SYNONYM·ANTONYM

0031 exclusive
17+ E F P

[ikskluː́siv]

【어원】 ex(=out)+clus(=shut ➲ R138)+ive(형접) ➡ 밖에서 안으로 못 들어오게 차단하다 → 추방하다 → 제외하다

95.변리사
A. 1. 유일의, 하나밖에 없는 = sole[P0586] unique, only
2. 독점적인, 배타[배제]적인; 특권층의 = monopolistic; restricted
N. 독점기사, 특종 = scoop

14.명지대/13.경희대/09.고려대
04.동아대/03.계명대
12.서울여대/11.세종대/07.국민대
ⓐⓓ exclusively 배타적으로, 오로지 = only, solely[P0586]
ⓝ exclusion 제외, 배제, 추방; 입국거부 = ostracism[T0542]

15.지방직9급/12.홍익대/97-3.경찰
96.공인회계사
15.국회8급
ⓥ exclude 제외[배제]하다; 제명하다, 추방하다 = rule out[R2531] eliminate[N0064] remove; oust, banish
nonexclusive 배타적이지 않은, 독점이 아닌

14.경기대
반 **inclusive** [inkluː́siv] ~을 포함하여, ~을 넣어

12.가천대/15.중앙대
- **include** 포함하다(=encompass), 넣다 - **inclusion** 포함, 함유

0032 restrain
16+ E P S

[ristréin]

【어원】 re(=back)+strain(=bind, tie ➲ R027) ➡ (때리고 싶어 근질거리는 손을) 뒤로 묶다 → 억제하다 → 감금하다

16.성균관대/13.경기대/11.국민대
07.고려대, 경희대/02-2.경기대
98.서울대학원/93.고려대학원
Vt. 1. (감정·욕망 등을) 억제하다[oneself] = hold back[I04210] inhibit[D0389] curb[N0190] suppress, repress
2. 구속[감금]하다 = detain, imprison, confine, incarcerate, intern, keep ~ in custody, lock up, jail
3. 제지하다; 단념시키다 = deter[N0102] prevent, obstruct, hinder, inhibit; dissuade, discourage

14.서강대/13.성균관대/11.광운대
ⓝ restraint 자제, 억제; 금지; 구속
ⓐ restrained 삼가는, 자제된; 차분한

13.인천대/12.홍익대/06.항공대
96-2.건국대
반 **unrestrained** 억제되지 않은; 삼가지 않는 = unchecked[T1254] unbridled[T1244]

0033 anonymous
16+ E F S

[ənɑ́nəməs]

【어원】 an(=without)+onym(=name ➲ R093)+ous(형접) ➡ 이름이 없는 → 작자 불명의 → 익명의

13.이화여대/06.경북9급, 한양대
04-2.고려대/01.건국대/99.명지대
96.사법시험/95.세종대/91.행자부7급
A. 1. 작자불명의, 신원불명의 = unidentified[D0203] unknown
2. 익명의, 이름을 안 밝히는 = incognito, innominate, pseudonymous

16.한국산업기술대, 한성대/11.지방직9급
07.경기대/06.숙명여대
ⓝ anonym 익명, 무명씨 = pseudonym, cryptonym
anonymity 익명, 무명, 정체불명 = obscurity[D0009] namelessness

06.경희대
ⓐⓓ anonymously 익명으로

동 **cryptonym** [kríptənim] 익명(=anonym) ➲ R0860
관 **pseudonym** [súːdənim] (작가의) 가명, 필명 ➲ N0720

0034 hereditary
16+ F P S

[hərédətèri]

【어원】 her(=heir ➲ R161)+editary ➡ 상속받은, 물려받은 → 유전적인

09.한양대/08.광운대
06.경희대, 성균관대
99-2.명지대/99.서울여대
98.성균관대/97-2.경희대
A. 1. 유전성의, 유전하는, 유전적인 = genetically passed, genetic[R1604] transmissible, heritable
↔ *acquired* 후천적인
2. 상속권에 의한, 세습의

16.성균관대/13.중앙대/10.명지대
07.서경대, 계명대
05-2.중앙대/97-2.총신대
ⓝ heredity 유전(성); 유전적 특질; 상속, 세습 = genetics[R1604] inheritance[D0697]
hereditament 상속 (가능) 재산; 부동산

0035 unprecedented
16+ E P

[ʌnprésədèntid]

【어원】 un(=not)+pre(=before)+ced(=go ➲ R038)+ent+ed ➡ 이전에 가 보지(있지) 못했던 → 전례가 없는

17.이화여대/16.국가직9급/11.강남대
08.대구대, 성신여대/07.단국대/06.서강대/04.01-2.경희대
10.상명대/03-2.고려대/01.행,외시
A. 전례가 없는, 미증유의 = unparalleled[D0915] unexampled[P0037] unsurpassed[D0050] unheard-of, record-breaking, exceptional

ⓝ precedent 선례, 전례, 관례, (법) 판례 = guide, usual practice; leading case
a. 이전의; 선행하는, 앞선 = preceding, previous, antecedent, prior, former

13.12.이화여대
precedence 우선(함), 선행; 상석

14.지방직9급/90.서울대학원
ⓥ precede 앞서다; 먼저 일어나다; 우선하다
ⓐⓓ precedently 전에, 이전에; 미리 = previously, formerly; beforehand
ⓐ preceding 이전의, 선행의

반 **precedented** 전례가 있는; 전례로서 지지되는

영영정의 및 예문
EXAMPLE

이미지 연상훈련
IMAGE TRAINING

▶ not shared with others

- However, **exclusive** news content is not always a **scoop**, as it may not provide the requisite information or excitement.
  그러나 독점기사가 항상 특종이 되는 것은 아니다. 그것이 필요한 정보나 자극적인 기사를 전달하지 않을 수도 있기 때문이다.
- He was really irritated at his **exclusion from** the conference.
  그는 자신이 회의에서 배제되었다는 것에 참으로 화가 났다.
- Hair is found **exclusively** in mammals.
  털은 오로지 포유동물에게서만 볼 수 있다.

▶ 1. to control your own emotions or behaviour
2. to physically control the movements of someone
3. to stop someone from doing something, often by using physical force

- She barely managed to **restrain herself from** eating more.
  그녀는 조금 더 먹고 싶은 욕구를 간신히 억눌렀다.
- Between Elizabeth and Charlotte there was a **restraint** which kept them mutually silent on the subject.
  엘리자베스와 샬로트는 그 문제에 대해서 서로 입다물고 있기로 했다.
- His speech earned him **unrestrained** criticism from the opposition parties.
  그의 연설은 상대 정당으로부터 무제한적인 비판을 받았다.

▶ having no known name or identity

- Perhaps Aesop wrote this story, perhaps not. This story is **anonymous**.
  이 이야기는 이솝이 썼을 수도 있고 아닐 수도 있다. 이 이야기는 작자 불명이다.
- The professor received an **anonymous** letter.
  그 교수는 익명의 편지 한 통을 받았다.
- He spoke on condition of **anonymity** because he was not authorized to talk to the media.
  그는 언론에 말할 권한이 없었기 때문에 익명을 조건으로 말했다.

▶ 1. passed from a parent to a child in their genes
2. passed from a parent to their child as a right

- Are the differences we observe in intelligence due to **hereditary** or environmental influences?
  지능이 사람마다 다른 것은 유전에 기인하는가 아니면 환경적 영향에 기인하는가?
- Mr. Mendel conceived of the laws of **heredity** from observing the growth of peas.
  멘델은 완두콩의 성장을 관찰하여 유전 법칙을 생각해 냈다.

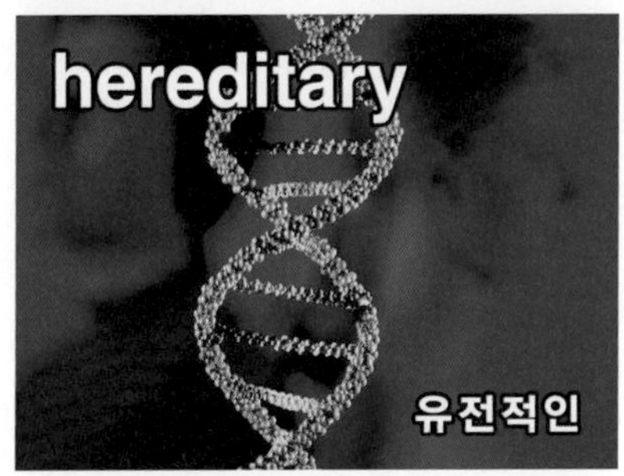

▶ never having happened before

- The president pledged **unprecedented** support for the growth of small and midsize businesses.
  대통령은 중소기업 육성을 위한 사상 유례 없는 지원을 약속했다.
- The judges are worrying about setting a **precedent** for the transsexual issues.
  판사들은 성전환 문제에 대한 선례를 남기는 것에 대해 고민하고 있다.
- Faith is an instinct, for it **precedes** all outward instruction.
  믿음은 본능이다. 모든 외부의 가르침보다 앞서기 때문이다.

정의 DEFINITION	유사어휘군 SYNONYM·ANTONYM

0036 15+ **impartial** [impάːrʃəl]

14.산업기술대/13.서울시7급/11.경원대 10.경희대/08.경원대,건국대 06.울산시9급/05.고려대

【연상】 im<in(=not)+part(=part ➲ R109)+ial(형접) ➡ 일부분(part)에 치우치지 않는 → 공평한

A. 치우치지 않은, 편견이 없는; 공평한 = fair[T0721] unbiased[D0037] unprejudiced[D0649] equitable[N0549] fair-minded, open-minded, dispassionate ↔ *biased*, *gonzo*

14.경찰1차,2차/03-2.세종대 01.홍익대/95.세종대/92.용인대

ⓝ impartiality 공평무사, 공명정대

07.단국대

반 **partial**[pάːrʃəl] 불공평한, 편파적인; 유달리 좋아하는
*be partial to ~을 편애하다. ~를 몹시(특히) 좋아하다(=have a strong liking for)
- **partiality** 편파, 편견, 불공평, 편애(=preference); ~을 매우 좋아함[for]

0037 15+ **biased** [báiəst]

13.이화여대/12.홍익대 08.국가직9급/08.이화여대/03.덕성여대 97.숙명여대/95.홍익대

【어원】 bias(=slant)+ed(형접) ➡ 마음이 삐딱하게 기울어진(slant)

A. 1. 편향된, 치우친 = weighted[P0059(9)] partial[D0036] jaundiced[T1256] prejudiced, inequitable, unfair, unjust

2. 편견을 지닌 = gonzo

07.국민대/00-2.대구대 96.공인회계사

ⓝ bias[báiəs] 선입견, 편견; 경향, 성향 = prejudice[N0649] partiality, prejudgment, preconception

15.상명대/14.산업기술대 11,08.경원대/90.서울대학원

반 **unbias(s)ed**[ʌnbáiəst] 선입관 · 편견이 없는; 편파적이 아닌, 공평한(=equitable, impartial)

0038 15+ **irrelevant** [iréləvənt]

16.한양대,산업기술대/05-2.가톨릭대 02.계명대/98.세종대/95.홍익대/96.청주대

【어원】 ir<in(=not)+re(강조)+lev(=right, lift up ➲ R173)+ant ➡ 지렛대로 들어서 맞추지 않은

A. (주제와) 무관계한, 엉뚱한, 부적절한[to] = inappropriate[R0024] beside the point[R1201] unrelated[R0511] extraneous[N0375] having nothing to do with[I04304]

16.광운대

ⓝ irrelevance 무관계, 부적절

14.한국외대/12.숙명여대/04.광운대 99-2.홍익대/97.부산외대

반 **relevant**[réləvənt] (당면 문제에) 관련된; 적절한, 타당한[to](=pertinent, germane)
- **relevance** 관련성, 적합성, 타당성
표 **wide of the mark** 빗나간(=beside the mark) ➲ I02401
beside the point 핵심에서 벗어나 ➲ I02401

0039 15+ **homogeneous** [hòumədʒíːniəs]

17.이화여대/14.숭실대/08.경기도9급 05-2.항공대/02.성균관대,덕성여대 98-2.광운대/94.변리사/92.한국외대

【어원】 homo(=same)+gen(=kind ➲ R160)+e+ous(형접) ➡ 같은 종류인 → 동종의

A. 같은 종류의 것으로 된, 동종의, 균질의 = similar[N0425] identical[N0203] same kind, kindred

08.중앙대

ⓝ homogeneity 동종, 동질(성), 균질 ↔ *heterogeneity*

07.서울여대

ⓥ homogenize 균질화하다, 통일하다

15.중앙대/05.성균관대/98.한국외대

반 **heterogeneous**[hètərədʒíːniəs] 이종의, 이질적인(=diverse, xenogeneic)

15.숭실대

- **heterogeneity** 이종, 이류

0040 15+ **insignificant** [insignífikənt]

14.단국대/12.강남대,성균관대 02.입법고시,변리사/96.지방고시

【어원】 in(=not)+sign(=mark, sign ➲ R098)+i+fic(=make ➲ R060)+ant(형접) ➡ 특별한 표시가 없는

A. 중요하지 않은, 하찮은, 사소한 = unimportant[T1460] nominal[N0357] marginal[N0905] trivial[N0211] petty, trifling, piddling, inconsiderable

13.가천대

ⓝ insignificance 하찮음, 사소함 = unimportance, worthlessness, valueless lightness, triviality, triflingness

16.법원직/12.한국외대/11.성신여대 10.동덕여대/08.서울여대

반 **significant** 중요한, 의미 있는, 상당한 = monumental[R1457] appreciable[D0239] important, momentous, meaning

14.상명대

- **significantly** 현저하게

14.가천대

- **significance** 중요, 중요성; 의미 있음; 의미, 취지

영영정의 및 예문
EXAMPLE

이미지 연상훈련
IMAGE TRAINING

▶ not prejudiced towards or against any particular side or party

- Beverly tried to be an **impartial** judge at the beauty contest, but in the end she couldn't help selecting her own daughter to be the new May Queen.
  비버리는 미인 대회에서 공평한 심사를 하려고 했지만 결국 자신의 딸을 새로운 5월의 여왕으로 선택할 수밖에 없었다.
- Try to remain **impartial** until you have heard both sides of the story.
  양쪽의 이야기를 다 듣기 전까지는 공정함을 유지하시오.

▶ having a tendency to like or dislike a particular person or thing in an unfair way

- A judge should not be **biased**, but rather she should weigh the evidence before making up her mind on any aspect of the case.
  판사는 편견에 치우쳐선 안 되며, 오히려 사건의 어떤 면에 관한 것이든 결정을 하기 전에 증거를 심사숙고해야 한다. *weigh 심사숙고하다 make up one's mind 결정하다
- The juror showed no **bias**.
  그 배심원은 어떤 선입견도 보이지 않았다.
- I don't think it is **unbiased** of the teacher to flunk my biology exam.
  나는 그 교수님이 내 생물학 시험에 낙제점수를 준 것이 공평하다고 생각하지 않는다.

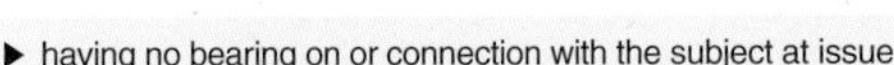

▶ having no bearing on or connection with the subject at issue

- Do not obfuscate the issues by dragging in **irrelevant** argument.
  무관한 주장을 끌어들여서 논점을 흐리지 마시오. *obfuscate 흐리게 하다
- That matter was totally **irrelevant to** the discussion at hand.
  그 문제는 당해의 논의와는 전적으로 관계없다.
- The witness said that he had the pertinent information that was **relevant to** the case.
  증인은 그 사건과 관계가 있는 관련정보를 갖고 있다고 말했다.

▶ consisting of things or people that are all of the same or similar kind

- In a **homogeneous** culture such as that of Iceland, minority problems lack the immediacy they have in the multicultural United States.

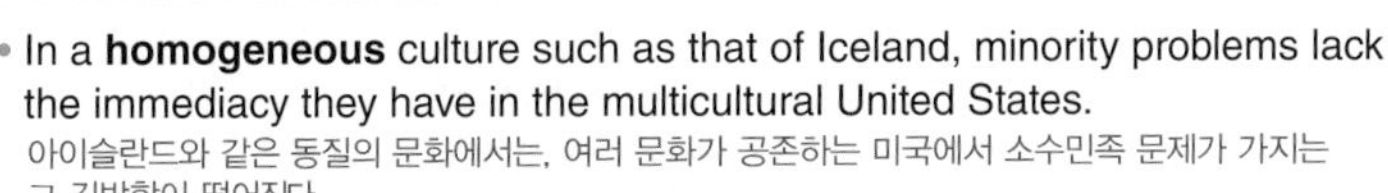

  아이슬란드와 같은 동질의 문화에서는, 여러 문화가 공존하는 미국에서 소수민족 문제가 가지는 그 긴박함이 떨어진다.
- In such a **heterogeneous** grouping, a wide range of talent must be expected.
  그러한 이질적인 것을 분류할 때는 반드시 광범위한 재능이 요구된다. *range 범위

▶ having little or no importance

- They talked about **insignificant** matters.
  그들은 사소한 문제들에 대해 얘기했다.
- It is a matter of **insignificance**.
  그건 중요하지 않은 문제야.
- When something has a **significant** effect, we would consider that effect to be a appreciable one.
  어떤 일이 중대한 영향을 미칠 때, 우리는 그 영향이 상당한 것이라고 여길 것이다.

DAY 02-4

정의 DEFINITION | 유사어휘군 SYNONYM·ANTONYM

0041 15+ **respect** [rispékt]

17.한국외대/01.서강대/01-2.고려대 98-2.성균관대/97.서울시립대 94.입법고시

【어원】re(=again, 강조)+spect(=look, see ⊃ R073) ➡ 1. 다시 한번 바라봄 → 존경, 경의 2. (다시 만나서 하는 것) 안부 인사 3. 강하게(자세하게) 보는 것 → 세목, 사항

N. 1. 존경, 경의; 중시; 주의, 관심, 고려 = deference[D0159] reverence, veneration
2. (pl.) 인사, 안부 = greeting, salutation, regards
3. 〈in ~〉 점(point), 사항, 세목 = facet[R1841] item, article, particulars, detail
*in every respect 모든 면에서
Vt. 존경하다; 고려하다; 유의하다 = look up to[I07704] esteem[N0210] revere[T0482] adore, admire
ⓐ respectful 경의를 표하는, 공손한 ↔ *disrespectful* 무례한, 실례되는

11.사회복지9급/99.국민대/경찰승진

respectable 존경할 만한; 품행이 방정한 = adorable

14.지방교행/06.서울시교행/05.아주대
혼 **respective**[rispéktiv] 각각의, 각자의 = each, individual, several
91.서울대학원
respecting *prep.* ~에 관하여[대하여] = concerning, regarding, about
03-7.경찰/94.사법시험
irrespective of ~에 상관없이 = without regard to[D0300] regardless of[D0300]

0042 15+ **abandon** [əbǽndən]

16.기상직9급.한국외대/15.경기대 12.경희대/11.한양대/07.계명대.강남대 04-2.동국대/04.경기대/00-2.홍익대 98.고려대학원/94.서울대학원

【어원】a(not)+band(=band ⊃ R026)+on ➡ 끈(이음)을 없애다 → 버리다

Vt. 1. (계획·습관 등을) 그만두다, 단념하다 = give up[I03903] relinquish[N0143]
2. (사람·집·지위 등을) 버리다, 유기하다 = desert[N0386] discard[N0570] forsake[T0544]
N. 방종, 탐닉

95.협성대
*Rats abandon a sinking ship. 〈속담〉 쥐도 가라앉는 배는 버리는 법이다.
13.한성대
ⓝ abandonment 버림, 유기
ⓐ abandoned 버려진, 황폐한(=desolate, deserted)

0043 15+ **sustain** [səstéin]

16.경기대/15.국민대/13.지방직7급 07.단국대/06.숭실대/01-2.서울여대 00.동아대

【어원】sus<sub(=under)+tain(=hold ⊃ R009) ➡ 아래에서 떠받치다

Vt. 1. 떠받치다, 지탱하다; 부양하다 = support, prop up, shore up[T1156] bear; fend for, feed, nurture
2. 지속하다, 유지하다 = maintain[R0091] continue[P0465] endure, last
3. (피해·손실등을) 입다, 경험하다 = suffer, undergo

12.가톨릭대/11.충남교행.동국대.경희대
ⓐ sustainable 지탱[유지]할 수 있는, 견딜 수 있는
14.성균관대
sustained 한결같은, 일관된 = constant[N0411]
17.산업기술대/07.건국대
ⓝ sustainability 지속 능력, 유지 능력
sustenance 생계, 생활; 음식; 영양(물), 자양
16.항공대
반 **unsustainable** 지속 불가능한

0044 15+ **beneficial** [bènəfíʃəl]

13.이화여대/08.단국대/07.서울시7급 00.행자부9급/97.덕성여대

【어원】bene(=good)+fic(=make ⊃ R060)+ial(형접) ➡ 좋게 만드는 → 유익한

A. 유익한, 유리한, 유용한[to] = salutary[R0469(1)] helpful, favorable, useful, profitable

13.건국대/98.입법고시
ⓐ beneficent 자선심이 많은, 인정 많은; 이익이 되는
beneficence 선행, 은혜, 자선
14.경찰2차/13.성균관대/12.성신여대 05-2.경기대/05.광운대
ⓝ benefit 이익, 이득; 선행, 좋은 일; 연금; 이득을 보다
02.경희대
*retirement benefit 퇴직 수당, 연금(=pension)
05.서울시9급/04.입법고시
beneficiary 수익자; 연금수령인(=recipient)
혼 **benefactor** (학교·병원·자선기관의) 후원자(=patron), 선행자 ⊃ R0606

0045 15+ **alternative** [ɔːltə́ːrnətiv]

16.서울시9급/06.국민대/03.계명대 01-3,97-5.경찰/99.세무사 93.행자부7급/91,96.서울대학원

【어원】alter(=other ⊃ R194)+nat(=born)+ive(형접) ➡ 다른 것과 번갈아 하는 → 선택적인, 대안의

N. 양자택일; 대안 = other choice[T0800] counterplan
A. 양자택일인, 선택적인; 대신하는 = optional, selective; vicarious

18.서울시9급/13.단국대
ⓐⓓ alternatively 양자택일로
07.영남대/99.세무사/98.건국대
ⓥ alternate 교대로 일어나다; 번갈아 하다(=interchange); 교체하다, 교대시키다
ⓐ alternant 번갈아서 하는, 교대의
ⓝ alternation 교대

영영정의 및 예문
EXAMPLE

이미지 연상훈련
IMAGE TRAINING

▶ N. 1. a feeling of admiration or esteem 2. polite greetings 3. a detail or point
V. to show respect to someone

- Children have no **respect** for their elders nowadays.
  요즘에는 아이들이 어른들에 대한 존경심이 없다.
- The company's product is the best **in every respect**.
  그 회사의 제품은 모든 면에서 최고이다.
- The choir stood in three rows according to their **respective** heights.
  그 성가대는 각자의 키에 맞추어 세 줄로 섰다.
- They send information every week, **irrespective of** whether it is useful or not.
  그들은 정보가 유용하든 유용하지 않든, 상관없이 매주 정보를 보낸다.

▶ 1. to stop doing something 2. to leave a place, thing, or someone

- Finally he gave the order to **abandon** the ship.
  그는 마침내 배를 버리고 떠나라는 명령을 내렸다.
- As a baby he'd **been abandoned by** his parents.
  그는 아기였을 때 부모로부터 버림을 받았다.
- **Rats abandon a sinking ship.**
  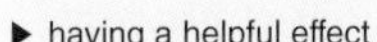〈격언〉 쥐도 가라앉는 배는 버리는 법이다.

▶ 1. to support someone or something 2. to make something continue for a long time
▶ 3. to suffer damage or an injury

- To **sustain** the growth, more tax revenues were needed despite mounting protests.
  성장을 지속하기 위해 거센 반대에도 불구하고 보다 많은 세수가 필요했다. * revenue 세입
- Sometimes it takes more than love to **sustain** a marriage.
  때때로 결혼생활을 유지하기 위해서는 사랑 이상의 것이 필요하다.
- Despite the recent turnaround in the economy, the **sustainability** of the rebound is questionable.
  최근 경기가 호전되긴 했지만, 경기 회복에의 지속가능성은 확실치 않다.

▶ having a helpful effect

- Foxes are known for their raids on poultry, but are nonetheless very **beneficial to** farmers because they destroy rodents.
  여우는 가금을 급습하는 것으로 잘 알려져 있으나 그럼에도 불구하고 설치 동물을 괴멸시켜 주기 때문에 농부들에게는 이롭다.
- He was well-known as a **beneficent** old man in the village.
  그는 마을에서 인정 많은 노인으로 잘 알려져 있었다.
- The rich may be the main **beneficiaries** of the tax cuts.
  부유층이 세금 감면의 최대 수혜자일 것이다.

▶ the choice between two possibilities

- Several **alternatives** to the manager's proposal were suggested.
  그 매니저의 제안에 대한 몇몇 대안들이 제시되었다.
- Custody of the child was to **alternate** between the mother and the father.
  그 아이를 보호하는 일은 그 부모가 번갈아 가며 해야 했다.

정의 DEFINITION	유사어휘군 SYNONYM·ANTONYM

0046 15+ **tenacious** [tənéiʃəs]

17.서강대,한양대 15.한국외대/11.세종대/10.경기대 08.서경대/06.덕성여대/05-2.숭실대 05.중앙대/04.숭실대/00.경기대,사법시험

【어원】ten<tain(=hold ⊃ R009)+aci+ous(형접) ➡ (자신의 의견을) 유지하는 → 의견을 고집하는 → 고집 센

A. 1. (의견 등을) 고집하는, 고집이 센; 집요한 = stubborn[S0855] persistent[N0082] determined[D0083] obstinate, pertinacious, obdurate, unyielding, rigid, bigoted, pigheaded, restive

2. 기억력이 좋은 = retentive

16.가천대 ⓝ tenacity 고집; 완고; 뛰어난 기억력 = fortitude[N0981]

17.광운대 tenaciousness 집요함, 끈질김

17.단국대 ⓐⓓ tenaciously 끈질기게 = doggedly[T0171]

0047 15+ **eradicate** [irǽdəkèit]

17.국민대/16.경기대/15,13.숙명여대 12,11.국민대/05-2.광운대/04-2.건국대 03-2.광운대/02.명지대/02.세무사 01.조선대/92.연세대학원/91.고려대학원

【어원】e<ex(=out, 강조)+radic(=root ⊃ R162)+ate(동접) ➡ 뿌리를 완전히(바깥으로) 뽑아버리다 → 뿌리째 뽑다 → 박멸하다

Vt. 뿌리째 뽑다, 박멸하다, 근절하다 = get rid of[I03810] remove[P0391] destroy[R1153] exterminate[N0250] eliminate[N0064] uproot[P0123] wipe out, root out, root up, extirpate, extinguish

ⓐ eradicative 근절[근치] 시키는

ⓝ eradication 근절, 박멸; 소거 eradicator 근절자, 박멸하는 사람; 제초제

반 radicate 뿌리내리게 하다, 뿌리내리다
관 radish[rǽdiʃ] (샐러드용의) 무 cf. 한국무: turnip **radicle**[rǽdikl] (식물의) 작은 뿌리, 어린 뿌리
혼 irradiate[iréidièit] 방사능에 피폭시키다, 방사능 처리를 하다 *e<ex(=out)+rad(=ray: 방사선)+ate*
- radiate[réidièit] 빛 · 열을 방출하다, 발산하다

0048 15+ **detrimental** [dètrəméntl]

16.한국외대/15.광운대/13.경희대,이화여대 06.숙명여대/05.아주대 02-2.숭실대,숙명여대/01-2.계명대 98.동국대/97.서울시립대

【어원】de(=away)+tri<trit(=rub ⊃ R114)+ment+al ➡ 닳아 없어지게 하는 → 손해를 입히는 → 해로운

A. 손해를 입히는, 불이익의; 해로운[to] = harmful[T0393] damaging[R2491] deleterious[T0394] injurious, pernicious ↔ *beneficial*[N0044]

N. 해로운 사람[것]

04-2.고려대/02.중앙대 ⓝ detriment 손실, 손해, 상해; 유해물, 손해의 원인

0049 15+ **dominate** [dɑ́mənèit]

17.가천대/11.한국외대/07.서울여대 98.성신여대

【어원】domin(=rule ⊃ R253)+ate ➡ 1.(상대를) 지배하다 → 우세하다 2.감정을 지배하다 → 감정을 억누르다

Vt. 1. 지배하다, 위압하다 = subjugate[R0326] predominate, control, rule, reign

2. 우위를 차지하다, 우세하다 = domineer, preponderate, prevail[N0432]

3. (감정 등을) 억누르다 = command, quell, smother, suppress

05-2.가톨릭대 ⓝ dominance 우월, 우세; 권세; 지배 = supremacy[P0143] ascendancy

00.경기대 domination 지배, 통치, 우세

97.한양대 dominion 지배[통치]권(=power), 주권, (pl.) 영토

dominator 지배자, 통솔자; 지배력 cf. dominatrix 여자 지배자

16.법원직/14.이화여대/13.국민대 12.지방직9급/96.서울대학원 10.경희대/98.경희대 ⓐ dominant/dominative 지배적인, 유력한, 우세한

indomitable 굴복하지 않는

관 domineer[dɑ̀məníər] 권세를 부리다, 압제하다 **- domineering** 횡포한, 거만한
96.행정고시 **predominantly**[pridɑ́mənəntli] 우세하게, 지배적으로(=overwhelmingly)
16.서울여대 **predominance** 우세, 지배 **predominate**[pridɑ́mənèit] 능가하다, 압도하다, 지배하다

0050 15+ **surpass** [sərpǽs]

17.이화여대,홍익대 13.서울여대,숙명여대/11.이화여대,경희대 05.광운대/04-2.계명대/98-2.동덕여대 96.세종대/96.공인회계사,경찰간부

【어원】sur<super(=over)+pass(=stride ⊃ R041) ➡ ~을 넘어서 가다

Vt. 1. ~보다 낫다, ~을 능가하다 = exceed[N0151] excel[R0431] eclipse[R0241] outstrip, outclass

2. (범위 · 한계점을) 넘다, 초월하다

ⓐ surpassing 빼어난, 뛰어난; 비상한

16.국가직9급/10.성신여대 **반 unsurpassed** 능가할 것이 없는, 비길 데 없는 = unrivalled

영영정의 및 예문
EXAMPLE

이미지 연상훈련
IMAGE TRAINING

▶ 1. very determined and not willing to give up easily 2. good at remembering

• The bulldog was remarkably **tenacious**. He wouldn't let go of the robber's leg even when the man rained blows down on his head.
그 불독은 매우 집요했다. 강도가 자기 머리를 내리쳤을 때 조차도 다리를 물고 놓아주지 않으려 했다.

• I think he may have lost his job in broadcasting because he was too **tenacious**.
나는 그가 너무 고집이 세기 때문에 방송업에서 일자리를 잃었을 지도 모른다고 생각한다.

▶ to kill or destroy completely

• Once a species begins to run amok, it is extremely difficult to **eradicate**.
일단 한 종이 무섭게 번성하기 시작하면, 그것을 박멸한다는 것은 매우 어려워진다.
* species 종 amok 미친 듯이 날뛰어

• It took the medical scientists 10 years to **eradicate** the parasite.
그 의학자가 그 기생충을 박멸하는 데 10년이 걸렸다. *parasite 기생충

• It is difficult to **eradicate** superstitions.
미신을 근절하기란 어려운 일이다.

▶ causing damage or harm

• Bacteria can be both **detrimental** and helpful **to** human beings, depending on the specific type and effect.
박테리아는 그 특정한 유형과 영향에 따라 인간에게 해롭기도 하고 도움이 될 수 있다.

• Too many of us are spending too much time at work, to the **detriment** of our families and our personal lives.
우리들 중 상당수가 가족과 개인 생활에 손해를 주면서까지 너무 많은 시간을 직장에서 보내고 있다.

▶ 1. to control something or someone
2. to become the most important or noticeable thing

• The logic of capitalism has **dominated** this world for over 50 years.
자본주의의 논리는 50년이 넘도록 이 세상을 지배해왔다.

• The West allegedly uses culture as a weapon for world **domination**.
서방이 세계 지배를 위해 문화를 무기로 활용하고 있다고 한다.

• Korean IT technology enjoys a **dominant** position in world markets.
한국의 IT 기술은 세계시장에서 우위를 차지하고 있다.

• The civilization of ancient Greece and Rome extended its political **dominion** into North-Western Europe under the Roman Empire.
로마 제국 시대에는 고대 그리스와 로마의 정치적 지배권이 북서부 유럽으로 확장되었다.

▶ 1. to do or be better than someone or something 2. to be beyond the limit

• The artists of New York now **surpass** those of Paris in achievement.
업적에 있어서 뉴욕의 예술가들은 파리의 예술가들을 능가한다.

• It's human nature to try to **surpass** all limitations.
모든 한계를 뛰어넘으려 애쓰는 것이 인간의 본성이다.

• Their bravery is **unsurpassed** and their sacrifice knows no bounds.
그들의 용기는 그 누구도 따라갈 수 없으며 그들의 희생은 한이 없다.

Quick Review

0026

a

0027

m

0028

s

0029

v

0030

a

0031

e

0032

r

0033

a

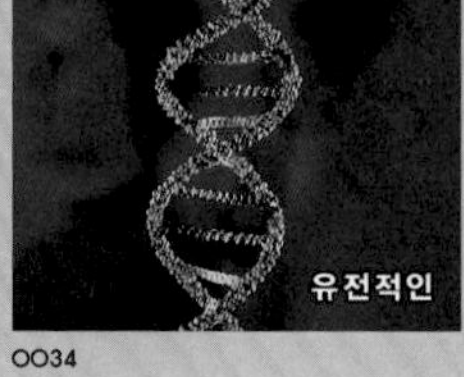

0034

h

0035

u

0036

i

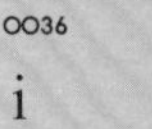

0037

b

0038

i

0039

h

0040

i

0041

r

0042

a

0043

s

0044

b

0045

a

0046

t

0047

e

0048

d

0049

d

0050

s

Answer 0026 alter 0027 meticulous 0028 scrupulous 0029 versatile 0030 account
0031 exclusive 0032 restrain 0033 anonymous 0034 hereditary 0035 unprecedented
0036 impartial 0037 biased 0038 irrelevant 0039 homogeneous 0040 insignificant
0041 respect 0042 abandon 0043 sustain 0044 beneficial 0045 alternative
0046 tenacious 0047 eradicate 0048 detrimental 0049 dominate 0050 surpass

Preview

DAY 03

0051

0052

0053

0054

0055

0056

0057

0058

0059

0060

0061

0062

0063

0064

0065

0066

0067

0068

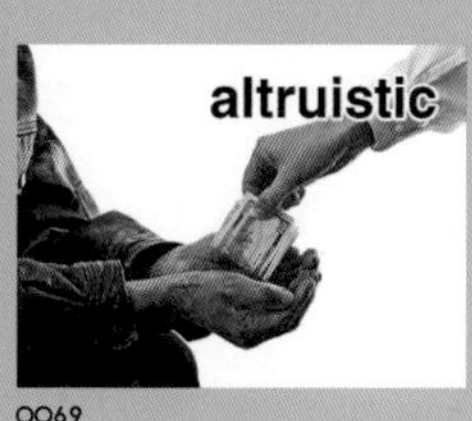

0069

0070

0071

0072

0073

0074

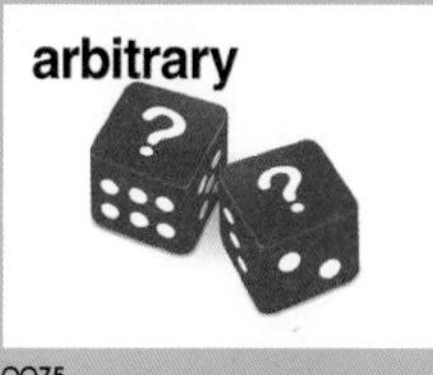

0075

Answer 0051 말, 용어 0052 주도권, 솔선 0053 떼지어 사는, 사교적인 0054 가능한 0055 다양성
0056 결과 0057 금지하다 0058 서로 다름 0059 다양성 0060 피할 수 없는
0061 토착의 0062 타고난 0063 만성적인 0064 제거하다 0065 반복하다
0066 무서움을 모르는 0067 협박하다 0068 무해한 vs. 유해한 0069 이타적인 0070 무관심한
0071 호기심이 강한 0072 겉으로만 그럴듯한 0073 말이 모호한 0074 맞은편의, 정반대의 0075 제멋대로인

DAY 03-1

정의 DEFINITION	유사어휘군 SYNONYM·ANTONYM

0051 14+
term
[təːrm]

【어원】 term(=end ➲ R207) ➡ 1. 혀 끝에서 나온 → 말, 말씨 2. 계약이 끝나는 날 → 기한

12.서강대,이화여대/03.행자부9급 00.경찰/93.한서대/85.법원직 05-2.경기대

N. 1. 말; 술어, 용어; 전문어 = phraseology, terminology; jargon, lingo
*in terms of ~의 말로; ~의 관점으로 *technical terms 전문용어 *terminology 술어, 전문용어
2. (pl.) 말씨, 어투, 어구, 표현 = usage, wording, phrasing, parlance
*a colloquial term 구어

12.소방직9급 / 08.영남대

3. 기간, 기한; 임기; 회기; 학기 = period; tenure; session, sitting; semester
*term paper 학기말 리포트
*short-term 단기의 ↔ long-term 장기의
4. 지불기일; 약정기간; 권리의 존속기한 = due date; expiry 만기; duration
5. (pl.) (지불 · 요금 등의) 조건, 조항 = conditions, stipulation, proviso 법률의 단서조항
*terms and conditions 거래조건
6. 협약, 약정, 협정 = compact, pact, contract, covenant

10.경기대/05.단국대/02.감정평가사

*come to terms with ~와 타협이 이루어지다; (사태를) 순순히 받아들이다
7. 관계, 사이

09.한양대

*speaking terms 이야기를 주고받을 정도의 관계
Vt. 이름 짓다, 칭하다, 부르다 = designate, name, title, entitle, call

0052 14+
initiative
[iníʃiətiv]

【어원】 in(=on)+it(=go ➲ R039)+i+ative(형접) ➡ 출발선 위에 두는 것

15.한국외대/14.상명대/12.사복직9급 10.동덕여대/06.선관위9급

N. 1. (the ~) 새로운 계획이나 구상 = plan, gambit
2. 주도(권); 진취성, 솔선 = leadership, hegemony; enterprise
*take the initiative in ~ 솔선해서 하다, 주도권을 잡다(=take the lead)
3. (the ~) 발의권, 국민발안 = bill

16.광운대/14.경기대/13.인천대/94.협성대

ⓥ initiate 시작하다, 창시하다; 가입시키다; (법령을) 발의하다 = begin, start
ⓝ initiation 가입, 입문; 입회식; 개시, 창시, 창업 initiator 창시자, 선창자

12.동덕여대/08.경희대/06.세종대 / 03.가톨릭대

ⓐ initial 처음의, 시초의(=first, incipient); 머리글자; (주로 pl.) (성명의) 첫 글자
ⓐⓓ initially 처음에, 시초에(=at the beginning)

반 **uninitiated** 경험이 없는 (사람들)

0053 14+
gregarious
[grigέəriəs]

【어원】 greg(=flock ➲ R033)+ari+ous(형접) ➡ 무리를 지어 사는 → 사교적인

14.한양대/12.중앙대/09.경찰1차 09.단국대/06.경북9급/05.항공대 02-2.경기대/00.경기대/99.동국대 98-2.경기대/96.행정고시 95.세종대/93.변리사

A. 1. (사람이) 사교적인, 집단을 좋아하는 = sociable[R0333] companionable[P0321] outgoing, clubbable
2. 떼지어 사는, 군거성의 = social

ⓐⓓ gregariously 군거[군생]하여; 집단적으로
ⓝ gregariousness 군거성, 사교성

표 **be a good mixer** 사교성이 있다 ↔ **be a bad mixer** 사교성이 없다

0054 14+
feasible
[fíːzəbl]

【어원】 feas(=make ➲ R061)+ible(=able) ➡ 만들 수 있는, 행할 수 있는 → 있음직한

14.항공대/13.계명대/11.경남교행 10.국민대/08.한양대/05-2.가톨릭대 04-2.명지대/13.계명대/02-2.고려대,경기대 01.대구가톨릭대/95.연세대

A. 1. 실행할 수 있는; 가능한 = practicable[R0659(3)] possible[R2590] viable[N0212] executable[R1373] attainable[R0092] workable
2. 그럴싸한, 있음직한 = probable, plausible[N0262] likely
↔ *improbable*, *implausible*, *unlikely*

ⓝ feasibility 실행할 수 있음, 가능성

15.한양대

반 **infeasible/unfeasible** 실행 불가능한 = impracticable, impossible

0055 14+
variety
[vəráiəti]

【어원】 var(=change ➲ R057)+i+ety(명접) ➡ 변화가 많은 것 → 다양성

14.광운대/13.고려대,경희대 02-2.고려대/00.경찰,동국대 96.상지대

N. 1. 다양성, 변화(가 많음) = diversity[N0059] diversification, vicissitude
2. 여러 가지, 갖가지, 각양각색 = assortment, mixture, miscellany, potpourri
3. 이종, 별종; (TV) 버라이어티 쇼 = mutation, freak; vaudeville

16.한양대/04-2.가톨릭대 13.06.건국대/01-2.아주대 16.사회복지9급

ⓥ vary[vέəri] 서로 다르다; (상황에 따라) 달라지다
ⓝ variation 변화, 변동; 변종, 이형 = change
ⓐ various 가지각색의, 다방면의; 다양한 = multiple[P0653] diverse, multifarious
varied[vέərid] 여러 가지의, 잡다한; 다채로운 = sundry, motley, varicolored, variegated
variable 변하기 쉬운, 가변성의; 변수

영영정의 및 예문
EXAMPLE

▶ 1. a word or expression used for some particular thing 2. a limited period of time

- **In** artistic **terms**, the film was revolutionary.
  예술적 관점에서 보면, 그 영화는 혁명적이었다.
- In social systems, there is likely to be fundamental conflict between the **short-term** and **long-term** consequences of a policy.
  사회제도에서는 한 정책의 단기 및 장기 결과 간에 근본적인 상충(갈등)이 있을 수 있다.
- How is your **term paper** going?
  기말 리포트가 어떻게 되어가고 있니?
- A contract without specific **terms and conditions** is not a contract.
  구체적인 거래조건이 없는 계약은 계약이 아니다.
- They were barely **on speaking terms**.
  그들은 거의 말도 안하고 지내는 사이였다. *speaking terms 이야기를 주고받을 정도의 관계

▶ 1. a new plan for dealing with a particular problem 2. readiness to embark on bold new ventures 3. the right to initiate legislative action

- She tries to do just what is required for the job, makes no effort to show **initiative**, and refuses to work overtime.
  그녀는 요청받는 것만 하고, 진취성을 보이려 노력하지 않으며, 초과 근무를 거부한다.
- France **took the initiative in** the peace talks.
  프랑스는 평화회담에서 주도권을 잡았다.
- She follows orders well, but she seldom **initiates** action.
  그녀는 명령에는 잘 따르지만, 좀처럼 먼저 나서서 하지는 않는다.

▶ 1. enjoying being with other people
2. tending to form a group with others of the same kind

- Reindeer are highly **gregarious** and travel in herds.
  순록은 무리 짓기를 아주 좋아하고, 떼를 지어 이동한다.
- Unlike his **gregarious** brother, Roberts is a shy person who does not like to make friends.
  사교적인 그의 형과는 달리, 로버츠는 친구 사귀기를 좋아하지 않는 수줍은 사람이다.

▶ possible and likely to be achieved

- The first thing we have to do is review whether the project is **feasible** or not.
  우리가 가장 먼저 해야 할 일은 그 프로젝트가 실행 가능한 것인지 검토하는 것이다.
- Considering current circumstances, it's not **feasible** to find another evidence.
  현 상황을 고려해 봤을 때, 또 다른 증거를 찾는 것은 불가능하다.
- His story sounds **feasible**.
  그의 이야기는 그럴싸하게 들린다.

▶ 1. the condition of changing and being different
2. many different types of things or people

- America has been called a “melting pot” because of the **variety** of ethnic, cultural and racial heritages of its citizens.
  미국은 시민들의 민족적, 문화적, 인종적 유산들의 다양성 때문에 종종 “도가니”라 불린다.
- Under a microscope, microorganisms **vary in** size and shape.
  현미경으로 보면, 미생물은 크기와 모양이 다양하다.
- Crude oil and vegetable prices are always subject to **variation**.
  유가와 채소값은 항상 변동되기 쉽다.

DAY 03-2

정의 DEFINITION | 유사어휘군 SYNONYM·ANTONYM

0056 14+ **effect** [ifékt]

14.서울시9급/13.한국외대/08.서울교행9급/07.경희대/05.행자부9급/04.광운대/01.덕성여대/00-2.고려대/97.고려대학원/96.한서대/94.서울대학원

【어원】ef<ex(=out)+fect(=make ➲ R060) ➡ 바깥으로 만들어져 나온 것 → 결과, 효과, 영향

N. 1. 결과; 효과, 영향, (법률의) 효력 = result, consequence[D0488] corollary[N0487]; impact[N0420]
*have an effect on ~에 영향을 미치다(=affect) *come into effect 효력을 발생하다
2. (약의) 효능 = efficacy
3. 광경, 인상; 외양, 체면 = appearance, countenance, aspect, facet
4. (pl.) 동산; 물품; 개인 자산, 소유물 = belongings, properties, estate, assets
Vt. 1. (변화 등을) 초래하다 = cause[R2581] bring about, evoke
2. (목적·계획 등을) 이루다, 달성하다 = put through[I04408] achieve, accomplish

02-2.단국대/01.고려대/96.연세대학원

ⓐ effective 1. 효과적인, 효력 있는, 유력한, 유능한 = efficient, efficacious, effectual
2. 감동적인, 인상적인 = telling, moving
3. (경제) 실제의, 사실상의; (법률이) 유효한 = practical, operative
effectual 효과적인, 유효한, 충분한; 실제의
ⓥ effectuate 실시하다, (법률 등을) 유효하게 하다 = enforce, put in effect

혼 **effete**[ifiːt] 기운이 빠진, 쇠약한; 불모의 반 **ineffective** 효력이 없는, 효과가 없는

0057 14+ **ban** [bæn]

13.상명대/11.인천대/10.경희대,경찰2차/06.국회8급,감정평가사/02.성균관대,계명대/01.숙명여대,산업대/97.건국대/92.경기대

【어원】ban(=prohibition, decree ➲ R256) ➡ 법으로 (금)하다 → 금지하다

Vt. (행위·제조·판매·사용을) 금지하다 = prohibit[N0481] forbid[T1217] inhibit, proscribe[R0948] taboo
N. 1. 금지, 금지령, 금제 = prohibition[D0481] embargo[N0960] inhibition, taboo
*lift a ban 금지를 해제하다
2. 파문, 추방 = expatriation, expulsion, exile, deportation, banishment, excommunication

13.이화여대

ⓥ banish (국외로) 추방하다, 마음에서 떨쳐버리다 = exile[R0468] cast out, expel, deport, ostracize, expatriate
ⓝ banishment 추방, 유형, 유배

0058 14+ **disparity** [dispǽrəti]

12.성신여대/10.단국대/08.경희대/04-2.경기대/03-2.고려대/03.성균관대/94.서울대학원

【어원】dis(=not)+par(=equal ➲ R232)+ity(명접) ➡ 같지 않은 것 → 다름 → 불일치

N. 서로 다름, 차이; 불균형, 불일치 = difference[D0284] inequality[D0424]; discord, disagreement

16.서울시9급/11.한국외대/10.단국대

ⓐ disparate[dísparət] (본질적으로) 다른 = different[D0070]

14.단국대/04-2.고려대/97-2.경희대

반 **parity**[pǽrəti] 동가, 동질, 동액, 동량; 일치, 균형 = equivalence, equality
par 동등, 동가격; 평균, 표준; (골프) 기준 타수
혼 **desperate**[désparət] 자포자기한, 필사적인 ➲ T1555

0059 14+ **diversity** [divə́ːrsəti]

14.한국외대/13.산업기술대/04-2.동아대/04.서울여대/03-2.명지대/99.사법시험/96.상지대/15.한양대/12.숭실대/02.덕성여대/99-2.세종대/98.한국외대

【어원】di(=apart)+vers(=turn ➲ R055)+ity(명접) ➡ 따로 따로 방향을 돌림 → 다양성, 차이점

N. 1. 다양성; (a ~) 여러 가지, 잡다한 것 = variety[N0055] manifold, multiformity
2. 차이점 = difference, discrepancy, dissimilarity
ⓐ diverse 다른; 여러 가지의, 다양한 = heterogeneous[D0039] different[D0070]; miscellaneous[T0871] various, multifarious

08.이화여대/93사법시험

ⓥ diversify 다양화하다, 다각화하다, 투자를 분산하다 = spread[D0834]
ⓐ diversified 변화가 많은, 여러 가지의 = varied

16.법원직

혼 **adversity** 불운, 불행, 역행; 재난 ➲ N0802
관 **biodiversity** 생물의 다양성

0060 14+ **inevitable** [inévətəbl]

15.국민대/13.경희대,국민대/10.국회8급/06-2.해양경찰/05-2.고려대/05.서강대/04-2.고려대/00.동국대/96-2.홍익대/95.동국대/93.효성여대

【어원】in(=not)+e<ex(=out)+vi(=way ➲ R212)+table ➡ 빠져나갈 길이 없는 → 피할 수 없는 → 필연적인

A. 1. 피할 수 없는, 불가피한; 필연적인 = unavoidable[D0688] ineluctable, ineludible, inescapable, inexorable, fated, destined, doomed, predestined, preordained
2. 〈구어〉 [one's ~] 어김없는, 판에 박은
N. [the ~] 피할 수 없는 일; 어쩔 수 없는 운명

14.서울시9급

ⓝ inevitability 불가피함, 필연성

반 **evitable**[évətəbl] 피할 수 있는 = avoidable, eludible, escapable

영영정의 및 예문
EXAMPLE

이미지 연상훈련
IMAGE TRAINING

▶ N. the result caused by someone or something V. to make something happen

- The **effect** you are having on your brother is not the one we wanted.
  네가 네 동생에게 끼치고 있는 영향은 우리가 바라던 것이 아니다.
- The new law will **come into effect** on the first day of next year.
  새로운 법은 내년 1월 1일부터 실시된다.
- The radiation leak has **had a** disastrous **effect on** the environment.
  방사선 누출이 환경에 치명적인 영향을 끼쳐왔다.

▶ to say officially that people must not do, sell, or use something

- I **am banned from** driving a car.
  나는 자동차 운전을 금지당했다.
- The government **lifted its ban on** importing automobiles.
  정부는 자동차 수입 금지를 풀었다.
- He **was banished from** his country for criticizing the government.
  그는 정부를 비판했다는 이유로 조국에서 추방되었다.

▶ a difference between things

- The **disparity** in their ages made no difference at all.
  그들의 나이 차이는 전혀 중요하지 않았다. *make no difference 중요하지 않다
- The **disparate** interest groups were united only by their intense dislike of the candidate.
  서로 전혀 다른 이익집단들이 단지 그 후보자에 대한 극심한 반감 때문에 단합하였다.
- They demanded pay **parity** with other workers in competitor.
  그들은 경쟁사의 다른 근로자와 같은 임금을 요구했다. *pay parity 동등한 임금

▶ the fact of including many people or things that are different from each other

- The great **diversity** of ethnic backgrounds has produced religious pluralism.
  민족적인 출신성분이 매우 다양한 것은 종교적 다원주의를 만들어낸다.
  *ethnic 인종의, 민족의 background 배경, 출신성분 pluralism 다원주의
- A person of **diverse** interests can talk on many subjects.
  다양한 관심거리가 있는 사람은 많은 주제에 관해 말할 수 있다.
- In an effort to **diversify** its operations, the corporation announced it was acquiring a subsidiary company.
  사업을 다각화하려는 노력으로, 그 회사는 자회사를 합병하고 있다고 발표했다.

▶ 1. impossible to avoid or prevent 2. sure to occur, happen

- In 1861, it seemed **inevitable** that the Southern states would break away from the Union.
  1861년에는 남부 주들이 연합(미합중국)을 탈퇴할 것이 불가피해 보였다.
- Loneliness is an **inevitable** fact of life that no one can avoid.
  외로움은 그 누구도 피할 수 없는 불가피한 인생의 현실이다.

정의 DEFINITION | 유사어휘군 SYNONYM·ANTONYM

0061 14+ **indigenous** [indídʒənəs]

18.국가직9급/10.경기대/08.경희대 06.서울시교행,공인회계사 06.강남대/04-2.동아대 02-2.숭실대,숙명여대 02.변리사/98-2.숙명여대 96.지방고시/84.사법시험

【어원】indi(=within)+gen(=birth ➲ R160)+ous(형접) ➡ 1. 어느 지역 안에서 태어난 2. 안에 가지고 태어난

A. 1. (물건이나 병이) 지역 고유의; 토착의 = native[R1612] endemic[N0508] aboriginal[R1714]
2. 타고난, 생득적인 = innate, inborn, inbred, congenital, natural, inherent, inherited

혼 **indigent** 곤궁한, 가난한; 빈민 ➲ T1334
ingenious 재치 있는, 영리한; 창의력이 있는 ➲ N0751
ingenuous 솔직담백한, 꾸밈없는; 순진한 ➲ D0751

0062 14+ **innate** [inéit]

14.경희대/13.서울여대 10.영남대,숙명여대 07.서울시7급,광운대,서경대,경원대 05.중앙대,경원대/03.세종대/95.경기대

【연상】in(=in)+nat(=be born ➲ R161)+e ➡ 안에 가지고 태어난 → 타고난, 선천적인

A. (성질 등을) 타고난, 천부의, 선천적인 = inborn[T0058] natural[R1610] congenital[N0956] inherent, indigenous, inbred, ingrained, native

동 **connate**[kάneit] 타고난, 선천적인; 같은 성질의(=cognate)

0063 14+ **chronic** [krάnik]

17.한양대/15.광운대/10.경원대 08.서울시7급,명지대 06.성균관대/05-2.국민대/04.서울여대 01-2.경기대/95.행정고시/99.고려대

【어원】chron(=time ➲ R201)+ic(형접) ➡ 시간을 끄는 → 만성적인 → 지병의

A. (병이나 부정적인 것이) 고질적인, 만성적인 = persistent[N0082] continuous[D0315] inveterate[T1435] confirmed, settled, deep-seated, deep-rooted

*chronic fatigue syndrome 만성피로증후군
*chronic drinker 알코올 중독자
cf. chain smoker 골초

N. 만성[고질]병 환자

95.기술고시,경찰간부 ⓐⓓ chronically 만성적으로

혼 **chronicle** 연대기(일어난 시간 순으로 기록한 것) ➲ D0164
chromatic 색채의, 착색한

0064 14+ **eliminate** [ilímənèit]

15.서울여대/14.산업기술대/13.경희대 12.홍익대/08.덕성여대/00-2.고신대 98.인천대/96.상지대

【어원】e<ex(=out)+limin(=threshold ➲ R206)+ate(동접) ➡ 문지방(threshold) 밖으로 쫓아내다 → 제외하다

Vt. 1. ~을 제외하다, 무시하다 = rule out[R2531] exclude[D0031] except from, omit
2. 제거하다; 삭제하다; 탈락시키다 = remove[P0391] get rid of[I03810] weed out[I00330] eradicate[N0047]; delete, efface, expunge, expurgate, obliterate

ⓐ eliminable 제거[배제]할 수 있는

12.숙명여대/99.홍익대/98.경기대 92.연세대학원 ⓝ elimination 제거, 제외; 실격, 탈락; 배설 = removal[P0391]; excretion[R0782]

표 **weed out** 제거하다(=eliminate, get rid of, root out) ➲ I00330
rule out ~을 제외시키다, 배제하다 ➲ R2531
get rid of 없애다(=eliminate); 쫓아버리다; 벗어나다 ➲ I03810

0065 14+ **reiterate** [riːítərèit]

10.이화여대,국민대/08.공인노무사 05-2.동덕여대/04.서강대 03.세종대,경기대 00.건국대/98.국민대/91.사법시험

【어원】re(=again)+it(=go ➲ R039)+er+ate(동접) ➡ 다시 (반복해서) 가다 → 반복하다, 되풀이하다

Vt. (행위·말·요구를) 되풀이하다, 반복하다 = repeat[R1044] iterate[D0065] do over again, harp[T0920]

ⓐ reiterant 되풀이하는, 반복하는 = recurring, harping
reiterative 되풀이[반복]의; (문법) 중첩어
ⓐⓓ reiteratively 반복하여 = repeatedly, recurrently, again and again, over and over again

12.단국대 ⓝ reiteration 반복, 되풀이되는 말

92.한성대
파 **iterate**[ítərèit] 되풀이하다, 반복하다(=repeat)
- **iterant** 반복하는 - **iteration** 되풀이, 반복

영영정의 및 예문
EXAMPLE

이미지 연상훈련
IMAGE TRAINING

▶ 1. originating where it is found 2. natural and inborn

- Tobacco is one of the **indigenous** plants which the early explorers found in this country.
  담배는 초기 탐험가들이 이 나라에서 발견한 토착식물의 하나이다.
- Nearly two-thirds of the town's inhabitants are descendants of **indigenous** civilizations.
  그 마을 주민의 거의 3분의 2가 토착 문명의 후손들이다. *inhabitant 주민 descendant 자손

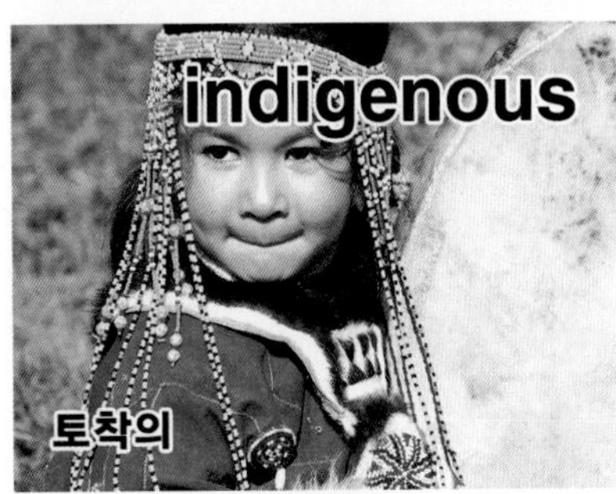

▶ possessed at birth

- Psychologists still wonder if some personality traits are **innate**.
  심리학자들은 몇 가지 성격적 특징이 선천적인지 여전히 궁금해 하고 있다.
- Nancy's gift for music seemed to be **innate**; both her mother and grandmother before her had been famed as concert pianists.
  낸시의 음악적 재능은 선천적인 것처럼 보인다. 그녀의 어머니와 할머니 모두 그녀에 앞서 콘서트 피아니스트로 유명했기 때문이다.

▶ lasting for a long time

- The doctor said his rheumatism was **chronic** disease.
  그 의사는 그의 관절염이 만성적인 병이라고 말했다.
- Experiments with wild rats show that lower animals can also become really ill and even die under **chronic** stress.
  야생쥐를 이용한 실험은 열등한 동물도 만성적인 스트레스를 받으면 심하게 아프고 죽기까지 한다는 사실을 보여준다.
- Water is **chronically** scarce in Southern California.
  남부 캘리포니아는 만성적으로 물이 부족하다.

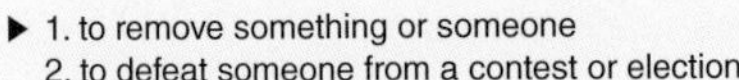

▶ 1. to remove something or someone
2. to defeat someone from a contest or election

- Lately, a researcher has made a discovery that could virtually **eliminate** any chance of organ rejection.
  최근 한 연구자가 장기에 대해 거부 반응을 일으킬 확률을 거의 없애 줄 물질을 발견했다.
- The wisdom of life consists in the **elimination** of nonessentials.
  삶의 지혜는 중요하지 않는 것들을 제외하는 데 있다.

▶ to say something repeatedly in order to emphasize it

- The native speaker **reiterated** his view on the issue.
  그 원어민은 그 문제에 대한 자신의 견해를 되풀이했다.
- The importance of national pride is proclaimed and tirelessly **reiterated** by politicians and the media.
  국가적 자긍심의 중요성은 정치인들이나 언론에 의해 천명되고 꾸준히 반복된다.
  *proclaim 선언하다, 천명하다

정의 DEFINITION	유사어휘군 SYNONYM·ANTONYM

0066 14+ **intrepid** [intrépid]

17.숙명여대/10.성신여대/08.서울여대 06.서울시7급/03.계명대/00-2.대구대 98.경기대.한성대/96.중앙대

【어원】 in(=not)+trep(=shudder ➲ R248)+id(형접) ➡ 떨지 않는 → 용맹한

A. 용맹한, 대담한; 무서움을 모르는 = courageous[R1891] fearless[T0195] daring[T0190] unfearing, gallant, dauntless[D0454] undaunted, valiant, valorous, greathearted, stronglyhearted, chin-up

15.고려대 ⓝ intrepidity 대담, 용맹, 겁 없음

06.삼육대/99.세종대/93.한국외대
반 **trepid** 소심한, 벌벌 떠는, 겁이 많은 = cowardly, timid, fearful, trembly, craven
관 **trepidation** [trèpədéiʃən] 전율, 공포(=fright); (마음의) 동요; 낭패

0067 14+ **intimidate** [intímədèit]

16.산업기술대/10.서울시9급.상명대 04.입법고시.경기대/00-2.고려대 98.한양대/97.행.외시/91.서울대학원

【어원】 in(=on)+tim(=fear ➲ R247)+id+ate(동접) ➡ ~에게 공포를 주다 → 협박하다

Vt. 협박하다; 위협하여 ~하게하다[into doing] = threaten[T1295] frighten[N0598] terrify[R2472] browbeat[T1297] menace, coerce, pressurize, bully, scare, blackmail

11.세종대/96.공인회계사 ⓝ intimidation 위협, 협박 = threat[T1295] menace, blackmail, terror

18.지방직9급/16.한국외대 ⓐ intimidating 겁을 주는, 위협적인 = formidable[N0097] frightening[D0598]

혼 **intimate** [íntəmèit] 암시하다(=hint); 친밀한; 개인적인(=private, secret) ➲ N0970

0068 14+ **innocuous** [inɑ́kjuəs]

16.중앙대/14.광운대/13.한국외대 09.동덕여대/05-2.국민대.명지대 05.고려대/03.입법고시/98.홍익대 97.성균관대/96.중앙대/90.고려대학원

【어원】 in(=not)+noc(=harm ➲ R249)+u+ous(형접) ➡ 해로움이 없는 → 독이 없는 → 악의가 없는

A. 해가 없는, 독이 없는; 악의가 없는 = harmless[T0393] unharmful, innoxious; innocent
↔ 악의 있는: *malicious*, *malign*, *malignant*, *ill-intentioned; evil-minded*, *rancorous*, *despiteous*, *spiteful*, *viperous*, *malevolent*

반 **nocuous** [nɑ́kjuəs] 유해한, 유독한 = harmful, pernicious, poisonous, toxic, toxicant, venomous, virulent

0069 14+ **altruistic** [æ̀ltru:ístik]

12.이화여대/08.중앙대 02.성균관대.홍익대 00.행.외시/98.중앙대

【연상】 altru<alter(=other ➲ R194)+ist+ic(형접) ➡ 다른 사람을 위하는 → 이타적인

A. 자신보다 남을 위하는, 이타적인 = unselfish, selfless
↔ 이기적인: *egoistic*, *egoistical*, *selfish*, *self-interested*

04.가톨릭대 ⓝ altruist 애타주의자 ↔ 이기주의자: *egoist*, *a self-centered person*

16.성균관대/13.광운대 12.경희대.숙명여대06.계명대
altruism 이타주의, 애타주의 = generosity[R1607] selflessness
↔ 이기주의: *egoism*

반 **egoistic** [ì:gouístik] 이기주의의; 자기 본위의 **egoism** 이기주의 ➲ R1946

0070 14+ **indifferent** [indífərənt]

17.항공대/09.경희대/08.세종대 07.세종대.경원대/06.경희대 02-2.세종대/99.국민대 98.전남대/95.변리사

【어원】 in(=not)+dif<dis(=apart)+fer(=carry ➲ R048)+ent ➡ 따로 (생각을) 가지고 가는 ↔ 다르지 않은 → (다르지 않기 때문에) 무관심한

A. 1. 무관심한, 냉담한, 개의치 않는[to] = unconcerned[D0158] uninterested[R1595] disinterested[R1595] nonchalant[T0201] insensible[D0222] listless, aloof, apathetic, cool, lukewarm

2. 중요치 않은, 시시한, 그저 그런 = unimportant

15.한양대/96.고려대학원 ⓝ indifference 무관심, 냉담; 무차별 = unconcern, apathy, nonchalance

12.경희대
반 **different** 딴, 다른; 별개의; 색다른
혼 **deferent/deferential** [dèfərénʃəl] 경의를 표하는, 공손한 ➲ D0159
- **deference** [défərəns] 존경, 경의; 복종

영영정의 및 예문
EXAMPLE

이미지 연상훈련
IMAGE TRAINING

▶ very brave and not afraid to do dangerous things

- He has always been the most **intrepid** explorer.
  그는 언제나 가장 용맹한 탐험가였다.
- Their leader remained **intrepid** even in the face of great danger.
  그들의 지도자는 큰 어려움 앞에서도 대담함을 유지했다. *in the face of ~에 직면하여
- I thought Carol would be nervous when she made her speech, but she delivered it without **trepidation**.
  나는 캐롤이 연설할 때 긴장할 것이라고 생각했지만, 그녀는 떨지 않고 연설했다.

▶ to make someone feel frightened so that they will do what you want

- Attempts to **intimidate** people **into** voting for the governing party did not work.
  사람들을 협박해서 여당에 투표하게 하려 했으나, 먹혀들지 않았다.
- The novice player **is** usually **intimidated by** the tennis champion's reputation.
  그 신참 선수는 테니스 챔피언의 명성에 보통 겁을 먹는다.
- They should have known that political agreement can never be realized through murder and **intimidation**.
  정치적 합의란 살인과 협박을 통해서는 결코 실현될 수 없다는 사실을 그들은 알았어야 했다.

▶ 1. having no harmful effect 2. not intended to upset anyone

- The fox is an **innocuous** animal and can even be quite friendly.
  여우는 무해한 동물이며 심지어는 매우 친화적일 수 있다.
- Now known to be a **toxic** chemical, dioxin was once thought to be **innocuous**.
  한 때 무해하다고 알려졌던 다이옥신은 이제 유해화학물질로 알려져 있다. *toxic 유독한

▶ thinking or caring for others more than yourself

- Selfless and **altruistic**, she left many to mourn her generous heart when she died.
  사심 없고 이타적인 그녀가 죽었을 때 많은 이들이 그녀의 후한 마음씨를 애도했다.
- The philosophers have been debating for years about whether man is primarily good or evil, whether he is primarily **altruistic** or selfish.
  철학자들은 인간이 본래 선한지 악한지, 이타적인지 이기적인지에 대해 수년간 논쟁을 벌여왔다.

▶ 1. not interested in something or someone 2. lacking importance

- He was **indifferent to** success, painting not for the sake of fame or monetary reward, but for the sheer love of art.
  그는 성공에 무관심해서 돈이나 명성을 위해서가 아니라 예술에 대한 순수한 사랑 때문에 그림을 그렸다.
- Even his parents showed an attitude of **indifference** toward him.
  심지어 그의 부모조차도 그에게 냉담한 태도를 보였다.

0071 inquisitive
14+ [inkwízətiv]

【어원】in(=in)+quisit(=ask, seek ➲ R103)+ive(형접) ➡ 안으로 캐묻고 들어가는 → 호기심이 강한 → 탐구적인

16.항공대/14.한국외대,홍익대/12.동국대 08.경기도9급/05-2.고려대/99.특수기동대 94.기술고시/98.명지대,중앙대/96.동덕여대

A. 1. 탐구적인, 알고 싶어하는, 호기심이 강한 = curious[R1402] questioning
2. 꼬치꼬치 캐묻기 좋아하는 = prying[T0956] nosy[T0956] snoopy
N. 호기심이 강한 사람

ⓥ inquire 묻다; 질문[문의]하다; 조사하다 = ask, investigate
ⓝ inquisition 심리, 조사, 취조; 심문 inquisitiveness 호기심
06.가톨릭대 inquiry 연구, 탐구; 조사, 취조; 질문, 조회
inquisitor 조사자, 심문자

13.명지대 동 **query** 질문; 물음표; 질문하다, 캐묻다 = question[R1032]

0072 superficial
14+ [sù:pərfíʃəl]

【어원】super(=over)+fic(=make ➲ R060)+ial(형접) ➡ (보기 좋게) 겉만 덮어서 만든 → 표면상의 → 피상적인

16.국가직9급/15.성균관대,인하대 14.숙명여대/13.경기대/12.강남대 11.동국대/07.경기대/05.고려대 01.고려대/96.서울대학원/91.연세대학원

A. 1. 피상적인, 겉으로만 그럴듯한 = perfunctory[N0361] cosmetic[R1683] cursory
2. (지식이) 깊이가 없는, 얄팍한 = shallow[T1484] skin-deep[T1484]; slight, frivolous ↔ *deep*
3. (상처가) 깊지 않은, 표피상의; 표면의 = surface, external, exterior, outside, outward

ⓝ superficiality 천박, 피상

0073 equivocal
14+ [ikwívəkəl]

【어원】equ(=equal ➲ R231)+voc(=call ➲ R101)+cal(형접) ➡ 같은 소리를 내서 구별이 애매한 → 말이 두 가지로 해석될 수 있는

12.숙명여대/10.경희대/08.성균관대 93.성균관대/91.서울대학원

A. 1. 두 가지 뜻으로 해석되는, (뜻이) 뚜렷하지 않은 = ambiguous[N0004] ambivalent[N0110]
2. (말 등이) 모호한; 분명치 않은 = dubious[N0882] vague[N0640] obscure, unclear, indefinite, imprecise

12.가톨릭대 ⓥ equivocate 모호한 말을 쓰다, 얼버무리다 = deliberately mislead[P0532]
03.홍익대/99.건국대/97.단국대 ⓐⓓ equivocally 애매모호하게 = ambiguously[D0004] vaguely
14.숙명여대 ⓝ equivocation 모호한 말, 얼버무림

10.상명대 반 **unequivocal**[ʌnikwívəkəl] 모호[애매]하지 않은; 명백한, 명확한(=definite)
14.한양대 - **unequivocally** 모호하지않게, 명백히(=definitely)

0074 opposite
14+ [ápəzit]

【어원】op<ob(=against)+pos(=put, place ➲ R013)+ite ➡ ~의 반대쪽에 자리잡은 → 반대편의 → 정반대의 → 맞수

16.국민대/03-2.숭실대/92-2.경기대 98.경찰/97.행자부9급

A. 1. 마주 보고 있는; 맞은편의 = facing, fronting, in front of
2. (성질·결과·의미·방향 등이) 정반대의 = contrary[N0654] antithetical, adverse, diametric, counter
N. 정반대의 일[사람, 말], 적수 = converse[D0497]; opponent, adversary, antagonist
Ad. 맞은편에, 정반대의 위치에

16.중앙대/13.서강대/94.서울대학원 ⓥ oppose 반대하다; 대항하다; 마주 보게 하다 = impugn[R1181]
16.경찰1차/05.경찰 ⓐ opposed 반대된, 대항하는, 대립된; 마주 보는 = antagonistic[R2511]
14.한국외대/12.경희대/10.국회속기직 opposing 서로 의견이 다른, 대립중인 = dissident[R0217]
opposable 엄지가 다른 손가락과 마주 보게 할 수 있는
00.동아대 ⓝ opposition 반대; 대립, 반목; 반대당

혼 **apposite**[ǽpəzit] 적절한, 적당한 **apposition** 동격, 병렬

0075 arbitrary
14+ [á:rbətrèri]

【어원】ar<ad(=to)+bit(=go ➲ R039)+r+ary(형접) ➡ (자기 맘대로) 가버리는 → 제멋대로인 → 독단적인

16.한양대,가천대/14.고려대,한국외대 12.숙명여대/11.홍익대/10.한국외대 08.공인노무사/07.서울시7급/05.국민대 04-2,02-2.경기대

A. 1. (행동·결정 등이) 임의적인, 제멋대로인 = unpredictable[N0085] random, discretionary, willful
2. 전횡을 일삼는, 독단적인 = absolute, despotic, dictatorial, tyrannical, peremptory, assertive, imperious, dogmatic, high-handed

98.변리사 파 **arbitrator/arbiter** 중재인, 조정자 = mediator[R2054] conciliator[R0992]
17.한국외대 - **arbitrate** 중재하다, 조정하다
- **arbitration/~ment** 중재, 조정

영영정의 및 예문
EXAMPLE

이미지 연상훈련
IMAGE TRAINING

▶ 1. interested in learning about a lot of different things
2. asking too many questions about things, especially secret things

- All the children seem to be **inquisitive** about grown-up affairs.
  모든 어린이들은 어른들의 일에 호기심이 강한 것 같다.
- The Commission conducted the **inquiry** in public for a month and submitted its report last Tuesday.
  위원회는 한 달 동안 공개적으로 조사를 실시했고 지난 화요일에 보고서를 제출했다.

▶ 1. only on the surface of something
2. not looking at or studying something carefully

- The paper published a very **superficial** analysis of the situation.
  그 신문은 그 상황에 대한 매우 피상적인 분석을 내놓았다.
- The tourist visited the country for a short time, so his knowledge of it was **superficial**.
  그 관광객은 그 나라를 짧은 기간 동안 방문했다. 따라서 그 나라에 대해 그가 아는 것은 피상적이었다.
- Fortunately, he's got just **superficial** injuries.
  다행히도 그는 단지 가벼운 상처만 입었다.

▶ 1. able to be understood in more than one way 2. not having one clear meaning

- Teachers who speak **equivocally** may cause their students to become confused.
  애매모호하게 말하는 선생님들은 학생들을 혼란스럽게 할 수 있다.
- He always **equivocates** when he does not want to commit himself to giving an exact answer.
  그는 확답을 주고 싶지 않을 때는 늘 모호하게 얼버무린다.
- The candidate wanted to get **unequivocal** support from the party.
  그 후보자는 당으로부터 확실한 지지를 받길 바랐다.

▶ A. 1. being across from each other 2. completely different
N. a person or thing that is completely different from someone or something else

- Reputation and character may be in harmony, but they frequently are as **opposite** as light and darkness.
  평판과 인격은 조화를 이룰 수도 있지만, 흔히 이 둘은 빛과 어둠처럼 정반대이다.
- Some farmers who **oppose** rice imports began a hunger strike.
  쌀 수입(개방)을 반대하는 일부 농민들이 단식투쟁에 들어갔다.

▶ 1. determined by chance, whim, or impulse, and not by reason, or principle
2. using unlimited personal power without considering other people

- The frustration is that it's all so **arbitrary**.
  불만스러운 점은 모든 것이 너무 제멋대로라는 것이다.
- Most people are willing to accept just and well-considered decisions; it is the **arbitrary** ones that provoke dissent.
  공정하고 잘 숙고된 결정은 대부분의 사람들이 기꺼이 받아들이지만, 독단적인 결정은 반대를 불러일으킨다.
- When countries cannot settle a dispute in an amicable way, they should settle it by **arbitration**.
  여러 나라가 우호적인 방법으로 분쟁을 해결할 수 없으면, 중재로 해결해야 한다.

Quick Review

0051
t

0052
i

0053
g

0054
f

0055
v

0056
e

0057
b

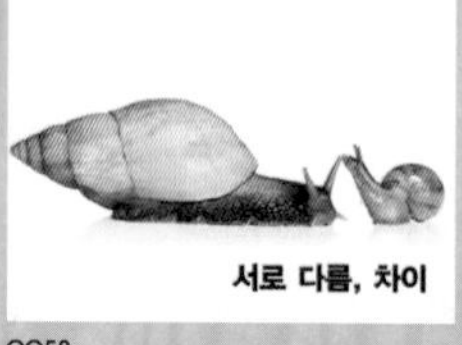

0058
d

0059
d

0060
i

토착의
0061
i

0062
i

0063
c

0064
e

0065
r

0066
i

0067
i

0068
i

0069
a

0070
i

호기심이 강한
0071
i

0072
s

0073
e

맞은편의, 정반대의
0074
o

0075
a

Answer 0051 term 0052 initiative 0053 gregarious 0054 feasible 0055 variety
0056 effect 0057 ban 0058 disparity 0059 diversity 0060 inevitable
0061 indigenous 0062 innate 0063 chronic 0064 eliminate 0065 reiterate
0066 intrepid 0067 intimidate 0068 innocuous vs. nocuous 0069 altruistic 0070 indifferent
0071 inquisitive 0072 superficial 0073 equivocal 0074 opposite 0075 arbitrary

DAY 04

Preview

0076

0077

0078

0079

0080

0081

0082

0083

0084

0085

0086

0087

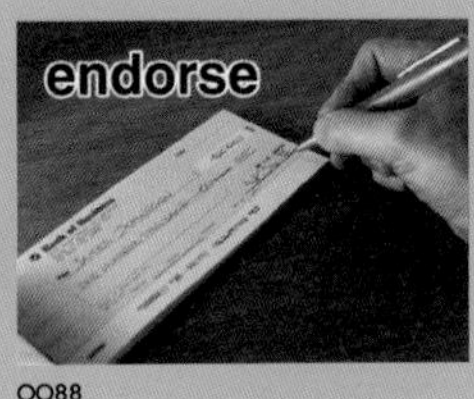

0088

0089

0090

0091

0092

0093

0094

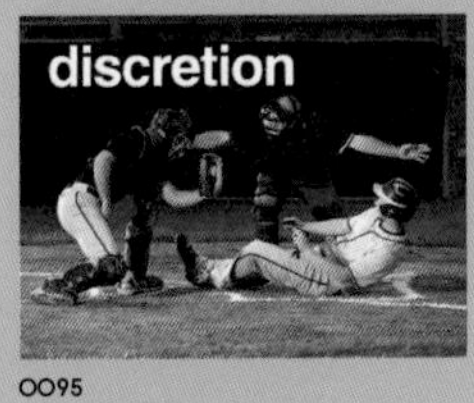

0095

0096

0097

0098

0099

0100

Answer 0076 오르내리다 0077 재촉하다 0078 임시의 0079 일시적인, 하루살이 목숨의 0080 잠시 머무르는
0081 영구적인 0082 끊임없이 지속되는 0083 단호하게 0084 벗어나다, 일탈하다 0085 예측할 수 없는
0086 타협, 화해 0087 양립할 수 없는 0088 배서하다 0089 채무, 빚 0090 따르다, 순응하다
0091 무관심한 0092 처벌이 너그러운 0093 적절한 0094 스스로 만족하는 0095 판단
0096 구별하다 0097 어마어마한 0098 강력한 0099 없어서는 안 될 0100 분해, 붕괴

정의 DEFINITION	유사어휘군 SYNONYM·ANTONYM

0076 13+

fluctuate
E F S

[flʌ́ktʃuèit]

16.한양대/12.성신여대/11.사회복지9급
06.한성대/05.명지대,삼육대/02-2.세종대
01.동덕여대/98-2.숙명여대/98.총신대

【어원】 flu(=flow ➲ R217)+ctu+ate(동접) ➡ 물이 흐르듯 하다 → 파동치다 → 오르내리다

Vi. 1. (시세·열 등이) 오르내리다, 변동하다 = move[go] up and down[I00701] vary[D0055] change, rise and fall, go seesaw
2. (감정 등이) 파동치다; 동요하다; 흔들리다 = vacillate, waver, wobble, shake
*fluctuate between hope and fear 일희일비(一喜一悲)하다

ⓐ fluctuant (물가 등이) 변동하는; 기복이 있는
13.성균관대 fluctuating 변동이 있는, 동요하는; 오르내리는 = volatile[N0243] up-and-down
ⓝ fluctuation 변동, 오르내림, 파동; 동요; 흥망 = jolt

0077 13+

precipitate
E F S

[prisípətèit]

16.가천대09.가톨릭대
06.전북9급/05-2.가톨릭대
04.경희대/00-2.동국대

【어원】 pre(=before)+cip(=head ➲ R183)+it(=go)+ate ➡ 머리부터 먼저 가게 하다 → 거꾸로 떨어뜨리다

Vt. 1. 마구 재촉하다, 촉진시키다 = accelerate[D0771] hasten, expedite, impel, propel, speed up, hurry up, urge
2. 거꾸로 떨어뜨리다, 팽개치다 = cast, hurl, fling
Vi. 1. 서두르다 = hasten, hurry, scurry, get a move on
2. 침전하다, 응결하다; 거꾸로 떨어지다 = settle, deposit, sediment, congeal
A. [prisípitət] 다급한, 경솔한; 거꾸로의; 돌진하는 = hasty
02.행.외.지시 ⓐⓓ precipitately 다급히; 갑자기; 곤두박질로 = suddenly
94.기술고시 ⓝ precipitation 투하, 낙하, 촉진; 강우(량)(=rainfall)

09.이화여대/02.동국대/97.변리사
파 **precipitous** [prisípətəs] 깎아지른 듯한(=extremely steep); (예상보다) 급격하게 일어나는
- **precipice** 절벽, 벼랑(=cliff); 위기, 궁지
표 **fall head over heel** 곤두박질치다

0078 13+

temporary
E F S

[témpərèri]

14.항공대/07.세종대,전남9급
05.경희대/03-2.경기대/03.101단
95.성균관대/92.경주대

【어원】 tempor(=time ➲ R201)+ary(형접) ➡ 한순간의

A. 1. 일시적인, 순간의, 덧없는 = transitory[D0080] fugitive[R0443] ephemeral
2. 임시의, 임시변통의 = tentative[N0739] provisional[N0972] interim[T1161]
N. 임시변통한 것 = makeshift[N0899]

16.건국대/97.지방고시 ⓐⓓ temporarily 일시적으로, 임시로

07.계명대 파 **temporal** 시간의; 현세의, 세속의
15.서강대 **temporality** 일시성; 세속적임

0079 13+

ephemeral
S

[ifémərəl]

14.이화여대,한양대/10.고려대
09.한국외대/03.세종대/02-3.경찰
00-2.고려대/99.공인회계사
98-2.세종대/92.행정고시,경찰간부

【어원】 ep<epi(=outside)+hemer(=day)+al(형접) ➡ 하루를 벗어나면 (죽는) → 하루살이의 → 순식간의

A. 1. 순식간의, 덧없는, 일시적인 = transient[N0080] fleeting[R0442] evanescent[R1555] transitory, momentary, temporary
2. 하루살이 목숨의, (곤충 등이) 명이 짧은 = short-lived, of a day
↔ *everlasting*[T1446] *long-lived*

ⓐⓓ ephemerally 덧없이, 순식간에
ⓝ ephemera 하루살이(=dayfly, mayfly)
ephemerality 단명(短命); 덧없음
ⓝ ephemeralization (상품의) 단명화

0080 13+

transient
F S

[trǽnʃənt]

17.서울시9급/16.가천대/10.한성대
08.건국대/07.국가직9급/92.행정고시

【어원】 trans(=change)+i(=go ➲ R039)+ent(형접) ➡ 변해 가는 → 일시적인 → 덧없는

A. 일시의, 잠깐 머무르는; 덧없는 = temporary[N0078] ephemeral[N0079] transitory[D0080] momentary[N0903]
N. 뜨내기, 단기 체류객

12.국회8급/08.상명대 ⓝ transition 변천, 변화, 이행; 과도기; 추이
transit 운송, 운반; 통과, 통행, 통로
ⓐ transitive 전이[변화]하는; 이행중인, 과도적인

11.이화여대/07.경기9급
02.계명대/97-2.동덕여대
동 **transitory** [trǽnsətɔ̀ːri] 1. 일시적인, 잠시 동안의(=momentary, temporary)
2. 덧없는, 무상한(=passing, fleeting)

영영정의 및 예문
EXAMPLE

이미지 연상훈련
IMAGE TRAINING

▶ 1. to move or sway in a rising and falling 2. to change frequently and continuously

- The price of gold **fluctuates** daily.
  금값은 날마다 등락을 거듭한다.
- The won is **fluctuating** on offshore trading, but offshore dollar buying appears thin.
  원화값은 역외시장 거래에서 등락을 보이고 있지만 역외 달러화 매수세는 약해 보인다.
- The Korean government **fluctuates between hope and fear**, depending on China's responses.
  한국 정부는 중국의 반응에 따라서 일희일비하고 있다.

▶ V. to make something happen suddenly
A. done too quickly without enough thought

- Do not be **precipitate** in this matter, investigate further.
  이 문제를 성급하게 처리하지 말고 좀 더 조사해라.
- In December 1941, the Japanese attacked the U.S. Navy at Pearl Harbor, thus **precipitating** the United States' entry into the war against the Axis power.
  1941년 12월, 일본은 진주만에 있는 미국 해군을 공격했다. 그래서 추축국에 대항하는 전쟁에 미국의 참전을 촉발했다.
- The economic stability of nations and continents is often affected by the abundance or dearth of **precipitation**.
  국가나 대륙의 경제적 안정성은 종종 강수량의 과부족에 영향을 받는다. *abundance 과다

▶ 1. lasting only for a short time 2. intended to be used only for a short time

- The drop in sales is only a **temporary** blip.
  매출 감소는 일시적인 문제일 뿐이다. *a temporary blip 일시적인 문제
- Currently, companies are allowed to use **temporary** or contract workers for up to two years.
  현재는 기업이 임시직 또는 계약직 근로자를 2년까지 고용할 수 있도록 되어 있다.

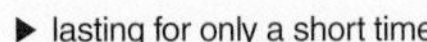

▶ lasting for only a short time

- In contrast to the durability of the old classic movies, many of today's movies seem designed to have only **ephemeral** appeal.
  오래된 고전 영화의 지속성과는 대조적으로 오늘날의 많은 영화들은 단지 일시적인 호소를 하려는 것 같다.
- In difficult times I'm deep in thought at night remembering the **ephemeral** joys of childhood, the memories of which are eternal.
  힘들 때에는 나는 밤에 어릴 적의 순간적인 즐거움을 떠올리며 생각에 잠기는데, 그 기억들은 영원하다. *eternal 영원한

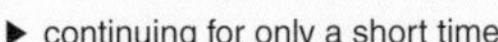

▶ continuing for only a short time

- Contemporary American society is much more **transient** now; people often move from neighborhood to neighborhood, city to city, and coast to coast.
  현대 미국사회는 보다 더 (거주의 영속성이) 일시적이다. 사람들은 종종 지근거리에서, 이 도시에서 저 도시로, 대륙을 가로질러 옮겨 다닌다.
- Love is **transitory**, but art is eternal.
  사랑은 순간이지만, 예술은 영원하다.

정의 DEFINITION	유사어휘군 SYNONYM·ANTONYM

0081 13+
permanent
[pə́ːrmənənt]

【어원】 per(=thoroughly)+man(=stay ⊃ R022)+ent(형접) ➡ 철저하게 지속되는

00-2.강남대/99.변리사.사법시험
A. 1. 영속하는, (반)영구적인, 불변의 = indelible[N0198]; lasting, perpetual, eternal
*perm 파마(permanent wave의 약자)
2. 상설의, 종신의 = standing[R0180] regular
*a permanent job 정규직, 영구직 ↔ a temporary job 임시직

16.건국대/15.가천대/13.동덕여대 12.이화여대/08.경희대/05.광운대 00.고려대.경찰
ad permanently 영원히 = forever, for good[I03517] eternally, perpetually

반 **impermanent** 비영구적인, 일시적인
표 **for good (and all)** 영원히(=forever, permanently) ⊃ I03517

0082 13+
persistent
[pərsístənt]

【어원】 per(=thoroughly)+sist(=stand ⊃ R020)+ent(형접) ➡ (병 등이) 철저하게 자리잡은

13.한양대/09.명지대/08.경희대 07.숙명여대/06.성균관대/05.숭실대
A. 1. 끊임없이 지속[반복]되는; 만성의 = perpetual[N0196] constant[N0411] continuous[D0315] incessant[D0985]; chronic[N0063]
2. 끈질긴, 집요한 = enduring[R0232] tenacious[N0046]

15.항공대
ad persistently 끈질기게, 고집스럽게

16.사회복지9급.경기대/10.홍익대/08.광운대
v persist 고집하다, 계속하다[in]; 지속하다 = last[R0231] continue[P0465]

0083 13+
determinedly
[ditə́ːrmindli]

【어원】 de(강조)+termin(=end ⊃ R207)+ed+ly(부접) ➡ 한번 결정을 내리면 그것으로 끝이라고 버티는

16.산업기술대/08.계명대
Ad. 단호하게, 한사코 = steadfastly[R0122] resolutely[D0264]

v determine 1. 알아내다, 밝히다; 측정하다 = diagnose[D0731] evaluate[R2272]
2. (방식·유형을) 결정하다; (공식적으로) 확정하다

15.가천대/14.경희대/13.국회8급 05.서강대
a determined (단단히) 결심한, (결심이) 단호한 = obstinate[N0287] resoluted, unyielding, pertinacious,
determinate 한정된, 명확한; 확정된; 명확히 하다

09.국민대
n determination 결심; 결정 = resolution[N0264]

12.국민대
관 **determinism** [철학] 결정론 ↔ **indeterminism** 비결정론 **determiner** 〈문법〉 한정사

16.한양대/15.고려대
반 **indeterminate** 불확정의, 미정의

06.성균관대
predetermine 미리 결정[예정]하다(=pre-ordain), 운명 짓다(=doom)

0084 13+
deviate
[díːvièit]

【어원】 de(=off)+via(=way ⊃ R212)+ate(동접) ➡ 길을 벗어나게 하다 → 진로를 벗어나다, 일탈하다

15.가천대/13.경희대/10.고려대 08.전남대/06.국가직7급 04.중앙대/97-2.건국대
Vi. (진로·원칙 따위에서) 벗어나다, 일탈하다[from] = stray[P0062] depart[R1097] diverge, digress
Vt. 빗나가게 하다, 벗어나게 하다 = deflect[R1287] swerve[T0507]
N. **비정상적인 사람; 성적 도착자** = aberrant

12.아주대/10.이화여대/08.성신여대
n deviation 벗어남, 일탈; 편차 = lapse[N0880]
deviationism 탈선, 일탈 (행위)
deviator 일탈자 deviationist (공산당 등의) 주류 이탈자

10.한국외대
a deviant 정상이 아닌; 이상성격자, 호모 = aberrant[N0534]

17.단국대/14.가천대
devious 정도를 벗어난, 사악한; 구불구불한 = underhand[I14215]

0085 13+
unpredictable
[ʌ̀npridíktəbl]

【어원】 un(=not)+pre(=before)+dict(=say ⊃ R087)+able ➡ 미리 뭐라 말할 수 없는 → 예측할 수 없는

14.홍익대/06.경원대.서강대
A. 예측할 수 없는 = unforeseeable[D0964] capricious[N0013]

15.숙명여대
반 **predictable** 예측할 수 있는

10.지방직9급/06.세종대/05-2.항공대
- **predictability** 예측 가능성

16.가천대/12.숙명여대 06.대구소방직/96.서울대학원
- **predict** 예언하다, 예보하다(=foretell, foresee)
- **predictive** 예언하는; 전조가 되는

17.가천대
- **predictor** 예언자 - **prediction** 예보, 예언

영영정의 및 예문
EXAMPLE

이미지 연상훈련
IMAGE TRAINING

▶ lasting for a long time or forever

- Regular exposure to loud music and noise can inflict **permanent** hearing damage.
  음악이나 소음에 정기적으로 노출되면 영구적인 청각 손상을 입을 수 있다.
- Many working women with **permanent jobs** were found to be reluctant to take full advantage of the maternity leave.
  많은 여성 정규직 근로자들이 출산휴가를 모두 사용하기를 꺼리는 것으로 나타났다.
- The felon should be separated from society **permanently**.
  흉악범은 사회로부터 영원히 격리되어야 한다. *felon 중죄인, 흉악범

▶ 1. trying to continue doing something in a determined way
2. continuing for a long time

- Common symptoms of the disease include a **persistent** headache and an upset stomach.
  그 질병의 일반적인 증상은 지속적인 두통과 복통을 들 수 있다.
- She told the **persistent** salesman to leave her alone.
  그녀는 끈질긴 판매원에게 귀찮게 하지 말라고 말했다.
- If the high energy prices **persist**, both consumers and the corporate sector are bound to feel the pinch.
  고유가가 지속된다면 소비자와 기업 부문이 둘 다 부담을 느낄 수 밖에 없다.

▶ desiring to do something so much that you will not let anyone or any difficulties stop you

- He made a **determined effort** to pass the exam.
  그는 시험에 합격하려는 단호한 노력을 했다.
- She was **determined to** lose weight but hasn't done so well.
  그녀는 체중을 줄이려고 작심했지만 그리 잘 되진 않았죠.
- Dr. Clark could not **determine** his patient's illness.
  클라크 의사는 그의 질병이 무엇인지 결정내릴 수 없었다.

▶ to be different or to do something differently from what is usual or expected

- To be fully normal is impossible. Everyone **deviates from** the norm.
  완전히 정상적이 되기는 불가능하다. 모든 사람은 정상에서 벗어난다.
- The bus driver cannot drop you off at your front door because he is not permitted to **deviate from** his route.
  버스 운전사는 노선에서 이탈할 수 없기 때문에 너를 집 문 앞에 내려줄 수 없다.
  *drop off at ~에 내려주다 route 길, 항로, 노선
- Drug-taking is a **deviation** from accepted norms.
  마약 복용은 용인된 규범에서 일탈된 행위이다.

▶ difficult to know in advance what will happen

- What will happen next is **unpredictable**.
  다음에 어떤 일이 일어날지는 예측할 수가 없다.
- Perhaps certain gifted persons can **predict** the future of the world.
  아마도 어떤 재능이 있는 사람들은 세상의 미래를 예언할 수 있을 것이다.

정의 DEFINITION | 유사어휘군 SYNONYM·ANTONYM

0086 13+
compromise
[kάmprəmàiz]
17.경기대/15.한양대/14.경희대/12.서울여대 07.서울시9급/07.동국대/06.단국대 05.성균관대/98.건국대/95.사법시험

【어원】 com(=together)+pro(=forward)+mis(=send ⊃ R052) ➡ 같이 약속하다(promise) → 협상하다, 타협하다

N. 1. 타협, 절충; 화해 = concession[D0346] give-and-take, arrangement, composition, entente, reconcilement
2. 절충안, 절충[중간]물 = middle course
3. (명예·평판 등을) 위태롭게 함
Vt. 1. 타협시키다; 화해시키다 = conciliate, reconcile
2. (명성 등을) 더럽히다, 손상하다 = defile, taint, disgrace, blemish
Vi. 1. 타협하다, 화해하다[with]
2. 굴욕적으로 양보하다

12.가톨릭대 ⓐ compromising 명예를 손상시키는
09.경기대 ↔ uncompromising 타협하지 않는, 완강한 = implacable[D0180] intransigent

표 **meet halfway** 타협하다 **all-or-nothing** 전부가 아니면 전무(全無)의; ⊃ I13001

0087 13+
incompatible
[inkəmpǽtəbl]
06.대구시9급/06.동덕여대/03.서강대 01.중앙대/97.덕성여대/96.고려대학원

【어원】 in(=not)+com(=together)+pat(=feel ⊃ R149)+ible(형접) ➡ 같이 공감하지 않는(할 수 없는) → 양립할 수 없는

A. 양립할 수 없는, 모순된; 조화되지 않는 = irreconcilable[D0291] not to be harmonized, uncongenial[D0372] not in harmony with each other

ⓝ incompatibility 양립할 수 없음, 불친화성

12.가천대,한양대/08.덕성여대 07.강원9급/99.행.외시

반 **compatible**[kəmpǽtəbl] 1. 양립할 수 있는, 모순 없는(=consistent); 조화로운(=congruous)
2. 〈컴퓨터 · 전자〉 호환성의(=interchangeable)
- compatibility 양립가능성, 호환성

0088 13+
endorse
[indɔ́:rs]
11.성신여대/08.홍익대/03-2.단국대 03.홍익대/00.세무사/99-7.경찰 98.사법시험/95.단국대/외무고시

【어원】 en(=in)+dorse(=back) ➡ 등(뒷면)에 두다(쓰다) → 배서하다 → 보증하다 → 지지하다

Vt. 1. (어음 · 증권 등에) 배서[이서]하다 = sign[R0982] underwrite
cf. countersign 문서에 부서하다
2. (공개적으로) 지지하다, 승인하다, 찬성하다 = approve[R0701] sanction[N0743] affirm, confirm, support
3. (유명인이 상품을) 보증하다 = assure, guarantee, warrant

14.아주대/13.경희대 ⓝ endorsee 피배서인, 양수인
endorsement 시인, 승인; 지지, 추천; 배서

관 **dorsal**[dɔ́:rsəl] (동물) 등의, 등에 있는 **- dorsal fin** 등지느러미; 수직 꼬리 날개 안정판

0089 13+
liability
[làiəbíləti]
14.항공대/12.11.이화여대 07.서울시9급/07-2.가톨릭대 05.서울여대/97.고려대학원/93.중앙대

【어원】 li<lig(=bind, tie ⊃ R027)+able+ity(명접) ➡ 묶여져 있음 → 채무 → 의무, 책임 → (묶인 상태이니) 불리한 일

N. 1. (pl.) 부채, 채무, 빚 = debts, negative capital
2. (~할) (법적) 책임, 의무; 부담 = duty, responsibility, obligation, accountability, charge; burden[R2384] onus
3. 불리한 일[사람]; 골칫거리 = handicap[T1322] disadvantage[T1321]
4. (~)하기 쉬움, (~에) 걸리기[빠지기] 쉬움

15.서울시7급/13.숙명여대/96.고려대학원 ⓐ liable 1. 책임져야 할, 책임 있는; ~할 의무가 있는 = answerable[T0474]
2. (병 등에) 걸리기 쉬운; 자칫하면 ~하는 = prone[N0204]
*be liable to N/R ~할 의무가 있다(=be responsible for), ~하기 쉽다

혼 **labile**[léibil] 변하기 쉬운, 불안정한(=likely to change)

0090 13+
comply
[kəmplái]
12.경희대/08.공인노무사/05.홍익대 01.가톨릭대/94.기술고시/91.연세대학원

【어원】 com(=thoroughly)+ply(=bend ⊃ R129) ➡ 고개를 숙여 명령에 따르다

Vi. (요구 · 명령에) 따르다, 응하다[with] = obey[D0279] observe[R0116] act in harmony with, conform to[D0347]

02.변리사/01.경기대/93.성균관대 ⓝ compliance 1. 유순, 고분고분함 = acquiescence[D0195] docility, obedience pliability, amenability, placidity, ductility, gentleness, submissiveness, meekness
2. 응낙, 승낙, 수락 = acceptance, agreement

10.홍익대/07.국민대/05-2.경기대 ⓐ compliant/compliable 유순한, 고분고분한 = docile, obedient, pliant, pliable, ductile, amenable, submissive[D0768] placid, meek, supple, complaisant

영영정의 및 예문
EXAMPLE

이미지 연상훈련
IMAGE TRAINING

▶ N. an agreement in which each side makes concessions V. 1. to reach an agreement by making concessions 2. to reduce the quality, value, or degree of something

- We offered them a **compromise** but they just shut the door in our face.
  우리는 그들에게 타협안을 제시했지만 그들은 우리의 제안을 일축했다.
- The best way to avoid conflict is to **compromise**.
  분쟁을 피하는 가장 좋은 방법은 타협이다.
- Avoid taking all-or-nothing position - you're more likely to succeed if you can **compromise**.
  전부가 아니면 무라는 식의 입장을 취하는 것은 피하라. 네가 협상할 수 있다면 보다 성공하기 쉬워진다. *all-or-nothing 양단간의, 타협의 여지가 없는
- Big reputations are **compromised** by small errors.
  큰 명망은 작은 실수들로 인해 훼손된다.

▶ impossible to work or exist together because they are very different

- The partners were too **incompatible** to stay in business together.
  그 동업자들은 너무나 뜻이 맞지 않아 함께 사업을 할 수 없었다.
- Before downloading and installing any program, staff members should check with the company technician whether it is **compatible** with the existing system.
  직원들은 어떤 프로그램이라도 내려 받아 컴퓨터에 설치하기 전에 그것(프로그램)이 기존의 시스템과 호환 가능한지 회사의 기술자와 검토해야 한다.

▶ 1. to sign your name on the back of a cheque to make it legal 2. to give support or approval to someone or something especially by public statement

- If you want to cash this check, **endorse** it, please.
  이 수표를 현금으로 바꾸시려면, 수표 뒷면에 이서해 주세요.
- After much discussion, the committee decided to **endorse** the new budget.
  많은 논의가 있은 후에, 위원회는 새로운 예산안에 승인하기로 결정했다.
- We can't **endorse** the statements of this witness.
  우리는 이 증인의 진술을 인정할 수 없다.

▶ 1. (pl.) the amount of money that a company owes 2. legal responsibility for something 3. someone or something that causes you problems

- As a result, their **liabilities** surpassed 20 billion won as of September this year.
  그 결과 그들의 부채는 올 9월 현재 200억 원을 넘어섰다.
- The politician's voting record proved a great **liability** when he ran for re-election.
  그 정치가의 의정 활동 중의 투표 기록은 재선에 출마할 때 크게 불리하게 작용했다.
- These cars are very old and **liable to** break down.
  이 차들은 매우 낡아서 고장 나기 쉽다. *break down 고장나다

▶ to obey a command or rule

- Every member of this organization is expected to **comply with** its regulations.
  이 조직의 모든 구성원은 조직의 규칙에 따라야 한다.
- People who refuse to **comply with** the regulations will be punished.
  그 규제들에 따르기를 거부하는 사람들은 처벌될 것이다.
- He was **compliant** and ready to conform to the pattern set by his friends.
  그는 유순해서 친구들이 정해 놓은 패턴대로 기꺼이 따랐다.

정의 DEFINITION	유사어휘군 SYNONYM·ANTONYM

0091 13+
apathetic
[æpəθétik]

02-2.고려대,단국대/01-2.삼육대 01.홍익대/99-2.명지대 17.서강대,숭실대 09.이화여대/05.경희대/04-2.명지대 07.건국대/02.경희대/96-2.고려대

【어원】a(=without)+path(=feel ➲ R149)+et+ic(형접) ➡ 아무런 느낌이 없는 → 무감각한 → 관심이 없는 → 냉담한

A. 무감각한, 냉담한, 관심이 없는[about] = indifferent to[N0070] uninvolved[R0594] unconcerned, callous, cool, insensitive, nonchalant

ⓝ apathy 냉담, 무관심 = indifference[D0070] callousness[D0969] inertia[R0624]

반 **pathetic**[pəθétik] 1. 측은한, 불쌍한 = pitiful[R1497] pitiable, piteous, sad, miserable, woeful, rueful, lugubrious, wretched
2. 정서적인, 감상적인; 감동적인 = emotional; touching
3. 〈구어〉 (수익 따위가) 형편없는
n. (pl.) 비애, 애수 = sorrow, sadness, grief, pathos
- **pathetically** 애절하게, 감상적으로

0092 13+
lenient
[líːniənt]

11.경원대,가톨릭대/06.경기도7급 05.강남대/93.동덕여대/91.연세대학원

【연상】len(=soft ➲ R031)+i+ent(형접) ➡ 부드럽게 대하는[해주는] → 통증을 완화시키는 → 너그러운, 인자한

A. 1. (처벌 등이) 너그러운, 관대한 = merciful[R2288] generous[R1607] mild[T0180] tolerant, liberal, magnanimous, charitable, broad-minded, benevolent, gracious, genial, warmhearted
2. (약·위로가 통증·긴장 등을) 완화시키는 = mollifying, sedative, palliative, mitigative, emollient, soothing

13.국가직9급/02.입법고시/02-2.고려대 ⓐⓓ leniently 너그럽게, 온화하게 = mercifully[R2288] mildly[T0180]
06.한성대 ⓝ leniency 관대, 관용, 너그러움 = tolerance, generosity
06.세종대 lenitive (약이) 진정[완화]시키는; 진정제

반 **relentless** 가차없는, 끈질긴 ➲ N0611

0093 13+
pertinent
[pə́ːrtənənt]

14.한국외대/09.고려대,광운대/07.삼육대 04.덕성여대/98.동덕여대 97.고려대학원/90.서울대학원 12.서강대

【어원】per(강조)+tin(=hold ➲ R009)+ent(형접) ➡ 완전히 (관계를) 유지하는 → 관련된 → 적절한

A. 적절한, 관련된; ~에 속하는[to] = relevant[D0038] suitable[R1377] felicitous, fitting, adequate, proper, becoming, appropriate, opportune

ⓝ pertinence 적절, 적당
ⓥ pertain 속하다, 부속하다; 적합하다, 어울리다[to]
appertain (~에) 속하다, 부속[귀속]하다[to]

15.10단국대/01-2.고려대 반 **impertinent** 적절하지 못한; 주제넘은, 건방진 = irrelevant[N0038] unsuitable, infelicitous, unfitting, unfit, improper, inadequate, inappropriate, unbecoming, inopportune

cf. pert[pəːrt] 버릇없는, 까부는(=saucy), 건방진 *a pert answer 건방진 대답

0094 13+
complacent
[kəmpléisnt]

11.경원대/09.명지대/08.국민대 06.경기대/05.성균관대/04-2.고려대

【어원】com(강조)+plac(=please ➲ R241)+ent(형접) ➡ 완전히 만족시킨 → 흡족한, 자기 만족의 → (그래서 더 이상) 관심이 없는

A. 스스로 만족하여 안주하는 = satisfied[R1531] self-satisfied, smug[T0707] content, pleased; unconcerned

16.항공대/02-2.고려대/02.동국대 98.중앙대/건국대 ⓝ complacency 자기 만족; 만족을 주는 것 = contentment[R1316] satisfaction, self-satisfaction

07.세종대/04.가톨릭대 혼 **complaisant**[kəmpléisnt] 비위를 맞추는, 고분고분한

0095 13+
discretion
[diskréʃən]

17.숙명여대/12.동국대/10.영남대 06.단국대/05.서강대/98.성신여대

【어원】dis(=apart)+cre(=observe ➲ R078)+tion(명접) ➡ 한발짝 떨어져서(apart) (객관적으로) 관찰하는 → 신중한, 사려있는

N. 1. 분별력, 판단력; 신중함, 사려 = judgment[R2550] discernment, discrimination; prudence, circumspection
2. (자유) 재량(권) = determination[D0083]

ⓐ discretionary 임의의, 자유 재량의
17.광운대/15.경찰3차/15.항공대 01.고려대,변리사 discreet 1. 사려[분별] 있는, 신중한; 조심스러운 = prudent[N0224] cautious[N0220] circumspect, scrupulous, thoughtful, keen, considerate, attentive, canny
2. 예의 바른 = polite, courteous, well-mannered, civil
11.서울여대 ⓐⓓ discreetly 조심스럽게, 신중히 = cautiously[D0220]

11.고려대 반 **indiscreet**[indiskríːt] 분별없는; 경솔한
혼 **discrete**[diskríːt] 분리된(=separate); 불연속의 *cret(=separate) ➲ R0784

영영정의 및 예문
EXAMPLE

이미지 연상훈련
IMAGE TRAINING

▶ feeling or showing no interest or enthusiasm

- He felt **apathetic** about the conditions he had observed and did not care to fight against them.
그는 자신이 준수해 왔던 제약에 관심도 없었고 그것과 맞서 싸우고 싶어하지도 않았다.
*observe 관찰하다, 준수하다
- **Apathy** is a lack of feeling or interest where one would normally expect some feeling to be shown.
냉담은 보통 감정을 드러내야 하는 경우에 감정이나 관심이 결여됨을 나타내는 말이다.
- We found a small dog sitting outside the back door, looking **pathetic**.
우리는 뒷문밖에 앉아있는 가엾어 보이는 작은 강아지 한 마리를 발견했다.

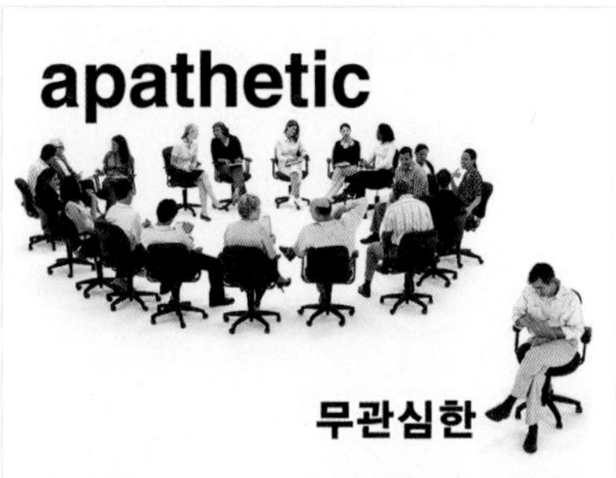

▶ not strict or severe in punishment

- Everybody told him that his grandfather used to be a **lenient** man.
모든 사람은 그에게 그의 할아버지가 너그러운 사람이었다고 말했다.
- More **lenient** laws encouraged greater freedom of expression.
더욱 관대해진 법률은 좀 더 많은 표현의 자유를 촉진하였다.
- Often the prosecutors made false promises of **leniency** in order to obtain confessions of the accused.
검사들은 종종 피고의 자백을 얻기 위해 관대한 처분을 하겠다는 거짓된 약속을 하였다.

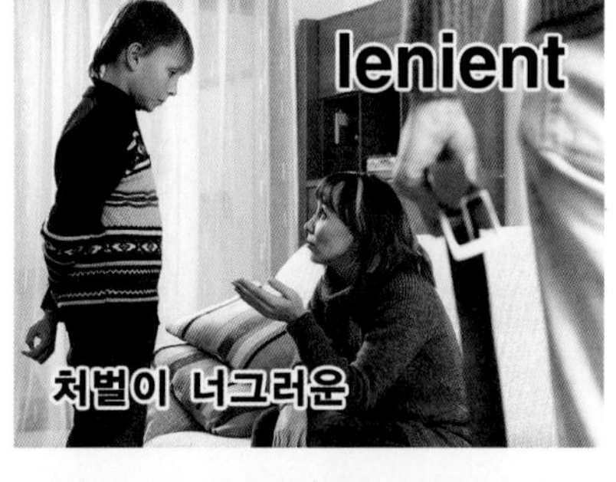

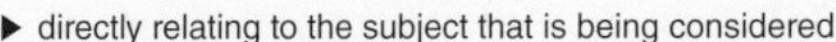

▶ directly relating to the subject that is being considered

- Please keep your comments **pertinent to** the topic under discussion.
발언은 논의 중인 화제에 관련된 것으로 국한해 주시기 바랍니다.
- It would be **impertinent** of you to talk back to older people.
어른한테 말대꾸하는 것은 건방진 것이 될 수 있다. *talk back 말대답하다

pertinent
적절한

▶ so satisfied with your situation that you do not try to improve it

- In spite of his fame, the pianist never became **complacent**. He continued to practice playing the piano throughout his brilliant career.
자신의 명성에도 불구하고 그 피아니스트는 결코 스스로 만족해서 안주하지 않았다. 그는 화려한 경력 동안 쉬지 않고 피아노 연습을 계속 했다.
- I am amazed at the **complacency** of those who say that they are entirely satisfied with the way they live.
나는 자신들이 살아가는 방식에 아주 만족하고 있다고 말하는 사람들의 자기만족에 놀랐다.

▶ 1. the ability to decide exactly what should be done or to deal with situations in a way that does not offend people 2. the right or ability to make a decision

- This TV program contains adult materials and viewers' **discretion** is advised.
이 TV프로그램은 성인물을 포함하고 있으므로 시청자들의 분별력이 요구되고 있다.
- The committee has the absolute **discretion** to refuse applicants.
위원회는 지원자를 거부할 수 있는 절대적인 재량권을 가지고 있다.
- Ann asked some **discreet** questions to Johnson.
앤은 존슨에게 몇 가지 신중한 질문을 했다.

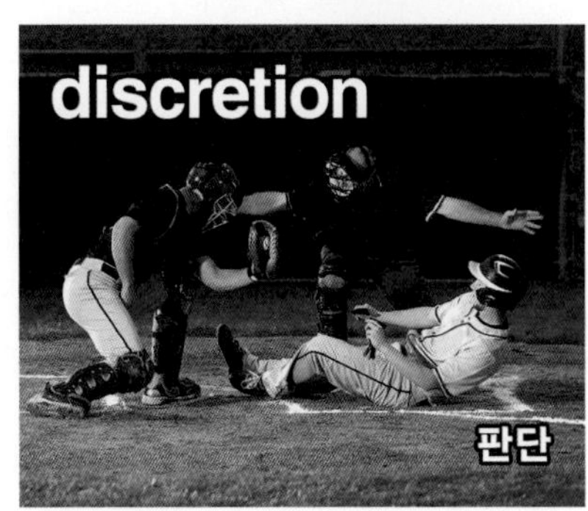

0096 13+ **distinguish** [distíŋgwiʃ]

【어원】 dis(=강조)+sting(=prick ➲ R119)+u+ish(동접) ➡ 구멍을 뚫어(prick) 표시하다

16.경기대/15.사회복지직9급/15.숙명여대/12.서강대
Vt. 1. 구별하다, 식별하다 = discriminate[D0023] differentiate, perceive, discern
*distinguish A from B A와 B를 구별하다
2. 돋보이게 하다 = mark, singularize
Vi. (~와 차이를) 구별하다[between]

07.동아대 ⓐ distinguished 유명한, 저명한, 현저한 = eminent[N0537]
12.한국외대 distinct 뚜렷한, 명백한, 분명한 = evident, obvious
15.국민대 distinctive 차이를 나타내는; 특유의 = singular
16.한국산업기술대 ⓝ distinction 구별; 식별; 특징

반 **indistinguishable** 구별할 수 없는 ↔ **distinguishable** 구별[분간]할 수 있는
16.국민대 **undistinguished** 차이점이 없는, 평범한(=mediocre)
07.항공대/95.협성대 **indistinct** 희미한(=blurred), 불명료한(=faint)

0097 13+ **formidable** [fɔ́:rmidəbl]

【어원】 formid(=fear)+able(형접) ➡ 무서워 할만한 → 가공할 → 만만치 않은

16.한국외대/13.서울여대/12.강남대/11.국회속기직.이화여대/08.경희대/07.중앙대/05-2.광운대/01.고려대/97.세무사.고려대학원
A. 1. (상대방이) 가공할, 어마어마한; 무서운 = powerful, frightening[D0598] dreaded[D0869] tremendous[R2483] intimidating, dreadful, awesome[T0704] redoubtable[P0596] terrifying, frightful, fearful, fearsome, horrible, appalling, hideous, ghastly
2. (일이) 만만치 않은; 엄청나게 많은 = challenging[T0177]

0098 13+ **potent** [póutnt]

【어원】 pot(=power ➲ R259)+ent(형접) ➡ 힘이 있는 → 강력(力)한, 유력한 → 영향력이 있는

07.경원대/97.고려대학원
A. 1. 강력한, 유력한, 힘센; 영향력이 있는 = powerful, mighty, strong, vigorous, telling, forceful, forcible, influential, effective
2. (약 등이) 효력이 있는 = efficacious[D0579]
ⓝ potency 유력한 것; 권력; 효과; 잠재력; 설득력
97.고려대학원/95.부산공대 ⓐ potential 가능한; 잠재적인; n. 가능성, 잠재력(=possible ability)
02.세종대/96.사법시험 ⓝ potentiality 가능성(=possibility); (pl.) 잠재적인 것, 잠재력
ⓥ potentiate 힘을 주다; 가능하게 하다; 강력하게 하다

01-2.경기대/97-2.가톨릭대 반 **impotent**[ímpətənt] 무기력한, 무능한; 허약한; (남성이) 성교 불능의(속칭; 임포); 허약자
15.한양대 - **impotence** 무력, 무기력, 허약
14.항공대96.고려대 **omnipotent**[amnípətənt] 전능의, 무엇이든 할 수 있는
혼 **portent**[pɔ́:rtent] (불길한) 전조, 조짐; 경이적인 것(인물) ➲ NO982

0099 13+ **integral** [íntigrəl]

【어원】 in(=not)+tegr(=touch ➲ RO34)+al(형접) ➡ 건드리지 않은 → 완전한

18.서울시9급/14.경기대/07.감정평가사.세무사/06.경남9급/01-2.아주대/98.세무사/92.한국외대
A. 1. (구성요소로서) 없어서는 안 될, 필수적인 = essential[R1593] key[T0807] necessary
*be an integral part of ~의 필수적인 부분이다
2. 완전한; 완전체의 = entire, complete, intact, whole

11.국민대/10.서강대/08.중앙대/94.한국외대 ⓝ integrity[intégrəti] 성실, 청렴; 완전(성) = probity[R0705] rectitude[R1415] uprightness, honesty; wholeness

0100 13+ **disintegration** [disintəgréiʃən]

【어원】 dis(=not)+in(=on)+tegr(=touch ➲ RO34)+ation ➡ 서로 닿아 있는 상태가 아님 → 분해, 분산 → 붕괴

08.건국대/02-2.숭실대/98-2.경희대/98.인천대/94.고려대학원
N. 분해, 붕괴; 분열; 분산 = decomposition[D0148] breakdown[I09501] falling apart[I10510] dismantlement, dissolution, collapse
ⓥ disintegrate 분해[해체]하다, 붕괴[분열]시키다; 풍화시키다; 심신이 쇠약해지다 = decompose, dismantle, dissolve

13.성균관대/11.고려대/08.숙명여대 반 **integrate**[íntəgrèit] 통합하다; 완전하게 하다; 완성하다; 인종차별을 폐지하다 = combine, unify; complete, consummate
14.이화여대/13.국가직7급/11.법원직 - **integration** 통합, 집성; 융합 **integrated** 통합된, 합성된; 완전한 **integrant** 구성부분, 요소
redintegration 복원, 복구

영영정의 및 예문
EXAMPLE

이미지 연상훈련
IMAGE TRAINING

▶ 1. to recognize as being different 2. to make noticeable or different

- The microscope enables scientists to **distinguish** an incredible number and variety of bacteria.
  현미경은 과학자로 하여금 엄청난 숫자와 다양한 박테리아를 식별할 수 있게 해준다.
- Tom Johnson was **distinguished** both as a critic and as a writer.
  Tom Johnson은 비평가이자 작가로서 모두 유명했다.
- There is a very **distinct** difference between the two.
  그 둘 사이에는 아주 뚜렷한 차이점이 있다.

▶ 1. very powerful or frightening 2. difficult to deal with

- Sending a man into space is a **formidable** enterprise.
  인간을 우주공간으로 보내는 일은 가공할 만한 모험적인 일이다.
- Man is one of the most **formidable** of all animals and the only one who persistently chooses to attack his own species.
  인간은 모든 동물 가운데 가장 무서운 종 중의 하나이며, 악착같이 자신의 종을 공격하기도 하는 유일한 동물이다.

▶ very powerful or effective

- Do **potent** drugs work on the common cold?
  약효가 강한 약이 보통 감기에 잘 들까요?
- Humans can only develop their full human **potential** as members of a human culture.
  인간은 인간문화의 구성원들로서 그들의 완전한 잠재력을 개발할 수 있을 따름이다.
- At those times, there were **impotent** aristocrats talking regularly about the code of chivalry but unable to bring it to life.
  그 당시에는 평소엔 기사도를 들먹거리면서도 실제로 행하지는 않는 무기력한 귀족들이 있었다.

▶ 1. necessary and essential as a part of something
2. having all the parts for something to be complete

- The limbs **are the integral parts of** the human body.
  사지는 인체의 불가결한 부분이다. * limb 팔다리, 사지
- He is renowned for his **rectitude** and **integrity**.
  그는 강직하고 청렴하기로 유명하다.

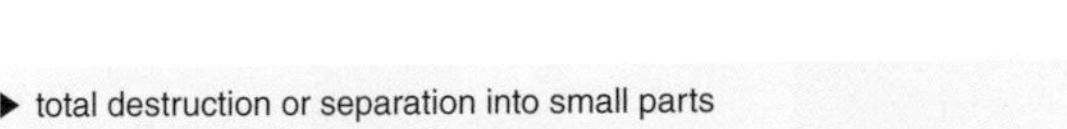

▶ total destruction or separation into small parts

- Air pollution and emissions cause **disintegration** of the earth's atmosphere.
  대기오염과 매연이 지구 대기층의 붕괴를 일으킨다.
- Father's authority in the family is rapidly **disintegrating**.
  가정 내에서 아버지의 권위가 급속히 붕괴되고 있다.

Quick Review

0076 f ______

0077 p ______

0078 t ______

0079 e ______

0080 t ______

0081 p ______

0082 p ______

0083 d ______

0084 d ______

0085 u ______

0086 c ______

0087 i ______

0088 e ______

0089 l ______

0090 c ______

0091 a ______

0092 l ______

0093 p ______

0094 c ______

0095 d ______

0096 d ______

0097 f ______

0098 p ______

0099 i ______

0100 d ______

Answer 0076 fluctuate 0077 precipitate 0078 temporary 0079 ephemeral 0080 transient 0081 permanent 0082 persistent 0083 determinedly 0084 deviate 0085 unpredictable 0086 compromise 0087 incompatible 0088 endorse 0089 liability 0090 comply 0091 apathetic 0092 lenient 0093 pertinent 0094 complacent 0095 discretion 0096 distinguish 0097 formidable 0098 potent 0099 integral 0100 disintegration

Preview

DAY 05

0101

0102

0103

0104

0105

0106

0107

0108

0109

0110

0111

0112

0113

0114

0115

0116

0117

0118

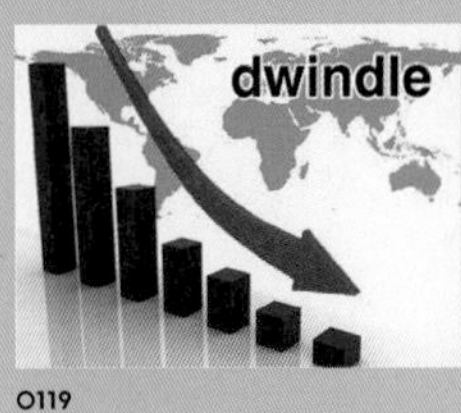

0119

0120

0121

0122

0123

0124

0125

Answer 0101 진행을 늦추다 0102 방해하다 0103 짜증나게 하다 0104 초조한 0105 논쟁하기 좋아하는
0106 예약 0107 이용할 수 있는 0108 어디에나 있는 0109 수수께끼 0110 어떻게 할지 결정하기 애매한
0111 내뿜다 0112 조금씩 침식하다 0113 나빠지다, 악화시키다 0114 악화시키다, 화나게 하다 0115 제한하다,구금하다
0116 촉박한 0117 줄이다 0118 줄이다, 삭감하다 0119 차츰 작아지다 0120 거절하다
0121 부족, 적자 0122 증가, 증대 0123 비옥한 0124 풍부한 0125 말이 많은, 장황한

정의 DEFINITION	유사어휘군 SYNONYM·ANTONYM

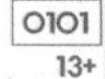

0101 impede 13+ [impíːd]

16.상명대/14.가톨릭대/14.13.이화여대 12.동덕여대/09.단국대/04.고려대 02-2.세종대 04-2.동아대/01.한국외대/95.홍익대

【어원】 im<in(=in)+ped(=foot ➲ R187)+e ➡ 발을 진흙탕에 빠뜨리다 → 늦추다, 방해하다

Vt. (진행을) 늦추다, 방해하다, 저해하다 = hinder[N0014] retard[N0897] hamper[N0189] obstruct, check, clog, block, stunt, interfere with

ⓝ impediment 방해(물), 지장, 장애; 신체장애 = defect[N0726] hindrance[D0014] retardation, albatross
impedimenta (군대의) 보급품, 병참; 거추장스러운 짐
ⓐ impeditive 방해되는, 장애의 = retardative

0102 deter 13+ [ditə́ːr]

17.서울여대/16.성균관대 14.가톨릭대/12.경희대 11.경희대/02.공인회계사/00-2.서울여대 92.행자부 7급

【어원】 de(=down)+ter(=frighten ➲ R247) ➡ 겁주어 놀라서 자빠지게 하다 → 단념시키다 → 방해하다

Vt. 1. 방해하다 = hinder[N0014] prevent[N0188] obstruct, hamper, thwart, preclude, impede, clog, disturb, interfere
*deter A from ~ing A가 ~하는 것을 방해하다
= keep A from ~ing
= prevent A from ~ing
= hinder A from ~ing
= dissuade A from ~ing
= discourage A from ~ing
2. 그만두게 하다, 단념시키다, 억제하다 = discourage[R1891] dissuade[N0791] inhibit[D0389] restrain[N0032]

16.단국대/07.대구7급/05.고려대/04.덕성여대
ⓐ deterrent 억지하는; 억제책; 방해물 = dissuasion[D0791] preventive measure, hindrance[D0014]
17.경찰1차
ⓝ deterrence/determent 저지, 제지(물); 전쟁억지력

동 detergent [ditə́ːrdʒənt] 세정제, 세제, 합성 세제

0103 irritate 13+ [írətèit]

16.법원직/07.영남대 01.대구가톨릭대/97-2.동국대

【어원】 irrit(=angry)+ate(=make) ➡ 【연상】 이렇대, 저렇대 하면서 자꾸 짜증나게 굴다

Vt. 1. 화나게 하다, 짜증나게 하다 = annoy[N0176] anger, bother, nettle, exasperate, acerbate, ruffle
2. 염증을 일으키다; 자극하다 = inflame

01-2.명지대
ⓐ irritated 신경질이 난, 화가 난 = irate, angry, bothered, nettled
95.동국대/94.효성대
irritating 화나게 하는, 흥분시키는; 짜증나는 = annoying[D0176] irksome[N0867] infuriating, nagging
05-2.서울여대
irritant 자극하는, 자극성의; 자극제 = annoyance[D0176] stimulant, excitant
15.한국외대/03.노무사/98.경기대
irritable 화를 잘 내는, 안달하는; 민감한 = grouchy[T0296] fractious[R1119] fretful
ⓝ irritation 짜증나게 함; 자극, 염증 = inflammation

동 irrigate [írəgèit] 물을 대다, 관개하다 ➲ R2162

0104 nervous 13+ [nə́ːrvəs]

14.상명대/12.기상직9급 11.지방직7급/03-3.경찰/00.행.외.지 98.사법시험/95.외무고시

【어원】 nerve(신경, 신경과민, 활기)+ous(형접) ➡ 신경이 예민한 → 신경과민인

A. 1. 신경과민인, 초조한 = on edge[I00403] on needles and pins[I00402] stressful, tense, jumpy, jittery, fidgety
2. 신경에 작용하는, 신경성의 = neurotic

01-2.명지대
ⓝ nerve 1. 신경; 신경과민; 활기, 체력 *get on sb's nerves ~의 신경을 건드리다, 짜증나게 하다
06.국가직7급
2. 용기, 담력(=courage); 〈구어〉 뻔뻔스러움, 무례 *have the nerve to R ~할 용기가 있다, 뻔뻔하게도 ~하다
nervosity 신경질, 신경 과민성 / nervine 신경 진정제
ⓐⓓ nervously 신경질적으로, 초조하게

반 nerveless 냉정한, 침착한; 용기가 없는
04.한양대/05.동국대
unnerve 용기를 잃게 하다, 낙담시키다 unnerving 겁먹거나 불편하게 만드는(=disconcerting)
파 neurosis [njuəróusis] 노이로제, 신경증 neurotic [njuərátik] 신경과민의; 노이로제 환자

0105 contentious 13+ [kənténʃəs]

17.경기대,홍익대/16.국민대 12.08.경희대/06.한양대 05.서울시7급/94.서울대학원

【어원】 con(=together)+tent(=stretch ➲ R131)+ious ➡ 서로 (집으려고) 손을 뻗는 → 논쟁을 불러 일으키는

A. 1. 다투기 좋아하는, 논쟁하기 좋아하는 = quarrelsome[T0894] controversial[N0185] polemic[T0897] argumentative[T1024] battlesome, disputatious, dissentious, agonistic, contradictious
2. (문제 따위가) 논쟁을 불러일으키는 = disputable[R1513] debatable, controvertible

ⓥ contend 다투다, 싸우다, 논쟁하다; 주장하다
05.국민대
ⓝ contender 경쟁자; (논쟁의) 상대방 = competitor[R1043]
13.서울여대/11.중앙대/08.한국외대
contention 언쟁, 논쟁; 싸움, 다툼, 투쟁 = dispute[R1513] polemic[T0897] controversy, argument,
93.기술고시
*a bone of contention 분쟁의 원인 = a subject of quarrel

동 controversial 논의의 여지가 있는; 논쟁을 좋아하는 ➲ N0185

영영정의 및 예문
EXAMPLE

이미지 연상훈련
IMAGE TRAINING

▶ to delay or stop the progress of something

- Weeds clog waterways, destroy wildlife habitats, and **impede** farming.
  잡초들은 수로를 막고, 야생 생물의 서식지를 파괴하며, 농업을 방해한다.
- John cannot talk well because he has a speech **impediment**.
  존은 말을 잘 하지 못한다. 왜냐하면 그는 언어장애를 가지고 있기 때문이다.

▶ to prevent someone from doing something by making them realize the difficulties

- The heavy rain did not **deter** people **from** coming to the charity concert. Nearly every seat was occupied.
  비가 많이 왔지만 사람들은 자선공연에 왔다. 거의 모든 자리가 찼다.
- Fluoride **deters** tooth decay by reducing the growth of bacteria that destroy tooth enamel.
  플루오르화물(불소)은 치아 에나멜을 파괴하는 박테리아의 성장을 줄임으로써 치아 부식을 억제한다.
- All eligible young men have to serve a mandatory military service as a **deterrent** to possible North Korean aggression.
  (대한민국의) 모든 젊은 남성들은 북한의 침공 가능성 억제를 위해 의무적으로 군복무를 해야 한다.

▶ 1. to make someone feel angry 2. to make a part of your body sore or painful

- He was **irritated** to see her dancing with someone else.
  그녀가 다른 사람과 춤추는 것을 보고 그는 화가 났다.
- He has become **irritable** since his business failed.
  그는 사업에 실패한 후로 신경질적으로 변했다.
- This wool sweater is an **irritant** to my sensitive skin.
  이 울 스웨터는 내 민감한 피부에 자극적이다.

▶ feeling worried and anxious

- What's wrong with Ben? He seems to be **nervous** about something this morning.
  벤에게 무슨 일 있니? 오늘 아침 무언가에 초조해하는 것 같아.
- He was so **nervous** that he couldn't answer any of the questions.
  그는 너무 초조해서 어떤 질문에도 대답할 수가 없었다.
- The employee did not **have the nerve to** ask his boss for a pay raise.
  그 종업원은 자기 사장에게 감히 봉급 인상을 요구할 용기가 없었다.

▶ 1. enjoying arguing with others 2. causing disagreement

- He and Mr. Dalton had a famously **contentious** working relationship, sometimes likened to a cat trying to live in harmony with a dog.
  그와 달톤씨는 직장에서 서로 다투는 관계로 유명한데 때로는 사이좋게 지내고자 애쓰는 고양이와 개에 비유된다.
- There was very little political **contention** about the need for drastic measures to cope with an unprecedented financial crisis.
  전례 없는 금융위기에 대처하기 위해 과감한 조치를 취할 필요성에 대해서는 정치적인 논쟁이 거의 없었다.
- He is the only strong **contender** for this championship.
  그는 이번 대회에서 유일하게 강력한 경쟁 상대이다.

정의 DEFINITION	유사어휘군 SYNONYM·ANTONYM

0106 12+ **reservation** [rèzərvéiʃən]

【어원】 re(=back)+serve(=keep ➲ R011) ➡ (나중을 위해) 뒤쪽에 간직하다

13.광운대,경희대 1. (식당 · 호텔 등의) 예약 = booking cf. appointment 진료 예약
*make a reservation 예약하다 = book
08.경희대/98.시립대/행자부7급 2. 마음의 거리낌; **유보(조항)** = doubt[P0596] scruples, hesitancy
16.상명대/10.서강대 • without reservation 기탄없이, 솔직히 = frankly
3. **보호구역** cf. Indian Reservation (인디언 보호구역)
17.이화여대/04.경기대 ⓥ reserve 1. (훗날을 위해) 남겨 두다, 보존하다 = store[S0931] set aside[I04501] retain, stockpile
2. (권리 · 이익 등을) 확보하다, 보유하다 = hold, keep, secure
3. (좌석 · 방 등을) 예약해두다, 지정하다 = book in advance, prearrange
4. (조약의 적용을) 유보하다; 이월하다 = suspend, defer
N. 준비금; 비축; 보류, 유보; 예비군, 후보 선수; 지정 보호구역
14.지방직9급/13.서울여대/12.명지대 ⓐ reserved 1. 감정을 잘 드러내지 않는, 말수가 적은 = impassive[R1491] reticent[N0627]
2. 보류된, 따로 치워둔, 예약된

0107 12+ **available** [əvéiləbl]

【어원】 a<ad(=to)+vail(=worth ➲ R227)+able(=able) ➡ 가치를 가질 수 있는

13.국민대/12.가천대,경기대,성신여대 10.경원대,경기대/06.계명대,동덕여대 03.기술고시
A. 1. (물건을) 이용할 수 있는, 입수할 수 있는 = obtainable[P0522] usable, accessible
2. (사람을 만날) 시간이 있는, 여유가 있는 = not busy, uncommitted

ⓝ availability 유용성, 효용; (입수) 가능성; 당선가능성
ⓥ avail 도움이 되다, 쓸모가 있다; 이익, 효용

09.국가직7급/08.덕성여대
반 **unavailable** 손에 넣을 수 없는(=out of stock); 이용할 수 없는
unavailing 효과가 없는, 무익한, 무용한

0108 12+ **ubiquitous** [juːbíkwətəs]

【어원】 ubi(=where)+quitous ➡ 어디에나 있는 → 도처에 존재하는

17.이화여대/15.한성대/12.경희대/04-3.경찰 05.한양대/03-2.경기대/02-2.고려대 01.경기대/98.경희대,한성대
A. 어디에나 있는, 매우 흔한 = widely used, appearing everywhere pervasive[N0228] widespread[N0834] omnipresent[P0663]

cf. 유비쿼터스(ubiquitous)
시간과 장소, 컴퓨터나 네트워크 여건에 구애받지 않고 자유롭게 네트워크에 접속할 수 있는 정보기술(IT) 환경을 지칭하는 것으로서 요즘 가장 주목 받는 기술분야이다.

00.행,외,지시 ⓐⓓ ubiquitously 도처에 널려 = omnipresently[P0663]
06.광운대 ⓝ ubiquity 도처에 있음

0109 12+ **enigma** [ənígmə]

【어원】 en(=not)+ig(=drive ➲ R065)+ma ➡ (미로여서) 나아갈 수 없는 → 수수께끼

06.동덕여대/05-2.고려대 03.행자부7급/01.중앙대/96.단국대 95.고려대,행정고시
N. 수수께끼, 불가사의한 것이나 사람 = mystery[T1109] puzzle[T1108] wonder, riddle, conundrum

14.한국외대/11.서울여대 07.숭실대/03.세종대
ⓐ enigmatic 수수께끼 같은, 불가사의한 = inscrutable[N0872] puzzling[T1108] mysterious, cryptic, riddling, mystic, arcane

0110 12+ **ambivalent** [æmbívələnt]

【어원】 ambi(=both)+val(=worth ➲ R227)+ent(형접) ➡ 이쪽저쪽 모두 장단점이 있어서 쉽게 결정 못하는

16.기상직7급/14.국민대 11.국민대,숙명여대/07.숙명여대 05.경희대/91.서울대학원
A. 1. 반대감정이 병존하는, 양면가치의 = contradictory[D0652]
2. 이도저도 아닌, 어떻게 할지 결정하기 애매한 = equivocal[N0073] unsure, uncertain

16.성균관대/10.인천대 06.서울시7급/04-2.경기대
ⓝ ambivalence 1.반대 감정 병존 = conflicting feelings
2.이도 저도 아닌 것, 주저 = uncertainty[R0153]

영영정의 및 예문
EXAMPLE

이미지 연상훈련
IMAGE TRAINING

▶ 1. the act of reserving a table in a restaurant or a room in a hotel
2. a feeling of doubt about a plan or an idea
3. a district that is reserved for particular purpose

- I knew that restaurant was popular, but it didn't cross my mind to **make reservations**.
  그 식당이 인기 있다는 사실은 알았지만, 예약을 해야 한다는 생각을 미처 하지 못했다.
  *cross one's mind 생각이 떠오르다

- Tell me your idea on the subject **without reservation**.
  그 주제에 대한 생각을 기탄없이 말해주세요.

- In the United States lanes are **reserved** for cars with more than one occupant.
  미국에서는 한 명 이상의 승객이 탄 차량들을 위한 도로차선이 따로 마련되어 있다.

- She was **reserved** and didn't talk to anyone.
  그녀는 말수가 적어서 누구와도 이야기 하지 않았다.

▶ 1. obtainable and able to be used 2. not otherwise committed

- Is the position still **available**?
  그 일자리 아직 지원할 수 있나요?

- Is Jane **available**?
  제인 좀 볼 수 있나요?

available
FREE
WiFi
AVAILABLE HERE
이용할 수 있는

▶ seeming to be everywhere at the same time

- Recently the **ubiquitous** telephone has become indispensable to the Korean way of life.
  최근 어디서나 볼 수 있는 전화기는 한국인의 생활 방식에 없어서는 안 되는 물건이 되었다.
  *indispensable 없어서는 안 될, 필수적인

- The credit-card cash advance is becoming as **ubiquitous** as the automated teller machine.
  신용카드 현금서비스는 자동화 입출금 기기(ATM)만큼이나 널리 퍼지고 있다.

▶ something mysterious and difficult to understand

- I have known him for more than ten years; but he still remains as an **enigma** to me.
  나는 십 년 넘게 그를 알아왔지만, 그는 여전히 나에게 수수께끼 같은 존재이다.

- No one could explain how the ship has suddenly disappeared - it was all a bit of an **enigma**.
  누구도 그 배가 어떻게 갑자기 사라져버렸는지 설명할 수 없었다. 그것은 완전히 불가사의한 것이었다.

- The professor's lecture was full of **enigmatic** references to Greek poetry.
  그 교수의 강의는 그리스 시(詩)에 대한 알기 어려운 언급으로 가득 차 있었다.

▶ 1. having both good and bad feelings about someone or something
2. uncertain or unable to decide about what course to follow

- It is well known that Mark Twain's feeling toward the technological society was widely **ambivalent**. On the one hand, he admired technology; on the other hand, he despised it.
  마크 트웨인의 과학기술 사회에 대한 생각이 아주 양면적이었다는 사실은 잘 알려져 있다. 그는 한편으로 과학기술 사회에 감탄했지만, 다른 한편으로는 그것을 경멸했다.
  *admire 감탄하다 despise 경멸하다

- She is **ambivalent** about getting married.
  그녀는 결혼하는 것에 대해 갈등하고 있다.

DAY 05-3

정의 DEFINITION | 유사어휘군 SYNONYM·ANTONYM

0111 12+
emit
E F S
[imít]

【어원】 e<ex(=out)+mit(=send ⊃ R052) ➡ 바깥으로 내보내다

08.서경대/07.대구대 06.05-2.아주대/02.감정평가사 96.동덕여대/86.사법시험
Vt. (가스·냄새·소리 등을) 내뿜다, 방출하다 = give off[I03901] give out, send out, spew[T1602]

10.기상직9급/09.08.05.경희대
ⓝ emission 방사, 발산, 방출 = release[N0767]

08.서경대
표 **give off** (증기를) 내뿜다, (냄새를) 풍기다, (열기를) 발하다(=emit) ⊃ I03901

0112 12+
erode
E F S
[iróud]

【어원】 e<ex(강조)+rod(=gnaw ⊃ R113)+e ➡ 완전히 갉아먹다 → 좀먹다 → 부식하다, 침식하다

17.이화여대/16.경기대/15.가천대 14.성균관대/11.숭실대/09.법원직 08.서울시7급/07.광운대/06.덕성여대 05.경희대/91.사법시험
Vt. 1. (바람이나 비가) 조금씩 침식하다; 좀먹다 = gradually wash away, wear away[I12304] wear down[I12303] eat away[I12602] gnaw, corrode, rust
2. 서서히 손상시키다, 무너뜨리다 = deteriorate[N0113] destroy[R1153]

01.공인회계사/99.서울여대
ⓝ erosion 침식
ⓐ erosive 침식적인

동 **corrosive**[kəróusiv] 1. (화학작용으로 쇠가) 부식하는; 부식성의(=caustic) ⊃ R1132
2. (비판 · 풍자 따위가) 통렬한, 날카로운
- **corrosion**[kəróuʒən] 부식 **corrode**[kəróud] 부식하다, 좀먹다

0113 12+
deteriorate
E F P
[ditíəriərèit]

【어원】 de(=down)+ter(=earth ⊃ R219: 흙 → 속된 일)+ior+ate(동접) ➡ 땅바닥이(속되게) 되게 하다 → 타락시키다 → 악화시키다

18.서울시9급/17.이화여대/16.가톨릭대 07.제주시9급/06.05.경희대 04-2.경기대,광운대/03-2.세종대
Vt. 1. (질을) 나쁘게 하다; 악화시키다 = adulterate, aggravate[N0114] erode[N0112]
2. 타락시키다 = contaminate, degenerate, corrupt, degrade, deprave, maculate, taint
Vi. 나빠지다, 악화[저하]하다, 타락하다 = become worse, regress, obsolesce, retrograde

14.성균관대/13.가천대/07.세무직9급 99-2.명지대
ⓝ deterioration 악화, (가치의) 하락; 퇴보 = aggravation[D0114]
ⓐ deteriorative 타락적인

0114 12+
aggravate
E F S
[ǽgrəvèit]

【어원】 ag<ad(=to)+grav(=heavy ⊃ R237)+ate(=make) ➡ 1.(병을) 무겁게(깊게) 하다 → 악화시키다 2.(마음을) 무겁게 하다 → 괴롭히다

16.성균관대/15.고려대/13.08.명지대 04-2.광운대/00.세무사/98.중앙대 97.성균관대/94.사법시험/85.법원행시
Vt. 1. (병이나 상황을) 악화시키다 = deteriorate[N0113] worsen[S0739] compound[N0428]
2. 괴롭히다, 화나게 하다 = make angry, exacerbate[N0293] irritate, annoy, afflict, harass, torment, bother, molest, aggrieve, agonize, infuriate
↔ *alleviate, mitigate, relieve*

ⓐ aggravating 악화시키는 = deteriorating[D0113]

99-2.명지대
ⓝ aggravation 악화, 심화, 화남 = deterioration[D0113]

표 악화되다: **become[grow] worse, worsen, go from bad to worse**

0115 12+
confine
E F
[kənfáin]

【어원】 con(강조)+fin(=limit ⊃ R207)+e ➡ (움직임에) 한계를 두다, 확실히 제한하다 → 한정하다 → 구금하다

15.숙명여대/12.동국대 10.성균관대/98.입법고시
Vt. 1. ~을 한정하다, 제한[국한]하다 = box up[I00703] restrict, incarcerate[T1246] define, limit
*confine oneself to ~에 국한하다, 틀어박히다
2. ~을 가두다, 구금[감금]하다
N. (pl.) 경계, 국경; 범위, 영역

11.성균관대,성신여대/02.광운대,삼육대
ⓐ confined 제한된, 한정된, 비좁은 = restricted[N0136] cramped[D0596]

16.인하대/11.홍익대/10.숙명여대
ⓝ confinement 제한, 국한, 감금 = enclosure[R1383] detention[D0562] custody
*solitary confinement 독방 감금

표 **box up/box in** (좁은 장소 등에 두어) 거동을 불편하게 하다, 가두다(=confine) ⊃ I00703

▶ to send out gas, smell, sound, etc.

- Cathode **emits** electrons in a controlled environment.
  음극은 제어된 환경에서 전자를 방출한다. *cathode 음극
- Gasoline vehicles produce dangerous **emissions**.
  휘발유 차량은 위험한 배기가스를 만들어낸다.

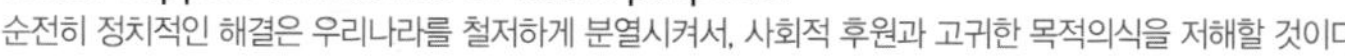

▶ 1. to gradually destroy the surface of rock or soil through the action of wind or rain
2. to gradually reduce or destroy something

- All of the sediment there has been steadily **eroded** by the sea.
  그곳의 모든 퇴적물은 바닷물에 끊임없이 침식되어 왔다.
- A purely political solution will leave our country bitterly divided, **eroding** the social support and sense of noble purpose.
  순전히 정치적인 해결은 우리나라를 철저하게 분열시켜서, 사회적 후원과 고귀한 목적의식을 저해할 것이다.

▶ Vt. to diminish or impair something in quality or value Vi. to become worse

- The new government is **deteriorating** the quality of education more and more.
  새로운 정부는 교육의 질을 점점 더 악화시키고 있다.
- Seeds cannot be stored infinitely; they **deteriorate** and are vulnerable to disease.
  씨앗은 무한히 저장될 수 없다. 왜냐하면 씨앗의 질이 점차 나빠지고 병에도 취약하기 때문이다.
- Once he told her she was too fat, their relationship **deteriorated** rapidly, and within a few weeks they separated.
  그가 그녀에게 너무 살쪘다고 말하자마자, 그들의 관계는 급속히 나빠졌고, 몇 주 지나지 않아 갈라섰다.

▶ 1. to make something worse 2. to make someone angry

- The lack of rain **aggravated** the already serious lack of food.
  비가 적게 와서 이미 심각한 식량난을 더욱 악화시켰다.
- He warned the workers against supporting these anti-social politics, which he declared would **aggravate** rather than **alleviate** the plight of the common people.
  그는 노동자에게 이러한 반사회적 정치운동을 지지하지 못하도록 경고했다. 그는 이 운동이 일반 사람들의 곤경을 덜어주기보다 오히려 가중시키기 때문이라고 말했다.
- He seemed to contradict merely to **aggravate** me.
  그는 단지 나를 화나게 하기 위해서 반대하는 것 같았다. *contradict 반대하다

▶ 1. to keep someone or something inside the limits of a particular activity or subject
2. to keep someone in an enclosed place, often by force

- He asked that I **confine myself to** the subject.
  그는 내가 그 주제에 한정해 줄 것을 요구했다.
- People who have claustrophobia are afraid of being in **confined** spaces.
  폐쇄공포증 환자는 비좁은 공간에 있는 것을 무서워한다. *claustrophobia 밀실공포증
- Many prisoners are **confined** to their cells for long periods of time.
  많은 죄수들이 오랜 기간 동안 독방에 갇혀 산다.

정의 DEFINITION	유사어휘군 SYNONYM·ANTONYM

0116 12+ **urgent** [ə́ːrdʒənt]

07.홍익대/06.계명대/98-7.경찰 98-2.동국대/97.덕성여대

【어원】 urg(=drive ➲ R065)+ent(형접) ➡ (사람이나 감정을) 몰아가는

A. 긴급한 처리를 요하는, 촉박한 = pressing[R1221] imperative, imminent

16.가천대/10.경희대 ⓝ urgency 긴급, 절박; (pl.) 긴급한 일, 긴급 안건

12.서울시9급/08.아주대 01-2.서울여대/96.연세대학원 ⓥ urge 1. 몰아대다, 재촉하다; 강요하다; 강조하다; = drive[I072] coerce[N0286]
2. (반대의견을) 역설하다
n. 자극, 압박; 욕구, 충동 = craving[D0868] drive[I072]

ⓐ unurged 강제 당하지 않은 → 자발적인

exigent [éksədʒənt] 긴박한, 절박한(=impending) **exigency** 급박, 위급, 긴박; 긴급사태(=emergency)

0117 12+ **curtail** [kərtéil]

14.한국외대/12.10.경희대/10.성균관대 09.고려대/08.성균관대/06.이화여대 05-2.가톨릭대/99.전남대/98.동국대 97.고려대학원

【어원】 cur+tail(=cut ➲ R106) ➡ 짧게 자르다 → 줄이다 → 단축하다

Vt. 1. (일정 등을) 짧게 줄이다, 단축하다 = shorten[T1444] reduce[N0118] abridge[N0628] cut, lessen, cut back on
2. (비용 등을) 삭감하다, 줄이다 = retrench, cut down, slash, pare down

ⓝ curtailment 단축, 삭감

curt [kəːrt] 짧은, 간결한; 무뚝뚝한(=blunt, brusque) ➲ T0927

0118 12+ **reduce** [ridjúːs]

16.국민대오전,오후/15.홍익대 14.한양대/13.서울시7급 12.이화여대,한양대/10.성균관대 95.사법시험/92.법원직

【어원】 re(=back)+duc(=lead ➲ R135)+e ➡ 뒤(창고)로 이끌다, 줄이다

V. 줄(이)다, 삭감하다, 감소하[시키]다 = lessen[S0732] make smaller, lower[T1364] diminish[N0354] curtail[N0117] decrease, contract, shorten, abbreviate, cut back on[I09310] cut down[I09309] mark down, retrench, cut, slash, trim down

17.중앙대/07.울산시9급 ⓝ reduction 축소, 감소, 삭감 = cutback[I09310]

ⓐ reduced 줄인, 축소한, 삭감한

cut back on (비용 등을) 줄이다, 절감하다(=reduce, curtail) ➲ I09310
cut down (on) 줄이다(=reduce, lower, lessen, cut back on) ➲ I09309

0119 12+ **dwindle** [dwíndl]

14.국민대/11.성신여대/10.경희대 08.서울여대/06.경희대,삼육대 05.건국대/97-2.건국대/96.지방고시 94.대전시7급

【어원】 d<de(=down)+wind(=wind)+le(동접) ➡ 바람이 줄어들다 → 작아지다, 줄다

V. 1. 줄(이)다; 차츰 작아지다; 감소되다(시키다) = diminish[N0354] decrease[R1701] wane[N0171] lessen, wither, shrivel, shrink, ebb
2. (품질이) 저하되다; 야위다; 쇠퇴하다 = decline, fade away, backslide

ⓝ dwindler 발육이 부진한 사람

swindle [swíndl] 사취하다, 남을 속이다; 사기, 속임수 **swindler** 사기꾼 ➲ N0822

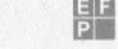

0120 12+ **decline** [dikláin]

14.경희대/10.계명대/06.아주대 03.숭실대/홍익대/03-2,01-2.계명대 94.93.연세대학원/90.고려대학원

【어원】 de(=down)+clin(=bend ➲ R128)+e ➡ 1. 아래로 굽다 → 쇠퇴하다 2. (굽히는 모습에서) 정중히 거절하다

V. 1. (정중히) 거절하다, 사절하다 = refuse[R1264] deny, reject, rebuff, repulse, naysay
2. 기울다, 쇠퇴하다, 감퇴하다 = wane[N0171] languish[D0173] fall off
3. (물가 등이) 떨어지다, 하락하다 = go down
N. 내리받이; 쇠퇴, 퇴보, 타락; 하락 = lapse[N0880]

ⓐ declining 기우는, 쇠퇴하는 = waney
ⓝ declination 기움, 경사; 거절; 쇠퇴, 하락

거절하다: **turn down, kiss off, pass up, turn away**

영영정의 및 예문
EXAMPLE

이미지 연상훈련
IMAGE TRAINING

▶ very important and needing to be dealt with immediately

- Because of the **urgent** nature of business, we arranged to meet immediately after the conference was over.
때때로 긴박한 그 사업의 특징상 우리는 그 회의가 끝나자마자 즉시 미팅을 준비했다.
- I have always considered global warming to be a matter of utmost **urgency**.
나는 항상 지구온난화가 고도의 긴급현안이 되어야 한다고 생각해 왔다.
- They **urged** the prosecutor to reinvestigate the case.
그들은 검찰에 사건의 재수사를 촉구했다.

▶ 1. to terminate before its intended or proper end 2. to reduce or limit something

- The evening show was **curtailed** by an electrical power failure.
저녁 공연은 정전으로 인해 단축되었다.
- We were told to **curtail** our coffee breaks because they were too long.
우리는 커피 마시는 휴식시간이 너무 길다고 줄이라는 지시를 받았다.
- Many states have **curtailed** smoking in public areas by banning smoking in restaurants and bars.
많은 주에서는 식당과 술집에서 흡연을 금지함으로써 공공장소에서의 흡연을 줄였다.

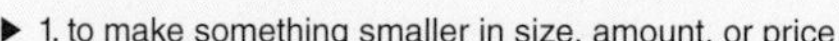

▶ 1. to make something smaller in size, amount, or price

- To **reduce** risks, the government is planning to assist and restructure smaller businesses.
위험을 줄이기 위해 정부는 중소기업 지원과 구조조정을 계획 중이다.
- Every country wants growth in productivity and **reduction** in unemployment.
모든 국가는 생산성의 증가와 실업률의 감소를 원한다.

reduce
줄이다, 삭감하다

▶ 1. to become gradually smaller 2. to fall away, as in quality

- At this time of the year, the number of students in the school tends to **dwindle**.
일 년 중 이맘때는 그 학교의 학생 수가 점점 줄어드는 경향이 있다.
- China banned some domestic logging to protect its **dwindling** forests.
중국은 줄어들고 있는 자국의 삼림을 보호하기 위해 일부 국내 벌목을 금지했다.

▶ V. 1. to refuse 2. to become less, smaller, or worse 3. to go down in value
N. a gradual decrease in the quality, amount, or importance of something

- The minister **declined** to make a statement to the newspapers.
그 장관은 신문에 성명서 내는 것을 거절했다.
- As the islands of the Pacific Ocean became more accessible, the shells became more plentiful, causing their value to **decline** sharply.
태평양에 있는 섬들이 보다 접근하기 쉬워짐에 따라 조개들이 더욱 풍부해졌고 결국 그 가치를 급속히 떨어지게(급락하게) 했다.
- The economic boom seems to have given way to a slight **decline**.
경제 호황이 약간의 쇠퇴 국면으로 접어든 듯 보인다.
*give way to ~에 무너지다, ~로 대체되다

정의 DEFINITION	유사어휘군 SYNONYM·ANTONYM

0121 deficiency
12+  [difíʃənsi]

【어원】de(=down)+fic(=make ⊃ R060)+i+ency(명접) ➡ (기대치에) 떨어지게 만듦 → 불충분함 → 결핍 → 적자

13.가천대/03.세무사/01.한국외대/00.세종대/91.서울대학원
N. 1. 부족, 결핍; 부족분; 결손, 적자 = lack[T1542] shortage[T1444] dearth[N0665] ; red ink[I15801]
2. (심신의) 결함 = defect, fault, insufficiency

16.서울여대/13.한양대/10.국회속기직/08.동국대
ⓐ deficient 부족한, 불충분한; 결함 있는 = lacking[T1542] insufficient[R0609]
↔ *sufficient*[R0609] 충분한, 족한

05-2.명지대
ⓝ deficit[défəsit] 결손, 부족(액); 적자; 결함; 약점 ↔ 흑자: *surplus*

표 **be in the red** 적자이다 ↔ **be in the black** 흑자이다

0122 increment
12+  [inkrəmənt]

【어원】in(강조)+cre(=grow, increase ⊃ R170)+ment ➡ 1. 증가하는 것 → 증가량, 증액 2. 내 수중으로 들어오는 것 → 이윤, 이득

12.09.법원직
N. 1. 증가(량), 증대, 증액 = increase, enlargement, accretion, augmentation
2. 이익, 이윤, 이득 = profit, interest, gain, results, returns

17.단국대/16.건국대/07.명지대/00.세무사/95.외무고시
ⓥ increase 늘다, 증가하다; 증가(액), 증대 = redound, augment, magnify, enlarge, aggrandize, surge, grow, accrue

13.이화여대/10.고려대
ⓐ incremental 증가하는, 점증하는
ⓝ incrementalism (사회적 · 정치적인) 점진주의
ⓐ increscent 증대하는; 달이 점점 차는

90.고려대학원
반 **decrement**[dékrəmənt] 감소; 감액, 감량 = decrease[R1701] reduction, diminution
decrease[dikríːs] 줄다, 감소하다; 감소, 축소 = decrement, reduce, cut down, retrench, curtail
decrescent[dikrésnt] 줄어드는; 달이 이지러지는

0123 fertile
12+  [fə́ːrtl]

【어원】fer(=carry, bear ⊃ R048)+tile ➡ 애를 잘 가질 수 있는(carry) → 기름진 → 다산의

15.경기대/10.국회속기직/05.성균관대.동아대/95.행자부9급/90.연세대학원
A. 1. (토지가) 기름진, 비옥한; 다산의 = productive[R1357] prolific, fruitful, fecund
2. (작가 등이) 창의력이 풍부한 = creative, inventive, original, ingenious

ⓥ fertilize (토질을) 비옥하게 하다; 수정시키다

04-2.국민대
ⓝ fertilizer 비료, (특히) 화학 비료 = manure, compost

14.숙명여대/11.성신여대
fertility 비옥, 다산, 풍부; 번식력; 출생률 = productivity

06.감평사/05.강남대/04-2.서울여대
반 **infertile**[infə́ːrtl] 메마른; 불모의; 불임의 = arid, unfruitful, fruitless, jejune
혼 **futile** (행동 등이) 효과 없는; 무익한; 시시한 ⊃ N0022

0124 abundant
12+  [əbʌ́ndənt]

【어원】ab(강조)+und(=flood ⊃ R217)+ant(형접) ➡ (많아서) 넘치는 → 풍족한

17.한양대/11.경기대/08.경희대/07.세무직9급/06.아주대/03.단국대/98-2.강남대/96.총신대
A. 풍부한, 많은; (자원 등이) 풍족한[in, on] = plentiful[R1544] bountiful[P0553] copious[N0438] profuse[N0656]

ⓝ abundance 풍부함, 유복함

09.성균관대/97.세종대
ⓐⓓ abundantly 풍부하게, 충분히 = profusely[D0656]

12.국민대
ⓥ abound 풍부하다; 많이 있다, (~로) 가득하다[in] = be plentiful

파 **overabundance** 과잉, 과다

0125 redundant
12+  [ridʌ́ndənt]

【어원】red<re(=back)+und(=flood ⊃ R217)+ant(형접) ➡ 뒤로 넘치는 → 남아도는 → 여분의 → 군더더기의

13.한국외대/08.건국대/07.성균관대.숭실대/04.덕성여대/02.중앙대/99.건국대/98.서울대학원
A. 1. 여분의, 과다한; 남아도는; 불필요한 = superfluous[N0832] surplus; inessential[R1593]
2. 말이 많은, 장황한, 군더더기의 = repetitious[R1044] verbose, tedious, wordy, prolix

90.외무고시
ⓝ redundancy 1. 여분, 과잉, 잉여; 쓸데없는 말 = excess, surplus, overplus, superfluity, residue, overabundance, plethora, layoff[I04604]
2. 〈영〉 잉여 인원; 일시 해고

00.세무사
ⓥ redound 1. (신용 · 이익 등을) 늘리다, 높이다[to] = increase
2. (행위가 결과로서) 되돌아오다

▶ a lack of something that is essential

- Vitamin **deficiency** can lead to serious illness.
  비타민 결핍은 심각한 질병을 초래할 수 있다.
- **Deficient** production of these substances causes disruption in the balance of hormones.
  이런 물질의 생성이 부족하면 호르몬들의 균형에 혼란이 생긴다.
- Some factory workers will be laid off to reduce the **deficit**.
  일부 공장들의 노동자들은 적자를 줄이기 위해 해고될 수 있다.

▶ a regular increase in a number or an amount

- Exports may show a double-digit **increment** next month.
  내달 수출이 두자릿수로 증가할 것이다.
- Real progress in understanding nature is rarely **incremental**.
  본질을 이해하는 데 있어 진정한 진보란 좀처럼 점진적이지 않다.

▶ 1. able to produce good crops 2. able to produce good ideas or results

- From the earliest recorded history, humans have tried to farm **fertile** land reclaimed from floodplains.
  유사 이래 인간은, 범람원을 개간한 비옥한 땅을 경작하기 위해 노력해 왔다.
- Both Koreas discussed how to deliver **fertilizer** aid from the South to the North.
  남북한은 대북 지원 비료를 전달하는 방법에 관해 논의했다.
- Helen and Bob were childless, yet all tests showed that they were not **infertile**.
  헬렌과 밥 부부는 아이가 없지만, 모든 테스트에서 그들은 불임이 아닌 것으로 드러났다.

▶ existing in large quantities

- The energy crisis and the economic recession warned Americans that there might be a limit to their **abundant** natural resources.
  에너지 위기와 경기 침체는 미국인들에게 그들의 풍부한 천연자원에 한계가 있을지도 모른다는 사실을 경고했다.
- Calcium, the body's most **abundant** mineral, works with phosphorus in maintaining the skeletal system.
  인체에 가장 풍부한 무기물인 칼슘은 인과 함께 골격 체제를 유지하는 일을 한다.
- Superstitions **abound in** all cultures throughout the world, and are as old as mankind.
  전 세계 모든 문화에 가득한 미신은 인류의 역사만큼이나 오래되었다.

▶ more than is needed and unnecessary

- Do you think the country's booming economy will make the lawyer's profession less **redundant**?
  나라의 경제가 호황을 누리게 되면 변호사라는 직업이 덜 남아돌게 될 것이라고 생각하십니까?
  *booming 호황인, 급속히 발전하는
- Shawn's article was **redundant**; he kept saying the same thing over and over again.
  숀의 기사는 군더더기 투성이였다. 그는 똑같은 것을 반복하고 또 반복하여 말했다.
- Her good deed **redounded to** her credit among her neighbors.
  그녀의 선행이 이웃 사이에서 그녀의 평판을 드높였다.

Quick Review

0101
i

0102
d

0103
i

0104
n

0105
c

0106
r

0107
a

0108
u

0109
e

0110
a

0111
e

0112
e

0113
d

0114
a

0115
c

0116
u

0117
c

0118
r

0119
d

0120
d

0121
d

0122
i

0123
f

0124
a

0125
r

Answer 0101 impede 0102 deter 0103 irritate 0104 nervous 0105 contentious
0106 reservation 0107 available 0108 ubiquitous 0109 enigma 0110 ambivalent
0111 emit 0112 erode 0113 deteriorate 0114 aggravate 0115 confine
0116 urgent 0117 curtail 0118 reduce 0119 dwindle 0120 decline
0121 deficiency 0122 increment 0123 fertile 0124 abundant 0125 redundant

Preview

DAY 06

0126

0127

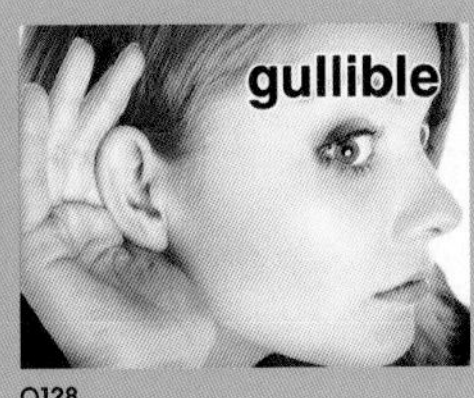

0128

0129

0130

0131

0132

0133

0134

0135

0136

0137

0138

0139

0140

0141

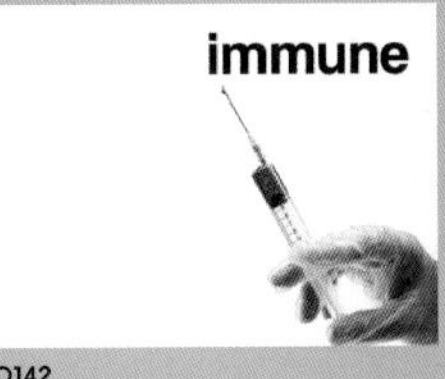

0142

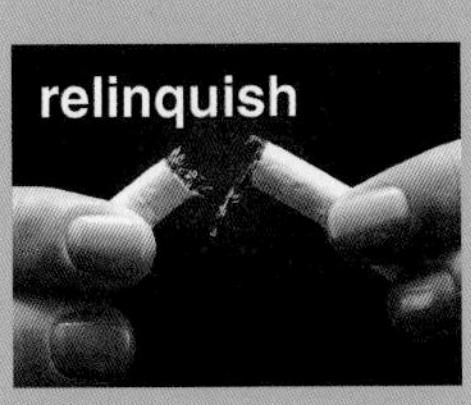

0143

0144

0145

0146

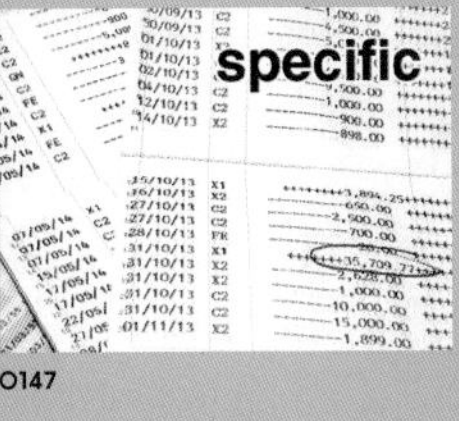

0147

0148

0149

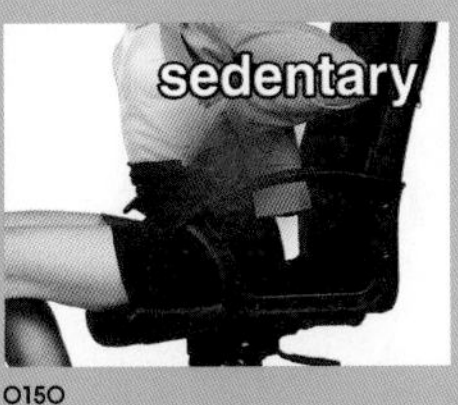

0150

Answer 0126 과시하는, 허식적인 0127 허위의 0128 잘 속는 0129 의식하지 못하는 0130 악명 높은
0131 물리치다 0132 해고하다 0133 범죄 혐의로 기소되다 0134 마지못해 하는 0135 학대하다, 욕하다
0136 제한된 0137 억누르다 0138 의무적인 0139 의무적인 0140 이해하다, 체포하다, 염려하다
0141 ~탓으로 돌리다 0142 면역성의 0143 그만두다 0144 멸종된 0145 활동하지 않는
0146 즉석에서 하다 0147 구체적인, 명세서 0148 곡을 짓다, 구성하다 0149 정착하다 0150 주로 앉아 있는

정의 DEFINITION	유사어휘군 SYNONYM·ANTONYM

0126 12+ ostentatious
[àstentéiʃəs]

【어원】 os<ob(=toward)+tent(=stretch ⊃ R131)+ate+i+ous(형접) ➡ 쫙 펼쳐보이는 → 과시하는

17.명지대/11.국가직7급 10.이화여대.숙명여대.단국대 02.중앙대/02.변리사
A. 1. (과시하는 듯이) 호사스러운, 허식적인 = pretentious[N0323] showy, tawdry
2. (재산 등을) 과시하는; (행동을) 대놓고 하는 = flaunting

ⓝ ostentation 겉치레, 허식, 과시 = pretense
17.가천대/06-2.동덕여대 04-2.단국대
ⓐ ostensible 표면상의, 겉으로 만의, 겉치레의 = specious[N0955] plausible[N0262] pretended[D0268] seeming[T0043]
ostensive 명시하는, 지시적인; 겉으로 만의
13.경기대/10.경희대
ⓐⓓ ostensibly 겉으로는, 표면상은, 그럴싸하게 = outwardly[R0075]
13.한양대
반 **unostentatious** 허세부리지 않는 = modest[R0633] unpretending, unpretentious

0127 12+ fallacious
[fəléiʃəs]

【어원】 fall(=err, deceive ⊃ R230)+aci+ous ➡ 속이는 → 현혹시키는 → 허위의 → 믿을 수 없는

10.인천대/06.동아대/04.경기대 96.덕성여대/91.고려대학원
A. 1. 그릇된; 허위의; 논리적 오류가 있는 = faulty[R2301] wrong, mistaken, false, errant, erroneous, incorrect, improper, inappropriate, inaccurate, untrue, inexact; spurious, incongruous
2. 사람을 현혹시키는; 믿을 수 없는 = misleading[P0532] deceitful, delusive; incredible

05.경기대/98.고려대학원 94.서울대학원
ⓝ fallacy 그릇된 생각(신념); 오류, 착오 = mistake, misapprehension, misconception, misunderstanding, error, falsehood

01.입법고시
혼 **fallible**[fǽləbl] 오류에 빠지기 쉬운; 정확하지 않은 **fallibility**[fæ̀ləbíləti] 오류를 범하기 쉬움
06.성균관대/97.서울대학원
반 **infallible**[infǽləbl] 절대 오류가 없는(=faultless), 절대 확실한 **infallibility** 무과실성; 절대 확실

0128 12+ gullible
[gʌ́ləbl]

【어원】 gull(얼간이)+ible(=able) ➡ 얼간이처럼 잘 속는

11.국회8급.고려대/10.중앙대.숙명여대 06.서울시9급/03-2.고려대 00.동국대.고려대
A. 잘 속는; 속기 쉬운 = easily-deceived, credulous, trusting

07.중앙대
ⓝ gullibility 잘 속음
ⓥ gull 1. 속이다; 잘 속는 사람, 얼간이
2. 갈매기 cf. sea gull (바다갈매기)
ⓐ gullish 어리석은, 바보스러운

혼 **gully**[gʌ́li] (물이 흐르는) 작은 협곡[골짜기]; 도랑

0129 12+ oblivious
[əblíviəs]

【어원】 ob(강조)+liv(회반죽)+i+ous(형접) ➡ (회반죽으로 덮여) 알아채지 못하는 → 건망증이 있는

11.홍익대/08.대구가톨릭대/03.고려대 01-2.가톨릭대/91.대구시7급
A. (무엇에 몰두하여) 의식하지 못하는; 염두에 두지 않는[be oblivious of/to] = unheeding[T0246] unaware of[D0221]

10.경희대.국민대/09.명지대 98-2.중앙대/83.사법시험
ⓝ oblivion 1. 망각; 건망; 〈구어〉 무의식 = forgetfulness, amnesia, lethe; coma
2. 〈법률〉 특별사면 = amnesty

혼 **obvious**[ɑ́bviəs] (누가 생각해도) 확실한[분명한] (=apparent, evident) ⊃ N0341

0130 12+ notorious
[noutɔ́:riəs]

【어원】 not(=know ⊃ R142)+ori+ous(형접) ➡ (나쁜 쪽으로) 잘 알려진 → 악명 높은

17.경찰1차/08.건국대.경희대/07.대구대 01.숙명여대/00-2.경기대/98.광운대 99.검찰사무직9급 96.행자부9급.성균관대
A. (나쁜 의미로) 유명한, 악명 높은[for] = infamous[N0530] ill-famed, flagrant, arrant, egregious

15.한양대
ⓐⓓ notoriously 악명높게

영영정의 및 예문
EXAMPLE

이미지 연상훈련
IMAGE TRAINING

▶ intended to attract notice and impress others

- John was a noisy, **ostentatious** man who loved to talk about his yachts, mansions, and gaudy jewelry.
  그는 자신의 요트와 대저택, 화려한 보석에 대해 말하는 것을 좋아하는 요란스럽고 과시적인 사람이다.
- His **ostensible** motives concealed his real one.
  그는 표면상의 동기로 자신의 진짜 동기를 감추었다. *conceal 숨기다

▶ 1. based on false information or ideas 2. tending to mislead

- Don't be misled by the **fallacious** reasoning of the advertising generalizations.
  광고의 일반화라는 잘못된 추론에 오도되지 말라.
- So convincing was the saleswoman's pitch about the value of the used car that Hallie nearly missed the **fallacy** in its logic.
  여자 판매원이 그 중고차의 가치에 대해서 선전하는 말이 너무나 설득력이 있었기 때문에 할리는 그 논리 속에 있는 오류를 거의 놓칠 뻔 했다.
- Man is prone to error, even though he'd like to think he's **infallible**.
  인간은 비록 자신은 전혀 틀림이 없다고 생각하고 싶어 하지만, 잘못을 저지르기 쉽다

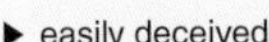

▶ easily deceived

gullible
잘 속는

- He was able to mislead the **gullible** with his specious arguments.
  그는 그럴 듯한 주장으로 잘 속는 사람들을 오도케 할 수 있었다.
- Not only the **gullible** are fooled by propaganda; we can all be misled if we are not wary.
  잘 속는 사람들만이 허위선전에 기만당하는 것은 아니다. 조심하지 않으면 우리도 모두 속을 수 있다.

▶ not aware of something that is happening around you

- Absorbed in my work, I **was** totally **oblivious of** my surroundings.
  일에 열중한 나는 주변을 전혀 의식하지 못했다.
- The writer **was oblivious to** criticism of her work.
  그 작가는 자신의 작품에 대한 비평을 안중에 두지 않았다.
- With time the memory faded into **oblivion**.
  시간이 흐름에 따라 기억은 망각 속으로 사라졌다.

▶ famous for something bad; well known for being bad

- Unfortunately, our company **is notorious for** bad working conditions.
  유감스럽게도, 우리 회사는 근무조건이 열악하기로 유명하다.
- This prison holds the most **notorious** criminals in the region.
  이 감옥은 그 지역에서 가장 악명 높은 범죄자들을 수용하고 있다.

정의 DEFINITION	유사어휘군 SYNONYM·ANTONYM

0131 12+ repel [ripél]

13.중앙대/11.세종대/08.경희대

【어원】 re(=back)+peal<pel(=drive ➲ R066) ➡ 뒤로 몰러가게 하다 → 물리치다

V. 1. (적을) 물리치다; (자석 · 전극 등이) 밀어내다 = drive away, dispel, expel, repulse, dissipate
2. (제안을) 거절하다 = reject, refuse, decline
3. (무엇이) 불쾌감[혐오감]을 주다 = revolt, disgust, sicken, nauseate

12.서울여대/06.서울시 교행/05.중앙대 ⓐ repellent 혐오감을 주는; 격퇴하는; 방충제 = unpleasant[R2411]
14.중앙대/99.한국외대 ⓝ revulsion 극도의 혐오감, 반감[at, against] = disgust[T0317] antipathy, aversion, repugnance, abhorrence, hatred, loathsomeness
14.중앙대 repulsion 혐오, 반감; 반박, 거절
ⓥ repulse 격퇴하다, 거절하다; 혐오감을 주다
14.한국외대 ⓐ repulsive 불쾌한; 물리치는 = disagreeable, disgusting

0132 12+ dismiss [dismís]

12.이화여대,동국대/11.한양대 05.가톨릭대,명지대/04-2.동덕여대 04.서울여대/97-6.경찰

【어원】 dis(=away)+miss(=send ➲ R052) ➡ 1.멀리 보내버리다 → 내쫓다, 해고하다 2.(생각을) 보내버리다 → 잊어버리다

Vt. 1. 해고[면직]하다, 내쫓다[from] = lay off[I04604] kiss off, fire, discharge, send away
2. (생각 등을 깨끗이) 지우다, 잊어버리다 = put out of one's mind[I04414] expel
3. **(집단을) 해산시키다; 이혼하다; 퇴학시키다** = divorce; expel (a student) from school
4. 기각[각하]하다, 무시하다 = reject[N0790] turn down

12.인천대 ⓝ dismissal/dismission 해산, 퇴거; 면직, 해고; 이혼; 기각
91.사법시험 ⓐ dismissive 부인하는, 거부하는; 경멸적인 = contemptuous[D0214]

표 **lay off** 임시 해고하다(=dismiss temporarily); (술 담배등을) 끊다 ➲ I04604

0133 12+ charge [tʃɑ́:rdʒ]

17.15.14.한국외대/14.국가직9급/12.중앙대 10.한국외대/08.성균관대/07.강원9급 01.대구대/99.세무사/98.서울대학원

【어원】 charge(=car, burden, load) ➡ 【연상】 → (짐 · 일 · 비난 · 청구서)를 차지하다

V. 1. 채우다; 충전하다; 짐을 싣다 = fill, load, lade, burden, freight
2. (의무 등을) 지우다; 명령하다 = burden, encumber; order, command
3. 대금을 청구하다 = bill
4. 비난하다, 고발하다 = blame[T1221] accuse[N0307] indict[R0872]
*be charged with (의무 · 책임 등이) 부과되다; (범죄 혐의로) 기소되다; (감정으로) 가득하다
5. 습격하다, **(축구) 반칙으로 저지하다.** = sally[R0465]

N. 1. 청구금액, 요금; 비난, 고소; 혐의
10.지방직9급,경북교행 *free of charge 무료로(=for nothing) *on charges of ~의 혐의로
2. **책임, 임무; 담당; 명령; 충전, 장전** *charger 충전기, 장전기
06.명지대/ 00.경찰 *in charge (of) ~을 맡고 있는, 담당의, ~에 책임이 있는(=responsible for) *the person in charge 담당자, 책임자
*take charge of (sth) ~을 맡다, 담당하다, (어떤 상황이나 조직을) 통제하다

반 **discharge** 해고하다; 면제하다; 짐을 내리다 ➲ R2381

0134 12+ reluctant [rilʌ́ktənt]

15.한양대/14.광운대/13.서울시9급 12.덕성여대/10.경북교행/01.사법시험 01-2.서울여대

【어원】 re(=against)+luct(=struggle)+ant(형접) ➡ 하기 싫어 ~에 대해 다투는 → 내키지 않는 → 마지못해 하는

A. 마음 내키지 않는; 마지못해 하는[to] = unwilling[N0520] disinclined, indisposed, grudging
*be reluctant to R ~하기를 꺼리다

08.성신여대/92.서울대학원 ⓝ reluctance 싫어함, 마지못해 함[to]; 저항
99.세무사 ⓐⓓ reluctantly 마지못해 = with reluctance, unwillingly, grudgingly

관 **ineluctable** 불가항력의, 피할 수 없는, 불가피한 *in(=not)+eluct(=struggle)+able
- **ineluctability** 피할 수 없음, 불가항력; 필연성

0135 12+ abuse [əbjú:s]

13.서울시7급/07.국가직9급,건국대 05-2.중앙대/04-2.서강대,경희대 03.입법고시/02-7.경찰/93.동국대

【어원】 ab(=away)+use(=use ➲ R177) ➡ 사용을 멀리해야 할 것 → 욕설 → 악습 → 악용

Vt. 1. (사람을) 모욕하다, 욕하다 = call (sb) names[I08901] slander, revile, rail, vilify, vituperate, vilipend
2. ~을 악용하다, 남용하다 = misuse[P0533] trade on[R2286] spoil, waste
3. **(사람이나 동물을) 학대하다** = mistreat, mishandle

N. 1. **모욕, 욕, 욕설** = detraction, defamation, a slap in the face
2. 악용, 남용, 오용; 학대, 혹사; 악폐, 악습 = misusage, bad treatment; wrong

ⓐ **abusive** 욕하는, 독설의, 남용된
ⓝ **abusage** (말의) 남용, 오용

11.경희대 관 **disabuse** [disəbjú:z] (잘못을) 깨닫게 하다, 미몽에서 깨어나게 하다[of](=disenchant)

영영정의 및 예문
EXAMPLE

이미지 연상훈련
IMAGE TRAINING

▶ 1. to force someone to move away or stop attacking you
2. to refuse to accept or admit something 3. to make someone feel disgust

• They **repelled** the enemy a number of times.
그들은 적들은 수도 없이 물리쳤다.

• Unfortunately, not all the new insect **repellent** products are proven to be effective.
유감스럽게도 해충 방지 신제품들이 전부 효과가 있는 것으로 판명되지는 않았다.

▶ 1. to force someone to leave their job 2. to put thoughts or feelings out of your mind
3. to formally ask or order someone to leave
4. to refuse to accept that something might be true or important

• The court ruled that the company's employees **were** unfairly **dismissed**.
법원은 그 회사의 직원들이 부당 해고를 당했다고 판결했다.

• We must not **dismiss** the possibility that Bruce lied to us.
브루스가 우리에게 거짓말을 했을 가능성을 염두에 두지 않으면 안된다.

• President Franklin D. Roosevelt's proposal to add more justices to the United States Supreme Court **was dismissed by** the Congress.
F. D. Roosevelt 대통령이 보다 많은 판사를 미 최고법원에 충원하자는 제안은 미 의회에 거부되었다.

▶ V. 1. to fill or load something to capacity 2. to make someone responsible for something
3. to ask an amount of money for something 4. to accuse someone formally of a crime

• He **was charged with** stealing.
그는 절도 혐의로 기소되었다.

• He **was charged with** an important duty.
그에게 중요한 임무가 맡겨졌다.

• Who's **in charge** around here?
여기 책임자가 누구입니까?

• How much does he **charge for** cleaning windows?
창문을 닦는 데 대해 그는 얼마를 청구하나요?

▶ not willing to do something

• With the economy in bad shape, people **are reluctant to** open their wallets.
경제가 좋지 않아서 사람들은 지갑 열기를 꺼린다.

• Linda wanted to stay home, but she finally agreed, very **reluctantly**, to go to the movies.
린다는 집에 그냥 있고 싶었지만, 마지못해 결국 영화를 보러 가기로 동의했다.

▶ V. 1. to say rude or offensive things to someone 2. to use something wrongly or improperly
3. to treat someone badly or inhumanely

• She quit her job only because she was **abused** by her boss.
그녀는 단지 사장에게 욕을 먹었다는 이유만으로 회사를 그만뒀다.

• People **abuse** the natural resources of the earth by wasting or polluting them.
사람들은 지구의 천연자원들을 낭비하거나 오염시킴으로써 그것들을 남용한다.

• The parents of the **abused** child demanded her teacher's resignation.
학대를 당한 어린이의 부모는 그 선생님의 사직을 요구하였다.

정의 DEFINITION | 유사어휘군 SYNONYM·ANTONYM

0136 12+ **restricted** [ristríktid]

13.중앙대/12.동국대/10.성균관대/08.계명대/02.광운대/97.세무사

【어원】 re(강조)+strict(=bind, tie ➲ R027)+ed(형접) ➡ 꽉 묶여서 못 움직이게 된

A. 1. 한정된, 제한된 = limited[R2065] confined[D0115] hampered[N0189]
2. 대외비의; (장소가) 특정집단의 전용인
3. 〈미〉 영화등급 R (17세 미만은 부모 동반)
*restricted area 통제구역, 제한구역, 출입 금지구역

17.가천대/16.국민대/12.성균관대/99.전남대
ⓥ restrict 제한하다, 한정하다; (활동) 금지[제한]하다 = confine, curb, circumscribe
ⓐ restrictive 제한하는, 구속하는, 한정하는

08.전남대
↔ unrestricted 제한이 없는, 자유로운 = unlimited
ⓝ restriction 제한, 규제, 제약

0137 12+ **suppress** [səprés]

13.세종대,숙명여대/10.중앙대,서울여대/04.명지대/02-2.세종대/99.서울여대/96.덕성여대/93.행자부7급

【어원】 sup<sub(=under)+press(=press ➲ R122) ➡ 아래로 내리 찍어 누르다 → (감정 · 폭동을) 억압[진압]하다

Vt. 1. (폭동 등을) 억압[진압]하다 = keep down[I04118] put down, quell, repress, subdue
2. (감정 · 하품 등을) 억누르다, 참다 = check[T1254] bottle up[I04118] command, quell
3. (책 등을) 발매 금지하다, 은폐하다 = prohibit, inhibit, embargo
4. (출혈 · 배설 등을) 막다, 멈추게 하다 = stanch

ⓐ suppressive 억압[억제]하는, 억누르는; 은폐하는
suppressible 억압[억제]할 수 있는

13.한국외대
↔ *insuppressible* 억누를 수 없는, 억제할 수 없는 = insatiable[N0277]
ⓝ suppression 억압, 진압; 은폐; 발매 금지

동 **oppress** [əprés] 억압[탄압]하다; 중압감을 주다 ➲ R1223 **repress** [riprés] (욕망을) 억누르다; 억압하다 ➲ R1224

0138 12+ **compulsory** [kəmpʌ́lsəri]

17.성균관대/14.국회직8급/14.산업기술대/07.동아대/02.세종대/98-2.강남대/97-2.홍익대/96.세무사,경찰간부

【어원】 com(강조)+puls(=drive ➲ R066)+ory(형접) ➡ 강하게 (~하도록) 몰아가는 → 강제적인

A. (법이나 규정 등에 의해) 강제된, 의무적인 = mandatory[N0003] required[R1033] obligatory

12.한양대
ⓐ compulsive 강박적인, 상습적인

04.가톨릭대
ⓐⓓ compulsively 강제적으로, 억지로 = irresistibly[D0748]
ⓝ compulsion 강박, 강요, 충동

0139 12+ **obligatory** [əblígətɔ̀:ri]

11.경희대/04.세종대/02.공인회계사/99.경기대

【어원】 ob(강조)+lig(=bind, tie ➲ R027)+at+ory(형접) ➡ 강하게 묶는 → 구속력이 있는 → 의무로 지워지는

A. 1. 의무로서 지워지는, 의무적인[on]; (학과 따위가) 필수의 = incumbent[N0746] mandatory[N0003] compulsory, forced, required, necessary, requisite
2. (도덕 · 법률상으로) 구속력이 있는 = restrictive, binding
ⓥ oblige [əbláidʒ] 강요하다, 억지로 시키다; 의무를 지우다

14.항공대/10.성신여대/99.경원대/97-2.경원대/95.한신대
ⓝ obligation 의무, 구속; (의무가 따르는) 약정; 은혜, 감사; 뒷바라지 = responsibility[D0304] duty[T0470]
obligee 채권자/obligor 채무자
ⓐ obligative 의무를 동반하는, 강제적인

09.서강대
혼 **obliging** 잘 돌봐 주는, 친절한; 정중한

0140 12+ **apprehend** [æ̀prihénd]

14.한국외대/01-4.경찰/99.세무사/99-2.동국대/97-2.중앙대

【어원】 ap<ad(=to, near)+prehend(=take ➲ R002) ➡ (가까이로) 취하다 → 1. 이해하다 2. 체포하다 3. 걱정하다

Vt. 1. 뜻을 이해하다; 깨닫다, 감지하다 = understand, comprehend, catch, grasp, get, make out, appreciate
2. ~을 붙잡다, 체포하다 = arrest[R0474] seize[R0011] capture, take into custody, round up
3. ~을 염려하다, 걱정하다 = worry (about), care about, be afraid for, be anxious about, be concerned about, be solicitous about, feel anxiety, anticipate

08.서울여대/05.서울시9급/04-2.서강대
ⓝ apprehension 염려; 체포; 이해 = 염려: worry[T0140] feeling of fear
= 체포: arrest(ment), capture
= 이해: ken, comprehension

05.중앙대/94.연세대학원
ⓐ apprehensive 염려하는; 이해가 빠른 = 염려하는: fearful[T0195] worried, anxious
apprehensible 이해할 수 있는 = comprehensible

12.중앙대
반 **misapprehension** 오해 **misapprehend** 오해하다

영영정의 및 예문
EXAMPLE

이미지 연상훈련
IMAGE TRAINING

▶ 1. limited in size or amount or in what you are able to do
2. excluding or unavailable to certain groups

- They are not authorized to enter the **restricted area**.
그들은 제한구역에 들어갈 수 있는 권한이 없다.
- The information was **restricted to** senior management.
그 정보는 고위 경영진에게만 접근이 허용되었다.
- The government shouldn't **restrict** freedom of speech.
정부는 언론의 자유를 제한해서는 안된다.

restricted
제한된

▶ 1. to end something by force 2. to stop yourself from expressing a feeling or an emotion
3. to keep something from being revealed, published, or circulated

- Large scale troops were sent to the region to **suppress** the riot.
폭동을 진압하기 위해 대대적인 병력이 그 지역에 투입되었다.
- He tried to **suppress** his anger.
그는 자신의 분노를 억누르려 애썼다.
- The government is **suppressing** those books which reveal military secrets.
정부는 군사 기밀을 폭로하는 그러한 책들의 발매를 금지하고 있다.

▶ required by a rule or law

- Elementary education became **compulsory** and universal in England by the Education Act.
영국에서는 교육법에 따라 초등 교육이 의무적이고 보편적이게 되었다.
- "Emergency procedures" is a **compulsory** subject in police training.
응급처치는 경찰훈련과정에서는 필수적인 과목이다.

▶ morally or legally binding

- In some countries, it is **obligatory** to vote.
어떤 나라에서는 투표하는 것이 의무적이다.
- They always try to meet their **obligations**.
그들은 언제나 그들의 의무들을 다하려고 노력한다.

▶ 1. to understand something 2. to arrest someone
3. to expect with anxiety, suspicion, or fear

- Their parents failed to **apprehend** why their children were behaving like that.
그들의 부모는 아이들이 왜 그렇게 행동하는지 이해할 수 없었다.
- The police **apprehended** the middle-aged man armed with a shot gun.
경찰이 엽총으로 무장한 중년의 남자를 체포했다.
- **It is apprehended that** the prisoner will break jail in such a terrible environment.
그러한 열악한 환경에서 죄수가 탈옥할 우려가 있다.
- Most students feel **apprehensive** before the school examination.
대부분의 학생들이 학교 시험을 앞두고 걱정을 한다.

정의 DEFINITION	유사어휘군 SYNONYM·ANTONYM

0141 12+

attribute

[ətríbjuːt]

【어원】at<ad(강조)+tribute(=give ⊃ R007) ➡ 원인을 ~쪽으로 주다 → ~의 탓으로 하다

17.국민대/15.광운대/14-3.경찰/14.서울여대 12.명지대/07.인천9급/06.건국대 05-2.항공대/98.총신대/97.지방고시 90.행정고시

Vt. (원인 · 귀속을) ~에 돌리다, ~의 탓으로 하다[to] = ascribe[R0947] accredit, impute, owe (A to B)

*attribute A to B A를 B의 탓으로 돌리다 = ascribe A to B, accredit A to B, impute A to B, owe A to B

N. [ǽtrəbjuːt] 속성, 특질 = characteristic[N0895] properties[T1393] traits[R1341] quality[D0745]

ⓝ attribution 귀속, 특성, 속성

ⓐ attributable (원인 따위를) 돌릴 수 있는 attributive 속성을 나타내는, 한정적인

16.숭실대 — 관 misattribution 잘못된 책임전가 표 pay (a) tribute to ~에게 찬사를 보내다 ⊃ I04006

0142 12+

immune

[imjúːn]

【어원】im<in(=not)+mun(=duty, function ⊃ R007)+e ➡ 1. 의무가 없는 → 면제된 2. 병균이 작용하지 않는 → 면역성의

17.국민대/14.경희대/13.국민대/12.성균관대 03-11.경찰/02-2.고려대 01-2.세종대/94.연세대학원 92.사법시험

A. 1. (전염병 등의) 면역성의[from] = not susceptible to[N0005] unsusceptible[D0005] safe[T0844] resistant[N0748]

*immune system 면역체계

2. (과세 등으로부터) 면제된 = exempt from[R0031]

N. 면역이 있는 사람[동물]; 면제자

cf. AIDS(후천성 면역 결핍증): Acquired Immune Deficiency Syndrome

97-2.성균관대 — ⓥ immunize 면역이 되게 하다, 면역성을 주다

17.한성대/05-2.가톨릭대 — ⓝ immunization 면역조치, 예방 주사; 면제

immunity 면역(성); (세금 등의) 면제, 면책 = exemption[R0031]

immunology 면역학

0143 12+

relinquish

[rilíŋkwiʃ]

【어원】re(=back)+linqu(=leave ⊃ R024)+ish(형접) ➡ 뒤에 버려두고 오다 → 습관을 버리다 → 권리를 포기하다

16.기상직9급,한국외대/08.강남대 07.경기대/05-2.경원대/04-2.고려대 03.단국대/92.행자부7급/98.사법시험 98.고려대학원

Vt. 1. (계획 · 습관 등을) 그만두다, 버리다 = give up[I03903] abandon[N0042] surrender[R0069] forgo[P0081] renounce, forsake, discard, abjure, unlearn

2. (소유물 · 권리 등을) 포기하다; 양도하다 = surrender[R0069] renounce, waive, abandon; alienate, transfer, hand over, yield, resign, devolve

ⓝ relinquishment 포기,양도

표 give up ⊃ I03903
1. (신앙 · 술 · 담배 등의 습관을) 버리다(=abandon, relinquish)
2. (계획 · 희망 등을) 포기하다
3. (재산 · 지위 등을) 양도하다(=relinquish, yield); (범인을) 인도하다
4. [give oneself up] ~에 헌신하다, 전념하다(=devote oneself entirely to)

0144 12+

extinct

[ikstíŋkt]

【어원】ex(강조)+tinct<sting(=prick ⊃ R119) ➡ 완전히 찔러 (죽여) 버린 → 멸종된, 소멸된

02.행정고시 02.건국대/92.광운대

A. 1. (생물 · 제도 등이) 멸종된, 소멸된 = exterminated

2. (화산 등이) 활동을 멈춘; (불 등이) 꺼진 = inactive; extinguished, quenched

17.이화여대/16.교행직9급/13.한양대 08.덕성여대/02.법원직/98.건국대 — ⓝ extinction (종족의) 멸종, 소멸; 폐지; 소화 = disappearance[R2326]

ⓐ extinctive 소멸적인, 소멸성의

07.경기도9급/00-2.여자경찰 — ⓥ extinguish (불 · 빛등을) 끄다; 소멸시키다 = put out[I04414] snuff out[I00329] smother, quench

ⓝ extinguisher 불을끄는사람[기구], 소화기

extinguishment 소화, 소등; 절멸

0145 12+

inactive

[inǽktiv]

【어원】in(=not)+act(=do ⊃ R065)+ive(형접) ➡ 행동하지 않는 → 나태한 → 불경기의

08.서울여대/06.가톨릭대,경희대 05-2.중앙대/02.경희대,고려대 97-2.중앙대/85.행자부9급

A. 1. 활동하지 않는, 움직이지 않는; 휴지의 = dormant[N0015] inert[R0624] torpid, lethargic, slumberous

2. 나태한, 게으른 = sluggish, indolent, lazy, idle, remiss, slothful, dolittle

3. (시장이) 불경기의 = flat[R1781] stagnant[N0664] depressed

01.경기대 — ⓝ inactivity 무활동, 비활성

96.숭실대 — 반 active[ǽktiv] 활동적인, 활발한; 적극적인 = lively, brisk; energetic
- activate 활성화시키다, 작동시키다(=turn on)

영영정의 및 예문
EXAMPLE

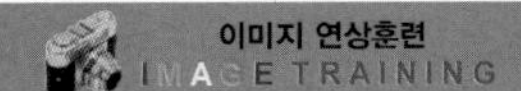

▶ V. to believe that a situation or event is caused by something
N. a quality of someone or something

- The disappointed man falsely **attributed** his failure **to** the lack of loyalty among his friends.
  낙심한 그 사람은 자신의 실패를 부당하게도 친구들 사이에 신뢰가 부족한 탓으로 돌렸다.
- All living things have certain **attributes** that are passed on from one generation to the next.
  모든 생물체는 대대로 전해지는 어떤 속성들을 지니고 있다.

▶ 1. protected from something such as a particular disease
2. not affected by something such as a law or a given influence

- This serum is supposed to make you **immune from** further infection.
  이 혈청은 당신을 더 이상의 감염으로부터 면역이 되게 해 줄 것이다.
- When the **immune system** becomes weak, we lose our protection against illness.
  면역체계가 약해지면, 우리는 질병에 대한 방어력을 잃게 된다.
- Measles can be prevented by **immunization** at one year of age.
  홍역은 한 살 때 예방 접종을 하면 예방할 수 있다.

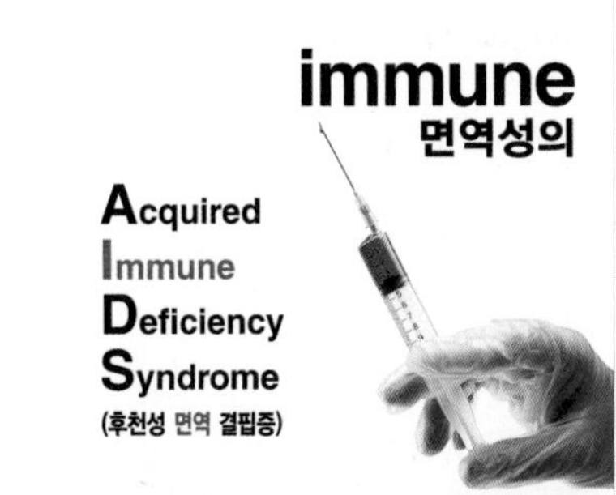

▶ to give up a position, possession, or right especially unwillingly

- Mr. Palmer made up his mind to **relinquish** his seat in the Senate.
  팔머씨는 상원의원의 자리를 포기하기로 결심했다.
- Do you think he will **relinquish** his job by the accident?
  그 사고 때문에 그가 자신의 직장을 그만둘 거라고 생각하십니까?
- Smith was told he would have to **relinquish** most of his property to his former wife.
  스미스는 자기 재산 대부분을 그의 전처에게 넘겨 줄 수밖에 없을 것이라는 이야기를 들었다.

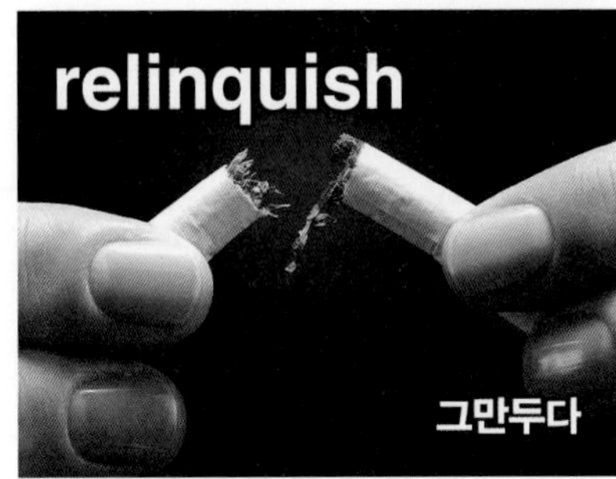

▶ 1. no longer in existence 2. no longer active

- This animal has now become **extinct**.
  이 동물은 이제 멸종되었다.
- Pandas are on the verge of **extinction**.
  팬더 곰은 멸종 위기에 처해 있다. * on the verge of ~할 찰나인

▶ not doing anything; not working

- Owls are **inactive** during the daytime.
  부엉이는 낮에 활동을 하지 않는다.
- It's bad for your health to be physically **inactive**.
  몸을 움직이지 않는 것은 건강에 나쁘다.
- Of the thousands of known volcanoes in the world, the overwhelming majority are **inactive**.
  전 세계에서 알려진 수천개의 화산 중에 대다수가 휴화산이다.

0146 12+ **improvise** [imprəvàiz]

13.국민대/09.이화여대/08.단국대 06.동국대/05-2.서울여대/97.광운대 96.세종대/86.서울대학원

【어원】im<in(=not)+pro(=before)+vis(=see ⊃ R075) ➡ (대본이나 연설문을) 미리 보지 않고 하다

V. (시 · 음악 · 연설 등을) 즉석에서 하다, 임기응변으로 처리하다 = extemporize[N0900] play it by ear[I07501] think up on the spot

12.숙명여대/08.경희대

ⓝ improvisation 즉석에서 한 것(즉흥 시, 즉흥 연주), 즉흥성
ⓐ improvisatory 즉석에서의, 즉흥적인

숙 **play it by ear** (사전에 준비 없이) 즉흥적으로 처리하다(=improvise, extemporize) ⊃ I07501

0147 12+ **specific** [spisífik]

16.기상직9급/11.세종대/02.변리사 02-2.중앙대.세종대/94.대신대 90.연세대학원

【어원】spec(=look, see ⊃ R074)+i+fic(=make) ➡ 보게끔 만드는 것 → 명세서 → 설명이 구체적인

A. 1. (목적 · 설명 등이) 명확한, 구체적인; 특정한 = certain[R0153] definite[R2074] precise, determinate
2. (성질 · 특성 등이) 특유한, 독특한 = particular[R1096] peculiar, unique, distinct, distinctive characteristic, singular

N. 1. (두드러진) 특성, 특질 = feature, peculiarity, property, attribute
2. (pl.) 명세, 명세서; 상세, 세부 = item, article, particular, detail, specification
3. 특효약 = sovereign remedy

08.서울여대/07.중앙대/03.덕성여대

ⓥ specify 일일이 열거하다, 상술하다 = designate[R0983] stipulate[T1397]
ⓝ specification 상술, 열거; 명세서

14.지방직9급

숙 **Could you be more specific?** 좀 더 구체적으로 말씀해 주시겠어요? ⊃ I16940

0148 12+ **compose** [kəmpóuz]

11.한국외대/05.한양대/96.경찰

【어원】com(=completely)+pos(=put, place ⊃ R013)+e ➡ (마음을) 완전히 바닥에 두다 → 가라앉히다

V. 1. (마음을) 가라앉히다[~ oneself] = calm oneself[T0131] organize oneself[S0714] control one's feelings ↔ *discompose* 불안하게 하다
2. 조립하다, 구성하다; (글 · 음악 등을) 짓다 = make up[I07001] constitute
*be composed of ~으로 구성되다
↔ decompose 분해하다, 부패하다 = decay[R1254]

13.국회사서9급 — ⓐ composed (마음이) 가라앉은, 침착한/composing 진정시키는
13.경희대 — composite/compositive 합성의, 복합적인 compositional 구성의
03.세종대/99.중앙대 — ⓝ composure 침착, 냉정, 평정 = calmness[T0131] coolness, serenity, aplomb
15.서강대/96.고려대학원 — composition 구성, 조립, 혼성; 합성물, 혼합물, 구성요소(=piece) ↔ *decomposition* 분해, 해체; 부패
16.기상직9급/14.동덕여대 — composer 작곡가

0149 12+ **settle** [sétl]

15.사회복지9급/10.국회속기직 07.명지대/06.감평사/01-6.경찰 00.인하대/94.성결대

【어원】set(=set ⊃ R017)+tle ➡ 앉히다 → 설치하다 → 살게 하다 → 쟁의를 가라 앉히다 (해결하다)

V. 1. (움직이지 않도록) 놓다, 설치하다 = set up, install, place
2. (사람을) 정주시키다, 살게 하다[down] = domiciliate
3. 안정하게 하다, (화를) 가라앉히다[down] = calm down, sedate, appease
4. (문제 · 쟁의 등을 최종적으로) 해결하다 = solve[D0667] resolve[N0667] make up[I07001] nail down
5. 결정하다, 확정하다 = decide (upon), conclude
6. 지불하다, 청산하다 = pay[I040]

17.경기대 — ⓝ settlement 정착, 식민, 이민; 합의(=compromise);해결, 결정, 청산 settler (초기의) 정착민, 개척민; 조정인

16.서울시9급/00.서울산업대 — 숙 **settle down** 진정하다[시키다], (흥분 등이)가라앉다; 정착하다(=establish residence)
91.고려대학원 — **settle for** ~을 받아들이다, 감수하다(=accept)
settle on (생각 끝에) 정하다 **settle up** 결말짓다, 처리하다 **settle in** (새 집 · 직장에) 적응하다

0150 12+ **sedentary** [sédntèri]

16.한국외대/15.서울여대/13.경기대 11.국민대/10.중앙대.숙명여대 08.서울여대/06.경희대 05.세종대/95.세종대

【어원】sed(=sit ⊃ R021)+ent+ary(형접) ➡ 자꾸 앉아 있으려고만 하는

A. 1. (주로) 앉아 있는, 앉아서 일하는 = done sitting down, immobile[D0199] inactive[N0145] stationary[R0185]
2. 정착해 있는 = settled, not migratory

영영정의 및 예문
EXAMPLE

▶ perform without any preparation

- Although the oral presentation was **improvised**, it seemed very well-organized.
  비록 그 구두 발표는 즉흥적으로 한 것일지라도 매우 잘 짜여진 것처럼 보였다.
- The word jazz comes from a West African language. Jazz music has interesting rhythms and **improvisation**. That word means playing music the player invents while playing or singing.
  재즈란 단어는 서아프리카 언어에서 왔다. 재즈 음악은 독특한 리듬과 즉흥성을 띤다. 그 말은 연주나 노래를 하면서 연주가가 만들어내는 음악을 연주한다는 뜻이다.

▶ A. 1. clear and exact 2. relating to one particular thing only
N. 1. a distinguishing quality 2. the exact details of something

- Unless you are more **specific**, we do not know which one to send you.
  좀 더 구체적으로 말씀해 주시지 않으면, 저희가 어떤 것을 보내야 하는지 알 수가 없습니다.
- I can't agree with your tenuous argument. I need more **specific** information.
  저는 당신의 빈약한 주장에 동의할 수 없습니다. 저는 좀 더 구체적인 정보를 필요로 합니다.
- Our policy **specifies** that vacations must be taken during June or July.
  우리의 방침은 6월이나 7월에 휴가를 가야만 한다고 명시하고 있다.

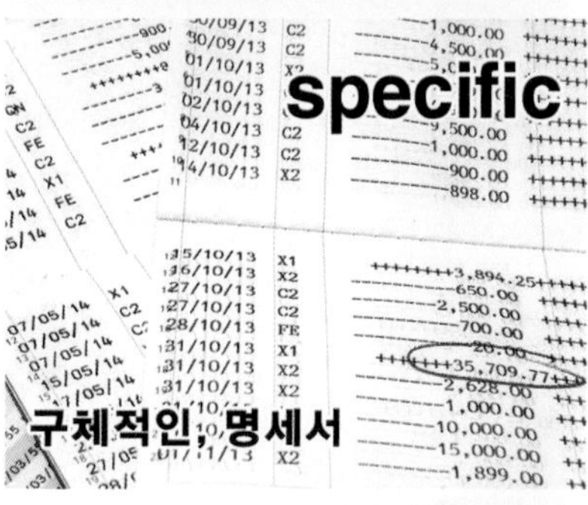

▶ 1. to make yourself calm
2. to combine together to form something; to write a piece of music

- John stood in the living room for a while, making an effort to **compose himself**.
  존은 자신을 진정시키려고 애쓰면서 잠깐 동안 거실에 서 있었다.
- The association **is composed of** 85 members.
  그 협회는 85명의 회원으로 구성되어 있다.
- She totally lost her **composure** and began shouting.
  그녀는 완전히 냉정함을 잃어서 소리를 지르기 시작했다.

▶ 1. to put something carefully in a position 2. to go to live in a new place, and stay there for a long time 3. to become or make someone quiet and relaxed 4. to end an argument or solve a disagreement 5. to decide something finally 6. to pay all money owed to someone

- She took a sip of coffee and **settled back** in her seat.
  그녀는 커피를 한 모금 마시고는 의자에 편히 기대어 앉았다.
- It's time for my son to **settle down** and start a family.
  아들은 이제 정착해서 가정을 꾸릴 때가 되었다.
- He repeatedly tried to **settle** the dispute.
  그는 분쟁을 해결하려 계속해서 애썼다.

▶ 1. spending a lot of time sitting down and not moving or exercising
2. staying or living in the same area

- His doctor advised him to start jogging because his lifestyle was too **sedentary**.
  의사는 그의 생활방식이 지나치게 앉아만 있기 때문에 조깅을 시작할 것을 권고했다.
- Humans first lived a **sedentary** lifestyle in the Neolithic Period.
  인류가 맨 처음 정착생활을 한 것은 신석기시대이다.

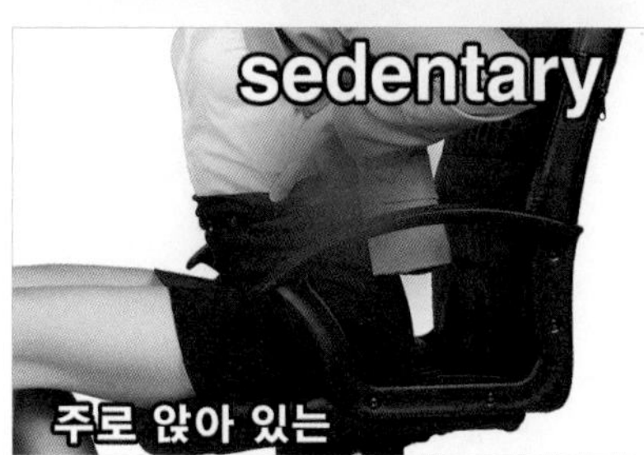

Quick Review

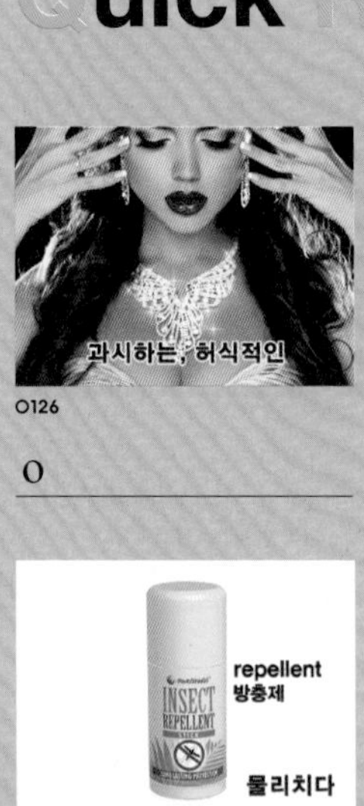

0126 o ________

0127 f ________

0128 g ________

0129 o ________

0130 n ________

0131 r ________

0132 d ________

범죄 혐의로 기소되다

0133 c ________

0134 r ________

0135 a ________

0136 r ________

억누르다

0137 s ________

0138 c ________

0139 o ________

0140 a ________

~탓으로 돌리다

0141 a ________

면역성의
Acquired
Immune
Deficiency
Syndrome
(후천성 면역 결핍증)

0142 i ________

그만두다

0143 r ________

멸종된

0144 e ________

0145 i ________

즉석에서 하다

0146 i ________

구체적인, 명세서

0147 s ________

곡을 짓다, 구성하다

0148 c ________

정착하다

0149 s ________

주로 앉아 있는

0150 s ________

Answer 0126 ostentatious 0127 fallacious 0128 gullible 0129 oblivious 0130 notorious
0131 repel 0132 dismiss 0133 be charged with 0134 reluctant 0135 abuse
0136 restricted 0137 suppress 0138 compulsory 0139 obligatory 0140 apprehend
0141 attribute 0142 immune 0143 relinquish 0144 extinct 0145 inactive
0146 improvise 0147 specific 0148 compose 0149 settle 0150 sedentary

Preview

DAY 07

0151

0152

0153

0154

0155

implement
0156

0157

0158

0159

0160

0161

0162

0163

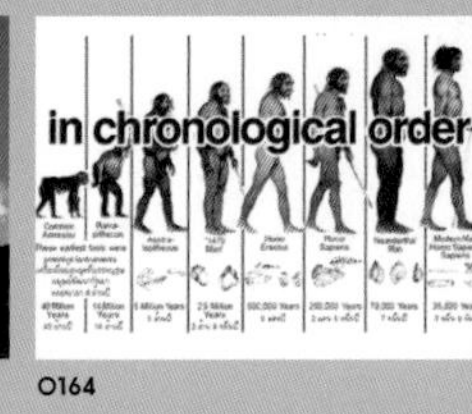

0164

0165

0166

0167

0168

0169

0170

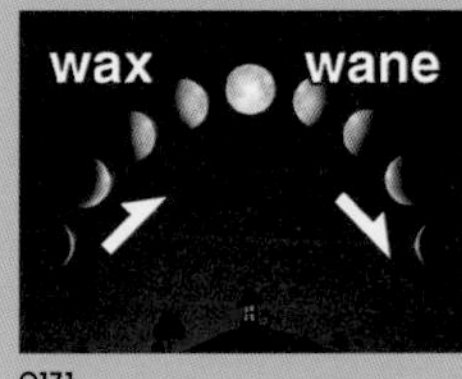

0171

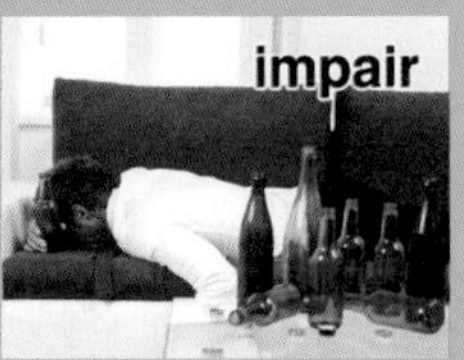

0172

0173

0174

0175

Answer 0151 한도를 초과하다 0152 적격의 0153 두드러진 0154 일상적인, 세속적인 0155 붙임성 있는
0156 도구, 용구 0157 보강하다, 지지하다 0158 관여하다, 걱정하다 0159 경의를 표하다 0160 확증하다
0161 만족시키다 0162 치켜세우다 0163 대담한 0164 연대순으로 0165 곤경, 궁지
0166 흩뿌리다 0167 양보하다 0168 증식하다, 급증하다 0169 유행하는 0170 부유한
0171 증가하다, 적어지다 0172 (건강을) 해치다 0173 축 늘어진, 나른한 0174 절약하는 0175 검소한

정의 DEFINITION	유사어휘군 SYNONYM·ANTONYM

0151 12+
exceed
[iksíːd]

【어원】ex(=out)+ceed(=go ⊃ R038) ➡ (한계나 능력을) 넘어 가다 → 한도를 초과하다 → 능가하다

13.숙명여대/07.01.경찰/07.세종대 01.상명대/98.명지대 96-2.인하대/95.세종대

Vt. 1. 능가하다, 우월하다 = surpass[N0050] be more than, be superior to, excel, outdo, outstrip, outmatch, outclass

2. (한도를) 넘다, 초과하다 = outrun

13.한양대 ⓝ excess 과잉, 과다; 초과량, 잉여분 = surplus[T1541] overabundance, superfluity

a. 여분의; 잉여[과잉]의 = redundant, superfluous

ⓐ excessive 과도한, 지나친, 엄청난 = immoderate[R0632] extravagant, exorbitant

14.한양대 ⓐⓓ excessively 지나치게, 심하게 = inordinately[D0532]

0152 12+
eligible
[élidʒəbl]

【어원】e<ex(강조)+lig<leg(=choose ⊃ R053)+ible(형접) ➡ 아주 잘 선택될 수 있는 → 적격의, 적임의 → 바람직한

11.가톨릭대/07.가톨릭대/06.제주9급 05-2.동아대/04.건국대/03.입법고시 02-2.숙명여대/94.대신대.동아대.광운대

A. 적격의, 적임의[for]; 바람직한, 적합한 = qualified, competent, capable; fit, fitting, apt, suited, suitable, desirable, appropriate

N. **적임자, 적격자, 유자격자**

*be eligible for N ~에 적격이다 = be entitled to N

*be eligible to R ~할 자격이 있다 = be entitled to R

ⓝ eligibility 피선거[임명] 자격; 입회 자격; 적임

반 **ineligible**[inélidʒəbl] (~에 선출될) 자격이 없는 = unqualified, unfit; inadequate
혼 **illegible**[ilédʒəbl] (문자가) 읽기 어려운 ⊃ N0483 ↔ **legible**[lédʒəbl] (필적·인쇄가) 읽기 쉬운 ⊃ D0483
동 **be entitled to N/R** ~할 자격이 있다, 권리가 있다(=have a right to N/R) ⊃ P0703

0153 12+
conspicuous
[kənspíkjuəs]

【어원】con(강조)+spic(=look, see ⊃ R074)+u+ous(형접) ➡ 눈에 잘 띄는 → 두드러진 → 저명한

17.산업기술대.한국외대/15.상명대 13.12.서울여대/10.국민대/09.국회직9급 04.경희대/01.사법시험

A. 두드러진, 눈에 잘 띄는; 현저한, 저명한 = noticeable[R1428] prominent[N0538] eminent, prestigious, distinct, famous, distinguished, celebrated, illustrious, notable, noted, big-name, remarkable, outstanding, well-known

ⓝ conspicuity 두드러짐

12.이화여대 ⓐⓓ conspicuously 눈에 띄게, 두드러지게

12.명지대/95-2.동덕여대
반 **inconspicuous** 눈에 띄지 않는 = unnoticeable[R1428] undistinguished
표 **under-the-radar** *레이더(radar) 밑으로 날아서(under) 잘 안보이는
눈에 잘 안 띄는(=inconspicuous, unnoticed) ⊃ I01207

0154 11+
mundane
[mʌndéin]

【어원】mundane(=world) ➡ 먼데이(월요일)이면 항상 출근하는 평범한 회사원의 일상

17.가천대/14.한양대/13.서울시9급 07.성균관대.숭실대/05.중앙대 04.세종대/03.고려대/01-2.세종대 01.덕성여대

A. 1. 현세의; 세속적인 = worldly[T1405] earthly, secular[N0478] terrestrial, temporal, vulgar

2. 일상적인, 재미없는 = everyday, banal[N0954] commonplace, common, run-of-the-mill, ordinary, mediocre, routine, white-bread, second-rate

06.경기대 ⓝ mundanity 현세, 속세; 일상적임

반 **supermundane** 천상의; 초자연의 = heavenly, celestial, unearthly, ethereal, supernal; supernatural

0155 11+
affable
[ǽfəbl]

【어원】af<ad(=near)+fa(=say, talk ⊃ R089)+(a)ble ➡ 가깝게 말할 수 있는 → 사귀기 쉬운 → 상냥한

15.홍익대/07.경남9급 05.성균관대/04.가톨릭대 99.중앙대/97.성균관대

A. 사귀기 쉬운, 붙임성 있는, 상냥한 = agreeable[N0606] friendly[S0823] amicable, amiable, genial, cordial, benign, clement, gentle, tender, meek, pleasing, pleasant

08.01.대구가톨릭대/06.동아대 ⓝ affability 상냥함, 온화한 태도 = pleasantness[R2411]

97.고려대학원 ⓐⓓ affably 우아하게, 상냥하게 = graciously[R2416]

영영정의 및 예문
EXAMPLE

이미지 연상훈련
IMAGE TRAINING

▶ 1. to be more than a number or amount 2. to go beyond a limit

- His qualifications **exceed** the job requirements.
  그의 능력은 업무 자격 요건을 능가한다.
- She works out regularly and never eat to **excess**.
  그녀는 규칙적으로 운동하고 절대 과식을 하지 않는다.
- **Excessive** messaging can cause pain in the shoulders and the thumb and fingers.
  과도한 메시지 전송은 어깨와 손가락에 통증을 유발할 수 있다. *the thumb and fingers 다섯 손가락

▶ having the right qualities and allowed to do something by rules or laws

- Manufacturing companies must hire at least 10 workers to **be eligible for** the tax break.
  제조회사는 최소 10명을 고용해야 세금 감면 혜택을 받을 수 있다.
- The number of United States citizens who **are eligible to** vote continues to increase.
  투표할 자격이 있는 미국 시민권자의 수가 계속 증가하고 있다.

▶ easy to notice

- In China, where black hair is the norm, her blonde hair was **conspicuous**.
  검은 머리가 일반적인 중국에서, 그녀의 금발은 눈에 띈다.
- Traffic signs should be **conspicuous** enough for everybody to notice.
  교통표지판은 모든 사람이 알아볼 수 있을 정도로 눈에 잘 띄어야 한다.

▶ 1. concerned with the worldly matters rather than religious matters
2. very ordinary and not interesting

- He could no longer endure the **mundane** realities of life. He became more and more religious.
  그는 더 이상 세속적인 삶의 현실을 참을 수 없었다. 그는 점점 더 종교적이 되었다.
- We hated going to school every day because it was so **mundane**; every day seemed the same and nothing different ever happened.
  우리는 매일 공부하러 가는 것이 너무나 일상적이서 싫었다. 매일 똑같이 보였고 다른 일은 전혀 생기지 않았다.

▶ friendly and easy to talk to

- Mary was an **affable** girl; she could strike up a pleasant conversation with almost anyone.
  메리는 붙임성이 있는 소녀였다. 그래서 그녀는 거의 모든 사람들과 유쾌한 대화를 시작할 수 있었다.
  *strike up ~하기 시작하다
- Tom is usually so courteous and **affable** that I was completely taken aback by his surly reply to my question.
  톰은 평상시 너무 친절하고 상냥했기 때문에 내 질문에 대한 그의 무뚝뚝한 대답에 나는 무척이나 당황했다. *courteous 친절한 be taken aback 크게 당황하다 surly 무뚝뚝한
- Mr. Kennedy plays a character of enormous **affability**.
  케네디 씨는 매우 붙임성 있는 인물 역을 하고 있다.

정의 DEFINITION	유사어휘군 SYNONYM·ANTONYM

0156 11+ **implement** [ímpləmənt]

17.경기대,단국대/14.가천대,이화여대 11,09.국가직9급/11.명지대/03-2,03.경기대 02.중앙대,명지대/96-2.고려대

【어원】 im<in(강조)+ple(=fill ➲ R154)+ment(명접) ➡ 완전하게 채워 넣다 → 이행하다 → 의복 한 벌 → 도구

Vt. 1. (약속 · 계약 · 계획 등을) 이행[실행]하다 = execute[R1373] start, put in[into] ~ practice[R0659(5)] carry out[I06304] fulfill, perform, effect, enforce, bring about
2. 필요한 권한을 주다, ~에게 효력을 주다 = empower, authorize, vest
N. 1. 도구, 용구, 기구 = tool[T0813] device[R0754] instrument, apparatus
2. (pl.) 의복[가구] 한 벌
3. 수단, 방법; 대리인
ⓝ implementation 이행, 실행; 완성, 성취
ⓐ implemental 도구가 되는; 도움이 되는 = instrumental

0157 11+ **bolster** [bóulstər]

15.한양대/13.한국외대/12.서울여대 11.중앙대/09.법원직/07.아주대 06.세무사/06.숭실대/05-2.경기대 04-2.가톨릭대

【연상】 쿠션 같은 받침대를 볼스터라고 함

Vt. 보강하다, 강화하다; 지지하다 = strengthen[R2591] reinforce[R2595] encourage[R1891] support[R0499] buttress, beef up, prop up, stand by, uphold, hold, underpin
N. 1. (쿠션 등의) 덧베개 = long pillow
2. (기계 따위의) 완충용 받이, 받침대 = pad, prop, strut, brace, underpinning

0158 11+ **concern** [kənsə́:rn]

【어원】 con(=together)+cern(=observe ➲ R078) ➡ 같이 관심을 가지고 지켜보다

17.산업기술대 12.단국대,서강대,성신여대/07.삼육대
Vt.1. 관련[관계]되다; 관여하다 = relate, involve
2. 걱정[염려]하다, 관심을 가지다 = apprehend, worry
N.중요한 것, 관심사; 우려, 염려; 회사, 업체 = interest; anxiety, misgiving, apprehension
08.세종대
ⓐ concerned 관계하는; 걱정하는
ad concernedly 걱정하여
ⓝ concernment 중요성; 걱정, 근심; 관심사
10.계명대/07.인천시9급
(prep.) concerning ~에 관하여 = regarding[D0300] about
09.한국외대/05.경희대/99.명지대
반 **unconcerned** 무관심한; 관련이 없는 = indifferent[N0070] nonchalant[T0201] listless[T0207]
표 **be concerned in/with** ~에 관계가 있다(=have to do with), ~에 관심이 있다 **be concerned about** ~에 관심을 가지다, ~을 걱정하다 **as far as I am concerned** 나에 관해서는, 나의 의견은 **This is none of your concerns[business].** 네가 알 바 아니다. **To whom it may concern** 〈서신 앞〉 관계 당사자 앞, 관계 제위 **have no concern with** ~에 아무런 관계도 없다

0159 11+ **defer** [difə́:r]

16.한양대/13.가천대 07.감정평가사/05.가톨릭대

【어원】 de(=away)+fer(=carry ➲ R048) ➡ 해야할 일을 멀리 지니다 → 연기하다

Vt. 연기하다, 미루다; (징병을) 유예하다 = postpone[N0493] delay[R0164] put off, adjourn
ⓐ deferable/deferrable 연기할 수 있는
deferred 연기된, 거치된; 징병이 유예된
ⓝ deferment 연기, 거치; 징병의 일시적 유예

16.한양대/11.국민대/07.중앙대/05.가톨릭대 02-2.고려대/01.서강대
Vi. (남의 의견에) 따르다[to]; 경의를 표하다 = pay homage to, show one's respect to
ⓐ deferential 경의를 표하는, 공손한 = respectful[D0041]
ⓝ deference 존경, 경의; 복종 = respect[N0041] regard, homage, esteem, reverence, veneration

0160 11+ **confirm** [kənfə́:rm]

17.상명대/12.서강대,인천대/06.가톨릭대 97-2.인천대/96.고려대 85.행자부7급

【어원】 con(강조)+firm(=strong ➲ R031) ➡ 증거를 확실하게 단단히 하다 → 확증하다

Vt. 1. (진술 · 증거 등을) 확인하다, 확증하다 = verify[N0723] attest[N0927] corroborate[N0819] validate
2. (결심 · 신앙 · 습관 등을) 굳게 하다 = fortify, harden, strengthen
3. (재가 · 비준으로) 승인[추인]하다 = approve, ratify, sanction, authorize
4. (약속 · 예약의 확정을) 확인하다

12.사회복지직/10,97.인천대
ⓐ confirmed 1. 확정된, 확립된 = verified[D0723] ratified, settled
2. 만성이 된, 상습적인 = chronic, habitual, inveterate, deep-rooted
12.단국대
ⓝ confirmation 확증, 확인, 증거

영영정의 및 예문
EXAMPLE

이미지 연상훈련
IMAGE TRAINING

▶ V. to put something into operation N. a tool used in doing work

- The meat company **implemented** a new advertizing plan for low-fat beef.
  그 육류 회사는 저지방 쇠고기에 대한 새로운 광고 계획에 착수했다.
- The new government promised to **implement** a new system to control financial loan institutions.
  새로운 정부는 금전 대출 기관들을 통제할 새로운 시스템을 실시하기로 약속했다.
- Chopsticks are the main **implement** for eating in Korea.
  젓가락은 한국에서 식사를 위한 주요한 도구이다.

▶ to support and strengthen something

- India and China pledged to **bolster** defense ties by increasing contact between their armed forces.
  인도와 중국은 양국 간의 군사 접촉을 늘림으로써 안보동맹관계를 강화시키기로 약속했다.
- Projects designed to lend extra support for low and middle class families are part of the administration's efforts to **bolster** consumer sentiment.
  저소득층과 중산층 가정들에 대한 특별 지원금을 빌려주는 사업들은 소비심리를 북돋우기 위한 정부 노력의 일환이다.

▶ Vt. 1. to have to do with or relate to 2. to worry
N. a matter that engages a person's attention; an anxious feeling; a commercial company

- The major story on all the news programs **concerns** the proposed tax increase.
  모든 뉴스 프로그램의 주요 이야기는 앞으로 있을지 모르는 세금인상에 관한 것이다.
- It's nothing to be **concerned** about.
  그건 걱정할 필요 없어.
- If you have questions **concerning** the project, please contact me.
  그 프로젝트에 관한 질문이 있으시면 저에게 연락 주십시오.

▶ Vt. to delay something until a later time
Vi. to agree with someone's opinion because you respect them

- The railway workers union **deferred** an all-out strike plan it had prepared for Thursday.
  철도 노조는 목요일로 계획했던 총파업을 연기했다.
- She always **defers to** her husband's decisions.
  그녀는 항상 남편의 결정을 따른다.
- Mr. Peterson became quite overbearing once he had become accustomed to the **deference** shown to soldiers by the natives.
  Peterson 씨는 토착민이 군인들에게 보여준 복종에 익숙해지자 매우 거만하고 오만해졌다.

▶ 1. to say or show that something is definitely true, especially by providing evidence
2. to give certainty to a belief or an opinion 3. to accept officially
4. to make an arrangement or meeting certain

- The dealer **confirmed** that the sapphire was genuine.
  그 상인은 그 사파이어가 진짜임을 확인했다.
- The senate must **confirm** all treaties.
  상원은 모든 조약을 비준해야 한다.
- I'd like to **confirm** my reservation for a double room from October 12 to 13.
  10월 12일에서 13일까지 2인용 침대방을 예약했는데 확인하고 싶습니다.

DAY 07-3

정의 DEFINITION | 유사어휘군 SYNONYM·ANTONYM

0161 11+

gratify
[grǽtəfài]

11.고려대
06.서울여대/02-2.명지대
17.이화여대/14.서울여대.이화여대
12.경희대/04-2.경기대
91.고려대학원
05.경기대
02-2.명지대

【어원】grat(=thank, pleasing ⊃ R241)+i+fy(=make) ➡ (사람을) 만족시키거나 즐겁게 해 주다

V. 1. (사람을) 만족시키거나 기쁘게 하다 = satisfy[R1531] cater[T0706] gruntle ↔ *disgruntle*
2. (욕망 · 충동 등을) 충족시키다 = satiate

ⓝ gratification 만족(감), 희열; 만족시키는 것 = joy[R2440] satisfaction[R1531] pleasure, delight, enjoyment, gladness, content, contentment ↔ *dissatisfaction*[R1531]

ⓐ gratified 만족한, 기뻐하는 = pleased[R2411] contented, satisfied, gruntled ↔ *discontented*, *malcontented*, *disgruntled*

gratifying 만족을 주는; 기분 좋은, 유쾌한 = pleasing, satisfying[R1531]

0162 11+

flatter
[flǽtər]

14.숭실대/09.동국대
07.전북9급.대구9급
02-10.경찰
16.상명대/92.동국대.강남대
94.변리사
03-2.숭실대

【어원】flat(=blow, spread ⊃ R178)+ter ➡ 납작하게 엎드려 알랑거리다

V. 1. 아첨하다, 알랑거리다; 치켜세우다 = praise ~ too much[R2252] gratify[N0161] blarney, play up to, adulate, toady, cringe, ingratiate, butter
2. [~oneself] 우쭐해지다, 자만하다 = swell, be elated by
3. (사진 등이 사람을) 실물보다 좋게 나타내다

ⓝ flattery 아첨, 듣기 좋은 칭찬, 치켜세우기 = praise[R2252] adulation
flatterer 아첨꾼, 알랑거리는 사람 = sycophant, toadeater, cringer
ⓐ flattering 아첨하는, 알랑거리는, 비위 맞추는 = obsequious[R1372] fawning, ingratiating, buttery
↔ unflattering 아첨하지 않는; 있는 그대로의

0163 11+

audacious
[ɔːdéiʃəs]

16.항공대/14.가톨릭대/12.홍익대
04-2.가톨릭대/04.항공대
01-2.단국대.고려대/00.단국대
16.경기대/05.중앙대

【연상】지나가는 조폭들이 어깨를 툭 치자 겁없이 "오 대이셨어"라고 말하는 회사원 연상

A. 1. 대담한, 겁이 없는 = bold[T0191] brave, fearless, courageous, dauntless, undaunted, intrepid, gallant, valiant, valorous, plucky, spunky, chin-up, doughty, impavid
2. 매우 기발한
cf. quirk 재치 있는 말, 기행, 기벽; (운명 · 사건의) 급변

ⓝ audacity 대담함, 대담한 짓 = boldness[T0191] temerity[T0194] bravery, valor, heroism, courageousness, gallantry

0164 11+

chronological
[krὰnəlάdʒikəl]

16.숭실대/14.국민대/12.상명대
02-10.경찰/02-2.고려대
11.국민대/98-7.경찰/93.한국외대
05.경희대
00-2.고신대

【어원】chron(=time ⊃ R201)+ology(=science ⊃ R091)+cal ➡ 시간 순서대로 정리한 → 연대순의

A. 시간 순서대로 된, 연대순의
*in chronological order 연대순으로

ⓐⓓ chronologically 연대순으로 = according to a time sequence
ⓝ chronology[krənάlədʒi] 연대순 배열, 연표 = annals[R2034]
chronicle[krάnikl] 연대기, 기록

chronic[krάnik] 고질적인, 만성적인 ⊃ N0063

0165 11+

plight
[pláit]

13.이화여대/12.경희대/11.서울시9급
10.서강대/09.단국대/07.경희대.광운대
05.경기대/03.단국대/99.중앙대

【연상】flight(플라이트) 707편의 비행은 난기류로 곤경(플라이트)에 처했다.

N. 1. 곤경, 궁지, (어려운) 상태 = hardship[S0892] serious[bad] condition quandary[T0836] predicament[N0379] dilemma, straits
2. 〈고어〉 맹세; 약혼 = pledge
Vt. 맹세하다; 약혼시키다

flight[fláit] 1. 비행; 항공편, 항공여행 2. 도주, 탈출

영영정의 및 예문 EXAMPLE	이미지 연상훈련 IMAGE TRAINING

▶ to please or satisfy someone

- Over time and through trial and error, the plant becomes tastier in order to **gratify** the animal's needs and desires.
  시간이 흐르고 시행착오를 통해, 식물은 동물의 필요와 욕구를 충족할 수 있도록 맛이 더 좋아진다.
- It was **gratifying** to see the results of the exam.
  시험 결과를 보니 만족스러웠다.
- Epicureans live for the **gratification** of their senses.
  향락주의자들은 그들의 감각적 만족을 위해 산다. *epicurean 향락주의자 live for ~을 위해 살다

▶ 1. to praise someone in order to please them and get something from them
2. to believe something good about yourself although others may disagree
3. to make someone seem more attractive than usual

- He always tries to **flatter** boss with compliments.
  그는 항상 상사를 칭찬하며 아부하려 애쓴다.
- Denny **flattered himself** that he was the best driver.
  데니는 자기가 최고의 운전사라고 우쭐댔었다.
- This picture **flatters** him.
  이 사진은 그의 실물보다 잘 나왔다.

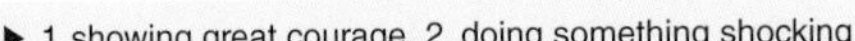

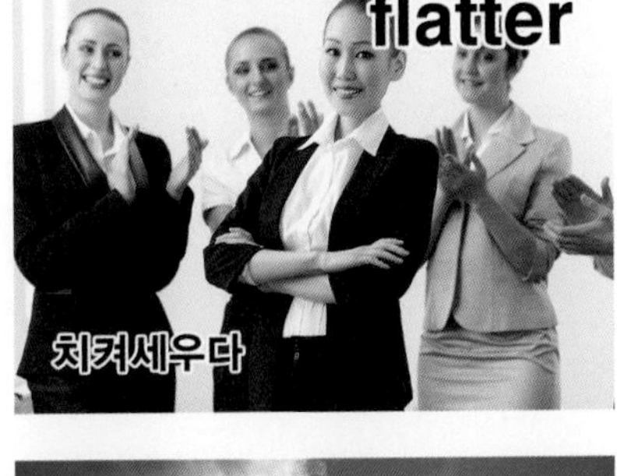

▶ 1. showing great courage 2. doing something shocking

- Many of these pioneers were **audacious** radicals.
  이 개척자 중 많은 이가 대담한 급진주의자들이었다. *radical 급진주의자
- He had the **audacity** to criticize the company to the boss's face.
  그는 사장의 면전에서 회사를 비판하는 대담성을 보였다.

▶ arranged according to the order in which events happened

- To be historical-minded means no longer merely to have a mind filled with historical facts **in chronological order**.
  역사적 사고란 더 이상 단순히 연대순으로 역사적 사실들을 머리에 채우는 것만을 의미하지는 않는다.
- Tree-ring **chronology** provides scientists with important information.
  나이테에 의한 연대 측정은 과학자들에게 중요한 정보를 제공한다. *tree-ring 나이테
- The **chronicle** is filled with details and anecdotes about the city and the court.
  그 기록은 그 도시와 궁정에 대한 세부 묘사와 일화들로 가득하다.

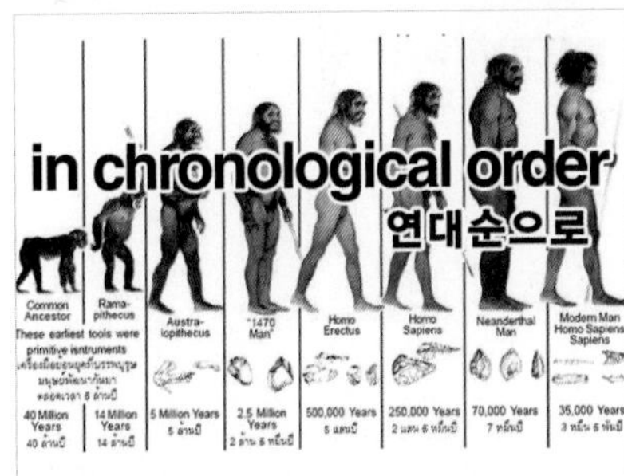

▶ a serious or difficult situation

- The sight of beggars on city streets and the **plight** of the homeless may inspire sympathy but also concern.
  도시 거리에 거지가 있는 광경이나 집 없는 노숙자들의 어려운 처지는 동정심뿐 아니라 걱정을 불러일으킬 수도 있다.
- Once the hope for democracy in the tiny island nation, Aristide has recently come to be seen as the cause of the people's **plight** rather than their salvation.
  한 때 작은 섬 국가에서 민주주의의 희망이었던 Aristide는 최근들어 사람들의 구세주가 아니라 그들을 곤경에 빠뜨리는 원인으로 간주되고 있다.

정의 DEFINITION | 유사어휘군 SYNONYM·ANTONYM

0166 11+ **disseminate** [disémənèit]

10.단국대,이화여대/08.이화여대 06.경희대/05.한국외대/04.경희대 00.변리사/98.고려대학원 96-2.건국대/92.행정고시

【어원】dis(=apart)+semin(=seed ➲ R162)+ate(동접) ➡ 따로 따로 씨를 뿌리다 → 퍼뜨리다

Vt. (씨를) 흩뿌리다; (주장 · 의견을) 퍼뜨리다 = disperse[N0401] spread[D0834] distribute[N0439] propagate[N0831] promulgate, diffuse, sow, scatter, strew, sprinkle

ⓝ dissemination 씨 뿌리기, 유포; 보급

관 **inseminate** 씨앗을 뿌리다; 수태시키다; (마음에) 심다
- **insemination** 파종, 수태, 수정

0167 11+ **yield** [ji:ld]

10.계명대/06.경희대,항공대 04.덕성여대/00-2.강남대 96.세무사/91.법원직

【연상】난 미드(미국 드라마)를 좋아하지만 일드[일본 드라마]를 좋아하는 와이프에게 채널을 양보할 수 밖에 없다.

V. 1. 산출하다, 이익을 낳다; 결과를 초래하다 = bring forth, bring in, produce; cause
2. 양보하다, 굴복하다, 포기하다[to] = give in (to)[I03905] surrender[R0069] capitulate[R1834]

N. 1. 산출, 산출액, 생산량 = the amount of production, output
2. 보수, 이익 배당 = reward; profit, dividend 이익 배당

ⓐ yielding (물질이) 유연한; 순종적인

13.06.경희대/98-2.중앙대

관 **unyielding** 고집 센; 유연성이 없는 = obdurate[N0775] implacable[D0180]
표 **give in (to)** 항복하다, 굴복하다, 양보하다 ➲ IO3905
bring in (이익이나 이자를) 가져오다 ➲ IO6507
bring forth 생기게 하다, (열매를) 맺다 ➲ IO6501

0168 11+ **proliferate** [prəlífərèit]

16.한양대/12.국민대/10.경희대 07.경기9급/04.세무사/97.고려대

17.이화여대/04-2.경희대 01.숙명여대/00.동아대

【어원】pro(=forth)+li<ali(=nourish ➲ R158)+fer(=carry ➲ RO48)+ate ➡ 영양분을 주어 많이 나오게 함 → 증식 → 급증 → 확산

V. 급증[확산]하다[시키다]; 증식하다 = reproduce rapidly[R1358] multiply[R1297]

ⓝ proliferation 1. 급증; 확산 = increase[D0122] upsurge; diffusion
2. (생물) 증식 = multiplication, propagation

*NPT(nonproliferation treaty) 핵 확산 금지 조약

ⓐ proliferous 증식하는, 증식성의

0169 11+ **prevalent**  [prévələnt]

15.숙명여대/11.10.성신여대/06.고려대 01.서울여대/99.행자부7급/98.성신여대 97.서울대학원/97-2.경기대

16.서울여대

【어원】pre(=강조, before)+val(=worth, strong ➲ R227)+ent(형접) ➡ ~에 앞서는 가치 · 힘을 가지는 → 우세한, 유력한 → 유행하는

A. 1. 일반적으로 행하여지는, 유행하는 = popular[R1952] widespread[N0834] prevailing, current, in vogue, in fashion; rampant, epidemic(주로 전염병이 만연하는)
2. 우세한, 유력한 = superior, ascendant, ruling, regnant, dominant, predominant, preponderant

ⓝ prevalence 보급, 유포; 풍조, 유행 = predominance[D0049]

동 **prevailing** 널리 퍼져 있는, 유행하고 있는 ➲ DO432

0170 11+ **affluent**  [ǽfluənt]

13.서울여대/12.서강대/03.고려대 02.감정평가사/01-2.고려대,행정고시

13.가천대/10.서울여대/97.사법시험

【어원】af<ad(=to)+flu(=flow ➲ R217)+ent(형접) ➡ 돈이 넘쳐 흐르는 → 풍부한, 유복한

A. 풍부한, 유복한, 부유한 = prosperous[N0657] opulent[N0437] wealthy[T1331] abundant, profuse, exuberant, copious, sufficient, plentiful, plenteous, plenitudinous

ⓝ affluence 1. 풍족; 부, 부유; = opulence, wealth, abundance, plenty, plenitude
2. 유입, 쇄도 = influx, afflux, rush

영영정의 및 예문
EXAMPLE

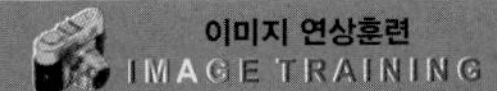

▶ to spread ideas or knowledge to a lot of people

- The country seems to be better set up to **disseminate** the latest sports research.
  그 지방은 스포츠에 관한 최근의 연구를 확산시키기에 입지가 더 좋은 것 같다.
- The World Cup Soccer Games will **be disseminated** internationally by television satellites.
  월드컵 축구경기는 텔레비전 위성에 의해 전 세계적으로 유포(방송)될 것이다.
- All staff have a responsibility to **disseminate** their knowledge to any interested person.
  모든 직원들은 관심 있는 모든 사람에게 그들의 지식을 널리 보급할 책임이 있다.

▶ V. 1. to produce crops, profits, or a result 2. to agree to do what someone else wants you to do or give something to someone else N. an amount of something that is produced

- The talk between labor and management **yielded** no definite results.
  노사 간의 대화는 아무런 성과 없이 끝났다.
- The government **yielded to** public opinion.
  정부는 여론에 굴복했다.
- Even though **yields** in many cases have been spectacular, the Green Revolution has not been as successful as its beginning years seemed to promise.
  많은 경우 생산량은 굉장했지만 녹색혁명은 초기에 기대한 것만큼 성공적이지 않았다.

▶ to increase rapidly in number or amount

- Today poetry is recited by Bin Laden and **proliferates** on jihadi Web sites.
  오늘날, 시는 빈 라덴에 의해 암송되고 지하드(회교의 성전(聖戰))의 웹사이트에서 급격히 확산된다.
- The **proliferation** of synthetic fabrics has created a number of problems for dry cleaners.
  합성섬유의 급증은 세탁업자들에게 많은 문제점들을 야기했다.
- Only five of these countries are considered to be "nuclear weapons states" by the Nuclear **Non-Proliferation Treaty** (NPT).
  이들 중 다섯 국가만이 핵확산 금지 조약(NPT)에 의해 "핵보유국"으로 간주되고 있다.

▶ 1. widely or commonly existing or happening 2. having the superiority

- The new flu virus, H1N1, was **prevalent** all over the country last year.
  작년에 H1N1 신종플루가 전국에 유행했다.
- Although the **prevalent** attitude toward tarantulas is one of fear, they actually benefit humans by controlling the insect population.
  타란툴라거미에 대한 일반적인 태도는 공포심이지만, 이 거미들은 실제로 곤충들의 수를 통제함으로써 인간에게 이로움을 준다.

▶ having a lot of money or expensive things

- It is difficult to conceive of an **affluent** society which is not a society organized for consumption.
  소비를 위해 조직된 사회가 아닌 풍요로운 사회를 상상하기란 어렵다.
- In many countries, the healthiest diet is simple, inexpensive, traditional food—precisely the diet that people abandon as they move into **affluence**.
  많은 나라에서 가장 건강한 식단은 간단하면서도 저렴하고 전통적인 음식이다. 정확히 말해서 사람들이 풍족해지면서 버리게 되는 식단이다.

정의 DEFINITION | 유사어휘군 SYNONYM·ANTONYM

0171 11+ **wane** [wéin]

14.가천대/12.성신여대/11.경희대 10.고려대/07.건국대/06.성균관대 04-2.가톨릭대/03.홍익대/97-2.건국대

【연상】 조선시대에는 출가외인이 되는 순간부터 여자의 인생은 한없이 작아졌었다.

Vi. 1. 적어지다; 약해지다, 쇠약해지다 = decline N0120 dwindle N0119 diminish N0354 swoon, wither
2. (달 등이) 이지러지다 ↔ *wax* 달이 차다
N. (달의) 이지러짐; 감소, 감퇴
*on the wane 줄어가는, 하락하는 = dwindling D0119
↔ on the wax 증가하는
*wax and wane 달이 찼다 기울었다 하다, 성쇠하다
ⓐ waney (달 등이) 이지러지는; 쇠퇴해진

17.홍익대/16.13.한양대

동 **ebb** [éb] 썰물이 빠지다; 약해지다(=recede)
혼 **wan** [wán] 창백한(=pale), 힘없는

0172 11+ **impair** [impέər]

07.고려대,영남대/07.감정평가사 06.한국외대,명지대/04-2.경기대 97.세무사

【어원】 im<in(=not)+pair(=equal ➲ R232) ➡ (나이가 들어) 예전 같지 않다

Vt. (가치 · 힘 · 건강 등을) 약화시키다; 해치다 = make worse S0739 damage R2491 undermine N0246 worsen, aggravate, exacerbate, injure, harm, hurt
Vi. 악화되다; 줄다 = diminish, languish

15.한양대

ⓝ impairment 감손, 손상 = detriment, damage
ⓐ impaired 손상된, 장애가 있는
↔ unimpaired 손상되지 않은(=intact)

관 **pair** [pεər] 짝, 한 쌍, 한 벌, 커플

0173 11+ **languid** [lǽŋgwid]

14.한양대/10.한국외대 00.건국대/94.연세대학원

【어원】 langui(=weary)+d ➡ 피곤한, 싫증이 난 → 나른한, 축 늘어진 → 열의가 없는

A. 1. 나른한, 축 늘어진; 활기가 없는 = listless T0207 sluggish N0474 lifeless, limp, inert
2. 마음이 내키지 않는, 열의가 없는 = halfhearted, indisposed, disinclined, lukewarm, spiritless, uninviting

14.경희대/91.경기대 ⓥ languish 기력이 쇠하다; 괴로운 생활을 하다, 동경하다 = decline N0120
98.한국외대 ⓐ languishing 점점 쇠약해지는; 슬퍼하는; (질병 등이) 오래가는 = suffering R0485
06-3.경찰/91.서울대학원 ⓝ languor 나른함, 권태; 무기력; (pl.) 우수, 번민 = lassitude T0208 boredom, ennui, humdrum, tedium, lethargy

0174 11+ **frugal** [frúːgəl]

15.숙명여대/12.명지대 10.경희대,인천대/09.국회직9급 04-2.경기대/97.고려대학원/92.한국외대

【어원】 frug<fruit+al(형접) ➡ 열매(벌이)에 맞게 먹는 → 검소한

A. 절약하는, 검소한 = thrifty D0020 economical R2141 parsimonious D0227 sparing, saving
↔ *prodigal, profligate, extravagant, dissipated*

17.한양대/13.단국대

ⓝ frugality 절약, 검소 = thrift D0020 economy, saving, husbandry
ⓐⓓ frugally 간소하게, 절약하여

0175 11+ **austere** [ɔːstíər]

14.성균관대/07.감정평가사,세종대 02.세무사/02-2.고려대

【어원】 austere(=dry) ➡ 【연상】 옷의 화려한 장식물은 어서 띠어! (떼어내)

A. 1. 꾸미지 않은; 간결한 = plain R2456 ; brief, concise, terse, laconic, succinct
2. 검소한, 소박한; 금욕적인 = economical, frugal, thrifty, parsimonious; ascetic T1535 puritanical, abstemious, abstinent, stoic
3. 엄한, 엄격한, 엄숙한 = strict N0330 stern, harsh, rigorous, severe, rigid, exact, astringent, stringent, fastidious

11.숭실대,숙명여대/92.서울대학원 ⓝ austerity 엄격, 준엄; 검소; 금욕
*fiscal austerity 긴축경제, 긴축재정
94.고려대학원 ⓐⓓ austerely 검소하게

영영정의 및 예문
EXAMPLE

▶ to become gradually weaker or smaller

- North American fur trade **waned** in the early 1800's, mainly due to the diminishing number of fur-bearing animals.
  1800년대 초기 북미 모피무역은 주로 모피 동물 수의 감소로 인해 쇠퇴했다.
- As the Moon moves from full moon to new, the Moon's illuminated portion becomes smaller, and it is said to be **waning**.
  달이 보름달에서 삭으로 변해감에 따라, 달이 빛을 받는 부분은 점점 작아지는데 이를 달의 이지러짐이라 한다. *full moon 보름달

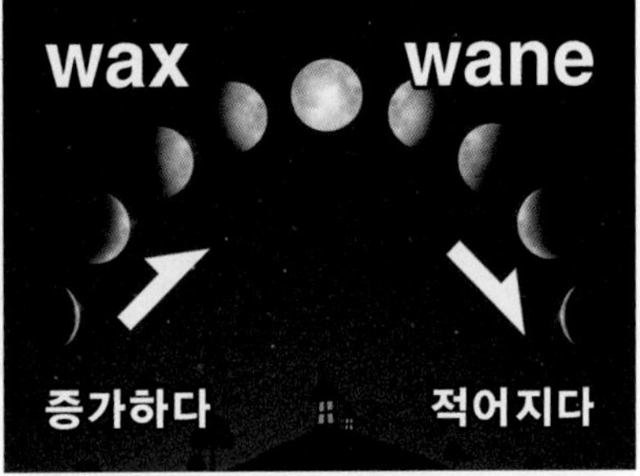

▶ to damage something or make something worse

- Studies have shown that stress can **impair** your immune system.
  연구 결과에 따르면 스트레스는 면역체계를 손상시킬 수 있다.
- Continued irresponsible criticism of the leaders could **impair** efforts to ease tension in the continent.
  지도자들에 대해 계속적으로 무책임한 비판만 하면 그 대륙에서의 긴장을 완화하려는 노력을 해칠 수 있다.

▶ lacking energy or activity

- It is natural for her to be **languid** about learning English since she doesn't like English.
  그녀는 영어를 좋아하지 않으므로 영어를 배우는 데 열의가 없는 것은 당연하다.
- For two years he **languished** in prison and suffered from disease.
  2년 동안, 그는 감옥에서 괴로운 나날을 보냈고 병에 시달렸다.

▶ careful to spend money and buy only something necessary

- Mary is so **frugal** that absolutely nothing is ever wasted by her.
  메리는 너무나 검소하기 때문에 단연코 어떤 것도 낭비하는 법이 없다. *absolutely 전혀
- Jane's **frugal** ways often led to arguments with her friends, who accused her of being a miser.
  제인의 검소한 습관은 종종 그녀를 구두쇠라고 비난하는 친구들과의 다툼을 초래하였다.

▶ 1. without decoration; very simple 2. allowing nothing that gives pleasure
3. strict and serious

- The grey, concrete walls and lack of furniture provided a very **austere** setting.
  회색의 콘크리트 벽과 가구가 부족한 것이 매우 엄숙한 환경을 제공했다.
- The government needs to tighten its purse strings with a more **austere** budget approach.
  정부는 좀 더 긴축적인 예산 사용의 접근법으로 지출을 줄여야 할 필요가 있다.
  *tighten one's purse strings 지출을 줄이다
- The salon was the most elegant room Bill had ever seen, despite its **austerity**.
  그 의상실은 간소함에도 불구하고 빌이 여태껏 보았던 가장 우아한 곳이었다.

Quick Review

0151
e

0152
e

0153
c

0154
m

0155
a

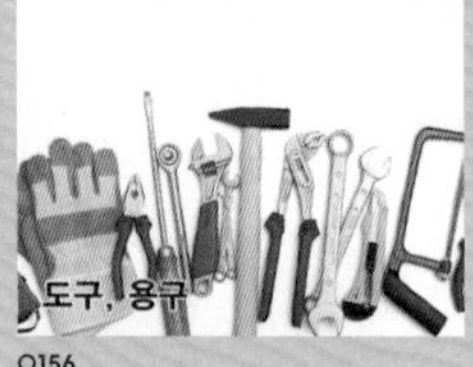

0156
i

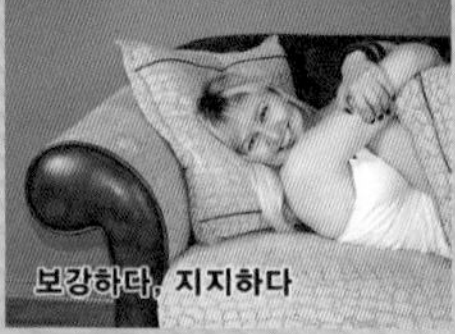

0157
b

0158
c

0159
d

0160
c

0161
g

0162
f

0163
a

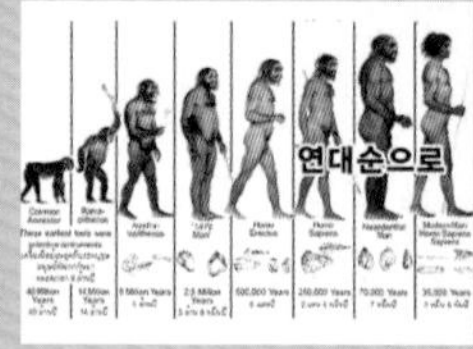

0164
i

0165
p

0166
d

0167
y

0168
p

0169
p

0170
a

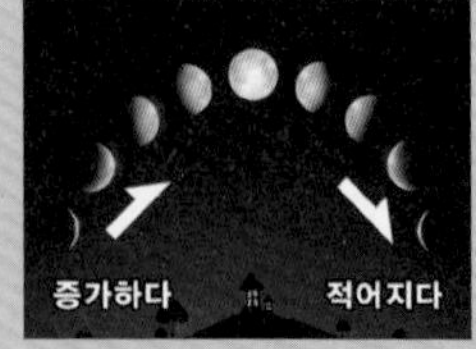

0171
w

0172
i

0173
l

0174
f

0175
a

Answer 0151 **exceed** 0152 **eligible** 0153 **conspicuous** 0154 **mundane** 0155 **affable**
0156 **implement** 0157 **bolster** 0158 **concern** 0159 **defer** 0160 **confirm**
0161 **gratify** 0162 **flatter** 0163 **audacious** 0164 **in chronological order** 0165 **plight**
0166 **disseminate** 0167 **yield** 0168 **proliferate** 0169 **prevalent** 0170 **affluent**
0171 **wane** 0172 **impair** 0173 **languid** 0174 **frugal** 0175 **austere**

Preview

DAY 08

0176

0177

0178

0179

0180

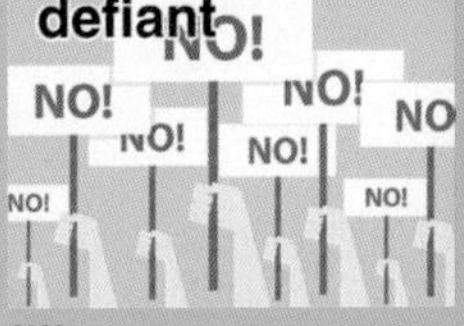

0181

0182

0183

catastrophe

0184

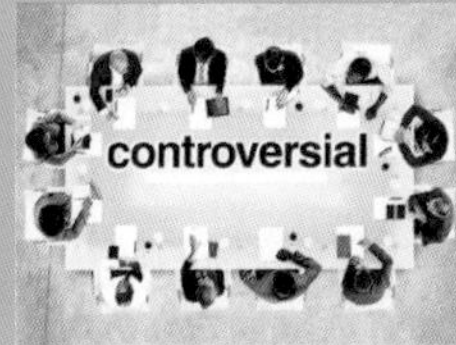

0185

0186

0187

0188

0189

0190

0191

0192

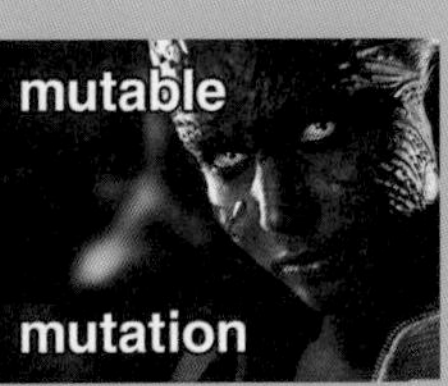

0193

0194

0195

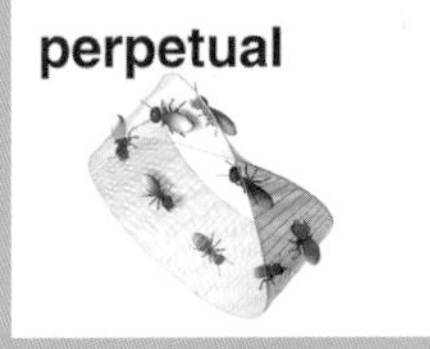

0196

0197

0198

0199

0200

Answer 0176 귀찮게 하다 0177 격분 0178 격노한 0179 진정시키다 0180 달래다
0181 반항적인 0182 전복시키는 0183 뒤집다, 거꾸로하다 0184 대참사 0185 논의의 여지가 있는
0186 피하다 0187 교묘히 피하다 0188 예방하다 0189 진행을 방해하다 0190 재갈, 억제하다, 연석
0191 보수적인 vs. 진보적인 0192 관습적인 0193 변하기 쉬운, 돌연변이 0194 만장일치의 0195 잠자코 따르다
0196 끊임없는 0197 깨지기 쉬운 0198 지울 수 없는 0199 움직일 수있는 0200 협력하다

▶ 유튜브 바로가기

정의 DEFINITION | **유사어휘군 SYNONYM·ANTONYM**

0176
annoy
11+ [ənɔ́i]

17.건국대/15.사회복지직9급 07.국민대/06.고려대/00.세무사 98.강남대/97.한양대 96.고려대/95.동국대

【연상】(붙잡고 귀찮게 하는 사람에게) "안(an) 놔(noy)"

Vt. 귀찮게 하다, 짜증나게 하다 = irritate[N0103] plague[N0987] pester[T0309] chagrin[T0286] pick on[I11001] rub sb the wrong way[I03837] drive sb up the wall[I07202]

14.고려대/05.서울여대

ⓝ annoyance 짜증, 약오름; 골칫거리 = irritation, vexation; nuisance[T0304]

ⓐ annoying 짜증스러운, 성가신 = irritating, vexing, troublesome, bothersome

표 **pick on** 괴롭히다(=annoy), 흠을 찾아내다, 혹평하다 ⊃ I11001
rub sb **the wrong way** ~를 화나게 하다(=irritate, annoy) ⊃ I03837

0177
outrage
11+ [áutrèidʒ]

13.국민대/09.중앙대/02.전남대 98.한국외대/92.성신여대

【어원】out(강조)+rage(격노) ➡ 【연상】네 이 쥐새끼!! 넌 out이야!

N. 1. 격분, 분개 = anger[T0281] indignation[N0853] frenzy, fury, resentment, wrath
2. (폭행 등의) 잔인무도한 행위 = cruel act, cruelty, atrocity
Vt. 격분시키다; (성)폭행하다; 위반하다 = infuriate, incense, offend; violate
ⓐ outrageous 난폭한, 잔인무도한; 모욕적인; 터무니없는, 엄청난; 멋진

08.성균관대/02.중앙대

어 **rage**[réidʒ] 격노; 폭력사태; 열광; (일시적) 대유행; 격렬히 화를 내다; 급속히 번지다
*__be all the rage__ 대유행하다

13.국민대/97.건국대

- **enrage**[inréidʒ] 몹시 성나게[화나게] 하다, 격노시키다

13.동국대

혼 **outage**[áutidʒ] 정전(=power outage)

0178
furious
11+ [fjúəriəs]

02.중앙대/00.경원대

【어원】fury(격노)+i+ous(형접) ➡ 격노한 → (바다나 폭풍이 격노한 것은) 사나운, 맹렬한

A. 1. 성내어 날뛰는, 격노한 = angry[T0281] livid[T0291] raging, frenzied, rampant
2. (활동 등이) 맹렬한, 격렬한 = rabid, vehement
3. (폭풍우·바다 등이) 사나운 = fierce, violent, turbulent, outrageous

08.건국대/02.건국대

ⓝ fury 격노, 분노, 격분; (pl.) 복수의 3여신 = anger, wrath, rage, frenzy, indignation, ire, exasperation, resentment

98.한국외대

furor 분노, 격노, 광기; 열광(적 칭찬) = outrage[N0177]

ⓐⓓ furiously 미친 듯이 노하여[날뛰어], 맹렬히

15.명지대/13.국민대 07.국회8급/98.서울대학원

ⓥ infuriate 격노하게 하다, 격분시키다 = enrage[D0177] incense[R1801] exasperate[T0284]

0179
mitigate
11+ [mítəgèit]

17.중앙대/16.한국외대 15.서강대/14.항공대.한양대 13.한양대/10.이화여대 07.감정평가사/04.행.외시

【연상】열받아 "미치겠다"고 펄펄 뛰는 친구를 진정시키다

Vt. 1. (고통·분노를) 진정시키다 = appease[N0296] alleviate[N0012] soothe, mollify, pacify, allay, relieve, assuage
2. (형벌·상태를) 완화[경감]시키다 = moderate[R0632] lessen, reduce

11.동국대

ⓝ mitigation 완화, 경감

17.단국대

관 **unmitigated** (나쁜 것을 묘사하면서) 완전한, 순전한 = utter

0180
placate
11+ [pléikeit]

10.이화여대.서울여대.상명대 01.변리사/98.사법시험/00-2.세종대 98-2.한양대/97.서울대학원

【어원】plac(=please ⊃ R241)+ate(=make) ➡ (아이에게 사탕을 줘서) 만족하게 해서 (달래다) → 진정시키다

Vt. (사람을) 달래다, 위로하다, 진정시키다 = soothe[N0764] mollify[T0130] appease[N0296] comfort[R2598] pacify, calm down, propitiate, lull, allay, sedate, assuage

ⓐ placatory 달래는, 회유적인, 유화적인
placable 달래기 쉬운, 온화한, 너그러운 = appeasable, conciliable, reconcilable

17.서울여대/98-2.중앙대

반 **implacable** 달래기 어려운, 화해할 수 없는 = unyielding[D0167] irreconcilable, inappeasable
준엄한; 무자비한; 앙심 깊은 = severe, rigorous, strict, stern, stringent
- **implacability** 달래기 어려움; 앙심깊음

▶ to disturb or bother a person; make somewhat angry

- It's very easy to lose your temper when someone **annoys** you.
  누군가 당신을 귀찮게 한다면 화를 내기 십상일 것이다. *lose one's temper 화를내다
- Aircraft noise became a constant source of **annoyance**.
  항공기의 소음은 지속적인 골칫거리가 되었다.
- Lavender will help chase away the mosquitoes and other **annoying** bugs.
  라벤더는 모기나 다른 성가신 벌레들을 쫓는데 도움이 될 것이다.

▶ N. 1. a feeling of extreme anger and shock 2. an extremely violent and morally unacceptable action V. to make someone extremely angry and shocked

- It was an **outrage** to take innocent civilians hostage.
  죄없는 시민을 인질로 잡은 것은 잔인무도한 일이었다.
- I was surprised and **outraged** to see that she had gone ahead with her plans without consulting us first.
  나는 그녀가 우리와 먼저 의논하지 않고 계획을 진행시킨 것을 알고는 놀랐고 화가 났다.
- **Enraged** bees will congregate on and sting the dark areas on Holstein cows, but will not attack the light areas.
  성난 벌들은 Holstein의 소들 위에 모여 어두운 곳을 쏘려 하지만 밝은 곳은 공격하려 하지 않는다.
  *congregate 모이다 sting 침을쏘다

▶ 1. very angry 2. done with a lot of energy or speed
3. intensely violent, as wind or storms

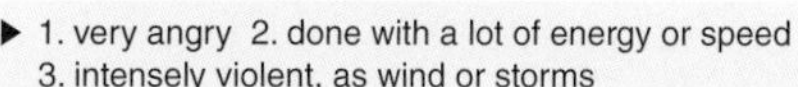

- He was **furious** to learn that the information had been leaked.
  그 정보가 누설되었다는 것을 알고 그는 격노했다.
- It is unhelpful for the media to only open a one-sided story to bring out public **fury**.
  언론이 일방적인 기사를 보도해 국민을 분노케 하는 것은 도움이 되지 않는다.
- The use of barbed-wire fencing by farmers in the nineteenth century **infuriated** cattle ranchers.
  19세기에 농부들이 철조망 울타리를 사용한 것이 소 목장주들을 격분시켰다. *rancher 목장주

▶ 1. to make milder or more gentle 2. to make less severe

- Nothing he did could **mitigate** her wrath; she was unforgiving.
  그 무엇도 그가 그녀의 분노를 진정시킬 수 없었다. 그녀는 용서하지 않으려 했다. *wrath 분노
- It is not at all clear whether the agreement will get us any similar to **mitigating** climate change at the speed and scale we need.
  그 (기후변화) 협약이 우리가 필요로 하는 기후변화의 속도나 그 정도와 유사하게 완화하는 결과를 가져다 줄 지는 전혀 분명하지 않다.

▶ to make someone feel less angry

- Unwittingly I had aroused anger in my best friend, and I wanted to **placate** him.
  나도 모르게 나는 제일 친한 친구를 화나게 했고, 그래서 그를 달래고 싶었다.
- The angry shareholders **were placated by** an apology from the chairperson and rising stock prices.
  화난 주주들이 회장의 사과와 주가 상승으로 인해 진정되었다.
- The parents are **implacable** enemies, but the children are friends.
  부모들은 철천지 원수지간이지만, 아이들은 서로 친구이다.

정의 DEFINITION	유사어휘군 SYNONYM·ANTONYM

0181 11+
defiant
[difáiənt]

11.이화여대/08.한양대 02-2.광운대/01-2.고려대

【어원】de(=away)+fi(=trust ➲ R229)+ant(형접) ➡ 믿음에서 벗어나 있어(믿지 못하기 때문에) → 시비조의

A. 반항적인, 시비조의, 도전적인 = recalcitrant, rebellious, malcontented, contumacious, revolted, unwilling, reluctant, disobedient, inflexible[D0594]

*be defiant of ~을 무시하다

08.영남대/08.동국대 ⓥ defy 무시하다, 얕보다; 공공연히 반항하다 = disobey[D0279]

08.경북 9급/04.고려대 ⓝ defiance 도전; 반항; (명령·관습 등의) 무시 = challenge

04-2.가톨릭대 ⓐⓓ defiantly 시비조로, 대담하게 = boldly[T0191]

0182 11+
subversive
[səbvə́ːrsiv]

17.중앙대/16.가천대/15.고려대/14.한양대 09.고려대/08.성신여대/07.고려대 01.단국대/00.전남대/99.동국대

【어원】sub(=under)+vers(=turn ➲ R055)+ive(형접) ➡ 뒤집어 밑으로 가게 하는

A. 전복시키는, 파괴적인 = rebellious[N0288] destructive[R1152] radical[R0401] disruptive
N. 파괴분자

ⓥ subvert (정부 등을) 전복시키다, 파괴하다 = capsize, overthrow, overturn
ⓝ subversion 전복, 파괴

0183 11+
reverse
[rivə́ːrs]

17.가천대/15.성균관대/14.가천대 10.기상직9급/94.서울대학원

【어원】re(=back)+vers(=turn ➲ R055) ➡ 뒤(반대)로 돌린 → 거꾸로의, 반대의 → 배후의

N. 역, 반대; 뒤, 배후; 불운, 실패; 후진 = contrary, inverse, opposite; sternway 배의 후진
A. 거꾸로의, 반대의; 뒤의, 배후의; 후진용의 = converse
V. 1. 거꾸로 하다; 뒤집다, 번복하다, 역전시키다 = overturn[P0138]
2. 〈영〉 전화 요금을 수신인 지불로 하다 cf. 수취인 지불의: 〈미〉 collect 〈영〉 carriage forward
ⓐ reversible 역으로 할 수 있는; (옷이) 양면용의

16.숭실대/10.한양대 반 **irreversible** 뒤집을 수 없는, 철회할 수 없는
93.서울대학원 - **irreversibility** 불가역성, 취소 불가능 = irrevocability[D0738]
02.전남대 혼 **revert** (원래의 습관·신앙·상태로) 되돌아가다[to](=return)
12.경기대 - **reversion** 전도, 반전; (과거로) 되돌아감(=throwback); 복귀 **reversal** 반전, 역전

0184 11+
catastrophe
[kətǽstrəfi]

16.한성대/13.아주대/12.경희대 11.숭실대/07.계명대/03.숭실대 00.경기대/98.성균관대/92.경기대

【어원】cata(=down ➲ P018)+astro(=star ➲ R221)+phe ➡ 별이 아래로 떨어진 것 → 큰 재해 → 불운

N. 1. 큰 재해, 대참사 = disaster[R2213] calamity[T1551] holocaust, havoc
2. 파국, 비극적 결말, 파멸 = doom, perdition
3. 대실패; 재난, 불행, 불운 = fiasco
4. (연극에서) 대단원 = denouement, the (grand) finale, the end
5. (지각의) 격변, 변동 = cataclysm, upheaval

ⓐ catastrophic 큰 재앙의; 파멸의, 비극적인 = disastrous[R2213]

0185 11+
controversial
[kὰntrəvə́ːrʃəl]

17.경기대,단국대,홍익대/12.숭실대 11.국가직9급/06.숙명여대/94.한국외대 08.상명대

【어원】contro<contra(=against)+vers(=turn ➲ R055)+ial ➡ 반대하는 의견을 주고 받는 → 논쟁의

A. 논란의 여지가 있는, 논쟁을 좋아하는 = debatable[R1164] contentious[N0105] moot, disputable, arguable, contestable

ⓝ controversy 논쟁, 논의; 말다툼, 언쟁 = debate[R1164] contention[D0105] dispute[R1513] argument, discussion, altercation

ⓥ controvert 논의하다, 논쟁하다 = argue, altercate, debate

13.중앙대/01-3.경찰/00.사법시험 반 **incontrovertible** 논쟁의 여지가 없이 명백한 = indisputable[R1513] inarguable, unquestionable, incontestable, indubitable, undeniable, undoubted

13.동덕여대 ↔ **controvertible** 논쟁의 여지가 있는, 논쟁할 만한 = ambiguous[N0004]
uncontroversial 논쟁을 좋아하지 않는

영영정의 및 예문
EXAMPLE

이미지 연상훈련
IMAGE TRAINING

▶ refusing to obey a person or law

• If a teenager's behavior puts him into contact with overly strict parents, teachers, or the police, he may put all his energy into becoming even more **defiant**.
만약 자신의 행동으로 인해 지나치게 엄격한 부모나 교사, 경찰관과 접촉하게 된다면, 그 십대는 온 힘을 다해서 더욱 반항적이 되려 할 것이다.

• Because of her open **defiance** of established rules, her parents grounded her for two weeks.
정해진 규칙을 공공연하게 무시했기 때문에, 그녀의 부모는 그녀를 2주 동안 외출 금지 시켰다.
*ground (주로 수동) 외출을 금지하다.

▶ A. liable to overthrow a government N. someone who tries to destroy a government

• He was imprisoned for **subversive** activities in 1940.
그는 1940년에 체제전복적인 행위들을 했다는 이유로 투옥되었다.

• A scientist argues that science is an inherently **subversive** act.
과학자는 과학이 본질적으로 파괴적인 행위라고 주장한다.

▶ N. 1. the opposite of what has been mentioned 2. the back of something
3. a defeat or failure A. opposite to what has been mentioned
V. to go backwards, or change the direction, order, or process to its opposite

• Yet this does not happen. Not only does it not happen, but the **reverse** does happen.
하지만 이런 일은 발생하지 않는다. 발생하지 않을 뿐 아니라 그 반대의 일이 발생한다.

• Nobody can **reverse** the tidal wave.
누구도 대세를 거스를 수는 없다.

• The war situation **has reversed** in our favor.
전세가 역전되어 우리에게 유리해졌다.

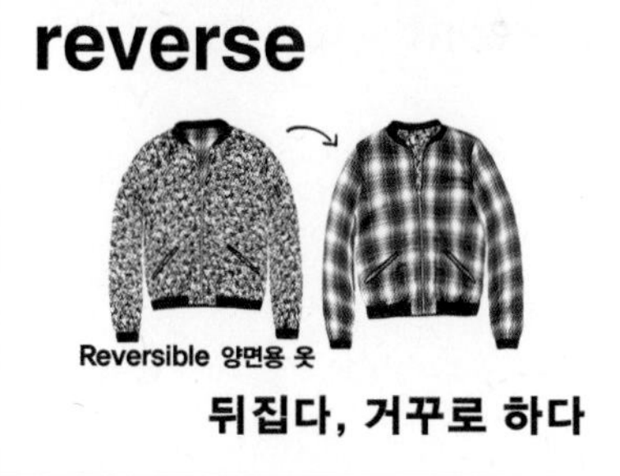

▶ a terrible and sudden event that causes suffering or destruction

• Reckless destruction of nature by human beings has brought ecological **catastrophe**.
인간의 무분별한 자연 파괴가 생태계의 재앙을 몰고 왔다.

• In 1993 the stock market began its **catastrophic** plunge.
1993년에 주식시장은 그 재앙에 가까운 폭락을 시작했다.

▶ causing a lot of disagreement or discussion; fond of controversy

• They failed to come up with a final decision because the issue was too **controversial**.
그 문제는 논란의 여지가 너무 많았기 때문에 그들은 최종적인 결론을 도출하지 못했다.

• The public reaction to government's plan to ban smoking in public areas was mixed and caused a great deal of **controversy**.
공공장소에서의 흡연을 금하려는 정부의 계획에 대한 국민의 반응은 찬반이 갈렸고 많은 논란을 불러일으켰다.

• The defendant was confronted with **incontrovertible evidence** of guilt.
피고인은 유죄라는 움직일 수 없는 증거에 직면했다.

정의 DEFINITION | 유사어휘군 SYNONYM·ANTONYM

0186 11+ **avert** [əvə́:rt]

17.서울시9급/15.경기대/13.가톨릭대
11.국회8급/10.이화여대/08.서울여대
05-2.가톨릭대/01.경기대.아주대

17.이화여대/08.세종대

【어원】a<ab(=from)+vert(=turn ➲ R055) ➡ ~로 부터 (얼굴, 시선, 몸 등)을 돌리다 → (위험을) 피하다

Vt. 1. (위험·타격 등을) 피하다, 막다 = avoid[N0688] evade[N0491] prevent[N0188] ward off[R0073] preclude, forestall, deter

2. (눈·생각 등을) 돌리다, 비키다 = turn aside[I06603] look away, turn away

ⓝ aversion 싫음, 혐오, 싫은 것[사람] = antipathy[R1493]
ⓐ averse 싫어하는

혼 **advert**[ædvə́:rt] 언급하다; 주의를 돌리다[to]

0187 11+ **elude** [ilú:d]

16.명지대/03-2.세종대
99.고려대/90.사법시험

16.가천대/14.한양대/12.홍익대
09.서강대/08.경남9급

【어원】e<ex(=out)+lud(=laugh, play ➲ R072) ➡ 상대방을 웃겨서(농락해서) 곤혹한 상황에서 빠져 나가다

Vt. 1. 교묘히 피하다, ~을 면하다; 회피하다 = avoid[N0688] evade[N0491] eschew[N0492] dodge, shun, duck, circumvent, sidestep, skirt around, shirk

2. 생각나지 않다

ⓐ elusive/elusory (교묘히) 피하는, 알기 어려운 = ambiguous[N0004]
ⓝ elusion 도피, 회피

혼 **elute**[i:lú:t] 녹여서 분리하다

0188 11+ **prevent** [privént]

16.상명대/12.명지대, 인하대
11.동국대/10.성균관대
09.지방직9급/06.항공대.동국대

10.고려대

【어원】pre(=before)+vent(=come ➲ R037) ➡ 미리 와서 막다

Vt. (~을) 예방하다; (~가 ~하는 것을) 방해하다[from] = forestall[R0168] preclude[R1387] stunt[T0834] hinder, impede, obstruct

• prevent A from ~ing A가 ~하는 것을 막다

ⓐ preventive 예방적인, 방해하는; 예방법, 피임약 = contraceptive 피임약
ⓝ prevention 방지, 방해, 예방

표 **stave off** (위험 등을) 막다, 저지하다(=prevent) ➲ I00515
ward off 막다(=prevent), 물리치다(=fend off) ➲ R0073
rule out 불가능하게 하다(=prevent), 배제하다 ➲ R2531

0189 11+ **hamper** [hǽmpər]

16.서울시7급/14.이화여대/12.경기대
11.세종대/08.서강대/04-2.고려대
02-2.세종대/98-2.한양대/97.세무사

【어원】ham(=maim)+per ➡ 불구(maim)로 만들어 못하게 하다 → 방해하다

Vt. 1. (진행을) 방해하다, 저해하다 = obstruct[R1154] hinder[N0014] impede[N0101] prevent, disturb, clog, interrupt, interfere with

2. (움직임을) 제한[구속]하다 = restrict[D0136] confine

N. 1. 방해; 구속; 족쇄 = fetter, shackle, curb

2. 광주리, 손으로 드는 바구니 = large basket

0190 11+ **curb** [kə:rb]

17.숙명여대.한국외대/16.고려대
13.서울시9급.경기대/11.국민대/09.경희대
07.단국대.경희대/06.보험계리사/99.전남대

【연상】커브(curve) 길에서는 속도를 억제할 수 밖에 없다

V. 재갈을 물리다; 억제하다 = restrict[D0136] restrain[N0032]
↔ *uncurbed* 재갈을 벗은; 억제[구속]되지 않은

N. 1. 재갈, 고삐; 구속, 억제

2. (인도와 차도 사이의) 연석

혼 **curve**[kə:rv] 곡선, 굽이, 커브

영영정의 및 예문
EXAMPLE

이미지 연상훈련
IMAGE TRAINING

▶ 1. to prevent something from happening 2. to turn away your eyes or thoughts

- Children are cautioned to **avert** their eyes to avoid looking directly at the sun.
  아이들은 태양을 직접 바라보는 것을 피하기 위해 그들의 눈을 돌릴 것을 주의받는다.
- Investigators believe he reversed his stance to **avert** accusations of wrongdoing.
  수사관들은 그가 불법행위 혐의를 피하기 위해 입장을 바꾼 것으로 믿고 있다.
- She has a deep **aversion** to men who blow their own horn.
  그녀는 자기 자랑을 늘어놓는 사람을 매우 혐오한다.
  *blow one's own horn 자화자찬하다, 자기 자랑을 늘어놓다

▶ 1. to escape from someone or something
2. to not be able to remember something

- The criminal fled abroad to **elude** the grasp of the police.
  범죄자는 경찰의 추적을 벗어나기 위해 해외로 도주했다.
- He was trying to remember her name that **eluded** him.
  그는 기억나지 않는 그녀의 이름을 떠올리려 애쓰고 있었다.
- Trade boundaries are often **elusive** these days.
  요즘엔 무역의 경계가 종종 모호하다.

▶ to keep from occurring; to hinder or stop from doing something

- A dam is a thick bank or wall built to control water and **prevent** flooding.
  댐은 물을 통제하거나 홍수를 예방하려는 목적으로 축조된 두터운 둑이나 벽이다.
- The heavy storm **prevented** him **from** go**ing** to the party last night.
  격심한 폭풍우 때문에 그는 어젯밤 그 파티에 갈 수 없었다.

▶ 1. to prevent someone from doing something easily
2. to limit someone's freedom to move

- They **were hampered by** a constant stream of visitors.
  그들은 끊임없이 밀려드는 방문객으로 방해를 받았다.(제대로 움직이지 못했다)
- The strong wind **hampered** the man's efforts to put up the tent.
  강한 바람은 그 남자가 텐트를 치려는 노력을 방해했다.

▶ V. to control or limit something undesirable N. 1. the act of limiting or controlling something bad 2. the edge of a raised path nearest the road

- Freedom of speech is definitely needed as a way to **curb** government excesses.
  정부의 월권행위를 억제하기 위한 방안으로 언론의 자유는 반드시 필요하다.
- The World Health Organization **put a curb on** the spread of the disease.
  세계보건기구는 그 질병의 확산을 억제시켰다.
- One of my friends tripped over the **curb**.
  친구 중 한 명이 연석에 걸려 넘어졌다.

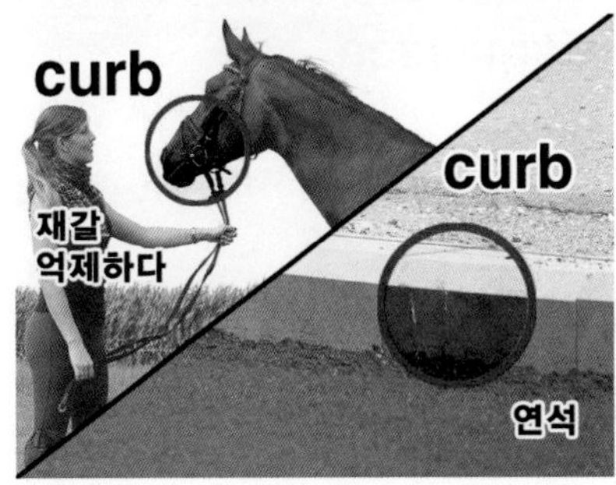

정의 DEFINITION | 유사어휘군 SYNONYM·ANTONYM

0191 11+ **conservative** [kənsə́ːrvətiv]

12.인천대/10.가톨릭대 08.고려대,가톨릭대/02.감정평가사 04-2.세종대

【어원】 con(=together)+serv(=serve, keep ⊃ R011)+ative(형접) ➡ 기존의 것들을 지키려고 하는

A. 보수적인, 보수주의의 ↔ *progressive*, *liberal*
N. 보수주의자 = standpatter

ⓥ conserve 보존하다, 유지하다, 보호하다 = preserve, save, keep (intact), maintain
n. (보통 pl.) 설탕 절임; 잼(jam)

11.법원직,경희대/06.건국대 ⓝ conservation (자연·자원의) 보호, 보존지구; (에너지) 절약
conservancy (하천 등의) 관리위원회; 보호 conservatory 온실; 음악[예술]학교

11.경기대 반 **liberal** [líbərəl] 진보주의의; 진보주의자
05.고려대 관 **middle-of-the-road** 중도의, 온건한
moderate [mádərət] 온건한, 중도파의; 온건주의자 ⊃ R0632 ↔ **radical** 급진적인; 급진주의자 ⊃ R0401

0192 11+ **conventional** [kənvénʃənl]

11.경희대/10.숙명여대,가천의대 08.건국대/07.경기대/02.건국대 98.대구가톨릭대/96.성균관대

【어원】 con(=together)+vent(=come ⊃ R037)+tion+al ➡ 1. 모든 사람이 행해오는(come) → 관습의 2. (여러 사람이) 다같이 오는 → 대회의

A. 1. 관습적인, 인습에 사로잡힌; 전통적인 = usual, customary; traditional[R0068]
2. 틀에 박힌, 형식적인, 상투적인, 평범한 = formal, ordinary[N0891]

ⓝ convention (정치·종교·노조 등의) 대표자 회의, 집회; 전당대회; 관습; 조약, 협약
conventionality 인습, 관례
conventionalism 관례주의, 상투적인 문구
00-2.동국대 ⓐⓓ conventionally 관례[인습]적으로; 진부하게

반 **unconventional** 틀에 박히지 않은, 자유로운

0193 11+ **immutable** [imjúːtəbl]

16.경기대/15.지방직7급/15.국민대 14.서울여대/09.경희대/01.단국대 99.세종대/94.사법시험

【어원】 im<in(=not)+mut(=change ⊃ R056)+able(=able) ➡ 바꿀 수 없는 → 불변의

A. 불변의, 변하지 않는 = unchangeable[S0761] unchanging[S0761] unalterable[D0026] invariable, inalterable, incommutable, indissoluble, constant

06.보험계리사/04.한성대/00-2.단국대 반 **mutable** 변하기 쉬운, 변덕스러운 = changeable[S0761] capricious, whimsical, fickle, mercurial, quicksilver, volatile, unstable
관 **mutation** 돌연변이; 변화, 변경; 흥망성쇠 **mutative** 변이의, 변화가 일어나기 쉬운
혼 **mutual** 상호의; 서로 관계있는, 상관의 ⊃ N0430 **mute** 무언의, 벙어리의; 묵음; 벙어리 ⊃ T0385

0194 11+ **unanimous** [juːnǽnəməs]

06.서경대/04-2.성균관대/04.세무사 98.안양대/97-5.경찰/85.행자부9급

【어원】 un<uni(=one)+anim(=mind ⊃ R190)+ous(형접) ➡ 마음이 하나가 된 → 만장일치의

A. 만장[전원]일치의 = in full accord[I00129]

12.성신여대/06.경희대 ⓝ unanimity (만장) 일치, (전원) 합의 = consensus[N0793]
05.건국대 ⓐⓓ unanimously 만장일치로 = by common consent[R1502] with one voice[R1011]

혼 **animus** [ǽnəməs] 적의(敵意), 미움; 의지, 의향

0195 11+ **acquiesce** [æ̀kwiés]

09.지방직2차/03.세종대/01.경기대 99.건국대/97.세무사/94.협성대

【어원】 ac<ad(=to)+qui(=quiet ⊃ R240)+esce(=become ⊃ R169) ➡ 조용히 있다 → 잠자코 따르다 → 묵인하다

Vi. 잠자코 따르다; 묵인하다[in] = consent[R1502] agree, accept[N0349] accede, assent, approve (of); connive

01.경기대/93.행정고시 ⓝ acquiescence 묵인, 동조 = compliance[D0090]
15.가천대 ⓐ acquiescent 묵인하는, 순종하는 = submissive[D0768]

영영정의 및 예문
EXAMPLE

이미지 연상훈련
IMAGE TRAINING

▶ A. tending not to accept sudden changes or new ideas
N. someone who is conservative

- The **conservative** party has become the **radical** party: we believe that we should consider the possibility of change.
  보수파가 급진파로 바뀌었다. 우리는 변화의 가능성을 고려해야 한다고 생각한다.
- They are more **moderate** than either **liberal** or **conservative**.
  그들은 진보 또는 보수주의라기보다는 중도적이다.
- Children must be taught to **conserve** our national heritage.
  아이들에게 우리의 국가적 유산을 보존하는 것을 가르쳐야 한다.

conservative
liberal
Republican
공화당
Vs
Democratic
민주당
보수적인
진보적인

▶ traditional and ordinary

- Letting the lady sit first at table is the **conventional** thing to do.
  식사 테이블에 숙녀를 먼저 앉히는 것은 관례적으로 하는 일이다.
- The architect's **conventional** designs didn't win him awards for originality.
  틀에 박힌 디자인 때문에 그 건축가는 독창력 상을 수상하지 못했다.
- The **convention** will choose the party's presidential candidate in the race for the White House.
  그 전당대회는 미국 대통령 선거에 나설 당의 후보를 선출할 것이다.

▶ never change or cannot be changed

- Scientists are constantly seeking to discover the **immutable** laws of nature.
  과학자들은 불변의 자연법칙을 발견하기 위해 끊임없이 노력하고 있다.
- My wife's opinions are **mutable** and easily influenced by people she knows.
  아내는 생각이 변덕스럽고 지인들의 영향을 쉽게 받는다.
- It is well-known that radiation can cause **mutation**.
  방사능이 돌연변이를 일으킬 수 있다는 것은 잘 알려져 있다.

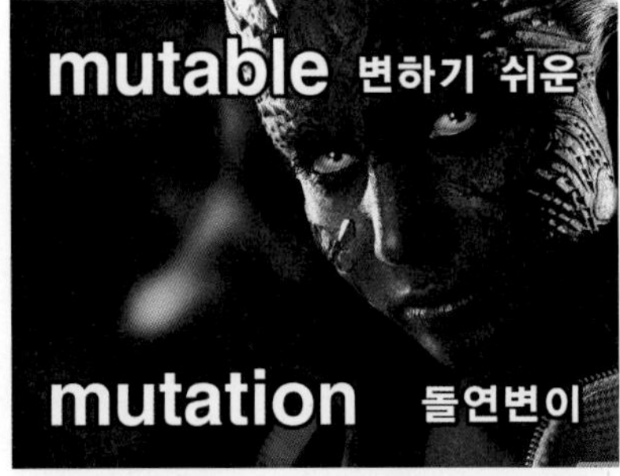

▶ sharing and supporting the same opinions or views; agreeing completely about something

- The vote for the treaty was **unanimous**.
  그 조약에 대한 표결은 만장일치였다.
- On July 4, 1776, after the committee had made some changes in a few phrases, the Declaration was read, voted upon, and accepted **unanimously**.
  1776년 7월 4일 위원회가 몇 개의 문구를 바꾼 후에, 독립 선언문이 낭독되고 투표에 부쳐졌으며, 이의 없이 만장일치로 받아들여졌다.
- All of us must agree on the plan, but so far we have not achieved **unanimity**.
  우리 모두는 그 계획에 동의해야 했지만, 아직까지 만장일치에 이르지 못했다.

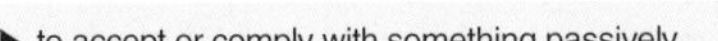

▶ to accept or comply with something passively

- Though I was not sure what I really liked to do, I **acquiesced in** his plan to go fishing.
  내가 진짜 좋아하는 일인지 확신할 수 없었지만, 낚시를 가자는 그의 계획에 묵묵히 따랐다.
- Her parents will never **acquiesce in** such an unsuitable marriage.
  그녀의 부모는 그런 부적합한 결혼을 절대 받아들이지 않을 것이다.
- That war could not have been possible without the **acquiescence** of some neighboring Arab states.
  그 전쟁은 다수의 인접한 아랍 국가들의 묵인 없이는 결코 가능하지 않았을 것이다.

정의 DEFINITION | 유사어휘군 SYNONYM·ANTONYM

O196 11+ **perpetual** [pərpétʃuəl]

12.강남대/08.공인노무사/05.고려대 97.행자부7급/93.서울여대
17.한국외대/13.경희대 11.기상직9급.아주대/08.세종대

【어원】 per(=thoroughly)+pet(=seek ➲ R104)+u+al(형접) ➡ 철저하게 요구하는 → 끊임없는

A. 영속하는, 끊임없는; 계속해서 반복되는 = constant[N0411] everlasting[T1446] unceasing[D0985] incessant[D0985] continual[D0315]

ⓝ perpetuity 영속, 불멸; 영원한 것; 종신연금
ⓥ perpetuate 영속화시키다, 항구화하다 = maintain[R0091]

혼 **perpetrate** (나쁜 짓 · 죄를) 행하다, 범하다(=commit)

O197 11+ **fragile** [frǽdʒəl]

14.사회복지9급.가톨릭대/12.성균관대 07.세무사/00-2.인천대/99.사법시험 98.인천대/97.서울대학원/92.행자부7급

【어원】 frag(=break ➲ R111)+ile(형접) ➡ 깨지기 쉬운 → 무른, 허약한 → 덧없는

A. 1. 부서지기[깨지기] 쉬운 = breakable[T1502] brittle[T1504] flimsy, frangible, frail
2. 무른, 허약한, 연약한; 덧없는 = weak[S0733] frail[T1503] delicate[N0779] feeble, effeminate; unstable[N0244] fugitive[R0443]

ⓝ fragility 부서지기 쉬움, 여림, 허약; 허무함 = delicateness

O198 11+ **indelible** [indéləbl]

15.가천대/14.명지대/13.동덕여대 09.대구대.경기대/01.세종대 00-2.강남대/85.사법시험
00.고려대

【어원】 in(=not)+del(=delete)+ible(형접) ➡ 지울 수 없는 → 잊혀지지 않는

A. 지울[씻을] 수 없는; 잊히지 않는 = irremovable, permanent[N0081] everlasting[T1446]

ⓐⓓ indelibly 지울 수 없게, 영구히 = permanently[D0081]

관 **delete** [dilíːt] 삭제하다, 지우다 **deletion** [dilíːʃən] 삭제, 삭제한 부분
반 **delible** [déləbl] 삭제[말소]할 수 있는

O199 11+ **mobile** [móubəl]

03.고려대/00.경찰.세무사
12.이화여대
17.가천대/16.성균관대.한양대 12.숭실대/09.경희대
95.세종대

【어원】 mob(=move ➲ R058)+ile(형접) ➡ 들고 움직일 수 있는 → 이동성의

A. 움직일 수 있는, 이동성의; 유동성의 = movable, portable
N. 모빌, 이동전화 = cellphone, cellular phone

ⓥ mobilize (물자 · 수단 · 군대를) 동원하다
ⓝ mobility 이동성, 기동력; 유동성, 변덕

반 **immobile** 움직일 수 없는, 고정된 = sedentary[N0150] stationary, fixed, immovable
- **immobilize** 움직이지 않게 하다; 유통을 정지시키다
demobilize (부대를) 해산시키다, 제대하다

O200 11+ **collaborate** [kəlǽbərèit]

12.국민대/07.국가직9급 00-2.홍익대/99.행.외시
17.상명대/07.감정평가사
97.세무사
13.인천대/04-2.국민대/98-2.가톨릭대

【어원】 co(=together)+labor(=work ➲ R068)+ate(=make) ➡ 함께 일하다 → 적국에 부역하다

Vi. 1. 공동으로 일하다, 합작하다; 제휴하다 = work together, cooperate[R0684]
2. (점령군 · 적국에) 협력하다, 부역하다

ⓐ collaborative 협동적인 = cooperative[R0684]
ⓝ collaboration 협동, 합작, 공동연구 = cooperation[R0684]
collaborator 공동 제작자, 합작자, 공저자 = cooperator[R0684]
collaborationist 적국에의 협력자

혼 **corroborate** (소신 · 진술 등을) 확증하다(=confirm) ➲ N0819

영영정의 및 예문
EXAMPLE

이미지 연상훈련
IMAGE TRAINING

▶ continuing forever

- That was a **perpetual** problem.
  그것은 끊임없이 반복되는 문제였다.
- She hoped that her son would **perpetuate** the family business.
  그녀는 자신의 아들이 가업을 잇기를 바랐다.

▶ 1. easily broken or destroyed 2. not strong and likely to become ill

- The parcel was labelled: "**Fragile**, handle with care."
  소포에는 '깨지기 쉬움, 취급 주의'라고 표시되어 있었다. * parcel 소포, 소화물
- The handle is **fragile**; it will easily break if you use too much pressure.
  그 손잡이는 깨지기 쉽다. 너무 세게 누르면 쉽게 깨질 것이다.
- His overall condition remained **fragile**.
  그의 전반적인 건강상태는 허약했다. * overall 전반적인

▶ impossible to forget or remove

- The pictures we took made the memories of our trip **indelible**.
  우리가 찍은 사진들이 여행의 추억을 영원히 간직하게 해주었다
- Humiliated in public and **indelibly** marked, the woman reportedly quit her university.
  공개적으로 망신당하고 잊을 수 없을 정도로 주목을 받게 되자, 그 여자는 대학을 그만두었다고 전해진다.

▶ A. able to move freely or be easily moved N. cellphone

- Americans are more **mobile** than they were a generation ago.
  미국인들은 이전 세대보다 많이 이동한다.
- The **mobile** operators are far off their sales goals.
  이동통신 사업자들은 매출 목표에 한참 미달하고 있다.
- His illness has left him completely **immobile**.
  그는 병으로 전혀 거동도 할 수 없게 되었다.

▶ to work together in order to achieve something

- Susan Miller **collaborated on** a novel with her brother.
  수잔 밀러는 그녀의 오빠와 공동 작업하여 소설 한 편을 썼다.
- Occasionally the most unlikely people manage to **collaborate** successfully.
  이따금씩 가장 아닐 것 같은 사람들이 성공적으로 협력을 하곤 한다.
- The work I did **in collaboration with** them interested me very much.
  그들과 같이 한 일은 내게 상당히 흥미로웠다.

Quick Review

0176

a

0177

o

0178

f

0179

m

0180

p

0181

d

0182

s

0183

r

0184

c

0185

c

0186

a

0187

e

0188

p

0189

h

0190

c

0191

c

0192

c

0193

m

0194

u

0195

a

0196

p

0197

f

0198

i

0199

m

0200

c

Answer 0176 annoy 0177 outrage 0178 furious 0179 mitigate 0180 placate
0181 defiant 0182 subversive 0183 reverse 0184 catastrophe 0185 controversial
0186 avert 0187 elude 0188 prevent 0189 hamper 0190 curb
0191 conservative 0192 conventional 0193 mutable 0194 unanimous 0195 acquiesce
0196 perpetual 0197 fragile 0198 indelible 0199 mobile 0200 collaborate

Preview

DAY 09

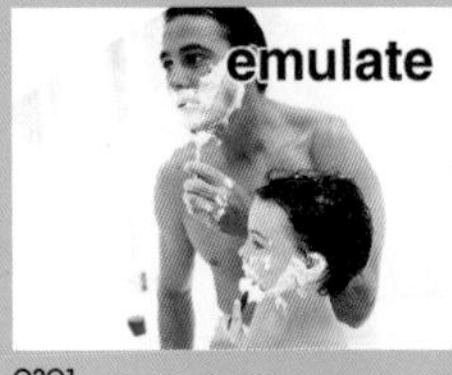

0201

analogous

0202

0203

0204

0205

0206

0207

0208

0209

0210

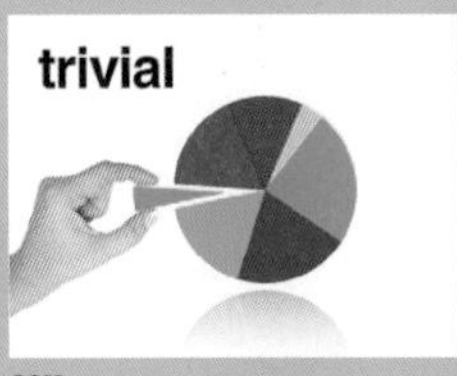

0211

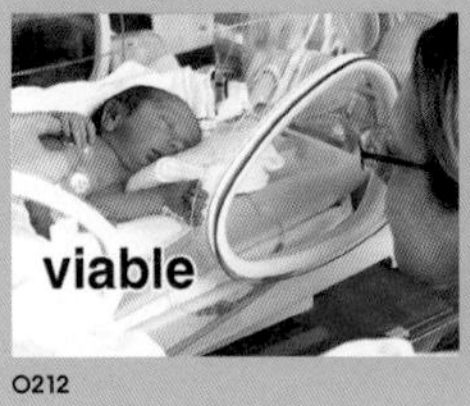

0212

0213

0214

0215

0216

0217

0218

0219

0220

0221

0222

0223

0224

0225

Answer 0201 모방하다 0202 닮은 0203 꼭 같은 0204 경향이 있는 0205 추측하다
0206 약속, 공약 0207 기부하다 0208 유능한 0209 열정적인 0210 존경하다
0211 하찮은, 사소한 0212 살아갈 수 있는, 실행 가능한 0213 황폐시키다 0214 경멸 0215 속이는
0216 집중하다 0217 솜씨 좋음 0218 즉흥의 0219 자발적인 0220 조심스러운
0221 ~을 조심하다 0222 현명한 0223 감수성이 예민한 0224 조심성 있는 0225 의도, 목적

▶ 유튜브 바로가기

정의 DEFINITION | 유사어휘군 SYNONYM·ANTONYM

0201 11+ **emulate** [émjulèit]

17.가천대/14.서울시9급/13.서울여대 11.경희대/10.국민대/06.동국대 04.동국대,서강대 99-2.홍익대/98-2.중앙대

【어원】 em<en(=make)+mul<simul(=same ⊃ R231)+ate ➡ 비슷하게 만들다 → ~을 흉내내다 → (비슷한 사람끼리) 경쟁하다

Vt. 1. (흠모하는 대상을) 모방하다 = imitate[N0270] mimic[R2318] impersonate[R1973] simulate, copy, copycat
2. ~와 경쟁하다, 우열을 다투다[겨루다] = compete, contest, break a lance with
3. (다른 프로그램을) 에뮬레이트하다

ⓐ emulative 경쟁의, 지지 않으려는 = competitive
ⓝ emulation 경쟁, 겨룸, 대항 = competition, match
emulator 경쟁자; 모방자 = competitor, rival, contestant; copycat

0202 11+ **analogous** [ənǽləgəs]

17.한국외대/15.한양대/14.국가직7급 11.성신여대/07.성균관대 98-2.경희대/94.산업대 11.중앙대/92.85.연세대학원

【어원】 ana(=again)+log(=speech ⊃ R091)+ous ➡ 다시 말하는 듯한 → 유사한

A. 유사한, 닮은[to] = similar to[N0425] resembling, alike, parallel, equivalent to, comparable to, corresponding to
*be analogous to ~와 비슷하다

ⓝ analogy 유추, 유추에 의한 설명; 유사 = similarity, similitude, parallel[N0915]
analog(ue) 유사한 물건; 〈전자〉 아날로그

13.명지대 — 동 **homologous**[həmɑ́ləgəs] 일치하는, 동족의 **homology**[həmɑ́lədʒi] 일치관계, 동족관계
10.고려대 — 표 **as like as two peas** 흡사한, 꼭 닮은 ⊃ IO3403
a chip of the old block 부모를 꼭 닮은 자식 ⊃ I15210
take after ~을 닮다 ⊃ IO3734

0203 11+ **identical** [aidéntikəl]

13.산업기술대/07.서울여대/05.서강대 96.서울대학원/93.덕성여대

【어원】 ident(=same)+i+cal(형접) ➡ 똑같은 → 꼭 닮은 일란성 쌍둥이

A. 동일한, 꼭 같은 = same, homogenized[D0039]
N. 일란성 쌍둥이(~ twin) ↔ *fraternal twin*[R1661] 이란성 쌍둥이
ⓐⓓ identically 동일하게

15.한양대/05.서강대 — ⓝ identity[aidéntəti] 동일함; 본인임; 정체(성), 신원; 독자성
identification 신분증명, 신원확인; 신분증(약: I.D.)

07.건국대 — ⓥ identify (~가 틀림없다고) 확인하다, 감정하다 = acknowledge[R1422] recognize, confirm, certify
*identify A with B A와 B를 동일시하다
ⓐ identifiable 인식가능한

14.한양대 — 반 **unidentified** (국적·소유·신원이) 미확인의, 정체불명의(=anonymous)

0204 11+ **prone** [próun]

17.이화여대/13.가톨릭대/11.성균관대,동국대 08.성균관대/07.상명대/06.경원대 05.아주대/94.총무처9급

【어원】 pron(=bending toward)+e ➡ 특정 방향으로 기울어진

A. 1. (부정적인 방향으로) 경향이 있는, ~하기 일쑤인[to N/R] = likely to, inclined to[D0936] disposed to[N0010] liable to[D0089]
2. 비탈진, 내리받이의; 엎드린 = downhill

15.성균관대 — ⓝ proneness 성향, 경향 = predisposition[D0010]

표 **be prone to N/R** ~하는 경향이 있다(=be likely to), ~하기 쉽다, ~하고 싶다
= **be apt to R** ~하기 쉽다 = **be wont to R** ~하는 것이 습관이다
= **be inclined to R** ~하는 경향이 있다 = **be disposed to R** ~의 경향이 있다
= **be liable to N/R** ~하기 쉽다 = **be likely to R** ~할 것 같다
= **be subject to N** ~의 영향을 받기 쉽다 = **be susceptible to N** ~에 걸리기 쉽다
혼 **prune**[prú:n] 가지를 치다(=trim); (불필요한 부분을) 제거하다; 비용을 줄이다 ⊃ T1424

0205 11+ **infer** [infə́:r]

14.한성대/05.동국대/02-2.한성대 98-2.광운대/97-2.경희대/97.고려대학원

【어원】 in(=in)+fer(=carry ⊃ R048) ➡ 의미를 안에 넣은 채 나르다 → 암시하다 → 추론하다

V. (어떤 사실에 근거하여) 추론[추측]하다[from] = deduce[D0355] extrapolate[T1101] surmise, guess, conjecture, conclude, presume, assume

16.산업기술대/14.이화여대 06.공인노무사 — ⓝ inference 추론, 추리; 추정, 결론; 함축된 의미
ⓐ inferential 추리[추론](상)의
inferable 추론·추리할 수 있는

영영정의 및 예문
EXAMPLE

이미지 연상훈련
IMAGE TRAINING

▶ 1. to try to be like or surpass someone or something else, especially by imitating
2. to compete with someone successfully

- We are the leaders in technological innovation. And we are still the nation that most others **emulate**.
우리는 기술 혁명의 선두주자이다. 그리고 우리는 여전히 대부분의 다른 나라들이 모방하려는 국가이다.
- He is not able enough to **emulate** his master yet.
그는 아직 그의 스승과 우열을 다툴 정도는 아니다.

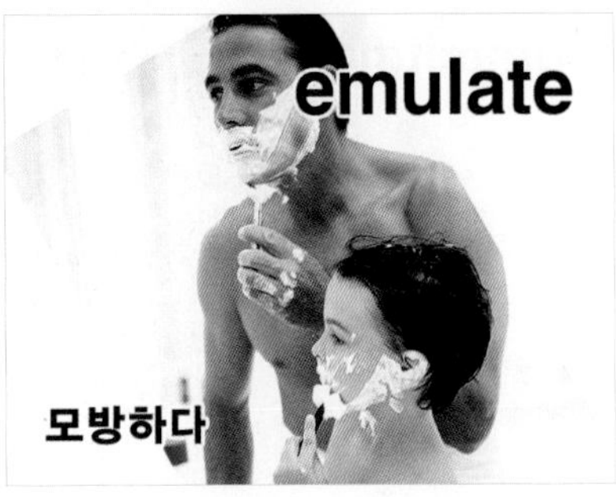

▶ similar in some way

- I certainly got something **analogous to** religious satisfaction out of it.
나는 확실히 그것에서 종교적인 만족감과 비슷한 무언가를 얻었다.
- Miraculously, She **has some analogy to** my mother.
신기하게도, 그녀는 나의 어머니와 닮았다.
- The fear of smallpox, which terrorized the eighteenth century, has no **analogy** today.
18세기를 공포에 몰아넣었던 천연두의 공포와 견줄만한 것은 오늘날에는 없다.

▶ exactly the same, or very similar

- The girls were so **identical** that even their parents could not tell them apart.
그 소녀들은 너무 똑같아서 부모조차도 둘을 구분하지 못했다.
- The central theme of adolescence is finding a **identity**, a sense of self, in relation to the world.
청소년기의 주요한 주제는 세상과 관련한 자아의식, 즉 자기정체성을 찾는 것이다.
* adolescence 사춘기

▶ likely to do something bad

- Students who enjoyed playing violent games **are** more **prone to** real-life aggression.
폭력적인 게임을 즐기는 학생들이 실생활에서 공격적으로 되는 경향이 더 많다.
- Lions in the Tsavo region **are prone to** prey on livestock during the rainy season.
싸보 지역의 사자들은 우기 동안에 가축을 먹이로 하는 경향이 있다.
- Man **is prone to** error, even though he'd like to think he's infallible.
인간은 비록 자신은 전혀 틀릴 리가 없다고 생각하고 싶어 하지만, 과오를 저지르기 쉽다.
* infallible 절대 오류가 없는

▶ to guess and decide that something is true because of information you have

- We **inferred from** his absences that he had lost interest in the new project.
우리는 그의 결근으로 그가 새로운 일에 흥미를 잃었다는 것을 추측했다.
- The clear **inference** is that to get a strong economy, Government intervention is required.
분명히 추론할 수 있는 것은 경제를 튼튼히 하려면 정부가 개입해야 한다는 것이다.

정의 DEFINITION	유사어휘군 SYNONYM·ANTONYM

0206 11+
commitment
[kəmítmənt]

【어원】com(=together)+mit(=send ⊃ R052)+ment(명접) ➡ 함께 보낸 것

17.서울시9급/08.이화여대 07.대구대/03-2.고려대
N. 1. 위임, 떠맡은 일, 임무 = undertaking, commission, duty
2. 약속, 공약; 언질, 언명 = pledge, promise, vow, covenant
3. 헌신, 전념 = devotion[R1984] dedication

16.서울시9급/14-3.경찰/07.국민대
ⓥ commit (죄를) 범하다, 저지르다; 언명하다; (의무를) 지우다, 공약하다

02-2.고려대
*commit suicide 자살하다

ⓝ committee 위원회

13.상명대
ⓐ uncommitted 약속하지 않은

10.경북교행9급/08.지방직7급
관 **commission** 위임; 수수료; 위원회; 위임하다, 위탁하다, 임명하다(=appoint)
commissary[kάməsèri] 물자 배급소, 매점; 대리, 대표

0207 11+
contribute
[kəntríbjuːt]

【어원】con(=thoroughly)+tribut(=give, pay ⊃ R007) ➡ (빌려주는 것이 아니고) 완전히 주다 → 기부하다 → 공헌하다

16.광운대,서강대/14.항공대 06.전북9급,울산 9급 05-2.가톨릭대/04-2.고려대 02-2.세종대/01.101단
V. 1. (돈 등을) 기부하다, 주다[to] = chip in[T1495] subscribe, donate, present, endow, dole
2. (원고를) 기고하다 = write for
3. 기여하다, 공헌하다[to] = help, make for, conduce, be conducive to

ⓝ contribution 기부, 출자; 기증품
contributor 기부자; 공헌자; 기고[투고]가 = correspondent
ⓐ contributive 기여하는, 공헌적인
contributory 기여하는, 이바지하는

표 **chip in** (돈을) 추렴하다, 기부하다(=contribute to) *카드 게임에서 칩을 안으로 밀어 넣다

0208 11+
competent
[kάmpətənt]

【어원】com(=together)+pet(=seek ⊃ R104)+ent(형접) ➡ 모든 것을 구한 → 1. 유능한 2. 충분한

12.서강대/10.계명대/01.사법시험 96.청주대/95.서울대학원
A. (~을 해 낼) 능력[자격]이 있는, 유능한 = capable[D0236] talented, efficient, ept, intellectual[R0538] adequate, qualifiable, qualified, habile

13.경희대/11.성균관대
ⓝ competence 유능, 능력 = capability[D0236] caliber[N0540]
competency 능력, 적성 = aptitude

01-2.대구대/96.광운대
반 **incompetent** 무능한, 쓸모없는 = incapable[D0236] useless, unqualified

0209 11+
passionate
[pǽʃənət]

【어원】pass(=feel ⊃ R149)+ion(명접)+ate(형접) ➡ 강하게 느끼는 → 열정적인 → 정욕적인

14.서울시7급/13.상명대 06.국민대/97.효성가대
A. 1. 열렬한, 열정적인 = vehement[N0759] impassioned[D0209] exuberant[N0468] ardent, intense, enthusiastic, fervent
2. 정욕적인, 호색의 = lustful, lusty, amorous

ⓐⓓ passionately 열렬히, 격렬하게

14.서강대
ⓝ passion 열정, 격정, 정욕; 열광; 고통, 수난 = enthusiasm, ardor, fervor, rage

16.중앙대/13.이화여대/08.중앙대,영남대
혼 **dispassionate** 공평한, 감정에 치우치지 않는(↔ biased)
반 **passionless** 열정이 없는; 냉정한

06.국민대
동 **impassioned** 감동적인; 열정적인(=passionate)

0210 11+
esteem
[istíːm]

【연상】이 스팀 청소기를 만든 사람이 대단히 존경스럽다.

16.항공대/15.숭실대/13.상명대 01.고려대/98.성균관대
Vt. 1. (대단히) 존경하다, 존중하다 = respect[N0041] admire[R2004] revere, look up to
2. (~라고) 생각하다[여기다] = consider, regard, account
N. (대단한) 존경 = respect, admiration, honour, regard

ⓐ estimable 존경할 만한; 평가할 수 있는

16.상명대/12.국민대/96.가톨릭대
ⓥ estimate 견적하다, 평가하다, 추정하다 = appraise[R2253]
n. 평가, 견적 = appraisal[R2253]

13.고려대
반 **underestimate** 과소평가하다 = underrate, undervalue , play down
↔ **overestimate** 과대평가하다 = overrate, overvalue, overprize, play up

영영정의 및 예문
EXAMPLE

이미지 연상훈련
IMAGE TRAINING

▶ 1. a duty or responsibility that you have accepted
2. a promise to do something 3. the willingness to work hard

- I can't do this job right now because of other **commitments**.
  해야 할 다른 일이 있어서 지금 당장은 이 일을 할 수 없네요.
- The company did not meet **commitments** it had made to its clients.
  그 회사는 고객들에게 했던 약속을 지키지 않았다.
- Another reason for choosing younger directors is the prospect of a longer **commitment** from them.
  젊은 중역을 뽑는 또 다른 이유는 그들이 더욱 오래 회사에 헌신할 것이란 기대감 때문이다.

▶ 1. to give money or goods to help someone or something 2. to write articles for a newspaper or magazine 3. to help to increase or improve something

- Paul wanted to **contribute** all his property **to** charity, but his wife was opposed to the idea.
  폴은 자신의 모든 재산을 자선단체에 기부하고자 했지만, 그의 아내가 반대했다.
- One of us is supposed to **contribute** a column on environment to a newspaper starting next month.
  우리 중 한 명은 다음 달부터 환경에 관한 칼럼을 신문에 기고하기로 되어 있다.

▶ capable of doing something well

- Mr. Becker is the most **competent** student in my class.
  베커군은 내 반에서 가장 유능한 학생이다.
- Husbands and wives should realize that they are not equally **competent** in all thing.
  남편과 아내는 그들이 모든 일에 있어서 똑같이 유능하지 않다는 것을 깨달아야 한다.

▶ 1. having or showing strong feelings of enthusiasm
2. having or showing strong feelings of sexual excitement

- The speaker tried to arouse the emotions of the silent crowd by delivering **a passionate speech**.
  그 연사는 열정적인 연설을 함으로써 조용한 군중들의 감정을 일깨우려고 애썼다.
- Tom was almost **dispassionate** when he heard the news of her whereabouts.
  톰은 그녀의 행방에 대한 소식을 들었을 때에도 거의 냉정했다.

▶ V. to respect and admire someone or something 2. to consider as of a certain value or of a certain type N. a feeling of respect for someone

- George Washington Carver was **esteemed** for his contributions in the fields of botany and chemistry.
  George W. Carver는 식물학과 화학분야에서의 공헌으로 존경받았다.
- What we obtain too cheap, we **esteem** too lightly.
  너무 값싸게 얻은 것은 너무 가볍게 여긴다.
- It is **estimated** that the world's population sometime in the next century will be between 11 billion and 14 billion.
  다음 세기 언젠가 전 세계 인구는 110억에서 140억 사이가 될 것으로 추정된다.

정의 DEFINITION | 유사어휘군 SYNONYM·ANTONYM

O211 11+ trivial

F S

[tríviəl]

17.서강대/10.숙명여대/09.명지대/08.경원대
07.숭실대/05-2.고려대/04-2.영남대
00-2.홍익대/93.전북산업대

01.변리사

【어원】 tri(=three)+vi(=way ⊃ R212)+al(형접) ➡ 세 갈래 길 중 하나인 → 평범한 → 하찮은, 사소한

A. 1. 하찮은, 사소한 = unimportant[R0490] trifling[T1464] insignificant, petty, inconsiderable, paltry, slight, piddling

2. 평범한; 진부한 = ordinary, mediocre; banal, trite, stereotyped

ⓝ triviality 하찮음, 평범, 진부

동 **trifling**[tráifliŋ] (양·금액 등이) 적은; 근소한; 시시한(=trivial) ⊃ T1464

O212 11+ viable

E F P

[váiəbl]

17.가천대,상명대
13,12.이화여대/05-2.가톨릭대/03.변리사
03-2.고려대/01.대구가톨릭대
98.고려대학원/97.효성대

08.고려대

【어원】 1. vi<vit(=life ⊃ R193)+able 2. vi(=way ⊃ R212)+able ➡ 1. 살아갈 수 있는 → 생존에 적합한 2. 길(방법)이 있는 → 실행 가능한

A. 1. (계획 등이) 실행 가능한, 실용적인 = effective[D0056] feasible[N0054] workable[T1063] practicable, executable

2. (경제가) 성장할 수 있는; (신생아가) 살아갈 수 있는

ⓝ viability 생존 능력; 생활력; 실행 가능성

반 **unviable** 실행 불가능한; 성장할 수 없는

O213 11+ devastate

E F S

[dévəstèit]

13.국민대/10.한성대/04.한성대
03-2.숭실대/95.한국외대

13.경희대/07.서울여대/01.국민대

05.서강대

【어원】 de(강조)+vas(=empty ⊃ R155)+t+ate(동접) ➡ 텅 비게 하다 → 황폐화시키다

Vt. 1. 유린하다, 황폐시키다 = destroy[R1153] dilapidate, ravage[N0889] desolate, ruin

2. (사람을) 압도하다, 망연자실케 하다 = overwhelm, overpower, subdue

ⓐ devastating 황폐시키는, 파괴하는; 압도적인; 〈구어〉 훌륭한, 아주 매력적인 = disastrous[R2213] damaging[R2491] destructive[R1152] ruinous[T1513]

ⓝ devastation 황폐하게 함, 유린, 파괴; 황폐 = demolition, havoc, ruin

devastator 파괴[유린, 약탈]자

O214 11+ contempt

F P S

[kəntémpt]

15.경찰2차/15.국민대
02.공인회계사/94.행정고시
01-2.고려대/98-2.세종대

14.이화여대

12.명지대/91.사법시험

【어원】 con(=together)+tempt(=try ⊃ R070) ➡ 다 한번씩 툭툭 건드려 보는 것 → 모욕, 멸시

N. 1. 경멸, 멸시 = scorn[T0331] disdain, mockery 조롱, disregard 무시

2. 모욕(죄) = insult, affront, indignity, slight

ⓥ contemn 경멸하다, 모욕하다 = despise, deride, mock, scorn, disdain, look down on, ridicule

ⓐ contemptible 경멸받을 만한, 비열한 = despicable[N0441] vulgar, mean, humble

contemptuous 사람을 얕잡아보는, 경멸적인 = dismissive[D0132] derogatory[N0810] disdainful, scornful, pejorative

ⓐⓓ contemptuously 경멸조로

O215 11+ deceptive

F

[diséptiv]

11.가톨릭대/05.고려대/98.서울대학원

05.중앙대

13.가톨릭대/92.한성대

15.홍익대

14.산업기술대/10.경기대

13.한국외대

【어원】 de(=down)+cept(=take, seize ⊃ R001)+ive(형접) ➡ take에는 "속이다"의 의미가 있다 → 속이는 → 믿을 수 없는

A. 속이는, 현혹시키는, 믿을 수 없는 = misleading[P0532] deceitful, delusive, fallacious

ⓝ deceit 책략, 간계; 기만 = duplicity[R1296] finesse, wile, trickery

deception 속임, 기만, 사기 = fraud, cheating, imposture

deceiver 사기꾼, 협잡꾼 = charlatan[T0416]

ⓥ deceive 속이다, 기만하다, 현혹시키다 = take in[I03730] cheat, swindle, delude, defraud, beguile

ⓐ deceivable 속일 수 있는 deceitful 기만적인, 사기의; 허위의

ⓐⓓ deceitfully 사기로 = fraudulently[D0823]

표 **take in** 1. 이해하다 2. (충고를) 받아들이다 3. 속이다(=deceive, delude, cheat) ⊃ I03730

영영정의 및 예문
EXAMPLE

이미지 연상훈련
IMAGE TRAINING

▶ 1. not important 2. ordinary and not interesting

• Don't bother your professors with **trivial** matters.
하찮은 문제로 네 교수님을 귀찮게 하지 마라.

• The outstanding characteristic of man's creativeness is the ability to transmute **trivial** impulses into momentous consequences.
인간이 가진 창조성의 두드러진 특징은 사소한 충동을 중요한 결과로 변형시킬 수 있는 능력이다.
*outstanding 두드러진 transmute 변화시키다 momentous 중요한 consequence 결과

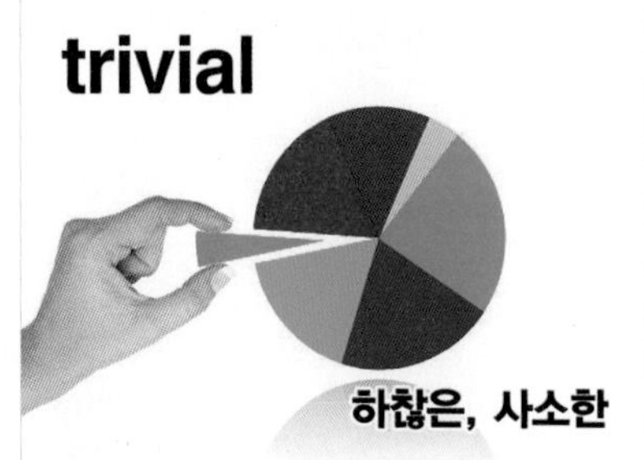

▶ 1. able to be done 2. able to live and grow in an independent way

• The candidate denounced as **unworkable** his rival's solution to the problem of unemployment, but offered no **viable** alternative.
그 후보는 상대후보가 내놓은 실업 문제의 해결책을 실행할 수 없는 것이라고 비난했다. 하지만 그 자신도 실행 가능한 대안을 전혀 제안하지 않았다.

• The infant, though prematurely born, is **viable** and has a good chance to survive.
그 신생아는 미숙아로 태어났음에도 불구하고 생존력이 있고 살아남을 가능성이 있다.

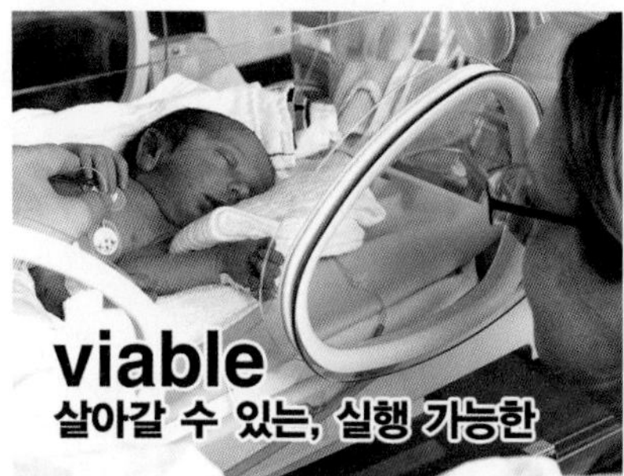

▶ 1. to destroy something completely 2. to make someone feel very shocked

• The recent fire **devastated** the entire town.
최근의 화재로 마을 전체가 황폐해졌다.

• Hair loss can be an emotionally **devastating** experience during cancer treatment.
항암치료를 받는 동안 생기는 탈모는 감정적으로 사람을 황폐하게 만드는 경험일 수 있다.

• West Africa has lived for decades with the threat of crop **devastation** by locusts.
서아프리카는 수십 년간 메뚜기에 의한 작물파괴의 위협과 더불어 살아왔다. *locust 메뚜기

▶ a feeling that someone or something is unimportant and deserves no respect

• George Bernard Show expressed his **contempt** for technological progress when he said that the human race is just interested in finding more efficient ways of exterminating itself.
조지 버나드 쇼는 "인류는 자신을 말살시키기 위한 보다 효과적인 방법을 찾는 데에만 흥미가 있다" 고 말하면서 과학 기술의 발전에 대한 경멸을 드러냈다.

• It used to be a **contemptible** idea to have girls and boys study in the same classroom.
예전에는 남녀 학생을 한 교실에서 공부시킨다는 것이 경멸받을 만한 생각이었다.

▶ tending to or designed to deceive

• The fair trade law prohibits unfair or **deceptive** advertising in any medium.
공정거래법은 어떤 매체를 통해서든 부당하고 기만적인 광고를 금하고 있다.

• The salesman disappeared before people learned of his **deceit**.
그 판매원은 사람들이 그의 사기행각을 알아차리기 전에 사라져버렸다.

정의 DEFINITION	유사어휘군 SYNONYM·ANTONYM

0216 11+
concentrate
[kάnsəntrèit]

【어원】con(=with)+centr(=center ➲ R035)+ate(동접) ➡ 함께 중심으로 모이다 → 집중하다 → 집결시키다

17.가천대/07.서강대/01.홍익대,아주대 99.홍익대/98.동국대/92.서울시9급

Vt. 1. (정신 등을) 집중하다[on] = focus on[D0216] converge
2. (물건 등을) 모으다; (군대를) 집결시키다 = cluster[N0916] amass, assemble, gather, collect; rally, build up, line up
Vi. 1. (인구 등이) 집중하다, 한 점에 모이다 = converge
2. 농축[응축]되다 = condense
10.인천대 ⓝ concentration 집중, 전념; 집결; 농축 = density[D0360]
ⓐ concentrative 집중적인, 골몰하는 concentrated 집중된; 응축된; 밀집된

17.한양대/14.고려대/08.덕성여대
관 **centralization** 집중; 중앙 집권(화) **centralism** 중앙 집권제 **centralize** 집중시키다[in]; 중앙집권화하다
반 **decentralization** 분산; 지방 분권 **decentralism** 분권주의 **decentralize** 분권화하다, 분산시키다
표 **focus on** ~에 초점을 맞추다 **zero in on** 집중하다(=focus on, concentrate on) ➲ I00441

0217 11+
dexterity
[dekstérəti]

【어원】dextr(=right hand)+ity(명접) ➡ 오른손으로 만듦 → 솜씨 좋음

15.고려대,중앙대/05-2.세종대 97-2.숭실대/95.고려대/86.사법시험

N. 손재주 있음, 솜씨 좋음, 능숙함 = adroitness[D0367] skill[T0773]
13.단국대/97.경기대 ⓐ dextrous/dexterous 솜씨 좋은, 능란한 = nimble[N0757] adroit[N0367]
12.경희대 ⓐⓓ dexterously 능숙하게 = adroitly[D0367]

08.삼육대
관 **ambidextrous**[æ̀mbidékstrəs] 양손잡이의(=both-handed) → 솜씨가 좋은, 다재다능한
- **ambidexter** 양손잡이 *ambi(=both)
cf. switch-hitter 〈야구〉 양손잡이 타자; 두 가지 일을 잘 처리하는 사람

0218 11+
impromptu
[imprάmptjuː]

【어원】im<in(강조)+prompt(즉석의 ➲ R003)+u ➡ 즉석에서 하는 → 즉흥적인 → 임시변통의

17.경기대/11.국회속기직/09.한양대 04.입법고시/03-11.101단/01-2.고려대 01.덕성여대,동덕여대 00.동국대/98.경기대

A. 1. 즉석에서의, 즉흥적인 = offhand[I14208] extemporaneous[D0900] unrehearsed[T1008] off the cuff[I00503] unprepared, extempore improvisatorial, on-the-spot
2. 임시변통의 = makeshift, stopgap
Ad. 즉석에서; 즉흥적으로; 임시 변통으로 = extemporarily, offhandedly, ad-lib, ad hoc

동 **prompt**[prampt] 즉각적인, 신속한; 부추기다 ➲ N0898

0219 11+
spontaneous
[spantéiniəs]

【어원】spont(=willingly)+ane+ous(형접) ➡ 1. 스스로 하는 → 자발적인 → 2. 무의식적인, 충동적인

13.인천대/12.동국대/11.명지대 04-2.명지대/00.국민대 96.인하대/91.고려대학원

A. 1. 자발적인 = voluntary[N0376] freewill, unurged, unprompted, unbidden, self-directed
2. 자연히 일어나는, 무의식적인 = unconscious, unplanned
3. 즉흥적인; 충동적인 = immediate[N0523]; impulsive
4. 자연발생적인; (식물 등이) 자생의 = abiogenetic, autogenous, wild
17.국민대/09.고려대 ⓐⓓ spontaneously 자발적으로 = voluntarily, of one's[its] own accord
17.한양대/98-2.세종대 ⓝ spontaneity 자발성, 자발적 행동

0220 10+
cautious
[kɔ́ːʃəs]

【연상】그녀가 퇴짜를 놓을까봐 영화보러 가자고 조심스럽게 꼬셨어.

15.항공대/14.성균관대 07.명지대/06.감평사/95.한국외대

A. 조심스러운, 신중한[about] = wary[N0221] discreet[D0095] prudent[N0224] careful[S0772] circumspect[N0928] watchful, heedful, vigilant, scrupulous, attentive, cagey
*be cautious of ~에 신중하다 = be wary of[N0221]
11.서울여대/03.계명대 00.세무사/94.기술고시 ⓐⓓ cautiously 조심스럽게, 신중히 = discreetly[D0095] gingerly[T0241] with circumspection[D0928]

반 **incautious** 부주의한, 조심성 없는 = careless, indiscreet, reckless, negligent, thoughtless, unscrupulous, unheedful, inattentive
동 **caution** 훈계, 주의, 경고하다 **precaution** 사전 대책, 예방조치 ➲ N0740
precautious 조심하는, 신중한 ➲ D0740

영영정의 및 예문
EXAMPLE

이미지 연상훈련
IMAGE TRAINING

▶ 1. to give all the attention to something 2. to bring something together in one place

- I **concentrated** my attention **on** the subject.
  나는 그 주제에 주의를 집중시켰다.
- If the **concentration** of greenhouse gases in the atmosphere were to increase, then more heat likely would be retained.
  만약 대기 중의 온실가스의 농도가 증가하면 아마도 더 많은 열을 보유하게 될 것이다.
- The operative principle in participatory democracy is **decentralization**, which increases the number of people who initiate, decide, and are responsible.
  참여 민주주의 작동원리는 분권화이고, 그것은 발의하고, 결정하고, 책임지는 사람들의 숫자를 증가시킨다.

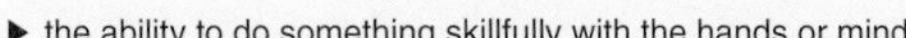

▶ the ability to do something skillfully with the hands or mind

- Finger **dexterity** is not linked to letter frequency - for example, the two strongest fingers of the right hand are used for two of the least frequent letters, j and k.
  손가락의 기민함은 글자의 빈도와는 관계가 없다. 예를 들면 오른손의 가장 강한 두 개의 손가락은 가장 빈번하지 않은 글자인 j와 k를 치는데 사용된다.
- A study shows **ambidextrous** children are twice as likely to have learning disabilities as are right-handed or left-handed children.
  한 연구에 따르면 양손잡이의 어린이가 오른손 또는 왼손잡이인 아이들보다 학습장애가 있을 가능성이 두 배나 높은 것으로 나타났다.

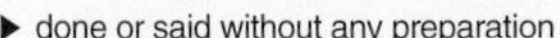

▶ done or said without any preparation

- The professor wasn't prepared to talk to the class, but she gave a very good **impromptu** lecture without any notes.
  교수는 학급 학생들에게 이야기할 준비가 되어 있지 않았지만, 아무런 강의안도 없이 즉흥 강연을 아주 훌륭하게 했다.
- His listeners were amazed that such a thorough presentation could be made in an **impromptu** speech.
  청중들은 그러한 완벽한 발표가 그의 즉흥적인 연설이었다는 것에 깜짝 놀랐다.

▶ happening or done in a natural way without any planning or without being forced

- His offer of help was quite **spontaneous**; he hadn't been told to make it.
  돕겠다는 그의 제의는 순전히 자발적이었다. 그렇게 하라고 지시받지 않았다.
- His **spontaneous** speech made a good impression on the audience.
  그의 즉흥 연설은 대중들에게 좋은 인상을 심어주었다.
- The bleeding often stops **spontaneously**.
  출혈은 흔히 저절로 멎는다.

▶ careful to avoid danger or risks

- They are **cautious**, timid animals, and can seldom be approached unawares.
  그 동물은 조심스럽고 겁이 많은 동물이어서 좀처럼 몰래 다가갈 수 없다.
- She **is cautious of** giving offense to others.
  그녀는 다른 사람들의 감정을 해치지 않도록 조심한다.
- They walked **cautiously** on the thin ice.
  그들은 얇은 얼음 위를 조심스럽게 걸어갔다.

정의 DEFINITION	유사어휘군 SYNONYM·ANTONYM

0221 wary
10+ [wέəri]

14.성균관대/11.명지대/10.숙명여대 07.명지대/00.세무사 03.계명대

【어원】 war(=watch)+y ➡ (발을 내딛기 전에) 항상 살펴보는 → 조심성 있는

A. 조심성 있는; 방심하지 않는[of] = cautious[N0220] careful, watchful, heedful, vigilant
*be wary of ~에 신중하다, ~을 조심하다 = be cautious of[D0220] be careful of[S0772]

ad warily 조심스럽게, 방심하지 않고

91.대구시7급 반 **unwary** 조심성 없는, 경솔한; 방심한
표 **be aware of** ~을 알아채다, ~을 알다 = be cognizant of[R1436]
13.가천대 ↔ **be unaware of** ~을 알아차리지 못하다 = be ignorant of[R1434]
awareness (중요성에 대한) 의식, 관심

0222 sensible
10+ [sénsəbl]

17.한국외대/16.한양대/14.기상직9급 14.07.한양대/03.경찰/02-2.단국대 02.덕성여대

【어원】 sens(=feel ➲ R150)+ible(형접) ➡ 느낄 수 있는 → 현저한

A. 1. 현명한, 분별 있는, 이해가 빠른 = wise[R1442] prudent[N0224] judicious, sagacious, discerning, intelligent
2. 지각할 수 있는; (변화 등이) 현저한 = perceptible, perceptive, discernible, visible, observable, noticeable, tangible, palpable

n sensibility 감각, 민감; (pl.) 감수성

17.항공대/13.성균관대 반 **insensible** 인사불성의, 의식을 잃은, 둔감한(=obtuse) **senseless** 무분별한, 어리석은; 의식이 없는

0223 sensitive
10+ [sénsətiv]

13.동국대/12.법원직/04.서강대 03.고려대/01.사법시험 00.법원직/85.행자부 9급

【어원】 sens(=feel ➲ R150)+it+ive(형접) ➡ 느끼는 → 민감한 → 신경과민의

A. 1. 감수성이 예민한, 섬세한; 민감한[to] = delicate[N0779] susceptible[N0005] acute, keen, sharp
*be sensitive to ~에 대해 민감하다 ↔ *be insensitive to*
2. 신경과민의, 신경질적인 = nervous, stressful, tense, jumpy, jittery, fidgety, hypersensitive, anxious, on edge

n sensitivity/sensitiveness 세심함, 감수성, 민감성

92.한국외대 반 **insensitive** 무감각한, 둔감한(=callous) **hypersensitive** 지나치게 민감한, 과민한
혼 **sensible** 현명한(=wise), 이해가 빠른; (변화 등이) 눈에 띌 정도로 현저한 ➲ N0222
sensuous 감각적인(=voluptuous); 미적인, 심미적인 **sensual** 관능적인, 육욕적인; 호색적인
*sensuous는 sensual처럼 육욕의 뜻을 포함하지 않음이 원칙이나 현재는 구분없이 쓰이기도 한다.

0224 prudent
10+ [prú:dnt]

14.한양대/13.성균관대/05.숭실대 02-2.광운대/95.한국외대

【어원】 pr<pro(=before)+ud<vid(=look ➲ R076)+ent(형접) ➡ 발을 내딛기 전에 땅을 내려다 보는 → 조심스러운

A. 조심성 있는, 신중한; 분별 있는 = careful[S0772] discreet[D0095] sensible[N0222] measured[R2241] cautious, attentive, heedful, wary, alert; regardful, wide-awake, scrupulous, circumspect; considerate, deliberate, reasonable, thoughtful

n prudence 사려분별, 신중, 조심
a prudential 신중한, 세심한; 분별 있는; 자문의
경찰간부 ad prudently 신중하게, 현명하게 = wisely

17.서강대/10.이화여대/92.광운대 반 **imprudent**[imprú:dnt] 경솔한, 분별없는 = unwise[R1442] indiscreet
혼 **impudent** 뻔뻔스러운, 무례한 ➲ T0228

0225 intent
10+ [intént]

【어원】 in(=on)+tent(=stretch ➲ R131) ➡ ~을 향하여 마음을 뻗음 → 의도, 의향, 목적 → 취지, 의미

04.건국대 N. 의도, 의향; 목적, 계획; 의미, 취지 = intention, purport; purpose, object, aim, end, goal
*for all intents and purposes 어느 점으로 보아도, 사실상
07.세무직9급 A. (시선 따위가) 집중된; 열심인
11.이화여대 *be intent on ~ing ~에 전념하다 = be engrossed in, be occupied in
v intend ~할 작정이다, 의도하다; 의미하다 = design, purport, plan, aim
16.한국외대/13.산업기술대 n intention 의지, 목적; 속셈; 개념 = design[R0983]
a intentional 의도적인, 고의적인, 계획적인 ↔ *unintentional* 고의가 아닌
97.홍익대/88.행자부9급 ad intentionally 고의로, 일부러 = on purpose[I00437] deliberately[D0644] with intent, purposely
01.경기대/95.행정고시/93.고려대학원 ↔ unintentionally 무심코 = inadvertently[N0025] involuntarily
intently 열심히, 오로지, 골똘히

영영정의 및 예문
EXAMPLE

이미지 연상훈련
IMAGE TRAINING

▶ careful about someone or something because you think that they may cause problems

- Investigators tentatively determined that the pilot committed suicide. But, officials **are wary of** jumping to conclusions.
  수사관들은 잠정적으로 그 비행조종사가 자살을 했을 것으로 결정했다. 그러나, 관리들(또는 관계자들)은 서둘러 결론을 내리기를 신중히 하고 있다.
  * tentatively 잠정적으로 jump to conclusion 성급한 결론을 내다
- The police came up to the stranger **warily**.
  경찰은 낯선 이에게 조심스럽게 다가갔다.

▶ 1. reasonable, practical, or able to make good judgements
2. able to perceive or readily perceived by the senses

- It would have been more **sensible** of him to save the money than to spend it all on clothes.
  그가 옷에 모든 돈을 쓰는 것보다 저축하는 것이 더욱더 현명했을 텐데.
- It will be a very **sensible** improvement to this industry.
  그것은 이 산업에 매우 눈에 띄는 진전이 될 것이다.

▶ 1. able to understand art or the feelings of others
2. easily upset or offended by the things people say or do

- Every nation in South East Asia is very **sensitive to** the expansion of Communist China's sphere of influence.
  동남아시아의 모든 국가는 공산주의 중국의 영향력 확장에 매우 민감하다.
- In our society, the majority of the people **are insensitive to** safety.
  우리 사회에 안전 불감증이 만연해 있다.
- Her mind, as lithe and **sensitive** as her **sensuous** young body, was always searching for new material.
  그녀의 육감적인 젊은 신체만큼이나 유연하고 섬세한 그녀의 사고방식은 항상 새로운 소재를 찾아다녔다. * lithe 나긋나긋한, 유연한 sensitive 섬세한

▶ careful and sensible

- It is **prudent** to wear a thick coat in this kind of weather.
  이런 날씨에는 두꺼운 코트를 입는 것이 현명하다.
- Critics have called for the government to be more **prudent** in their approach towards foreign capital.
  논평가들은 외국 자본에 대해 보다 더 신중한 접근방법을 정부에 요구하고 있다.
- By today's standards, early farmers were **imprudent** because they planted the same crop repeatedly, exhausting the soil after a few harvests.
  오늘날의 기준에서 보면, 초기의 농부들은 어리석었다. 왜냐하면 같은 작물을 반복해서 심어서, 얼마 안 되는 수확을 거두고는 토양의 비옥함을 다 써 버렸기 때문이다.

▶ N. what one intends to do or achieve A. showing strong interest and attention

- Commercialization in schools operates against the democratic **intent** of a publicly funded school system.
  학교의 상업화는 공립 학교 시스템의 민주적인 취지와 반해서 운영된다.
- I am not a lawyer, but I know that for something to be a crime there must be **criminal intent**.
  나는 법률가는 아니지만, 어떤 일이 범죄가 되기 위해서는 범죄의 고의가 있어야 한다는 것은 안다.
- He is **to all intents and purposes** my master.
  그는 어느모로 보아도 나의 스승님 격이다.
- He would never **intentionally** hurt anyone.
  그는 누구에게도 일부러 상처를 주지는 않을 것이다.

LAW & ORDER
CRIMINAL INTENT
WBNX-TV
THE CW
intent
의도, 목적

Quick Review

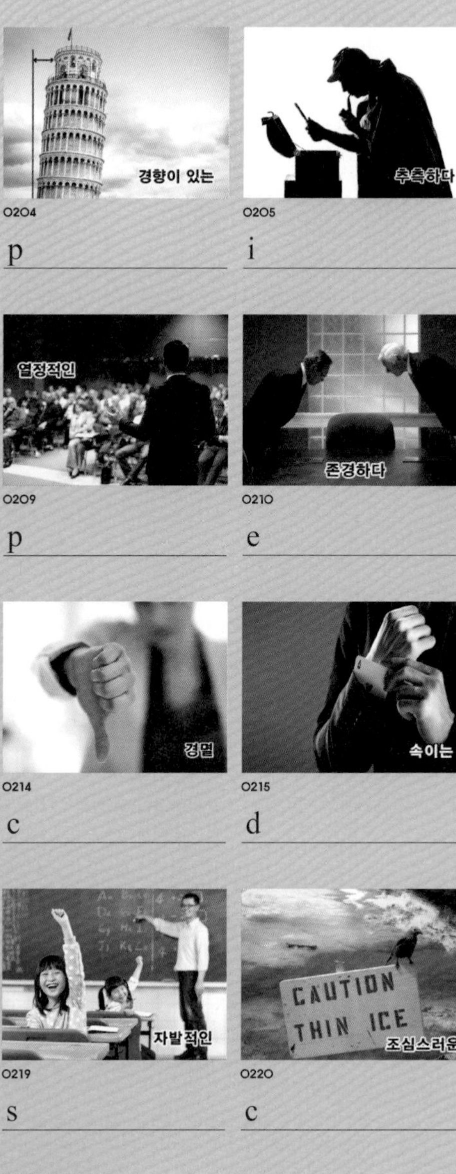

0201 e

0202 a

0203 i

0204 p

0205 i

0206 c

0207 c

0208 c

0209 p

0210 e

0211 t

0212 v

0213 d

0214 c

0215 d

0216 c

0217 d

0218 i

0219 s

0220 c

0221 b

0222 s

0223 s

0224 p

0225 i

Answer 0201 emulate 0202 analogous 0203 identical 0204 prone 0205 infer
0206 commitment 0207 contribute 0208 competent 0209 passionate 0210 esteem
0211 trivial 0212 viable 0213 devastate 0214 contempt 0215 deceptive
0216 concentrate on 0217 dexterity 0218 impromptu 0219 spontaneous 0220 cautious
0221 be wary of 0222 sensible 0223 sensitive 0224 prudent 0225 intent

Preview

DAY 10

0226

0227

0228

0229

0230

0231

0232

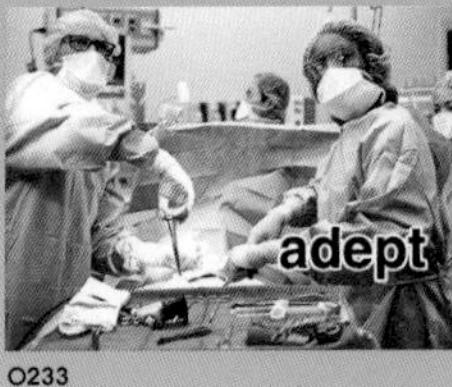

0233

0234

0235

0236

0237

0238

0239

0240

0241

0242

0243

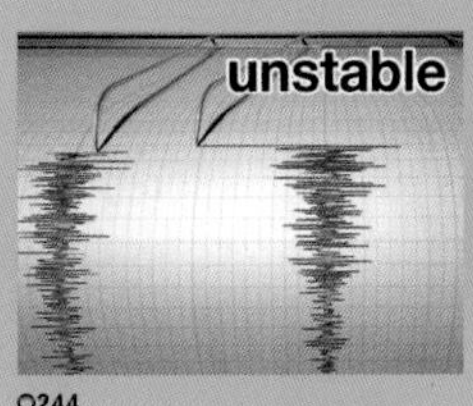

0244

0245

0246

0247

0248

0249

0250

Answer 0226 빈약한, 몸이 드러나는 0227 인색 0228 널리 퍼진 0229 번창하다, 무성하게 자라다 0230 다작의
0231 합법적인 0232 각색하다 0233 숙련된 0234 충분한, 적합한 0235 같은 가치의
0236 정신능력, 포용력 0237 값을 헤아릴 수 없는, 매우 귀중한 0238 효과적인, 설득력 있는 0239 평가하다, 인정하다, 감상하다 0240 자극, 고무
0241 풋내기의, 새끼 새 0242 기초의, 미발달의, 원시의 0243 변덕스러운 0244 불안정한 0245 위험
0246 토대를 허물다 0247 영원히 죽지 않는 0248 치명적인 0249 끔찍한 결과 0250 멸종시키다

▶ 유튜브 바로가기

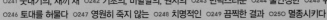

DAY 10-1

정의 DEFINITION	유사어휘군 SYNONYM·ANTONYM

0226 10+ **scanty** [skǽnti]
16.가천대/02.중앙대/01.사법시험 98.덕성여대/95.효성가대/96.입법고시

【어원】 scant(=short)+y(형접) ➡ 짧은, 불충분한(short) → 부족한, 빈약한

A. 1. 얼마 안 되는, 빈약한; 불충분한 = little, meager[N0522] sparse, skimpy, paltry; insufficient, inadequate, deficient
2. (수영복 등이 작아서) 몸이 드러나는 = skimpy
N. [scanties] (작아서) 몸이 드러나는 수영복이나 속옷 *scant+panties

15.숙명여대/02.중앙대/98.세무사
ⓐ scant 부족한, 빈약한, 적은 = little, meager[N0522] sparse, tenuous, deficient
vt. 몹시 아끼다, 인색하게 굴다 = scrimp, stint, begrudge, skimp, screw

0227 10+ **parsimony** [pɑ́:rsəmòuni]
14.고려대/09.경기대/07.삼육대 02.입법고시/01.고려대

【연상】 아무리 인색하기로서니 뿌리까지 파서 모으니?

N. 지나친 절약; 인색 = stinginess[D0435] niggardliness

12.명지대/10.경희대/05.건국대
ⓐ parsimonious 인색한; (지나치게) 검소한 = stingy[N0435] frugal[N0174] miserly, niggard

0228 10+ **pervasive** [pərvéisiv]
11.서울시9급/10.서울여대/08.성균관대 07.단국대/06.숭실대/04.행자부9급 90.연세대학원

【어원】 per(=through)+vas(=go ➲ R040)+ive(형접) ➡ 여기저기 구석구석 가는 → 널리 퍼지는

A. 널리 퍼진, 만연한; (구석구석) 스며드는 = widespread[N0834] common[P0472] prevalent, prevailing, rampant, extensive, universal, ubiquitous; permeative

13.이화여대
ⓥ pervade (사상 등이) 만연하다; (구석구석) 스며들다 = imbue[T1574]
ⓝ pervasion 충만, 보급; 침투

🅗 **perverse** [pərvə́:rs] 괴팍한; 외고집의; 성마른; 비뚤어진 ➲ R0512

0229 10+ **flourish** [flə́:riʃ]
11.경기대,서울여대/05.건국대,서강대 97-2.총신대/97.세무사

【어원】 flour(=flower)+ish(동접) ➡ 꽃이 만발하다 → 번창하다 → (꽃으로) 장식하다 → (꽃으로 치장해서) 과시하다

Vi. 1. (장사·사업 등이) 번창하다, 성공하다 = prosper[D0657] thrive[N0020] burgeon, boom
2. (초목이) 무성하게 자라다; 꽃피다 = grow vigorously
Vt. (사람들이 보도록 과장되게) 흔들어 대다 = wave, brandish
N. 과장된 동작; 인상적인 활동; 글의 미사여구

07.경기대/00.광운대
ⓐ flourishing 무성한; 번영하는, 융성한 = rampant[N0461] burgeoning[N0678]
flourishy 화려한; 장식체의, 꾸며 쓴

🅡 **florist** 꽃가게 주인, 플로리스트 **floristic** 꽃의
florid 화려한; 불그레한 **efflorescence** 개화[기]; 전성기 ➲ R1692

0230 10+ **prolific** [prəlífik]
17.한양대/16.명지대/12.홍익대/04.숭실대 03.서울여대/02.경희대/01-2.대구대 99.세종대/92.홍익대

【어원】 pro(=forth)+l<al(=nourish ➲ R158)+i+fic(=make ➲ R060) ➡ 영양분을 주어 나오게 만드는 → 비옥한 → 다산의 → 다작의

A. (작가가) 다작의; 다산(多産)의, 열매를 많이 맺는 = productive[R1357] fruitful[T1523] fertile, fecund
↔ *infertile, sterile, arid, barren, unfruitful, fruitless, jejune*

ⓝ prolificacy 다산, 다작
prolificity 다산성, 다산력

🅗 **frolic** [frάlik] 장난치며 놀다, 뛰놀다; 장난, 까불기

영영정의 및 예문
EXAMPLE

이미지 연상훈련
IMAGE TRAINING

▶ 1. not much and less than is needed
2. too small in size and showing parts of your body

- The family lived on his **scanty** earnings.
  가족들은 그의 얼마 안되는 수입에 의지하여 살았다.
- A girl whose ample figure was scarcely concealed by her **scanty** bathing suit caused a great stir on the beach.
  작은 수영복을 입어서 큰 몸집을 거의 가리지 못한 여자 때문에 해변에는 큰 소동이 일어났다.

▶ extreme unwillingness to spend money

- Jane Marner's **parsimony** did not allow him to indulge himself in any luxuries.
  Jane Marner의 인색함은 그가 어떤 사치도 탐하는 것을 용인하지 않았다.
  * indulge oneself in ~에 빠지다, 탐닉하다
- Underpaying his staff and failing to heat his business office were only a few Scrooge's **parsimonious** habits.
  자신의 직원에게 급료를 충분히 주지 않고 사무실 난방을 하지 않는 것은 스크루지의 인색한 습관 중 몇 가지에 지나지 않는다. * underpay 급료를 충분히 주지 않다

▶ spreading and existing everywhere

- **Pervasive** as divorce may be, few children are prepared for it to happen in their families.
  이혼이 만연해 있을지라도, 자신의 가정에 그런 일이 일어날 것을 대비하고 있는 아이들은 거의 없다.
- Food production has a **pervasive** impact on the environment.
  식량 생산은 환경에 널리 영향을 미친다.
- Consumption culture has **pervaded** our daily life.
  소비문화는 우리의 일상에 널리 스며들었다.

▶ 1. to be very successful 2. to grow well 3. to wave something in the air so that people notice it

- One of the most comprehensive systems of sign language **flourished** among the Native Americans of the Great Plains.
  가장 포괄적인 손짓 언어 체계들 중에 하나는 북미 대초원 지대의 원주민들 사이에 번성했다.
- The crops **flourished** in the rich soil.
  그 농작물들은 비옥한 토양에서 잘 자랐다.

▶ producing many works, babies, or a lot of fruit

- The **prolific author** turned out a new book every week of his adult life.
  그 다작 작가는 성인이 된 이후에 매주 새로운 책을 출간하였다. * turn out 출간하다
- Earnest Johnson, a **prolific writer** of adventure stories, turned out more than fifty novels between 1950~1980.
  모험소설의 다작작가인 어네스트 존슨은 1950~1980년 사이에 50권 이상을 출간하였다.

정의 DEFINITION | 유사어휘군 SYNONYM·ANTONYM

O231 10+ **legitimate** [lidʒítəmət]
16.한양대/11.경기대/08.서울교행9급 08.전남대/04-2.영남대 96-2.고려대/83.행정고시

【어원】 leg(=law ➲ R254)+i+ti+mate(일치시키다) ➡ 법과 일치시킨 → 합법적인 → 합리적인 → 정통의

A. 1. 합법적인, 적법의, 정당한 = justifiable[R2550] legal[R2541] lawful, licit
2. 합리적인, 이치에 맞는 = proper[P0457] reasonable
3. **법률혼의 부모 사이에 태어난, 혼생자의**
Vt. 합법화하다 = license[R2568]

ⓝ legitimacy 정통성, 정당성, 합법성; 적출

08.국가직9급/90.연세대학원
반 **illegitimate** 불법의; 사생의; 사생아 = illicit, illegal, unlawful; bastard 사생아
= **born out of wedlock** 사생아로 태어난, 서출의
- **illegitimacy** 위법, 불법; 사생

O232 10+ **adapt** [ədǽpt]
18.경찰1차/12.한양대/10.국민대 08.경희대/00.경찰/97-2.총신대

【어원】 ad(=to, near)+apt(=fit ➲ RO62) ➡ ~에 가깝게 맞추다 → 적응시키다 → (영화에 맞게) 각색하다

V. 1. 적응시키다, 적합하게 하다; 적응하다 = adjust[P0213] suit[R1376] accommodate, acclimate
2. 개작[각색 · 번안]하다 = dramatize, picturize, scenarize, cinematize

13.건국대/07.한양대
ⓝ adaptation 적응, 순응; 개작물 = accomodation, acclimation
*different adaptation 적자생존 = the survival of the fittest
adapter 개작자, 번안자 adaptor 어댑터
ⓐ adaptable 적응할 수 있는, 융통성 있는
17.15.한양대
adaptive 적응성의, 적응할 수 있는

O233 10+ **adept** [ədépt]
16.한양대/11.지방직9급/07.경찰2차 06.한국외대,고려대/05-2.중앙대 02.입법고시/93.대진대

【어원】 ad(=near)+ept(=fit ➲ RO62) ➡ 잘 끼워 맞추는 → 숙련된 → 숙련자

A. 숙련된, 숙달된, 노련한[at] = skilled[T0773] skillful[T0773] expert[R0713] conversant, seasoned, proficient, experienced, good at, versed in
[ǽdept] N. 숙련자, 노련가 = expert, craftsman, skilled worker

ⓝ adeptness 숙련
ⓐⓓ adeptly 노련하게

혼 **adapt**[ədǽpt] 적응시키다, 적응하다; 각색하다 ➲ NO232
adopt[ədάpt/ədɔ́pt] 양자로 삼다; 의견을 채택하다 ➲ RO542

O234 10+ **adequate** [ǽdikwət]
12.서강대,인천대/09.광운대 05-2.고려대

【어원】 ad(=to)+equ(=same ➲ R231)+ate(형접) ➡ (기준)에 같게 만든 → 적절한

A. (특정한 목적이나 필요에) 충분한[적절한] = suitable[R1377] sufficient[R0609] ample[N0658] relevant, appropriate, proper

ⓝ adequacy 적절, 타당성

13.한성대/12.국민대 09.한국외대/99-2.명지대
반 **inadequate** 1. 부적당한, 부적절한 = inappropriate[R0024] irrelevant, inapplicable, inapt, impertinent, unsuitable, improper, unfit
2. 불충분한 = deficient, imperfect, insufficient
inadequacy 불충분함, 부족함; 약점

O235 10+ **equivalent** [ikwívələnt]
08.고려대/06.감평사/05.성균관대 00.한성대/97.서강대 96.세무사,학사경장

【어원】 equ(=equal ➲ R231)+val(=worth ➲ R227)+ent(형접) ➡ 같은 가치를 가지는

A. 1. 동등한, 같은 가치의; 같은 뜻의[to] = same, equal[N0424] synonymous[P0331] tantamount
2. ~에 상당하는, 맞먹는[to] = corresponding to
N. 등가물(等價物); 상당어구, 동의어 = counterpart[N0550] equal, parity; synonym
*the equivalent of ~과 같은, ~처럼(=the same as)

14.단국대
ⓝ equivalence 같음, 등가 = parity[D0058]

영영정의 및 예문
EXAMPLE

이미지 연상훈련
IMAGE TRAINING

▶ 1. allowed by law 2. reasonable 3. born to parents who are legally married

- Three different scientists have a **legitimate** claim to the discovery of oxygen.
  세 명의 각기 다른 과학자들이 산소를 발견한 것에 관해 법적 권리 주장을 하고 있다.
- There was no **legitimate** reasons to refuse permission.
  허가를 거부할 정당한 이유는 없었다.
- He has recently taken to proclaiming that his four-year-old **illegitimate** son is also his heir.
  그는 최근에 자신의 네 살 먹은 혼외의 아들 또한 자신의 상속자라고 주장하는데 열을 올려 왔다.

▶ 1. to change something to make it suitable for a different use or situation; to become familiar with a new situation
2. to change a book in order to make it into a play or film

- Her novel **was adapted** for the screen last year.
  그녀의 소설은 작년에 영화로 각색되었다.
- She **adapted herself** quickly to her new job.
  그녀는 새로운 직업에 빨리 적응했다.
- **Adaptations** presumably arise as a result of the pressure of natural selection.
  적자생존은 아마도 자연도태의 압력에 의한 결과에서 기인하는 것 같다.

▶ A. good at doing something N. a highly skilled person

- She's **adept at** organizational work.
  그녀는 조직적인 일에 능숙하다.
- They showed themselves **adept at** many tricks for obtaining what they wanted.
  그 사람들은 그것들을 손에 넣기 위한 많은 계략에 능숙함을 보여주었다.

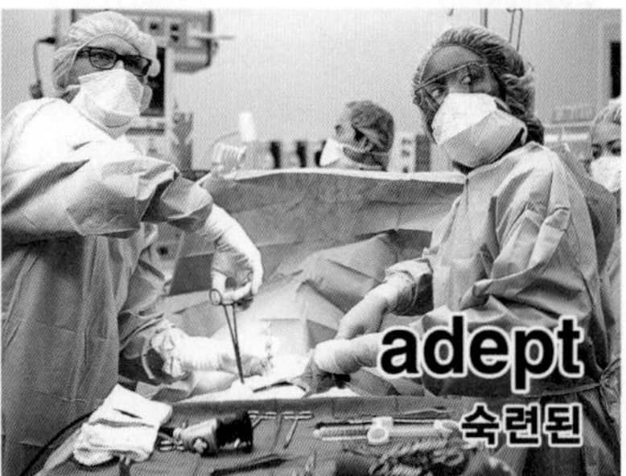

▶ enough or satisfactory for a particular purpose or need

- They all agreed with the qualification that there should be **adequate** compensation.
  그들 모두 적절한 보상이 있어야 한다는 조건으로 동의했다.
- He has had an **adequate** opportunity to change his mind.
  그는 자신의 마음을 바꿀만한 충분한 기회를 가지고 있었다.
- Many observers conclude that health care in the United States is **inadequate**.
  많은 관찰자들은 미국에서의 보건이 부적절하다고 결론짓는다.

▶ A. 1. equal in value or amount 2. equal to something
N. someone or something that has the same value

- An inch is **equivalent to** 2.54 centimeters.
  1인치는 2.54센티미터에 상당한다.
- There is no adequate Korean **equivalent to** the word.
  그 단어와 같은 의미를 갖는 적절한 한국어는 없다.
- In terms of precipitation, ten inches of snow is **the equivalent of** an inch of rain.
  강수량에 있어서는, 10인치의 적설량은 1인치의 강우량과 같다.

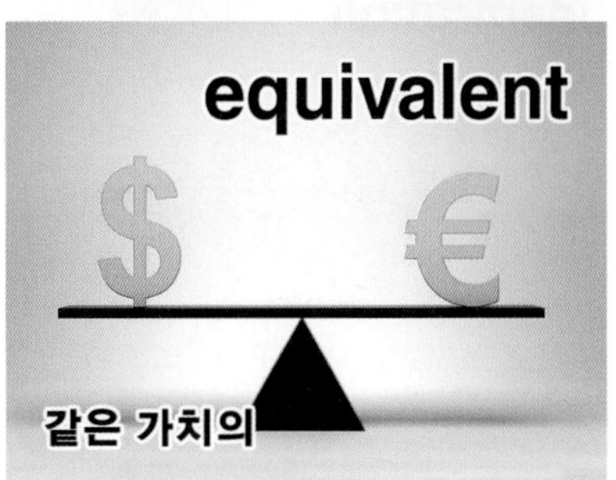

0236 10+ **capacity** [kəpǽsəti]
12.09.경희대/03-2.고려대 01-2.계명대

【어원】cap(=take ⊃ R001)+ac+ity(명접) ➡ 받아들이는 것의 크기 → 1. (사람) 포용력, 도량 → 이해하는 능력 2. (건물) 수용인원, (학급이나 단체) 정원 3. 담는 그릇 등에 쓰면 용량

N. 1. (심신의) 능력, 정신능력; 포용력, 도량 = ability to think, faculty[R0604] ability, capability
2. (건물 따위의) 수용 인원, 정원; 용량
ⓐ capacious 포용력이 있는, 넓직한; 관대한, 기억력이 좋은

반 **incapacity** 무능; 부적격; 무자격; 자격박탈 = inability, impuissance
- **incapacious** 무능한; 좁은, 한정된 = incompetent, incapable
11.성균관대/04. 행자부7급 동 **capability** 능력, 재능, 수완; 수용력, 용량, 성능 = competence[D0208]
10.계명대 - **capable** 유능한, 재능이 있는 = competent[D0208] intellectual[R0538]
03.입법고시 ↔ **incapable** 할 수 없는, 무능한 = incompetent[D0208]
02-2.경기대 관 **incapacitate** 1. 무능력[부적격]하게 하다(=disable); 2. 자격을 박탈하다, 실격시키다

0237 10+ **invaluable** [invǽljuəbl]
13.02.가톨릭대/02.경찰 01.강남대/98.영남대 93.덕성여대.용인대

【어원】in(=not)+val(ue)(=value ⊃ R227)+able ➡ 너무 귀중해서 가치를 매길 수 없는

A. 값을 헤아릴 수 없는, 매우 귀중한 = priceless[R2251] precious[R2251] extremely useful, costly

동 **valuable** 값비싼; 귀중한, 소중한; 유익한; (pl.) 귀중품
반 **valueless** 가치가 없는, 하찮은
관 **value** 가치, 가격; 평가; 평가하다, 소중히 하다 **valuation** 평가, 사정, 값을 매김, 가치평가 ⊃ R2271

0238 10+ **valid** [vǽlid]
17.상명대/06.덕성여대/03.101단/97-5.경찰 11.성균관대/02.중앙대

【어원】val(=worth, strong ⊃ R227)+id(형접) ➡ (효과 · 논리적 근거가 설득력이) 강한

A. 1. 확실한 근거가 있는, 논리적으로 타당한 = sound, reasonable, logical
2. 유효한, 효과적인; 설득력 있는 = effective[D0056] lawful, legal, legitimate
ⓥ validate (정당성을) 입증하다; 비준하다, 승인하다 = justify[S0721] prove, certify; approve[R0701] affirm, ratify
ⓝ validation 비준, 인가
ⓝ validity 유효성; 정당성; 효력 = legitimacy, legality, lawfulness

02.경희대 반 **invalid** [invǽlid] 1. 쓸모없는, 무효의(=unsubstantiated) 2. [ínvəlid] 병약한(=sick); 환자
02-2.고려대 - **invalidate** 무효로 하다, 실효시키다(=nullify); 무력하게 하다
12.상명대 - **invalidity** 무효; 거동불가
표 **hold good** 유효하다(=remain valid)

0239 10+ **appreciate** [əpríːʃièit]
07.인천7급/06.한국외대/03.고려대 01.한성대/00.경찰

【어원】ap<ad(=to, near)+preci(=price ⊃ R225)+ate(=make) ➡ 값어치 있게 하다 → 가치를 인정하다 → 가격을 올리다 → 감사하다

Vt. 1. 사물을 바르게 평가하다, 가치를 인정하다 = justly value[R2271] estimate, evaluate, assess, appraise
2. 올바르게 이해하다, 인식하다 = understand, apprehend, comprehend, grasp
3. (예술작품을) 감상하다 = savor
4. 고맙게 생각하다, 감사하다 = be grateful for
Vi. 값 · 가치가 오르다 = increase, go up, rise ↔ *depreciate*
08.서울여대 ⓐ appreciable 감지할 수 있는
13.경희대 ⓐⓓ appreciably 눈에 띄게 = noticeably[R1428]
ⓝ appreciation 감사, 평가, 감상, 가격의 등귀

99.공인회계사 반 **unappreciated** 진가를 인정받지 못한 **depreciate** [dipríːʃièit] 가치를 저하시키다, 얕보다

0240 10+ **inspiration** [inspəréiʃən]
14.지방교행/08.서울시9급 06.고려대/01.경기대

【어원】in(=in)+spir(=breath ⊃ R192)+ation(명접) ➡ 숨을 들이마시기 → 흡입 → 안으로 영감을 받음 → 자극

N. 1. 자극, 고취, 고무, 격려 = incitement, encouragement, stimulus
2. 영감; 기발한 착상; 영감을 주는 사람[것] = juice[T0405] afflatus
3. 숨을 들이마시기, 흡입 ↔ *expiration* 숨을 내쉬기
13.성균관대/12.사복직9급/05-2.국민대 ⓥ inspire 1. 고무[격려]하다; 영감을 주다 = encourage[R1891] arouse[D0681] uplift, hearten, invigorate
2. (공기 등을) 들이마시다 = inhale 숨을 들이쉬다 ↔ *exhale* 숨을 내쉬다
ⓐ inspiring 기운나게 하는, 고무하는 = invigorating
inspired 영감을 받은; 영감에 의한 ↔ *uninspired* 영감이 없는, 독창성이 없는
14.동덕여대 inspirational 영감을 주는
inspiratory 흡입의; 흡입(보조)용의
ⓝ inspirator 활기를 주는 사람; 흡입기

반 **expiration** [èkspəréiʃən] 숨을 내 쉬기; 만기 ⊃ R1924 **expire** [ikspáiər] 숨을 내 쉬다; 만기가 되다 ⊃ R1924

영영정의 및 예문
EXAMPLE

이미지 연상훈련
IMAGE TRAINING

▶ 1. the ability to do something
▶ 2. the number or amount of something or people that can be held in certain space

- Genius is the **capacity** to see ten things where the ordinary man sees one.
  천재성이란 보통 사람이 한 가지를 볼 때 열 가지를 볼 수 있는 능력이다.
- The extent of **capacity** was to be negotiated in the bilateral agreement.
  수용인원의 정도는 상호간의 합의로 협상할 수 있는 것이었다. * bilateral 쌍방의
- He was **incapacitated** for several months after the accident.
  그는 그 사고 이후로 몇 개월간 불구로 지냈다.

capacity
정신능력, 포용력

▶ extremely useful

- Professor Warner's advice was **invaluable** to me at that stage of my work.
  나의 그 연구 단계에 있어서 워너 교수님의 조언은 내게 매우 유익했다.
- The artificial weather satellite has provided **invaluable** information on worldwide weather patterns.
  그 인공 기상 위성은 전 세계에 걸친 날씨 유형에 관한 아주 귀중한 정보를 제공했다.

▶ 1. well grounded in logic or truth 2. having legal force

- You can put off the test only when there is a **valid** reason.
  타당한 사유가 있는 경우에만 테스트를 연기하실 수 있습니다. * put off 연기하다
- Although the professor questioned the **validity** of the student's excuse, she allowed him to take a make-up exam.
  교수님께서는 그 학생의 변명에 대한 타당성을 의문시 하셨지만 추가(재)시험을 보게 해주셨다.
- My brother's reasoning was clever but **invalid**.
  형의 추론은 빈틈이 없지만 설득력이(유효성이) 없다.

▶ Vt. to understand or recognize that something is valuable or true; to be grateful for something Vi. to increase in value

- His talents **were** not fully **appreciated** in that company.
  그 회사에서는 그의 재능이 충분히 인정받지 못했다.
- Some previous knowledge of works helps you **appreciate** them better.
  작품에 대한 사전 지식은 작품을 더 잘 감상할 수 있도록 도와준다.
- The value of the company's stock has **appreciated** greatly.
  그 회사 주식의 가치가 상당히 올랐다.
- I really **appreciate** what you've done for me during my short stay.
  잠시 머무르는 동안 잘해주셔서 감사드립니다.

▶ 1. stimulation of the mind or emotions 2. a sudden good idea that helps you to create something, or someone or something that gives you the idea

- Genius is 1 percent **inspiration** and 99 percent **perspiration**.
  천재는 1퍼센트의 영감과 99퍼센트의 노력으로 만들어진다. * perspiration 땀, 노력
- His novels **were** mainly **inspired by** actual events.
  그의 소설은 주로 실제 사건에서 영감을 받은 것이다.
- The view below is not **inspiring**: dreary streets, concrete buildings, uncollected trash everywhere.
  아래쪽 광경은 그다지 고무적이지 못하다. 황량한 거리와 콘크리트 건물들, 여기저기 수거하지 않은 쓰레기들로 넘친다.

정의 DEFINITION	유사어휘군 SYNONYM·ANTONYM

0241 10+ fledgling

[flédʒliŋ]

13.12.경희대/10.숙명여대.한성대 07.고려대.성균관대/06.감평사

【어원】 깃털(fledge)이 나고 있는 중인 새끼(ling ⊃ S096) ➡ 애송이의

A. 풋내기의, 미숙한, 초보 단계의 = nascent[N0958] inexperienced[R0712] young
N. 겨우 날 수 있는 새끼 새; 애송이 = sapling, stripling, nestling, hatchling

ⓥ fledge 깃털이 다 나다

12.숭실대

반 **fullfledged** 깃털이 다 난; 완전히 성장한, 본격적인

0242 10+ rudimentary

[rù:dəméntəri]

15.10.한국외대/09.경기대 08.고려대/06.국회8급 02-2.서울여대/01-2.고려대

【어원】 rud(=crude)+i+ment+ary(형접) ➡ 가공하지 않은(crude) 것인 → 기초의 → 원리의

A. 1. 원리의, 기본의, 기초의 = basic[R1741] elementary[T1492] fundamental, standard
2. 미발달의, 원시적인, 형성기의; 발육 부전의 = primitive[R2042] embryonic[T0465] underdeveloped

01.경기대

ⓝ rudiment 기본, 기초원리; 초보, 시작 = principle[R0019(2)] fundament, fundamentals, elements, elementals, postulate

0243 10+ volatile

[válətl, -tail]

16.한양대/13.성균관대/12.경희대 08.홍익대/07.서울시7급.경기대 01.사법시험/98-2.세종대

【연상】 휘발성 물질은 불에 타기 쉽고 금방 증발한다.

A. 1. 변덕스러운, 불안정한 = capricious[N0013] unstable[N0244] fluctuating[D0076] whimsical, mercurial, fickle, crotchety, mutable, vagarious
2. 휘발성의, 증발하기 쉬운, 폭발성의 = eruptive[R1122]

ⓝ volatility 휘발성; 변덕, 즉흥

0244 10+ unstable

[ʌnstéibl]

17.한양대/16.국민대/07.경기대 06.항공대/98.입법고시/97.지방고시

【어원】 un(=not)+sta(=stand ⊃ R019)+ble ➡ 자리 잡지 못한

A. 1. (상황이나 물질이) 불안정한, 변하기 쉬운 = precarious[N0011] volatile[N0243] changeable, whimsical
2. (정서적으로) 불안정한

15.국회8급/06.보험계리사

반 **stable** 안정된, 견실한, 고정된; 마구간, 우리 = firm, resolute, steely, decisive
- **stabilize** 안정시키다; 고정시키다; 안정되다
- **stabilized** 안정된 ↔ **destabilize** 불안정하게 만들다
- **stabilization** 안정화; (물가 · 정치 등의) 안정

12.한국외대/11.중앙대

0245 10+ jeopardy

[dʒépərdi]

12.중앙대/06.경기도9급 04-2.경기대.숭실대 00.영남대/98-2.동덕여대

【어원】 jeo<joc(=joke)+pard<part(=part)+y ➡ 확률이 나뉘는 확실치 않은 게임 등을 장난(joke)삼아 하다 → 위험, 위난

N. 위험, 위난; (피고가 유죄가 될) 위험성 = danger[S0831] risk[T0840] hazard, peril
*double jeopardy [법률] 이중 위험 (같은 혐의로 이중 기소되는 위험)
*be in jeopardy 위기에 처하다, 불안한 상태에 있다 = hang in the balance[I05103]

09.고려대/06.국가직9급

ⓥ jeopardize 위태롭게 하다, 위험에 빠뜨리다 = endanger[T0842] imperil, risk

영영정의 및 예문
EXAMPLE

이미지 연상훈련
IMAGE TRAINING

▶ A. recently formed and lacking experience
N. a young bird that has just learnt to fly

- The recent economic crisis is particularly difficult for **fledgling** businesses to overcome.
최근 경제 위기는 특히 새내기 기업들에게는 극복하기 어렵다.

- Anticipating a **full-fledged** economic recovery next year, family restaurant chains are drawing up aggressive expansion plans.
내년의 완전한 경기회복을 기대하면서, 패밀리 레스토랑 체인들은 공격적 확장 계획을 마련 중에 있다. *draw up (계획 등을) 짜다, 작성하다

▶ 1. involving basic facts or principles 2. not fully developed

- I have only a **rudimentary knowledge** of chemistry.
나는 화학의 기초지식만 가지고 있을 뿐이다.

- No art or craft, however **primitive**, could have been invented or maintained without the **rudiments** of science.
아무리 원시적일지라도 예술이나 기술은 과학의 원리 없이는 창조되거나 지속될 수 없었을 것이다.

▶ 1. likely to change suddenly and unexpectedly 2. evaporating rapidly

- With the markets being so **volatile**, investments are at great risk.
시세가 너무 변하기 쉬워서 투자하는 것은 매우 위험하다.

- Gasoline is a **volatile** liquid. It evaporates very readily, and then the vapor poses a great danger of explosion.
가솔린은 휘발성의 액체이다. 그것은 매우 쉽게 증발되고 그 증기는 엄청난 폭발의 위험을 내포한다.
*volatile 휘발성의 evaporate 증발하다 vapor 증기 pose (위험성)을 내포하다

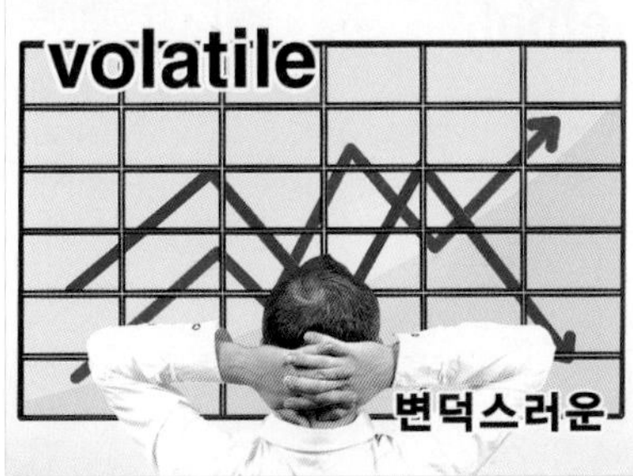

▶ 1. likely to change suddenly 2. marked by emotional instability

- The political situation in that country remains **unstable**.
그 나라의 정치 상황이 여전히 불안정하다.

- She is a bit **unstable** and very temperamental.
그녀는 다소 정서적으로 불안정하고 신경질적이다.

▶ risk of loss or injury; peril or danger

- Mary, who was in **jeopardy**, cried out for help desperately.
위험에 처해 있던 메리는 필사적으로 도와달라고 고함을 질렀다.
*desperately 필사적으로

- If Sally does that again, she may **jeopardize** her chances for a promotion.
만약 샐리가 그런 일을 한 번 더 저지른다면, 승진 기회가 위태로울 수도 있다.

정의 DEFINITION	유사어휘군 SYNONYM·ANTONYM

0246 9+ **undermine** [ʌ̀ndərmáin]

15.홍익대/13.단국대/09.중앙대.가톨릭대 08.서울시7급.중앙대 06.한국외대.경희대.가톨릭대

【어원】 under+mine ➡ 밑을 파서 주저앉히다

Vt. 1. (은밀하게 건강이나 명성을) 해치다 = weaken[S0733] impair[N0172] destroy gradually[R1153]
2. ~의 밑을 파다; (토대를) 허물다

15.광운대
관 **mine**[máin] 광산, 땅굴; 지뢰; 갱도를 파다
- **miner** 광부, 광산업자 - **mineral** 광물, 무기물, 미네랄

0247 9+ **immortal** [imɔ́:rtl]

05-2.명지대 03.세종대/86.행정고시

【어원】 im<in(=not)+mort(=dead ⊃ R175)+al(형접) ➡ 죽지 않는 → 불멸의 → (사람과 달리 죽지 않는) 신의

A. 죽지 않는; 불멸의, 불변의; 신의 = undying, deathless, everlasting
N. 불사신 같은 사람

ⓝ immortality 불사, 불멸; 영원한 생명

06.영남대 10.숭실대 15.건국대/99.단국대/97.서울대학원
반 **mortal**[mɔ́:rtl] 필멸의; 인간의; 치명적인(=fatal); 대단한(=absolute)
*with a mortal certainty 대단히 확실히
- **mortality** 죽음을 면할 수 없는 운명; (집합) 인간; 대규모의 사망; 사망률

0248 9+ **lethal** [lí:θəl]

17.단국대/13.서울시7급/07.인천7급 03-2.광운대/01-2.경기대 98-2.숙명여대/97-2.광운대 97.고려대학원/91.서울대학원

【어원】 leth(=dead ⊃ R175)+al(형접) ➡ 죽음에 가까운 → 치사의 → 치명적인

A. 매우 위험한, 치사의, 치명적인 = deadly[R1751] critical[N0580] dangerous[S0831] fatal, mortal
*lethal doses 치사량(=deadly amount)
*lethal weapon 죽음의 무기, 흉기

0249 9+ **dire** [dáiər]

13.이화여대/12.명지대/11.가톨릭대 09.경희대.성균관대/08.경희대 06.서울시7급/05.중앙대

【연상】 끔찍한 대형참사에서 살아남은 사람이 한 명이 다여?

A. 1. (결과 등이) 몹시 나쁜, 끔찍한 = terrible[R2473] disastrous[R2213] extremely bad
*dire consequence 끔찍한 결과
2. (상황이) 대단히 심각한, 엄청난 = appalling[N0451] urgent, desperate
*in dire straits 상황이 몹시 좋지 않은(=in a very bad situation)

0250 9+ **exterminate** [ikstə́:rmənèit]

17.단국대/10.영남대/07.동국대 02-2.고려대.건국대/91.고려대학원

【어원】 ex(강조)+termin(=end ⊃ R207)+ate(동접) ➡【연상】 터미네이터가 끝장을(out) 내러 왔다.

Vt. (종족·질병·해충 따위를) 멸종시키다, 박멸하다 = destroy[R1153] eradicate[N0047] extirpate, stamp out, root up, get rid of, wipe out

02.덕성여대/94.서울대학원 10.한국외대
ⓝ exterminator 해충 구제업자, (해충의) 박멸약 = person who kills small, common, harmful animals
extermination 근절, 절멸 = eradication, annihilation, extirpation
ⓐ exterminable 근절할 수 있는

95.서울여대
관 **terminate** 끝내다, 종결시키다, 끝나다(=end)
- **termination** 종지, 종료, 종국

영영정의 및 예문
EXAMPLE

이미지 연상훈련
IMAGE TRAINING

▶ 1. to make something or someone weaker or less effective gradually
2. to make something weaker at the base by digging under it

- Wickedness has **undermined** his mind.
  사악한 감정이 그의 마음을 점진적으로 해쳤다.
- The book will arouse antagonism, disagreement, and animosity among theologians because it will **undermine** many established rituals and beliefs.
  그 책은 신학자들 사이에 적대감, 불만, 원한을 불러일으킬 것이다. 왜냐하면 그 책이 많은 기성 종교 의식과 신앙을 저해할 것이기 때문이다.

▶ living or lasting forever; well known and never to be forgotten

- 'Crime and Punishment' is an **immortal** classic by Dostoevsky.
  '죄와 벌'은 토스토예프스키의 불후의 명작이다.
- In ancient times the Greeks believed that any person who ingested ambrosia, the food of the gods, gained **immortality**.
  고대 그리스인들은 신들의 음식인 앰브로시아를 먹은 이는 누구든 영생을 얻는다고 믿었다.
  *ingest 섭취하다 ambrosia 신들의 음식; 맛이 매우 좋은 음식
- Since death is inevitable, man is called a **mortal** being.
  죽음은 불가피한 것이기 때문에, 인간은 언젠가는 죽게 되는 존재라고 불린다.

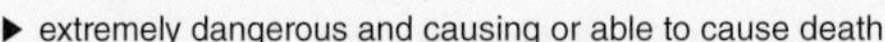

▶ extremely dangerous and causing or able to cause death

- High-powered cars are **lethal weapons** in the hands of inexperienced drivers.
  고성능의 자동차가 경험이 부족한 운전자의 손에 있으면 치명적인 무기이다.
- Many people will receive **lethal doses** of radiation at the first stage.
  많은 사람들은 첫 단계에 치사량의 방사선을 받게 될 것이다.

▶ 1. very bad or terrible 2. extremely serious

- Increasing fuel prices will have **dire consequences** for the poor.
  기름값 인상은 가난한 사람들에게 끔찍한 결과들을 가져올 것이다.
- We should recognize that our society is **in dire need of** change.
  우리 사회는 변화가 시급히 필요하다는 것을 우리는 깨달아야 한다.
- Because the company is **in** the financial **dire straits**, employees haven't been paid for three months.
  회사의 재정상황이 심각해서 직원들 월급이 3개월째 밀려 있다.

dire consequence
끔찍한 결과

▶ to kill all the people or animals

- The Holocaust was a methodical effort to **exterminate** an entire people.
  나치의 유태인 대학살은 전 국민을 말살하려는 조직적인 노력이었다.
- If you continue to have problems with the bugs, you need to call an **exterminator** to get rid of them.
  벌레들로 인해 계속 골치를 앓고 있다면, 벌레들을 없애기 위해 해충박멸업자를 불러야 한다.

Quick Review

0226

s

0227

p

0228

p

0229

f

0230

p

0231

l

0232

a

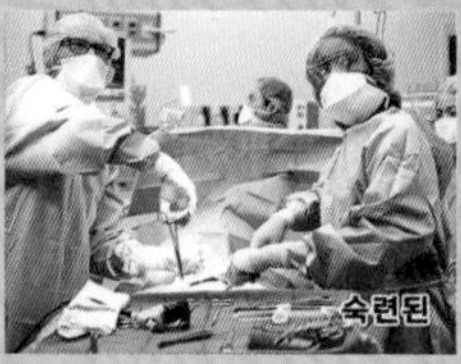

0233

a

0234

a

0235

e

0236

c

0237

i

0238

v

0239

a

0240

i

0241

f

0242

r

0243

v

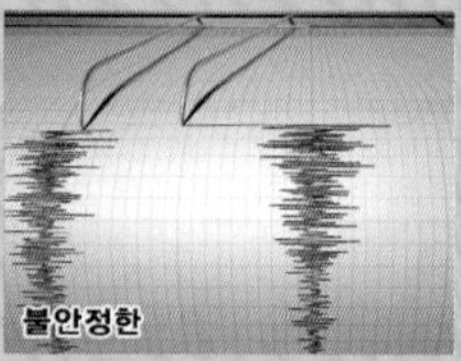

0244

u

0245

j

0246

u

0247

i

0248

l

0249

d

0250

e

Answer 0226 **scanty** 0227 **parsimony** 0228 **pervasive** 0229 **flourish** 0230 **prolific**
0231 **legitimate** 0232 **adapt** 0233 **adept** 0234 **adequate** 0235 **equivalent**
0236 **capacity** 0237 **invaluable** 0238 **valid** 0239 **appreciate** 0240 **inspiration**
0241 **fledgling** 0242 **rudimentary** 0243 **volatile** 0244 **unstable** 0245 **jeopardy**
0246 **undermine** 0247 **immortal** 0248 **lethal** 0249 **dire consequence** 0250 **exterminate**

Preview

0251

0252

0253

0254

0255

0256

0257

0258

0259

0260

0261

0262

0263

0264

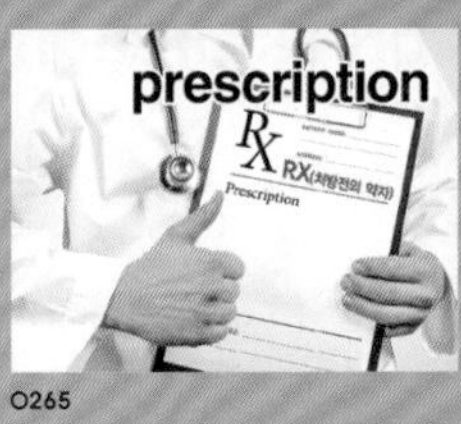

0265

0266

0267

0268

0269

0270

0271

0272

0273

0274

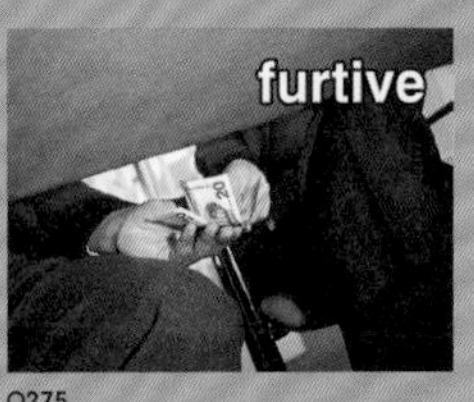

0275

Answer 0251 촉박한 0252 발생하다 0253 돌파구 0254 없어서는 안 되는 0255 중대한
0256 촉진하다 0257 자원을 이용하다 0258 전도가 밝은 0259 속행하다, 진행하다 0260 접근하기 쉬운
0261 광범위한 0262 그럴싸한 0263 현실적인 0264 결심, 결단력 0265 처방전
0266 학식 있는 0267 명료하게 하다 0268 ~인 체하다 0269 추정하다 0270 모방하다
0271 난해한 0272 희미한 0273 식별할 수 있는 0274 흐릿한, 희미한 0275 남몰래 하는

DAY 11-1

정의 DEFINITION | 유사어휘군 SYNONYM·ANTONYM

0251 9+
imminent
[ímənənt]
15.광운대/14.서울여대
07.세무직9급.제주9급/06.덕성여대
05-2.중앙대/02-2.광운대/97.홍익대

【어원】 im<in(=on)+min(=project ➲ R025)+ent(형접) ➡ (화산이 용암을 표면 위로 조금씩) 내미는 → (화산폭발이) 임박한

A. (위험 · 사태 등이) 임박한, 촉박한 = impending[N0365] looming, approaching

ⓝ imminence/~cy 절박, 촉박, 급박 = emergency

혼 **eminent**[émənənt] 저명한; 훌륭한; (지위 · 신분이) 높은 ➲ N0537
immanent[ímənənt] (성질이) 내재하는(=inherent) ➲ R0223

0252 9+
occur
[əkə́ːr]
13.동국대/06.경원대
99-2.세종대/94.연세대학원

【어원】 oc<ob(=against)+cur(=run ➲ R042) ➡ ~에 대항해서 달려오다

Vi. 1. 일어나다, 발생하다 = happen[R2420] take place[I03711] come to pass[I05609]
2. ~에 존재하다, 발견되다, 출현하다[in] = exist in
3. 생각이 떠오르다, 생각나다[to]
*It occurred to me ~ 나는 ~가 떠올랐다, ~가 생각났다.
= It crossed my mind ~ (02.경찰/99-2.세종대)
= It dawned on me ~ (93.서울대학원)
ⓝ occurrence 발생, 사건, 출현 (98.중앙대) = incidence[D0973] emergence[D0281]

표 **come to pass** 발생하다(=occur), (기대 등이) 실현되다 ➲ I05609
take place (사건이) 일어나다(=occur), (행사가) 열리다 ➲ I03711

0253 9+
breakthrough
[bréikθrùː]
15.숭실대/11.성균관대
09.국민대.이화여대
06.고려대/01.세종대
97-2.가톨릭대/96.경기대

【어원】 break(어려움을 깨부수고)+through(통과하다) ➡ 어려움을 뚫고 나아가는 것

N. 1. (과학 분야 등에서) 획기적인 발견, 약진 = advance[N0962] progress[R0402]
2. 돌파구, 타개책; 해명

표 **break through** 강행 돌파하다; 장애 등을 극복하다 ➲ I09503

0254 9+
indispensable
[indispénsəbl]
13.명지대/13.09.이화여대
03-2.숭실대/01.경기대
98.홍익대/97-2.경원대
96.서울대학원

【어원】 in(=not)+dispense(주다)+able(=able) ➡ (너무 필요해서) 나누어 줄 수 없는

A. 없어서는 안 되는, 긴요한 = essential[R1593] necessary[T0806] requisite[D0671] vital[R1934]
↔ *obsolete*[N0006] 쓸모 없어진

반 **dispensable** 없어도 되는, 나누어 줄 수 있는 = inessential, unnecessary
관 **dispense** 분배하다, 나누어 주다; (약을) 조제하다 ➲ N0836
***dispense with** ~없이 지내다(=do without)
혼 **indefensible** 방어하기 어려운 ↔ **defensible** 방어할 수 있는 ➲ D0725
- **defense** 방어, 변호, 수비 ➲ D0725

0255 9+
crucial
[krúːʃəl]
13.가천대.아주대/08.경희대.광운대
05.성균관대/01.인천대
98.96-2.건국대

【어원】 cruc(=cross ➲ R200)+ial(형접) ➡ 1. (서양에서 십자가는 매우 중요하므로) 중대한 2. (십자가를 맨 예수를 빗대어) 시련이 혹독한

A. 1. 결정적인, 중대한 = decisive[R1083] critical[N0580] vital[R1934] pivotal[N0904]
central, serious, conclusive
2. 〈고어〉 십자형의

ⓥ crucify 십자가에 못박다, 학대[박해]하다, 괴롭히다
ⓝ crucible 도가니; (용광로의) 쇳물 괴는 곳; 혹독한 시련

영영정의 및 예문
EXAMPLE

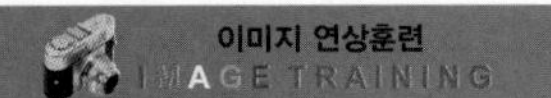

▶ likely to happen very soon

- The surprise attack was **imminent**.
  기습 공격이 임박했다.
- Unless it stops raining by tomorrow, a flood appears **imminent**.
  내일까지 비가 그치지 않으면, 곧 홍수가 날 것처럼 보인다.

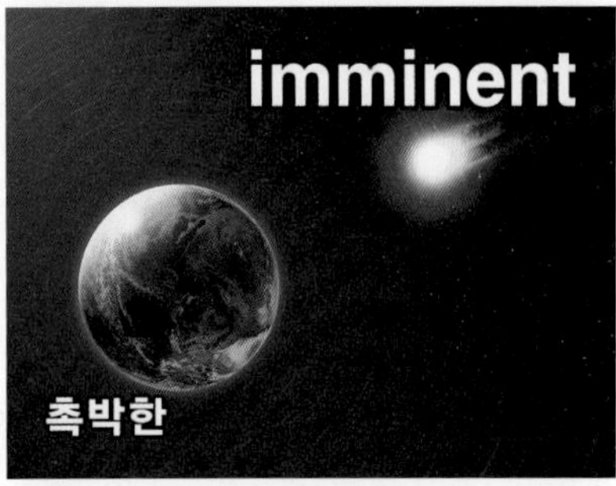

▶ 1. to happen 2. to exist in a certain place 3. to come to one's mind

- This kind of violence seems to **occur** in every country.
  이런 폭력은 모든 국가에서 발생하는 것처럼 보인다.
- **It never occurred to me that** the clue to this lies in such a simple experiment.
  이것에 대한 실마리가 그런 단순한 실험에 있다는 것을 나는 전혀 생각하지 못했다.

▶ 1. an important discovery or development
2. an act of overcoming or penetrating an obstacle or restriction

- His research led to a major **breakthrough** in the fight against cancer.
  그의 연구는 암 퇴치에 획기적인 전기를 마련했다.
- The recent medical **breakthrough** is the culmination of long years of experimentation.
  최근에 이루어진 의학의 비약적인 발전은 오랜 세월에 걸친 실험이 절정에 이른 결과다.
- Many inventions have involved **breakthrough** in traditional thinking.
  많은 발명들은 전통적 사고를 극복하는 것과 관련이 있다.

▶ very important and essential

- Curiosity, while **indispensable**, is not sufficient for education.
  호기심은 교육의 필요조건이긴 하나 충분조건은 아니다.
- Knitting needles are an **indispensable** part of knitting a sweater. So is wool.
  뜨개질 바늘은 스웨터를 뜨는 데 있어 꼭 필요한 요소이며, 울도 마찬가지다.

▶ 1. very important 2. cross-shaped

- In the situation of language learning, exposure to language and motivation are **crucial** factors.
  언어학습 상황에서는, 언어에 노출되는 것과 동기부여가 중요한 요소이다.
- With no end in sight to Asia's financial meltdown, devastation so far offers up some **crucial** lessons for the future.
  아시아의 금융위기에 끝이 보이지 않은 상황에서, 여태까지의 파국이 미래를 위한 모종의 결정적인 교훈을 제시해 주고 있다.

0256 9+ **promote** [prəmóut]

17.경기대/13.동덕여대/05.강남대 04.단국대/03.경기대/02-10.경찰 01-2.경기대

【어원】 pro(=forth)+mot(=move ⊃ R058)+e ➡ 앞(전방)으로 움직이게 하다 → 진척시키다, 촉진시키다 → 진급시키다

Vt. 1. 증진[촉진]하다, 진척시키다 = put forward, facilitate[N0390] encourage, patronize
2. 장려하다; 고무하다; 조장하다 = stimulate, encourage, inspire
3. 승진[진급]시키다 = advance ↔ *demote* 강등시키다
4. (상품판매를) 촉진하다 = advertise, popularize
5. (회사 등의) 설립을 발기하다 = propose, suggest

15.건국대/07.명지대
ⓝ promotion 승진, 진급; 촉진, 조장, 장려; 판촉
promoter 후원자; 창립자; 흥행주
ⓐ promotive 조장[촉진]시키는, 증진하는, 장려의
promotional 승급[승진]의; 홍보의, 증진[장려]의

05-2.국민대
반 **demotion**[dimóuʃən] 좌천, 강등 **demote**[dimóut] 계급[지위]을 떨어뜨리다, 강등시키다

0257 9+ **exploit** [iksplɔ́it]

17.국민대,한양대/14.고려대 13.경찰2차/10.성균관대 08.중앙대/06.경북9급,항공대 01-2.고려대

【어원】 ex(=out)+plo(=fold ⊃ R129)+it ➡ 접힌 것을 밖으로 펼치다

Vt. 1. (자원이나 기회를) 이용하다; 개척하다 = make use of[I07010] utilize[R1771]; explore[R2452] harness[N0924]
2. (부당하게) 이용하다, 착취하다 = take (selfish) advantage of[I03705] abuse[N0135] capitalize on[R1833] play on[I07506]
3. 선전하다, 판촉하다 = advertise, propagandize, promote
N. 공훈, 공적, 위업 = feat[R0613] achievement[T1064]

03-2.고려대
ⓝ exploitation 개척, 개발; 착취 = rip-off[I17001]

0258 9+ **auspicious** [ɔːspíʃəs]

13,12.경희대/11.경희대/10.가톨릭대 05.중앙대/01.경기대 99.가톨릭대/98.변리사

【어원】 au<avi(=bird ⊃ R218)+spic(=see ⊃ R074)+i+ous(형접) ➡ 새(까치-길조)를 본 → 길조의

A. 길조의, 상서로운, 전도가 밝은 = lucky[T0120] fortunate[R2424] favorable[N0448] propitious[R1045] fortuitous, promising

ⓝ auspice 전조, 길조; (pl.) 후원, 찬조
*under the auspices of ~의 후원으로

반 **inauspicious** 흉조의, 불길한 = ominous, portentous, unfavorable, ill-omened

0259 9+ **proceed** [prəsíːd]

10.계명대/04.고려대/00-2.고려대 96.서울대학원

【어원】 pro(=forward)+ceed(=go ⊃ R038) ➡ 1. 앞으로 나아가다 → 계속하다 2. ~으로부터(from) 나아가다(나오다)

Vi. 1. (계획된 대로) 속행하다, 계속하다[with] = progress, continue, advance, go on, carry on
2. (정해진 방향으로) 가다[to/towards] = go, fare
3. 법적 절차를 밟다[in]; 고소하다[against] = take action (against), sue for
4. 생기다, 발생하다; 유래하다[from] = stem from, originate in, derive from, arise from
N. 〈the proceeds〉 보수, 수익금 = yield[N0167]

13.숭실대/08.덕성여대/04-2.영남대
ⓝ process 1. (만드는) 방법, 순서, 공정, 처리, 조작
2. (사건 등의) 진행, 진전, (시간의) 경과 = work on[I07402]

15.가천대
procession 행렬, 행진; 진행, 전진
procedure 진행, 경과; 절차, 수속
proceeding 진행, 행위, 처리; 소송절차, 변론

0260 9+ **accessible** [æksésəbl]

14.서강대/05.가톨릭대 04,01.행,외시/98.건국대

【어원】 ac<ad(=near)+cess(=go ⊃ R038)+ible(형접) ➡ 가까이 갈 수 있는 → 접근하기 쉬운

A. 1. 접근하기 쉬운; 이용할 수 있는 = within reach, approachable, reachable, get-at-able; available[N0107]
2. 이해하기 쉬운 = comprehensible, understandable

17.국민대,숭실대 01.서울여대/95.연세대학원
ⓝ access 접근, 출입; 통로; 발작 = admittance to[R0525]
V. 접속하다, 이용하다
accession 근접, 접근, 도달; 취임, 가입

04.서울여대
반 **inaccessible** 도달하기 어려운, 얻기 어려운 = unreachable, inapproachable
동 **accede**[æksíːd] 동의하다, 취임하다, 가입하다

영영정의 및 예문
EXAMPLE

▶ 1. to help something to develop or increase 2. to encourage or support something
3. to raise someone to a higher position
4. to help sell a product or make it more popular by advertising it

- The committee discussed how to **promote** the economic cooperation between the two countries.
  위원회는 양국 간의 경제협력을 촉진하는 방안을 논의했다.
- The assistant manager has just **been promoted to** manager.
  부지배인은 이제 막 지배인으로 승진했다.
- He is brown-nosing his supervisor in hopes of **getting a promotion**.
  그는 승진을 하기 위해 상사에게 아부를 한다.

▶ V. 1. to make good use of something 2. to make use of someone selfishly
3. to advertise something N. a notable achievement

- We must **exploit** the resources we are given wisely.
  우리는 우리에게 주어진 자원을 현명하게 이용해야 합니다.
- You are not supposed to **exploit** such a little girl by making her work for one dollar an hour.
  당신은 시간당 1달러를 주고 일하게 하여 그렇게 어린 소녀를 착취해선 안 된다.
- The book contains great **exploits** of the most famous heroes in the world.
  그 책은 전 세계에서 가장 유명한 영웅들의 훌륭한 위업을 담고 있다.

▶ showing signs that something is likely to be successful in the future

- In some countries, rain is considered to be an **auspicious** sign; people there believe that if it rains on the day of your wedding, you will be prosperous in the future.
  어떤 나라들에서는 비가 좋은 징조로 여겨진다. 그곳의 사람들은 만약 결혼하는 날에 비가 오면 앞날이 번성할 것이라고 믿는다.

▶ 1. to continue to do something as planned 2. to move in a particular direction

- The scheme seemed to **proceed** before the wind at first, but failed.
  그 음모는 처음에는 순조롭게 진행되는 듯 보였으나, 실패했다.
- Passengers for New York should now **proceed to** Gate 6.
  뉴욕으로 가시는 승객들께서는 지금 6번 게이트로 이동해 주십시오.
- They were at a loss as to how to **proceed in** the matter.
  그들은 그 문제를 어떻게 처리해야 할지 난감했다.
- Part of **the proceeds** will be donated to help artistically talented children in need.
  수익금 일부는 예술적 재능이 있는 가난한 어린이들에게 기부될 것이다.

▶ 1. easy to reach or use 2. easy to understand

- The art gallery is easily **accessible** by subway.
  그 미술관은 지하철로 쉽게 갈 수 있다.
- Miss Jones, a reporter for the New York Times, had **access** to a lot of industries.
  뉴욕 타임스의 기자로 일하는 존스 양은 많은 기업에 출입할 수 있었다.
- The MRI scan allows a safe, painless, and rapid diagnosis of previously **inaccessible** areas of the body.
  MRI 검사는 과거에는 접근이 어려웠던 신체 부위를 안전하고 통증 없이 신속하게 진단할 수 있게 해준다.

정의 DEFINITION | 유사어휘군 SYNONYM·ANTONYM

0261 9+ **comprehensive** EF PS
[kàmprihénsiv]
11.서강대/08.건국대/03-3.경찰 03.단국대/02-2.세종대 96.경기대/95.외시

【어원】com(=together)+prehens(=take, seize ➲ R002)+ive ➡ 다 같이 움켜잡은 → 포괄적인

A. 포괄적인, 종합적인, 광범위한 = extensive[N0385] over-all[T1483] inclusive[D0031] broad, general, coverall, spacious, cosmical, sweeping, global, generic, embracive, blanket

ⓥ comprehend (충분히) 이해하다; 포함하다
ⓝ comprehension 이해, 이해력; 포괄성

12.중앙대 08.명지대
혼 **comprehensible** 이해할 수 있는 *com(강조)+prehens(=take)+ible → 완전히 이해할 수 있는
↔ **incomprehensible** 이해할 수 없는

0262 9+ **plausible** EF
[plɔ́:zəbl]
10.명지대/08.한양대/03.숭실대 98.성신여대/96.공인회계사/93.성균관대

【어원】plaus(=strike ➲ R117)+ible ➡ 박수를 칠 만한 → 그럴듯한

A. (말 · 진술 등이) 그럴듯한, 그럴싸한 = probable[R0706] acceptable[D0349] specious[N0955] glib

ⓝ plausibility 그럴듯함; 그럴듯한 말

02.96.중앙대
반 **implausible** 믿기 어려운, 그럴듯하지 않은 = unbelievable, incredible, improbable

0263 9+ **down-to-earth** S
[dauntuə:rθ]
15.한국외대/14.경찰2차/13.동국대 12.서울시9급.국가직7급 07.중앙대/05-2.한성대/98.성균관대

【어원】땅(earth) 밑으로 내려 앉은(down)

A. 현실적인, 실제적인 = practical[R0659(3)] realistic[T1062]

표 **come down to earth** 현실로 돌아오다, 제정신이 들다 ➲ I05414

0264 9+ **resolution** EF PS
[rèzəlú:ʃən]
09.국민대/07.세종대/04-2.건국대

【어원】re(again, 강조)+solu(=loosen ➲ R030)+tion ➡ 풀어졌던 마음을 다시 단단히 묶는 것 → 결심

N. 1. 결심, 결의(문), 결정; 결단력, 확고부동 = decision[R1083] determination[D0083]; firmness[R0312]
↔ *indecision*[R1083] *waver*[T0157]
2. (문제의) 해결, 해답; 분해 = settlement[D0149]
3. (TV) 해상도

11.세종대/05.삼육대
ⓐ resolute 굳게 결심한; 단호한, 불굴의 = restive[R0473]; determined
16.기상직9급
↔ irresolute 결단력이 없는, 우유부단한 = indecisive[R1083] indetermined[D0083] hesitating[R0100]
94.96.서울대학원/96.연세대학원
ⓐⓓ resolutely 확고하게, 굳은 결의로 = determinedly[N0083] firmly[R0312]

관 **resolve**[rizálv/rizɔ́lv] 결심하다, 해결하다; 결심, 결단력 ➲ N0667

0265 9+ **prescription** EF PS
[priskrípʃən]
07.서강대/05-2.명지대 01-2.고려대.서울여대

【어원】pre(=before)+script(=write ➲ R094)+ion ➡ 조제 이전에 의사가 써주는 것 → 처방전

N. 1. 처방(전); 처방약 [약] RX = recipe, formula
*fill a prescription 처방전대로 조제하다
2. 규정, 명령, 지시, 법규 = orders, dictation, instruction, command
3. (법률) 시효(時效) *취득시효: positive[acquisitive] prescription *소멸시효: negative[extinctive] prescription

03-2.고려대/00.변리사
ⓥ prescribe 처방하다; 명령하다; 규정하다(=lay down); 시효로 취득하다
09.동덕여대
ⓐ prescribed 규정된, 미리 정해진
16.상명대
prescriptive 명령하는, 지시하는
ⓝ prescript 규정, 규칙; 법령 prescriptivist 규범주의자

혼 **proscription**[prouskrípʃən] (관습 등의) 금지; 추방 *pro(=forward)+scribe(=write) → 앞으로 금지하라고 쓰다 ➲ R0948

영영정의 및 예문
EXAMPLE

이미지 연상훈련
IMAGE TRAINING

▶ including everything

- The strategy is **comprehensive** and wide ranging.
  그 전략은 종합적이고 광범위하다.
- It was not **comprehensible** to me why she refused my proposal.
  그녀가 왜 내 제안을 거절했는지 이해할 수 없었다.
- His Iranian accent is so strong that his English is **incomprehensible** to us.
  그는 이란식 악센트가 너무 강해서 그가 하는 영어를 알아들을 수가 없다.

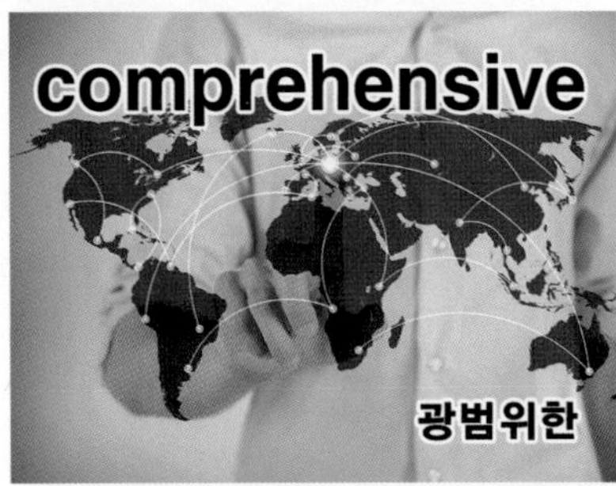

▶ of an excuse or explanation reasonable and likely to be true

- One **plausible** theory is that people develop anorexia because they seek control over themselves and their lives.
  사람들은 자기 자신과 자신의 삶에 대한 통제력을 추구하기 때문에 식욕부진이 생긴다는 그럴듯한 설이 있다. *anorexia 식욕 부진증
- His version of the story is **implausible** because it changes every time he tells it.
  그 이야기에 대한 그 사람의 설명은 말할 때마다 변해서 믿을 수가 없다.

▶ practical and sensible

- Both speakers reached their audience by talking in a **down-to-earth** manner, strongly expressing their opinions.
  두 연설자들은 강하게 그들의 의견을 표현하면서, 현실적인 방법으로 이야기함으로써 청중들에게 다가갔다.
- Kimberly would never do anything stupid. She is very **down-to-earth**.
  킴벌리는 결코 어떠한 어리석은 짓도 하지 않을 것이다. 그녀는 매우 현실적이다.

▶ 1. a firm decision to do something 2. solving of problem

- A **resolution** was passed that aid to farmers be increased.
  농민에 대한 보조금을 인상한다는 결의안이 가결되었다.
- Despite dangers and difficulties, the soldiers were **resolute**.
  위험과 어려움이 있음에도 불구하고, 그 군인들은 결의에 차 있었다.
- They are too **irresolute** to match their enemy's determination to win.
  그들은 너무나 우유부단하여 적의 필승에 대한 각오에 대적할 수가 없다.

▶ 1. a written order, especially by a physician
2. the act of establishing official rules, laws, or directions.

- Even before he got to the chemist's, he had lost the **prescription** for the medicine, and had to go back to the doctor to get another one.
  약사에게 가기도 전에 그는 약의 처방전을 잃어버렸다. 그래서 그는 처방전을 다시 받기 위해 의사에게 돌아가야 했다.
- Economists are always **prescribing** remedies for the current economic crisis.
  경제학자들은 항상 현재의 경제 위기에 대한 해결책을 처방하고 있다.
- Weight lifting is the gymnastic sport of lifting weights **in a prescribed manner**.
  역도는 정해진 방식에 따라 역기를 들어올리는 체육스포츠이다.

정의 DEFINITION	유사어휘군 SYNONYM·ANTONYM

0266 9+ **erudite** [érjudàit, eru-]

14.경희대/13.가천대/10.국민대 01.고려대/00-2.강남대.대구대 77.행정고시 / 98.변리사

【어원】 e<ex(=out)+rud(=crude)+ite(형접) ➡ 가공하지 않은 것에서 벗어난 → 교육을 받은

A. 학식 있는, 박식한, 학자적인 = scholarly[T0494] specialized[R0743] learned[I115] scholastic, academic, well-informed, well-read

N. 박식한 사람 = savant, a walking dictionary

ⓝ erudition 박식, 박학, 학식

0267 9+ **elucidate** [ilú:sədèit]

11.인천대/10.경원대/08.이화여대 07.이화여대/04-2.영남대/03.성균관대 97-2.건국대 / 98.중앙대

【어원】 e<ex(=out)+luc(=light ➲ R148)+id+ate(동접) ➡ 바깥으로 환하게 비추다 → 명료하게 하다

V. 1. (사실 등을) 명료하게 하다, 밝히다 = clarify[R2393] make clear, explicate[D0513] shed light on[I10701] illuminate

2. 해명하다, 설명하다 = explain[P0035] spell out[T1136] expound, expatiate

ⓝ elucidation 명시, 설명, 해명 = explanation[P0035]

> 표 **shed light on** ~을 명백히 하다, 밝히다(=elucidate) ➲ I10701
> 관 **lucid** [lú:sid] 맑은, 투명한; 명쾌한, 알기 쉬운(=clear) ➲ N0343

0268 9+ **pretend** [priténd]

00.세무직9급/96.서울산업대

【어원】 pre(=before)+tend<tent(=stretch ➲ R131) ➡ 미리 (오리발을) 뻗치다 → ~인 체하다

V. 1. 가장하다, ~인 체하다, 사칭하다 = put on an act[I04423] make believe[I07035] take on, feign, affect, assume, impersonate

2. (특히 거짓으로) 주장하다

ⓐ pretending 사칭하는; 거짓의 pretended 거짓의, 겉치레의, 가장한

↔ unpretending 꾸밈없는, 거만떨지 않는

ⓝ pretender ~인 체하는 사람; 사칭자, 위선자 = hypocrite, dissembler

pretense/pretence 겉치레, 가식, 위장; 과시, 자만 = affectation[D0018] (14.가천대/12.숙명여대 07.성균관대/03.숙명여대)

*under the pretense of ~을 빙자하여(=under the guise of)

pretension 요구, 주장; 자칭; 자만; 핑계 = affectation[D0018] (16.서울여대/96.지방고시)

0269 9+ **assume** [əsú:m]

07.계명대/83.사법시험

【어원】 as<ad(=to)+sume(=take ➲ R004) ➡ ~쪽으로 생각을 가지다

Vt. 1. (사실일 것으로) 추정[상정]하다 = presume, suppose, presuppose, postulate, surmise

2. ~(인) 체하다, 가장하다 = put on, feign, affect, disguise, pretend

3. (사물이 특질 · 양상을) 띠다[취하다] = take on[I03709] adopt

4. (권력 · 역할 · 책임을) 떠맡다; 장악하다 = take over, take on, undertake; usurp

Vi. 주제넘게 나서다, 거만한 태도를 취하다

ⓝ assumption 가정, 전제; 인수; 장악; 거만함 = premise[R0524] hypothesis[R0142] supposition[R0138] speculation[R0744] (17.단국대/97.경희대/91.고려대학원)

ⓐ assumed 추정되는; 가장한; 허위의 = putative[R1512] alleged (00.서울여대)

assumptive 가설의, 추측의; 거만한

assuming 건방진, 거만한; 주제넘은 = arrogant[N0531] (05.서울여대)

↔ unassuming 주제넘지 않은, 겸손한 = modest[R0633] (16.한국외대/15.가천대)

0270 9+ **imitate** [ímətèit]

14.서울시9급/13.서울여대 10.국민대/04.동국대

【어원】 imit(=copy ➲ R231)+ate(=make) ➡ 복사해서 만들다

Vt. 모방하다, 흉내 내다; 본받다 = emulate[N0201] mimic[R2318] simulate[R2315]

ⓝ imitation 모방, 흉내; 모조품 = echo[T0920] mimesis[R2318] mimicry, emulation; fake (15.한국외대/11.서울시9급)

ⓐ imitable 모방할 수 있는, 본받을 만한

> 반 **inimitable** [inímətəbl] 흉내 낼 수 없는, 독특한(=seldom imitated) * in(=not)+imit(=copy)+able (06.국민대/96.서울대학원)

영영정의 및 예문
EXAMPLE

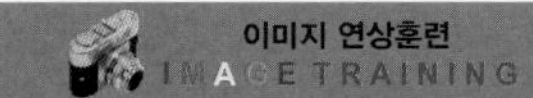

▶ having or showing great knowledge

- There has been much **erudite** discussion about the origin of names.
  이름의 유래에 관한 학문적인 토론이 많이 이루어져 왔다.

- His **erudition** was so great that he became the arbiter of all our disputes about art and music.
  그의 박식함은 너무나 엄청났고 그래서 그는 예술과 음악에 관한 우리의 모든 논쟁의 중재자가 되었다.

▶ explain something clearly

- Our teacher tried to **elucidate** the point, but we couldn't understand it at all.
  선생님께서는 요점을 설명하려 노력하셨지만, 우리는 전혀 이해할 수 없었다.

- It is toward an **elucidation** of those metaphors, and a liberation from them, that I dedicate this inquiry.
  나는 심혈을 기울이고 있는 이 연구를 그 은유에 대한 설명과 그 은유로부터의 해방에 바친다.

▶ 1. to behave as if something is true when it is not true with the intent to deceive others
2. to claim that something is true, when it is not

- I could tell she was only **pretending** to read, because her book was upside down.
  나는 그녀가 책을 읽고 있는 척하는 것을 알고 있었다. 그녀의 책이 뒤집어져 있었기 때문이다.
  * upside down 거꾸로

- He flattered himself on being a man of without prejudices; and this **pretension** itself is a very great prejudice.
  그는 자신이 편견이 없는 사람이라고 자만했다. 그런데 이런 자만이야말로 매우 엄청난 편견이다.
  * prejudice 편견

▶ 1. to think that something is true without proof 2. to pretend to have a particular feeling
3. to take on (a particular character, quality, mode of life, etc.)
4. to take responsibility or power

- Everyone **assumed** that he was dead.
  모든 사람들이 그가 사망했을 것이라고 추정했다.

- Japan must **assume** international responsibility matching its economic clout.
  일본은 그 경제적 영향력에 걸맞은 국제적 책임을 떠맡아야 한다. * clout 영향력

- **Assumptions** are a wonderful way of avoiding facts and hard realities.
  가정은 사실과 힘든 현실을 피하는 좋은 방법이다.

- He is very polite and **unassuming**.
  그는 매우 예의 바르고 얌전한 사람이다.

▶ to copy something or someone's actions, words, or behavior

- He was a splendid **mimic** and loved to **imitate** Winston Churchill.
  그는 뛰어난 흉내쟁이였고 윈스턴 처칠의 흉내내기를 좋아했다.

- It is difficult to tell an **imitation** from the original.
  진품과 모조품을 구분하기란 쉽지 않다. * tell A from B A를 B와 구분하다

DAY 11-5

정의 DEFINITION	유사어휘군 SYNONYM·ANTONYM

0271 9+ **abstruse** [æbstrúːs]
14.한양대/07.04-2.고려대 02-10.경찰/97.동국대 93.사법시험/92.행정고시 12.서강대

【어원】abs<ab(=away)+trus(=thrust ➲ R120) ➡ 멀리 수셔 넣어져 있는 → 깊이 박혀 있는 → 난해한, 심오한

A. 난해한, 심오한 = hard to understand, difficult, abstract[R1335] deep, secret, profound, recondite, occult, complicated, esoteric

ⓝ abstruseness 난해함, 심오함 = reconditeness[R0862]

12.서강대
표 **It's all Greek to me.** 전혀 알아들을 수 없다.
혼 **obtuse**[əbtjúːs] 둔한(=insensible), 둔감한 ➲ T0205

0272 9+ **nebulous** [nébjuləs]
14.이화여대/13.단국대/12.경희대 10.한국외대/09.이화여대/08.경희대 04-2.경기대/97-5.경찰

【어원】neb(=cloud)+ul+ous(형접) ➡ 구름 같은 → 희미한 → 막연한

A. 1. 희미한, 불투명한; 모호한, 막연한 = hazy[T0081] obscure[N0009] faint, misty, dim; ambiguous[N0004] vague[N0640] opaque, nubilous, fuzzy

2. (천문) 성운모양의, 구름과 같은 = cloudlike

ⓐⓓ nebulously 모호하게 = vaguely

ⓝ nebula 성운, 은하

ⓥ nebulize (소독약 등을) 분무기로 뿜다; 생각 따위가 흐려지다

ⓐ nubilous 흐린, 안개가 짙은; 희미한; 애매한

혼 **nubile**[njúːbil] 여자가 혼기(婚期)가 된(=marriageable) *nub(=marriage)*

0273 9+ **discernible** [disə́ːrnəbl]
16.광운대/04.중앙대 11.인천대/92.고려대학원 15.한양대/05.중앙대/01-2.단국대 02.사법시험

【어원】dis(=apart)+cern(=observe ➲ R078)+ible(형접) ➡ 떨어져서(apart) 관찰할 수 있는 → 식별할 수 있는

A. 인식[식별]할 수 있는 = obvious[N0341] recognizable[R1431] cognizable[R1436] perceptible, perceivable, observable, appreciable

ⓥ discern 식별하다, 분별하다; 인식하다 = descry[T0095] recognize[R1431] appreciate

ⓝ discernment 식별, 인식; 통찰력, 안목 = acumen

ⓐ discerning 식별력이 있는, 안목이 있는; [the ~] 식별력 있는 사람들 = sagacious, insightful, penetrating, penetrative, percipient, foresighted, farseeing

반 **indiscernible/undiscernible** 식별할 수 없는, 분간하기 어려운(=imperceptible)

0274 9+ **blurred** [bləːrd]
14.가천대/09.서강대/07.항공대 06.충북 9급/00.법원직 12.중앙대/06.고려대 16.가천대

【어원】blur<blear(흐린)+ed(형접) ➡ 흐려진 → 희미한

A. (사진 · 시야가) 흐릿한; 희미한 = indistinct[D0096] hazy[T0081] blear, bleary, foggy, misty, murky, nubilous

ⓥ blur 흐릿하게 하다; 흐려지다 = make or become indistinct

n. (기억 · 사진 등이) 흐릿함; 번진 자국 = dimness, faintness

ⓐ blurry 흐릿한, 더러워진

동 **bleary**[blíəri] a. (눈이 피로 등으로) 흐려진, 흐릿한
- **blear**[blíər] (눈이) 침침한; 흐리게 하다

0275 9+ **furtive** [fə́ːrtiv]
16.중앙대/15.12.홍익대 06.계명대.경기대/02-2.경기대 02.성균관대/00.고려대

【어원】fur(=thief)+t+ive(형접) ➡ 도둑 같은 → 몰래 하는, 은밀한 → 수상쩍은

A. 남몰래 하는, 남의 눈을 속이는, 은밀한 = stealthy[T0933] sly[T0933] clandestine[N0827] covert, insidious[N0826] surreptitious, secret, undercover, creeping, under-the-table, hush-hush, subrosa[T0935]

ⓐⓓ furtively 몰래, 살그머니, 슬쩍 = secretly, in private, in privy, off the record

영영정의 및 예문
EXAMPLE

이미지 연상훈련
IMAGE TRAINING

▶ difficult to understand

- This book is often mistakenly considered too **abstruse** for the layman.
  이 책은 문외한에게는 너무 난해한 것으로 종종 오인된다.
- When he was young, he enjoyed reading **abstruse** works in philosophy.
  그는 젊었을 때, 난해한 철학 서적을 읽는 것을 좋아했다.

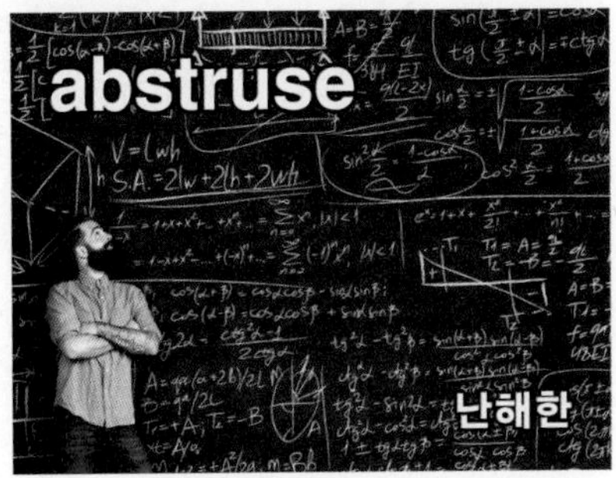

▶ 1. not clear and lacking form 2. cloudy or cloudlike

- Once in a while, he saw a **nebulous** substance through the microscope.
  때때로 그는 현미경을 통해 어떤 흐릿한 물질을 보았다.
- The reasons he gave were rather **nebulous**.
  그가 한 해명들은 다소 애매했다.
- Dr. Kim's theories were so **nebulous** that few could see what he was trying to establish.
  김박사의 이론은 너무나 애매하여 그가 어떤 이론을 정립하려 하는지 이해하는 사람은 거의 없었다.
  * establish 정립하다

▶ capable of being perceived or noticed clearly

- The ships in the harbor were not **discernible** in the fog.
  안개 때문에 항구의 배들을 알아볼 수 없었다.
- She could not **discern** who was telling the truth.
  그녀는 누가 진실을 말하고 있는지 분간할 수 없었다.
- Their style would appeal to **the discerning customer**.
  그들의 스타일은 안목있는 고객들의 마음에 들 것이다.

▶ difficult to see, understand or separate clearly

- The photo taken by Jimmy is rather **blurred** because his camera was out of focus.
  지미가 찍은 사진은 카메라 초점이 맞지 않아서 약간 흐릿하다.
- He was sliding so fast toward the cliff that everything was a **blur**.
  그는 너무도 빠르게 절벽을 향해 미끄러지고 있었고 그래서 모든 것이 흐릿했다.

▶ behaving secretly or quickly to avoid being observed

- The teacher suspected cheating as soon as he noticed the pupil's **furtive** glances at his classmate's paper.
  그 선생님은 학생이 급우의 시험지를 은밀히 보는 것을 알아채자마자 부정행위일 거라고 생각했다.
- With a **furtive** glance over her shoulder, she unlocked the door and entered the house.
  그녀는 어깨 위로 은밀하게 힐끗 보고는 문을 열고 집으로 들어갔다.
- Susan saw him **furtively** searching her room last evening.
  수잔은 어제 저녁에 그가 자신의 방을 몰래 뒤지고 있는 것을 보았다.

Quick Review

0251

i ____________

0252

o ____________

0253

b ____________

0254

i ____________

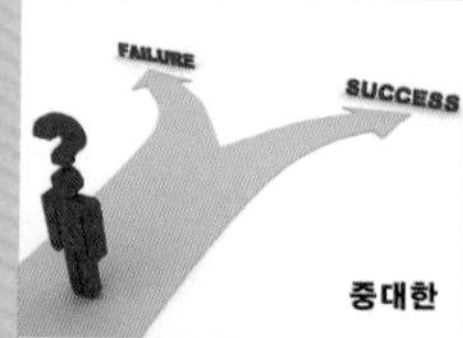

0255

c ____________

0256

p ____________

0257

e ____________

0258

a ____________

0259

p ____________

0260

a ____________

0261

c ____________

0262

p ____________

0263

d ____________

0264

r ____________

0265

p ____________

0266

e ____________

0267

e ____________

0268

p ____________

0269

a ____________

0270

i ____________

0271

a ____________

0272

n ____________

0273

d ____________

흐릿한, 희미한

0274

b ____________

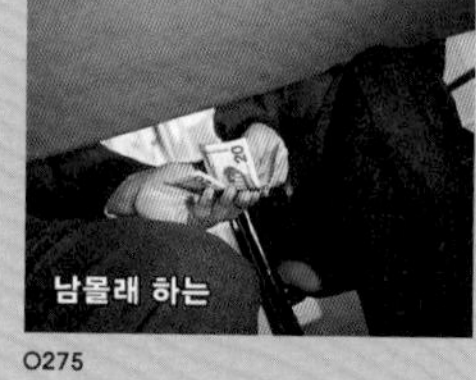

0275

f ____________

Answer 0251 imminent 0252 occur 0253 breakthrough 0254 indispensable 0255 crucial
0256 promote 0257 exploit 0258 auspicious 0259 proceed 0260 accessible
0261 comprehensive 0262 plausible 0263 down-to-earth 0264 resolution 0265 prescription
0266 erudite 0267 elucidate 0268 pretend 0269 assume 0270 imitate
0271 abstruse 0272 nebulous 0273 discernible 0274 blurred 0275 furtive

Preview

DAY 12

0276

0277

0278

0279

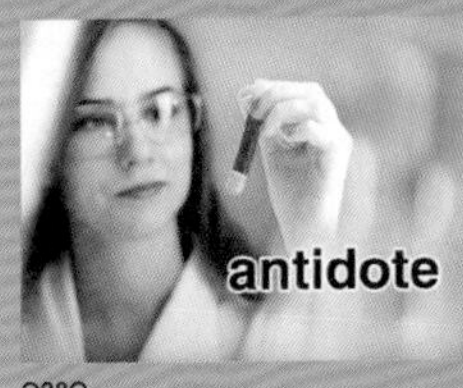

0280

0281

0282

0283

0284

0285

0286

0287

0288

0289

0290

0291

0292

0293

0294

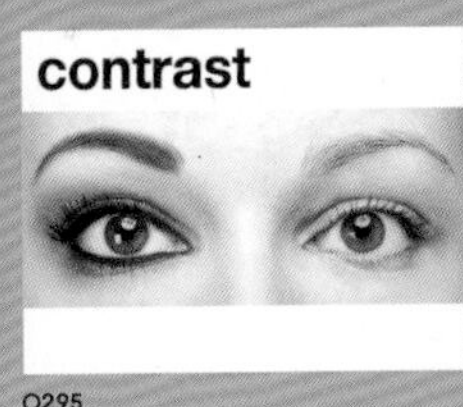

0295

0296

0297

0298

0299

0300

Answer 0276 다 써버리다 0277 만족할 줄 모르는 0278 비만 0279 순종하는 0280 해독제
0281 보이지 않다가 나타나다 0282 통합하다 0283 분리하다, 차별하다 0284 구별하다, 차별하다 0285 가늘어지다
0286 강요하다 0287 고집 센 0288 반항하는 0289 보복하다 0290 혼돈, 소동
0291 화해시키다, 중재하다 0292 크게 실망시키다 0293 악화시키다 0294 혼란스러워 하는 0295 대조
0296 달래다 0297 평온, 고요 0298 말이 적은 0299 비밀을 누설하다 0300 무시하다

▶ 유튜브 바로가기

DAY 12-1

정의 DEFINITION | 유사어휘군 SYNONYM·ANTONYM

0276 consume
9+ [kənsúːm]

【어원】 con<com(강조)+sum(=use ⊃ R004)+e ➡ 【어원】 완전히(전부) 쓰는 것 → 소비, 소모 → 폐결핵

14.경기대/07.대구대/02.동아대 96.연세대학원/95.법원직

Vt. 1. 소비하다, 다 써버리다, 낭비하다 = use up[I13101] waste, swallow up, deplete
2. 먹다, 마시다 = eat, drink
Vi. 소비되다; 소멸하다; 야위다

10.국민대/98.홍익대 02.건국대

ⓝ consumption 소비, 소비량; 폐결핵 = use; phthisis, tuberculosis(TB)
consumer 소비자, 수요자
ⓐ consuming (사람의 마음을) 사로잡는
consumptive 폐병을 앓는, 결핵성의
consumable 소비할 수 있는; (pl.) 소모품
ⓐⓓ consumedly 크게, 엄청나게; 대단히

0277 insatiable
9+ [inséiʃəbl]

【어원】 in(=not)+sat(=enough ⊃ R153)+i+able(형접) ➡ 충분하지 않은 → 만족할 줄 모르는 → 탐욕스러운

14.지방직9급/13.이화여대,한국외대 04.가톨릭대/01.서울여대 97-2.중앙대/97.행,외시

A. 만족할 줄 모르는, 탐욕스러운 = unquenchable[T0654] greedy, gluttonous, voracious, rapacious, ravenous, covetous, grasping, avaricious, miserly, predatory, vulturous, piggish(=swinish, hoggish)

12.이화여대

ⓐⓓ insatiably 탐욕스럽게

17.한국외대

반 **satiable**[séiʃəbl] 만족시킬 수 있는 **satiety**[sətáiəti] 포만감, 물림, 싫증
sate[séit] 물리게 하다, 충분히 만족시키다 - **satiate**[séiʃièit] 물리게 하다
표 **be fed up with** 물리다, 싫증나다, 넌더리나다(=be bored with, be (sick and) tired of) ⊃ I12502

0278 obesity
9+ [oubíːsəti]

【어원】 ob(=over)+es/ed(=eat ⊃ R156)+ity(명접) ➡ 지나치게 많이 먹음

07.서울시9급/06.감평사/06.건국대 98-2.광운대/97.한국외대

N. 비만, 비대 = extreme fatness[T0031] overweightness, corpulence

04.여자경찰/93.행정고시/92.경기대

ⓐ obese 지나치게 살찐, 뚱뚱한 = overweight[P0139(3)] corpulent[R1855] fat, rotund, stout, portly, porky, bacony, fleshy, blubbery, matronly

0279 obedient
9+ [oubíːdiənt]

【어원】 ob(강조)+aud<ed(=hear ⊃ R081)+ent(형접) ➡ 남의 말을 잘 듣는

12.성균관대/07.한양대/05.경기대

A. 순종하는, 유순한; ~의 말을 잘 듣는[to] = compliant[D0090] amenable[N0607] docile[N0610]

11.세종대/05.홍익대 17.이화여대

ⓥ obey 복종하다, 말을 잘 듣다; (법에) 따르다 = observe, follow, abide by, comply with
ⓝ obedience 복종, 순종, 공손함
obeisance 경의, 존경, 복종

16.서울시9급/04.변리사 13.서울여대

반 **disobedient** 순종하지 않는, 반항적인[to] = rebellious[N0288]
- **disobedience** 불복종
- **disobey** 따르지 않다, 불복종하다

0280 antidote
9+ [ǽntidòut]

【어원】 anti(=against)+dote(=give ⊃ R006) ➡ (독에) 반대로 작용하도록 주는 것 → 해독제

15.고려대/13.이화여대,홍익대 11.고려대/10.고려대,중앙대 04-2.가톨릭대/98.세무사

N. 1. (~에 대한) 해독제[to] = remedy[N0510] counterpoison, detoxicant
2. (악영향 등의) 방어수단, 대책[to] = corrective
3. 컴퓨터 바이러스 예방 프로그램 = vaccine

ⓐ antidotal 해독(성)의

영영정의 및 예문
EXAMPLE

이미지 연상훈련
IMAGE TRAINING

▶ 1. to use something such as fuel, time, or goods 2. to eat or drink something

- Once we **consume** all of oil, it will take millions of years to get it again.
  석유를 다 쓰게 되면, 다시 석유를 얻는 데 수백만 년이 걸릴 것이다.
- Avoid alchol, and **consume** small meals.
  술을 멀리하고 가벼운 식사를 하세요.
- The doctor told me to cut down my **consumption** of carbohydrates.
  의사는 내게 탄수화물 소비(섭취)를 줄이라고 말했다.

▶ not able to be satisfied and wanting more and more of something

- Children have an **insatiable curiosity** about their surroundings.
  아이들은 자기 주변에 관해 만족할 줄 모르는 호기심을 가지고 있다.
- Most politicians seem to have an **insatiable desire** for power.
  대부분의 정치인이 권력에 대해 만족할 줄 모르는 욕망을 가진 것 같다.
- She drank greedily until her thirst was **satiated**.
  그녀는 갈증이 해소되기까지 걸신들린 듯이 마셨다.
- There is no **satiety** in study.
  공부는 아무리 해도 부족하다.

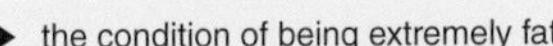

▶ the condition of being extremely fat

- As Asian countries become more affluent, many people are adopting a more Westernized diet, which may cause **obesity**, says the World Health Organization.
  아시아 나라들이 더욱 풍요로워지면서, 많은 사람들이 더욱 서구화된 음식을 받아들이고 있는데, 이는 비만을 야기할 수 있다고 세계보건기구는 말한다.
- He had an extremely **obese** friend whose mind was constantly occupied with the thought of delicacies.
  그에게는 끊임없이 맛있는 음식에 대한 생각에만 마음이 쏠려 있던 아주 비만인 친구 한 명이 있었다.

▶ willing to do what you are told to do

- Every citizen should be **obedient to** the law.
  모든 시민들은 법에 잘 따라야 한다.
- A soldier must **obey** his superior officers.
  군인은 상관에게 복종해야 한다.
- The mischievous student has been **disobedient to** his mother since he was a child.
  짓궂은 그 학생은 어렸을 때부터 그의 어머니한테 반항적이었다.

▶ 1. a substance that stops the effects of a poison
2. something that makes an bad situation better

- The doctor prescribed an **antidote** for the poison the boy had swallowed.
  의사는 소년이 삼킨 독극물에 대해 해독제를 처방했다.
- I believe the best **antidote** to vulgarity and brutality is the power of a better example, of love over indifference.
  야비함과 잔인성에 대한 최선의 대책은 보다 나은 본보기의 힘이자 무관심에 대한 사랑의 힘이라고 생각한다.

정의 DEFINITION	유사어휘군 SYNONYM·ANTONYM

0281 9+ **emerge** [imə́:rdʒ]

【어원】 e<ex(=out)+merg(=dip, plunge ➲ R127) ➡ 물(어둠) 속에 담겨져 있다가 물 바깥으로 나오다 → 나타나다

05.경희대/04-2.영남대/97.한국외대
Vi. 1. (보이지 않다가) 나타나다, 출현하다 = obtrude[D0815] appear, come out, show up
2. (빈곤 · 무명의 처지에서) 벗어나다[from] = keep one's head above water
3. (새로운 사실이 조사 결과) 드러나다

16.한국외대/01.서울여대.계명대 ⓝ emergence 출현, 발생; 탈출 = appearance[R2326]
94.청주대 ⓐ emergent 갑자기 나타나는 = appearing

10.계명대 **emergency** 비상사태, 비상시; 비상용의, 긴급한(=pressing, urgent)

0282 9+ **merge** [mə́:rdʒ]

【어원】 merg(=dip, plunge ➲ R127) ➡ 하나의 통에 담가서[던져 넣어] 섞다 → 병합하다, 합병하다

12.국민대/05.중앙대/04-2.강남대 03-2.명지대/03.세무사/02-2.한성대 93.연세대학원
V. 병합[합병, 통합]하다; 융합하다[시키다] = blend[T1375] combine[T1374] fuse, amalgamate
↔ *divide, separate, part*

13.서울시9급 ⓝ merger (회사 · 사업의) 합병, 합동; (권리의) 혼동 = consolidation[R0314] amalgamation[D0702]
mergee 합병의 상대방

0283 9+ **segregate** [ségrigèit]

【어원】 se(=away)+greg(=flock ➲ R033)+ate(동접) ➡ 무리로부터 떼어내다 → 격리하다 → 차별대우를 하다

07.강남대/06.국회8급/05.노동부9급 04-2.한국외대.서울여대 04.성균관대/99.중앙대
V. 1. 격리하다[시키다] = isolate, insulate, seclude, sequester, quarantine shut off, set apart[I04502]
2. 분리하다[시키다] = separate, detach, disjoin, dissociate
3. 차별대우를 하다 = discriminate

14.충남교행 ⓝ segregation 분리, 격리; 인종 차별 = separation[R2320] dissociation, seclusion, insulation, isolation, quarantine
ⓐ segregated 분리[격리]된; 구분된
segregative 인종 차별적인, 차별대우의

desegregate [di:ségrigèit] 인종 차별 대우를 폐지하다 **desegregation** 인종 차별 폐지

0284 9+ **differentiate** [dìfərénʃièit]

【어원】 dif<dis(=away, apart)+fer(=carry ➲ R048)+ent+iate(동접) ➡ 따로 나르다 → 구별하다, 차별하다 → 특수화시키다

07.건국대/98.경찰/95.효성대
V. 1. 구별하다[between A and B]; 구분 짓다[from] = distinguish[N0096] separate, tell apart
2. (부당하게) 차별(대우를) 하다 = discriminate[D0023] segregate

16.법원직 ⓥ differ 다르다, 동의하지 않다
01.강남대 ⓝ differentiation 구별, 식별; 차별(화), 차별 대우 = discrimination[N0023] distinction, partiality
differentia 차이점; (특히) 본질적 차이
16.한양대 ⓐ differential 차이[구별]의, 차이를 나타내는 differentiable 구별할 수 있는
13.지방직9급/09.전의경특채 92.연세대학원 ⓝ difference 다름, 상위; 차이점; 불화, 분쟁 = disparity[N0058] discrepancy[N0653]
ⓐⓓ differently 다르게, 같지 않게; 따로, 별도로

0285 9+ **narrow** [nǽrou]

【연상】 좁히다 → 좁은 → 가까스로 통과하는

13.중앙대/08.경기대/06.건국대
V. 좁히다[좁아지다], 가늘게 하다[가늘어지다] = taper off[T1363] peter out, become smaller
* narrow down (범위 등을) 좁히다[좁혀지다][to]; 요점에만 국한하다
A. 1. 좁은, 좁다란; 마음이 좁은, 편협한; 한정된; 모자란
97.서울대학원
2. 정밀한, 엄밀한
* keep on the straight and narrow 정도를 밟다
05-2.중앙대
3. 가까스로의, 간신히 이룬
* by a narrow margin 아슬아슬하게, 간신히 * have a narrow escape 가까스로 탈출하다, 구사일생하다
02.경찰.외무고시
* a narrow[close, near] squeak 위기일발
행정고시 ⓐⓓ narrowly 간신히, 가까스로(=by the skin of one's teeth)

영영정의 및 예문
EXAMPLE

이미지 연상훈련
IMAGE TRAINING

▶ 1. to come out into view 2. to stop being involved in a difficult situation
3. to become known

- In recent years, light pollution has **emerged** as a serious menace for both amateur and professional astronomers around the world.
  최근 들어, 광해(천체 관측 등에 지장을 주는 도시 인공광)는 전 세계의 아마추어와 전문 천문학자들에게 심각한 위협으로 떠올랐다. * menace 위협 astronomer 천문학자
- In case of **emergency**, you should call the police.
  비상시에는 경찰을 불러야 한다.

▶ to join things together; to become one

- Drive carefully. The two right lanes will soon **merge** into one.
  조심스럽게 운전해라. 곧 오른쪽 두 차선이 하나의 차선으로 합쳐질 것이다. * lane 차선
- The two copper mining companies will **be merged**.
  두 개의 구리광산회사가 합병될 것이다.
- The company has been swept up in **merger and acquisition** rumors throughout this year.
  그 회사는 올해 내내 인수합병(M&A) 소문에 휩쓸려왔다.

▶ to separate people or things, especially because of race, sex, or religion

- Every local government in America **segregated** the blacks from the whites in the 1950s.
  1950년대에 미국의 모든 지방정부는 흑인을 백인으로부터 격리시켰다.
- Birmingham is probably the most thoroughly **segregated** city in the United States.
  버밍햄은 아마도 미국에서 인종 차별이 가장 철저한 도시일 것이다.
- Supreme Court ruled against the **segregation** of public schools.
  대법원은 공립학교의 인종차별 정책에 불리한 판결을 내렸다.

▶ 1. to show the difference between two things
2. to treat someone or something in a unfair way

- Ideology is the ideas and beliefs that **differentiate** one group **from** another.
  이데올로기는 한 집단을 다른 집단과 구분케 하는 생각과 신조이다.
- We should admit that women have **been** suppressed and unfairly **differentiated** in many fields of the society.
  우리는 여성들이 여러 사회 분야에서 억압받고 차별받아왔다는 사실을 인정해야 한다.

▶ V. to become less wide; to make something less wide

- The track divided into two and **narrowed**.
  그 길은 두 갈래로 갈라졌으며 좁아졌다.
- I think you need to learn how to **narrow down** your search with proper key words.
  당신은 적절한 핵심어로 검색 범위를 좁혀 나가는 방법을 배워야 한다고 생각한다.
- We need to **narrow the gap** between the rich and poor.
  우리는 빈부의 격차를 줄여야 한다.

정의 DEFINITION | 유사어휘군 SYNONYM·ANTONYM

0286 9+
coerce
[kouə́:rs]

【어원】 co<con(강조)+erc(=confine)+e ➡ 억압하다, 구속하다 → 강요하다

02.한국외대/01-3.경찰
Vt. 1. 강제하다, 위압하다, 강요하다[into] = compel[D0337] impel, force, enforce, urge, press, constrain, intrude, obtrude, impose, besiege, squeeze, extort, exact, oblige

2. 억압하다, 구속하다, 지배하다

14-3.경찰/10.고려대/09.이화여대 08.경남9급
ⓝ coercion 강제, 위압

08-1.덕성여대/92.고려대학원
ⓐ coercive 강제적인, 위압적인

혼 **coarse**[kɔ́:rs] 조잡한, 거친; 천한, 상스러운 ➲ R0429

0287 9+
obstinate
[ábstənət]

【어원】 ob(=against)+stin(=stand ➲ R020)+ate(형접) ➡ ~에 대항해서 서 있는 → 완강한, 고집 센 → 난치의

13.단국대/07.상명대/05-2.세종대 05.서강대/98-2.군산대 96.세종대/96.기술고시
A. 1. 완고한, 고집 센; 다루기 힘든 = stubborn[S0855] determined[D0083] mulish, unyielding, bigoted, pertinacious, persistent, tenacious, restive, dogged, fixed, unbending, recalcitrant, bullheaded, stiff necked, inelastic

2. (병이) 난치의 = incurable, recalcitrant, refractory

01.국민대
ⓝ obstinacy 완고, 고집, 집요; (병의) 난치 = stubbornness[S0855]

표 **a hard nut to crack** 다루기 어려운 것(사람) ↔ **a piece of cake** 매우 쉬운 일

0288 9+
rebellious

【어원】 re(=against)+bell(=war ➲ R118)+i+ous(형접) ➡ ~에 대항해 전쟁하는 → 반란하는 → 반항하는

16.서울시9급/15.고려대/14.경기대 10.한성대/04.변리사 00.사법시험.변리사
A. 1. 반항하는; 반체제의; 반란하는 = disobedient[D0279] defiant, resistant, recalcitrant

2. (병이) 난치의; (사물이) 다루기 힘든 = incurable, intractable, fatal, hopeless, obstinate; bulky, refractory, unwieldy

ⓝ rebel[rébəl] 반역자, 반항자 = traitor, mutineer, insurgent; revolt, riot

[ribél] v. 반란을 일으키다 = mutiny[T0877] uprise, raise a revolt

14.경찰2차
rebellion 모반, 반란, 폭동; 반항, 저항 = mutiny[T0877] revolt, riot, treason, uprising, commotion, insurrection, insurgence; resistant

0289 9+
retaliate
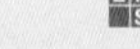

【어원】 re(=again)+tali<talion(동해보복)+ate(동접) ➡ 똑같은 복수로 되갚다 → 보복하다, 앙갚음하다

17.광운대/14.경희대/12.이화여대 07.성균관대/05-2.세종대 05.광운대/93.서울대학원
V. 1. (같은 방법으로) 보복하다, 앙갚음하다 = revenge[N0854] avenge, repay, get even with[I03807] get square with, get back at, hit back

2. (국제무역에서) 보복 과세하다

05.성균관대/00.서울산업대
ⓝ retaliation (같은 방법에 의한) 앙갚음, 보복 = vengeance, reprisal, requital, retribution

ⓐ retaliatory 보복적인, 앙갚음의, 복수심이 강한

10.강남대
표 **An eye for an eye; a tooth for a tooth.** 눈에는 눈, 이에는 이(같은 방법에 의한 보복)
*talionis의 原則: 고대 바빌론 왕조의 함무라비 법전의 범죄자에게 똑같은 벌을 가한다는 원칙
get even with ~에게 보복하다, 앙갚음하다(=retaliate) ➲ I03807

0290 9+
turmoil

【어원】 tur<turb(=agitate ➲ R067)+moil(소란) ➡ 선동하여 소란스러운 → 소란, 소동 → 혼란

06.경찰간부/04.경희대/02.가톨릭대 01-2.경희대/95.경기대 96.기술고시/94.사법시험
N. 소란, 소동, 혼란 = upheaval[P0124] confusion[D0294] commotion[N0885] disturbance[R0673] tumult, agitation, stir, smother, chaos, disorder, mayhem, shambles, riot, bedlam, havoc, maelstrom, uproar, flap, bustle, hubbub, turbulence, pother, pandemonium

*in a turmoil 혼란에 빠진

17.서울여대
동 **tumult**[tjú:mʌlt] 소란, 소동, 법석; 소요, 폭동; 동요

16.가천대
- **tumultuous**[tjumʌ́ltʃuəs] 소란스러운; 사나운, 거친(=violent); (마음이) 동요한

영영정의 및 예문
EXAMPLE

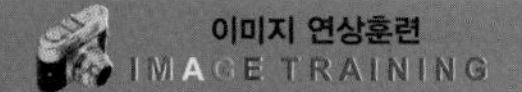

▶ to force someone to do something by using threats

• His testimony was **coerced** through torture.
그의 증언은 고문에 의해 강요된 것이었다.

• At least one in three women has been beaten, **coerced into** sex or otherwise abused in her lifetime.
적어도 셋 중에 한 여성은 맞고 살거나, 성관계를 강요당하거나, 아니면 학대당해 왔다.

• A request by the national government for shared sacrifice may be seen as **coercive** and destructive rather than voluntary.
중앙정부의 같이 희생하자는 요청은 자발적이라기보다는 강압적이고 파괴적으로 여겨질 수 있다.

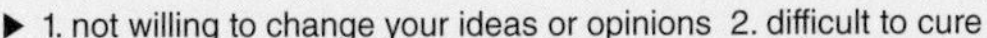

▶ 1. not willing to change your ideas or opinions 2. difficult to cure

• The boy was **obstinate** and would not listen to his mother.
그 소년은 고집이 세서 엄마의 말을 들으려 하지 않았다.

• Nephrotic Syndrome is an **obstinate**, chronic and recurring disease.
신장 증후군은 난치성이고, 만성적이며, 자주 재발하는 질병이다.

▶ 1. resisting rules, authority or control; opposed to the government by force
2. difficult to treat or handle

• In the **rebellious** phase, teenagers become irascible and hard to control.
반항기에 십대들은 화를 잘 내고 통제하기 어렵게 된다. * irascible 성을 잘 내는

• Van Gogh is irascible, engaging, intelligent, touchy, high-minded, well read, **rebellious** and pigheaded.
반 고흐는 화를 잘 내면서도, 애교가 있고, 영리하면서도 예민하고, 성품이 고매하고 박식하면서도, 반항적이고 고집이 세다.

▶ to do something harmful to someone because they have done something harmful to you

• If I am physically assaulted, it will permit me to **retaliate** with reasonable violence.
만일 내가 신체적으로 공격을 받게 되면, 나도 합당한 폭력으로 보복할 수 있을 것이다.

• The witness held her tongue about what she saw for fear of **retaliation** by the mob.
증인은 조직 폭력배에 의한 복수를 두려워하여 그녀가 본 것에 대하여 말하지 않았다.

▶ a state of extreme confusion or anxiety

• The whole school is **in a turmoil**.
학교 전체가 아주 혼란스러운 상황에 빠져 있다.

• In Europe, political **turmoil** and socio-economic upheavals marked nations entering the industrial age.
유럽에 있어서, 정치적 혼란과 사회경제적 격변은 산업 시대로 접어드는 국가의 특징이다.

DAY 12-4

정의 DEFINITION	유사어휘군 SYNONYM·ANTONYM

0291 9+
reconcile
EFS
[rékənsàil]
16.가천대/10.국회속기직/09.지방직9급 95.고려대학원/94.서울여대.서울대학원

【어원】 re(=again)+con(=together)+cil<call(=call ⊃ RO99) ➡ 다시 "여보"라고 부르게 하다 → 화해시키다 → 중재하다

Vt. 1. 융화시키다; 조화시키다 = harmonize, conform, coordinate, attune
2. 화해시키다, (분쟁 등을) 중재[조정]하다 = arbitrate, mediate, make up
3. 〈수동〉 스스로 체념[만족]케 하다

13.성균관대
ⓝ reconciliation 화해; 조정, 조화 = pacification[R2404]
ⓐ reconciliatory 화해의; 조정의
reconcilable 조정할 수 있는; 조화시킬 수 있는

02-1.경희대/96.고려대학원
반 **irreconcilable** 조화하지 않는, 양립할 수 없는(=incompatible); 비타협적인; 비타협적인 사람

0292 9+
dismay
F
[disméi]
16.한양대/15-2.경찰/10.경희대 09.이화여대/07.명지대/05.한국외대 96.고려대학원/91.연세대학원

【어원】 dis(=not)+may(~해도 좋다) ➡ (하고 싶은데) 해서는 안된다고 하다 → 실망시키다

Vt. 크게 실망시키다; 경악하게 만들다 = discourage[R1891] disappoint[R1204] dishearten, deject; disquiet[R2401] astonish, astound, startle, stun, amaze, consternate

N. (예기치 않은 결과에 대한) 실망, 경악 = consternation[T0323]

0293 9+
exacerbate
FS
[igzǽsərbèit]
17.가톨릭대/15.서강대/14.고려대.한양대 13.명지대/11.서울시9급 11.고려대/98.중앙대

【어원】 ex(강조)+acerb(=bitter)+ate(동접) ➡ 더욱 쓰라리게 하다

Vt. (고통 · 병 · 원한 등을) 악화시키다 = aggravate[N0114] worsen, exasperate, add insult to injury

ⓝ exacerbation 분노; 악화

03-2.경기대
관 **acerbate**[ǽsərbèit] 시게[쓰게] 하다; 화나게 하다; 쓰라린, 신랄한; 화나는
- **acerbity** 신랄함, 매서움, 통렬함; 독설 **acerbic** 떫은, 신; 과격한, 매서운

0294 9+
confused
FS
[kənfjúːzd]
13.한양대/10.중앙대/09.단국대 08.이화여대/07.한국외대 01.사법시험/94.협성대

【어원】 con(=together)+fuse(=pour ⊃ R126)+d ➡ 여러가지를 한꺼번에 쏟아 부은

A. (사람이) 혼란스러워 하는, 당황한 = perplexed[R1293] confounded[R1267] befuddled[P0698] turbid[R0671]

16.광운대
ⓥ confuse 혼동하다, 당황케 하다; 좌절시키다 = confound[R1267] distract[D0358]
ⓝ confusion 혼란, 혼동; 당혹
ⓐ confusing 혼란시키는

0295 9+
contrast
FS
[kəntrǽst | tráːst]
17.국민대/16.국회8급/16.한양대/13.산업기술대 13.중앙대/12.단국대.홍익대 13.국가직7급/12.서울시9급

【어원】 contra(=opposite)+st(=stand ⊃ RO19) ➡ 반대에 있는 것

N. 대조, 대비, 대조되는 것
*in contrast, by contrast 그에 반해서
*in contrast with ~와 대조적으로
*in sharp contrast to ~와 극명하게 대조적으로
V. 대조를 이루다; 대조하다
*contrast A with B A와 B를 대조하다

영영정의 및 예문
EXAMPLE

이미지 연상훈련
IMAGE TRAINING

▶ 1. to find a way in which two things that are opposed to each other can be in harmony
2. to make people become friends again 3. to make yourself accept an unpleasant situation

- Today, it's very hard for a female worker to **reconcile** the demand of her job and the desire to be a good mother.
오늘날 여성 근로자는 직장이 요구하는 것과 좋은 엄마가 되려는 바람을 조화시키는 것이 매우 힘들다.
- It is a surprise to see Paul and Ted are friends again. I wonder who **reconciled** them.
Paul과 Ted가 다시 친구가 된 것을 보니 놀라운 일이다. 나는 누가 그들을 화해시켰는지 궁금하다.
- They have **irreconcilable** differences.
그들은 서로 양립할 수 없는 차이점들을 지니고 있다.

▶ to make someone feel shocked, disappointed, and upset

- The mayor **was** thoroughly **dismayed by** the lack of public support for his new project.
시장은 자신의 새로운 프로젝트에 대한 대중의 지지가 적자 매우 실망했다.
- **To everyone's dismay**, his prediction of the severe storm came true.
놀랍게도 맹렬한 폭풍이 닥칠 것이라는 그의 예측은 사실로 나타났다.

▶ to make something worse

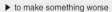

- The attack will **exacerbate** the tense relations between the two countries.
이번 공격으로 두 나라 사이의 긴장상태가 악화될 것이다.
- Don't **acerbate** associates if you want their friendship.
동료들의 우정을 원한다면 그들을 화나게 하지 마라.

▶ not knowing exactly what is happening or what to do

- Mark was absolutely baffled by the puzzle; so he was **confused**.
Mark는 그 수수께끼에 완전히 어리둥절해 있었다. 그래서 그는 혼란스러웠다.
- Her complex personality really **confuses** me.
그녀의 복잡한 성격은 나를 혼란스럽게 했다.

▶ N. a great difference between two or more things V. to show differences when compared; to compare in order to show unlikeness or differences

- **In contrast to** his friends, he lives modestly.
그의 친구들과 달리 그는 검소하게 생활한다.
- **In stark contrast**, the fast-growing tube worms live a quick and short life, growing rapidly.
이와는 아주 대조적으로 빠르게 성장하는 서관충은 빠르게 성장하면서 빠르고 짧은 삶을 산다.

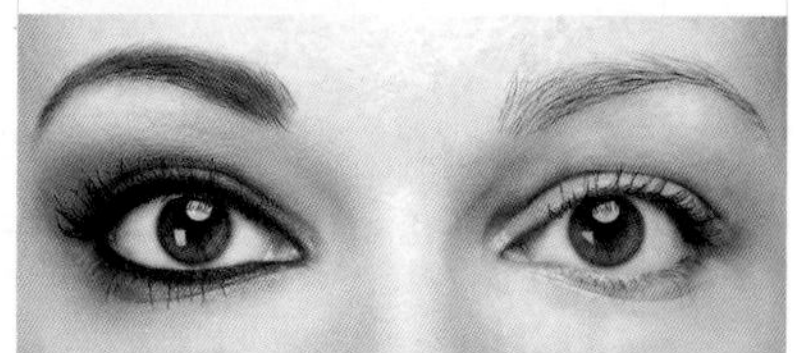

정의 DEFINITION	유사어휘군 SYNONYM·ANTONYM

0296 9+

appease

[əpíːz]

17.국가직9급(하)/16.산업기술대/10.동국대 08.명지대/05-2.세종대/04.00-2.세종대 95.고려대/84.서울대학원

【어원】ap<ad(=to, near)+pease(=peace ⊃ R240) ➡ 평화롭게 하다 → 달래다, 진정시키다 → 타협하다

Vt. (원하는 것을 주어서 화를) 달래다, 진정시키다 = make quiet or calm[T0131] soothe[N0764] pacify[R2404] placate[N0180] mitigate[N0179] lull, calm down, mollify, comfort, propitiate, allay, assuage, tranquilize

ⓝ appeasement 유화, 회유

ⓐ appeasable 달래기 쉬운 = placable

↔ inappeasable 달래기 어려운 = implacable

표 **pour oil on (the) troubled waters** 진정시키다

0297 9+

tranquility

[træŋkwíləti]

09.서강대/06.계명대/99.공인회계사 97.고려대학원/93.고신대

【어원】trans(=over)+qui(=quiet ⊃ R240)+llity ➡ 두루두루 조용함 → 평온

N. 평온; 고요함, 정적 = calmness[T0131] peacefulness[R2404] equanimity[N0933] silence, stillness, quiet, quietude; hush, placidity, serenity

10.한양대/06.중앙대/96.숭실대

ⓐ tranquil 조용한, 고요한; 평온한; 차분한 = calm[T0131] quiet, still; peaceful, placid, serene

ⓥ tranquilize 조용하게 하다(해지다); 안정시키다 = calm down[T0131]

ⓝ tranquilizer 진정제, 정신 안정제 = sedative[N0931] lenitive, calmative

0298 9+

taciturn

[tǽsətə́ːrn]

16.서울시7급/11.단국대/08.이화여대 97.고려대학원/95.경기대

【어원】tac(=silent)+i+turn ➡ 조용한 → 말이 없는

A. 말 없는, 말이 적은, 과묵한 = reticent[N0627] quiet[R2400] reserved[D0106] laconic, short-spoken

13.국민대

ⓝ taciturnity 말 없음, 과묵 = reticence[D0627]

05.고려대/02.세종대/96.서울대학원

관 **tacit**[tǽsit] (양해 등이) 암묵적인, 묵시적인 = unspoken, unexpressed, implied

0299 9+

divulge

[daivʌ́ldʒ/di-]

15.국회9급/13.기상직9급/11.강남대 07.경원대/07.제주9급/05-2.세종대 98.중앙대,동국대

【어원】di(=away)+vulg(=common people ⊃ R195) ➡ (비밀을) 사람에게 가져가 버리다 → 누설하다, 폭로하다

Vt. (비밀 따위를) 누설[폭로]하다, 밝히다 = reveal[T0961] disclose[R1382] betray[N0852] expose, debunk, unveil, uncover, unearth, let out, let on

ⓝ divulgence 누설, 폭로

표 **bring to light** 세상에 알리다, 폭로하다, 깨닫게 하다(=make something known) ⊃ R1481
let the cat out of the bag 비밀을 누설하다 ⊃ I11110
spill the beans 비밀을 털어놓다 ⊃ I11109

0300 9+

disregard

[dìsrigáːrd]

06.경원대/97.서울대학원

【어원】dis(반대)+re+gard(=protect ⊃ R139) ➡ 보호할 대상에서 빼다 → 무시하다, 경시하다

Vt. 무시[경시]하다, 소홀히 하다 = ignore[R1434] pass over[I05606] neglect, belittle, minimize

N. 무시, 경시 = inattention

ⓐ disregardful 무시하는, 경시하는

01-2.계명대 | 빈 **regard** 간주하다, 여기다(=consider); 존중하다; 응시하다

11.국가직9급/07.인천시9급 | **regarding** ~에 관하여(=concerning)

03.101단/94.사법시험 | 표 **with regard to** ~에 대해서, ~에 관해

17.한성대/11.국가직9급 | **regardless of** ~에 관계없이

16.가천대 | **without regard to** ~은 고려하지 않고, ~에 관계없이(=irrespective of, regardless of)

영영정의 및 예문
EXAMPLE

이미지 연상훈련
IMAGE TRAINING

▶ to make someone less angry by giving them what they want

- Only a personal apology will **appease** his rage at having been slighted.
  직접 하는 사과만이 무시당했던 것에 대한 그의 분노를 가라앉힐 것이다. * rage 분노
- We have discovered that, when we try to **appease** our enemies, we encourage them to make additional demands.
  우리가 적들을 달래려 할수록 그들이 추가적인 요구를 하게 만든다는 사실을 우리는 깨달았다.
- The apple **appeased** my hunger temporarily, but I could still eat a big dinner.
  나는 사과로 허기를 일시적으로 달랬지만, 여전히 푸짐한 저녁식사를 먹을 수 있다.

appease
달래다

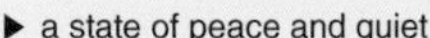

▶ a state of peace and quiet

- A series of rifle shots disturbed the **tranquility** of the camp grounds.
  연속된 소총의 총성이 캠프 야영지의 고요함을 방해했다.
- On the whole, the general led a **tranquil** life.
  대체로, 그 장군은 평온한 삶을 살았다.
- When the veterinarian tried to **tranquillize** the dog, it suddenly bit her hand.
  수의사가 그 개를 진정시키려 하자, 갑자기 그녀의 손을 물었다. * veterinarian 수의사

▶ tending not to say very much
<cf> **tacit** : expressed or understood indirectly, rather than said in words

- Both of the girls are **taciturn** and shy by nature, tending to stay in the background.
  두 소녀 모두 천성적으로 말이 없고 수줍음이 많아서 나서기를 좋아하지 않는다.
- The chairman was so **taciturn** that we often discovered that we had absolutely no idea what he was thinking.
  그 의장은 너무 과묵해서 종종 우리는 그가 무슨 생각을 하는지 전혀 알 수 없었다.
- They feel that there is a **tacit** agreement among board members to vote down anything new.
  그들은 위원들 사이에 새로운 안건이면 어떤 것이건 부결시키자는 암묵적인 동의가 있다고 생각한다.

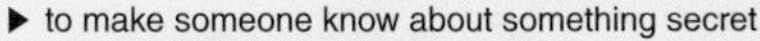

▶ to make someone know about something secret

- Most of the secrets about the event **are** not yet **divulged** to anyone else.
  그 일에 대한 대부분의 비밀은 아직 누구에게도 알려지지 않았다.
- The president asked the managers not to **divulge** the news of the merger.
  회장은 경영자들에게 합병 소식을 누설하지 말 것을 요청했다. * merger 합병
- Police refused to **divulge** the identity of the suspect.
  경찰은 용의자의 신원을 밝히기를 거부했다.

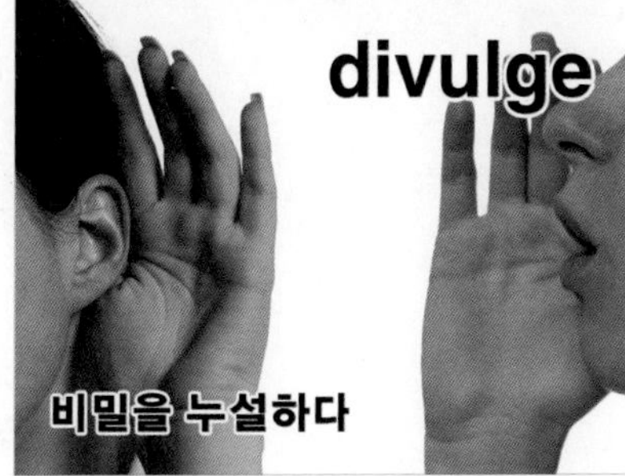

▶ V. to ignore something N. lack of attention or consideration

- She **disregarded** his invidious remarks.
  그녀는 비위에 거슬리는 그의 말을 무시했다. * invidious 비위에 거슬리는
- He is **regarded as** the best student in his class.
  그는 그의 학급에서 최우수 학생으로 간주된다.
- Nothing has been decided yet **regarding** the matter.
  그 문제에 대해선 아직 아무것도 결정된 것이 없다.

Quick Review

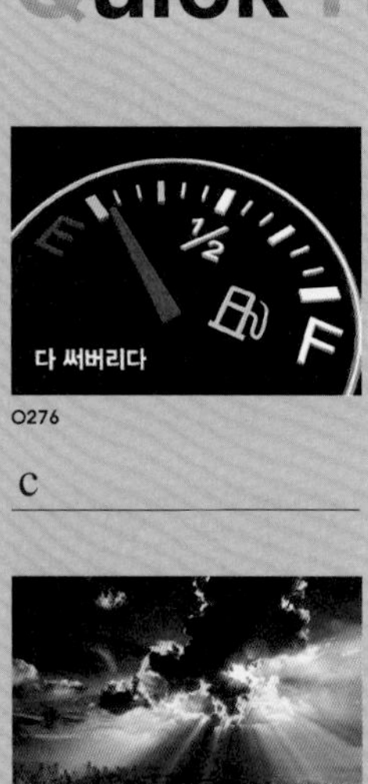

0276

c

0277

i

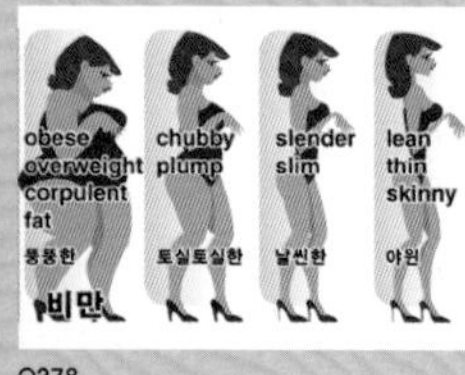

0278

o

0279

o

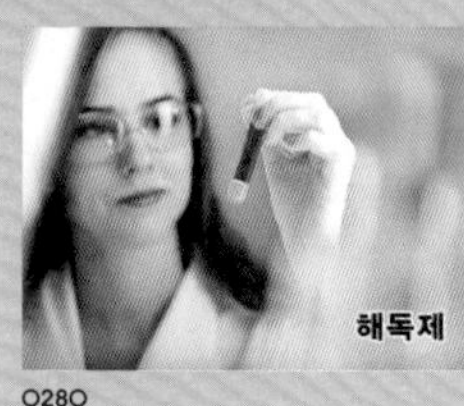

0280

a

0281

e

0282

m

0283

s

0284

d

0285

n

0286

c

0287

o

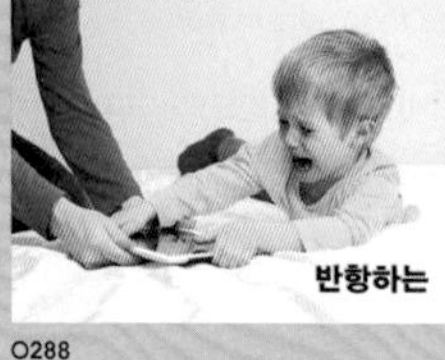

0288

r

0289

r

0290

t

0291

r

0292

d

0293

e

0294

c

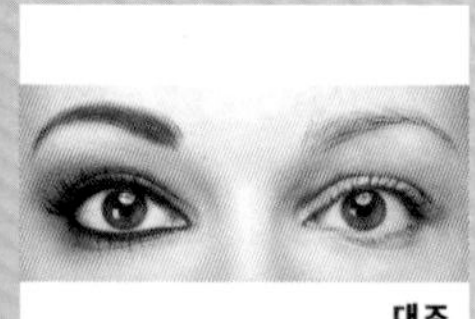

0295

c

0296

a

0297

t

0298

t

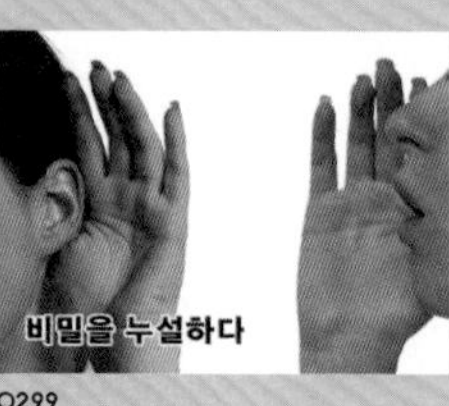

0299

d

0300

d

Answer 0276 **consume** 0277 **insatiable** 0278 **obesity** 0279 **obedient** 0280 **antidote** 0281 **emerge** 0282 **merge** 0283 **segregate** 0284 **differentiate** 0285 **narrow** 0286 **coerce** 0287 **obstinate** 0288 **rebellious** 0289 **retaliate** 0290 **turmoil** 0291 **reconcile** 0292 **dismay** 0293 **exacerbate** 0294 **confused** 0295 **contrast** 0296 **appease** 0297 **tranquility** 0298 **taciturn** 0299 **divulge** 0300 **disregard**

Preview

DAY 13

0301

0302

0303

0304

0305

0306

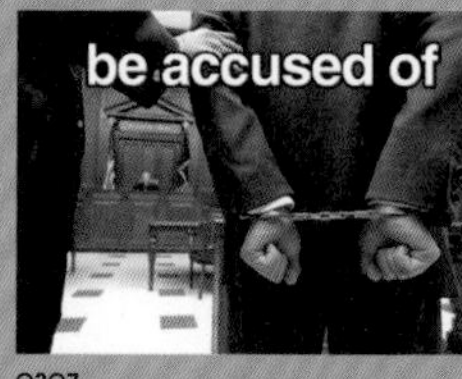

0307

0308

0309

0310

0311

0312

0313

0314

0315

0316

0317

0318

0319

0320

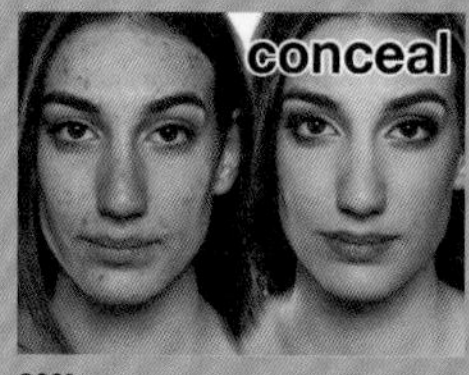

0321

0322

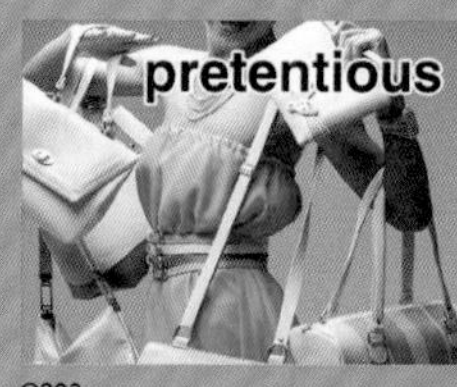

0323

0324

0325

Answer 0301 우스꽝스러운 0302 초라한, 인색한 0303 의지할 수 있는 0304 책임져야 할 0305 근면한
0306 결점 없는 0307 ~혐의로 기소되다 0308 피고인, 범인 0309 공범 0310 당황하게 하다
0311 동시에 0312 동시에 일어나는 0313 동시에 일어나다 0314 우연의, 뜻하지 않은 0315 끊임없이
0316 석방하다 0317 해방하다 0318 위조의 0319 위조하다 0320 가짜의
0321 감추다 0322 속임수 0323 허세부리는 0324 박탈, 몰수 0325 비행을 저지른

▶ 유튜브 바로가기

DAY 13-1

정의 DEFINITION	유사어휘군 SYNONYM·ANTONYM

0301 8+ **absurd** [æbsə́ːrd]

13.서강대/10.계명대/09.서강대 02-2.고려대/00.광운대/98.세무사 97.덕성여대/95.성심대

【어원】ab(강조)+surd(=deaf, mute) ➡ 말을 못하고 듣지 못하는 → 어리석은 → 부조리한

A. 1. 어리석은; 우스꽝스러운 = ridiculous[R0725] foolish[S0801] ludicrous, laughable, stupid, silly, imbecilic, bubbleheaded, dumb
2. 불합리한, 모순된, 터무니 없는 = preposterous[N0639] illogical, unreasonable
N. 부조리, 불합리 = irrationality, unreasonableness

ⓝ absurdity 불합리, 부조리; 어리석음
absurdism (문학 · 연극 등의) 부조리주의

0302 8+ **mean** [miːn]

【연상】초라해서 mean(미안)하다.

17.한국외대/12.이화여대 11.국민대/07.한국외대
A. 1. (사람이) 비열한, 상스러운, 못된 = despicable, ignoble, vile, unkind
2. (재능이) 뒤떨어지는
3. 〈미 · 구어〉 (솜씨가) 기막힌 = excellent
4. 초라한; (출신이) 비천한 = humble, shabby, sordid
5. 인색한, 쩨쩨한 = stingy, parsimonious, miserly, niggardly
16.건국대 N. 1. [means] [단 · 복] 방법, 수단 = way
01.건국대 *by no means 결코 ~아니다 *by means of ~에 의하여
17.가천대,산업기술대 2. [means] [복수취급] 재력, 자산 = affordability[D0485]
V. ~을 의미하다; ~을 의도하다, ~할 작정이다 = signify, indicate, represent; intend, expect
ⓝ meaning [míːniŋ] 의미, 뜻, 의도
ⓐ meaningful 의미있는, 중요한

15.숭실대 표 **no mean** 꽤 훌륭한, 대단한(=great) **no mean feat** 상당한 공적(=a great achievement)
혼 **meanwhile/meantime** 그동안

0303 8+ **reliable** [riláiəbl]

【어원】re(=again)+li<lig(=bind ⊃ R027)+able(형접) ➡ 혹시라도 풀릴까봐 다시 묶은 → 믿을 수 있는

15.경찰2차/01.덕성여대/96.연세대학원
A. 1. (사람이) 믿을 수 있는, 의지할 수 있는 = trustworthy[R2291]
2. (정보 등이) 믿을 만한, 신뢰할 수 있는 = dependable[D0002] credible, believable
ⓐ reliant 신뢰하는, 의지하는; 독립심이 있는
13.지방직9급 ⓝ reliance 의존; 신뢰, 신용 = dependence[D0002]; credence[R2293]
16.한양대 self-reliance 자립심, 자립
15.10.한양대 reliability 믿음직함, 신뢰도, 확실성 = credibility[D0719] certainty[R0153]

표 **rely on** 의지하다, 의존하다(=depend on, count on)
97.성신여대 반 **unreliable** 믿을 수 없는, 신뢰할 수 없는(=undependable)

0304 8+ **responsible** [rispɑ́nsəbl]

【어원】re(=again)+spons(=promise ⊃ R105)+ible(형접) ➡ 다시 약속할 수 있는

15.00.경찰 08.경희대/03.중앙대
A. 1. (결과에) 책임을 져야 할[for]; 원인이 되는 = accountable[D0030] answerable, chargeable, culpable
*be responsible for ~에 책임이 있다 = be accountable for[D0030]
2. (어떤 일을) 책임지고 있는[for] = liable, obligated
3. (사람이) 책임감 있는, 믿음직한 = trustworthy, reliable, credible, dependable
16.고려대/13.성균관대 ⓝ responsibility 책임, 책무; 신뢰도 = accountability[D0030] liability; reliability, credibility
05.동아대/00-2.고려대 반 **irresponsible** 무책임한, 신뢰할 수 없는 = undependable[D0002] reckless, untrustworthy unaccountable, unreliable
혼 **responsive** 대답하는; 감동받기 쉬운; 민감한 **respond** 응답하다, 대답하다; 반응하다

0305 8+ **assiduous** [əsídʒuəs]

【어원】as<ad(=near)+sid(=sit ⊃ R021)+u+ous(형접) ➡ 책상 옆에 (계속) 앉아 있는 → 근면한 → 지칠 줄 모르는

16.중앙대/09.서강대/08.경찰 05.한국항공대/02.성균관대/01.행.외시 97.동국대/84.행자부7급
A. 1. 부지런한, 근면한 = diligent[R0539] industrious[D0474] sedulous[R0212] laborious, studious, zealous, operose, patient
2. 끈기있는, 끈질긴 = indefatigable[N0816] unflagging[T0798] tireless, untiring
ⓝ assiduity 근면, 전념
ⓐⓓ assiduously 부지런히

영영정의 및 예문
EXAMPLE

이미지 연상훈련
IMAGE TRAINING

▶ 1. silly or stupid 2. completely ridiculous or unreasonable

- Terrorists always look for **absurd** excuses for their despicable deeds.
  테러리스트들은 항상 자신들의 비열한 행위들에 대한 터무니없는 구실을 찾는다.
- It is **absurd** for the council to cut taxes without proposing another way to raise money.
  지방의회가 돈을 마련하기 위한 다른 방안은 제시하지도 않은 채 세금을 삭감하는 것은 불합리하다.

▶ A. 1. characterized by intense ill will 2. of low or lower quality 3. excellent
4. lacking high station or birth

- He is too **mean** to buy a present for his wife.
  그는 너무 인색해서 그의 처에게 줄 선물을 살 수가 없다.
- She walked through the **mean** and dirty streets.
  그녀는 초라하고 더러운 거리를 걸어갔다.
- He was a man of no small **means**.
  그는 적지 않은 재력을 가진 사람이었다.
- He is **no mean** performer on the rugby field.
  그는 럭비 분야에서 꽤 훌륭한 선수이다.
- This is **by no means** out of the ordinary.
  이건 결코 비정상이 아니다.

▶ 1. worthy of being depended on 2. that is likely to be correct or true

- He insisted all the projects were based on **reliable** information, but refused to give any details.
  그는 모든 프로젝트가 믿을 만한 정보에 근거한 것이라 주장했지만, 구체적인 내용은 밝히지 않았다.
- She is totally **unreliable**. She never does anything she has promised to do.
  그녀는 전혀 신뢰할 수 없는 사람이다. 그녀는 하기로 약속하는 어떤 것도 하지 않는다.
- Most college hopefuls **rely on** private education to prepare for the university's essay test.
  대부분의 대입 수험생들은 논술시험을 준비하기 위해 사교육에 의존한다.

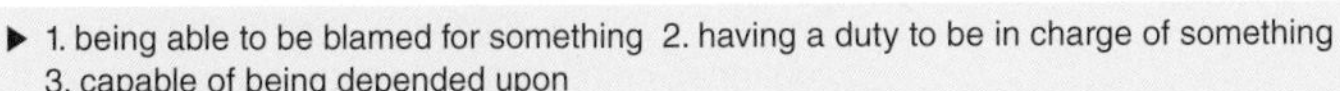

▶ 1. being able to be blamed for something 2. having a duty to be in charge of something
3. capable of being depended upon

- They have been engaged in controversy over who **is responsible for** the lost property.
  그들은 누가 그 분실물에 대해 책임이 있는지를 둘러싸고 논쟁을 벌여왔다.
- He **is responsible for** recruiting and training new staff.
  그는 신입직원의 채용과 교육을 책임지고 있다.
- The job as treasurer entails financial **responsibility**.
  회계원 같은 직업에는 재정적 책임이 뒤따른다.

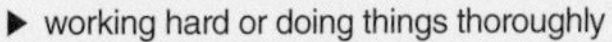

▶ working hard or doing things thoroughly

- Being very **assiduous**, he will be finished within the time allowed.
  그는 매우 근면하기 때문에, 주어진 시간 내에 끝낼 것이다.
- **Assiduous** investigation should be conducted, sufficient evidence amassed to secure a conviction in Court.
  법정에서 유죄판결을 받아내기 위해서는 끈질긴 수사가 행해져야 하고, 충분한 증거가 모여야 한다.
- He has campaigned **assiduously** in his constituency.
  그는 자신의 선거구에서 부지런히 유세활동을 펼쳤다. *constituency 선거구

DAY 13-2

정의 DEFINITION | 유사어휘군 SYNONYM·ANTONYM

0306 8+ **impeccable** [impékəbl]
15.홍익대/14.명지대/10.서울여대 08.고려대/07.성균관대/02-7.경찰 01.고려대/99.한성대

【어원】im<in(=not)+pecc(=sin)+able(형접) ➡ 죄(sin)가 없는 → 결점 없는

A. 결점 없는, 나무랄 데 없는; 죄[과실] 없는 = flawless[D0994] faultless[R2301] immaculate[N0504] irreproachable[T1227] innocent, completely clean, spotless, unsullied, stainless, taintless

반 **peccable**[pékəbl] 죄를 짓기 쉬운, 과오를 범하기 쉬운
peccant[pékənt] 죄가 있는, 잘못을 저지르는; 병적인 ↔ ***impeccant*** 죄 없는, 결백한
peccadillo[pèkədílou] 가벼운 죄, 사소한 잘못, 가벼운 실수

0307 8+ **accuse** [əkjúːz]
13.경희대/06-2.해양경찰 02-7.경찰

【어원】ac<ad(=to)+cus<caus(=reason ➲ R258)+e ➡ ~에게 원인(이유)을 두다 → 비난하다 → 기소하다

V. 고발[기소]하다; 비난하다 = charge[N0133] indict, prosecute, arraign; blame, criticize, condemn, reproach, censure, denounce

*be accused of ~의 혐의로 기소되다, 비난받다 = be charged with[D0133]

98.서울대학원 ⓐ accused 고발[고소 · 기소]된; (the ~) 피고인 = charged[D0133]
accusing 고소하는, 비난하는
10.서울시9급 accusatory 기소의, 비난의
07.한성대/06.건국대 ⓝ accusation 기소, 고발; 비난
92.서울대학원 accuser 비난자; 고소인; 고발자

0308 8+ **culprit** [kʌ́lprit]
18.국가직9급/15.숙명여대 13.이화여대,인천대/12.명지대 05-2.국민대/01-2.삼육대 01.조선대/97-2.중앙대

【어원】culp(=fault ➲ R230)+rit ➡ 죄가(잘못이) 있는 사람 → 범인, 죄인 → (법정 용어) 미결수

N. 1. 범인, 죄인; 범죄용의자; 형사 피고인 = guilty person[T1261] offender[R1172] the accused[D0307] malefactor[R0606]
2. (문제나 나쁜 상황의) 원인 = cause[R2581]

0309 8+ **accomplice** [əkámplis]
13.인천대/11.경희대/09.명지대 10.경찰2차/00.동국대

【어원】ac<ad(=near)+com(=together)+plic(=fold ➲ R129) ➡ 가까이에 같이 겹쳐져 있는 사람 → 한 패 → 공범

N. 공범, 방조범 = helper, complicity, accessory, conspirator, copartner, confederate, partner in a crime

98.고려대학원/94.변리사 관 **complicity**[kəmplísəti] 1. (범죄 등의) 공범; 공모 = accomplice[N0309] conspiracy, collusion, confederacy
2. (특정 사건에의) 연루 = involvement[R0594]
11.경희대 - **complicit** 공모한, 연루된 = involved

0310 8+ **intrigue** [intríːg]
06.세무사/06.서강대,한양대 05.총신대/02.서울여대

【어원】in(=in)+trig<tric(=obstacle ➲ R256)+ue ➡ 장애물 안에 두다 → 당혹케 하다 → 음모(안에 빠뜨림)

Vt. 1. 당황하게 하다, 어찌할 바를 모르게 하다 = perplex[R1293] bewilder, ruffle, overwhelm, puzzle
2. 호기심을 자극하다, 흥미를 돋우다 = excite, arouse
Vi. 음모를 꾸미다, 술책을 부리다 = conspire, concoct, cabal
N. 1. 음모, 계략; 밀통, 간통 = cabal[T1150] scheme, stratagem, tactics
2. (소설의) 줄거리 = plot

98.세무사/97.한국외대 ⓐ intriguing 음모를 꾸미는; 호기심을 돋우는 = fascinating[D0643]
ⓝ intriguer 음모자, 책사; 간통자

영영정의 및 예문
EXAMPLE

이미지 연상훈련
IMAGE TRAINING

▶ having no flaws or problems

- She has **impeccable** manners and is amazingly polite to everyone.
  그녀의 매너는 흠잡을 데 없으며 누구에게나 매우 공손하다.
- His credentials were **impeccable**, but he continued to fail in job interviews.
  그의 자격엔 아무런 문제도 없었지만, 그는 계속해서 면접에서 떨어졌다.

▶ to say that someone has committed a crime or done something wrong

- He's **been accused of** murder.
  그는 살인죄로 기소되었다.
- The political leader **is** sometimes **accused of** being insolent.
  그 정치 지도자는 종종 거만하다고 비난받는다.
- The innocent man refuted the **accusation**.
  그 결백한 사람은 고소에 대해 논박했다.
- **The accused** were all found guilty.
  피고인들은 모두 유죄로 밝혀졌다.

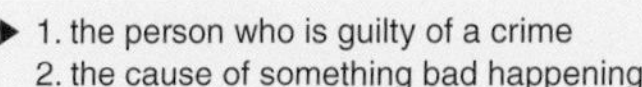

▶ 1. the person who is guilty of a crime
2. the cause of something bad happening

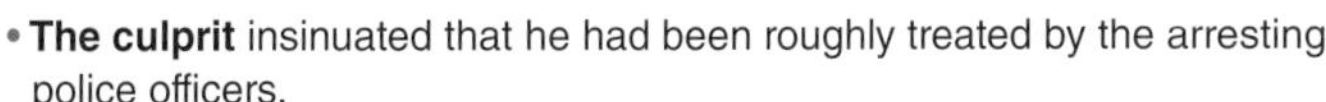

- **The culprit** insinuated that he had been roughly treated by the arresting police officers.
  범인은 자신을 체포한 경찰들이 거칠게 대했다는 것을 넌지시 암시했다.
- Children in this country are getting too much fat, and sugar and sweets are the main **culprits**.
  이 나라의 아이들은 너무 비만해지고 있는데 설탕과 사탕이 주된 원인이다.

▶ a person who helps another to commit a crime or to do something wrong

- The thief was not alone. He had an **accomplice**.
  그 도둑은 혼자가 아니었다. 그는 공범이 있었다.
- The authorities are searching for the **accomplice** who provided the getaway car.
  당국(수사기관)은 도주용 차량을 제공한 공범을 찾고 있다. ＊the authorities 당국 getaway 도주

▶ V. 1. to plan secretly to harm someone 2. to make someone very interested
N. a secret plan to harm someone

- Across the Atlantic, Americans **were intrigued by** the news of the falling dollar.
  대서양 건너 미국인들은 달러화의 폭락소식에 당황했다.
- When my father told me of his trip to Africa I became **intrigued** by the notion of sharing food with people of the primitive tribes.
  아버지가 아프리카 여행 이야기를 들려주었을 때 나는 원주민과 음식을 같이 먹었다는 말에 흥미를 가지게 되었다.
- Most of his novels feature political **intrigue**.
  그의 소설 대부분은 정치적인 음모가 특징이다.

정의 DEFINITION | 유사어휘군 SYNONYM·ANTONYM

0311 8+
simultaneously
[sàiməltéiniəsli]

16.한성대/10.서울시9급/07.단국대 04.명지대/99-5.경찰/99.경원대 98-2.강남대/88.행자부9급

【어원】simul(=same ⊃ R231)+tan+eous+ly ➡ 같이 하는 → 동시에

ad. 동시에; 일제히 = concurrently[N0312] coincidently, synchronously, contemporarily, coinstantaneously, at the same time[I01603] at once, at one[a] time, in a breath

ⓐ simultaneous 동시에 일어나는, 동시의 = concurrent[D0312] synchronous[R2012] coincident, coinstantaneous, contemporary, instantaneous

ⓝ simultaneity 동시 발생, 동시성

숙 at the same time 동시에 ⊃ I01603

0312 8+
concurrent
[kənkə́ːrənt]

08.국가직9급

【어원】con(=together)+cur(=run ⊃ R042)+ent(형접) ➡ 한 차선에 두 차가 동시에 달리는 → 동시에 일어나는

A. 1. 동시에 일어나는; 수반하는 = simultaneous[D0311] coincident, coincidental; accompanying, concomitant

2. 일치하는[with]

12.중앙대/08.세종대/02.감정평가사 ⓥ concur 동의하다[with]; 동시에 일어나다 = agree with, see eye to eye on[I07802]

16.한성대/07.단국대 ⓐⓓ concurrently 동시에; 일제히 = simultaneously[N0311]

14.경희대 ⓝ concurrence 의견일치; 동시 발생 = agreement[S0851] coincidence

0313 8+
coincide
[kòuinsáid]

14.항공대/13.산업기술대 06.경희대/01-2.세종대 97-2.총신대/96.서울대학원

【어원】co(=together)+in(=on)+cid(=fall ⊃ R125) ➡ 함께 위에 떨어지다 → 동시에 일어나다 → 일치하다

Vi. 1. (~과) 동시에 일어나다[with] = occur at the same time as, synchronize, co-occur

2. (의견이) 일치하다[with]; (성질이) 맞다, 부합하다 = agree, concur, accord; be identical[N0203]

ⓐ coincident 동시에 일어나는 = simultaneous, concurrent, synchronous, contemporaneous

coincidental (우연적인) 동시 발생의 = coinstantaneous

97.고려대학원 ⓝ coincidence (우연의) 일치, 동시발생

0314 8+
accidental
[æ̀ksədéntl]

01.상명대/96.서울대학원/89.행자부7급

【어원】ac<ad(=near)+cid(=fall ⊃ R125)+ent+al(형접) ➡ 옆에 툭 떨어져 있는 → 부수적인 → 비본질적인 → 우연의

A. 우연의, 뜻하지 않은 = fortuitous[N0412] incidental, casual, haphazard, adventitious, contingent

ⓝ accident 사고, 재난; 우연한 사건; 부대적 사정 = disaster, catastrophe, mishap, calamity, fatality, misfortune, trouble

16.경기대/13.홍익대 06.성균관대/96.기술고시 ⓐⓓ accidentally 우연히, 뜻하지 않게 = inadvertently[N0025] fortuitously, incidentally, casually, unintentionally, undesignedly, by haphazard[R2422] by accident, by chance

0315 8+
continually
[kəntínjuəli]

06.가톨릭대/01-10.경찰

【어원】con(=together)+tin<tain(=hold ⊃ R009)+ually ➡ 계속 잡고 있는 → 계속적으로

Ad. 계속적으로, 끊임없이, 줄곧 = day in and day out[I15402] steadily[T0164] night and day, constantly, consecutively, ceaselessly, continuously, successively, uninterruptedly, steadily

15.광운대 ⓐ continual 끊임없는, (시간이) 연속적인

17.이화여대/15.광운대/13.국민대94.홍익대 continuous 연속의, 계속적인; 끊임없는 = persistent[N0082] ceaseless[D0985]

10.인천대 continuing 연속적인, 영속하는; 지속하는

continued 연속된, 계속된, 불변의, 부단한

ⓝ continuance 계속, 존속, 연속; 속행

continuation 계속됨, 속편; 이월 거래

continuity 연속(성), 촬영 대본, 콘티

영영정의 및 예문
EXAMPLE

이미지 연상훈련
IMAGE TRAINING

▶ at the same time

- The two men turned around **simultaneously** at the sound of the whistle.
  그 두 사람은 휘슬 소리에 동시에 돌아보았다.
- There was a **simultaneous** broadcast of the concert on the radio and the television.
  그 연주회는 라디오와 텔레비전에서 동시 중계되었다.

▶ 1. existing or occurring at the same time 2. in agreement

- When the strike is settled, there will probably be an increase in wages and a **concurrent** increase in prices.
  파업이 타결되면, 아마 임금의 인상과 가격의 동시적인 인상이 있을 것이다.
- The governor **serves concurrently** as the chairman of the committee.
  그 주지사는 위원회의 의장을 겸임하고 있다.
- If I can get my parent to **concur**, I'll join the Peace Corps.
  만약 내가 부모님의 동의를 얻을 수 있다면, 나는 평화 봉사단에 합류할 것이다.

▶ 1. to happen at the same time 2. to be the same

- The meeting between them **coincided with** the committee's appeals to the president to resume cooperation with their allies.
  그들 사이의 만남은 대통령에게 동맹국과 협력을 재개해야 한다고 촉구했던 그 위원회의 호소와 동시에 이루어졌다.
- The ideal and reality never **coincide**.
  이상과 현실은 결코 일치하지 않는다.
- If a combination of events happen by chance but in such a way that it seems planned or arranged, it is a **coincidence**.
  만일 둘 이상의 사건이 우연히 발생하지만 미리 계획되거나 짜여진 것처럼 일어난다면, 그것은 우연의 일치이다.

▶ happening by chance

- You should back up your day's work on the computer to protect it from **accidental** loss.
  사고로 날려버리는 것을 막기 위해 하루하루의 업무를 컴퓨터에 백업시켜야 한다.
- It was a pure **accident** that I met her yesterday.
  어제 그녀를 만난 것은 순전히 우연이었다.

▶ repeatedly over a long period of time without interruption

- He **continually** improved himself to get on in life.
  그는 출세하기 위해 끊임없이 자기 계발을 했다.
- It is not easy for scientists to develop a vaccine because the virus **continually** changes.
  바이러스는 계속해서 변화하기 때문에 과학자들이 백신을 개발하는 일은 쉽지가 않다.
- The stock market sharply dropped again two days ago, **continuing** a weeklong trend toward selling stocks rapidly.
  이틀 전에 주식시장이 다시 급락하여, 일주일간의 주식 급매 추세를 계속 이어갔다.

정의 DEFINITION	유사어휘군 SYNONYM·ANTONYM

0316 8+
acquit
[əkwít]
15.한양대/09.단국대/05.한양대 02-2.세종대/98.경원대 99.행.외시/94.수원대

【어원】 ac<ad(=to)+quit(=quiet ⊃ R240) ➡ (풀어주어) 조용하게 하다 → 무죄라고 하다 → 석방하다

Vt. 1. 무죄라고 하다, (혐의를) 벗겨주다 = exonerate[N0861] absolve[R0303] pronounce not guilty, exculpate

2. 석방하다; 면제하다 = discharge, release, let off, turn loose, set free, liberate

ⓝ acquittal 무죄, 석방; 변제, 이행 = 변제: repayment, settlement, liquidation, refund

acquittance 채무 면제, 채무 변제 영수증 = 석방: release, discharge, liberation

0317 8+
emancipate
[imǽnsəpèit]
15.명지대/09.국가직9급/06.세종대 03.경희대/02.중앙대/97.서울대학원 90.고려대학원

【어원】 e<ex(=out)+man(=hand ⊃ R186)+cip(=take ⊃ R001)+ate ➡ 잡고 있는 손(속박)에서 벗어나게 하다 → 노예를 석방하다 → 나쁜 버릇을 끊다

Vt. 1. (노예 등을) 해방하다, 석방하다 = release[N0767] liberate[S0741] set free, manumit

2. (나쁜 버릇 등을) 끊다 = give up, abstain from, quit, forgo, leave off

ⓝ emancipation (노예 등의) 해방 = manumission[R0529(3)]

ⓐ emancipatory 해방의, 석방의

emancipated 해방된; 전통에 얽매이지 않는

0318 8+
counterfeit
[káuntərfìt]
12.중앙대/11.상명대/07.대전9급 06.공인노무사/05.세종대 02-2.단국대/98-2.동덕여대

【어원】 counter(=against)+feit(=make ⊃ R061) ➡ 원본과 대조하여(against) 만들다

A. 위조의, 가짜의; 모조의, 사이비의 = spurious[N0320] forged, feigned, bogus

N. 위조 물건; 모조품 = forgery[D0319] fake, sham, phony

Vt. 모조하다, 흉내 내다, 비슷하게 하다 = imitate, mimic, copy, simulate, emulate

03.국민대 ⊞ **put-on** ~인 체하는, 겉치레의, 가짜의(=phony)

0319 8+
forge
[fɔ́:rdʒ]
15.경찰3차/13.서울여대/06.동아대 04-2.광운대/04.고려대

【연상】 스타크래프트의 프로토스 종족은 포지에서 기술을 만들어 낸다.

Vt. 1. 위조[모조]하다; (거짓말 등을) 꾸며내다 = counterfeit[N0318] fake; fudge, concoct, fabricate, make up, frame up

2. 단조하다, (어렵게) 만들어 내다; (친교를) 맺다 = contrive, hammer out; form[R0640] construct[R1151]

Vi. 서서히 나아가다; 꾸준히 발전하다

*forge ahead 장족의 발전을 하다

N. 용광로; 대장간, 철공소 = a smelting furnace

11.상명대/08.전남대 ⓝ forgery 위조; 문서 위조죄; 위조문서 = fabrication[N0718]

forger 위조자, 날조자; 대장장이

동 **fudge**[fʌ́dʒ] 꾸민 일; 허튼소리; 신문의 별쇄; 적당히 꾸며대다, 날조하다; 과장하다
혼 **fuzzy**[fʌ́zi] 보풀 같은; 흐트러진; 흐릿한 **pudgy**[pʌ́dʒi] 땅딸막한(=stubby, stocky), 뚱뚱한

0320 8+
spurious
[spjúəriəs]
14.서울시7급.한국외대/13.12.중앙대 09.서강대/02-2.단국대/01-2.고려대

【연상】 위조범은 위조수표를 만들어서 써버렸어!

A. 1. 가짜의, 위조의 = fake[N0717] counterfeit[N0318] ↔ *genuine*

2. 비논리적인, 그럴싸한 = plausible, specious, illogical

ⓐⓓ spuriously 부정하게; 가짜로

영영정의 및 예문
EXAMPLE

▶ to state officially that someone is not guilty of criminal charges

- The judge had no choice but to **acquit** him because there was not enough evidence to prove his guilt.
  그의 유죄를 입증할 증거가 충분치 않아서 판사는 그에게 무죄를 선고할 수 밖에 없었다.
- Two years after charging the leader of the militia with treason, the government had no choice but to **acquit** him.
  그 민병대 지도자를 반역 혐의로 기소하고 2년이 지난 뒤에, 정부는 그를 석방할 수 밖에 없었다.
- The defence lawyer made an appealing plea for his client's **acquittal**.
  피고인측 변호사는 자기 의뢰인의 무죄방면을 위해 호소력 있는 탄원을 했다.

▶ to give freedom and equal rights to someone

- Their attempts to **emancipate** the slaves were unpopular in the South.
  노예를 해방시키려는 그들의 시도는 남부에서는 호응을 얻지 못했다.
- Newly **emancipated** states in Eastern Europe want to join the European Community.
  (구소련의 통제로부터) 새로이 해방된 동유럽 국가들은 유럽공동체에 가입하길 희망한다.
- She dedicated her whole life to the **emancipation** of women.
  그녀는 평생을 여성 해방을 위해 헌신했다.

▶ A. imitating something for illegal purposes N. a copy that looks like the original
V. to copy something to deceive people

- If something is made or done in imitation of another thing in order to deceive, we call it a **counterfeit**. Money and jewels are often found as this.
  어떤 것이 속일 목적으로 다른 어떤 것을 모방하여 만들어지거나 행하여진다면, 이를 위조품이라 부른다. 돈과 보석이 종종 이와 같은 것으로 발견된다.
- It's impossible to tell with the naked eye that the notes are **counterfeit**.
  그 지폐가 위조라는 것은 육안으로 식별이 불가능하다. *naked 벌거벗은, 육안의

▶ Vt. 1. to illegally copy something 2. to develop a successful relationship
Vi. to move forward in a steady way N. a place where metal is heated until it is soft enough to be beaten into different shapes

- The professor has **forged** his diplomas of bachelor's.
  그 교수는 자신의 학사 학위를 위조했다. *diploma 학위증서
- France and Germany **forged a friendship** out of their feud.
  프랑스와 독일이 오랜 반목에서 벗어나 신뢰관계를 형성하였다. *feud 반목, 불화
- The evidence of his **forgery** was apparent.
  그의 문서 위조에 대한 증거는 명백했다.

▶ 1. seeming to be genuine but false 2. based on false ideas or facts

- The little child was sharp enough to distinguish between **genuine** and **spurious** affection.
  그 꼬마는 진실된 애정과 거짓된 사랑을 구별할 정도로 충분히 똑똑했다.
- I think his argument is completely **spurious**.
  나는 그의 주장이 완전히 비논리적이라고 생각한다.

정의 DEFINITION	유사어휘군 SYNONYM·ANTONYM

0321 8+ **conceal** [kənsíːl]

15.기상직9급/12.경희대 05.가톨릭대/04.세종대 00.사법시험/89.서울시9급 90.행자부9급

【어원】 con(=completely)+ceal(=hide ⊃ R086) ➡ 완전히 숨기다

Vt. 감추다, 비밀로 하다 = hide[T0943] camouflage[T0942] whitewash[T0941] cover, secrete

ⓝ concealment 은닉, 숨김
concealer 컨실러(피부 결점을 감추어 주는 화장품)

0322 8+ **trickery** [tríkəri]

10.이화여대 06.영남대,중앙대/04.입법고시

【연상】 트릭(trick : 속임수)을 쓰는 것

N. 사기, 속임수, 농간 = swindle[N0822] legerdemain[T1305] chicanery[T1307] deception[D0215] deceit, fraud, guile, skulduggery, spoof

ⓥ trick 속이다; 장난치다 = deceive, cheat; kid, hoax
n. 속임수; 장난, 농담; 재주, 비결; 마술 = hoax 장난 wile 계략[T1306]; knack 비결

15.항공대 ⓐ tricky 영리하지만 교활한; 다루기 힘든
ⓝ tricker 꾀가 많은 사람

07.한국외대 표 **do[turn] the trick** 목적을 달성하다, 뜻을 이루다
01.사법시험 **play[pull] a trick on** sb ~에게 장난을 치다, 속이다
trick or treat 과자를 안 주면 장난칠 거예요. *(Halloween 때 아이들이 집집마다 다니며 하는 말)*

0323 8+ **pretentious** [priténʃəs]

17.명지대/16.한국외대/11.국가직7급,강남대 06.계명대/00-2.세종대 83.사법시험,경찰간부

【어원】 pre(=before)+tent(=stretch ⊃ R131)+i+ous(형접) ➡ (손을) 미리(먼저) 뻗는 → 자만하는

A. (사람이) 허세 부리는, 가식적인 = pompous[N0622] showy[T0235] ostentatious[N0126]

반 **unpretentious** 잘난 체 하지 않는, 가식이 없는
관 **pretend** 가장하다, ~인 체하다, 사칭하다 ⊃ N0268
- **pretender** ~인 체하는 사람; 사칭자, 위선자 ⊃ D0268

0324 8+ **deprivation** [dèprivéiʃən]

15.고려대/07.경남7급,세종대 06.경희대

【어원】 de(=away)+priv(=own ⊃ R032)+ation(명접) ➡ 소유물을 빼앗음 → 박탈 → 상실 → 결핍

N. 1. 박탈, 몰수 = dispossession[R0210] confiscation, forfeiture, seizure
2. 상실; (기본적인 생활 필수품의) 결핍, 궁핍 = deficiency[N0121] loss

07.경기대 ⓥ deprive (~에게서 ~을) 빼앗다, 박탈하다
*deprive A of B A에게서 B를 빼앗다
ⓐ deprived 궁핍한, 불우한

07.고려대/06.이화여대 관 **privation** [praivéiʃən] 상실; (생활필수품 등의) 결핍, 궁핍(=destitution) *priv(=separate)

0325 8+ **delinquent** [dilíŋkwənt]

11.인천대/09.이화여대 05.아주대/02.입법고시 98.사법시험

【어원】 de(=away)+linqu(=leave ⊃ R024)+ent(형접) ➡ (해야할 것을) 놔두고 가버리는 → 직무태만의 → 체납된 → 비행의

A. 1. 비행을 저지른; 비행자의 = law-breaking
2. 직무 태만의 = remiss[R0528] neglectful, negligent, derelict
3. (세금 등이) 체납된, 연체된 = overdue, unpaid, in arrears
N. 1. (직무) 태만자 = neglecter, derelict, defaulter
2. 범법자; 비행소년(=juvenile ~) = offender, wrongdoer, lawbreaker, culprit, criminal

11.국민대/02.사법시험 ⓝ delinquency (직무) 태만; (세금) 체납; 비행 = misdeed, misconduct, misdemeanor, wrongdoing

영영정의 및 예문
EXAMPLE

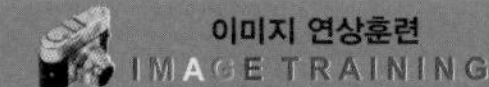

▶ to hide or keep secret

- He could not **conceal** the truth any longer.
  그는 진실을 더 이상 감출 수가 없었다.
- Black slaves were **concealed** in certain houses along the Underground Railroad.
  흑인 노예들을 비밀 지하철도 조직을 따라 몇몇 집에 숨겨졌다.

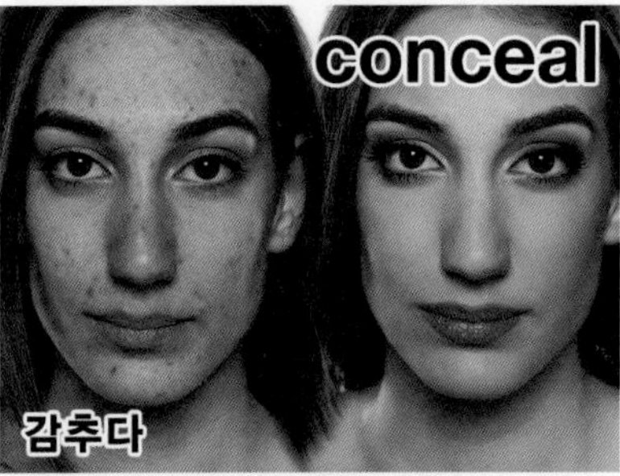

▶ the use of tricks to deceive or cheat people

- Knavery and **trickery** abound in all sports.
  부정행위와 속임수는 모든 스포츠에 만연되어 있다. * Knavery 부정행위
- Do you think I'm trying to **trick** you?
  내가 너를 속이려는 거라고 생각하니?
- You can't teach an old dog new **tricks**.
  늙은 개에게 새로운 재주를 가르칠 수 없다.[속담]
- On April Fool's Day people, newspapers, radio programs, etc., **play tricks on** people by making them believe something that is not true.
  만우절에는 사람들이나 신문이나 라디오 프로그램 등등이 사실이 아닌 것을 믿게 만드는 것으로 사람들에게 장난을 친다.

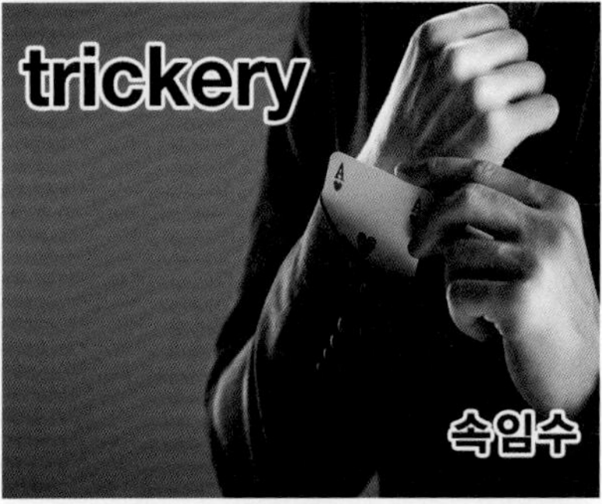

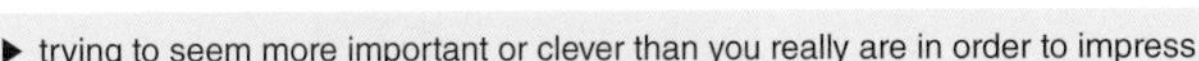
▶ trying to seem more important or clever than you really are in order to impress

- A **pretentious** person is usually disliked.
  허세를 부리는 사람은 미움을 받기 마련이다.
- His review was really boring and **pretentious**.
  그의 보고서는 너무 지루하고 가식적이었다.

▶ 1. act of depriving someone of food or money or rights
2. the lack of something necessary to be healthy or comfortable

- Sleep **deprivation** is the most common cause of low energy and fatigue.
  수면 부족은 기운이 없거나 피로를 일으키는 가장 흔한 원인이다.
- If people **are deprived of** oxygen, they either suffer brain damage or die.
  산소가 공급되지 않으면 사람은 뇌에 손상을 입거나 사망한다.
- They suffered many **privations** and hardships.
  그들은 많은 궁핍과 어려움들을 겪었다. * hardship 어려움

▶ 1. guilty of a minor misdeed 2. failing to do what duty requires
3. not paid at the scheduled time

- When he was young, he was expelled from school for **delinquent** conduct.
  그는 어렸을 때 비행을 저질러 학교에서 퇴학당했다.
- Citizens who fail to vote out of indifference or laziness are **delinquent** in their civic duties.
  무관심하거나 게을러서 투표하지 않는 시민은 시민의 의무를 게을리하는 것이다.
- Some say that **delinquency** by juveniles is epidemic.
  사람들은 청소년 비행이 만연해 있다고들 한다. * epidemic 유행하고 있는

Quick Review

0301
a ______

초라한, 인색한
0302
m ______

의지할 수 있는
0303
r ______

0304
r ______

0305
a ______

0306
i ______

0307
b ______

0308
c ______

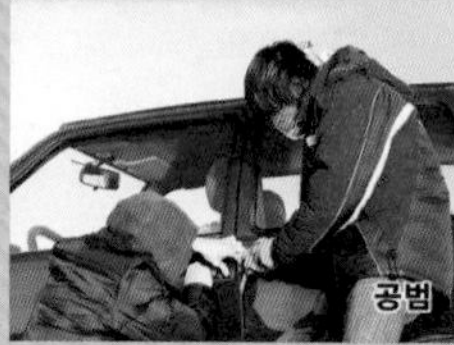

0309
a ______

0310
i ______

0311
s ______

동시에 일어나는
0312
c ______

0313
c ______

0314
a ______

0315
c ______

0316
a ______

0317
e ______

0318
c ______

0319
f ______

0320
s ______

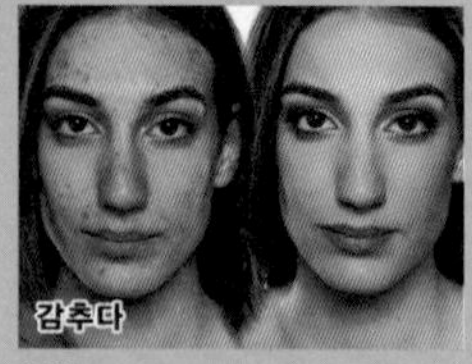

0321
c ______

0322
t ______

0323
p ______

0324
d ______

0325
d ______

Answer 0301 absurd 0302 mean 0303 reliable 0304 responsible 0305 assiduous 0306 impeccable 0307 be accused of 0308 culprit 0309 accomplice 0310 intrigue 0311 simultaneously 0312 concurrent 0313 coincide 0314 accidental 0315 continually 0316 acquit 0317 emancipate 0318 counterfeit 0319 forge 0320 spurious 0321 conceal 0322 trickery 0323 pretentious 0324 deprivation 0325 delinquent

Preview

DAY 14

0326

0327

0328

0329

0330

0331

0332

0333

0334

0335

0336

0337

0338

0339

0340

0341

0342

0343

0344

0345

0346

0347

0348

0349

0350

Answer 0326 마음을 끄는 0327 유혹하다 0328 힘이 많이 드는 0329 엄격한 0330 엄격한
0331 적대하는, 적의 0332 싸움 0333 반박하다 0334 반박하다 0335 지배를 받는
0336 우겨대다 0337 어쩔 수 없는, 강제적인 0338 일치하는 0339 조화하는 0340 붕괴시키다, 지장을 주다
0341 분명한, 뻔한 0342 복잡한 0343 명쾌한 0344 감지할 수 없는 0345 미리 아는
0346 마지못해 인정하다 0347 관습에 따르는 것 0348 비교, 대조 0349 받아들이다, 허락하다 0350 고대하다

DAY 14-1

정의 DEFINITION | 유사어휘군 SYNONYM·ANTONYM

0326 8+ **attract** EFP [ətrǽkt]
16.한성대/14.산업기술대 12.동덕여대/07.국민대 02.건국대/92.고려대학원 17.상명대/11.세종대/06.대구대

【어원】at<ad(=to)+tract(=draw ⊃ R133) ➡ 강하게 끌어당기다 → 관심을 끌다

V. 1. (반응 · 관심을) 끌다, 매료하다 = lure[N0830] allure, entice
2. 끌어들이다, 끌어모으다 = garner[T0523] pull, draw

ⓐ attractive (장소 · 물건이) 마음을 끄는, (사람이) 매력적인 = inviting[T0445] appealing[R0661] fascinating, charming, catchy, bewitching, gripping, catchily, groovy

ⓝ attraction 매력, 흡인력 = lure, charm, appeal, bewitchment, fascination
*tourist attraction 관광명소

반 **unattractive** 사람의 이목을 끌지 않는, 매력적이지 않은

0327 8+ **entice** FS [intáis]
13.동국대/11.동국대/09.명지대 07.서울여대/05-2.가톨릭대 04-2,03-2.고려대

【연상】 타이스(살색 타이즈)를 착용하고(on) 유혹하다

Vt. 꾀어서 ~시키다; 부추기다; 유혹하다 = allure[D0830] seduce, tempt, lure, attract

ⓐ enticing 마음을 끄는, 유혹적인
ⓝ enticement 유혹, 꾐; 미끼; 매력

0328 8+ **arduous** FS [ɑ́:rdʒuəs]
08.서울여대/05.홍익대/02.고려대 01-2.고려대/01.행자부7급/98.경찰

【어원】ardu(=steep)+ous(형접) ➡ 오르막이 가파른 → (오르기 힘든) → 힘드는, 곤란한

A. (일이) 힘이 많이 드는, 고된 = difficult, laborious[R0682] strenuous[N0464] backbreaking, operose, toilsome

혼 **ardent**[ɑ́:rdənt] 열렬한(=eager, fervent); 타는 듯한 *ard(=burn) ⊃ R1798
표 **No sweat.** 걱정마라. 힘든 일은 아니야. ⊃ I16927

0329 8+ **stringent** EFPS [stríndʒənt]
16.경기대/12.성균관대/10.국민대 09.서강대/07.홍익대/02.선관위9급 02.중앙대/96.행자부7급

【어원】string(=bind, tie ⊃ R027)+ent ➡ 끈으로 꽉 묶은 → 엄격한 → (상황이 옥죄는) → 긴박한

A. 1. (규칙 등이) 엄중한, 엄격한 = strict[N0330] rigorous[R0275] rigid, stern, severe, steely, exact, austere, hard-and-fast
2. (재정상태가) 긴박하게 돌아가는, 긴축의

ⓐⓓ stringently 가차 없이

0330 8+ **strict** EFPS [strikt]
16.경기대/10.국민대 08.전남대/07.홍익대/99.변리사 99.한성대 13.홍익대

【어원】strict(=bind, tie ⊃ R027) ➡ 규칙이 꼭 옭아매는

A. 1. (규칙 등이) 엄격한; (타인에 대해) 엄한 = rigorous[R0275] stringent[N0329] stern[D0464] puritanical[N0847] hard-and-fast, severe, rigid, austere

ⓐⓓ strictly 엄격히, 엄밀히, 정확히 = rigidly[R0275]
ⓝ strictness 엄격함 = rigor[R0275]
stricture 심한 비난, 혹평; (행동에 대한) 제한, 구속

영영정의 및 예문
EXAMPLE

이미지 연상훈련
IMAGE TRAINING

▶ 1. to arouse the interest and attention of 2. to draw by a physical force

- The Olympic Games **attract** competitors from all over the world.
  올림픽 경기는 전 세계 선수들을 끌어들인다.
- I met an **attractive** man who looked very mysterious.
  나는 매우 신비로워 보이는 매력적인 사람을 만났다.
- The Big Ben is a major **tourist attraction** in London.
  빅벤은 런던의 주요 관광명소이다.

▶ to persuade someone to do something by offering them something interesting

- No amount of money can **entice** me to leave the company.
  어떤 금액의 돈도 내가 회사를 그만두도록 유혹하지는 못한다.
- Mary hoped that the photographs would be attractive enough to **entice** Jane to go to Europe with her.
  메리는 그 사진이 그녀와 함께 유럽에 가도록 제인을 유혹하기에 충분히 매력적일 것이라고 기대했다.

▶ demanding great effort or labor; difficult

- Exam period was **arduous**, to say the least, even for the most dedicated students.
  전혀 과장하지 않고, 시험기간은 가장 열심히 공부하는 학생들에게조차도 힘들었다.
- After they had finished painting the house, they were faced with the **arduous** task of cleaning up.
  그들은 그 집의 페인트칠을 끝내고 난 다음, 청소라는 힘든 일에 봉착했다.

▶ 1. very strict 2. strictly controlled because of lack of money

- **Stringent** anti-noise regulations have now been passed.
  엄격한 소음 방지 법규가 이제 통과되었다.
- The college, being small, prestigious, and well-endowed, has very **stringent** requirements for admission.
  그 대학은 규모가 작지만 유명하며 기부금이 많이 들어오는 학교이기 때문에 입학하는데 있어서 매우 엄격한 자격 조건을 요구한다.

▶ rigorously enforced; rigorous in treating others

- These housing projects must be designed according to very **strict** criteria.
  이 주택 계획들은 매우 엄격한 기준에 따라 설계되어야 한다.
- The prohibition against smoking on school grounds is **strictly** enforced.
  학교 운동장에서의 흡연 금지는 엄격히 시행되고 있다.

정의 DEFINITION	유사어휘군 SYNONYM·ANTONYM

0331 8+ **hostile** [hástl]

09.경찰2차/06.서울시9급 06.덕성여대/01.변리사 98.행자부9급/93.대신대

【어원】 host(군)+ile(형접) ➡ 군대의 → 적대적인

A. 1. 적의 있는, 적대하는; 적(敵)의, 적국의 = antagonistic[R2511] hateful, unfriendly, ill-disposed, aggressive
2. (~에) 반대하는 = opposite, contrary, reverse, adverse
3. 불리한; (기후 등이) 맞지 않는 = unfavorable, disadvantageous; uncongenial

17.건국대/10.기상직9급

ⓝ hostility 적의, 적성; 적대행위

관 **host**[houst] 1. 무리, 떼, 다수; 군(軍) 2. 주인, 호스트; 주최자

0332 8+ **conflict** [kánflikt]

14.서강대/10.경기대/06.경희대 07.국가직9급/93.사법시험 94.서울대학원,경찰간부

【어원】 con(=together)+flict(=strike ➲ R116) ➡ 서로 치고받는 것 → 싸움, 분쟁

N. 싸움, 전투, 분쟁; (의견의) 충돌, 마찰 = strife[T0901] fight, combat, battle, struggle; friction[R1115] clash, collision, dissension
*in conflict with ~와 상충하여 = at odds with[I01609]
Vi. 대립하다, 충돌하다; 싸우다, 다투다 = be opposed to, be confronted with, be pitted against, be antagonistic to, stand face to face, discord

17.한국외대

ⓐ conflicting 서로 싸우는, 상충되는 = clashing[T1355] mutually disagreeing[D0430] incongruous[D0339]

표 **at odds with** ~와 불화하여(=in conflict with) ➲ I01609

0333 8+ **refute** [rifjú:t]

08.건국대,전남대/02.행,외시 00.건국대/91.연세대학원

【어원】 re(=against)+fut(=pour ➲ R126) ➡ ~에 대항해서 마구 퍼붓다 → 반박하다

Vt. 1. 논박하다, 반박하다 = disprove[N0334] confute, contradict, gainsay, oppugn, retort, rebut
2. (남의 발언이) 그릇됨을 증명하다 = prove false, impugn, disprove

11.세종대/07.국가직7급

ⓝ refutation 논박, 반박; 반증 = rebuttal[T1023]
ⓐ refutable 반박할 수 있는
↔ irrefutable 반박할 수 없는

혼 **repute**[ripjú:t] 평판, 명성; ~이라고 평하다, 여기다 ➲ R1511
- **reputation**[rèpjutéiʃən] 평판, 명성

0334 8+ **disprove** [disprú:v]

15.고려대/12.서울여대 10.서울시9급/02.행,외시 91.연세대학원

【어원】 dis(=not)+prove(=test ➲ R070) ➡ 틀렸음(not)을 증명하다

Vt. 틀렸음을 입증하다, 반박하다 = refute[N0333] contravene[R0373] rebut, debunk

ⓝ disproof/disproval 반증, 반박

09.이화여대,사법시험

반 **prove** 증명하다; (~임이) 드러나다 = attest[N0927] turn out[I06618]
- **proof** 증거, 증명, 입증
혼 **disapprove**[dìsəprú:v] 못마땅해 하다 ➲ R0702
↔ **approve** 승인하다, 찬성하다

0335 8+ **subject** [sʌbdʒik]

16,14.항공대 15.상명대,숙명여대 12.경기대 03.동아대/94.행자부7급

【어원】 sub(=under)+ject(=throw ➲ R123) ➡ 아래로 던져진

A. 영향을 받기 쉬운; ~에 달려 있는; 지배를 받는[to]
*be subject to ~을 받다, ~에 걸리기 쉽다, ~하기 쉽다 = be prone to[D0204] be susceptible to[N0005]
N. 주제; 학과, 과목; 백성, 신하; 피실험자; 주어
*on the subject of ~에 관하여, ~이라는 제목으로
Vt. [səbdʒékt] 복종시키다, 지배하다; 제시하다, 위임하다
*be subjected to (싫은 일을) 당하다, 겪다
ⓐ subjective 주관적인, 개인적인; 주격의 ↔ objective 객관적인, 목적격의
ⓝ subjection 정복, 복종, 종속

관 **adjective** 형용사의, 부수적인 **objective** 목적격, 목적어

▶ 1. very unfriendly towards someone and ready to fight
2. opposing something very strongly 3. not suitable for living

- He evoked much criticism by his **hostile** manner.
  그는 적대적인 태도로 많은 비난을 불러일으켰다.
- The entire nation welcomed the cessation of **hostilities**.
  전(全) 국민이 휴전을 환영했다.

▶ N. fighting or a state of disagreement V. to fail to be in agreement or accord

- Some people choose to handle **conflict** by engaging in avoidance, or not confronting the conflict at all.
  일부 사람들은 회피하거나, 전혀 갈등과 맞서지 않음으로써 갈등에 대처하는 것을 선택한다.
- Witnesses gave **conflicting** accounts of how he escaped.
  증인들은 그가 어떻게 도피했는지에 대해 상반되는 설명을 했다.
- Industrial **conflict** seems to be more rampant in some countries in times of prosperity.
  일부 나라에서는 노동 분쟁이 호황기에 더 기승을 부리는 것 같다. *rampant 유행하는 prosperity 번영

▶ to say or prove that something is not true or fair

- Nobody could **refute** her testimony that the driver was drunk.
  운전자가 취해 있었다는 그녀의 증언을 뒤집을 수 있는 사람은 아무도 없었다.
- All but a few people **refuted** the results of the meeting.
  몇몇 사람들을 제외하고는 모두 그 회의의 결과에 반박했다.
- These are hard scientific facts against which there can be no reasonable **refutation**.
  이것들은 그 어떤 합리적인 반증도 없는 확고한 과학적 사실이다.

▶ to show that something is wrong or not true

- I **disproved** his claim because it isn't true.
  그의 주장은 사실이 아니기 때문에 나는 반박했다.
- The evidence was so strong against the defendant that it didn't seem possible that he could **prove** his innocence.
  증거가 피고측에 너무 불리했기 때문에 피고인이 자신의 무죄를 증명하기는 불가능해 보였다.

▶ A. likely to be affected by something; dependent upon something; being under the domination

- Some clandestine operations of the agency are not **subject** to prior congressional approval.
  첩보 기관의 몇몇 비밀 작전은 국회의 사전 승인을 필요로 하지 않는다. *clandestine 은밀한
- He is **subject** to colds.
  그는 감기에 잘 걸린다.
- He **was subjected to** cruel treatment.
  그는 가혹한 대우를 받았다.

DAY 14-3

정의 DEFINITION	유사어휘군 SYNONYM·ANTONYM

0336 8+ **allege** [əlédʒ]

07.상명대/04.명지대

【어원】al<ad(=to)+leg(=send ⊃ R053) ➡ (증거 없이) 세게 보내다 → 우겨대다

Vt. (증거 없이) 우겨대다, 강력히 주장하다 = assert, aver, maintain, contend, claim, insist on, affirm, purport, persist in

11.국민대/09.고려대/04.서강대 ⓐ alleged 추정된, (흔히) ~이라고 말하는 = purported[R0497] presumed[D0494] supposed[R0138]

01.숙명여대 ⓐⓓ allegedly 전해지는 바에 의하면, 이른바, 소위 = purportedly[R0497]

14.한국외대 ⓝ allegation (증거가 없는) 혐의, 주장

allegiance 충성, 충실; 헌신 ⊃ R2543

0337 8+ **compelling** [kəmpéliŋ]

【어원】com(강조)+pell(=drive ⊃ R066)+ing ➡ 강하게 (~하도록) 몰아가는 → 흥미진진한

09.경희대/08.국민대/06.고려대 04-2.건국대/04.가톨릭대

A. 1. 흥미진진한; (이론이) 설득력 있는 = interesting[R1595] exciting, intriguing; telling
2. 어쩔 수 없는, 강제적인 = forceful[R2593] unavoidable[D0688]
3. 칭찬[주목]하지 않을 수 없는 = noteworthy[R1425]

11.고려대/85.법원직 ⓥ compel ~ 시키다, 강요하다 = force[R2593] coerce[N0286] impel, oblige, obtrude

compellation [kàmpəléiʃən] 호칭, 명칭(=appellation)

0338 8+ **coherent** [kouhíərənt]

【어원】co(=together)+her(=stick ⊃ R010)+ent(형접) ➡ 같이 들러붙는 → 응집성의 → 일관성 있는

10.명지대/01-2.경기대 95.한신대/93.서울대학원

A. 1. (이야기 등이) 일관성 있는, 일치하는 = consistent[R0203] logical[R0910] consequent, congruous, reasonable, sequacious, compatible, straight
2. 서로 밀착되어 있는, 응집성의 = adhesive, cohesive, sticky, gluey

ⓥ cohere 밀착(결합)하다, 일관성이 있다
ⓝ coherence 응집; 일관성
ⓐⓓ coherently 앞뒤가 맞게

14.한국외대/10.경희대 반 **incoherent** 일관성이 없는 = inconsistent, discontinuous, incongruous, illogical, inconsequent, hit-and-miss, unjustifiable, halting

16.고려대 - **incoherence** 앞뒤가 맞지 않음

관 **cohesive** 결합력 있는, 단결된 **cohesion** 부착, 응집

0339 8+ **congruous** [kάŋgruəs]

【어원】con(=together)+gru(=group)+ous(형접) ➡ 【연상】캥거루(캉그루어스)와 호주의 자연경관은 잘 조화된다.

12.가천대/95.외무고시

A. 일치하는, 조화하는[to, with]; 적절한, 적당한 = harmonious[T0906] compatible[D0087] consistent, correspondent; apposite, appropriate, suitable, proper, apt, fit, befitting, adequate

98.서울대학원 ⓝ congruence 일치, 적합, 조화; 적합성 = accord, harmony, correspondence, consistency
congruity 일치, 조화; 적합

13.고려대/05.경희대 ⓐ congruent 일치하는, 조화된 = corresponding[R1051]

17.한국외대/13.성균관대/97.세무사 반 **incongruous** 조화하지 않는, 모순된 = conflicting[D0332] inharmonious, incoherent, inconsistent
- **incongruity** 부조화, 모순, 부적합

0340 8+ **disrupt** [disrΛ́pt]

【어원】dis(=apart)+rupt(=break ⊃ R112) ➡ 따로따로 깨뜨리다 → 붕괴시키다 → 분열시키다

14-3.경찰/10.05.경희대 04.서울시9급

Vt. 1. (제도·모임·교통·통신의) 정상적인 진행에 지장을 주다 = bring into disorder, upset[P0128] interrupt, disturb, interfere with, hinder, prevent
2. 붕괴시키다, 분열시키다; 분쇄하다 = split[T0540] break up, rupture, disintegrate, disunite, schismatize; shatter, pulverize, crush up, fragmentize, triturate

17.단국대/11.경희대 08.이화여대/98.입법고시 ⓝ disruption 분열; 붕괴; 중단, 두절; 혼란 = severance[R1073] split, cleavage, disunion, breakup, disintegration, debacle[T1356]; commotion[N0885]

disrupture 중단; 분열, 파열 = cataclasm, fracture

ⓐ disruptive 분열[붕괴]시키는; 혼란을 일으키는

영영정의 및 예문
EXAMPLE

이미지 연상훈련
IMAGE TRAINING

▶ to state something as a fact but without giving proof

- He will **allege** that her statement is true.
  그는 그녀의 진술이 사실이라고 우길 것이다.
- He asked the statewide prosecutor to investigate the rap group for **alleged** violations of obscenity laws.
  그는 연방검사에게 음란법을 위반한 혐의를 제기하며 그 랩그룹을 수사해 줄 것을 요청했다.
  * obscenity 외설, 음란
- The official **allegedly** received some expensive ceramic pieces from a construction company as a token of its gratitude.
  그 공무원은 한 건설업체로부터 감사의 표시로 고가의 도자기 몇 점을 받았다고 한다.

▶ 1. very exciting and interesting 2. so strong that you must do it or believe it

- I did all my best to present more **compelling** evidence, only to fail.
  나는 보다 납득할 만한 증거를 제시하기 위해 최선을 다했지만, 실패하고 말았다.
- She had no **compelling** reason to meet them who knew well about her past.
  그녀에게는 자신의 과거를 훤히 알고 있는 그들을 꼭 만나야 할 이유가 없었다.
- The officer **compelled** the prisoner to do exactly as he wished.
  그 간수는 죄수가 자신이 바라는 대로 정확히 하기를 강요했다.

▶ 1. well planned or organized and logical 2. sticking together

- A paragraph is **coherent** if the sentences it contains are connected clearly and logically in a sequence that is easy to follow.
  단락이 포함하고 있는 문장들이 명료하게 연결되어 있고 이해하기 쉽게 논리적인 순서로 배열되어 있으면 그 단락은 조리가 있는 것이다. * follow 이해하다
- We found the professor's criticisms of the trade policy quite **coherent**.
  우리는 무역 정책에 대한 그 교수의 비판이 꽤 일리가 있다고 생각했다.
- The graduates were close; they were a very **cohesive** class.
  그 졸업생들은 아주 절친했다. 그들은 매우 단결력이 강한 학급이었다.

▶ appropriate in a particular situation or harmonious

- This work will be **congruous to** his character.
  이 일은 그의 성격에 잘 맞을 것이다.
- His actions are not **congruent with** his words.
  그는 언행이 일치하지 않는다.
- Your **incongruous** remark has confused the discussion.
  너의 모순된 말이 토론을 혼란스럽게 했다.

▶ 1. to make it difficult for something to continue in the normal way
2. to break something apart

- In many areas of industry, absenteeism and lateness hurt productivity and, since work is specialized, **disrupt** the regular factory routine.
  많은 산업 분야에서, 결석과 지각은 생산성을 해치게 되며 일이 전문화되어 있기 때문에 규칙적인 공장의 일상 과정에 지장을 준다.
- Their quarrels seem likely to **disrupt** the coalition.
  그들의 다툼은 그 연합관계를 분열시킬 것으로 보인다. * coalition 연합, 제휴

정의 DEFINITION	유사어휘군 SYNONYM·ANTONYM

0341 8+ **obvious** [ábviəs]

12.10.경희대/08.계명대 07.전남9급/05.영남대 93.행정고시

【어원】 ob(=in front of)+vi(=way ➲ R212)+ous(형접) ➡ 눈 앞에 길이 있는

A. (누가 봐도) 확실한[분명한], 뻔한 = apparent[R2327] evident[R0761] palpable[N0511] overt[T0931] distinct, plain, manifest, clear, crystal clear; outright, explicit, blatant

16.경기대 ⓐⓓ obviously 확실히, 분명히 = glaringly[R1815] clearly, plainly, evidently, undoubtedly

ⓝ obviousness 명백함

혼 **dubious** 의심스러운, 애매한 ➲ N0882

0342 8+ **complicated** [kámpləkèitid]

10.경희대/99-7.경찰/96.상명대 96.연세대학원/94.서울대학원 88.행자부9급

【어원】 com(=together)+plic(=fold ➲ R129)+ate+d ➡ 같이 (뒤섞여) 겹쳐진 → 복잡한

A. 복잡한, 뒤섞인; 이해하기 어려운 = complex[N0559] intricate[D0675] elaborate[N0818]

02-2.고려대 ⓝ complication 복잡; 분규; (pl.) 귀찮은 문제; 합병증

ⓥ complicate 복잡하게 하다; 뒤얽히게 만들다

반 **uncomplicated** [ʌnkámpləkèitid] 복잡하지 않은, 단순한

0343 8+ **lucid** [lú:sid]

12.중앙대/11.한국외대 10.명지대/03.성균관대

【어원】 luc(=light ➲ R148)+id(형접) ➡ 불빛이 비치는 → 명쾌한

A. 1. 투명한; (글이나 문체가) 명쾌한, 알기 쉬운 = clear[R2391] limpid[T0084]; perspicuous

2. (정신이) 맑은, 제정신으로 돌아온 = transparent

10.기상직9급/07.강원9급/95.한신대 ⓐⓓ lucidly 명료하게 = clearly[R2391]

17.중앙대 ⓝ lucidity 투명, 명쾌; 정상상태 = perspicuity[D0789]

관 **lucent** [lú:snt] 빛을 내는, 번쩍이는

pellucid [pəlú:sid] 투명한, 맑은; (문체 · 표현이) 명료한

0344 8+ **imperceptible** [impərséptəbl]

16.서울시9급/02.사법시험 01-2.세종대/95.경기대

【어원】 im<in(=not)+per(=thoroughly)+cept(=take ➲ R001)+ible ➡ 완전히 잡을(파악할) 수 없는 → 지각할 수 없는 → 경미한

A. 1. 지각[감지]할 수 없는, 알 수 없는 = indiscernible[D0273] unnoticeable[R1428] inappreciable, incognizable, unrecognizable, invisible

2. 미세한, 경미한

ⓐ imperceptive 지각력이 없는, 느끼지 못하는

03-2.고려대 ⓐⓓ imperceptibly 알 수 없을 정도로 = invisibly[R0752]

반 **perceptible** 지각할 수 있는; 상당한 = visible[R0752] discernible, appreciable, noticeable, cognizable, perceivable

07.강남대/05.고려대 - **perceive** 지각하다, 알아채다 = detect[R1392] understand, notice[R1428]

- **perceptive** 지각하는 **perceptual** 지각의, 지각이 있는 **perception** 지각, 인지

0345 8+ **prescient** [presiənt]

11.고려대/01.변리사/96.서울대학원 12.성균관대

【어원】 pre(=before)+sci(=know ➲ R144)+ent ➡ 미리 아는 → 선견지명이 있는

A. 미리 아는, 선견지명이 있는 = prophetic[T0124]

ⓝ prescience 예지, 선견, 혜안, 통찰 = foresight[R0775]

14.국민대/98.경희대 관 **omniscient** [amníʃənt] 전지(全知)의; 박식한 = all-knowing; erudite, learned, well-informed

09.대구대 - **omniscience** 전지(全知); 박식 *omni(=all)+sci(=know)+ence

반 **nescience** [néʃəns] 무지 *ne(=not)

▶ easily perceived or understood

• Some **obvious** use of power to obtain sex is a kind of sexual harassment.
섹스를 얻기 위해 뻔히 보이게 권력을 이용하는 것은 일종의 성희롱이다.

• He was **obviously** ill at ease.
그는 분명히 좌불안석이었다. * ill at ease 불편한, 좌불안석인

▶ not easy to understand or deal with because of involving many different parts

• Banking appears to the lay person a fearfully **complicated** business, requiring immense sophistication to grasp.
금융업은 문외한에게는 그것을 이해함에 있어 엄청난 지적 교양을 요하는 대단히 복잡한 업무로 여겨진다. * lay person 문외한 sophistication 지적 교양

• Frustrated by the many **complications**, the scientist reluctantly terminated his experiment.
많은 복잡한 문제 때문에 좌절한 그 과학자는 마지못해 실험을 그만두었다.

▶ 1. clear and easy to understand
2. having a clear mind after a period of illness or confusion

• The author wrote **in a lucid style.**
그 작가는 명료한 문체로 글을 썼다.

• Abraham Lincoln was an excellent writer and was able to express his ideas **lucidly**.
A. Lincoln은 뛰어난 작가였으며 자신의 생각을 명료하게 표현할 수 있었다.

• **Lucid dreaming** is defined as dreaming when the dreamer knows that they are dreaming.
자각몽은 자신이 꿈꾸고 있음을 알면서 꾸는 꿈이라고 정의된다.

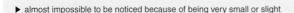

▶ almost impossible to be noticed because of being very small or slight

• The difference in the greenness of leaves in the morning and in the evening is almost **imperceptible**.
아침과 저녁에 나뭇잎이 푸르른 정도의 차이는 거의 알아차릴 수 없을 정도이다.

• January faded **imperceptibly** into February, with no change in the bitterly cold weather.
몹시 추운 날씨에 아무런 변화도 없이, 1월은 어느 사이엔가 2월로 넘어가며 사라졌다.

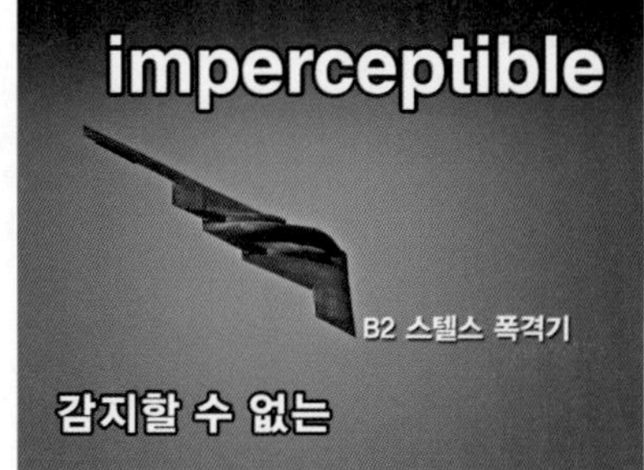

▶ perceiving the significance of events before they occur

• **Prescient** stories about nuclear war were written before the invention of the atomic bomb.
핵전쟁에 관한 선견지명적인 소설들은 원자폭탄이 발명되기 전에 쓰였다.

• I do not pretend to be **omniscient**, but I am positive about this item.
내가 모든 것을 다 안다고 할 수는 없지만, 그러나 이 안건에 대해서는 확신하고 있다.

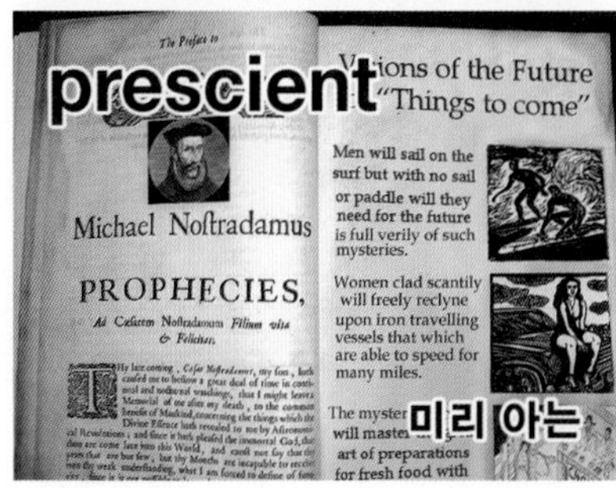

정의 DEFINITION | 유사어휘군 SYNONYM·ANTONYM

0346 8+
concede
[kənsíːd]

【어원】 con(=together)+ced(=go ⊃ R038) ➡ 서로(사이좋게) 가다 → 양보하다, 시인하다

97.고려대학원/95.변리사/93.서울여대
Vt. 1. (마지못해) 인정하다, 시인하다; 승인하다 = admit as true, grant, acknowledge, approve, confirm, affirm, ratify, sanction
2. (권리·특권 등을) 마지못해 양보하다 = yield, relinquish

13.고려대/10.상명대 06.단국대/95.사법시험
ⓝ concession 양보, 양여; 이권, 구내매점 = compromise[N0086]
ⓐ concessive 양보적인

15.서울여대/10.경희대
관 **cede**[síːd] 양도하다, 인도하다, 양보하다(=yield)
cession[séʃən] 양도, 할양, 양여 **cf. session** (회기, 기간)

0347 8+
conformity
[kənfɔ́ːrməti]

【어원】 con(=together)+form(=form ⊃ R064)+ity(명접) ➡ 같이 모양을 맞추는 것 → 일치, 동조

10.가톨릭대/08.경희대,덕성여대 06.서울여대
N. 1. (사회관습이나 법률에) 따름, 순응 = agreement with customs or rules, conformation, compliance, abidance
2. 유사; 적합, 일치, 조화 = accord, accordance

12.중앙대/05.세종대/94.기술고시
ⓥ conform (규칙에) 따르(게 하)다, 순응하다[to]; (틀에) 들어맞게 하다; 합치시키다 = adjust to[R2557]; comply with[N0090]
ⓝ conformist 순응자
conformation 형태, 조직, 구조; 배치; 순응
ⓐ conformable 유사한; 적합한, 조화된; 순응하는

반 **nonconformist** 순종하지 않는 사람; 〈영〉 국교반대자(=dissenter); 생각이 대부분의 사람과 다른

0348 8+
comparison
[kəmpǽrəsn]

【어원】 com(=together)+par(=equal ⊃ R232)+i+son ➡ 서로 같은 것 → 유사

02.입법고시/96.세무사/99.서울여대
N. 비교, 대조; 유사, 필적; 비유 = contrast
*in comparison with ~와 비교해 볼 때 = in proportion to[R1102]

96.단국대
ⓥ compare 비교하다[with]; 비유하다 = stack up against[I05409]
06.강남대
ⓐ comparative 비교의; 상대적인; 상당한 = relative
12.한양대
comparable 비교할 수 있는, ~에 필적하는 = analogous, corresponding, equivalent
16.한양대
↔ *incomparable* 비할 데가 없는, 비교가 안되는

숙 **stack up against** ~에 비교하다(=compare with), 필적하다, ~보다 못하지 않다 ⊃ I05409

0349 8+
accept
[æksépt]

【어원】 ac<ad(=near)+cept(=take ⊃ R001) ➡ 가까이로 두다, 취하다 → 받아들이다 → 순응하다 → 이해하다

17.경기대/08.덕성여대/03.사법시험 01.00-2.홍익대
Vt. 1. (초대 등을) 받아들이다, 허락하다 = allow[D0669] permit[R0523] agree to, receive willingly
2. (대학 등에) 정식으로 받아들이다 = induct
3. (사태 등에) 순응하다, 감수하다 = face up to[I13604]
4. 의미를 알다, 이해하다 = see, understand, catch

16.건국대/13.경찰1차
ⓐ acceptable 받아들일 만한, (사회적으로) 용인되는
acceptive/acceptant 받아들이는
accepted 일반적으로 인정된 = permitted[R0523]
16.고려대
ⓝ acceptance/acceptation 승인, 수용

숙 **face up to** 맞서다, ~을 인정하고 대처하다 ⊃ I13604

0350 8+
anticipate
[æntísəpèit]

【어원】 anti(=before)+cip(=take ⊃ R001)+ate(=make) ➡ 미리 (어떤 예상을) 취하다 → 기대하다 → 예상하다

15.가톨릭대/08.이화여대/04-2.영남대 03.서울여대/ 02-2.숙명여대/97-2.명지대 95.홍익대
Vt. 1. 기대하다, 고대하다 = expect[P0473] look forward to ~ing[I07714]; foresee[N0964] predict[D0085]
2. 선수 치다, 미리 예방하다; 앞지르다 = forestall[R0168]

ⓐ anticipant 앞을 내다보는, 앞서는
ⓝ anticipation 예상, 기대
anticipator 예상하는 사람

숙 **look forward to ~ing** ~을 기대하다(=expect); 고대하다 ⊃ I07714

영영정의 및 예문
EXAMPLE

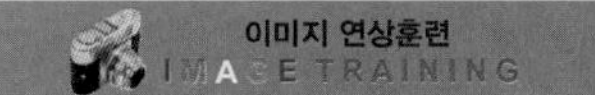

▶ 1. to admit that something is true 2. to give something unwillingly

- They **conceded** that they had tried to keep the defects of their products dark.
  그들은 생산품의 결함을 비밀에 부치려 했던 것을 시인했다. *keep ~ dark 비밀로 해두다
- The labor leaders realize they will have to make some **concessions** in their demands in order to reach an agreement.
  노조 지도자들은 합의에 도달하기 위해서는 요구를 일부 양보해야 할 것이라고 깨닫고 있다.

▶ behaviour or actions that follow the accepted rules of society

- When the national religion helps to create a climate that encourages excess **conformity** with prevailing national practices, it can have a harmful effect.
  국교가 만연한 국가적인 관례들에 지나친 순응을 조장하는 분위기를 돕는다면, 그것은 해로운 영향을 끼칠 수 있다.
- His behavior is always **in conformity with** his words.
  그는 항상 언행이 일치한다.
- All the companies should **conform to** the environmental law.
  모든 기업은 그 환경에 관한 법률을 따라야 한다.

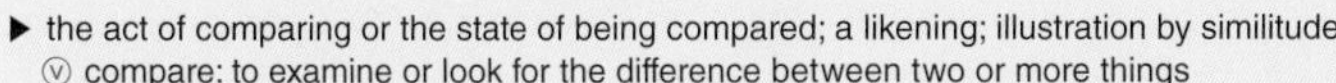
▶ the act of comparing or the state of being compared; a likening; illustration by similitude
ⓥ compare: to examine or look for the difference between two or more things

- **In comparison with** the rest of the country, this area is lagging significantly behind.
  전국의 나머지 지역에 비하면 이 지역은 크게 뒤처지고 있다.
- Some dinosaurs are known to have had a level of intelligence **comparable with** that of a human.
  일부 공룡은 인간에 필적하는 지능 수준을 지녔던 것으로 알려져 있다.
- If some people can use some of their skills more cheaply than others, those people have the **comparative advantage**.
  어떤 이들이 그들의 기술을 다른 이들보다 더 싸게 이용할 수 있을 때 그들은 비교우위를 가지게 된다.

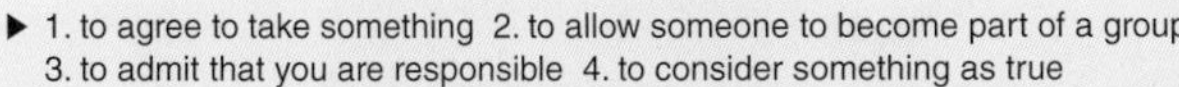
▶ 1. to agree to take something 2. to allow someone to become part of a group
3. to admit that you are responsible 4. to consider something as true

- She was offended that he didn't **accept** her invitation to her party.
  그가 그녀의 파티 초대에 응하지 않아서 그녀는 기분이 상했다.
- **Accept** his story with discount and don't believe everything.
  그의 이야기는 에누리해서 듣고 모든 것을 믿지 마라.
- **It is widely accepted that** exercise is beneficial.
  운동이 몸에 좋다는 것은 널리 인정받는 사실이다.

▶ to think or expect that something will happen

- We **anticipate** being able to have our vacation in July.
  우리는 7월에 휴가를 받을 수 있을 것으로 예상한다.
- We **anticipate** that this investment in capital goods will increase output and lower the costs of production by at least twenty percent.
  자본재에 대한 이러한 투자가 생산력을 향상시키고 생산 단가는 최소 20% 낮춰질 것으로 기대한다.

Quick Review

0326

a

0327

e

0328

a

0329

s

0330

s

0331

h

0332

c

0333

r

0334

d

0335

s

0336

a

0337

c

0338

c

0339

c

0340

d

0341

o

0342

c

0343

l

0344

i

0345

p

0346

c

0347

c

0348

c

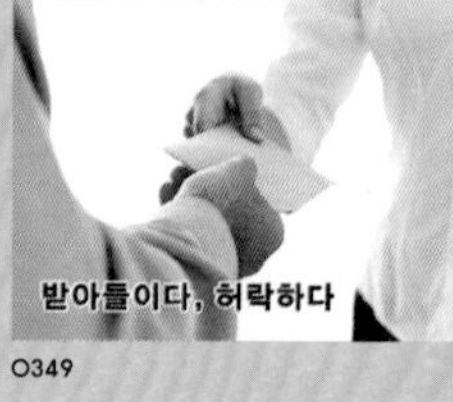

0349

a

0350

a

Answer 0326 attractive 0327 entice 0328 arduous 0329 stringent 0330 strict
0331 hostile 0332 conflict 0333 refute 0334 disprove 0335 subject
0336 allege 0337 compelling 0338 coherent 0339 congruous 0340 disrupt
0341 obvious 0342 complicated 0343 lucid 0344 imperceptible 0345 prescient
0346 concede 0347 conformity 0348 comparison 3349 accept 0350 anticipate

Preview

DAY 15

0351

0352

0353

0354

0355

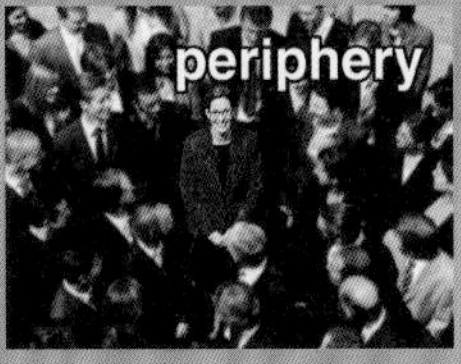

0356

0357

0358

0359

0360

0361

0362

0363

0364

0365

0366

0367

0368

0369

0370

0371

0372

0373

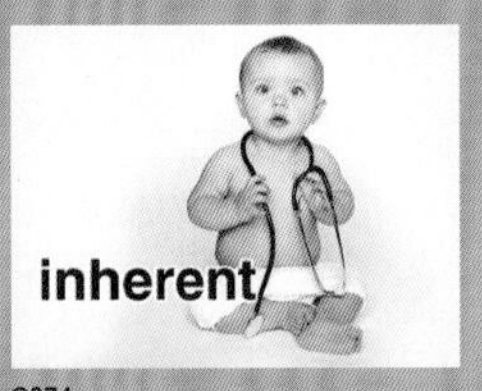

0374

0375

Answer 0351 말이 많은 0352 지루한 0353 간단명료한 0354 줄다, 감소하다 0355 공제하다
0356 주위, 주변 0357 명목상의 0358 기분전환, 오락거리 0359 모이다 0360 농축하다, 요약하다
0361 기계적인 0362 경솔한 0363 성급한 0364 맹렬한, 급격한 0365 절박한
0366 까다로운, 꼼꼼한 0367 손재주가 있는, 교묘한 0368 경계하고 있는 0369 민첩한, 재빠른 0370 동요시키다
0371 진짜의, 진품의 0372 쾌적한, 마음이 맞는 0373 상냥한, 친절한 0374 타고난 0375 주제와 관계없는

▶ 유튜브 바로가기

정의 DEFINITION	유사어휘군 SYNONYM·ANTONYM

O351 8+
loquacious
[loukwéiʃəs]

17.서강대/11.한국외대/08.경희대
07.세종대.경원대/05.행자부9급
02.세무사/97.한국외대

【어원】loqu(=say ⊃ R091)+aci+ous(형접) ➡ 말을 많이 하는 → 수다스러운

A. 수다스러운, 말이 많은 = talkative[T1001] garrulous[N0812] verbose[N0630] prattling, chattering, wordy, talky, multiloquent

ⓝ loquacity 수다, 다변

관 **grandiloquent**[grændíləkwənt] 과장의, 호언장담하는

O352 8+
tedious
[tíːdiəs]

17.경기대/11.세종대/06.고려대
04-2.영남대/03-2.숭실대/02.계명대
01-2.고려대/01.국민대

【연상】잔뜩 기대했던 아빠의 크리스마스 선물이 또 테디였어! 테디베어 인형은 이제 지겨워!

A. (너무 길어서) 지루한, 지겨운, 따분한 = boring[T0922] dull[N0631] irksome[N0867] tiresome[T0797] prosaic[N0629] monotonous[R0827] dreary, wearisome

ⓝ tedium 지겨움, 권태, 지루함 = boredom, ennui, humdrum, lassitude

O353 8+
concise
[kənsáis]

15.산업기술대/08.건국대/07.경원대
97-2.영남대
07.감평사.국회사무처
96.세종대

【어원】con(강조)+cise(=cut ⊃ R108) ➡ 핵심만 잘라낸

A. 간단명료한; (책이) 축약된 = brief[R2026] simple[D0559] succinct[N0525] terse[N0811] laconic

ⓐⓓ concisely 간단하게 = laconically[D0626]
ⓝ conciseness 간명함 = brevity[R2026]

O354 8+
diminish
[dimíniʃ]

08.광운대.영남대/05.중앙대/03-2.경기대
12.중앙대/98-2.경기대/95.세종대

【어원】di<de(down)+min(small ⊃ R235)+ish(동접) ➡ 아래로 작게 하다

V. 줄다, 감소하다; 줄이다 = decrease[R1701] attenuate[N0600] lessen, reduce

ⓐ diminutive 작은, 소형의; 지소의 = small, tiny[T1462]
diminishing 절감하는

O355 8+
deduct
[didʌ́kt]

07.경찰2차/98.인천대
14.한성대/11.세종대/02-2.한성대/97-2.경희대
14.항공대
14.숙명여대

【어원】de(=down)+duct(=lead ⊃ R135) ➡ (금액, 값을) 아래로 끌어내리다 → 빼다, 공제하다

Vt. 빼다, 공제하다 = subtract[R1335] take away
Vi. (가치 등이) 떨어지다[from]
ⓥ deduce 연역하다, 추론하다 = infer[N0205]
ⓝ deduction 공제, 삭감; 공제액; 추론; 연역법 = surmise[R0522] conjecture[N0582] ↔ 귀납법: *induction*
ⓐ deductible 공제할 수 있는, 세금 공제가 되는
deducible 추론할 수 있는
deductive 추론적인; 연역적인 ↔ 귀납적인: *inductive*

반 **inductive**[indʌ́ktiv] 귀납적인; 유도의, 감응의
- **induction**[indʌ́kʃən] 취임; 귀납법 **cf. inducement** 권유, 유인, 자극
- **induce** 권유하다; 설득하여 ~시키다; 유발하다 ⊃ N0406

영영정의 및 예문
EXAMPLE

이미지 연상훈련
IMAGE TRAINING

▶ tending to talk a lot

- He is very **loquacious** and can speak on the telephone for hours.
  그는 매우 말이 많아서 전화로 몇 시간이고 말할 수 있다.
- Although the two men work together very well, they couldn't be more different; Henry is relaxed and **loquacious**, whereas James is tense and silent most of the time.
  두 사람은 같이 일을 잘 하지만 너무나도 다르다. 헨리는 느긋하고 말이 많은 반면에, 제임스는 대부분의 시간 동안 긴장해 있고 말수가 없다.

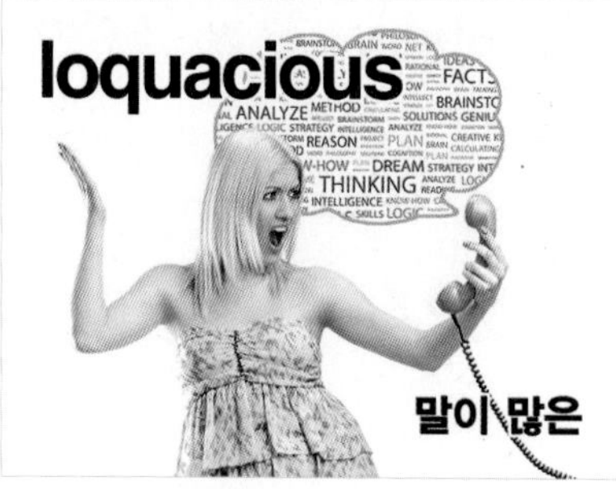

▶ continuing for too long and not interesting

- I found his most recent movie to be extremely **tedious**.
  그의 최신 영화는 대단히 지루했다.
- It helped get out of doing those **tedious** tasks.
  그것은 내가 그런 지루한 일들에서 벗어나도록 해주었다.

▶ short and clear

- The scientist's explanation was **concise**; it was brief and it helped us understand the difficult concept.
  그 과학자의 설명은 간단명료했다. 설명은 짧았지만 우리가 어려운 개념을 이해하는데 도움을 주었다.
- In business we state our business **concisely**.
  비즈니스에 있어서는, 우리의 용건을 간단하게 말한다.

▶ to become or make something become less or smaller

- The painting was bigger than it appeared to be, for hanging in a darkened area of the house, it was **diminished** by the perspective.
  그 그림은 보기보다 실제로는 더 컸는데, 집안의 어두운 곳에 걸려 있어서 보는 시각에 의해 작아 보였던 것이다.
- The elephant shrew is a **diminutive** mammal.
  코끼리 땃쥐는 아주 작은 포유동물이다.

▶ to take away an amount or part from a total

- Debit cards function like cash as purchase amounts **are** automatically **deducted** from a customer's bank account.
  직불카드는 구매금액이 고객의 은행계좌에서 자동으로 차감되기 때문에 현금과 같은 기능을 한다.
- You have to **deduct** 25% tax from the sum you receive.
  당신이 받은 총액에서 25%의 세금을 공제해야 한다.
- Since light is a form of energy, scientists will **deduce** that light has mass and will therefore be affected by a gravitational field.
  빛은 에너지의 일종이므로 과학자들은 빛이 질량을 가지며 그러므로 중력장에 의해 영향을 받을 것이라고 추론한다. *mass 질량 be affected by ~에 영향을 받다 gravitational 중력의

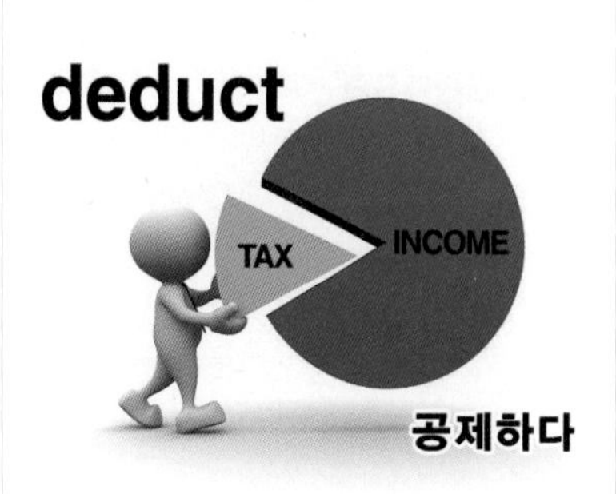

DAY 15-2

정의 DEFINITION	유사어휘군 SYNONYM·ANTONYM

0356 8+
periphery [F]
[pərífəri]

【어원】 peri(=around)+phery(=carry) ➡ 주변에서 나르는 것 → 원주 → 주위, 주변 → 야당

03.행.외시/02.입법고시
N. 1. (원 · 곡선 등의) 주위, 주변, 바깥둘레 = fringe[D0769] perimeter, girth, circumference
2. 〈the ~〉 (정치의) 소수파, 야당 = a nongovernment party, the outs

15.고려대,한국외대/09.명지대 06.세종대
ⓐ peripheral 1. 주위의, 주변의; 주변적인; 피상적인 = minor[R2350] marginal[N0905]
2. (신경) 말초의; (컴퓨터) 주변장치의

07.국가직9급
ⓐⓓ peripherally 옆으로, 주변으로

0357 8+
nominal [S]
[námənl]

【어원】 nomin(=name ➲ R093)+al ➡ 이름만 있는 → 명목상의

14.단국대/09.명지대 06.국민대,중앙대 02-10.경찰/97.변리사 95.사법시험
A. 1. 명목[명의]상의; 명칭상의 = titular[S0783] in name only
*nominal head 명목상 우두머리 = figurehead[R1824]
2. 아주 적은, 근소한, 하찮은 = insignificant[N0040] slight, trivial, trifling

0358 8+
distraction [E F]
[distræ̀kʃən]

【어원】 dis(=away)+tract(=draw ➲ R133)+ion(명접) ➡ 1. 마음을 딴 곳으로 끌어감 → 기분전환 2. 정신을 멀리 끌어 가버림 → 산만

16.항공대/12.홍익대/08.서경대 06.서울시9급/01.경기대
N. 1. 기분 전환, 오락거리 = entertainment[R0097] amusement, pastime, diversion, recreation, relaxation
2. 집중을 방해하는 것, 산만함 = interruption, disturbance

07.세무직9급
ⓥ distract 1. (주의를) 딴 데로 돌리다 = divert[R0558] turn aside, deflect
2. (정신을) 혼란시키다; 즐겁게 하다 = confuse, fluster, addle, perplex
ⓐ distractive 주의를 산만하게 하는; 미치게 하는
06.보험계리사
distracted 얼빠진, 정신이 혼란한

98.고려대학원
㊖ **distraught**[distrɔ́:t] 미친, 정신이 혼란한 **distrait**[distréi] (불안 · 근심으로) 멍한, 넋나간

0359 8+
converge [F S]
[kənvə́:rdʒ]

【어원】 con(=together)+verg(=turn ➲ R055) ➡ 같이 (한 방향으로) 방향을 틀다 → 모이다, 집중하다

17.산업기술대/16.한성대/15.가천대 05.경희대/96.고려대학원
V. 1. (한 점에) 모이다, 집중하다 = gather[T0521] concentrate, meet, join
2. (나뉘어진 것이) 한데 모아지다[into], 수렴되다

ⓐ convergent 점차 집합하는, 한 점에 모이는
09.경희대
ⓝ convergence/convergency 집중성, 수렴

㊥ **diverge**[divə́:rdʒ] (선로가) 분기하다, (의견 등이) 갈라지다 *di(=apart)
03.세종대
- **divergent**[divə́:rdʒənt] 갈라지는, 분기하는; (의견 등이) 나뉘는
- **divergence** 분기, 일탈; 의견 등의 차이
05-2.중앙대
- **divergently** (의견이) 갈라져서, 다르게(=differently)

0360 8+
condense [E F P]
[kəndéns]

【어원】 con(=together)+dense(빽빽한) ➡ 하나로 빽빽하게 하다 → 농축하다 → 요약하다

13.고려대/12.법원직/09.08.동덕여대 05.건국대/01.서울여대/96.서울대학원
V. 1. 요약하다, 간략하게 하다 = abbreviate[R2027] summarize, epitomize, brief, digest, sum up, abridge, simplify, shorten, curtail, encapsulate[T0926]
*be condensed with ~으로 요약되다
2. 농축[응축]하다[되다]; (기체를) 액체화하다 = compress, concentrate, enrich; liquidize
ⓐ condensed 압축된, 농축된; 요약된
ⓝ condensation 응축, 압축; 요약

05.홍익대/97-2.총신대
㊖ **densely** 밀집하여, 빽빽이(=heavily)
15.한국외대
- **dense**[déns] 밀집한, 빽빽한; (안개가) 짙은; (인구가) 조밀한; 멍청한(=stupid)
10.인천대
- **density**[dénsəti] 밀도, 농도(=concentration); (인구의) 조밀도

영영정의 및 예문
EXAMPLE

이미지 연상훈련
IMAGE TRAINING

▶ 1. the outside boundary or surface of something
2. the less important part of a group or activity

- Houses have been built on the **periphery** of the factory site.
그 공장 부지의 주변에 주택들이 지어졌다.
- Companies are increasingly keen to contract out **peripheral** activities like training.
회사들은 점점 교육훈련 같은 주변적인 일들은 (외부에) 도급을 주려 애쓰고 있다.
* increasingly 점점 keen to R ~에 열심이다 contract out 도급을 주다, 위탁하다
- This product is compatible with all **peripheral** devices.
이 제품은 모든 주변기기와 호환이 가능하다. * compatible 호화성의

▶ 1. existing in name only 2. insignificantly small

- Although Mr. Anderson is the **nominal** head of the group, the power is all in the hands of Sue, the treasurer.
Anderson이 명목상으로는 그 그룹의 수장이지만, 실권은 회계책임자인 Sue의 수중에 있다.
- He wisely bought the land for a **nominal** amount of money.
그는 현명하게 매우 적은 돈으로 그 땅을 샀다.

▶ 1. an activity that entertains you
2. a thing that prevents you from concentrating on something else

- The seats in the airport are hard enough to numb your bum and decent **distractions** are painfully lacking.
새 국제공항의 의자는 엉덩이를 마비시킬 정도로 딱딱하고, 괜찮은 오락거리가 너무 부족하다.
- She was **distracted** by other thoughts and couldn't really comprehend what she was reading.
그녀는 다른 생각들에 정신이 빼앗겨 책 내용이 머리에 들어오지 않았다.

▶ 1. to come from different directions and meet at the same point to become one thing
2. to become the same

- Hundreds of vendors **converged on** the plaza to sell their wares.
수백 명의 상인들이 물건을 팔기 위해 광장으로 모여들었다.
- Many **divergent** opinions have **converged into** two main groups.
분분하던 의견이 두 갈래로 집약되었다.
- Stronger commitment was promised for digital technologies, particularly services and devices to speed the **convergence** between broadcasting and telecommunications.
디지털 기술, 특히 방송과 원격 통신 사이의 통합을 가속하기 위한 서비스와 기기에 대해 보다 강력한 지원이 약속되었다.

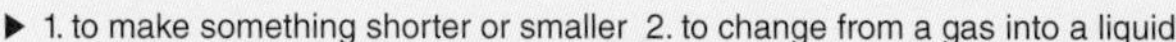

▶ 1. to make something shorter or smaller 2. to change from a gas into a liquid

- In a poster, complex and extensive information must be **condensed** into a few words and images.
포스터에는 복잡하고 광범위한 정보가 몇 개의 단어와 이미지로 요약되어야 한다.
- Steam **condenses** to water when it comes into contact with a surface.
증기는 물체의 표면에 닿으면 물로 응축된다.
- The surface of the Earth is surrounded by a **dense**, ten-mile-thick ocean of gas, usually referred to as the atmosphere.
지구의 표면은 대기라고 일컬어지는 농밀한, 두께 10마일의 기체의 대양으로 둘러싸여 있다.

정의 DEFINITION	유사어휘군 SYNONYM·ANTONYM

0361 8+ **perfunctory** [pərfʌ́ŋktəri]

17.서강대/15.성균관대/10.이화여대 08.대구대/05-2.중앙대/01-2.고려대 96.기술고시/95.고려대

【어원】 per(=falsely)+funct(=perform ⊃ R068)+ory(형접) ➡ 거짓으로 행하는 → 마지못해 하는 척하는

A. (일 처리가) 형식적인, 기계적인; 마지못해 하는 = superficial[N0072] unwilling[N0520] cursory[R0427]; slipshod, routine, mechanical

0362 8+ **frivolous** [frívələs]

17.서강대/10.중앙대/07.경남7급 05-2.경기대/01.계명대/99.법원직

【어원】 frivol(=silly)+ous ➡ 【연상】 잘 알아보지도 않고 경솔하게 미리(pre) 발 넣었어!

A. 1. 경박한, 경솔한; 까부는 = careless[R1401] flippant[N0813] imprudent[D0224] flirtatious, frisky

2. 사소한, 하찮은 = trivial[N0211] trifling, paltry, petty, piddling, peddling, negligible, futile

ⓥ frivol 허송 세월하다; 낭비하다 = fritter

11.세종대 ⓝ frivolity 까부는 짓, 시시한 일

0363 8+ **impetuous** [impétʃuəs]

15-2.경찰/13.서울여대/09.이화여대 05-2.세종대/04.가톨릭대 03.세종대/00-2.고려대

【어원】 im<in(=in)+pet(=rush ⊃ R066)+ous(형접) ➡ 불 안으로 돌진하는 → 맹렬한 → 성급한

A. 1. (기질·행동 등이) 성급한; 열렬한 = impulsive[N0467] hasty[S0738] rash, testy; ardent, fervent, fervid, zealous, glowing, enthusiastic ↔ *considered*[R2211] 깊이 생각한

2. (바람·흐름·속도 등이) 맹렬[격렬]한 = violent, vehement, fierce, furious, severe, rabid, ferocious

ⓝ impetuosity 격렬, 맹렬; 열렬; 성급함

■ **impetus** 움직이게 하는 힘, 운동력, 탄력; 자극 ⊃ R0666

0364 8+ **drastic** [drǽstik]

13.이화여대/10.명지대/03.숭실대 01-2.경기대/01.동덕여대

【어원】 dra(=drive)+stic ➡ 강하게 몰고가는 → 격렬한 → 철저한

A. 1. 격렬한, 맹렬한 = violent[T0878] harsh, extreme, intense, fierce, furious, severe, vehement, impetuous

2. 철저한, 과감한, 대폭적인, 급격한 = dramatic[T1347] radical, all-outer, out-and-out, outright, right-down, straight-out, total, utter

N. 극약 = a violent poison

14.가천대/08.홍익대 ⓐⓓ drastically 과감하게, 급격하게 = severely[R1074] violently[T0878] radically

0365 8+ **impending** [impéndiŋ]

14.서울여대/12.10.경기대 07.세무직9급/01.산업대 00-2.대구대.단국대

【어원】 im<in(=on)+pend(=hang ⊃ R025)+ing ➡ (절벽에) 대롱대롱 매달린

A. (불길한 일이) 절박한, 박두한 = imminent[N0251] forthcoming[P0365]

ⓥ impend 금방이라도 일어나려 하다; 임박하다

영영정의 및 예문
EXAMPLE

이미지 연상훈련
IMAGE TRAINING

▶ done routinely and without attention

• The operator answered the phone with a **perfunctory** greeting.
교환원은 형식적인 인사로 전화를 받았다.

• Mike Anderson overlooked many weaknesses when he inspected that factory in his **perfunctory** manner.
마이크 앤더슨은 공장을 형식적으로 시찰하면서 많은 취약점들을 간과했다.
* overlook 못보고 지나치다 inspect 시찰하다, 검사하다

▶ 1. foolish and not serious 2. not useful or important

• It was **frivolous** of him to make such a mistake.
그런 실수를 하다니 그가 경솔했다.

• His **frivolity** annoys the other people in the office.
그의 까부는 행동은 사무실에 있는 다른 사람들을 짜증나게 한다.

▶ tending to do things very quickly, without considering the results

• He is a man of **impetuous** temperament.
그는 성급한 기질의 사람이다.

• Then, **impetuous** and stupid young guy that I was, I jumped out of the car and tapped the bear on the head with a shovel.
그때 나는 성급하고 어리석은 젊은이였기에, 차에서 뛰어내려 삽으로 그 곰의 머리를 때렸다.

▶ 1. acting with force or violence
2. extremely severe or extensive

• Removing a predator from an area can have **drastic** effects on its ecology.
한 마리의 포식 동물을 어느 한 지역에서 제거하는 것은 그곳의 생태에 심각한 영향을 미칠 수 있다.

• The weather changes so **drastically** that you can't tell what it is going to be like from one day to the next.
날씨가 너무 급격하게 변해서 하루하루 날씨가 어떻게 될지 알 수 없다.

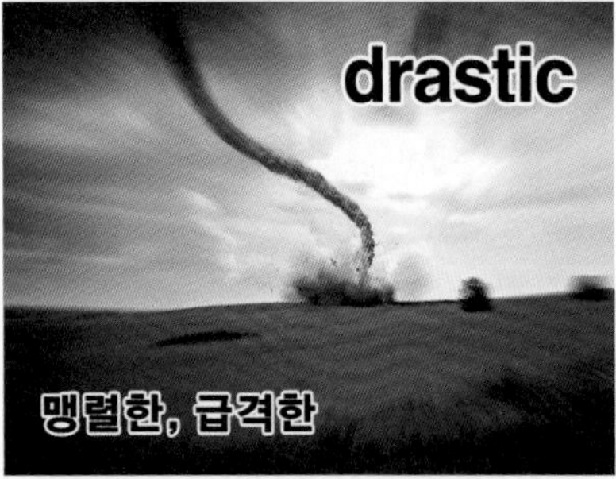

▶ about to occur

• The picnic was canceled because of the **impending** rain.
금방이라도 쏟아질 것 같은 비 때문에 소풍은 취소되었다.

• They know nothing about the **impending** death of the lady.
그들은 그 여성의 임박한 죽음에 대해서는 아는 것이 전혀 없다.

정의 DEFINITION | 유사어휘군 SYNONYM·ANTONYM

0366
8+
fastidious
[fæstídiəs]
15.중앙대/13.명지대/08.서울시9급
05-2.세종대/01.행자부7급
00-2.세종대/98.변리사

【어원】fast(단단히 붙은 ⊃ R012)+id+i+ous(형접) ➡ 좋아하는 것에 단단히 집착하는 → 가리는 → 까다로운

A. 1. 까다로운, 깔끔을 떠는, 가리는 = meticulous[N0027] fussy[T0243] squeamish[T0244] particular, overnice, choosy, prim, picky, finical, prissy
2. 세심한, 지나치게 꼼꼼한 = overscrupulous, overcareful

0367
8+
adroit
[ədrɔ́it]
14.중앙대/13.간국대/05.서강대
95.고려대/86.사법시험

【어원】a<ad(=near)+droit(=right) ➡ 정확에 가깝게 만든 → 손재주가 있는

A. 교묘한, 손재주가 있는; 기민한 = skillful[T0773] seasoned[T0633] dexterous, adept, tactful, skilled, be good at, be at home in

ⓝ adroitness 손재주, 기민함 = dexterity[N0217]

12.경희대

ⓐⓓ adroitly 교묘하게, 능숙하게 = dexterously[D0217]

02-2.고려대

반 **maladroit**[mæ̀lədrɔ́it] 서투른, 솜씨 없는(=clumsy) * *mal(=bad)+a<ad(=near)+droit(=right)*

혼 **droit**[drɔ́it] 권리; 권리의 대상; 법률; (pl.) 세금, 관세

0368
8+
vigilant
[vídʒələnt]
11.명지대/10.단국대/06.국민대
01.고려대/00.세무사

【어원】vig(=watch, awake ⊃ R075)+il+ant(형접) ➡ 불침번이 깨어 있는 → 경계하고 있는

A. 경계하고 있는, 방심하지 않는 = watchful[T0247] alert[N0460] wary, cautious, guarded

10.경희대/02-2.고려대

ⓝ vigilance 경계, 조심; 불침번 = watchfulness[T0247] precaution
vigil[vídʒəl] 불침번; 경계, 감시, 망보기 = surveillance

0369
8+
agile
[ǽdʒəl, -dʒail]
12.서강대/07.서울시9급
06.전남지방직/04.경기대
96.성균관대/91.서울대학원

【어원】ag(=do ⊃ R065)+ile(형접) ➡ (잘) 하는 → 민첩한, 기민한

A. 1. (생각이나 동작이) 민첩한, 기민한, 재빠른 = quick-moving, nimble[N0757] shrewd, astute, prompt, alacritous, smart, quick
2. 머리가 좋은 = clever, bright, intelligent, wise, sagacious

03.덕성여대

ⓝ agility 민첩(성), 기민 = nimbleness[D0757] alacrity

혼 **fragile** 부서지기[깨지기] 쉬운 *frag(=break)+ile* ⊃ N0298

0370
8+
agitate
[ǽdʒitèit]
13.단국대,서울여대
04.국회7급,경기대

【어원】ag(=drive ⊃ R065)+it(=go)+ate(=make) ➡ 몰아 가서 하게 하다 → 선동하다

V. 1. (마음을) 교란시키다, 동요시키다 = disturb[R0673] roil[T0856] perturb
2. 선동하다, 여론을 환기하다 = stir up[R1195] instigate, abet, incite, set on, inflame

16.06.국민대/05.홍익대

ⓝ agitation 동요, 불안; 선동 = nervousness[D0104] frenzy[R0283]; commotion[N0885]
agitator 선동자
ⓐ agitated 떨고 있는, 동요된

영영정의 및 예문
EXAMPLE

이미지 연상훈련
IMAGE TRAINING

▶ 1. keeping your clothes, possessions, and property very clean and neat
2. giving much attention to detail and wanting everything to be correct and perfect

- Everything has to be in perfect order to please Morgan; he's very **fastidious**.
  모건의 마음에 들게 하기 위해서는 모든 것이 완벽히 정렬되어 있어야 한다. 그는 매우 깔끔을 떠는 사람이기 때문이다.
- He is a **fastidious** eater and won't eat overcooked vegetables.
  그는 음식을 가려서 너무 익힌 야채는 먹지 않는다.

▶ clever and skillful

- The attorney is able and **adroit** in handling people.
  그 변호사는 유능하며 사람을 잘 다룬다.
- Jack is depicted as an **adroit** tactician among them.
  잭은 그들 사이에서 노련한 책략가로 묘사된다.

▶ very careful to notice any signs of danger

- Roman physicians actually recommended that a mother be particularly **vigilant** during the early months of life and cover any of her newborn's yawns.
  로마시대의 의사들은 실제로 산모는 아기가 태어난 초기 몇 달 동안은 특히 조심해야 하고, 갓난아기가 하품하면 꼭 입을 가려주어야 한다고 권고하였다.
- Due to recent increases in counterfeiting, the government has asked merchants to heighten their **vigilance**.
  최근 화폐 위조의 증가로 인해, 정부는 상인들에게 각별히 조심할 것을 당부했다.

▶ able to think or move quickly

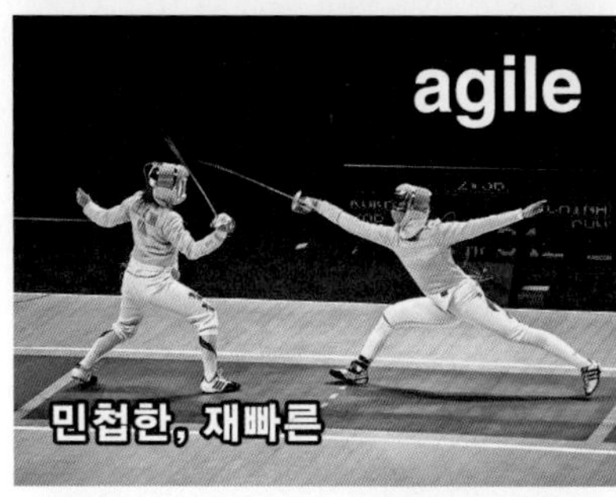

- She was quick-witted and had an extraordinarily **agile** mind.
  그녀는 재치가 있고 비범할 정도의 민첩성을 가지고 있었다.
- Harry should be very **agile** to win his tennis match.
  해리는 테니스 경기에서 이기려면 매우 민첩해야만 한다.
- Leopards are known not only for their speed but also for their amazing **agility** in climbing trees.
  표범은 속도뿐 아니라, 나무에 기어오르는 놀라운 민첩성으로도 유명하다.

▶ 1. to make someone feel worried and anxious
2. to argue strongly in public for changes especially in social conditions

- Carl and Martin may inherit their grandmother's possessions when she dies. The thought **agitates** her.
  칼과 마틴은 할머니가 돌아가시면 그녀의 재산을 상속받을지 모른다. 그 생각이 그녀를 심란하게 만든다.
- Caffeine can cause feelings of anxiety and **agitation**.
  카페인은 불안감과 초조함을 유발할 수 있다.

0371 8+
genuine
[dʒénjuin]

09.성균관대/08.동덕여대 04.행.외시/03.가톨릭대/03.성균관대 02.홍익대/01.동덕여대

【어원】gen(=birth, kind ⊃ R160)+u+ine(=like) ➡ (순수한) 혈통으로 태어난 → 순종의 → 진품의 → 진심의

A. 1. (물건이) 진짜의, 진품의; (동물이) 순종의 = real[S0712] authentic[D0926] ; straightbred, truebred
2. 성실한, 진심의 = sincere[T0238] bona fide[N0721]
↔ 가짜의 : *unreal, artificial, fictitious, fake*

0372 8+
congenial
[kəndʒíːnjəl]

14.한양대/12.단국대/05.경원대 98.경기대.한성대

【어원】con(=together)+gen(=kind ⊃ R160)+ial(형접) ➡ 같은 종류끼리 잘 맞는(신토불이 연상) → 쾌적한

A. 1. (건강 등에) 알맞은; 쾌적한, 기분 좋은 = pleasant[R2411] favorable[N0448] friendly, agreeable
2. (성질 · 취미 등이) 같은, 마음이 맞는 = cognate, kindred

ⓝ congeniality 일치, 적합성

04-2.고려대/00.경원대

반 **uncongenial** [ʌ̀nkəndʒíːnjəl] 이질의(=incompatible), 성질이 다른, 맞지 않는(=alien)
관 **genial** [dʒíːnjəl] 온화한; 친절한, 다정한(=friendly), 사교적인 ⊃ R1608
혼 **congenital** (병 따위가) 타고난, 선천적인(=inherited) ⊃ N0956

0373 8+
benign
[bináin]

17.서강대.한양대 10.성신여대/08.선관위9급/06.성균관대 03.행자부9급/01-2.동국대/01.중앙대 00-2.서울여대

【어원】beni(=good)+gn(=birth, kind ⊃ R160) ➡ 1. 좋은 친절을 가진 → 상냥한 2. 만물의 생성에 좋은 → 기후가 좋은

A. 1. 상냥한, 친절한; 자애로운 = kindly[S0822] gentle[R1608] obliging[D0139] favorable[N0448] benevolent[N0377] affable, genial, engaging, amiable
2. (기후 · 풍토가) 좋은, 온화한 = temperate[R1323] mild, clement
3. (병 등이) 양성(良性)인(↔ malignant)
cf. positive reaction 양성(陽性) 반응
negative reaction 음성(陰性) 반응

ⓐ benignant 상냥한
ⓝ benignity 친절, 자애; 온화
ⓐⓓ benignly 상냥하게 = favorably[N0448] (05.서울시7급)

0374 8+
inherent
[inhíərənt]

11.성균관대/07.경원대/06-2.아주대 05-2.서울여대/84.서울대학원

【어원】in(=in)+her(=stick ⊃ R010)+ent(형접) ➡ 안에 붙어 있는 → 타고난

A. 본래부터 있는, 본질적인, 내재된; 타고난 = essential[R1593] intrinsic[N0698] immanent; inborn[T0058] congenital[N0956] innate, hereditary, inherited
*inherent rights 타고난 권리, 천부인권

ⓐⓓ inherently 본질적으로 (12.이화여대)

0375 8+
extraneous
[ikstréiniəs]

11.세종대/10.한국외대.홍익대 05.중앙대/04-2.경기대/02.계명대 91.연세대학원

【어원】extra(=outside)+ne+ous(형접) ➡ 1. 바깥에서 온 → 외래의, 외래종의 2. 바깥에 있는 → 비본질적인

A. 1. 비본질적인, (주제와) 직접적인 관계가 없는 = irrelevant[N0038] extrinsic, accidental, impertinent, unessential, nonessential
↔ *essential, intrinsic, relevant, pertinent*
2. 외래의, 외부에서 오는, 외래종의 = foreign, adventive, outward, external
↔ *inside, internal, inner, interior, inward, domestic*

13.기상직9급/08.경희대

관 **external** 외부의, 외래의; 외부 ↔ *internal*

영영정의 및 예문
EXAMPLE

이미지 연상훈련
IMAGE TRAINING

▶ 1. real and exactly what it appears to be 2. sincere and honest

- The jeweler reported that the diamonds were **genuine**.
  그 보석상은 그 다이아몬드가 진품이라고 보고했다.
- **Genuine** reform is to prop up the economy and unite the people.
  진정한 개혁은 경제를 살리고 국민을 단합시키는 것이다. *prop up 지탱하다

▶ 1. pleasant and suitable for something 2. having the same tastes or habits

- A **congenial** life is a happy life.
  쾌적한 삶이란 행복한 삶이다.
- She needs a **congenial partner** to share times together.
  그녀는 함께 시간을 나눌 수 있는 마음 맞는 짝이 필요하다.
- The **uncongenial roommates** were always fighting.
  마음이 맞지 않았던 그 룸메이트들은 항상 싸웠다.

▶ kind and gentle

- Sylvia has a **benign** personality. She is not at all unpleasant to be with.
  실비아는 상냥한 성격이다. 그녀와 함께 있는 것이 전혀 싫지가 않다. *personality 성격
- Finding a stranger on our doorstep startled me, but the **benign** expression on his face told me not to worry.
  낯선 사람이 현관에 있는 것을 보고 깜짝 놀랐지만, 그의 인자한 표정에 마음이 진정되었다.

▶ existing as a natural or basic part of something

- Freedom of speech is an **inherent** right in a democracy.
  표현의 자유는 민주국가에서는 타고난[본질적인] 권리이다.
- Experience of a particular language serves as input to principles of Universal Grammar which are an **inherent** part of the child's language faculty.
  특정 언어를 경험하는 것은 아동의 본래부터 타고난 언어 능력인 보편 문법의 원리에 대한 정보로서 역할을 한다.
- Financial consultants acknowledge that the value of common stock is **inherently** changeable.
  금융컨설턴트는 보통주의 가치가 본질적으로 변덕스러울 수밖에 없음을 인정한다.

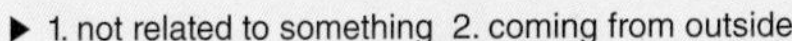

▶ 1. not related to something 2. coming from outside

- There was so much **extraneous** material in the essay that it was difficult to get the author's message.
  그 에세이에는 주제와 관련 없는 소재가 많아서 글쓴이가 전달하고자 하는 말을 이해하기 어렵다.
- Your comment is actually **extraneous** to the topic.
  당신의 논평은 사실상 그 주제와 관련이 없다.

Quick Review

Answer 0351 **loquacious** 0352 **tedious** 0353 **concise** 0354 **diminish** 0355 **deduct**
0356 **periphery** 0357 **nominal** 0358 **distraction** 0359 **converge** 0360 **condense**
0361 **perfunctory** 0362 **frivolous** 0363 **impetuous** 0364 **drastic** 0365 **impending**
0366 **fastidious** 0367 **adroit** 0368 **vigilant** 0369 **agile** 0370 **agitate**
0371 **genuine** 0372 **congenial** 0373 **benign** 0374 **inherent** 0375 **extraneous**

Preview

DAY 16

0376

0377

0378

0379

0380

0381

0382

0383

0384

0385

0386

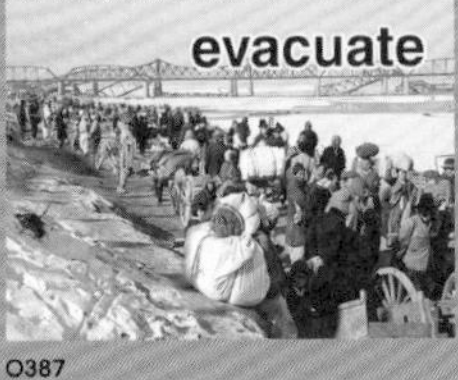

0387

0388

0389

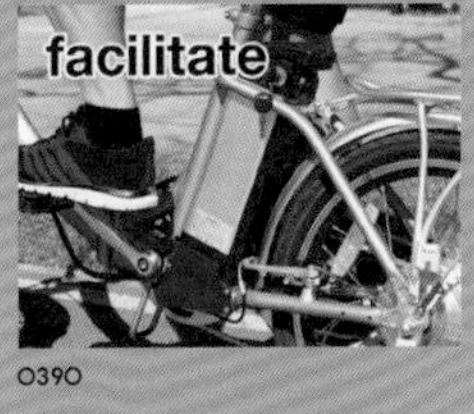

0390

0391

0392

0393

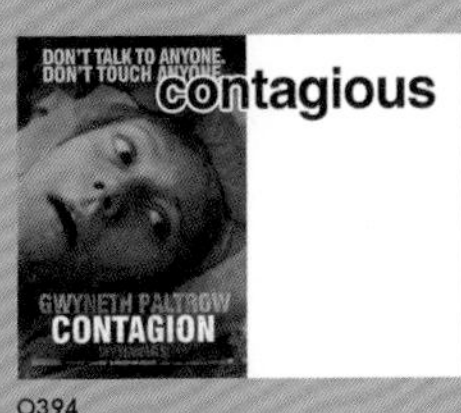

0394

0395

0396

0397

0398

0399

0400

Answer 0376 자발적으로 0377 자비로운 0378 빈곤한 0379 곤경, 궁지 0380 간신히 하다, 잘 해나가다
0381 양보할 줄 모르는 0382 강건한, 튼튼한 0383 거대한 0384 상당한 0385 광대한, 넓은
0386 사막, 버리다 0387 피난시키다 0388 거주자, 주민 0389 금지 0390 용이하게 하다
0391 편법, 편의주의 0392 고립시키다 0393 근접 0394 전염성의 0395 토대, 기반
0396 분노 0397 우울한, 어두운 0398 불길한 0399 별난 0400 뒤틀다

DAY 16-1

정의 DEFINITION	유사어휘군 SYNONYM·ANTONYM

0376 8+ **voluntarily** [vɑːlənterəli]

03.덕성여대/00.행자부7급/98.전남대

【어원】 vol(=will ➲ R191)+unt+ar+ily ➡ 스스로의 의지로

Ad. 자발적으로, 임의로 = of one's own accord[R1893] of one's own free choice

96.인하대 ⓐ voluntary 자발적인, 임의의, 고의의 = spontaneous[N0219] noncompulsory, intentional

05-2.명지대 ⓝ volunteer 자원 봉사자, 의용병; 자발적으로 나서다 = unpaid worker

07.경기대 반 **involuntary** 본의 아닌, 무의식중에 = unintentional[D0225] inadvertent

14.숙명여대 - **involuntarily** 본의 아니게, 무의식적으로 = inadvertently[N0025] unintentionally

0377 8+ **benevolent** [bənévələnt]

17.한양대/08.건국대/03.고려대 96.행정고시

【어원】 bene(=good)+vol(=will ➲ R191)+ent(형접) ➡ 좋은 쪽으로 마음을 가진 → 인자한, 자비로운

A. 인자한, 자비로운, 인정 많은 = kindly[S0822] philanthropical[N0846] generous[R1607] benign[N0373] charitable

98.입법고시 ⓝ benevolence 자비심, 인정; 선행 = beneficence, philanthropy

17.한국외대/05-2.국민대/03.숭실대/00.세무사 반 **malevolent**[məlévələnt] 악의 있는, 사악한 = wicked[T1272] spiteful[R0745] malicious[N0509] ruthless[N0450]

- **malevolence** 악의, 나쁜 마음, 증오 *male(=bad)+vol(=will)+ent*

0378 8+ **destitute** [déstətjùːt]

18.서울시9급/14.10.이화여대/07.단국대 06-3.경찰/04.단국대 96.90.고려대학원

【어원】 de(=down)+stit(=stand ➲ R018)+ute ➡ 1. 아랫동네(빈민가)에 사는 2. (쌀이) 바닥을 보이는

A. 1. 빈곤한, 극빈의, 궁핍한 = poor, impoverished[N0662] indigent, necessitous, needy, penurious, impecunious, miserable, poverty-stricken, dirt-poor, deprived

2. ~이 결핍한, 없는[of] = devoid of, lacking in

ⓝ destitution 결핍 (상태); 빈곤, 궁핍 = privation[D0324]

0379 8+ **predicament** [pridikəmənt]

12.경희대/11.상명대.성신여대 05.노동부7급/05.경기도9급 02-2.고려대/98.경찰

【어원】 pre(=before)+dic(=say ➲ R087)+ment(명접) ➡ 1. (극비사실을) 미리 말해버린 → 곤경, 궁지 2. 미리 테두리를 말한(정한) → 범주

N. 1. 곤경, 궁지 = plight[N0165] dilemma[T1057] hardship, quandary, clog, scrape, jam, difficulty

*be in a predicament 곤경에 처해 있다 = be in a plight

2. (논리적 · 철학적 단정의) 종류; 범주 = category, class

혼 **predicate** (어떤 근거에) 입각하다; 단정하다 ➲ R0877

0380 8+ **manage** [mǽnidʒ]

09.국가직9급/06.경기도9급 99.경기대/98.96.단국대 91.90.연세대학원

【어원】 man(=hand ➲ R186)+age ➡ (연장 없이) 손으로 다루다 → 용케 해내다

V. 1. 용케 ~해내다, 간신히 ~하다[to R]

2. 잘 해나가다, 그럭저럭 꾸려나가다[with] = make do with[I07020] get along (with)[I03820]

3. 경영하다; (사람을) 잘 다루다; (기계를) 조작하다 = cope with[I02609] deal with[T0801] administer[R2353] direct[R1413] control

*manage with ~으로 해나가다 ↔ manage without ~없이 해나가다

10.경기대 ⓐ manageable 관리할 수 있는, 감당할 수 있는

ⓝ management 경영, 관리, 지배, 감독

manager 지배인, 경영자, 감독

영영정의 및 예문
EXAMPLE

이미지 연상훈련
IMAGE TRAINING

▶ without being forced

- The mayor said he would not resign **voluntarily** before the end of his term.
  시장은 임기 전에 자진해서 사퇴하지는 않을 것이라고 말했다.
- Breathing is usually an **involuntary** action.
  호흡은 보통 무의식적인 활동이다.

▶ showing kindness

- He was happy to live in a peaceful land ruled by a **benevolent** king.
  그는 자비로운 왕이 다스리는 평화스런 땅에 살게 되어 기뻤다.
- Having been a victim of **malevolent rumors**, I purposely avoided gossips.
  악의에 찬 소문에 희생자가 된 적이 있었기 때문에, 나는 일부러 남의 뒷말을 하는 것을 피했다.

▶ 1. poor enough to need help from others 2. completely lacking

- There is still a grim area in our society where people are **destitute** and neglected.
  우리 사회에는 아직 사람들이 궁핍하고 보살핌을 받지 못하는 암울한 곳이 있다.
- Strange to say, the professor is **destitute of** common sense.
  이상한 이야기이지만, 그 교수는 상식이 결여되어 있다.

▶ 1. a difficult or unpleasant situation
2. a class or category of logical or philosophical predication

- Stranded in a strange city without money, he **was in a predicament**.
  돈도 없이 낯선 도시에서 오도가도 못하게 된 그는 곤경에 빠졌었다.
- The loan will certainly help the firm out of its present **predicament**, but the relief is more likely than not to be temporary.
  대출금은 확실히 그 회사를 현재의 곤경에서 벗어나게 도와줄 것이지만, 안도의 한숨도 아마 잠시일 것이다. * relief 구제, 위안, 안심 more likely than not 어느 쪽이냐 하면, 아마 temporary 일시적인

▶ 1. to succeed in doing something difficult 2. to succeed in living on a small amount of money 3. to direct a business

- She **managed to** dodge all the difficult questions.
  그녀는 모든 어려운 질문들을 간신히 피했다. * dodge 피하다
- I cannot **manage with** my present income.
  현재의 수입으로는 나는 도저히 살아나갈 수가 없다.
- They fought tooth and nail over the right to **manage** the company.
  그들은 그 회사의 경영권을 놓고 치열한 쟁탈전을 벌였다.

정의 DEFINITION | 유사어휘군 SYNONYM·ANTONYM

0381 8+ **adamant** [ǽdəmənt]

15.중앙대/14.경기대,홍익대 13.명지대,인천대/07.세종대 04-2.숭실대

【어원】 a<an(=not)+daman(=conquer)+t ➡ 정복되지 않는 → 매우 단단한 → 고집불통의

A. 1. 양보할 줄 모르는, 고집불통의 = inflexible[D0594] obstinate[N0287] unyielding[D0167] unruly[R2532] determined, bigoted, stubborn, pertinacious, obdurate, intransigent

2. (다이아몬드처럼) 매우 단단한, 견고한 = stable, firm, resolute, steely, decisive

ⓝ adamancy 완고, 불굴

ⓐ adamantine 금강석으로 만든; 단단한, 견고한, 확고한

0382 8+ **robust** [roubʌ́st]

17.13.한국외대/12.동덕여대/07.광운대 05.서울시7급/98.경기대/93.변리사

【어원】 rob(=strong ➲ R259)+ust ➡ 강한, 건장한 → 확고한

A. 1. (체격이) 강건한, 건장한, 튼튼한 = strong[R2591] vigorous[R1935] sturdy[T0045] stout, sinewy, hardy, tough, brawny, muscular, husky, powerful, solid

2. (신념 · 정신이) 강한, 확고한 = resolute, determined, firm, unswerving

13.국민대 ⓝ robustness 건장함, 강함 = strength[R2591]

관 **robot** 인조인간, 로봇 **robotics** (단수취급) 로봇 공학

0383 8+ **prodigious** [prədídʒəs]

12.경희대/09.서강대/07.강원7급 06.동국대/92.성심대

【연상】 엄청난 일 때문에 우리는 앞으로(pro) 디졌어! (죽었어)

A. (놀라울 정도로) 엄청난, 거대한; 경이로운 = huge[T1474] vast, enormous; extraordinary[N0892] marvelous

13.숭실대/05.한양대 ⓝ prodigy 비범, 경이; 영재, 신동; 불가사의

혼 **prodigal** [prádigəl] 낭비하는 ➲ RO659(2)

0384 8+ **considerable** [kənsídərəbl]

16.한양대/11.인천대/08.계명대 07.대구9급/01.건국대/93.세종대

【어원】 con(=together)+sider(=star ➲ R221)+able(형접) ➡ 별과 비슷하게 많거나 중요한 → 적지 않은 → 중요한

A. 1. 중요한; 고려해야 할, 무시하지 못할 = important, earnest, significant

2. 적지 않은, 상당한, 꽤 많은 = not a few, quite a few, sizable

ⓐⓓ considerably 상당히, 매우 = greatly

17.경기대/99-3.경찰

혼 **considerate** [kənsídərət] 사려 깊은, 신중한(=thoughtful); (남을) 배려하는(=solicitous)
- **consideration** 숙고, 고려
↔ **inconsiderate** 남을 배려할 줄 모르는; 분별없는
considering ~을 고려하면, ~을 감안하면 ➲ NO875

0385 8+ **extensive**  [iksténsiv]

14.한국외대/09.명지대 07.가톨릭대/06.경희대

【어원】 ex(=out)+tens(=stretch ➲ R131)+ive(형접) ➡ 밖으로 넓게 펼친 → 광범위한

A. 1. 광대한, 넓은; 넓은 지역을 포괄하는 = broad[S0734] widespread[N0834] spacious, expansive, vast

2. (지식 등이) 해박한, 광범위한 = all-around, broad, comprehensive

3. (수 · 양 · 정도가) 엄청난 = ample[N0658] affluent[N0170] great, immense

98.효성대 ⓐⓓ extensively 널리, 광범위하게

ⓐ extensible 신장[연장, 확장]할 수 있는 = expansile, stretchable

16.국민대/05-2.세종대 ⓝ extension 1. 연장; 확장; (기일 등의) 연기, 유예; 2. (전화의) 내선번호; 3. 공여, 제공; 4. (영향 · 지식의) 범위, 한도

extensity 신장[확장]성; 넓이

관 **extend** [iksténd] 연장하다, 확장하다, 넓어지다 ➲ NO692

영영정의 및 예문
EXAMPLE

이미지 연상훈련
IMAGE TRAINING

▶ determined not to change your opinion or decision

- We tried to persuade him but he was **adamant**.
  우리는 그를 설득하려 했지만 그는 확고했다.
- He was too **adamant** to admit he had been wrong.
  그는 너무 고집불통이어서 자신이 틀렸음을 인정하지 않았다.

▶ 1. strong and healthy 2. showing determination or strong opinions

- He is quite **robust** and never gets ill.
  그는 매우 튼튼해서 절대 병에 걸리지 않는다.
- Central Europe's **robust** growth seemed to threaten the moribund "social model" in Western Europe.
  중부 유럽의 견실한 경제성장은 서유럽의 침체된 '사회주의 모델'을 위협하는 듯 보였다.

▶ extremely great and causing surprise

- The government are now investing a **prodigious** research fund in some of the biggest markets, like nanotechnology.
  정부는 현재 나노 기술과 같은 거대 시장에 막대한 연구 자금을 투자하고 있다.
- When someone is called **a prodigy**, it is because he or she is very smart.
  누군가 신동이라고 불린다면 그것은 그 사람이 아주 똑똑하기 때문이다.

▶ 1. having great significance 2. large in amount, size, or degree

- Machines took the place of men and caused **considerable** unemployment.
  기계가 인간을 대신해서 상당한 실업을 야기했다. ＊take the place of ~을 대신하다
- It was **considerate** of you to confer the help with him.
  그에게 도움을 주시다니 참 이해심이 넓으시군요.

▶ 1. covering a large area 2. including a lot of information 3. large in extent or amount

- The fire caused **extensive** damage.
  화재는 광범위한 피해를 주었다.
- He reads so **extensively** that he knows almost everything about various fields of learning.
  매우 광범위한 독서로 그는 다양한 학문 분야에 관한 거의 모든 것을 알고 있다.
- While most students submitted the assignment on time, Maggy asked for an **extension**.
  대부분 학생들은 숙제를 제 시간에 제출한 반면에, 매기는 기간 연장을 요청했다.
  ＊submit 제출하다 assignment 숙제, 할당 on time 제 시간에

정의 DEFINITION	유사어휘군 SYNONYM·ANTONYM

0386 8+ **desert** [dézərt]

13.한국외대/12.경희대 01.인천시9급/90.서울시7급 07.국가직 9급/05.고려대/08.경기대

【어원】 de(=down, away, 강조)+sert(=serve, put ⊃ R015) ➡ 1. 모시지 않고 가버리다 → 유기하다 2. (쓸모없어) 버려 버리는 것 → 황무지 3. 당연(강조) 대접받아야 하는 것 → 상을 받을 만한 자격

N. 사막, 황야, 불모지 = wilderness[T1510] wasteland, badlands, barrens
A. 사막같은, 불모의 = arid[N0567] barren
Vt. 1. [dizə́:rt] (사람을) 버리다; (직무를) 유기하다 = walk out on[I05901] abandon[N0042] forsake, discard, neglect
2. (희망 · 욕망 등이 사람에게서) 사라지다
3. (장소를) 떠나다; 탈영하다 = evacuate[N0387]
ⓐ deserted 황폐한, 버려진; 직무 태만의 = derelict[N0888] desolate[N0568]
ⓝ desertion 유기, 의무 불이행 = abandonment, dereliction (주로 선박의 유기)
deserter 탈영범, 직장 이탈자

관 **deserve**[dizə́:rv] ~할[받을] 만하다(=merit) **deserved** (상 · 벌 · 보상 등이) 당연한
deserving 받을 만한, ~ 할 가치 있는; 자격이 있는(=qualified, eligible)
혼 **dessert**[dizə́:rt] 디저트, 후식 **dissertation**[dìsərtéiʃən] 논문, 논설(=disquisition)

0387 8+ **evacuate** [ivǽkjuèit]

15.국가직7급/13.성균관대,한국외대 12.명지대/06.강남대 03.고려대/92.홍익대

【어원】 ex(=out)+vac(=empty ⊃ R155)+ate(동접) ➡ 1. (장을) 비우다 → 배설하다 2. (지역을) 비우다 → 소개시키다, 퇴거시키다 → 철수하다 3. 집을 비우다 → 명도하다

Vt. 1. (장소 · 집 등을) 비우다, 명도하다 = vacate, empty, leave, move out of
2. (위험 지역에서) 대피[소개 · 철수]시키다 = remove[P0391]; withdraw
3. (위 · 장 등을) 비우다; 배설하다 = excrete, discharge, eject
V. (위험한 장소를) 떠나다 = desert[N0386]

ⓝ evacuation 명도; 소개, 피난; 배설
evacuee (공습 등의) 피난자, 소개자
evacuant 배설 촉진제

0388 8+ **inhabitant** [inhǽbətənt]

05.상육대 06.경희대 17.산업기술대/12.동국대 10.경기대/06.명지대 12.인하대/97-2.성균관대

【어원】 in(=in)+habit(=live ⊃ R167)+ant(형접) ➡ ~안에 사는 사람 → 거주자, 서식 동식물

N. 거주자, 주민; 서식 동식물 = denizen[T0575] resident[R0216] dweller[T0572]

ⓐ uninhabited 사람이 살지 않는, 주민이 없는 = unoccupied, empty
inhabitable 살기에 적합한
ⓥ inhabit ~에 살다, 거주하다 = live in, dwell in

관 **habitable**[hǽbitəbl] 거주할 수 있는, 거주하기에 적당한
- habitation 거주지, 사는 곳; 부락, 집락; 군락
habitat 서식지, 거주지, 주소 ⊃ N0700

0389 8+ **inhibition** [ìnhəbíʃən]

07.건국대/04-2.서울여대/01-2.세종대 16.가천대/12.가천대,인천대 08.이화여대/06.항공대

【어원】 in(=not)+hibit(=have, hold ⊃ R167)+ion(명접) ➡ 소유하지 못하게 하는 것 → 금지 → 억제

N. 1. 금지, 금제 = prohibition[D0481] ban
2. 억제, 자제력; 꺼리낌 = restraint[D0032] constraint, abstinence

ⓥ inhibit 금하다; (스스로) 억제하다, 억누르다 = hinder[N0014] constrain[R0274] refrain, abstain, hold oneself back

ⓐ inhibitory 금지의, 제지[억제]하는

0390 8+ **facilitate** [fəsílətèit]

17.경기대/14.항공대/13.국가직9급,동덕여대 07.건국대/05.고려대 06.서강대/91.서울대학원

【어원】 fac(=make ⊃ R060)+ilit+ate(동접) ➡ 잘 만들어내게 하다 → 촉진하다

Vt. (일을) 용이하게 하다; 촉진[조장]하다 = expedite[D0391] promote[N0256] accelerate, hasten, speed up

ⓝ facility 1. (쉽게 배우거나 행하는) 재주, 재능; 유창함 = talent[T0051] fluency[R2174] skill[T0773]
2. (보통 pl.) 편리함; 설비, 편의 시설; 화장실 = amenities, conveniences, accommodation(s)
ⓝ facilitation 용이하게 함, 편리[간이]화; 촉진
ⓐ facile[fǽsil] 손쉬운, 쉽사리 얻을 수 있는 = easy

영영정의 및 예문
EXAMPLE

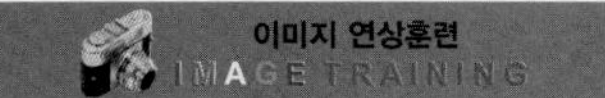

▶ N. an area covered with sand or rocks with little rain and not many plants
V. 1. to leave someone or something without help
2. if a feeling or quality deserts you, you lose it

- It is mean of him to **desert** his parents.
그는 비열하게도 자신의 부모를 버렸다.
- Before your confidence **deserts** you completely, you need to reassert your faith in your own way of doing things.
자신감이 완전히 사라지기 전에, 당신은 당신의 일 처리 방식에 대한 신뢰를 다시 명확히 해야 한다.
- The streets were silent and **deserted**.
그 거리는 조용했고 인적이 드물었다.

▶ 1. to leave a place empty
2. to move people from a dangerous place to a safe place

- Our troops were forced to **evacuate** the area as the enemy advanced.
적군이 진격함에 따라 아군은 그 지역에서 철수할 수밖에 없었다.
- Immediately after the earthquake, a tidal wave warning was issued and people in the coastal areas were ordered to **evacuate** their homes.
지진이 발생한 직후에 해일 경보가 발효되었고 해안 지역 주민들은 피난 지시를 받았다.

▶ a person or animal that lives in a particular place

- Today, every **inhabitant** of this planet must contemplate the day when this planet may no longer be **habitable**.
오늘날 이 지구의 모든 거주민들은 지구가 더 이상 살기에 적합하지 않을 수도 있을 그 날을 생각해야 한다. *contemplate 생각하다
- The island was first **inhabited** by natives about a century ago.
대략 1세기 전에 원주민들이 처음으로 그 섬에 거주했었다.

▶ 1. the act of preventing something from happening
2. a nervous feeling that prevents someone from doing what they want

- Alcohol use, which lowers **inhibitions** on impulsive acts of violence, is strongly linked to aggressive behavior.
충동적인 폭력 행위에 대한 자제력을 떨어뜨리는 음주는 공격적인 행동과 강하게 연관되어 있다.
*impulsive 충동적인
- This virus replicate, which means that this viral enzyme is no longer **inhibited** by the drug.
이 바이러스는 복제되는데, 이 바이러스 효소가 약품에 의해 더 이상 억제될 수 없다는 것을 의미한다.

▶ to make easier or less difficult; help forward (an action, a process, etc.)

- If you are committed to success, then you will adopt the behaviors that **facilitate** success, such as regular attendance, sufficient preparation, and studying.
만약에 성공하기로 마음먹었다면, 규칙적인 출석, 충분한 준비, 그리고 공부와 같이 성공을 촉진하는 행동을 택할 것이다.
- This apartment complex has many **facilities** for its tenants.
이 아파트 단지는 주민들을 위한 많은 시설을 구비하고 있다. *tenant 입주민
- This child has a great **facility** in learning languages.
이 아이는 언어를 배우는데 있어 상당한 재능을 지니고 있다.

정의 DEFINITION | 유사어휘군 SYNONYM·ANTONYM

0391 8+
expediency
EF PS
[ikspí:diənsi]
04-2.경기대/96.강남대/96.세무사

【어원】 ex(=out)+ped(=foot ⊃ R187)+i+ency(명접) ➡ 발을 족쇄(규정이나 틀)에서 빼서 가볍게 함 → 편법

N. (도덕적이기 보다는) 편리한 방법, 편법; 편의주의= shortcut, handy method

ⓐ expedient (수단 따위가) 편의(주의)적인; 편법
↔ inexpedient 마땅찮은, 부적당한

11.법원직/03.변리사/01.국민대
15.서강대/07.고려대

관 **expedite**[ékspədàit] (사무 따위를 때로는 편법을 동원해서) 신속히 처리하다(=facilitate); 진척시키다
expeditious 날쌘, 신속한, 급속한
expeditiously 신속하게(=with alaricrity), 급속하게
expedition 신속; (조사단의) 탐험; 원정 **expeditionary** 원정[탐험]의; 원정[탐험]대의

0392 8+
isolate
EF P
[áisəlèit]
15.지방직9급/98-7.경찰
16.가천대/15.한양대/88.행자부9급
16.한양대
09.세종대

【어원】 isol<insul(=island ⊃ R218)+ate(=make) ➡ 섬(고립된 장소)으로 만들다 → 고립시키다

Vt. 고립시키다, 격리[분리]하다[from] = set apart[I04502] seclude[R1386] insulate[D0993]

ⓐ isolated (장소가) 고립된, 외딴; 유례없는, 유일한 = insulated
ⓝ isolation 격리, 분리; (교통) 차단, 절연; 고립; 고독
isolationism 고립주의 (정책)

표 **set oneself apart** 혼자 따로 떨어져 있다, 고립되다 ⊃ IO45O2
관 **insulated** 격리된, 절연된 ⊃ NO993

0393 8+
proximity
EF S
[prɑksíməti]
16.가톨릭대/13.중앙대/08.법원직
08.고려대/06.서강대
98-2.강남대/95.경기대

【어원】 prox/prop(=near ⊃ R233)+im+ity(명접) ➡ 가까운 곳에 있는 것 → 근접

N. (시간 · 장소 · 관계 등의) 접근, 근접 = closeness[R1381] nearness[T0590] contiguity[R0347] vicinity, adjacency, propinquity, successiveness

관 **approximate**[əprɑ́ksəmət/-èit] 대략의, 비슷한; 근접한; 거의 같아지다, 가깝다 ⊃ R2333

0394 8+
contagious
EF
[kəntéidʒəs]
17.가톨릭대/15.경기대,산업기술대
08.경기교행/06-2.인하대/03.고려대
01.중앙대/98.변리사
10.고려대

【어원】 con(=together)+tag(=touch ⊃ RO34)+ious(형접) ➡ 서로 닿는 → 접촉 전염성의 → 보균자의

A. (접촉) 전염성의; 옮기 쉬운; 보균자의 = infectious[R0605] communicable[T1002] epidemic, catching, susceptible, transmissible

ⓝ contagion (접촉에 의한 질병의) 전염, 전염병 = infection, transmission

반 **non-contagious** 비전염성의 ⊃ RO33
혼 **contiguous**[kəntígjuəs] 이웃의, 근처의, 접촉하는(=adjoining) ⊃ RO347
- **contiguity**[kɑ̀ntəgjú:əti] 접근, 접촉; 인접(=proximity); 연속

0395 8+
foundation
EF
[faundéiʃən]
17.경기대/13.가천대/04.서강대
03-2.고려대/99.세종대
03.경희대
11.성신여대/99.한국외대

【어원】 found/fund(=bottom ⊃ R126)+ate+ion(명접) ➡ 바닥(기초)를 놓은 것

N. 1. (건물의) 토대; 기반, 근거 = ground[R2191] bedrock[T0487] underpinning[D0922] basis
2. 재단; 설립 = footstone; establishment; statute
3. 기초화장품

ⓥ found 기초를 세우다; 설립하다; 창시하다 = establish[R0187] organize, institute, set up
a. (방 · 배 등이) 설비를 갖춘

ⓐ founded 근거가 ~ 한(=grounded) cf. well-founded[grounded] 근거가 충분한
fundamental 기초의, 최초의; 근본적인; 주요한; 타고난, 본래의 n. (pl.) 기본, 기초, 원리
ⓝ founder 창설[설립]자, 재단 설립자

관 **fund** 자금, 기금; (pl.) 재원; (계획 · 사업 등에) 자금을 제공하다 ⊃ R1265
혼 **found** (금속을) 녹이다, 녹여 붓다; 주조하다 - **foundry** 주조업 ⊃ R1266
- **founder** 주조자, 주물공(=caster); (계획이) 실패하다(=fail); 침몰하다; (토지·건물 등이) 허물어지다; 무너뜨리다

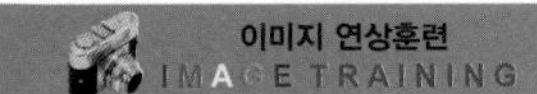

▶ action that is quickest or most effective in a particular situation, even if it is morally wrong

- Politicians need to know how to put principles ahead of **expediency**.
  정치인은 편법보다 원칙을 우선시하는 법을 배워야 한다.
- Sometimes it is **expedient** to make concessions.
  때로는 양보하는 것이 편리하다. ＊concession 양보
- Your digressive remarks are likely to delay rather than **expedite** decisions.
  당신의 지엽적인 발언은 결정을 신속히 이루어지게 하기보다는 지연시킬 것이다.

▶ to separate someone or something from other things or people

- His house was in **an isolated village** in the hills.
  그의 집은 언덕에 있는 외딴 마을에 있었다.
- With the development of modern methods of transportation and communication, rural areas have become less **isolated**.
  현대의 운송과 통신 수단이 발달함에 따라, 시골 지역은 고립이 덜하여졌다.

▶ the state of being near in time or distance

- The time it takes a planet to make one orbit is related to its **proximity** to the sun.
  행성이 궤도를 한 바퀴 도는 데 걸리는 시간은 태양과의 근접성과 관련 있다.
- A new hotel will be built in the **proximity** of the airport.
  공항 부근에 새로운 호텔이 세워질 것이다.

▶ spreading easily from person to person by touch

- Colds are **contagious**. In other words, the germs can travel from person to person.
  감기는 전염성이 있다. 다시 말해, 감기를 일으키는 세균은 한 사람에서 다른 사람으로 옮겨 갈 수 있다.
- There is no danger of **contagion** by eating cooked chicken.
  조리된 닭을 먹으면 전염될 위험이 없다.

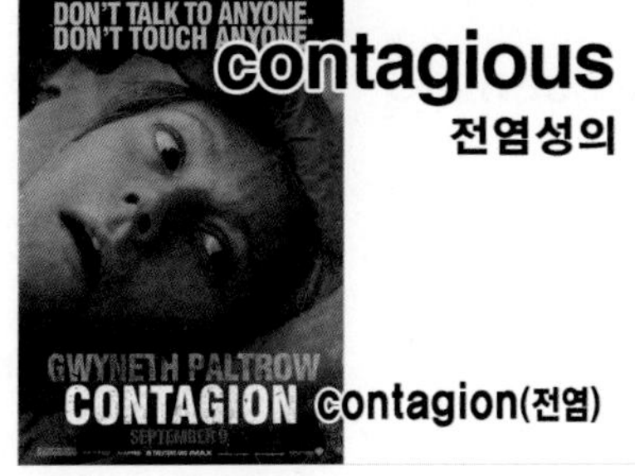

▶ 1. the basis on which something is grounded
2. an organization or the act of creating it 3. a cosmetic base

- The **foundation** on which psychoanalysis rests is a belief in the unconscious.
  정신분석학이 기초를 두고 있는 근본 원리는 무의식에 대한 믿음이다.
- China claims that Tibet is now part of China because Tibet was part of the original Mongolian empire **founded** by Genghis Khan.
  티베트는 칭기즈칸이 세운 원 몽고제국의 일부였기 때문에, 중국은 현재의 티베트가 중국의 일부라고 주장한다.

정의 DEFINITION | 유사어휘군 SYNONYM·ANTONYM

0396 8+ **resentment** [rizéntmənt]

【어원】 re(=again)+sent(=feel ➲ R150)+ment(명접) ➡ 거슬리는 느낌 → 원한 → 분노

14.이화여대/13.중앙대/06.고려대 04.건국대/96-2.강남대/93.사법시험

N. 분개, 분노 = anger[T0281] indignation[N0853] outrage, exasperation, fury, wrath, rage, ire, frenzy, vehemence

08.경희대

ⓥ resent 분개하다; 괘씸하게 생각하다; 원망하다 = lose one's temper

ⓐ resentful 화난, 분개한; 원망하는; 성 잘 내는

0397 8+ **gloomy** [glúːmi]

【연상】 영화 "글루미 선데이(Gloomy Sunday)"의 우울한 분위기를 떠올리세요.

14.홍익대/13.법원직/09.한양대 08.서울시9급/01-2.명지대 00.명지대/98.숙명여대

A. 1. (사람 · 기분 · 작품이) 우울한, 침울한, 울적한 = dismal[N0459] melancholy, depressing, dejected, blue, doleful, glum, downcast

↔ *cheerful, cheery, merry, jolly, jovial, gay, lively, vivacious, sprightly, light-hearted*

2. (방 · 장소 · 날씨가) 어두운, 음침한, 음울한 = dark[T0270] somber[T0276] bleak[N0887] murky, dim, dreary, desolate, deserted, dismal

3. (상황 · 전망이) 비관적인, 암담한 = dark, dispiriting, disheartening, cheerless

ⓝ gloom[glúːm] 어두침침함; 우울; 침울해지다

혼 **groom**[gruːm] 신랑; 손질하다 ➲ T0454

0398 8+ **ominous** [ámənəs]

【어원】 omin<omen(징조)+ous(형접) ➡ 나쁜 징조의 → 불길한 → 기분 나쁜

14.명지대,홍익대/05.고려대 01-2.고려대/01.건국대 98.경희대/91.고려대학원

A. 1. 불길한, 나쁜 징조의; (~의) 징조가 되는 = inauspicious[D0258] portentous, dire, fateful, baleful, ill-omened, ill-boding, ill-fated, unlucky

*an ominous sign 흉조 ↔ *a propitious sign* 길조

2. 험악한 = threatening[T1295]

ⓝ omen[óumən] (특히 불길한) 전조, 징조; 예언; v. ~ 의 전조가 되다; 예언하다 = boding, portent, foreboding, premonition presentiment

0399 8+ **eccentric** [ikséntrik]

【어원】 ec<ex(=out)+centr(=center ➲ R035)+ic(형접) ➡ 중심을 벗어나 바깥으로 나온 → 별난

12.명지대/11.국회8급/11.홍익대 02-3.경찰/99.경기대/94.서울대학원

A. (사람 · 행동 등이) 별난, 기이한 = strange[D0712] odd[T0757] peculiar[N0479] idiosyncratic[N0535] out of the way, abnormal, unusual, erratic, queer, weirdy, grotesque, bizarre, weird, quaint, singular, unconventional

↔ *normal[P0071] standard, ordinary, average*

N. 기인, 괴짜; 기묘한[별난] 것 = freak, oddity, character, weirdo

05-2.국민대

ⓝ eccentricity 이상함, 별남, 엉뚱함; 기행 = peculiarity[D0479]

표 **out of the way** 상도(常道)를 벗어나, 별난(=eccentric); 인적이 드문 곳에 ➲ I00325

0400 8+ **distort** [distɔ́ːrt]

【어원】 dis(강조)+tort(=twist ➲ R130) ➡ 강하게 비틀다

14.한성대/12.덕성여대

Vt. 1. (형체 · 모습을) 뒤틀다, 비틀다 = warp, twist, contort, deform

2. (사실 · 생각을) 왜곡하다, 잘못 전하다 = warp[R1302] misrepresent[R1592]

14.경기대/12.기상직9급 05.행.외시/96.서울대학원

ⓐ distorted 일그러진, 비틀린; 왜곡된 = warped[R1302] skewed[P0063] twisted, contorted

17.국민대/08.중앙대

ⓝ distortion 찌그러뜨림; 왜곡, 곡해

파 **contort** 찌그러뜨리다; 곡해하다, 왜곡하다
- **contortion** 왜곡, 일그러짐

영영정의 및 예문
EXAMPLE

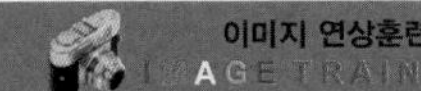

▶ a feeling of deep anger

- The recession-weary British public feels **resentment** over the royal wealth and life-style.
  경기 침체로 지친 영국 사람들은 왕실의 부와 생활 방식에 분노하고 있다.
- She felt that no one loved her. This made her angry, **resentful**, and rebellious.
  그녀는 아무도 자기를 좋아해 주지 않는다고 생각했다. 그래서 화가 나고 분개했으며, 반항적이 되었다.
- She **resented** his cutting remarks.
  그녀는 그의 신랄한 비판에 분개했다. *cutting 살을 에는 듯한, 신랄한

▶ 1. feeling sad and without hope 2. nearly dark 3. hopeless or despairing

- He was wearing a **gloomy** face.
  그는 침울한 얼굴을 하고 있었다.
- The **gloomy** weather made her feel depressed.
  음울한 날씨가 그녀의 기분을 우울하게 만들었다.
- The company's sales picture is **gloomy** this year.
  올해 그 회사의 판매 상황은 암담하다.

▶ suggesting that something bad is likely to happen

- The full moon is a bit **ominous** in western cultures.
  보름달은 서양 문화에서 다소 불길한 것이다.
- There were **ominous** dark clouds gathering overhead.
  머리 위로 불길한 먹구름이 모여들고 있었다.
- Many people believe that a broken mirror is an **omen** of bad luck.
  많은 사람들은 거울이 깨지는 것은 불운의 징조라고 믿는다.

▶ A. behaving in a strange or unusual way
N. someone who behaves in a strange or unusual way

- She is said to be the most **eccentric** actress in show business.
  그녀는 쇼비즈니스 계에서 가장 별난 여배우로 통한다.
- One of his **eccentricities** is sleeping under the bed instead of in the bed.
  그의 기행 중의 하나는 침대에서가 아닌 침대 아래서 잠을 자는 것이다.

eccentric
별난

▶ 1. to alter and spoil the natural form or appearance of
2. to report or represent it in an untrue way

- Matter exhibits elasticity when it resumes its original size and shape after being **distorted**.
  물질은 뒤틀렸다가 본래의 크기와 모양으로 되돌아 올 때 탄력성을 보여준다. *elasticity 탄력성
- Sometimes the facts are **distorted** by the historians.
  때로는 사실이 역사가에 의하여 왜곡되기도 한다

Quick Review

0376

v______

0377

b______

0378

d______

0379

p______

0380

m______

0381

a______

0382

r______

0383

p______

0384

c______

0385

e______

0386

d______

0387

e______

0388

i______

0389

i______

0390

f______

0391

e______

0392

i______

0393

p______

0394

c______

0395

f______

0396

r______

0397

g______

0398

o______

0399

e______

0400

d______

Answer 0376 voluntarily 0377 benevolent 0378 destitute 0379 predicament 0380 manage
0381 adamant 0382 robust 0383 prodigious 0384 considerable 0385 extensive
0386 desert 0387 evacuate 0388 inhabitant 0389 inhibition 0390 facilitate
0391 expediency 0392 isolate 0393 proximity 0394 contagious 0395 foundation
0396 resentment 0397 gloomy 0398 ominous 0399 eccentric 0400 distort

Preview

DAY 17

0401

0402

0403

0404

0405

0406

0407

0408

0409

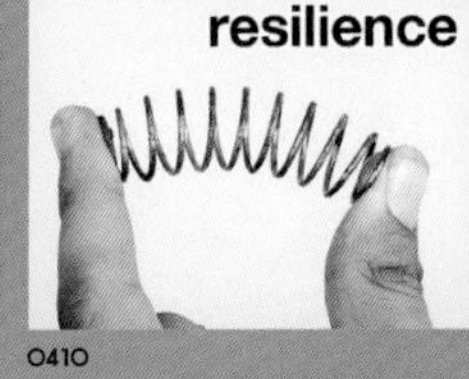

0410

0411

0412

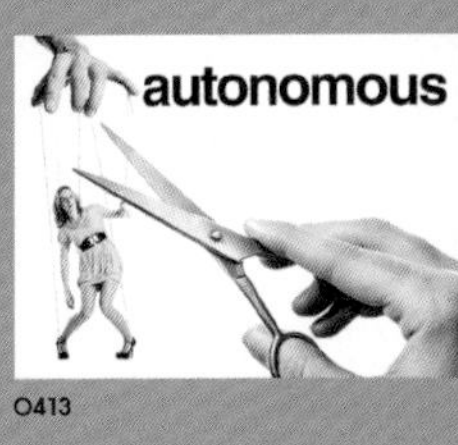

0413

0414

0415

0416

0417

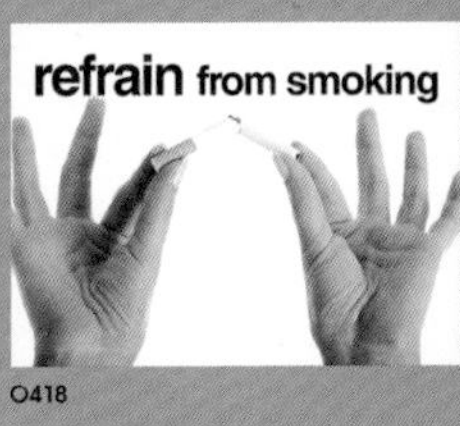

0418

0419

0420

0421

0422

0423

0424

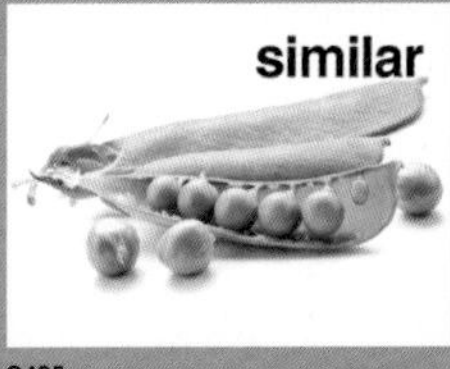

0425

Answer 0401 흩뜨리다 0402 퍼지다, 스며들다 0403 범람시키다 0404 사라지다 0405 서서히 물러나다 0406 권유하다 0407 폐지하다 0408 대신하다 0409 다시 시작하다 0410 탄력 0411 끊임없이 계속하는 0412 뜻밖의 0413 자치의, 자율적인 0414 간헐적인 0415 충격적인 0416 덮다, 포함하다, 보도하다 0417 교묘히 회피하다 0418 삼가다 0419 위협 0420 충돌, 영향 0421 시간 엄수 0422 전형, 모범 0423 박수갈채하다 0424 동등한, 필적하는 0425 유사한, 비슷한

DAY 17-1

정의 DEFINITION	유사어휘군 SYNONYM·ANTONYM

0401 8+ **disperse** E F P S

[dispə́:rs]

05.중앙대/04-2.명지대/04.경희대 02-2.아주대/02.상명대

【어원】 di<dis(=away)+sperse(=scatter ➲ R163) ➡ 멀리 흩어버리다 → 퍼뜨리다 → 적이나 군중을 흩어지게 하다

V. 1. 흩뜨리다; 흩어지다 = scatter[R1631] disseminate[N0166] spread; vanish
2. (환영 등을) 쫓아버리다 = dispel[R0662]
3. (군중 등을) 해산하다, 해산시키다 = disband, break up

11.지방직7급 ⓝ dispersal/dispersion 해산, 분산, 확산
13.고려대 dispersity 분산도
ⓐ dispersed 흩어진, 분산된 dispersive 흩뜨리는, 분산적인

06.공인노무사 관 **intersperse** (사이에) 흩뜨리다, 산재시키다(=mix); 변화를 주다[with]

0402 8+ **permeate** F S

[pə́:rmièit]

17.가천대,한국외대,한양대 13.이화여대/12.국민대/11.경기대

【어원】 per(=through)+mea(=pass, flow)+te ➡ 통과해 흘러 들어가다 → 스며들다

V. 1. (액체·냄새·연기 등이) 배어들다, 스며들다 = pass through, penetrate[T1571] impregnate[R1609(2)] infiltrate[T1572] osmose, percolate, soak, imbue, saturate
2. (사상 등이) 퍼지다, 영향을 미치다[into] = spread into[D0834] affect[N0018] penetrate, seep

05.행자부9급 ⓝ permeation 침투, 삼투, 녹아 들어감 = infiltration[T1572] penetration, saturation, osmosis
permeance 삼투, 투입
05.경기대 ⓐ permeable 투과성[삼투성]의 permeant 삼투하는, 배어드는, 스며드는
12.이화여대 ↔ impermeable 스며들지 않는, 불침투성의 ↔ *porous*

0403 8+ **inundate** F S

[ínəndèit]

11.경희대/07.중앙대/05.서강대 02-2.숙명여대/02-2.숭실대 01-2.아주대

【어원】 in(=in)+und(=flood ➲ R217)+ate(동접) ➡ 안으로 흘러넘치다 → 범람시키다 → 쇄도하다

Vt. 1. 〈주로 수동〉 범람시키다, 물에 잠기게 하다 = flood[R2176] overflow[P0137] engulf
2. (장소에) 몰려오다, 밀어 닥치다, 쇄도하다 = mob, throng, come in flocks, overwhelm
*be inundated with 물에 잠기다; ~에 압도당하다
= be flooded[deluged] with 물에 잠기다
98.행자부7급 = be snowed under with (눈이나 일로) 뒤덮이다, 갇히다

ⓝ inundation 침수, 홍수, 쇄도 = deluge

관 **undulate** 물결치다, 흔들리다 **undulation** 파동, 굽이침

0404 8+ **vanish** 

[vǽniʃ]

10.서울여대/09.고려대 08.명지대,계명대/06.경기도9급 04-2.동아대/01.아주대

【어원】 van(=empty ➲ R155)+ish(동접) ➡ 자리를 텅 비우다 → 사라지다

Vi. (갑자기) 사라지다, 없어지다; 희미해지다 = disappear[R2326] evanish, evanesce, evaporate, dissolve, fade away, go away

ⓐ vanishing 사라지는 (일)
cf. vanishing twin 임신 초기에 쌍둥이 중 하나가 모체 속에서 사라지는 현상
ⓝ vanishment 소멸

동 **banish** [bǽniʃ] (국외로) 추방하다, 유형에 처하다 ➲ TO541

0405 8+ **recede** 

[risí:d]

17.홍익대/13.지방직7급/01-2.가톨릭대 01.경기대/97-2.인천대/94.홍익대

【어원】 re(=back)+ced(=go ➲ RO38)+e ➡ 뒤로 물러가다

Vi. 1. (서서히) 물러나다[멀어지다][into] = retreat[R1333] withdraw[R1331] draw back, pull back
2. (기억 등이) 희미해지다; 감퇴하다 = ebb[T1404] abate, decline
3. (가치나 열 등이) 떨어지다, 감소하다 = go down[I05507]

17.국민대/05.세종대 관 **recess** [risés] 1. 일시적인 휴식; 휴회, 휴정 = rest[R0472] respite, repose, pause, break
2. 움푹 들어간 곳, 후미진 곳 = in-let, cove, nook, corner
3. (마음 따위의) 깊은 곳, 마음속 = the bottom of one's heart
- **recession** 퇴거, 후퇴; 퇴장; 후미진 곳; 불경기 **recessive** 후퇴하는, 퇴행의; (생물) 열성의
표 **go down** 1. (물가 등이) 내리다 2. (해 등이) 지다 ➲ IO55O7

영영정의 및 예문
EXAMPLE

이미지 연상훈련
IMAGE TRAINING

▶ to spread or make things spread in different directions over a large area

- She ripped the letter into tiny pieces and threw them to the ground. The wind quickly **dispersed** them.
  그녀는 편지를 작은 조각으로 찢어서 땅에 내던졌다. 바람이 곧 편지 조각들을 흩어버렸다.
- The crowd **dispersed** after the demonstration.
  군중은 시위가 끝나자 흩어졌다.

▶ 1. to spread through something 2. to affect every part of something

- The last night's rain **permeated** the old tent.
  어젯밤의 비가 그 낡은 텐트에 스며들었다.
- Every religion has **permeated** and been permeated by a variety of diverse cultures.
  모든 종교는 여러 문화의 다양성에 스며들거나 스며들어 있다.
- The white, **permeable** shirt will turn blue if it is washed with the colored clothes.
  하얀 투과성의 셔츠를 색깔이 있는 옷들과 같이 빨게 되면 파랗게 물들 것이다.

▶ 1. to flood an area with water
2. to give much more of something than someone can deal with

- In the past, the cotton fields of Louisiana **were inundated** annually by the Mississippi River.
  과거에 루이지애나의 목화밭들은 미시시피 강에 의해 매년 범람했다.
- Around the holiday season the post office **is inundated with** packages.
  연휴 기간에는 우체국에 소포들이 쇄도한다.

▶ to disappear suddenly, especially in a mysterious way

- The police couldn't arrest the thief, because he ran into the crowd and **vanished** from sight.
  도둑이 군중 속으로 뛰어 들어 시야에서 사라졌기 때문에 경찰은 도둑을 체포할 수 없었다.
- After the alien spacecraft had hovered over the park for a short while, it **vanished**.
  외계 비행선이 잠시 공원 위를 맴돌다가 사라졌다. *hover over ~의 위를 맴돌다

▶ 1. to pull back or move away 2. to become fainter 3. to become weaker or smaller

- The child's fever **receded** after he had taken the medicine.
  아이의 열은 약을 복용한 이후 가라앉았다.
- The latest jobless figures in the United States mean the risk of a double-dip **recession** has receded.
  미국의 최근 실업자 수는 이중 침체의 위험이 물러났음을 의미한다.
  *double-dip 경기침체 후 잠시 회복기를 보이다가 다시 침체에 빠지는 이중침체 현상
- The danger of financial **recessions** is that they will turn into full-fledged depressions.
  금융 경기 침체의 위험성이란 그것이 완전한 불경기로 변하게 된다는 것이다.

정의 DEFINITION	유사어휘군 SYNONYM·ANTONYM

0406 8+ **induce** [indjúːs]

09.이화여대/05.경기대/01.서울여대 01.사법시험/97.고려대학원

【어원】 in(=in)+duc(=lead ⊃ R135) ➡ 안으로 이끌다 → 설득하여 ~시키다, 권유하다 → 유발하다

Vt. 1. 권유하다; 설득하여 ~시키다 = persuade[D0791] bid, solicit, tout
2. 일으키다, 야기하다, 유발하다 = cause[R2581] instigate, bring about, give rise to
3. (진통 · 분만을) 인공적으로 일으키다

93.고려대학원 ⓝ inducement 유도, 유인; 자극, 동기 = stimulus, motive, incentive
99.행자부9급 ⓐ inductive 귀납적인; 유도의, 감응의

혼 **induct** [indʌ́kt] (안으로) 들이다, 안내하다; 취임시키다
- **induction** [indʌ́kʃən] 취임; 귀납법
반 **deductive** 연역적인, 추론적인 **deduce** 연역하다, 추론하다 ⊃ D0355

0407 8+ **abolish** [əbάliʃ]

02-2.명지대/94.연세대학원 94.경성대/94.총무처7급 93.행정고시/82.국회사무관

【어원】 a<ab(=away)+bol(=throw ⊃ R124)+ish(동접) ➡ 멀리 던져버리다 → 폐지하다

Vt. (법률 · 제도 · 관습 등을) 폐지하다 = do away with[I07107] abrogate[N0942] eliminate[N0064] destroy[R1153] nullify, annul, rescind, revoke, repeal

ⓝ abolition 폐지, 박멸
abolitionism 노예제도 폐지론
12.상명대 abolitionist 노예제도 폐지론자

표 **do away with** ⊃ I07107
1. (규칙 · 규제 · 제도 · 부서 등을) 없애다, 폐지하다(=abolish)
2. (물건 등을) 없애다, 버리다(=throw away, discard)
3. (사람 등을) 죽이다, 제거하다(=kill, get rid of, eliminate)

0408 8+ **supplant** [səplǽnt]

11.중앙대/10.서울여대/08.지방직9급 07.공인노무사/07.한성대/98.한국외대 92.사법시험

【어원】 sup<sub(=in place of)+plant(=plant ⊃ R163) ➡ ~을 대신하여 자리에 앉히다(plant) → 찬탈하다 → 대체하다

Vt. 1. (물건을) 대체하다; (사물에) 대신하다 = replace[D0715] substitute[N0545] supersede[N0714]
2. (남의) 자리에 들어 앉다, 찬탈하다 = supersede, usurp, seize

표 ▪ **take the place of** ~을 대신하다 ⊃ I03710
= **fill in for** ~을 대신하다 ⊃ I12103 = **stand in** sb's **shoes** ~을 대신하다 ⊃ I04708
▪ **instead of** ~을 대신하여; ~ 하기는 커녕

= **in lieu of** ~대신에	= **instead, vicariously**	= **in place of**
= **in the room of**	= **in substitute for**	= **on behalf of**
= **in the name of**	= **in** sb's **stead**	

0409 8+ **resume** [rizúːm]

13.한국외대/11.명지대/08.덕성여대 01.여자경찰.경기대/98-2.가톨릭대

【어원】 re(=again)+sume(=take ⊃ R004) ➡ 다시 (일을) 잡다

V. 다시 시작하다, 재개하다 = begin again, restart, recommence[R1364] renew, take up

07.인천9급 ⓝ resumption 되찾음, 회수; 재개, 속행

15.경기대 혼 **resume** [rézumèi] 이력서, 요약, 적요
cf.**curriculum vitae** 이력서

0410 8+ **resilience/-cy** [rizíljəns]

15.서울시7급/15.고려대 14.경희대.이화여대/11.세종대

【어원】 re(=back)+sil(=leap ⊃ R046)+i+ence(명접) ➡ 다시 튀어 오르려는 성질

N. 1. (충격 · 부상에서의) 회복력
2. (원상으로 돌아가는) 탄력, 탄성 = elasticity[D0918] flexibility[D0594]

14.고려대/05-2.경희대 ⓐ resilient 회복력이 있는, 원상으로 돌아가는, 탄력있는; 쾌활한 = buoyant

영영정의 및 예문
EXAMPLE

이미지 연상훈련
IMAGE TRAINING

▶ 1. to persuade someone to do something 2. to cause something to happen

- Nothing could **induce** her to stop doing that.
  아무리 설득해도 그녀가 그 짓을 그만두게 할 수 없었다.
- Sedatives calm a person without actually **inducing** sleep.
  진정제는 실제로 졸음을 유발하지 않고서 사람을 안정시킨다. *sedative 진정제 calm 진정시키다
- The money was offered as an **inducement**.
  그 돈은 장려금으로 제공되었다.

▶ to end a law, system, or custom officially

- Many democratic countries around the world have **abolished** capital punishment.
  전 세계적으로 많은 민주주의 국가들이 사형 제도를 폐지하였다. *capital punishment 사형제도
- The war culminated in the South's defeat and in the **abolition** of slavery.
  남북전쟁은 남부의 패배로 끝났고, 노예제도는 폐지되었다. *culminate in 마침내 ~이 되다

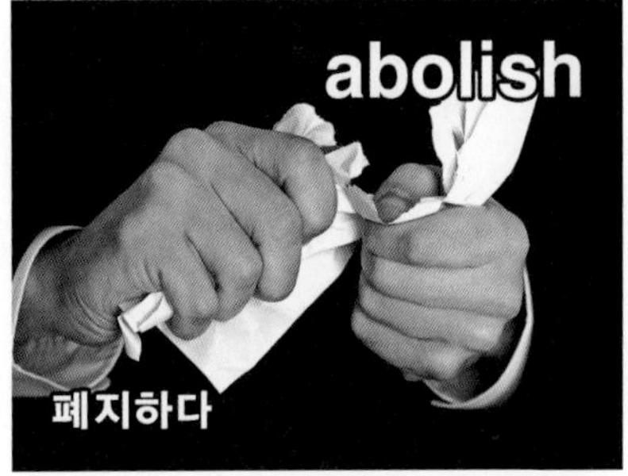

▶ to take the place of someone or something

- As factory-made goods **supplanted** household production, shopping became more essential parts of housework.
  공장에서 생산된 상품이 가내 생산제품을 대신했기 때문에, 쇼핑이 가사의 더 중요한 부분이 되었다.
- Science affects our whole ethical outlook by influencing our view as to the nature of the world in fact, by **supplanting** mythology.
  과학은 세상의 본질에 대한 우리의 견해에 영향을 주고 사실상 신화를 대신함으로써 우리의 전반적인 윤리관에 영향을 미친다.

▶ to start doing something again after stopping

- They are ready to **resume** the talks in May, without any strings attached.
  그들은 아무 조건 없이 5월에 회담을 재개할 준비가 되어 있다.
- Those interested should forward a detailed **resume** and cover letter.
  관심 있으신 분은 상세한 이력서와 자기소개서를 보내주시기 바랍니다. *forward 보내다

▶ 1. ability to recover readily from illness or depression
2. the power or ability to return to the original form

- An ingredient of **resilience** is an optimistic orientation and a focus on the positive on oneself and in human nature.
  회복력의 구성요소는 낙관적 성향, 그리고 자신과 인성에 존재하는 긍정적인 면에 집중하는 것이다.
- He'll get over it—young people are amazingly **resilient**.
  그는 그것을 이겨 낼 걸세. 젊은이들은 놀라울 정도로 금방 회복하거든.

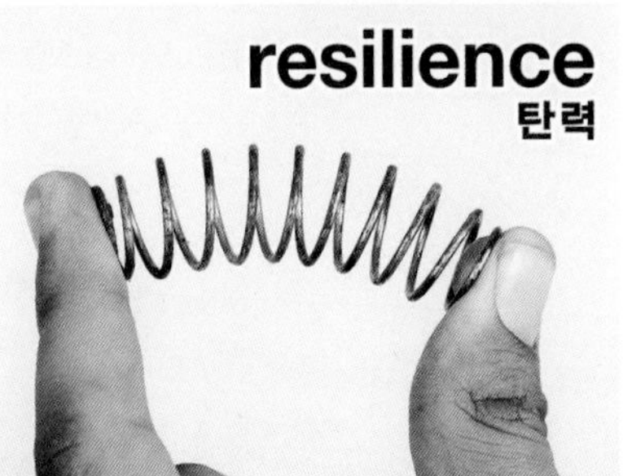

정의 DEFINITION	유사어휘군 SYNONYM·ANTONYM

0411 8+ **constant** [kánstənt]
14.성균관대,숙명여대,한국외대 10.국가직7급/05.서강대/93.서울여대

【어원】con(강조)+stant(=stand ⊃ R020) ➡ 항상 그 자리에 자리잡고 있는

A. 1. 끊임없이 계속하는 = perpetual[N0196] persistent[N0082] relentless[N0611] incessant[D0985] unceasing, ceaseless
2. 불변의, 일정한 = stable, invariable, changeless, unalterable, immutable, equable, permanent
N. 불변의 것, 불변량 = invariable

03.계명대
ⓐⓓ constantly 끊임없이, 항상, 빈번히 = incessantly[N0985] unceasingly[D0985] at every turn[I01604]
ⓝ constancy 불변(성), 항구성

반 **inconstant**[inkánstənt] 변하기 쉬운, 일정하지 않은

0412 8+ **fortuitous** [fɔːrtjúːətəs]
15.단국대/14.경희대/11.숙명여대 07.성균관대/06.국민대,고려대 01.고려대/96.서울대학원

【어원】fortu(=chance, fortune ⊃ R242)+it+ous(형접) ➡ 뜻밖의 행운으로 일어난

A. (좋은 결과가) 우연히 일어난, 뜻밖의 = accidental[N0314] incidental[N0973] unexpected[R0737]

ⓝ fortuity 우연성, 우연; 우연한 일

0413 8+ **autonomous** [ɔːtánəməs]
15.한양대/12.성균관대/07.공인노무사 01-2.세종대 08.이화여대/96.지방고시

【어원】aut<auto(=self)+nom(=law ⊃ R254)+ous(형접) ➡ 스스로 다스리는 → 자치의, 자율적인

A. 1. (나라·조직·집단이) 자치권이 있는, 자치의 = self-governing, independent[D0002]
2. (사람이) 자율의, 독립적인 = self-reliant

ⓝ autonomy 자치; 자율권; 자주성 = self-government, self-administration

94.동덕여대
반 **heteronomous**[hètərɑ́nəməs] 타율의 *hetero(=different)+nom(=law)+ous
- **heteronomy** 타율, 타율성

0414 8+ **intermittent** [intərmítnt]
12.이화여대/08.고려대/07.세무사 98.행자부7급/97.동국대 10.한국외대/92.경기대

【어원】inter(=between)+mit(=send ⊃ R052)+ent(형접) ➡ ~ 사이에 (가끔씩) 오는 → 간헐적인

A. 간헐적인, 때때로의; 단속(斷屬)적인 = recurrent[D0506] sporadic[N0507] occasional, periodic, fitful, spasmodic

ⓐⓓ intermittently 간헐적으로, 단속적으로 = periodically[R2120] occasionally
ⓥ intermit 일시 멈추다, 중단시키다
ⓝ intermittence 간간이 중단됨, 단속(斷續), 간헐

0415 8+ **staggering** [stǽgəriŋ]
13.이화여대/07.단국대/03.경기대 96.중앙대/94.고려대학원 08.세종대/05.아주대

【어원】stag(=pool)+er+ing ➡ 웅덩이에 빠지면 → (놀라서) 비틀거리는

A. (너무 엄청나서) 충격적인, 믿기 어려운 = astonishing[D0760] amazing[T0321] astounding

ⓥ stagger 비틀거리다; 동요하다; 주저하다 = stumble[N0772] falter, totter, reel, shamble, wobble, dodder; hesitate, waver, scruple, vacillate, halt, jib, balk
*stagger on[along] 그럭저럭 이겨나가다

관 **stagnant** (물이) 흐르지 않는; 침체된, 불경기의 ⊃ N0664

영영정의 및 예문
EXAMPLE

이미지 연상훈련
IMAGE TRAINING

▶ 1. happening regularly or all the time 2. having no change or variation

- Scientists are **constantly** seeking to discover the immutable laws of nature.
  과학자들은 불변의 자연 법칙을 발견하기 위해 끊임없이 노력하고 있다. *immutable 불변의
- My brother was so mercurial that he **constantly** changed his political outlooks.
  나의 형은 너무나 변덕스러워 끊임없이 자신의 정치적인 견해를 바꾸었다. *mercurial 변덕스러운

▶ happening by accident, especially in a way that has a good result

- It is more likely to be a **fortuitous** discovery than the result of a concerted effort to find it.
  그것을 찾아내려는 일치단결된 노력의 결과라기보다는 우연한 발견일 가능성이 더 많다.
- The profession, the political faith, and the entire life of many men, depend on chance circumstances, on what is **fortuitous**, on the caprice and the unexpected turns of fate.
  수많은 사람들의 직업, 정치적 신념, 그리고 일생 등은 우연적 상황, 우연한 일, 그리고 운명의 변덕스러움과 예기치 않은 돌변 등에 의해 좌우된다. *caprice 변덕

▶ 1. able to govern or control itself 2. able to make decisions by yourself

- The British allowed the college to remain **autonomous**, giving it a free hand in education.
  영국은 대학교에 교육에 관해서 자유재량권을 주어 자율적으로 남아 있도록 허용했다.
- The manager wanted greater **autonomy** for his department.
  과장은 자기 부서가 더 많은 자율적 권한을 갖기를 원했다.

▶ stopping and starting at intervals

- According to the weather forecast, it will be mostly sunny tomorrow, with **intermittent** showers in the afternoon.
  일기예보에 따르면, 내일은 대체로 맑고 오후에는 간헐적인 소나기가 내릴 것이다.
- In the northeastern United States, it rains **intermittently** throughout the spring.
  미국 북동부에서는 봄 내내 비가 오락가락한다.
- We've discussed this problem **intermittently**, but so far we've failed to come up with a solution.
  우리는 이 문제를 간헐적으로 논의해 왔지만, 지금까지 해결책을 제시하지 못했다.

▶ so great, shocking or surprising that it is difficult to believe

- The financial impact of the new construction project on the town was **staggering**.
  새로운 건설 사업이 그 도시에 미친 재정적인 영향은 엄청났다.
- Renowned curator Jacques Sauniere **staggered** through the vaulted archway of the museum's Grand Gallery.
  유명한 박물관장 자크 소니에르는 박물관 대 화랑의 둥근 아치 모양 통로를 비틀거리며 걸었다.

정의 DEFINITION	유사어휘군 SYNONYM·ANTONYM

0416 8+ **cover** [kʌ́vər]
14.국가직7급/07.인천시9급 94.서울대학원/08.서울세무9급

【연상】 넌 내가 커버할게(보호할게) or 내 보험은 모든 걸 커버한다 (보장한다)

Vt. 1. 덮다; 감추다, 보호하다, 책임을 지다
2. 범위에 미치다, 포함하다 = extend over[N0692] range, include
3. (손실 등에 대비해 보험으로) 보장하다
4. 취재하다, 보도하다 = report[R0490]
N. 덮개; 은신처; 겉치레

04-2.건국대/02.변리사
ⓝ coverage[kʌ́vəridʒ] (보험의) 보상 범위; 시청 범위; 신문 보급 범위; 보도, 취재
coverture[kʌ́vərtʃər] 덮개, 외피; 엄호물; 은폐; 유부녀 신분
coveralls 작업복(=overalls)

96. 공인회계사
표 **cover-up** 숨김, 은폐(공작)(=trick for concealment)

0417 8+ **circumvent** [sə̀:rkəmvént]
15.서울시9급,국민대/08.명지대 07.세무사/05.중앙대 95.세종대/94.기술고시

【어원】 circum(=around)+vent(=come ➲ R037) ➡ 싫은 것을 피해서 빙 둘러 오다 → 우회하다 → 회피하다

Vt. 1. (교묘하게 또는 불법적으로) 회피하다 = avoid[N0688] evade, elude, dodge, shun, sidestep, fudge, shirk, skirt around
2. ~을 돌아서 오다, ~을 우회하다 = detour
3. (실행 · 계획을) 방해하다 = cramp[N0596]

ⓝ circumvention (계략으로) 속임; 우회

0418 8+ **refrain** [rifréin]
14-3.경찰/12.단국대/10.동덕여대 05.동국대/01.광운대 92.성심여대/91.연세대학원

【어원】 re(=back)+frain<frag(=break ➲ R111) ➡ 버릇을 끊어(break) 뒤로 보내다 → 그만두다, 삼가다

Vi. 그만두다, 삼가다, 자제하다[from] = stop, quit, cease; abstain[N0689] restrain, constrain, forbear, hold oneself back[I04210] abandon
N. 후렴, 자주 반복되는 말; 불평 = complaint[N0807]

ⓝ refrainment 자제, 억제 = abstention, abstinence

0419 8+ **menace** [ménis]

【어원】 men<min(=project ➲ R025)+ace ➡ 칼을 내밀다(project)

17.중앙대
N. 1. 협박, 위협, 공갈 = threat[T1295] blackmail[T1296] intimidation[D0067]
2. 위협적인[위험한] 존재 = threat[T1295]
12.경희대/07.중앙대 01.97.경찰/93.행자부7급
Vt. 위협하다, 협박하다 = threaten[T1295] browbeat[T1297] intimidate[N0067]

13.한국외대
ⓐ menacing[ménisiŋ] 위협적인 = threatening[T1295] intimidating[D0067]
minatory[mínətɔ̀:ri] 위협하는
ⓝ minacity[minǽsəti] 위협

0420 8+ **impact** [ímpækt]
10.서강대/06.보험계리사/06.경희대 04-2.성균관대/광운대 01-2.세종대/01.덕성여대

【어원】 1. im<in(강조)+pact(=fasten ➲ R036) 2. im<in(=not)+pact(=agree) ➡ 1. 시선을 강하게 붙들어 매는 것 → 감화, 영향력 2. 서로 동의하지 않음 → 충돌, 격돌

N. 1. 영향(력), 감화, 효과 = effect[N0056] influence[R2173] repercussion[R1165] impression
*have an impact on ~에 영향을 미치다
2. 충돌, 격돌, 충격 = collision, clash, percussion
V. [impǽkt] 1. 부딪치다, 충돌하다 = collide, crash, clash, crush, smack, ram
2. 강한 충격[영향]을 주다[on] = have a great effect on, have influence[repercussions] on

ⓝ impaction 꽉 들어차게 함, 밀착시킴
ⓐ impactive 충격에 의한; 충격적인, 강렬한
impacted 꽉 채워진; 인구가 조밀한; 충돌된

영영정의 및 예문
EXAMPLE

이미지 연상훈련
IMAGE TRAINING

▶ 1. to put something over something else to hide or protect it 2. to include or deal with something 3. to protect someone against loss or injury by insurance 4. to report the news

- The reporter **covered** the story in detail.
  기자는 그 기사를 상세히 보도했다.
- The government is expanding **insurance coverage** for migrant workers.
  정부는 일용 노동자에 대해 보험 적용을 확대하고 있다.
- The FBI began a criminal investigation into the possibility of a **cover-up**.
  FBI는 사건의 은폐 가능성에 대한 범죄조사를 시작했다.

cover
Independence Day(1996)
덮다, 포함하다, 보도하다

▶ 1. to avoid something especially in a clever or illegal way
2. to go or travel around something that is blocking your way

- The politician **circumvented** the problem.
  그 정치인은 그 문제를 교묘히 회피했다.
- Businesses sometimes establish firms in foreign countries to **circumvent** local restrictions.
  기업들은 때때로 국내의 규제를 피하기 위해 외국에 회사를 설립한다.

▶ V. to stop yourself from doing something that you want to do
N. a phrase that is repeated regularly

- My father smokes too much, so he has to **refrain**.
  아버지께서는 담배를 너무 많이 피우신다. 따라서 삼가셔야 한다.
- Please **refrain from** making any video or tape recordings during the concert.
  콘서트가 진행되는 동안 어떠한 비디오 녹화나 테이프 녹음도 삼가 주십시오.

▶ N. 1. a threat or the act of threatening 2. something likely to cause injury, damage etc
V. to threaten with violence, danger, etc

- A driver like you is a **menace** to children and old people.
  당신 같은 운전자는 아이들이나 노약자들에게 위협적인 존재이다.
- Although monkeys occasionally **menace** their enemies, they are usually not dangerous unless they are provoked.
  원숭이들은 이따금씩 그들의 적들을 위협하긴 하지만, 그들은 성나게 하지 않으면 대개 위험스럽지 않다.

▶ N. a strong effect V. 1. to strike forcefully 2. to have an effect on something

- Changes in technology in the mid-1980s **had an** enormous **impact on** the printing industry.
  1980년대 중반의 기술의 변화는 인쇄산업에 막대한 영향을 끼쳤다.
- His music **had an impact on** his listeners.
  그의 음악은 청취자에게 깊은 감화를 줬다.
- Farmers **are** greatly **impacted** by capricious government policies.
  농부들은 변덕스러운 정부 정책으로 크게 영향을 받는다.

DAY 17-5

정의 DEFINITION | 유사어휘군 SYNONYM·ANTONYM

0421 8+ **punctuality** [pʌŋktʃuǽləti]

06.숙명여대/99.변리사 93.덕성여대/90.법원직

【어원】punct(=prick ➲ R120)+ual+ity(명접) ➡ (시계의 초침을) 콕 찌르는 → 시간을 잘 지키는

N. 시간 엄수, 지체하지 않음 = being on time[I00401]

16.산업기술대/01-2.동국대/85.법원직 ⓐ punctual 시간을 잘 지키는, ~에 늦지 않는 = on time[I00401] prompt

17.건국대 * Be punctual. 시간을 엄수해라.

> 동 **punctuate**[pʌ́ŋktʃuèit] 구두점을 찍다 → (말을) 중단시키다(=interrupt); 강조하다(=emphasize)
> 표 **on time** 시간에 맞게; 정각에 **cf. in time** 때 맞추어, 이르게

0422 8+ **epitome** [ipítəmi]

【어원】epi(=upon)+tome(=cut ➲ R106) ➡ 딱 잘라낸 단면이다 → 1. ~의 전형이다 2. 요약하다

10.성균관대/09.경희대 N. 1. (the ~) 전형(적인 예) = essence[R1593] quintessence[R1594]

2. **줄거리, 발췌, 요약** = synopsis, summary, compendium, abstract, conspectus, outline, sketch

17.지방직7급.가천대/12.한국외대 03.경기대/98.국민대.숙명여대 ⓥ epitomize 1. ~의 전형이다, 전형적으로 보여주다 2. 요약하다 = typify[R0646] exemplify[D0966] embody[N0547]; encapsulate[T0926] summarize, condense, compress, digest, abridge

0423 8+ **applaud** [əplɔ́:d]

【어원】ap<ad(=to)+plaud(=strike ➲ R117) ➡ ~를 향해 박수를 치다

15.홍익대/14.경희대/13.단국대 99.동덕여대/98.경찰/91.연세대학원 V. 박수갈채하다, 칭찬하다 = clap[T0987] acclaim[N0445] hail[T0988] praise, admire, commend, extol, eulogize

06.건국대 ⓝ applause 박수갈채; 칭찬 = ovation, plaudit, acclamation; praise, admiration, commendation, laudation

ⓐ applausive 칭찬의

> 동 **plaudit**[plɔ́:dit] 갈채, 박수, 칭찬
> 표 **give** sb **a big hand** ~에게 큰 박수를 보내다
> **give a standing ovation** 기립박수를 주다 ➲ IO3909

0424 8+ **equal** [í:kwəl]

【어원】equ(=same ➲ R231)+al(형접) ➡ ~과 같은 → 동등한

14.서울산업대/98.경찰 Vt. ~와 같다; ~에 필적하다 = come up to[I05409]

A. 같은, 동등한; ~에 필적하는[to] = same, similar; comparable with

N. 동등한 것, 대등한 것

02.101단/99.경찰 *be equal to ~에 합당하다, ~을 다룰 능력을 갖추다(=have the ability to handle)

17.건국대 ⓐⓓ equally 동등하게

ⓥ equalize 같게 하다

13.경희대/91.행자부7급 ⓝ equality 평등, 동등, 균등 ↔ *inequality* 불평등, 불공평

14.이화여대/12.숙명여대
> 동 **egalitarian**[igæ̀lətέəriən] 평등주의의; 평등주의자 **equalitarian** 평등주의의; 평등주의자
> 표 **come up to** 1. ~에 부응하다(=equal to), 필적하다 2. ~에게 다가오다(=approach); ➲ IO5409

0425 8+ **similar** [símələr]

【어원】simil(=like ➲ R231)+ar ➡ 같은 → 비슷한

14.국가직7급/13.법원직 07.고려대.성균관대 92.연세대학원 A. (똑같지는 않지만) 유사한, 비슷한[to] = like, homogeneous[N0039] parallel[N0915]

*similar to ~와 유사한 = analogous to[N0202] equivalent to, comparable to, corresponding to

15.건국대/05.경희대 ⓝ similarity 유사성, 비슷함

similitude 유사, 닮은 것; 비유

> 반 **dissimilar** ~와 비슷하지 않은, 다른 **dissimilarity** 비슷하지 않음, 차이점

영영정의 및 예문
EXAMPLE

이미지 연상훈련
IMAGE TRAINING

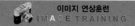

▶ acting or arriving exactly at the expected time

- He was trying to impress on his children the importance of being **punctual**.
  그는 자식들에게 시간 엄수의 중요성을 명심시키려 애쓰는 중이었다.
- **Punctuality** is the art of guessing how late the other fellow is going to be.
  시간 잘 지키기란 상대방이 얼마나 늦을 것인가를 추측해내는 기술이다.

▶ 1. the best example or standard of something 2. a brief summary

- He was a model student and the **epitome** of a hard worker.
  그는 모범생이었고 노력가의 대명사였다.
- The liberating spirit of the Sixties **was epitomized by** the miniskirt–one small piece of material for a woman, but one giant leap for womankind.
  60년대의 자유로운 정신은 미니스커트가 그 전형적인 예가 되는데, 이것은 한 여성에게는 하나의 작은 물건에 불과하지만, 전체 여성들로 보면 하나의 커다란 도약인 것이다.

▶ to express approval, especially by clapping the hands

- The ideal listener has been humorously described as a person who **applauds** vigorously.
  이상적인 청중은 우스꽝스럽게도 열정적으로 박수갈채를 보내는 사람으로 묘사되었다.
- You may be greeted with clapping when entering a factory, hospital, or school. Politeness dictates that you respond with **applause**, even though it may seem like you're clapping for yourself.
  당신은 공장, 병원, 혹은 학교에 들어갈 때 박수로 환영 받을 수 있다. 예의상 당신은 박수로 화답해야 한다. 비록 그것이 당신 자신을 위해 박수치는 것 같은 기분이 들더라도 말이다.

▶ V. to be the same in value or amount as another A. having the same value or amount as another; having the ability to deal with a difficult problem successfully

- In a fair society, **equal opportunities** are given to everyone, without exception.
  공평한 사회에선 모든 이에게 예외 없이 동등한 기회가 주어진다.
- I am sure that he is more than **equal to** the difficult task that lies before him.
  나는 그가 앞으로의 난관을 충분히 극복할 수 있을 거라 확신한다.
- Absolute **equality** would lead to anarchy, since **equal** authority would lead to an absence of government.
  완전한 평등은 무정부상태를 초래할 것이다. 동등한 권력이 통치의 부재를 초래할 것이기 때문이다.

▶ almost, but not exactly, the same

- His ideas are quite **similar to** mine.
  그의 생각은 내 생각과 상당히 비슷하다.
- People make claims about what one cellular technology is capable of compared with another, but they offer broadly **similar** performances.
  사람들은 어떤 무선통신 기술이 다른 기술에 비해 가능한 것이 무엇인가에 대해 여러 주장을 하지만, 그런 기술들은 넓게 보면 유사한 성능을 제공한다.
- Some linguists found **similarities** between the two countrie's languages.
  일부 언어학자들이 그들 두 나라의 언어 사이에 유사점이 있음을 발견했다.

Quick Review

0401

d ________

0402

p ________

0403

i ________

0404

v ________

0405

r ________

0406

i ________

0407

a ________

stand in sb's shoes ~을 대신하다
대신하다

0408

s ________

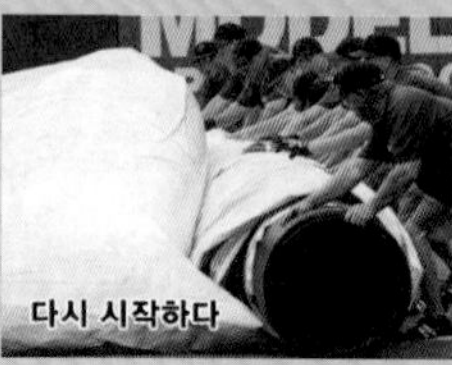

0409

r ________

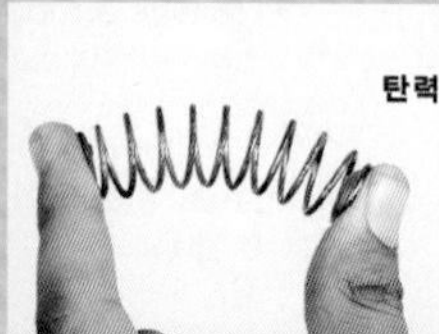

0410

r ________

0411

c ________

0412

f ________

0413

a ________

0414

i ________

0415

s ________

0416

c ________

0417

c ________

0418

r ________

0419

m ________

0420

i ________

0421

p ________

전형, 모범

0422

e ________

0423

a ________

0424

e ________

as like as two peas
흡사한, 꼭 닮은
유사한, 비슷한(=analogous)

0425

s ________

Answer 0401 disperse 0402 permeate 0403 inundate 0404 vanish 0405 recede
0406 induce 0407 abolish 0408 supplant 0409 resume 0410 resilience
0411 constant 0412 fortuitous 0413 autonomous 0414 intermittent 0415 staggering
0416 cover 0417 circumvent 0418 refrain 0419 menace 0420 impact
0421 punctuality 0422 epitome 0423 applaud 0424 equal 0425 similar

Preview

DAY 18

0426

0427

0428

0429

0430

0431

0432

0433

0434

0435

0436

0437

0438

0439

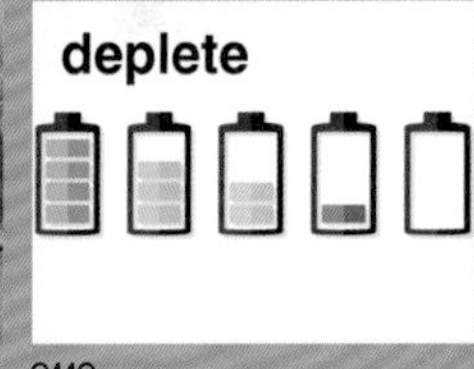

0440

0441

0442

0443

0444

0445

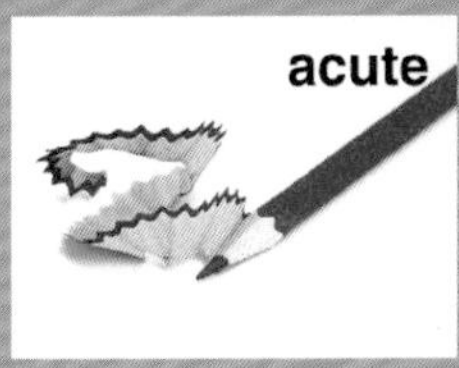

0446

0447

0448

0449

0450

Answer 0426 글자를 모르는 0427 회상하다 0428 복합의, 합성의 0429 상호 간의 0430 상호의
0431 상하기 쉬운 0432 널리 퍼지다, 유행하다 0433 수익성이 좋은 0434 낭비벽이 있는, 후한 0435 인색한
0436 증가시키다 0437 사치스러운 0438 풍부한 0439 분배하다 0440 다 써버리다
0441 비열한 0442 창피를 주다 0443 굴욕감을 주다 0444 치욕, 낙인 0445 갈채하다
0446 뾰족한, 예리한 0447 영리한, 빈틈없는 0448 유리한 0449 역방향의, 불리한 0450 무자비한

정의 DEFINITION | 유사어휘군 SYNONYM·ANTONYM

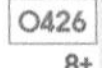

0426 8+ **illiterate** [ilítərət]

10.계명대/05.중앙대/01.건국대 96-1.한서대/경찰간부

【어원】 il<in(=not)+liter(=letter: 문자 ⊃ R096)+ate(형접) ➡ 문자를 알지 못하는 것

A. 글자를 모르는; 교양이 없는 = unable to read or write
N. 문맹자

ⓝ illiteracy 문맹; 무식; 무학

17.한양대/15.국민대/02-2.숭실대

반 **literacy** 읽고 쓰는 능력; 교양 있음, 교육 받음 **literate** 글을 쓰고 읽을 수 있는; 교양있는

0427 8+ **retrospect** [rétrəspèkt]

12.한국외대/98-2.중앙대/98.강남대 96-2.숭실대/96.경기대

【어원】 retro(=backward)+spect(=see ⊃ R073) ➡ 과거를 되돌아 보다 → 회상하다 → 추억에 잠기다

Vt. 회고[회상]하다, 추억에 잠기다 = look back, reminisce, retrace
N. 회상, 회고; 추억 = memory, remembrance, recollection, reminiscence, recurrence, pensee, anamnesis, afterlight
*in retrospect 돌이켜보면

95.서울대학원 ⓐ retrospective 회고의; (법) 소급하는; 회고전 = reminiscent[R1456]
15.한양대 ⓐⓓ retrospectively 추억에 잠겨

0428 8+ **compound** [kámpaund]

16.성균관대/09.세종대/07.단국대 04-2.광운대/98.한국외대

【어원】 com(=together)+ pound(=put ⊃ R013) ➡ 같이 (섞어) 둔 → 혼합의 → 복잡한 → 악화시키다

A. (명사 앞에서) 복합의, 합성의 = synthetic, composite, mixed, combined
N. 1. 혼합물, 화합물, 복합어 = composition, a synthetic product, complex
2. (큰 건물이나 시설 따위의) 구내, 영내 = precincts, premises
Vt. [kəmpáund] 1. 혼합하다, (약을)조제하다 = mingle, intermingle, concoct, mix, blend
2. (문제를) 더 심각하게 만들다, 악화시키다 = aggravate[N0114] deteriorate
Vi. 타협하다[with]

97-2.총신대/94.성신여대 ⓝ component [kəmpóunənt] 구성 요소, 성분 = ingredient[R0408] element[T1492] part

0429 8+ **reciprocal** [risíprəkəl]

08.국민대/02.경찰/98-2.경기대 94.원광대/84.사법시험

【어원】 reci<re(=back)+pro(=forward)+cal(형접) ➡ 보내고 되돌려 받는 → 호혜적인

A. 1. 상호 간의, 호혜적인, 보답의 = mutual[N0430] exchanged, give-and-take
2. 상당하는, 대등한; 상반하는 = corresponding, correlative

94.경주대 ⓥ reciprocate 보답하다, 보복하다, 답례하다; 교환하다
16.고려대 ⓝ reciprocity 호혜, 상호주의

0430 8+ **mutual** [mjúːtʃuəl]

08.국민대/02.경찰/01.국민대 94.원광대/84.사법시험

【어원】 mut(=change ⊃ R056)+ual(형접) ➡ 서로 주고 받는(change) 관계인 → 상호의

A. 1. 상호의; 서로 관계있는, 상관의 = reciprocal[N0429] bilateral[R2113]
2. 공동의, 공통의 = common

07.경기대 ⓝ mutuality 상호 관계, 상관

혼 **mortal** 필멸의, 치명적인 ⊃ D0247 **mutable** 변하기 쉬운 ⊃ D0193

영영정의 및 예문
EXAMPLE

이미지 연상훈련
IMAGE TRAINING

▶ A. unable to read or write N. a person unable to read

- Most clergy of the time were even **illiterate**, and led very secular lives.
  그 당시의 대부분의 성직자들은 심지어 문맹이었고, 매우 세속적인 생활을 했다.
- King Sejong recognized that more than four thousand Chinese characters discouraged **the illiterate**.
  세종대왕은 4천 자 이상의 (많은) 한자가 문맹자들을 낙담하게 했음을 인식했다.
- Television penetrates nearly every home in the land. Unlike newspapers and magazines, television does not require **literacy** .
  텔레비전은 지구상의 거의 모든 가정에 스며들고 있다. 신문과 잡지와는 달리, 텔레비전은 읽고 쓰는 능력을 필요로 하지 않는다. * penetrate 스며들다

▶ V. to think about something that happened in the past
N. contemplation of things past

- **In retrospect** I think my decision was completely wrong.
  되돌아보건대 나의 결정은 완전히 잘못되었던 것 같다.
- In his **retrospective** moods he used to tell us about his early life.
  그는 추억에 잠겨서 자신의 어린 시절에 관해 우리에게 이야기하곤 했다.

▶ A. made up of two or more parts N. 1. something consisting of two or more parts
2. an enclosed area which contains a group of buildings
V. 1. to mix something together 2. to make something bad worse

- A **compound** sentence contains two or more clauses.
  복문은 두 개 이상의 절을 포함하고 있다.
- Unpaid tax bills **compounded** the company's financial problems of overspending and declining sales.
  세금 미납이 그 회사가 지출 초과와 판매고 감소로 직면한 재정적 문제들을 더욱 가중시켰다.
- For children, playing is an integral and automatic **component** of growing up.
  어린이들에게 놀이는 성장에 필수적이고 필연적인 요소이다.

▶ concerning each of two or more persons or things, especially given or done in return

- At this late date one need not argue the close interrelation and **reciprocal** effects of physical processes on mental ones, or vice versa.
  지금에 와서 우리는 신체 작용이 정신 작용에 미치거나 또는 정신 작용이 신체 작용에 미치는 밀접한 관련성과 상호 작용을 (애써) 주장할 필요가 없다. * vice versa 반대도 똑같이
- Their mother felt that her love for her children **was** finally **reciprocated**.
  아이들 어머니는 자식에 대한 사랑이 이제야 보답을 받는다고 느꼈다.

▶ 1. concerning each of two or more persons
2. common to or shared by two or more parties

- The agreement was terminated by **mutual** consent.
  그 협정은 상호 동의하에 파기되었다.
- Regional and international issues of **mutual** concern will also come up for discussion during the bilateral talks.
  양자회담에서는 공동 관심사인 지역 문제와 국제 문제가 논의될 예정이다. * bilateral 쌍방의

정의 DEFINITION | 유사어휘군 SYNONYM·ANTONYM

0431 8+
perishable
[périʃəbl]

16.상명대/14.서울시7급 09.명지대/06.경기대 17.한국외대/16.광운대 14.이화여대/95.사법시험

【어원】per(=away)+i(t)(=go ⊃ R039)+sh+able(형접) ➡ 사라져 가버리기 쉬운

A. (음식이) 상하기 쉬운; 사라지기 쉬운 = corruptible, spoilable
N. (pl.) 썩기 쉬운 물건

ⓥ perish 멸망하다, 소멸하다; 죽다 = succumb[N0690] go away

반 **imperishable** 불멸의, 영원한; 부패하지 않는

0432 8+
prevail
[privéil]

14.경희대/07.이화여대.서울여대 01.상명대 05.법원직/96.지방고시

【어원】pre(=강조, before)+vail<val(=worth, strong ⊃ R227) ➡ ~에 앞서는 가치 · 힘을 가지다 → 우세하다 → 유행하다

Vi. 1. 유행하다, 보급되다, 널리 퍼지다 = be widespread[N0834] permeate, pervade, diffuse, propagate
2. 우세하다, 압도하다; 이기다 = dominate[N0049] predominate[D0049]; triumph, beat, win
3. 설득하여 ~시키다[on] = persuade[D0791]

ⓐ prevailing 널리 퍼져 있는, 유행하고 있는; = widespread, rampant, prevalent
우세한, 지배적인 = dominant, ascendant, predominant

0433 8+
profitable
[práfitəbl]

17.단국대/16.한국산업기술대/12.덕성여대 08.국가직7급/06.선관위9급 06.계명대/03.여자경찰 01.전남대

【어원】pro(좋게)+fit(=make ⊃ R061)+able(=able) ➡ 많은 이익을 만들 수 있는

A. 수익성이 좋은, 이득이 되는 = well-paying[I04003]lucrative[N0008] beneficial, remunerative

ⓝ profit 이익, 이득, 이윤; 이익이 되다
*net profit 순이익
profitability 수익성, 수익률
profiteer 폭리자, 부당이득자; 폭리를 취하다

반 **unprofitable** 이익이 없는, 벌이가 안 되는, 무익한
혼 **propitious** (일을 하기에) 좋은, 유리한; 길조의 ⊃ R1045

0434 8+
lavish
[lǽviʃ]

16.서울시9급/08.단국대 05.경기대.세종대 98-2.동덕여대/96.단국대

【어원】lav(=wash, flow ⊃ R217)+ish(동접·형접) ➡ 돈이 남아돌아 물 쓰듯이 쓰는

A. 1. 낭비벽이 있는, 사치스러운; 무절제한 = prodigal[R0659(2)] extravagant, wasteful, thriftless, profligate, spendthrift, dissipative, squandering
2. 아끼지 않는, 후한 = generous[R1607] profuse[N0656] liberal, warm
3. 풍부한, 충분한, 넉넉한; 남아도는 = opulent[N0437] sufficient, copious, redundant
Vt. 아낌없이 주다; 낭비하다[on] = squander, waste

ⓝ lavisher 낭비자 = waster, squanderer, spendthrift, dissipater
ⓐⓓ lavishly 함부로, 무절제하게

혼 **ravish**[rǽviʃ] 황홀하게 하다; 빼앗다, 강탈하다 *rav(=snatch) - **ravishing** 매혹적인, 황홀하게 하는

0435 8+
stingy
[stíndʒi]

12.상명대.성균관대 09.경희대/07.공인노무사 06.계명대/99.경기대 02.입법고시 14.중앙대

【어원】sting(=prick ⊃ R119)+y(형접) ➡ 바늘로 찔러도 피 한 방울 안 나올 것 같이 인색한

A. 1. 인색한, 쩨쩨하게 구는 = ungenerous, parsimonious, miserly, penurious, penny-pinching, niggard
2. 적은, 부족한 = scanty, meager
ⓝ stinginess 인색함, 구두쇠 짓 = parsimony[N0227]
ⓥ stint 돈을 절약하다, 아끼다, 아까워하다
N. (일정 기간 동안의) 근무, 복무기간
ⓝ sting (곤충 등의) 침, 독침 v. (바늘, 침으로) 찌르다, 쏘다; 자극하다; 괴롭히다

▶ likely to decay or go bad quickly

- Pickling can preserve **perishable foods** for months.
  소금에 절이는 것은 상하기 쉬운 음식을 몇 달 동안 보존할 수 있다. * pickle 소금에 절이다
- All they that take the sword shall **perish** with the sword.
  칼을 가진 자는 칼로서 멸망할 것이다.

▶ 1. to be very common at a particular time 2. to get control or influence
3. to persuade someone

- Those superstitions still **prevail** among certain social groups.
  그런 미신들은 어떤 사회계층에서는 여전히 널리 퍼져 있다.
- You should keep in mind the universal lesson of history that justice will **prevail** in the long run.
  결국엔 정의가 승리한다는 공통된 역사적 교훈을 명심해야 한다.
- They **prevailed on** me to buy that used car.
  그들은 내게 그 중고차를 사도록 설득했다.

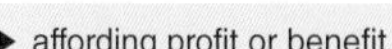

▶ affording profit or benefit

- Over the years it has developed into a highly **profitable** business.
  지난 몇 년 간, 그것은 매우 수익성이 높은 사업으로 발전해왔다.
- The company made a ten-percent **net profit** for the year.
  그 회사는 한 해 동안 10%의 순이익을 남겼다.

▶ A. 1. spending or costing a lot of money 2. very generous 3. more than enough
V. to give someone a lot of something; to expend large amount of something

- He was given a **lavish** reception by the ambassador.
  그는 대사로부터 호화로운 대접을 받았다.
- She is always **lavish** in her praise for her child.
  그녀는 항상 자신의 아이에 대해 후하게 칭찬한다.
- The British **lavish** time, effort and huge sums of money on pets.
  영국인들은 애완동물에 시간과 노력, 엄청난 양의 돈을 아끼지 않는다.

▶ 1. unwilling to spend or give 2. deficient in amount or quality

- Don´t be so **stingy**.
  너무 인색하게 굴지 마라.
- You malign a generous person when you call him a **stingy** person.
  당신이 그를 인색한 사람이라고 한다면 당신은 후한 사람을 헐뜯는 것이다.

정의 DEFINITION	유사어휘군 SYNONYM·ANTONYM

O436 7+ **augment** [ɔːgmént]

16.서강대/10.중앙대/08.경기도9급 07.성균관대/95.행정고시 12.이화여대

【어원】 aug<aux(=increase ➲ R170)+ment(동접) ➡ 늘다 → 증가하다, 증가시키다

V. 증가시키다, 가중시키다; 증가하다 = increase[D0122] enlarge[P0702] expand, magnify, amplify, aggrandize; swell, multiply, rise, grow

ⓝ augmentation 증가, 증대, 첨가물
ⓐ augmentative 증대하는, 부가적인

O437 7+ **opulent** [ápjulənt]

14.서울여대/13.홍익대/05.경기대 03.고려대/97.사법시험 00-2.고려대

【어원】 op(=wealth ➲ R068)+ul+ent(형접) ➡ 부자인 → 부유한 → 풍부한 → 무성한

A. 1. 부유한, 풍부한 = wealthy[T1331] extremely rich, well-off; affluent, plentiful, plenteous
2. 호화로운, 사치스러운; 화려한 = luxurious[R1486] lavish[N0434] prodigal, sumptuous, flowery

ⓝ opulence 부유, 풍부, 다량; 화려함 = affluence[D0170]

O438 7+ **copious** [kóupiəs]

12.경희대/10.인천대/07.공인노무사 06.경희대/03.단국대/97-2.중앙대

【어원】 co(=thoroughly)+p<op(=wealth ➲ R068)+ious ➡ 부유한 → 풍부한 *copy(복사)를 많이 한 → 다작의

A. (공급량·사용량 등이) 풍부한, 막대한 = abundant[N0124] plentiful[R1544] ample[N0658] voluminous[R0593] sufficient, opulent, exuberant, profuse, numerous

ⓝ copiousness 풍부
ⓐⓓ copiously 풍부하게

O439 7+ **distribute** [distríbjuːt]

17.가톨릭대/06.경희대 04-2.한국외대/00.변리사 99.단국대 94.행정고시 09.동덕여대

【어원】 dis(=apart)+tribut(=give ➲ R007)+e ➡ 따로따로 주다 → 분배하다 → 퍼뜨리다

Vt. 1. 분배하다, 배당하다; 배포하다 = hand out[R1862] release[N0767] dispense, apportion, assign, allocate, allot, divide
2. (골고루) 퍼뜨리다, 뿌리다 = disseminate[N0166] spread, disperse, scatter

ⓐ distributed 분산형 데이터 처리방식의
ⓝ distribution 분배, 배급, 배포
distributary 지류

관 **redistribution** 재분배, 재배급; 재배정
tributary 속국; (강의) 지류(=branch); 속국의, 기여하는, 지류의 *tributary river 강의 지류
표 **hand out** 나누어 주다, 분배하다[to](=distribute) ➲ R1862

O440 7+ **deplete** [dipliːt]

12.성신여대/07.서울시7급/07.세무사 05.삼육대/98.고려대학원 12.이화여대

【어원】 de(=down 또는 reverse)+plet(=fill, full ➲ R154) ➡ 채우다의 반대말 → 다 써버리다, 소모시키다

Vt. 고갈[소모]시키다, 다 써버리다 = use up[I13101] exhaust[N0016] consume, empty, drain

ⓝ depletion 고갈, 소모 = consumption
ⓐ depletive/depletory 고갈[소모]시키는

반 **replete** ~으로 가득한; 포식한 *re(강조)+plet(full): 가득찬

영영정의 및 예문
EXAMPLE

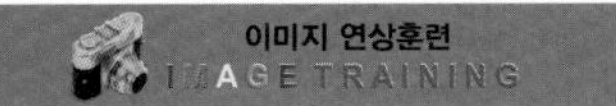

▶ to increase the value, size, or amount of something

- Her efforts to diminish the hatred towards him resulting from her boredom only **augmented** it.
  권태감에서 비롯된 그에 대한 증오심을 줄이려는 그녀의 노력은 오히려 증오심을 가중시킬 뿐이었다.
- John always procrastinates; his sloth only **augmented** the problem of the impending deadline.
  존은 항상 늑장을 부린다. 그의 나태함은 임박한 마감시한의 문제를 가중시킬 뿐이다.
  * procrastinate 늑장부리다 sloth 나태함 impending 임박한

▶ 1. rich and luxurious 2. decorated with expensive materials and very beautiful

- He lived the life of a playboy in an **opulent** Florida mansion.
  그는 부유한 플로리다의 대저택에서 한량으로서의 삶을 살았다. * mansion 대저택
- The glitter and **opulence** of the ballroom took Cinderella's breath away.
  무도회장의 화려함과 풍요로움이 신데렐라를 깜짝 놀라게 했다.
  * take sb's breath away (아름다움이나 위엄으로) 압도하다, 깜짝 놀라게 하다

▶ large in number or quantity

- The champagne at the wedding reception was **copious** but not very good.
  결혼피로연에 나온 샴페인은 풍부했지만 맛은 별로 좋지 않았다.
- Animals consume **copious** amounts of food before hibernation.
  동물은 겨울잠을 자기 전에 엄청난 양의 음식을 섭취한다. * hibernation 동면

▶ 1. to give things to many people or share things among a group of people
2. to spread something

- The stem cell bank will **distribute** its exclusive cells to other laboratories across the world.
  줄기세포 은행은 전세계 연구소에 독점적으로 줄기세포를 공급하게 된다.
- The instructor **distributed** the test papers to the students.
  교사는 학생들에게 시험지를 나누어 주었다.
- The company not only has the largest **distribution** network in the country but also has a wide presence in China.
  그 회사는 가장 큰 유통망일 뿐만 아니라 중국에서도 크게 입지를 마련하고 있다.

▶ to reduce the amount of something so that there is not enough left

- Once the water was **depleted**, the explorers had to give up hope.
  물이 고갈되자, 탐험가들은 희망을 버려야 했다.
- The eruption deposited tons of mineral-rich volcanic ash, restoring to the soil nutrients long since **depleted** by decades of farming.
  그 폭발로 미네랄이 풍부하게 함유된 수십 톤의 화산재가 쌓였다. 그래서 수십 년 동안 농사를 지어서 고갈된 토양의 자양분을 복원시켰다.

정의 DEFINITION	유사어휘군 SYNONYM·ANTONYM

0441 despicable
7+ [déspikəbl]
14.이화여대/13.홍익대/05-2.숭실대
11.국회속기직/03.덕성여대/92.서경대

【어원】de(=down)+spic(=look, see ⊃ R074)+able ➡ 아래로 깔아 볼만한 → 경멸할 만한

A. (사람이나 행동이) 경멸할 만한, 비열한 = contemptible[D0214] vile, mean, wretched, ignominious

ⓥ despise[dispáiz] 경멸하다, 멸시하다 = look down on[I07703] disdain, snub, scorn

look down on 낮추어 보다, 깔보다, 경멸하다(=despise) ⊃ I07703

0442 humiliate
7+ [hjuːmílièit]
06.성균관대/02.법원직
99.경기대/98-2.숙명여대
94.성결대/90.연세대학원

【어원】hum(=ground ⊃ R219)+ili+ate(=make) ➡ 땅바닥에 엎드리게 하다 → 굴욕감을 주다

Vt. 굴욕감을 느끼게 하다, 창피를 주다 = mortify[N0443] insult, embarrass[R2565]

ⓐ humiliating 굴욕적인, 면목 없는
humiliated 창피를 당한 = ashamed[T0349(1)]
ⓝ humiliation 굴욕, 굴복; 창피 = indignity, insult; shame

humility 겸손, 비하; (pl.) 겸손한 행위
eat humble pie 굴욕을 참다

0443 mortify
7+ [mɔ́ːrtəfài]
10.국민대/05.고려대
99.경기대/93.한국외대
06.성균관대/00.세종대

【어원】mort(=dead ⊃ R175)+i+fy(=make) ➡ 사람의 명예를 죽이다 → 굴욕감을 주다

V. 굴욕감을 주다, 창피를 주다 = humiliate[N0442] disgrace, shame

ⓐ mortifying 굴욕적인, 분한 = humiliating
ⓝ mortification 굴욕, 치욕

0444 stigma
7+ [stígmə]
17.가톨릭대/06.공인회계사
05.노동부9급/03-2.명지대
01-2.삼육대/95.기술고시
14.고려대

【어원】stig(=prick ⊃ R119)+ma ➡ (문신처럼) 찔러서 만든 것 → 낙인 → 오명

N. 1. 치욕, 오명; 오점; (죄수의) 낙인 = disgrace[R2417] feeling of shame[T0349(1)] humiliation; blot, stain, smear, blemish; brand

2. (병의) 증후, 증상; 반점 = symptom, sign; mark, spot, macula, blotch, speck, speckle, dot, mottle, punctum, birthmark

ⓐ stigmatic 오욕의, 치욕의, 오명의
ⓥ stigmatize ~에 오명을 씌우다; ~을 비난하다

scarlet letter 주홍 글씨 *옛날 간통한 자의 가슴에 붙였던 adultery의 머리글자 A

0445 acclaim
7+ [əkléim]
15.홍익대/14.서강대/03-2.계명대
00-2.고려대/94.기술고시
11.서울여대

【어원】ac<ad(=to)+claim(=shout ⊃ R102) ➡ ~를 향해 외치다, 소리치다 → 환호하다

Vt. 갈채하다, 환호하다, 찬양하다 = praise[R2252] hail[T0988] laud[D0634] applaud[N0423] cheer, praise a person to the skies

N. 갈채, 환호 = applause, ovation, cheer

ⓐ acclaimed 칭찬[호평]을 받고 있는 = renowned[T0561]
ⓝ acclamation 환호성, 박수갈채

give a standing ovation 기립박수를 주다 ⊃ I03909
cf. **get[receive] a standing ovation** 기립박수를 받다 ⊃ I03909

영영정의 및 예문
EXAMPLE

이미지 연상훈련
IMAGE TRAINING

▶ extremely immoral and causing contempt

- Nothing is more **despicable** than respect based on fear.
  두려움 때문에 갖는 존경심만큼 비열한 것은 없다.
- She **despised** him just because he was poor.
  그녀는 그가 가난하다는 이유만으로 그를 얕보았다.

▶ to make someone feel ashamed

- A teacher should not **humiliate** students who are not bright.
  교사는 총명하지 못한 학생들에게 창피를 주어서는 안 된다.
- Ann **was humiliated by** her friend's remarks.
  앤은 친구가 한 말에 굴욕감을 느꼈다(창피했다).

▶ to make someone feel extremely ashamed

- The young fellow **was mortified by** his flunking the test.
  그 젊은이는 시험을 엉망으로 친 것이 굴욕스러웠다. *flunk 시험에 실패하다, 낙제하다
- The Sphinx was so **mortified** at the solving of her riddle that she cast herself down from the rock and perished.
  스핑크스는 자기가 낸 수수께끼가 풀린 것이 너무 굴욕스러워서 스스로 암석 아래로 몸을 내던져 죽었다.

▶ 1. a mark of disgrace 2. a mark on the skin indicative of a disease

- He will be shunned by his friends, and the **stigma** could last a lifetime.
  그의 친구들은 그를 멀리할 것이고, 그 오점은 평생 지속될 수도 있다. *shun 피하다
- The **stigma** of loser followed him wherever he went.
  그에게는 늘 패배자라는 꼬리표가 따라다녔다.

▶ V. to praise someone or something publicly
N. public praise for someone or their achievements

- They **acclaimed** him **as** the best writer of the year.
  그들은 그를 올해의 최고의 작가로 찬양했다.
- He is internationally **acclaimed** for his work as researcher.
  그는 연구성과로 인해 연구자로서 국제적으로 추앙받는다.

정의 DEFINITION	유사어휘군 SYNONYM·ANTONYM

0446 7+ **acute** [əkjúːt]

【어원】 ac(=sharp ⊃ R174)+ute ➡ 날카로운 → 예민한 → 통증이 격렬한 → 급성의

08.건국대/04.서강대 A. 1. (끝이) 뾰족한, (감각이) 예리한 = cutting, sharp, edged; keen, shrewd

2. (통증 · 감정이) 격렬한; (상황이) 심각한 = violent, furious, severe, vehement, incisive, impetuous, drastic, intense; serious, crucial

3. (병이) 급성의, 갑작스럽게 발병하는 ↔ *chronic* 만성의

06.제주9급/03-2.계명대 *SARS(severe acute respiratory syndrome) 중증 급성 호흡기 증후군

96.숙명여대 ⓐⓓ acutely 예리하게, 강렬하게 = keenly[D0758]; strongly, vehemently

07.경기9급 ⓝ acuity 예민, 격렬, 신랄 = sharpness[D0631]

0447 7+ **shrewd**  [ʃrúːd]

【어원】 shrew(=cut)+ed(형접) ➡ 날카로운 → 영리한 → 재빠른

15.지방직7급/03.행자부7급 00.경기대/99.건국대/98.단국대 97.효성대/92.서울시9급

A. 영리한, 날카로운; 빈틈없는, 재빠른 = sharp[D0631] clever[T0060] astute[T0067] canny[T0068] smart, nimble, agile, prompt

ⓐⓓ shrewdly 기민하게, 현명하게 = astutely[T0067]

ⓝ shrewdie 〈구어〉 빈틈없는 사람

혼 **shrew**[ʃrúː] 잔소리가 심한 여자, 으르릉거리는 여자
shred[ʃréd] 조각, 단편, 조금; 조각조각 찢다

0448 7+ **favo(u)rable** [féivərəbl]

【어원】 fav(=say ⊃ RO89)+or+able(=able) ➡ 좋게 말해줄 수 있는

14.경기대/12.단국대 05.중앙대/98.국민대

A. 1. (상황이나 조건이) 유리한 = auspicious[N0258] propitious[R1045] preferential[D0552] advantageous

2. (의견이나 반응이) 호의적인 = positive, approving, praising, commending

3. (인상이) 좋은, 호감이 가는 = likable, agreeable

11.경희대/09.이화여대 반 **unfavorable** 호의적이지 않은, 불리한 = adverse[N0449] inimical[T0189]
혼 **favo(u)red** 특혜를 받는, 선호하는

0449 7+ **adverse**  [ædvə́ːrs]

【어원】 ad(=to)+vers(=turn ⊃ RO55) ➡ (고개를) 돌리는 → 반대하는 → 부정적인

17.이화여대/16.서울시9급/15.숙명여대 11.중앙대/99-2.세종대/98.세무사

A. 1. (조건 · 영향 · 날씨 등이) 부정적인, 불리한 = unfavorable[D0448] disadvantageous, unlucky, unfortunate

2. 거스르는, 역방향의, 반대하는 = opposite, contrary, counter, diametric

12.인천대 ⓝ adversary 적수, 상대편 = enemy, opponent[R0137]

ⓐ adversarial 대립관계에 있는, 적대적인

0450 7+ **ruthless**  [rúːθlis]

【어원】 ruth(슬픔)+less(=without) ➡ 슬픔을 느끼지 못하는 → 무자비한

16.서울시9급/11.단국대/09.국민대 03.숭실대/02.중앙대/97-2.경희대

A. 무자비한, 무정한; 냉혹한 = merciless[R2288] scathing[T0964] draconian[T1265]

ⓐⓓ ruthlessly 무자비하게 = relentlessly, remorselessly

영영정의 및 예문
EXAMPLE

이미지 연상훈련
IMAGE TRAINING

▶ 1. very sharp or sensitive 2. very strong and serious 3. having a sudden onset

- His movies are an **acute** reflection of reality.
  그의 영화는 현실을 예리하게 반영한다.
- Both of these conditions can result in **acute** back pain.
  이 두 가지 질병 모두 극심한 요통을 일으킬 수 있다.
- My sister was taken to the hospital with **acute** appendicitis yesterday.
  여동생은 어제 급성 맹장염으로 병원으로 실려 갔다.
- The officials were **acutely** aware of the problem in the plan.
  이들 관계관은 그 계획에서의 문제점을 예리하게 인식하고 있었다.

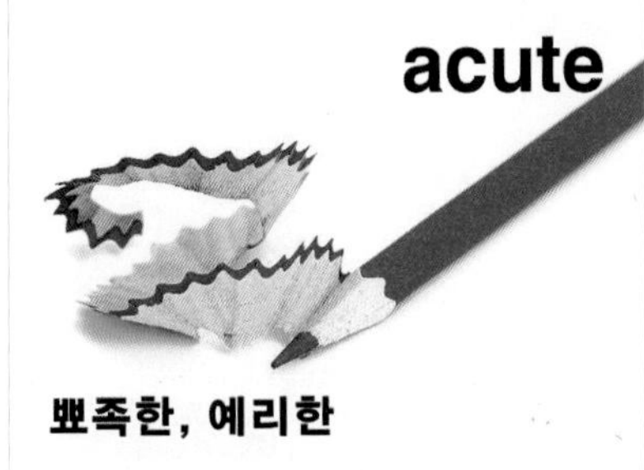

▶ clever at understanding and showing good judgement

- He was such a **shrewd** businessman that he never lost money in any transaction.
  그는 빈틈없는 사업가여서, 어떤 거래에서도 결코 손해를 보지 않는다.
- The delegates hammered out an agreement actually a bundle of **shrewd** compromise.
  대표단은 사실상 한 묶음의 영리한 절충안으로 협정을 이끌어냈다.
  * delegate 대표, 사절 hammer out 애써 만들다 compromise 절충안, 협상

▶ 1. advantageous or promising 2. giving assent 3. creating favor

- Such activities would be **favorable** to our interest.
  그러한 활동은 우리의 이익에 유리할(도움이 될) 것이다
- Overall, do you have a **favorable** or an **unfavorable** impression of the candidate?
  전반적으로 그 후보에 대해 좋은 인상을 가지고 계십니까? 아니면 안 좋은 인상을 가지고 계십니까?

▶ 1. having a negative or harmful effect on something 2. opposed or opposing

- High oil prices are having an **adverse effect** on the economy.
  고유가가 경제에 악영향을 미치고 있다.
- The flight was delayed because of **adverse** weather.
  비행기는 기상 악화 때문에 지연되었다.
- Breathing polluted air may **adversely** affect an individual's respiratory capacity.
  오염된 공기를 마시는 것은 사람의 호흡용량(폐활량)에 안 좋은 영향을 미칠 수 있다.

▶ being hard and cruel because of the willingness to do anything to achieve their goals

- Hitler was the most **ruthless** dictator in the last century.
  히틀러는 지난 세기에 가장 무자비한 독재자였다.
- I think that he is too **ruthless** about dealing with his employees.
  그가 직원들을 너무 가혹하게 다룬다고 생각한다.

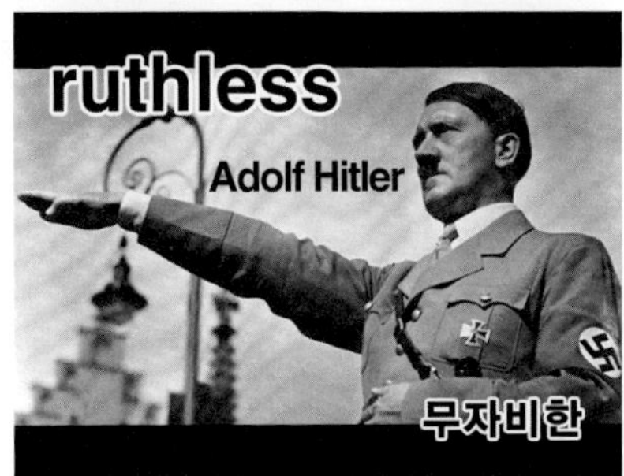

Quick Review

0426

i

0427

r

복합의, 합성의

0428

c

0429

r

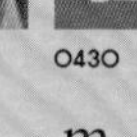

0430

m

0431

p

0432

p

0433

p

0434

l

0435

s

0436

a

0437

o

0438

c

0439

d

0440

d

0441

d

0442

h

0443

m

0444

s

0445

a

뾰족한, 예리한

0446

a

0447

s

0448

f

0449

a

0450

r

Answer 0426 **illiterate** 0427 **retrospect** 0428 **compound** 0429 **reciprocal** 0430 **mutual**
0431 **perishable** 0432 **prevail** 0433 **profitable** 0434 **lavish** 0435 **stingy**
0436 **augment** 0437 **opulent** 0438 **copious** 0439 **distribute** 0440 **deplete**
0441 **despicable** 0442 **humiliate** 0443 **mortify** 0444 **stigma** 0445 **acclaim**
0446 **acute** 0447 **shrewd** 0448 **favorable** 0449 **adverse** 0450 **ruthless**

Preview

DAY 19

0451

0452

0453

0454

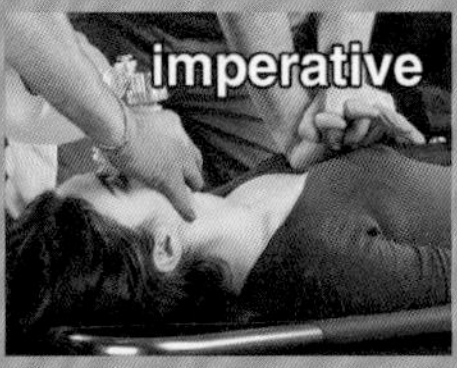

0455

0456

0457

0458

0459

0460

0461

0462

0463

0464

0465

0466

0467

0468

0469

0470

0471

0472

0473

0474

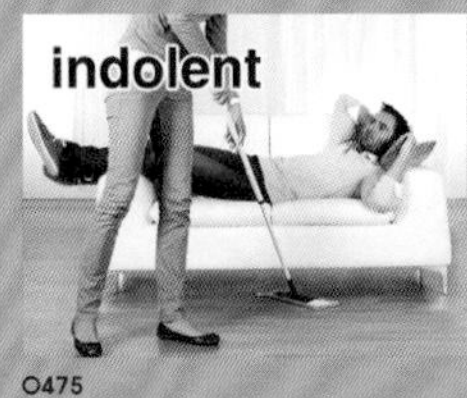

0475

Answer 0451 무시무시한 0452 몹시 싫어하다 0453 용맹 0454 겁내지 않는 0455 필수적인, 긴급한 0456 난공불락의 0457 압도적인 0458 조리있는 0459 참담한 0460 경계하는 0461 만연하는, 무성한 0462 고집스러운 0463 호전적인 0464 왕성한 0465 모험적인, 위험한 0466 어마어마한 0467 충동적인 0468 열광적인 0469 혈색이 좋은, 명랑한 0470 신나고 유쾌한 0471 무관심한 0472 회의적인 0473 무기력한 0474 느린 0475 게으른

DAY 19-1

정의 DEFINITION	유사어휘군 SYNONYM·ANTONYM

O451 7+ **appalling** [əpɔ́:liŋ]
12.명지대/07.단국대.서울여대 07.경북 9급/97.경희대.경찰승진

【어원】 ad<ap(=to)+pall<pale(창백한 ➲ R222)+ing ➡ 얼굴을 창백하게 만드는

A. 1. 소름 끼치는, 무시무시한 = frightening[D0598] dreadful[D0869]
2. 지독한, 형편없는 = terrible[R2473] very bad, abysmal[T1176] dire[N0249]

ⓥ appall 소름 끼치게 하다, 섬뜩하게 하다

O452 7+ **abhor** [æbhɔ́:r]
17.국가직9급/11.국회속기직 06.성균관대/96.고려대학원

【어원】 ab(=away)+hor(=shudder ➲ R248) ➡ 치가 떨려 떨어지게 만드는

Vt. 소름 끼칠 정도로 싫어하다, 질색하다 = hate[T0318] detest[N0617] loathe[N0616] despise[D0441]

15.가천대 ⓐ abhorrent 아주 싫은, 질색의
*be abhorrent to sb ~에게 혐오감을 자아내다, 딱 질색이다
11.가톨릭대/05-2.가톨릭대 ⓝ abhorrence 혐오, 증오, 질색인 것

O453 7+ **prowess** [práuis]
10.성신여대/07.서울시7급 05-2.고려대/02.경희대 00.행자부7급/91.서울대학원

【연상】 그의 용맹함과 훌륭한 솜씨를 보니 역시 그는 프로였어!

N. 1. 훌륭한 솜씨 = unusual ability or skill, superior ability
2. 용감, 용맹; 용감한 행위 = exceptional valor[R2275] intrepidity, gallantry, heroism, bravery, dauntlessness, daring, lionheartedness

ⓐ prow 〈고어〉 용맹스러운, 용감한

O454 7+ **undaunted** [ʌndɔ́:ntid]
05.건국대/04.법원행시

【연상】 un(=not)+daunt(don't)+ed ➡ 겁이 없어서 어떤 일도 마다하지 않는

A. (어려움 등을) 겁내지 않는, 두려워하지 않는 = fearless, intrepid, unscared, dauntless

06.서울시7급 ⓐ dauntless 겁 없는, 불굴의 = intrepid

10.중앙대 ⓥ daunt 위압하다, 기세를 꺾다
*nothing daunted 조금도 굽히지 않고
10.중앙대/08.영남대 ⓐ daunting (일 등이) 위압적인, 벅찬, 힘든 = intimidating
*a daunting task 어려운 과제, 난제

O455 7+ **imperative** [impérətiv]
07.단국대.대구대/06.서울시교행 04.국회사무직/02.숙명여대 86.행정고시

【어원】 im(=in)+per(=order ➲ R252)+ative ➡ (통제)안으로 정돈시키는 → 명령적인, 단호한 → 필수적인

A. 1. 반드시 해야 하는, 필수적인 = necessary[T0806] inevitable, unavoidable, inescapable
2. 긴급한, 즉시 처리를 요하는 = urgent[N0116] pressing, exigent, emergent
3. **명령적인, 단호한; 명령법의** = peremptory, coercive
N. (정세에 따라 요구되는) 책무, 요청; 명령법 = demand[R2527] duty, need, obligation, responsibility

▣ **imperious** [impíəriəs] 전제적인, 오만한(=overbearing); 긴급한 ➲ R2528
imperil [impérəl] 위태롭게 하다 ➲ R0714

영영정의 및 예문
EXAMPLE

▶ very shocking and unpleasant

- There was an **appalling** moment after the explosion.
  그 폭발이 있고 난 다음 끔찍한 순간이 있었다.
- They **are** often **appalled** at the unsanitary conditions they encounter when traveling in developing nations.
  그들은 개발도상국들을 여행하며 마주치는 비위생적인 환경에 자주 아연실색한다.
  * encounter 마주치다

▶ to hate something, especially for moral reasons

- My master **abhorred** being idle.
  나의 스승님께서는 게으름 피우는 것을 몹시 싫어하셨다.
- Our ancestors had a special **abhorrence** for suicide.
  우리 조상은 자살에 대해 유독 혐오감을 가졌었다.
- I find his idea extremely **abhorrent**.
  나는 그의 아이디어가 몹시 마음에 들지 않는다.

▶ 1. great skill 2. superior courage

- The company holds unrivaled technological **prowess** in the industry.
  그 회사는 업계에서 독보적인 기술력을 보유하고 있다.
- The soldier's **prowess** in combat came as a surprise to those who had known him as a shy boy.
  전투에서 그 병사의 용맹함은 그를 숫기 없는 소년으로 알고 있던 사람들에게 놀라움으로 다가왔다.

▶ determined and not afraid of continuing to do something despite difficulties

- Most achievers remain **undaunted** by many adversities.
  대부분의 성공한 사람들은 많은 역경에도 기세가 꺾이지 않는다. * adversity 역경
- Condensing the 300-page novel into a 100-minute movie script was **a daunting task**.
  300페이지의 소설을 100분짜리의 영화 대본으로 압축하는 것은 매우 어려운 작업이다.

▶ A. 1. absolutely necessary or required 2. needing immediate attention or action 3. expressing authority N. a command or a duty that is urgent

- Physical activity is **imperative** to all children.
  육체적인 활동은 모든 아이들에게 필수적이다.
- It is a moral **imperative** that concessions should be made.
  양보하는 것은 도덕적 책무이다.

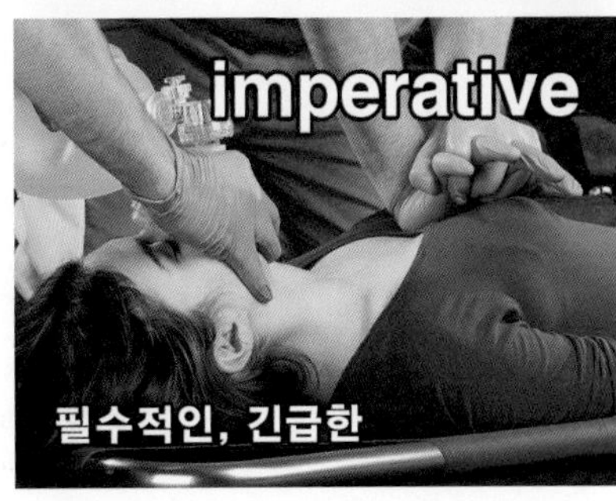

정의 DEFINITION | 유사어휘군 SYNONYM·ANTONYM

0456 7+ **impregnable** [imprégnəbl]

16.한국외대/15.서울시7급/07.공인노무사 06.세종대.광운대/98.동국대

【어원】 im<in(=not)+pregn<prehend(=take ➲ R002)+able ➡ 취할 수 없는 → 난공불락의

A. 난공불락의; (신념이) 확고한 = unconquerable[R1035] invulnerable, indestructible, invincible, unassailable, unattackable, indomitable

12.국민대

빈 **pregnable** 공격할 수 있는[받기 쉬운]; 정복할 수 있는; 약점이 있는 = vulnerable, vincible, susceptible, subject to

혼 **impregnate** 스며들게 하다(=permeate); 수태시키다

0457 7+ **overwhelming** [òuvərhwélmiŋ]

11.이화여대/07-2.07.가톨릭대/05-2.고려대 10.동덕여대 12.성균관대

【어원】 over(=over)+whelm(압도하다)+ing ➡ 위에서 압도적으로 내리누르는

A. (수나 양, 힘이) 압도적인, 너무도 강력한 = overpowering, sweeping, landslide, irresistible

ⓥ overwhelm 압도하다, 질리게 하다 = dominate[N0049]

ⓐ overwhelmed 압도된, 주체하지 못하는

*be overwhelmed with ~에 압도당하다 = be overcome with[P0136]

ad overwhelmingly 압도적으로

파 **whelm**[hwelm] 압도하다, 내리 덮치다

0458 7+ **tenable** [ténəbl]

12.가톨릭대/07.강원9급/95.덕성여대

【어원】 ten<tain(=hold ➲ R009)+able(=able) ➡ 이론을 유지할 수 있는 → 조리있는

A. 1. (공격·비평 등을) 방어할 수 있는; 조리 있는 = endurable, defendable, defensible; logical[R0910] coherent, well-founded

2. (특정 기간) 유지 되는 = maintained[R0091]

10.중앙대/04.중앙대/94.사법시험

빈 **untenable**[ʌnténəbl] 방어할 수 없는(=indefensible), 이치가 닿지 않는

표 **hold water** 이치에 맞다(=be logical) ➲ I04209

0459 7+ **dismal** [dízməl]

16.국민대 14.한국외대.홍익대 13.가톨릭대.숭실대 01.중앙대

【연상】 혼자 멀리 떨어져(dis=away) 기분 나쁜(mal=bad)

A. 1. (기분이) 우울한; (풍경이) 쓸쓸한 = causing sadness or depression, miserable[R1496]; gloomy[N0397]

2. 형편없는, 참담한 = poor

ad dismally 쓸쓸하게, 침울하여

0460 7+ **alert** [ələ́ːrt]

16.가천대/13.이화여대 12.국민대/10.단국대

【어원】 al(=at the)+ert(=lookout) ➡ 망을 보는 곳(초소)에서

A. 경계하는; 기민한 = vigilant[N0368] watchful[T0247]

N. (공습 등의) 경보, 경계 태세 = vigilance

14.성균관대/01.경찰

파 **yellow alert** 황색경보 → **blue alert** 청색 경보, 제2경계 경보 → **red alert** [긴급] 공습 경보

표 **on (the) alert** 빈틈없이 경계하고 있는 = watchful[T0247]

영영정의 및 예문
EXAMPLE

이미지 연상훈련
IMAGE TRAINING

▶ difficult or impossible to attack or defeat

- The fort which has earned reputation as **an impregnable citadel** is now facing the threat of encroachment.
  난공불락의 요새로 명성이 자자한 그 요새가 지금은 침략 위기에 처해있다.
- Again and again, the army unsuccessfully attacked the fortress, only to conclude that it was **impregnable**.
  군대는 그 요새를 되풀이하여 공격했으나 성공을 거두지 못했고, 결국 그것이 난공불락이라는 결론을 내렸다.

▶ very great or strong and difficult to resist

- An **overwhelming majority** have voted in favor of the bill.
  압도적 다수가 그 법안에 찬성하는 표를 던졌다.
- The pressure, speed, and noise of contemporary life can be **overwhelming**. To regain balance, people must take vacations to rest and relax.
  현대 생활의 압박과 속도, 소음은 압도적일 수 있다. 균형을 되찾기 위해, 사람들은 쉬면서 안정을 취할 수 있는 휴가를 가야 한다.
- Hospitals **were overwhelmed with** the wounded and corpses were scattered in the street.
  병원은 부상자로 넘쳐났고 거리에는 시체들이 즐비했다.

▶ 1. reasonable and able to be defended 2. held for particular period of time

- Many of his colleagues eventually agreed that Dr. Brown's theory was **tenable**.
  많은 동료들은 브라운 박사의 이론이 조리 있는 타당한 이론이라고 결국 동의했다.
- I would regard his theory as **untenable** if it should fail in certain tests.
  만약 그의 이론이 일정한 검증과정에서 실패하면 나는 그것을 이치에 닿지 않는 것으로 간주할 것이다.

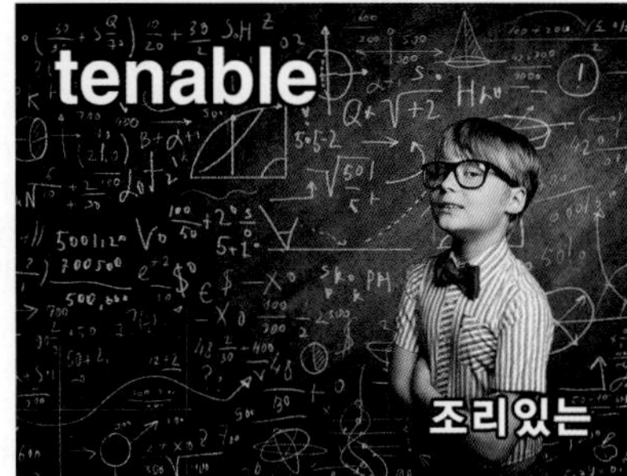

▶ 1. causing gloom or dejection 2. of poor quality or a low standard

- I've tried it before, but the results were **dismal**.
  이전에 그것을 시도했었으나 결과들은 형편없었다.
- His efforts to link common structures with effectiveness were a **dismal** failure.
  평범한 구조를 효율성과 연결시키려는 그의 노력은 참담한 실패로 끝났다.

▶ A. fully aware and attentive N. a signal that warns of attack; a state of vigilance

- Through the night they were **alert** for any change in his condition.
  밤새도록 그들은 그의 상태를 주시했다.
- He was **on the alert** all night.
  그는 밤새 빈틈없이 경계를 섰다.

정의 DEFINITION	유사어휘군 SYNONYM·ANTONYM

0461 7+ rampant [rǽmpənt]

15.한국외대/14.한성대/06.세종대 00-2.광운대/95.기술고시 92.서울대학원

【어원】ramp(=climb)+ant(형접) ➡ 1. 사자가 앞발로 올라타는(climb) → 사나운 2. 담쟁이 잎이 마구 오르는 → 무성한

A. 1. (나쁜 것이) 걷잡을 수 없는, 만연하는 = prevalent[N0169] prevailing, widespread, epidemic
2. (식물이) 만연하는, 무성한 = flourishing[D0229] luxuriant, rank, bushy, lush, exuberant, thrifty, thriving

ⓝ rampancy (언동의) 사나움; 만연, 유행; 무성

관 **ramp** 1. 덤벼들려고 하다; 행패를 부리다 2. 경사지다; (도로를 연결하는) 경사로; (항공기의) 이동식 계단 3. 속여 빼앗다; 사취하다
동 **rampart**[rǽmpɑːrt] 성벽 방어, 수비; 방어하다
rampage[rǽmpeidʒ] (화가 나서) 날뜀, 야단법석 **rampageous**[ræmpéidʒəs] 날뛰며 돌아다니는; 난폭한

0462 7+ intractable [intrǽktəbl]

07-2.가톨릭대/98.건국대,경찰간부

【어원】in(=not)+tract(=draw ⊃ R133)+able(형접) ➡ 잘 끌려오지 않는 → 고집스러운

A. 고집스러운, 완고한; (병이) 고치기 어려운 = difficult to handle, unruly[P0479(1)] stubborn, obstinate, recalcitrant, determined, unyielding, bigoted, tenacious, pertinacious, persistent, restive, fixed, dogged, unbending, inelastic, bullheaded, stiff necked, perverse, obdurate, mulish

14.동덕여대/00.건국대/86.사법시험

반 **tractable** 다루기 쉬운, 순종하는, 유순한 = pliant[R1291] docile, meek, ductile, supple, amenable, submissive, obedient, pliable, compliant, compliable, complaisant, yielding

0463 7+ belligerent [bəlídʒərənt]

17.서강대/15.한양대,홍익대/05.중앙대 04.행정고시/01-2.가톨릭대 86.공인회계사

【어원】bell(=war ⊃ R118)+ig(=drive ⊃ R065)+er+ent(형접) ➡ 싸움으로 몰고가는 → 교전 중인 → 호전적인

A. 1. 호전적인, 싸우기 좋아하는 = hostile[N0331] warlike[T0189(1)] militant[R1185] combative[R1163] quarrelsome, pugnacious, martial, war-minded, fighting, hawkish, dukes-up, jingoistic
2. 교전 중인; 교전국의, 적국의 ↔ *amicable*[N0608]
N. 교전국, 전투원 = engaged, in a state of hostilities

동 **bellicose**[bélikòus] 호전적인, 싸우기 좋아하는(=warlike) ⊃ R1184
- **bellicosity** 호전성

0464 7+ strenuous [strénjuəs]

13.숙명여대/06.공인노무사 02.고려대,삼육대/01-2.고려대

【어원】s+tren<tern(=rigid:가혹한)+u+ous(형접) ➡ 혹독한 노력을 요하는 → 격렬한

A. 1. (일이나 행위가) 힘이 많이 드는, 격렬한 = arduous[N0328] laborious, hard
2. 왕성한, 정력적인; 분투적인 = vigorous[R1935] energetic

02.경희대

ad strenuously 강력히 = vigorously[R1935]

관 **stern**[stəːrn] 엄격한(=strict), 단호한, 가혹한; 엄숙한; 배의 뒷부분, 고물
sternly 엄격하게(=grimly)

0465 7+ hazardous [hǽzərdəs]

17.경기대/09.동덕여대/08.숭실대 03-2.숭실대

【어원】hazard(=risk)+ous(형접) ➡ 【연상】게임 "바이오 해저드" 연상

A. 모험적인, 위험한; 운에 맡기는 = dangerous[S0831] perilous[R0714] risky, unsafe

01.101단/00.고려대

ⓝ hazard n. 위험, 모험; 우연(한 일); 뜻밖의 사건 = risk, peril
v. 틀릴 셈치고 추측하다, ~을 위태롭게 하다

89.행자부7급

*at the hazard[risk/peril] of 위험을 무릅쓰고

동 **haphazard**[hæphǽzərd] 아무렇게나 하는; 계획성 없는(=random, indiscriminate); 우연한 ⊃ R2422
- **haphazardly** 우연히; 아무렇게나, 되는 대로(=disorderly, randomly)

영영정의 및 예문
EXAMPLE

이미지 연상훈련
IMAGE TRAINING

▶ 1. existing or spreading everywhere in an uncontrolled way
2. growing thickly and very fast

- Insecurity, worry, and nervous breakdown are **rampant** among white-collar workers.
  사무직 노동자들 사이에서는 불안감, 걱정, 신경 쇠약이 만연해 있다.
- At this moment black markets are **rampant**.
  지금 이 순간에도 암시장은 번성하고 있다. *black market 암시장

▶ very difficult or impossible to deal with

- He did not infringe any ethics code in the course of studies seeking therapies for **intractable diseases**.
  난치병 치료를 위한 연구 과정에서 그는 어떠한 윤리 규정도 위반하지 않았다. *infringe 위반하다
- He has a highly **tractable** personality easily influenced by suggestions.
  그는 제안을 하면 쉽게 영향을 받는 매우 길들이기 쉬운 성격을 지니고 있다.

▶ 1. eager to fight 2. engaged in war

- Public opinion supported his **belligerent** approach.
  여론은 그의 호전적인 접근 방식을 지지했다.
- His **belligerent** attitude makes it difficult to work with him.
  그의 호전적인 태도 때문에 그와 함께 일하는 것이 어렵다.

▶ 1. needing great energy or effort 2. active and determined

- By dint of **strenuous** effort, he could make enough money to get his own house.
  열심히 노력한 덕분에, 그는 자신의 집을 마련할 만큼 충분한 돈을 장만할 수 있었다.
- The mayor has **strenuously** denied the allegations of corruption.
  시장은 모든 부패 혐의를 강력히 부인했다.

▶ involving risk or danger

- Maybe that substance is **hazardous**. Let me check the label on the bottle first.
  그 물질은 위험할지도 몰라. 병에 붙어있는 라벨을 먼저 확인할게.
- He rescued his daughter **at the hazard of** his own life.
  그는 자신의 목숨을 걸고 딸을 구했다.
- The books had been piled on the shelves **in a haphazard fashion**.
  책들이 아무렇게나 선반 위에 쌓여 있었다. *fashion 방식, 방법

정의 DEFINITION	유사어휘군 SYNONYM·ANTONYM

0466 7+
colossal
[kəlɑ́səl]
15.국가직7급/14.이화여대.한국외대 11.명지대/03.서울여대/01.강남대

【연상】 클났어!(큰일났어!) 어마어마한 적들이 몰려오고 있어.

A. 거대한, (수량 등이) 엄청난, 어마어마한 = gigantic[T1474] prodigious[N0383] huge[T1474] monstrous[T1474] enormous, immense, mammoth, stupendous

ⓝ colossus 거상, 거인, 큰 인물 = giant, titan

관 **coliseum**[kɑ̀lisíːəm] 경기장, 체육관; (원형) 대극장
Colosseum[kɑ̀ləsíːəm] 콜로세움(로마의 원형 경기장)

0467 7+
impulsive
[impʌ́lsiv]
15-2.경찰/11.광운대/08.세종대

【어원】 im<in(강조)+puls(=drive ⊃ R066)+ive(형접) ➡ (마음이) 강하게 몰아가는 → 충동적인

A. (순간적인) 감정에 이끌린, 충동적인 = impetuous[N0363] unpremeditated, spontaneous

00.전남대/98-2.세종대

ⓐⓓ impulsively 충동적으로 = on a whim
ⓝ impulse 추진력, (물리적인) 충격; 충동 = whim[T0162]
impulsion 충동; 고무, 격려, 자극, 원동력

관 **pulse**[pʌls] 맥박, 고동; 맥박 치다, 진동하다 **pulsate**[pʌ́lseit] (심장 · 맥박 등이) 뛰다, 두근거리다

0468 7+
exuberant
[igzúːbərənt]
14.서울시7급/09.이화여대.서강대 07.상명대/96.덕성여대/90.고려대학원

【어원】 ex(강조)+uber(=fertile)+ant(형접) ➡ 매우 풍부한 → 넘쳐 흐르는

A. 1. (원기 · 열정 · 기쁨 등이) 넘쳐흐르는; 열광적인 = overflowing[P0137] excited[R1003] ebullient[R0599]; passionate[N0209] enthusiastic[R1987] ardent, fervid, fervent

2. (식물 등이) 무성한; 풍부한 = luxuriant, rank; plentiful

03.경기대

ⓝ exuberance 풍부; (활력 · 기쁨 따위의) 충만
ⓥ exuberate 풍부하다, 넘쳐흐르다; 열광하다

0469 7+
sanguine
[sǽŋgwin]
08.경기대/06.대전시9급/06.계명대 04-2.세종대/02.성균관대/93.성균관대

【어원】 sang(=blood)+u+ine(=relate to) ➡ 피와 관련된 → 핏빛의 → 붉은 → 혈색이 좋은

A. 1. 붉은, 붉은 핏빛의; 혈색이 좋은 = red, flush, ruddy, scarlet, rosy, hematic; high-colored, rubicund, florid

2. 명랑한; 낙천적인 = optimistic[R0543] buoyant[T1095] cheerful, gay, merry, jolly, sunshiny; hopeful, upbeat

N. 붉은 색; 다혈질

03.단국대

동 **sanguinary** 유혈의, 피비린내 나는; 잔인한 = bloody, gory
반 **sanguineless** 혈색이 없는, 빈혈의
관 **consanguineous** 혈족의, 동족의(=related by blood) **consanguinity** 혈족, 친족, 동족

0470 7+
exhilarating
[igzílərèitiŋ]
08.선관위.지방직9급 96.외무고시/91.광운대

【어원】 ex(강조)+hilar(=merry)+ate+ing ➡ 너무나 즐겁게 하는 → 유쾌한

A. 기분을 돋우는, 신나는, 유쾌한 = invigorating[R1936] cheerful[T0250] exciting, enjoyable, lively, stimulating, elating, refreshing

14.경기대/13.국가직7급

ⓥ exhilarate 기분을 들뜨게 하다, 유쾌[쾌활]하게 하다 = invigorate[R1936] excite[R1003] exalt[N0691] cheer, gladden, enliven, refresh, pep up ↔ *sadden*, *deject*

ⓝ exhilaration 유쾌한 기분, 들뜸; 흥분 = merriment[T0250]
exhilarant 흥분제; 기분이 들뜨는 = stimulant, aphrodisiac 최음제

15.가톨릭대/97-2.인하대

관 **hilarious**[hilέəriəs] 1. 매우 재미있는(=comical, very funny) 2. 유쾌한, 즐거운(=cheerful) 3. 신나게 노는, 들떠서 떠드는(=uproarious)

영영정의 및 예문
EXAMPLE

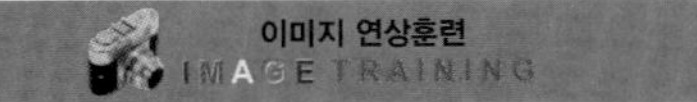

▶ extremely large

- The Titanic struck a **colossal** iceberg.
  타이타닉호는 거대한 빙산에 충돌했다.
- His energetic singing style is often considered to be the reason for his **colossal** success.
  그의 열정적인 노래 스타일은 그가 엄청나게 성공한 이유로 종종 여겨진다.

▶ characterized by undue haste and lack of thought or deliberation

- There is no evidence to prove that executions deter crimes, which are often **impulsive** and unreasonable.
  사형제도가 충동적이고 비이성적인 범죄를 억제한다는 것을 증명할 어떤 증거도 없다.
- People propose one paramount objective for themselves, and restrain all **impulses** that do not minister to it.
  사람들은 자신을 위해 최고의 목표를 제시해 놓고, 그것에 도움이 되지 않는 모든 충동들을 억제한다.

▶ 1. happy, excited, and full of energy 2. produced in extreme abundance

- Her **exuberant** attitude toward her studies tends to disappear.
  연구에 대한 그녀의 열정 넘치는 태도가 식어간다.
- When the marketplace was **exuberant** about autos, capital and labor were plentiful.
  시장이 자동차 산업으로 활기를 띠었을 때에는 자본이나 노동력이 풍부했다.

exuberant

▶ 1. of the color of blood; of a healthy reddish color
2. positive and hopeful about the future

- Her normally **sanguine complexion** lost its usual glow when she heard the news of her brother's accident.
  오빠의 사고 소식을 듣고 나자, 평상시 혈색이 좋았던 그녀의 안색이 그 밝은 빛을 잃었다.
  * complexion 안색, 혈색 glow 밝음, 선명함
- She was so **sanguine** about her chances of winning the race that she had already decided how she was going to spend the prize money.
  그녀는 그 경주에서 이길 가능성에 대해 너무나 낙관적이어서 이미 상금을 어떻게 쓸지를 결정해 두었다.

▶ very exciting and enjoyable

- Riding a horse can be one of the most **exhilarating** experiences.
  말을 타는 것은 가장 신나는 경험 중 하나일 것이다.
- There was a balm in the air which soothed no less than it **exhilarated** me.
  공기 중에는 나를 상쾌하게 하는 것 못지않게 (마음을) 진정시켜 주는 발삼향 같은 것이 있었다.
  * soothe 진정시키다
- The party got quite **hilarious** after they brought more wine.
  그들이 더 많은 포도주를 가져오자 파티가 매우 재미있고 시끌벅적해졌다.

정의 DEFINITION | 유사어휘군 SYNONYM·ANTONYM

0471 7+ **nonchalant** [nὰnʃəlάːnt]

09.단국대/08.중앙대/07.경원대 05.경희대/04-2.명지대/99-2.명지대

【연상】 non(=not)+설렌다 → 아무리 미인이 유혹해도 설레지 않는

A. 태연한, 무관심한, 냉담한 = indifferent[N0070] unconcerned[D0158] insouciant[T0202]

ⓝ nonchalance 무관심, 냉담, 태연자약 = indifference

혼 **charlatan**[ʃάːrlətn] 돌팔이 의사 ⊃ TO416

0472 7+ **skeptical** [sképtikəl]

17.상명대/10.서울시9급/05.중앙대 03.고려대/02.서울여대

08.동국대/01-2.가톨릭대

【어원】 skep(=examine)+tical *scope 참고 ➡ 꼼꼼히 따져보아야 하는 → 의심 많은 → 회의적인

A. 의심 많은; 회의적인 = doubtful[P0596] incredulous[D0578] dubious, cynical

ⓝ skeptic 의심 많은 사람; 종교적 회의론자

skepticism 회의론[주의]; 회의적 태도 = doubt[P0596]

동 **pessimistic**[pèsəmístik] 비관적인, 염세적인 = hopeless, gloomy, cynical

pessimist 비관주의자, 염세주의자

반 **optimistic**[ὰptəmístik] 낙천주의의, 낙관적인(=sanguine) **optimist** 낙천주의자, 낙관론자 ⊃ RO543

0473 7+ **lethargic** [ləθάːrdʒik(əl)]

10.경희대/06.단국대/05-2.중앙대 02.중앙대/90.행정고시

15.국회8급

02.경희대

【어원】 leth(=dead ⊃ R175)+argic ➡ 죽은 것이나 마찬가지인 → 혼수상태의 → 무기력한

A. 무기력한, 활발하지 못한; 혼수(상태)의 = apathetic[N0091] sluggish[N0474] torpid[T1419] inert; stuporous, soporose, comatose

ⓝ lethargy 혼수상태; 무기력, 무감각; 권태 = coma, trance, stupor, sopor; lassitude

ⓐⓓ lethargically 혼수상태로, 나른하게 = drowsily[T0662]

파 **lethe**[líːθiː] 망각; (L~) 망각의 강 (저승의 강)

0474 7+ **sluggish** [slʌ́giʃ]

09.경희대.경기대/01-2.고려대 00.건국대/97.중앙대/90.행정고시

【어원】 slow → slug(=slow: 민달팽이)+ish(형접) ➡ 달팽이처럼 천천히 움직이는 → 느린 → 게으른

A. 1. 느린, 완만한 = slow, languid[N0173] lethargic[N0473] inactive

2. 게으름 피우는, 나태한 = idle, lazy, slothful, indolent

N. 게으른 사람

ⓝ sluggard 게으름뱅이; 건달 = sloven, idler, lazybones, drone, truant, dolittle, do-nothing

혼 **slug** 민달팽이; 세게 치다, 강타하다 **slugger** 〈미 · 구어〉 야구의 강타자

반 **industrious** 근면한, 부지런한 = diligent, assiduous, laborious, sedulous

0475 7+ **indolent** [índələnt]

17.숙명여대/05.성균관대/01.중앙대

12.홍익대/08.중앙대 04-2.경기대/92.서경대

【어원】 in(=not)+dol(=pain)+ent(형접) ➡ 1. 고생, 노력(pain)을 하지 않는 → 게으른 2. 고통(pain)이 없는 → 무통의

A. 1. 게으른; 무활동의 = lazy[T0781] inert[R0624] sluggish, idle, remiss, otiose, dolittle; inactive, dormant

2. (종양 등이) 무통성의, 더디게 진행하는 = painless

N. 게으른 사람 = idler, lazybones, sluggard, dawdler, sloven

ⓝ indolence 게으름, 나태; 〈병리〉 무통(성) = sloth[N0896] idleness[T0784] laziness[T0781] ↔ *industry, assiduity, diligence*

혼 **redolent**[rédələnt] 좋은 냄새가 나는; 생각나게 하는 *re(강조)+dol(=give)+ent: (향기를) 주는

insolent[ínsələnt] 거만한, 무례한 ⊃ TO222

영영정의 및 예문
EXAMPLE

▶ not interested in anything and behaving in a calm way

- He is **nonchalant** about his financial problems.
  그는 자신의 재정 문제에 관해서는 무관심하다.
- How can he be so **nonchalant** in all this trouble?
  그는 어떻게 이 모든 문제에 그렇게 태연할 수가 있지?

▶ having doubts about something

- Most of the committee members are **skeptical** to the proposal.
  위원회의 위원들 대부분이 그 제안에 회의적이다.
- Many people share the **skepticism** of the press about the efficacy of the regulations on using mobile phones while driving.
  많은 사람들이 운전 중 이동전화기 사용 규제의 효과에 대한 언론의 회의론에 공감한다.

▶ lacking energy and having no interest in doing anything

- No one likes to work with a **lethargic** partner.
  무기력한 파트너와 함께 일하는 것을 좋아하는 사람은 아무도 없다.
- The tigers stretched **lethargically** in the warm sun.
  호랑이들은 따뜻한 햇살을 받으며 졸린 듯이 기지개를 켰다.

▶ very slow and not active

- It is the **industrious** man who always wins over the **sluggish** man.
  근면한 사람은 게으른 사람을 항상 이긴다.
- The government is under fire for its explanations to seemingly downplay the **sluggish** economy.
  정부는 경기 침체를 대수롭게 보지 않는 듯한 설명으로 인해 집중 비난을 받고 있다.
  * be under fire 포화를 받다; 맹비난을 받다 downplay 대단치 않게 생각하다, 경시하다

▶ 1. lazy and not wanting to work 2. slow to heal or develop and usually painless

- Amy was often accused of being **indolent**. She spent most of her time lying in bed either listening to the radio or dozing.
  에이미는 종종 게으르다고 꾸지람을 들었다. 그녀는 대부분의 시간을 침대에 누워 라디오를 듣거나 낮잠을 자면서 보냈다.
- The sultry weather in the tropics encourages a life of **indolence**.
  열대 지방의 찌는 듯한 날씨는 나태한 삶을 조장한다.

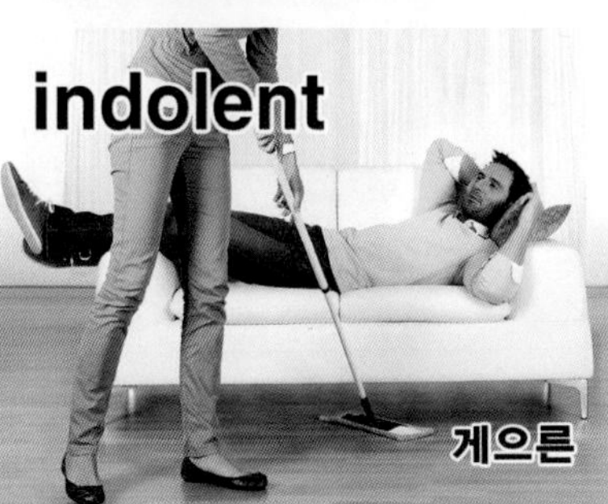

Quick Review

0451

a

0452

a

0453

p

0454

u

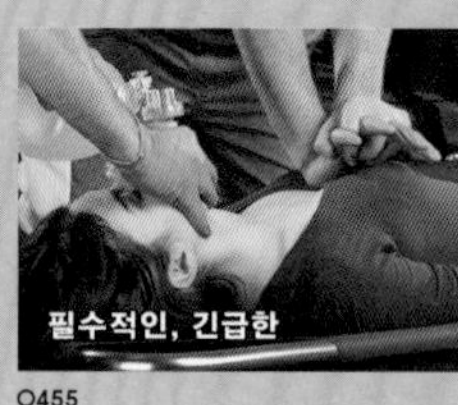

0455

i

0456

i

0457

o

0458

t

0459

d

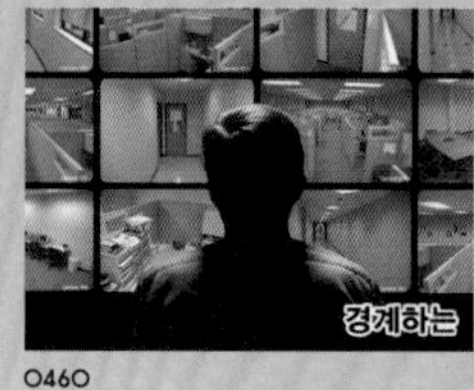

0460

a

0461

r

0462

i

0463

b

0464

s

0465

h

0466

c

0467

i

0468

e

0469

s

0470

e

0471

n

0472

s

0473

l

0474

s

0475

i

Answer 0451 **appalling** 0452 **abhor** 0453 **prowess** 0454 **undaunted** 0455 **imperative** 0456 **impregnable** 0457 **overwhelming** 0458 **tenable** 0459 **dismal** 0460 **alert** 0461 **rampant** 0462 **intractable** 0463 **belligerent** 0464 **strenuous** 0465 **hazardous** 0466 **colossal** 0467 **impulsive** 0468 **exuberant** 0469 **sanguine** 0470 **exhilarating** 0471 **nonchalant** 0472 **skeptical** 0473 **lethargic** 0474 **sluggish** 0475 **indolent**

DAY 20

Preview

0476

0477

0478

0479

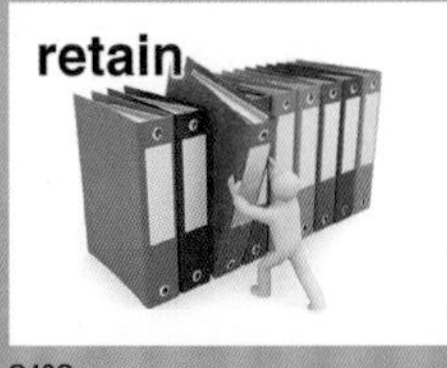

0480

0481

0482

0483

0484

0485

0486

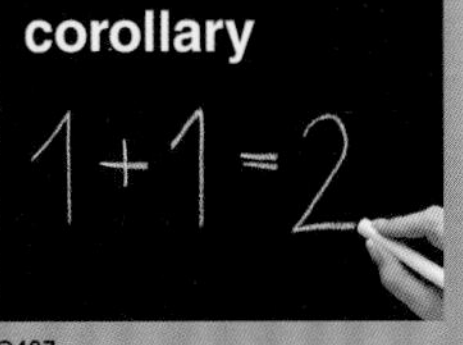

0487

0488

0489

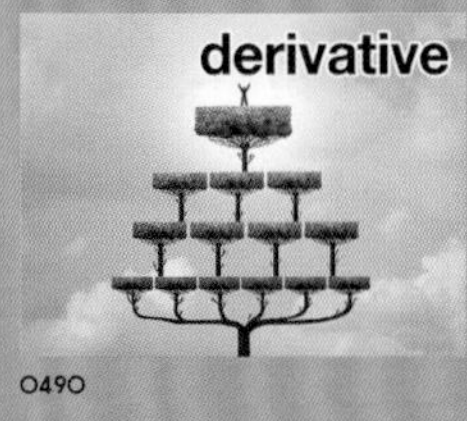

0490

0491

0492

0493

0494

0495

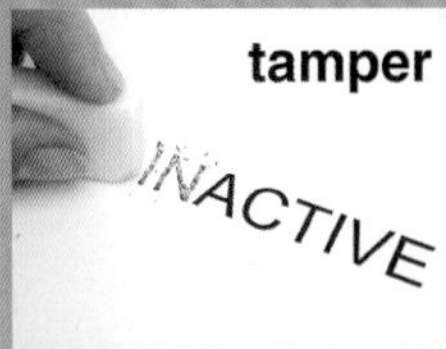

0496

0497

0498

0499

0500

Answer 0476 취득하다 0477 안전한 0478 비종교적인 0479 기묘한, 특이한 0480 보유하다, 유지하다
0481 금지하다 0482 계약하다 0483 읽기 어려운 0484 배상하다 0485 주다, ~할 여유가 있다
0486 방아쇠, 유발하다 0487 당연한 결과 0488 결과로서 일어나는 0489 뒤이어 일어나는 0490 파생적인
0491 모면하다 0492 삼가다 0493 미루다 0494 증거없이 ~라고 여기다 0495 ~탓으로 하다
0496 함부로 변경하다 0497 전환하다 0498 말을 중단시키다 0499 침입하다 0500 부과하다

▶ 유튜브 바로가기

정의 DEFINITION	유사어휘군 SYNONYM·ANTONYM

O476 7+ **acquire** [əkwáiər]

【어원】 ac<ad(강조)+ quir(=seek, ask ⊃ R103)+e ➡ 완전히 구하다 → 취득하다 → 몸에 익히다

08.성균관대/06.영남대/03-2.광운대
Vt. 1. 취득하다, 습득하다 = obtain[P0522] come by[I05404] procure, take on[I03709]
2. 배우다, 몸에 익히다 = learn, master

ⓝ acquirement 취득, 획득
acquisition 취득, 획득; 구입도서
06.경기대/00-2.고려대 ⓐ acquired 획득한, 기득의, 후천적인 ↔ *inherent*[N0374]
05.고려대 acquisitive 얻으려고 하는, 탐내는, 욕심 많은 = greedy, covetous

come by 1. (구하기 힘들거나 희귀한 것을) 얻다, 구하다, 획득하다(=obtain, get) ⊃ IO5404
2. (가는 길에) 잠깐 들르다
3. (come by car/train/bus) ~을 타다

O477 7+ **secure** [sikjúər]

【어원】 se(=apart)+cure(=take care ⊃ R140) ➡ 따로 떼어 돌보다 → 안전하게 하다, 확보하다

10.계명대/09.서강대
06.감평사/04.덕성여대
A. 1. (위험이나 침입으로부터) 안전한 = safe[T0844] protected
2. (성공 · 미래 등이) 확실한, 안정된 = stable, assured, certain
3. 견고한, 튼튼한, (신념이) 확고한 = firm, solid, adamant, robust
Vt. 1. (노력을 들여) 확보하다, 획득하다 = obtain[P0522] acquire, achieve, procure
2. 안전하게 하다, 확실하게 하다 = make safe, assure, ensure
3. 담보를 제공하다 = mortgage

06.계명대 ⓝ security 안전, 보안, 방위(=protection); 담보물; (pl.) 유가증권

10.동국대 **insecure** 불안한, 불안정한, 위태로운 = precarious[N0011] unsafe, unstable
- **insecurely** 불안전하게, 불안정하게
secular 이승의, 속세의, 현세의; 비종교적인 ⊃ NO478

O478 7+ **secular** [sékjulər]

【어원】 sec(=temporal ⊃ R201)+ular *second와 같은 어원 ➡ (이승의 삶은 짧음에서) 이승의 → 속세의

10.국민대/07.고려대/05.아주대
03.입법고시/99.사법시험
A. 이승의, 속세의, 현세의; 비종교적인 = worldly[T1405] earthly, mundane[N0154] terrestrial
↔ *celestial*, *ethereal*, *heavenly*, *supernal*
N. (종교인에 대비해) 속인

00.동국대 ⓥ secularize 세속화하다, 속된 용도에 바치다

secure 안전한; 안정된; 확보하다 ⊃ NO477
come down to earth (몽상에서) 현실 세계로 돌아오다 ⊃ IO5414

O479 7+ **peculiar** [pikjúːljər]

【연상】 외국인은 피 끓여 만든 선짓국을 이상하게 볼 것이다.

15.지방교행/99.경기대
98.덕성여대/94.서울대학원
A. 1. 기묘한, 이상한, 별난 = curious[R1402] eccentric[N0399] queer, singular
2. 고유의, 독특한; 특이한; 특유의 = unique[P0584] particular[R1096] singular
3. 〈구어〉 몸이 아픈
*feel peculiar 몸이 약간 안 좋은

98.인천대 ⓝ peculiarity 특색, 버릇, 특유; 색다른 점, 기벽 = idiosyncrasy[D0535] eccentricity[D0399]
92.홍익대 ⓐⓓ peculiarly 특히, 각별히, 색다르게 = uniquely[P0584]

O480 7+ **retain** [ritéin]

【어원】 re(=back)+tain(=hold ⊃ ROO9) ➡ 뒤쪽에 잡고 있다 → 유지하다 → 존속시키다 → 마음에 간직하다

17.이화여대/12.국민대/07.국회8급
05-2.고려대/02.고려대
97.지방고시/96.고려대학원
Vt. 1. 보유[유지]하다; (제도 등을) 존속시키다 = keep[I041] hold[I042] maintain[R0091] reserve, preserve
2. 마음에 간직하다, 잊지 않다 = remember[R1460] keep, cherish, hold, enshrine
3. (변호사 등을) 고용하다 = hire, employ, engage

ⓝ retention 보유, 유지; 보유력; 기억력
retainer 1. 보유자, 보유물; 신하 2. 소송 의뢰(서); 변호사 의뢰료
ⓐ retentive 보유력이 좋은; 기억력이 좋은

영영정의 및 예문
EXAMPLE

이미지 연상훈련
IMAGE TRAINING

▶ to gain or obtain by your own efforts, ability or behavior

- Very few people in the modern world **acquire** their food supply by hunting.
  현대 사회에서 사냥으로 식량을 조달하는 사람은 거의 없다.
- Once one has **acquired** the habit, smoking is very difficult to give up.
  일단 습관이 되고난 이후에는, 담배를 끊기가 매우 어렵다.
- Most politicians are **acquisitive** of power.
  대부분의 정치가들은 권력욕이 있다.

▶ A. 1. free from danger 2. certain not to fail 3. fixed firmly
V. 1. to obtain or achieve something 2. to make something safe

- For many people, home is a place where they feel **secure**.
  많은 사람들에게 집은 안전함을 느끼는 장소이다.
- An increasing number of college students are procrastinating their graduations for more **secure** jobs.
  점점 많은 대학생들이 보다 안정적인 직장을 위해 졸업을 미루고 있다.
- The bank lended him money **in security for** his house.
  은행은 집을 담보로 그에게 돈을 빌려주었다.

▶ not connected with religion or religious matters

- He is unconcerned with **secular** affairs.
  그는 세속적인 일에는 무관심하다.
- Religion is becoming more and more **secular**.
  종교는 갈수록 세속적으로 변하고 있다.
- The phrase "Merry Christmas" **is secularized**, and can be said by anyone.
  '메리 크리스마스'란 말은 세속화되어서 누구나 말할 수 있다.

▶ 1. strange or unusual 2. belonging only to a particular person or thing

- The kiwi is a **peculiar** flightless creature with furry feathers and a long, curved beak.
  키위새는 묘하게도 날지 못하는 새로서 모피로 덮인 깃털과 긴 곡선형의 부리가 있다.
- I felt a little bit **peculiar** and lay down.
  나는 약간 몸이 안 좋아서 드러누웠다.
- His **peculiarity** was to serve as an icon to generations of young people.
  그의 특이함은 젊은 세대에게 우상으로 작용했다.

▶ 1. to keep something 2. to remember information
3. to employ someone such as a lawyer

- You should **retain** the receipt in the event you want to exchange your purchase.
  구입한 물건을 교환할 경우에 대비해 영수증을 보관해야 한다.
- His capacity to **retain** facts was as keen as ever, but he had trouble remembering people's names.
  사실들을 기억하는 능력은 여느 때 못지않게 예리했지만, 그는 사람들의 이름을 기억하는 데는 애를 먹었다.
- The victim of the accident was so ignorant of law that she decided to **retain** a lawyer.
  그 사고의 피해자는 법에 대해 까막눈이었기 때문에 변호사를 고용하기로 결정했다.

0481 7+ **prohibit** [prouhíbit]

【어원】 pro(=forth)+hibit(=hold ⊃ R167) ➡ 앞으로 금하다 → 금지하다

10.계명대/09.경희대/96.숭실대
Vt. 1. (~하는 것을) 금하다, 금지하다 = forbid[T1217] ban, bar, disallow, outlaw
2. (사물이) 방해하다; 불가능하게 하다 = prevent, hinder, impede, hamper

15.건국대/01.서울산업대 ⓝ prohibition 금지, 금제; 금주령 = ban[N0057] embargo[N0960]
03.국민대 ⓐ prohibitive 금지하는, 금제의; 엄청나게 비싼 = expensive[R0081]
prohibited 금지된 = forbidden

0482 7+ **contract** [kəntrǽkt]

【어원】 con(=together)+tract(=draw ⊃ R133) ➡ 1. 서로 끌어 당기다 → 수축하다 2. 같이 작성하다(draw) → 계약하다

17.서울여대/16.가천대/09.서강대 06.계명대/00-2.동국대/98-2.계명대
V. 1. 수축하다[시키다], 축소되다 = shrink[N0917] constrict, deflate, shorten
2. 계약[약정]하다 = compact, pact
3. (병)에 걸리다; 습관이 붙다 = come down with[I05519] go down with[I05519]
N. [kántrækt] 계약, 약정; 계약서; 청부 = agreement[S0851] compact, covenant, pact
ⓐ contracted 수축한, 단축한; 찡그린, 찌푸린
contractible 수축[단축]할 수 있는
contractile/contractive 수축성의
contracting 수축성이 있는; 계약의, 청부의
13.세종대 ⓝ contraction 수축하기, 축소하기; 수축
contractor 계약자, 도급자

혼 **contact**[kántækt] 접촉시키다; 〈구어〉 연락을 취하다, 교제하다; 접촉, 교제 *con(=together)+tact(=touch) ⊃ R0340

0483 7+ **illegible** [ilédʒəbl]

【어원】 il<in(=not)+leg(=read ⊃ R053)+ible(=able) ➡ 읽을 수 없는

14.명지대/11.경희대 07.서경대/97.경찰
A. 읽기 어려운, 판독하기 어려운 = too hard to read, unreadable, indecipherable

92.서울대학원/86.행정고시
반 **legible**[lédʒəbl] (필체·인쇄가) 읽기 쉬운, 판독할 수 있는 = readable, decipherable
혼 **eligible**[élidʒəbl] 적격의; 적합한; 적임자, 유자격자 ⊃ N0152

0484 7+ **compensate** [kámpənsèit]

【어원】 com(=together)+pens(=weigh, pay ⊃ R008)+ate ➡ (저울에) 함께 달아 부족한 쪽을 채우다 → 보충하다 → 배상하다

06.선관위9급/97.행자부7급/95.사법시험
Vt. 1. 보상하다, 배상하다[for] = make up for[I07002] indemnify, remunerate, recompense, reimburse
2. (결점 등을) 보완하다, 상쇄하다 = complement, supplement

14.이화여대/10.명지대/08.이화여대 ⓝ compensation 배상, 보충 = payment, remuneration, recompense, indemnity
ⓐ compensatory/compensative 보상의, 보충적인

관 **recompense**[rékəmpèns] ~에게 보답하다[for]; (손해를) 배상하다[for]
*recompense a person for his losses 남의 손실을 보상하다
표 **make up for** 보상하다; ~을 메우다, 보충하다(=compensate for) ⊃ I07002

0485 7+ **afford** [əfɔ́:rd]

【연상】 갑자기 포드차를 몰고 나온 친구에게 "어! 포드 살 여유가 너에게 있었어?"

13.한국외대,경찰3차 03.고려대,세무사/02.계명대
V. 1. 주다, (편의를) 제공하다 = give[I039] offer[R0480] provide, present, bestow, confer, grant, donate
2. ~할 여유가 있다[can ~ to R]

06.동덕여대 ⓐ affordable 줄 수가 있는, 입수 가능한
17.가천대 ⓝ affordability 감당할 수 있는 비용 = means[N0302]

영영정의 및 예문
EXAMPLE

이미지 연상훈련
IMAGE TRAINING

▶ to prevent something from being done

- Smoking **is prohibited** in the library.
  흡연은 그 도서관에서는 금지되어 있다.
- The train fare is so **prohibitive** as to take me by surprise.
  그 열차요금은 너무 비싸서 나를 깜짝 놀라게 했다.
- **Prohibition** was abolished in 1933.
  금주령은 1933년에 폐지되었다.

NO SMOKING IN THIS AREA
prohibit
금지하다

▶ V. 1. to become smaller 2. to make a legal agreement with someone 3. to get an illness N. a written legal agreement

- If wool is submerged in hot water, it tends to **contract**.
  울은 뜨거운 물에 담그면 수축하는 경향이 있다.
- The merchant was sued for **breach of contract**.
  그 상인은 계약 위반으로 제소를 당했다.
- At that time, she didn't know the fact that he had **contracted** an incurable disease.
  그녀는 그가 불치병에 걸렸다는 사실을 그땐 몰랐다.

▶ difficult or impossible to read

- The ink has faded with time and so parts of the letter were **illegible**.
  시간이 흐름에 따라 잉크가 흐려져서 편지의 일부 내용은 읽기가 어려웠다.
- His handwriting is so bad that it is barely **legible**.
  그는 글씨를 너무 못써서 거의 알아볼 수가 없다.

▶ 1. to pay someone money because they have suffered an injury or loss 2. to replace or reduce the effect of something bad

- The bank acknowledged its error but refused to **compensate** the customer **for** his loss.
  은행측은 과실을 인정하면서도 고객이 입은 피해에 대해서는 배상하지 않으려 했다.
- At that time the families of victims did not have any plans on seeking **compensation for** damages from the government.
  당시 희생자 가족들은 정부에 손해배상 청구소송을 할 계획이 전혀 없었다.

compensate
배상하다

▶ 1. to provide something 2. to have enough money to buy something

- The school **affords** every facility for the students.
  그 학교는 학생들에게 온갖 편의를 제공해주고 있다.
- He's an asset that we **cannot afford to** lose.
  그는 놓쳐서는 안 될 인재이다.
- Smart phones will be **affordable** and much better in the near future.
  머지않아 스마트폰은 가격이 낮아지고 성능은 훨씬 좋아질 것이다.

정의 DEFINITION	유사어휘군 SYNONYM·ANTONYM

0486 7+ **trigger** [trígər]
15.지방교행,한성대/05.고려대 02-2.세종대,아주대/01-2.아주대

【의미】 달리기에서 출발신호로 trigger(방아쇠)를 당기다 → 시작하게 하다

Vt. 1. (일을) 시작하게 하다, 유발하다 = generate[R1609] touch off[I05302] set off[I04515] bring about, provoke, prompt, cause, induce, instigate
2. (총을) 쏘다, 발사하다 = fire, shoot, discharge
N. (총의) 방아쇠; (분쟁의) 계기, 자극 = gambit, catalyst[P0183]

숙 **set off** 1. 유발하다, 시작하게 하다, 폭발시키다(=trigger) ⊃ I04515
2. (여행 등을) 시작하다, 출발하다(=start, depart)
touch off (폭발물에) 점화하다; ~을 유발하다(=trigger, set off) ⊃ I05302

0487 7+ **corollary** [kɔ́:rəlèri]
13.이화여대/12.가톨릭대/08.건국대 07.부산7급/05-2.고려대

【어원】 co(=together)+roll(=roll ⊃ R059)+ary(명접) ➡ 같이 굴러가는 것

N. (~의) 필연적 결과, 당연한 귀결[of]; 추론 = result[R0467] consequence, outcome, aftermath
↔ *cause, orgin, reason* 원인

0488 7+ **consequential** [kὰnsəkwénʃəl]
02.국민대/97.서울대학원

【어원】 con(=together)+sequ(=follow ⊃ R137)+ent+ial ➡ ~에 같이 따라 오는

A. 1. 결과로서 일어나는 = resultant
2. 중대한 = important, significant, substantial, eventful

ⓐ consequent 결과로서 일어나는, 당연한
↔ inconsequent 앞뒤가 안맞는, 비논리적인
08.경기교행 ⓐⓓ consequently 결과적으로 = as a result[R0467] in consequence
01-2.명지대/94.서울대학원 ⓝ consequence 결과, 결말; 중대성, 중요성 = aftermath[N0732]

11.아주대 반 **inconsequential** 이치에 맞지 않은; 하찮은 = unimportant[T1460]

0489 7+ **subsequent** [sʌ́bsikwənt]
18.경찰1차/04-2.영남대/03.경기대 02.명지대/98.명지대

【어원】 sub(=under)+sequ(=follow ⊃ R137)+ent(형접) ➡ ~ 다음에 따라오는 → 뒤이어 일어나는

A. 그 다음의, 차후의, 뒤이어 일어나는 = following[I113] later, next, successive, after; ensuing[R1374] succeeding, consecutive, consequential, sequential, incident
13.상명대/04-2.동덕여대 ⓐⓓ subsequently 그 후에, 다음에, 이어서 = later

관 **sequent**[sí:kwənt] 다음에 오는, 연속하는; 결과로서 생기는
sequential[sikwénʃəl] 잇달아 일어나는, 연속하는, 순차적인
sequel[sí:kwəl] (소설 등의) 속편, 후편; (사물의) 추이
sequence[sí:kwəns] (일련의) 연속적인 사건들, (사건 등의) 순서, 차례; (영화의) 연속된 한 장면

0490 7+ **derivative** [dirívətiv]
14.중앙대/12.지방직9급 09.경희대/95.중앙대

【어원】 de(=from)+riv(=river, stream)+at+ive(형접) ➡ ~에 같이 따라 오는

N. 파생어; 파생 상품 = spin-off[T0862] by-product, offshoot
A. 다른 것을 본뜬; 파생적인 = unoriginal, copied

14.지방직7급 ⓥ derive ~에서기원[파생]하다[from] = originate in, arise from, spring from, stem from
13.성균관대 ⓐ derived 유래된, 파생된
ⓝ derivation 끌어냄, 유도, 기원, 파생

영영정의 및 예문
EXAMPLE

이미지 연상훈련
IMAGE TRAINING

▶ 1. to make something happen suddenly 2. to fire or explode a gun or a weapon

• The unification of Upper and Lower Egypt around 3000 BC acted as a catalyst, **triggering** a flowering of Egyptian culture.
기원전 3000년 경에 남부와 북부 이집트의 통합은 촉매로 작용하여, 이집트 문화의 전성기를 촉발시켰다.

• The oversupply can **trigger** a significant plunge in the domestic rice price.
과잉공급은 국내 쌀 가격의 폭락을 가져올 수 있다. * plunge 급락

▶ the direct result that follows naturally

• Higher prices were a **corollary of** the two companies' agreement not to compete.
보다 높은 가격은 두 회사가 경쟁하지 않기로 담합한 결과였다.

• In mathematics, a **corollary** is a law that can be deduced without further proof from a law that has already been proven.
수학에 있어서, 추론은 더 이상의 증거없이 이미 증명된 법칙들로부터 연역해내는 법칙이다.
* deduce 연역하다, 추론하다

• Is social inequality the inevitable **corollary of** economic freedom?
사회적 불평등은 경제적 자유의 불가피한 결과가 아니던가?

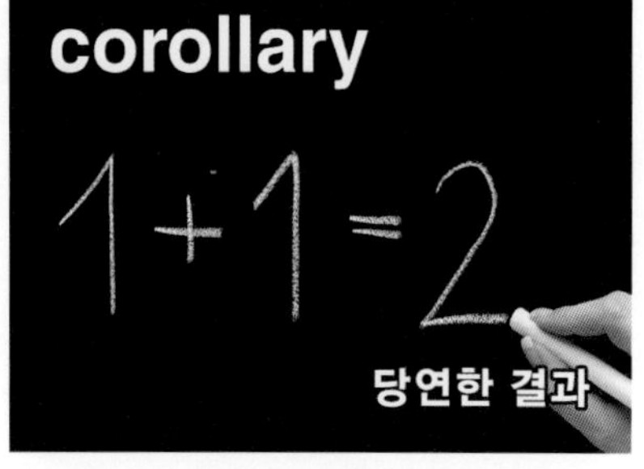

▶ 1. happening as an result of something 2. important

• We should take into account the **consequential effect on** our economy.
우리는 우리 경제에 미치는 중대한 영향을 고려해야만 한다.

• Naturally, the bad decisions you make today can have negative **consequences** tomorrow.
당연히, 당신이 오늘 내리는 잘못된 결정이 내일 부정적인 영향을 끼칠 수 있다.

▶ happening after something else

• We made plans for a visit, but **subsequent** difficulties with the car prevented it.
우리는 방문할 계획이었지만, 그 후 차에 문제가 생겨 가지 못했다.

• **Subsequently** this led to many problems.
그 후 이것은 많은 문제를 몰고 왔다.

▶ N. Something obtained or produced by modification of something else
A. based on or making use of other sources

• **Derivatives** products are a means of hedging against fluctuations in interest rates and exchange rates.
파생상품은 금리와 환율 등의 변동에 대비해 리스크를 회피하는 수단이다.

• This word is **derived** from Latin.
이 낱말은 라틴어에서 파생되었다.

DAY 20-4

정의 DEFINITION | 유사어휘군 SYNONYM·ANTONYM

0491 7+ **evade** [ivéid]
01.사법시험/97.한국외대 94.서울대학원.경찰간부
14.이화여대/01.건국대

【어원】e<ex(=out)+vad(=go ⊃ R040)+e ➡ ~을 피해 밖으로 빠져 나가다 → 피하다, 모면하다

Vt. (교묘하게) 피하다, 모면하다 = sidestep[T0847] dodge[T0847] shun, circumvent, avoid, duck, eschew, elude, avert, skirt around, turn aside, shirk, keep away from, ward off, cop out of

ⓝ evasion (책임 · 의무로부터의) 도피, 회피 ↔ *confrontation*[D0737] 직면
ⓐ evasive 회피적인, 둘러대는

0492 7+ **eschew** [istʃúː]
17.이화여대/16.명지대 14.홍익대/12.중앙대 07.서울여대.세종대/06.중앙대

【어원】es<ex(=out)+chew(씹다) ➡ 맹수의 아가리에 씹히는 것에서 멀리 벗어나다

Vt. 피하다, 삼가다 = shun[T0846] avoid, abstain from, refrain from, circumvent, avert, evade, elude, duck, escape, steer clear of, keep away from, stay away from, give a wide berth to

관 **chew** 씹다; 숙고하다[over] *chewing gum: 껌, 추잉 껌

0493 7+ **postpone** [poustpóun]
10.명지대/07.계명대/03-2.명지대 97.고려대학원/91.서울시7급 82.경북대학원

【어원】post(=after)+pone(=place ⊃ R013) ➡ (할 일을) 뒤로 두다

Vt. 연기하다, 뒤로 미루다 = put off[I04413] shelve[T1037] defer

표 **put** sth **off** 연기하다, 미루다 ⊃ I04413
put sth **on the back burner** (할 일을) 뒷전으로 미루다 ⊃ I04404

0494 7+ **presume** [prizúːm]
14.항공대/03.변리사/92.경주대
09.가톨릭대/06.동아대/95.연세대학원

【어원】pre(=before)+sume(=take:가지다 ⊃ R004) ➡ 생각을 미리 가지다 → 가정하다

V. 1. (증거 없이) ~라고 여기다; 가정[추정]하다 = suppose[R0138] assume, presuppose, postulate, conjecture, surmise, take for granted
2. 버릇없이 ~하다 = dare to R, venture to R

ⓐⓓ presumably 생각건대, 아마 = probably[R0706] supposedly[R0138]
ⓐ presumed 당연한 것으로 여겨지는; (법률상) 추정된 = alleged[D0336]
presuming 주제넘은, 건방진
presumptive 추정에 바탕을 둔, 가정의
ⓝ presumption 가정, 추측; 뻔뻔스러움

0495 7+ **impute** [impjúːt]
05.경희대/04-2.성균관대 02.중앙대/98.경찰 95.서울대학원/89.행자부7급

【어원】im<in(=on)+put(=think ⊃ R151)+e ➡ (원인을) ~에 있다(on)고 생각하다 → ~ 탓으로 하다

Vt. 1. (죄 · 원인 등을) ~의 탓으로 하다[to] = attribute[N0141] ascribe[R0947] accredit, owe; shift, shuffle off
*impute A to B A를 B의 탓으로 돌리다
2. (성질 · 속성 등을) ~에게 있다고 생각하다

ⓐ imputative (책임 따위가) 전가된
imputable (~의 탓으로) 돌릴 수 있는
ⓝ imputation (죄 등의) 전가; 비난; 오명

영영정의 및 예문
EXAMPLE

이미지 연상훈련
IMAGE TRAINING

▶ to avoid or escape from someone or something

- The minister **evaded** answering the reporter's question by changing the subject.
  그 장관은 다른 화제로 말을 돌려 기자의 질문을 피했다.
- The opposition accused the government of an **evasion** of responsibility.
  야당은 정부가 책임을 회피한다고 비난했다.

▶ deliberately avoid doing something

- Most firms **eschew** the use of their executives in ads.
  대부분의 회사들은 광고에 자신들의 임원들을 쓰는 것을 피한다.
- He **steered clear of** controversial social issues, and **eschewed** religion.
  그는 논란이 많은 사회적 이슈들을 멀리하고, 종교적인 문제도 피했다.
  * steer clear of 회피하다

▶ to delay something such as an event or a decision

- The meeting **was postponed** indefinitely.
  그 회의는 무기한 연기되었다.
- Owing to the prevalence of H1N1, the new flu virus, the meeting **was postponed**.
  신종플루(H1N1)가 유행하여 집회가 연기되었다. * prevalence 유행

▶ 1. to believe something to be true although you are not certain
2. to behave without respect or a proper right

- The philosophy of the U.S. justice system is that everyone **is presumed** innocent until proven guilty.
  미국의 사법제도의 철학은 모든 사람이 유죄가 입증될 때까지는 무죄로 추정된다는 것이다.
- The honeybees **presumably** died in the fields, either lost or unable to return to the hive.
  꿀벌들은 길을 잃거나 벌집에 되돌아올 수 없어 들판에서 죽는 것으로 추측된다.

▶ to say that someone is responsible for something

- It is hard to **impute** a rise in output **to** any one factor.
  생산량의 증가를 어떤 한 가지 요소 탓으로 돌리기는 어려운 일이다.
- Mr. Taylor's rapid advancement in rank, which resulted directly from his industry and ability, **was** enviously **imputed** by some of his colleagues **to** luck and family connections.
  테일러의 빠른 승진이 직접적으로는 그의 근면과 능력의 결과임에도 불구하고, 몇몇 동료는 시샘하여 그것을 운과 가족연줄 탓으로 돌렸다.

정의 DEFINITION	유사어휘군 SYNONYM·ANTONYM

0496 7+ **tamper** [tǽmpər] P S

17.이화여대/15.가천대/10.동덕여대 04-2.고려대/02.삼육대 00.경기대/94.행정고시

【어원】tamper<temper(=stretch ⊃ R132) ➡ (남의 것에까지) 손을 뻗다 → 참견하다 → 매수하다

Vi. 1. 쓸데없는 참견을 하다, 간섭하다[with] = meddle with[D0858] interfere with[R0484] presume, intervene, step in, butt in, cut in
2. (원문의 글귀 등을) 함부로 변경하다[with] = alter[N0026]
3. 뇌물을 주다, 매수하다[with] = bribe, corrupt, embrace, subsidize, suborn, grease, oil sb's hand

혼 **temper**[témpər] 성질, 기질; 기분; 차분, 침착; 풍조, 추세 ⊃ R1321
hamper[hǽmpər] 방해하다, 훼방 놓다; 제한하다; 방해 ⊃ N0189
pamper[pǽmpər] 응석을 받아주다; (욕망을) 만족시키다

0497 7+ **convert** [kənvə́:rt] E F

12.경희대/07-2.가톨릭대 07.경희대,동아대/06.고려대 98.서울대학원

【어원】con(강조)+vert(=turn ⊃ R055) ➡ 완전히 바꾸다 → 전환하다

V. 1. 전환[변환]하다[into]; 변화하다 = change[I067] transform, modify, alter
2. 개종[전향]시키다; 전향하다[from] = proselytize

ⓐ convertible 바꿀 수 있는, 개조할 수 있는 n.지붕을 접을 수 있는 자동차
ⓝ conversion 전환, 전향, 개조; 변환

14.한국외대 07.국가직7급/05.경희대

혼 **converse**[kənvə́:rs] A. 거꾸로의, 뒤바뀐 N. 반대, 역(=opposite) V. 대화를 나누다; 교제하다
- **conversely** 바꿔 말하면, 뒤집어 말하면(=reversely)
- **conversible** 거꾸로 할 수 있는; 바꿔 말하면 - **conversation** 회화, 대화, 좌담

0498 7+ **interrupt** [intərʌ́pt] E F P

13.산업기술대/02.경희대/96.가톨릭대 95.사법시험/93.효성가대/87.행정고시

【어원】inter(=between)+rupt(=break ⊃ R112) ➡ (대화) 사이에 (말을) 집어 넣어 깨뜨리는 → (말을) 중단시키다

Vt. 1. (말 등을 중간에) 중단시키다, 방해하다; 가로막다, 저지하다 = heckle[T1162] interfere with, break in on[I09509] cut short, disturb, hinder, obstruct, impede
2. (일 등을 잠시) 중단하다 = stop briefly, discontinue, suspend, pause, break off, intermit

ⓐ interrupted 중단된, 방해받은
ⓝ interruption 훼방, 방해; 중단; 방해물
interrupter 방해자; (전류) 단속장치; (무기의) 안전장치

표 **break in on** 끼어들다, 말참견하다(=cut in, butt in, interfere with); 방해하다(=interrupt) ⊃ I09509

0499 7+ **encroach** [inkróutʃ] F S

10.강남대/06.대구가톨릭대 04-2.한국외대/03.경기대 01.경기대/98-2.세종대

【어원】1. en(=in)+croach<cross(=cross)
2. en(=make)+croach(=bend ⊃ R128) ➡ 남의 땅을 가로지르다 → 남의 땅에 침입하다 → 남의 권리를 침해하다

Vi. 1. (남의 나라·땅 등을 조금씩) 침입하다[upon] = trespass upon[R0411] break in, intrude, invade, burgle, enter into ~ forcibly
2. (남의 권리 등을) 침해하다[upon] = infringe upon[N0769] violate

16.가천대

ⓝ encroachment 침략; 침해; 침략지 = infringement[D0769] inroad[T1288]
encroacher 침입[침해]자

0500 7+ **impose** [impóuz] E F

15.한국외대/13.서울시7급/02.경찰 94.기술고시/92.홍익대

【어원】im(=on)+pose(=put, place ⊃ R013) ➡ ~부담으로 (벌금을) 내리다

Vt. 1. (벌·세금·의무 등을) 부과하다 = levy[R1733] place[R0166]
2. (의견을) 강요하다[oneself on] = force[R2593]
Vi. (~에) 편승하다, ~을 이용하다[on] = take advantage of[T1321]

10.경원대

ⓐ imposing 인상적인, 남의 눈을 끄는, 당당한

영영정의 및 예문
EXAMPLE

이미지 연상훈련
IMAGE TRAINING

▶ 1. to interfere with something 2. try to change it without permission

- This will validate the coupon and protect it from being **tampered with** or copied.
  이것은 쿠폰을 인증하며 쿠폰이 위조되거나 복제되는 것으로부터 보호할 것입니다.
- Islanders have been **tampering with** the natural environment since the 18th century.
  섬 주민들은 18세기 이후로 자연환경을 훼손해 왔다.

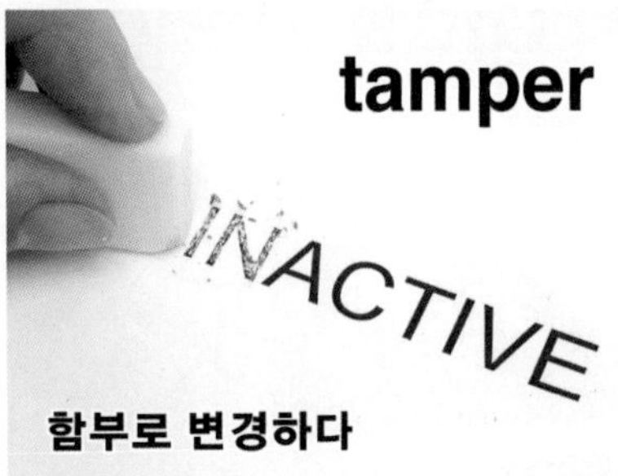

▶ 1. to change (something) into a different form of thing
2. to change or make someone change their beliefs or religion

- As sunlight hits a cell, the light is **converted to** electricity.
  햇빛이 전지에 닿을 때, 빛은 전기로 변한다.
- One important technique for preventing stress is to learn how to **convert** worries **into** concerns.
  스트레스를 방지하는 가장 중요한 테크닉은 걱정을 관심으로 전환하는 법을 배우는 것이다.

▶ 1. to stop other's conversation or speech by saying or doing something to them
2. to make something stop for a short time

- The audience **interrupted** the speaker several times.
  청중들은 그 연사의 연설을 여러 번 중단시켰다.
- I wish you wouldn't keep **interrupting** me. Let me finish what I'm saying.
  네가 계속 내 말을 끊지 않았으면 좋겠다. 말하는 것 좀 끝내게 해줘(내 말을 끝까지 들어줘).
- The receptionist had to **interrupt** the conversation in order to wait on a customer.
  그 접수원은 고객의 시중을 드느라고 대화를 중단해야 했다. *wait on 시중을 들다

▶ 1. to gradually cover more land
2. to gradually take someone's possessions or rights

- Russian leaders have opposed the West's attempt to **encroach on** their sphere.
  러시아 지도자들은 서방이 그들의 영역에 침입하려는 것을 반대해왔다. *sphere 영역
- This treaty **encroaches upon** the rights of the Korean people.
  이 조약은 한국인의 권리를 침해하고 있다. *treaty 조약

▶ Vt. 1. to force a rule, tax, or punishment to be obeyed or received
2. to force someone to behave in a certain way Vi. to take unfair advantage

- Very high taxes have recently **been imposed on** cigarettes.
  최근 담배에 매우 높은 세금이 부과됐다.
- Don't try to **impose** your wishes **on** us.
  너의 소원을 우리에게 강요하려 하지 마라.
- His friends **imposed on** his good nature.
  그의 친구들은 그의 선량함을 이용했다.

Quick Review

0476

a ______

0477

s ______

0478

s ______

0479

p ______

0480

r ______

0481

p ______

0482

c ______

0483

i ______

0484

c ______

0485

a ______

0486

t ______

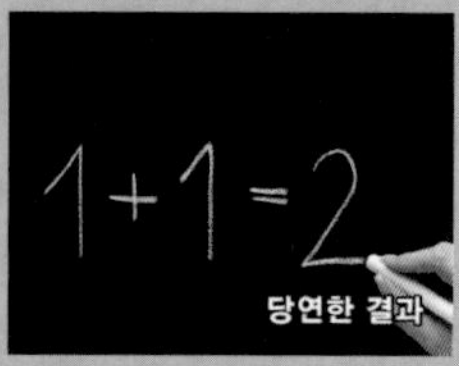

0487

c ______

0488

c ______

0489

s ______

0490

d ______

0491

e ______

0492

e ______

0493

p ______

0494

p ______

0495

i ______

0496

t ______

0497

c ______

0498

i ______

0499

e ______

0500

i ______

Answer 0476 **acquire** 0477 **secure** 0478 **secular** 0479 **peculiar** 0480 **retain**
0481 **prohibit** 0482 **contract** 0483 **illegible** 0484 **compensate** 0485 **afford**
0486 **trigger** 0487 **corollary** 0488 **consequential** 0489 **subsequent** 0490 **derivative**
0491 **evade** 0492 **eschew** 0493 **postpone** 0494 **presume** 0495 **impute**
0496 **tamper** 0497 **convert** 0498 **interrupt** 0499 **encroach** 0500 **impose**

Preview

DAY 21

0501

0502

0503

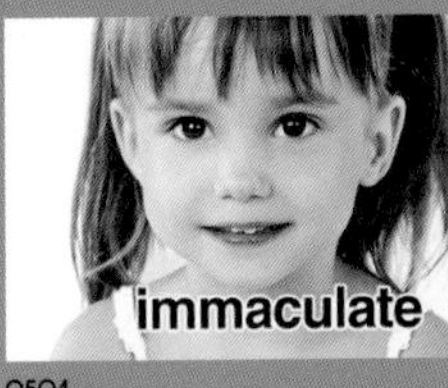

0504

0505

0506

0507

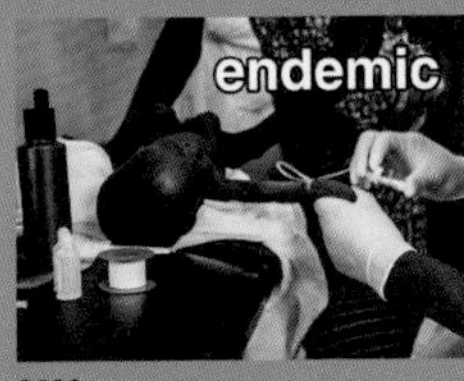

0508

0509

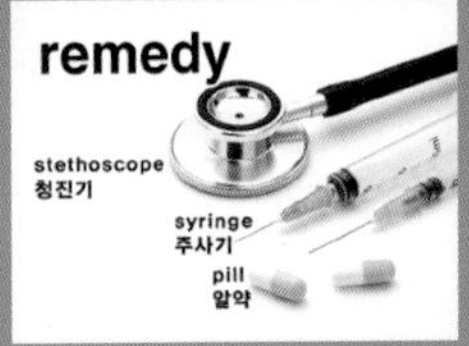

0510

0511

0512

0513

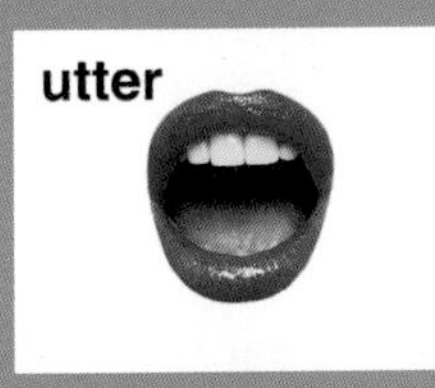

0514

0515

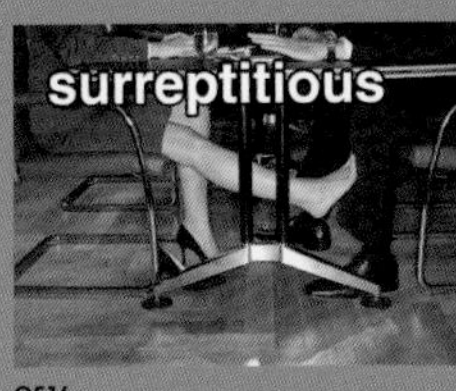

0516

0517

0518

0519

0520

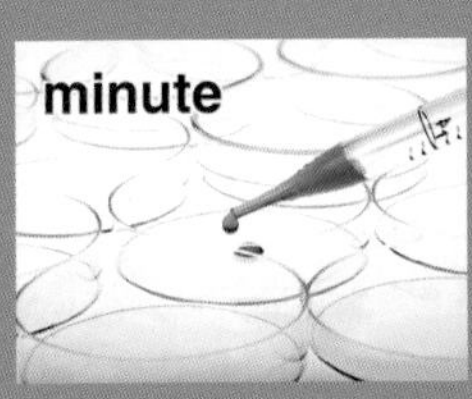

0521

0522

0523

0524

0525

Answer 0501 손대지 않은 0502 점 0503 변색되다, 더럽히다 0504 티없는, 순결한 0505 지저분한
0506 되풀이해서 일어나는 0507 때때로 일어나는 0508 풍토성의 0509 심술궂은 0510 치료, 치료약
0511 손에 만져질 듯한 0512 입장을 표명하다 0513 노골적인, 명백한 0514 말하다, 발음하다 0515 빛나는, 명쾌한
0516 은밀한 0517 몸을 숨기기에 알맞은 0518 의식을 잃은 0519 위선자 0520 마지못해 하는
0521 아주 적은 0522 빈약한 0523 당면한, 즉시의 0524 급격하게 0525 간결한

DAY 21-1

정의 DEFINITION	유사어휘군 SYNONYM·ANTONYM

0501 7+ **intact** 

[intǽkt]

14.항공대/13.경희대/02.동국대 99.동아대/96-2.광운대 96.연세대학원

【어원】 in(=not)+tact(=touch ➲ R034) ➡ 건드리지 않은 → 손상되지 않은 → 완전한

A. 손대지 않은, 손상되지 않은, 완전한 = undamaged[R2491] unimpaired[D0172] untouched[R0341] whole[T1480] unbroken, entire, complete, perfect, integral

0502 7+ **spot** 

[spɑ́t]

00-2.경원대/98.총신대 96.서울대학원

【연상】 포토 스팟(spot)은 사진이 잘 나오는 장소 ➡ 1. 한 점 → 특정 지점 → 현장 2. 반점 → 오점, 흠 → 더럽히다

N. 1. (작은) 점, (피부의) 반점; 오점 = stigma, punctum, speck, speckle, dot, blot, stain, smear; stigma, disgrace

2. (특정) 장소, 〈구어〉 현장; (신체의) 부위 = location, scene; region

A. 당장[즉석]의; 현금 지불의; 현지의

13.국가직9급 *on-the-spot 현장의, 즉석의, 즉결의

V. 1. 더럽히다[더럽혀지다], 얼룩이 생기다 = smudge, blemish, taint, tarnish

2. 〈구어〉 발견하다, 분별[분간]하다 = detect[R1392] notice[R1428] recognize[R1431] catch sight of, discern, descry

14.가천대/98.고려대학원 ⓐ spotless 오점이 없는, 흠 없는; 결백한 = flawless[D0994] immaculate[N0504]

02. 법원행정고시 표 **hit the spot** 〈구어〉 만족시키다, 음식의 맛이 더할 나위 없이 좋다
have a soft spot for ~을 좋아하다(=be fond of); ~을 귀여워하다

0503 7+ **tarnish** 

[tɑ́:rniʃ]

09.국가직7급/09.경기대/06.감평사 06.아주대/99.건국대/92.연세대학원

【연상】 책을 햇볕에 오래 두어 탄(tarn)+ish(동사접미어) → 변색시키다, 흐려지다

V. 1. (광택 · 명예 등이) 흐려지다 = lose its luster[R1484] dim[T0275] discolor, smudge;

2. (명예 등을) 더럽히다 = blemish[T0566] taint[T0565] blur, stain, smudge, defile, soil, disgrace, dishonor

N. 흐림, 퇴색, 변색; 오점, 흠

ⓐ tarnishable 쉽게 녹스는, 변색하기 쉬운

0504 7+ **immaculate** 

[imǽkjulət]

15.홍익대/14.가천대/13.서강대 10.중앙대/04.경기대/98.고려대학원

【어원】 im<in(=not)+macul(=점)+ate(형접) ➡ 검은 점(오점)이 없는 → 결점 없는 → 순결한

A. 1. 티없는, 순결한 = completely clean, spotless[D0502] stainless, taintless

2. 오점이 없는; 결점 없는 = impeccable[N0306] flawless, faultless, irreproachable, unsullied

ⓝ immaculacy 결점이 없음; 티 없음, 무구, 결백

관 **macul**ate 반점을 묻히다, 불결하게 하다; 더럽히다
macula (태양의) 흑점; 광물의 흠; (피부의) 반점 **macular** 반점이 있는

0505 7+ **squalid** 

[skwɑ́lid]

15.단국대/04.입법고시/01.경기대 99.한국외대/96.한서대

【어원】 squal(=dirty)+id(형접) ➡ 더러운 → 불결한 → 비열한

A. 1. (장소 · 생활환경이) 지저분한, 불결한 = dirty[T0680] sordid[T0687] filthy[R1666] dingy[T0688] foul, untidy, nasty, unsanitary, shabby, grimy, soiled, mangy

2. (싸움 등이) 비열한, 치사스러운 = mean, base, dirty, ugly, miserable, scurvy

10.숙명여대 ⓝ squalor/squalidity 더러움, 너저분함; 치사함

혼 **squall** [skwɔ́:l] 돌풍(스콜); 싸움; 비명[고함](을 지르다)

영영정의 및 예문
EXAMPLE

이미지 연상훈련
IMAGE TRAINING

▶ complete and not damaged

- He lived on the interest and kept his capital **intact**.
  그는 원금은 손대지 않고 이자로 먹고 살았다.
- The delicate parcel has arrived **intact**.
  깨지기 쉬운 소포가 온전하게 도착했다.
- Congress emerged from its conflict with the President with its authority **intact**.
  국회는 그 권위를 손상 받지 않은 채로 대통령과의 갈등으로부터 벗어났다.

▶ N. 1. a small (dirty) mark on something 2. a particular place
A. made, paid, or delivered immediately V. to notice something or someone

- There are **spots** even in the sun.
  태양에도 점은 있다. (옥에도 티가 있다.)
- Nobody knew the exact **spot** where the accident happened.
  아무도 사건이 일어난 정확한 지점을 알지 못했다.
- Scientists say that eagles can **spot** a rat from a mile in the air.
  과학자들은 독수리가 1마일 떨어진 쥐를 공중에서 발견할 수 있다고 말한다.
- Why weren't you fined **on the spot**?
  왜 현장에서 벌금을 물지 않았어?

▶ V. 1. to become less bright 2. to make something less bright, dirty, or worse
N. discoloration of a metal surface

- The copper pot has **become tarnished** after many years of neglect.
  그 구리 항아리는 수년간 방치해 두어 녹이 슬고 말았다.
- The movie star's image **was tarnished by** what he did during the raising.
  그 영화배우의 이미지는 인기가 상승하고 있는 동안에 저질렀던 일 때문에 실추되었다.

▶ 1. extremely clean and tidy 2. exactly correct and perfect in every way

- There was a Frenchman sitting at the next table, **immaculate** in tennis whites.
  옆 테이블에는 프랑스 남자가 앉아 있었는데, 그가 입고 있던 흰색 테니스복은 잡티 하나 없이 깨끗했다.
- Presidential candidates must have an **immaculate** past record, but most of them have a skeleton in the cupboard somewhere.
  대통령 후보자는 깨끗한 이력을 가져야 하지만, 그들 중 대부분은 어딘가에 감추고 싶은 비밀 하나씩은 가지고 있다. *a skeleton in the cupboard[closet] 감추고 싶은 (집안의) 비밀이나 수치

▶ 1. very dirty and unpleasant, often because of lack of money 2. morally degraded

- Her situation was a far cry from what I had thought: she was living in very **squalid** conditions.
  그녀의 사정은 내가 생각했던 것과 매우 달랐다. 그녀는 불결한 환경에서 살고 있었다.
  *a far cry 현격한 차이
- The **squalor** of the house was unbelievable; it was difficult to realize that human beings could live in such filth.
  그 집의 불결함은 믿기 어려울 정도였다. 어떻게 사람이 그런 더러운 곳에서 살 수 있었는지 이해하기 어려웠다.

정의 DEFINITION	유사어휘군 SYNONYM·ANTONYM

0506 7+ **recurring** [rikə́ːriŋ]
10.성균관대/07.항공대

【어원】 re(=back, again)+curr(=run ➲ R042)+ing ➡ 되돌아 가는 → 회귀하는 → 되풀이해서 일어나는

A. 되풀이해서 일어나는, 회귀하는 = repeating[R1044] recurrent, reiterant

ⓥ recur (사건 등이) 재발하다; 반복되다; 회상하다, 생각해 내다; 의뢰하다, 호소하다 = return, repeat, reiterate

ⓐ recursive 되풀이 되는; 반복적인, 순환적인

ⓝ recursion 재귀, 반복; 순환

15.국회9급/10.성균관대/98.행자부7급 ⓐ recurrent 재발하는, 정기적으로 일어나는 = intermittent[N0414] repeated[R1044]

06.경기대 ⓐⓓ recurrently 되풀이하여 = again and again

ⓝ recurrence 재발; 순환; 회상, 추억 = relapse 병의 재발

0507 7+ **sporadic(al)** [spərǽdik(əl)]
17.이화여대/16.기상직7급
02.행.외시.감평사/00.경기대

【어원】 spore(=seed)+radic(=root ➲ R162) ➡ (민들레의) 홀씨가 여기저기 퍼지는 → 때때로 일어나는

A. 때때로 일어나는, 산발적인 = infrequent[T1448] intermittent[N0414] occasional, periodic, spasmodic

07.숭실대/06.중앙대/00.경기대 ⓐⓓ sporadically 때때로; 단속적으로 = occasionally[R1253] once in a while, at times, sometimes, intermittently, fitfully, now and then, from time to time; off and on

관 **spore** 홀씨, 포자, 종자

0508 7+ **endemic** [endémik]
11.단국대/10.성균관대
08.삼육대/07.충북9급
06.덕성여대/96-2.건국대

【어원】 en(=in)+dem(=people ➲ R195)+ic(형접) ➡ (특정한) 사람들에게 있는 → 풍토성의, 지방병의

A. 1. (동 · 식물이) 그 지방 특산의, 풍토성의 = native[R1612] local[R0162] indigenous[N0061] aboriginal[R1714]
2. 풍토[지방]병의
N. 지방병, 풍토병; (생물) 고유종

혼 **endermic** [endə́ːrmik] (약 따위가) 피부에 바르는 *en(on)+derm(=skin)+ic: 피부 위에 바르는
관 **epidemic** [èpədémik] 유행성의, 유행하고 있는; 전염병 *epi(=around)+demic → 사람들 주변에 퍼진 ➲ R1954
pandemic [pændémik] (병이) 전국적으로 유행하는; 유행병 *pan(all)+demic → 사람들 전체에 퍼진 ➲ R1954

0509 7+ **malicious** [məlíʃəs]
17.경찰1차/13.경찰2차/09.국민대
07.숙명여대/06.명지대,세종대

【어원】 mal(=bad)+ici+ous(형접) ➡【연상】 심술궂은 사람과는 멀리 있으셔!

A. 악의적인, 심술궂은; 고의의 = wicked[T1272] vicious[N0613] spiteful[R0745] malevolent, venomous, evil, poisonous

13.동덕여대 ⓐⓓ maliciously 짓궂게, 심술궂게 = destructively[R1152]

ⓝ malice [mǽlis] (의도적인) 악의, 앙심, 적의

0510 7+ **remedy** [rémədi]
13.숙명여대/08.서경대/05.동국대
95.중앙대/96.상지대

【어원】 re(=again)+med(=heal ➲ R205)+y ➡ (아픈 곳이나 잘못된 것을) 다시 치유하다

N. 치료, 치료약; 구제책, 구제절차 = cure, treatment, therapy
V. 치료하다; 교정하다; 구제하다 = correct[R1417] heal

03-2.고려대 ⓐ remedial 치료하는, 교정하는, 구제하는 = correcting[R1417]

반 **irremediable** 치료할 수 없는, 불치의; 돌이킬 수 없는

영영정의 및 예문
EXAMPLE

이미지 연상훈련
IMAGE TRAINING

▶ occuring again or coming back

- A **recurring** theme in this novel is the good triumphing over the evil.
  이 소설에서 반복되는 주제는 권선징악이다.
- Had it not been for her help he would suffer from **recurrent** nightmares till now.
  그녀의 도움이 없었더라면 그는 되풀이되는 악몽에 지금까지 시달렸을 것이다.

▶ happening often, but irregularly

- Disrupted by police, farmers staged **sporadic** rallies throughout the country.
  경찰에 저지를 당한 농민들은 전국 곳곳에서 산발적인 시위를 벌였다. *stage a rally 시위를 벌이다
- The audience laughed **sporadically** while watching the romantic comedy.
  청중들은 로맨틱 코미디를 보면서 이따금씩 웃었다.

▶ regularly found in a particular place

- In certain tropical areas, malaria is an **endemic** disease.
  어떤 열대지역에서 말라리아는 풍토성 질병이다.
- Jazz is one of the few truly **endemic** American genres of music.
  재즈는 소수의 미국 고유 음악 장르 중 하나다.

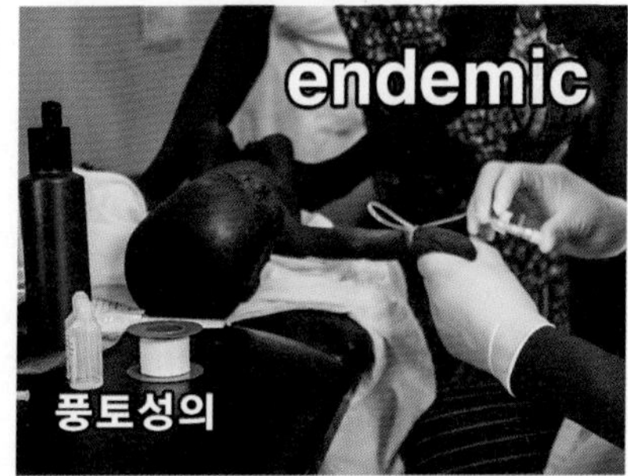

▶ intended to harm or upset other people

- He took **malicious** pleasure in other people's misfortunes.
  그는 다른 사람들의 불행 속에서 심술궂은 기쁨을 느꼈다.
- Investigators identified the authors who had constantly posted **malicious comments** on the singer by tracking their IP addresses.
  수사관들은 IP 주소를 추적하여 그 가수에 대해 상습적으로 악플을 게재한 이들을 밝혀냈다.
- He was so generous that he did not bear **malice** to anyone in life.
  그는 너무나 관대하여 일생에 어떤 누구에게도 악의를 품지 않았다.

▶ N. a successful way of curing an illness or dealing with a problem
V. to correct or improve a bad situation

- Some of technology's negative aspects are extremely hard to **remedy**.
  과학기술의 부정적인 측면의 몇몇은 폐해를 바로잡기가 너무 어렵다는 것이다. *aspect 측면
- Although a quick **remedy** cannot be found to improve the current situation, we hope that our government will make every possible effort to prevent it from worsening.
  비록 현재 상황을 개선하기 위한 즉각적인 해결책이 발견될 수는 없을지라도, 우리는 정부가 상황이 더 악화되는 것을 막기 위해 모든 가능한 노력을 기울이기를 바라고 있다.

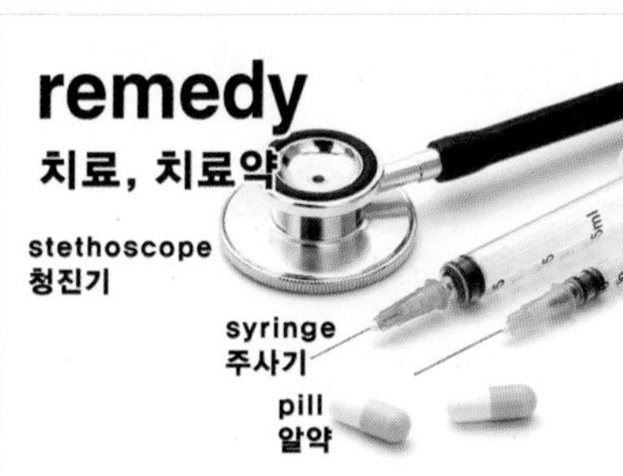

정의 DEFINITION	유사어휘군 SYNONYM·ANTONYM

0511 7+
palpable
[pǽlpəbl]
17.이화여대/15.홍익대/14.중앙대
13.서울여대/12.10.경희대/05.영남대

【어원】 palp(=touch ⊃ R034)+able(=able) ➡ 만져서 알 수 있는 → 뚜렷한

A. 1. 손에 만져질 듯한 = tangible[N0007] corporeal[R1852] perceptible, tactile
2. 뚜렷한, 명백한 = obvious[N0341] conspicuous[N0153] apparent, evident, noticeable, discernible

ⓝ palpability 감지할 수 있음; 명백함
ⓥ palpate 만져보다, 촉진하다

반 **impalpable** 손으로 만지거나 느낄 수 없는; 미묘한 = intangible[D0007] imperceptible, unperceivable
관 **palpation** 촉진 **palpus** 촉수
혼 **palpitate** 심장이 고동치다 **palpitation** 심장 고동, 심계항진

0512 7+
manifest
[mǽnəfèst]
12.경기대/10.상명대/08.명지대
06.성균관대/04.서강대/97.변리사

【어원】 man(=hand ⊃ R186)+fest(=strike) ➡ 손뼉을 치게 하다 → 의견을 명백히 하다 → 명백한

V. 1. (태도나 감정을) 분명히 나타내다, 표명하다 = show[I081] display[R1290] demonstrate[R0857] express, evince, clarify, elucidate, explicate; proclaim, declare, promulgate
2. 나타나다, 분명해지다[~ itself] = appear
A. 명백한, 분명한, 일목요연한 = evident[R0761] obvious, plain, clear, perspicuous, apparent, distinct, overt, patent

ⓝ manifestation 명시, 표명; 시위운동, 데모 = demonstration
manifesto (정당 등의) 선언(서), 성명(서) = statement
ⓐⓓ manifestly 명백하게, 분명히 = clearly, obviously, evidently, distinctly

0513 7+
explicit
[iksplísit]
08.건국대/00-2.명지대/95.행정고시

【어원】 ex(=out)+plic(=fold ⊃ R129)+it ➡ 접힌 것을 밖으로 펼친 → 노골적인 → 직설적인

A. 1. 명백한, 분명한 = clear[R2391] distinct, candid
2. (성적 또는 폭력적 묘사가) 노골적인 = outspoken, blatant, obvious
↔ *implicit*

16.국민대 ⓐⓓ explicitly 명쾌하게 = clearly[R2391]
11.인천대 ⓥ explicate (문학 작품 따위를) 설명하다; 해명하다, 자세히 설명하다(=elucidate)
12.지방직9급 ⓐ explicable 설명할 수 있는, 납득이 가는
↔ inexplicable 설명이 안되는, 불가사의한

반 **implicit** 함축적인, 암시적인 ⊃ D0755

0514 7+
utter
[ʌ́tər]
01.건국대

【어원】 ut(=out)+ter ➡ 1. (말을) 입 밖에 내다 2. 완전히 바깥에 둔 → 철저한

V. 말하다; 발음하다; (신음 소리 등을) 내다 = say, state, talk, tell, voice, pronounce; vocalize, verbalize, articulate, enunciate; vent
A. 전적인, 완전한, 철저한, 절대적인 = all-outer, out-and-out, outright, radical, right-down, straight-out, total, complete

94.서울대학원 ⓝ utterance 입 밖에 냄, 발언; 발표력; 유포
11.서강대/06.동덕여대
05.한국항공대/92.성심여대 ⓐⓓ utterly 전적으로, 완전하게, 철저히 = completely[R1547]

0515 7+
luminous
[lúːmənəs]
08.명지대/07.서울여대/04.중앙대
97.사법시험/92.경기대

【어원】 lumin(=light ⊃ R148)+ous(형접) ➡ 빛나는 → (빛으로 비춘다는 것은) 명쾌한

A. 1. 빛나는, 반짝이는; 총명한 = shining[T0110] glowing[R1813] radiant, bright, brilliant
2. 이해하기 쉬운, 명쾌한 = clear[R2391] comprehensible, understandable, lucid, pellucid, perspicuous, transpicuous, distinct, limpid, luculent

15.서울여대 ⓐⓓ luminously 밝게, 빛나게
ⓝ luminosity 발광물[체]; 빛나는 것
luminary 발광체(태양, 달, 별 등); 선각자, 유명인/luminance 발광 (상태), 발광성; 휘도
ⓐ luminiferous 빛을 발하는; 발광성의/luminescent (열을 내지 않고) 발광하는

영영정의 및 예문 EXAMPLE	이미지 연상훈련 IMAGE TRAINING

▶ 1. capable of being touched 2. easily perceived

- The tension between both sides was **palpable**.
  양측 사이의 긴장감은 손에 느껴질 정도였다.
- His excuse was **a palpable lie**.
  그의 변명은 명백한 거짓말이었다.

▶ V. 1. to show something clearly, especially a feeling or an attitude
2. to appear or become easy to see A. easy to see or understand

- The king **manifested** his pleasure with a hearty laugh.
  왕은 호탕한 웃음으로 기쁨을 표명했다.
- Try to **manifest** much interest in what you do.
  네가 하는 일에 많은 관심을 분명히 나타내도록 애써라.
- Judging by the evidence submitted in court, his guilt was **manifest**.
  법정에 제출된 증거로 미루어 볼 때, 그의 유죄는 명백했다.

▶ 1. expressed in a very clear and direct way 2. showing sex or violence very clearly

- The instructions he had left regarding his burial was very **explicit**.
  그가 남긴 자신의 장례에 관한 지시는 매우 분명했다.
- The elegy appears in his poems not only as an **explicit** form but also, frequently, as an implied tone.
  그의 시들에서 애가에는 명시적 형태뿐 아니라 함축적 어조로 애도를 자주 드러낸다.
  * elegy 애가(장례에 슬픔을 표하는 노래나 시)
- Some **explicit** scenes were cut from the film during editing.
  일부 노골적인 장면이 영화 편집 과정에서 삭제되었다.

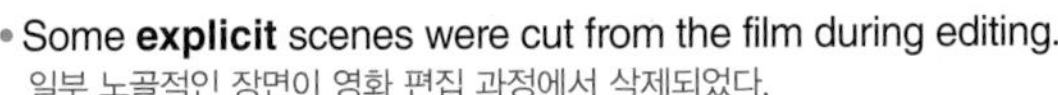

▶ V. to say something or make a sound with your voice, especially with difficulty
A. complete or entire

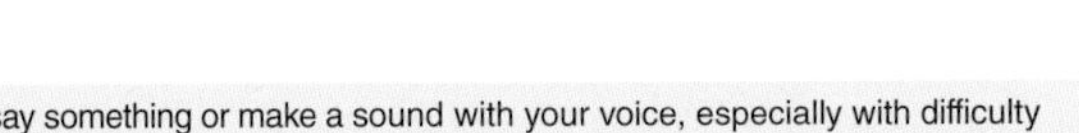

- The accused sat silently through the proceedings and did not **utter** a word.
  그 피고인은 소송 절차가 진행되는 내내 말없이 앉아 한마디도 하지 않았다.
- The king, facing his enemies, **uttered** a malediction upon them.
  적과 정면으로 맞서게 되자 그 왕은 그들에게 저주를 퍼부었다. * malediction 저주
- Many doctors and nurses were **utterly** convinced of the medicine's effect.
  많은 의사들과 간호사들은 그 약의 약효에 대해 전적으로 확신했다.

▶ 1. very bright 2. understandable and clear

- The work is so **luminous** that it seems to have come from a god and not a mortal.
  그 작품은 너무나도 빛나서 인간이 아닌 신의 작품인 듯하다. * mortal (언젠가는 죽는) 사람
- Charles Lamb's works reveal profound scholarship and are written in a **luminous** style.
  찰스 램의 작품은 심오한 학식을 보여주며 명료한 스타일로 쓰여 있다.

정의 DEFINITION	유사어휘군 SYNONYM·ANTONYM

0516 7+ **surreptitious** [səːrəptíʃəs]

【어원】 sur<sub(=under)+rept<rapt(=take ⊃ R005)+itious ➡ 책상 밑으로 받는 → 몰래 하는 → 은밀한

17.이화여대/06-10.경찰/02.경기대 00.사법시험,경찰간부
A. 남몰래 하는, 남의 눈을 속이는, 은밀한 = secret[P0091] clandestine[N0827] covert, stealthy, furtive, creeping, undercover, under-the-table, hush-hush

15.경기대/12.이화여대
ⓐⓓ surreptitiously 남몰래, 은밀하게 = secretly[P0091]

0517 7+ **cryptic** [kríptik]

【어원】 crypt(=hidden, secret ⊃ R086)+ic(형접) ➡ 숨어 있는, 감추어져 있는 → 비밀의, 수수께끼 같은

15.한양대/13.12.경희대/05.서울여대 01-2.고려대/96-2.세종대
A. 1. 수수께끼 같은, 비밀의; 모호한 = mysterious[R0861] enigmatic, puzzling, riddling, mystic; obscure[N0009]
2. (동물이) 몸을 숨기기에 알맞은 = fitted for concealing[N0321]
*cryptic coloration 보호색 cryptic plumage 보호색의 깃털

ⓐ cryptical 숨겨진

관 **procryptic** [proukríptik] 보호색의

0518 7+ **unconscious** [ʌnkɑ́nʃəs]

【어원】 un(=not)+con(강조)+sci(=know ⊃ R144)+ous ➡ 잘 알지 못하는 → 의식이 없는 → 무심결의

10.한양대/08.경희대 01.세종대/92.행정고시
A. 1. 무의식적인, 무심결의 = unintended[D0225] inadvertent
2. 의식을 잃은, 의식이 없는 = in a coma[T0372]
3. (~을) 의식하지[깨닫지] 못하는[of] = unaware of
N. (the~) 무의식 = blackout
ⓐⓓ unconsciously 무심결에 = in spite of oneself[I00137]

반 **conscious** 자각하는, 의식적인
consciousness 자각, 의식, 제정신

14.서강대
관 **subconscious** 잠재 의식의; 잠재의식 **semiconscious** 반의식이 있는, 의식이 완전하지 않은

06.건국대
표 **in spite of oneself** 자신도 모르게, 저절로(=unconsciously) ⊃ I00137

0519 7+ **hypocrite** [hípəkrit]

【어원】 hypo(=under)+crit(=judge, separate ⊃ R225)+e ➡ 마음속에 다른 생각을 하는 사람

12.성균관대/11.세종대/94.협성대
N. 위선자, 가식적인 사람 = liar, pretender, dissembler, dissimulator, a wolf in sheep's clothing
*play the hypocrite 위선을 부리다, 겉으로 착한 체하다

10.경희대/08.전남대
ⓐ hypocritical 위선의, 위선적인 = two-faced, double-faced

08.경희대
ⓝ hypocrisy 위선, 가식 = affectation[D0018] duplicity 표리부동

0520 7+ **unwilling** [ʌnwíliŋ]

【어원】 un(=not)+will(=will)+ing(형접) ➡ 할 의지(will)가 없는(un)

10.경북교행9급/06.영남대
A. ~하기 꺼리는[to]; 마지못해 하는 = reluctant[N0134] disinclined, indisposed
*willing or unwilling 좋든 싫든 간에

14.경기대
ⓐⓓ unwillingly 마지못해, 어쩔 수 없이

14.서강대/97.지방고시
반 **willing** 기꺼이 ~하는, 자진하여 ~하는; 자발적인
- **willingly** 자진해서, 기꺼이
관 **will** 의지, 의지력; 결심; 유언 **freewill** 자유 의지의, 임의의, 자발적인

16.서강대
willy-nilly 좋든 싫든
willful/wilful 계획적인, 고의의; 고집 센

영영정의 및 예문
EXAMPLE

이미지 연상훈련
IMAGE TRAINING

▶ done secretly because you do not want other people to notice

- He started making **surreptitious** visits to the pub on his way home.
  그는 집으로 가는 도중에 그 주점을 은밀히 들리기 시작했다. *pub 술집
- She seemed to be listening to what I was saying, but I couldn't help noticing her **surreptitious** glances at the clock.
  그녀는 내 말에 귀를 기울이고 있는 것처럼 보였지만, 나는 그녀가 몰래 시계를 힐끗거리는 것을 알아차릴 수 있었다.

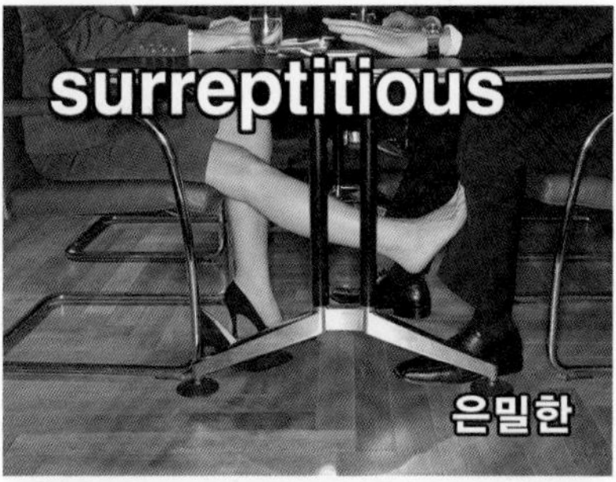

▶ 1. having a mysterious meaning difficult to understand 2. serving to conceal

- The message in the book was too **cryptic** for them to understand.
  그 책의 메시지는 너무 난해해서 그들은 이해할 수 없었다.
- **Cryptic coloring** is by far the commonest use of color in the struggle for existence.
  보호색은 생존 경쟁에서 색깔을 이용하는 가장 흔한 방법이다.

▶ 1. happening without you realizing; not deliberate
2. in a state like sleep and lacking awareness 3. not aware of something

- He was rushed to hospital and is now **unconscious**.
  그는 병원으로 급히 후송되었고 현재 의식불명의 상태이다.
- On hearing from her son, she was shedding tears **unconsciously**.
  아들의 소식을 듣자마자 그녀는 자신도 모르게 눈물을 흘리고 있었다.
- Memories of her are embedded in his **subconscious**.
  그녀에 대한 기억들이 그의 무의식 속에 잠재되어 있다

▶ a person who pretends to have moral standards or opinions that they do not actually have

- A person who pretends to be good and really is not, is a **hypocrite**.
  선한 척하지만 실제로 그렇지 않은 사람은 위선자이다.
- All his religion was **sheer hypocrisy**.
  그의 신앙심은 순전히 위선이다.
- It is **hypocritical** of her to make public show of her religious belief on TV.
  그녀가 텔레비전에서 공개적으로 종교적 신념을 자랑하는 것은 위선적이다.

▶ not inclined or willing to do

- He **was unwilling to** begin a new contract and I could not persuade him otherwise.
  그는 새로운 계약을 시작하기를 꺼려했고, 그를 달리 설득할 수도 없었다.
- He **was willing** to challenge the limits of his strength without fear of injury.
  그는 부상의 두려움 없이 자신의 힘의 한계에 기꺼이 도전하려 했다.

정의 DEFINITION | 유사어휘군 SYNONYM·ANTONYM

0521 7+ **minute** [mainjúːt]

17.한양대/03.계명대/02.동아대 99-2.세종대/97.홍익대 90.행자부9급

【어원】 min(=small ⊃ R235)+ute ➡ 작은 → 미세한 → 사소한 → 정밀한 → 의사록

A. 1. 아주 적은, 미세한; 사소한, 하찮은 = very small, tiny[T1462] petty, minuscule, slight, infinitesimal, diminutive; trifling, trivial, piddling
2. 상세한, 정밀한 = accurate, precise, detailed, close
N. [mínit] 1. (시간의) 분; 〈구어〉 순간, 잠깐
2. 각서; 적요; (pl.) 의사록, 회의록 = memo, agenda
Vt. [mínit] 적어두다, 의사록에 기록하다 = jot down

98.서울대학원 ⓝ minuteness 미세, 상세 minutia 자세한 점; 상세; 사소한 일

98-2.세종대 동 **minuscule**[mínəskjùːl] 대단히 작은; 하찮은; (인쇄) 소문자 ↔ **majuscule** 대문자
표 **up-to-the-minute** 극히 최근의, 가장 참신한(=latest) ⊃ I00717 **by the minute** 시시각각으로
punctual to the minute 1분도 어기지 않는, 정각에 **in a minute** 곧, 즉시

0522 7+ **meager/meagre** [míːgər]

13.단국대/07.건국대/02.중앙대 01.사법시험/97-2.숭실대/92.한성대

【어원】 meag<mac(=lean:마른 ⊃ R185)+er ➡ 빈약한 식사로 몸이 마른

A. 1. (질이나 양이) 빈약한; 불충분한 = scanty[N0226] poor[T1330] paltry[T1461] insufficient, devoid
2. 살이 없는, 야윈 = gaunt, emaciated, skinny, lanky 키크고 마른

0523 7+ **immediate** [imíːdiət]

12.동국대/07.영남대/01-2.경기대

【어원】 im<in(=not)+medi(=middle ⊃ R205)+ate(형접) ➡ 중간에 끼어 있는 것 없이 바로 → 즉시의

A. 1. 당장의, 즉시의, 당면한 = instant[R0204] instantaneous[R0204]
2. 이웃의, 인접한 = adjacent, contiguous, abutting

17.성균관대/11.서울시9급/06.동덕여대 ⓐⓓ immediately 곧, 즉각, 즉시; 직접; 바로 가까이에 = at the drop of a hat[I10610]

10.고려대 ⓝ immediacy 긴박; 즉시(성); 긴급하게 필요한 것

15.국가직9급 표 **at the drop of a hat** 즉각, 주저하지 않고(=immediately) ⊃ I10610

0524 7+ **abruptly** [əbrʌ́ptli]

02.전남대/98-2.효성대 97.홍익대/94.서울대학원 11.기상직9급/92.연세대학원

【어원】 ab(=off)+rupt(=break ⊃ R112)+ly(부접) ➡ 깨져 떨어져 나온 듯한 → 갑작스러운 → 무뚝뚝한

Ad. 갑자기, 불시에; 급격하게 = suddenly, all of a sudden; sharply[D0631]

ⓐ abrupt 1. 갑작스러운, 불시의 = unexpected[P0473] sudden
2. (말씨 · 태도가) 퉁명한, 무뚝뚝한
3. (문장이) 비약이 많은
ⓝ abruption 분리, 분열; 중단, 종결

표 **out of the blue** 갑자기, 예고 없이(=all of a sudden, unexpectedly, without any advance notice) ⊃ I00323
cf. a bolt out of the blue (sky) 청천벽력, 전혀 예상 밖의 일 (푸른 하늘에 번개가 치는 것)

0525 7+ **succinct** [səksíŋkt]

15.산업기술대/07.성균관대 05-2.중앙대/98-2.세종대 98.중앙대.행정고시

【어원】 suc<sub(=under)+cinct(=bind ⊃ R026) ➡ ~보다 적게(under) 묶은 → 옷을 띠로 걷어올린 → 간결한

A. 1. (말 등이) 간결한, 간명한 = brief[R2026] concise[N0353] terse[N0811] laconic[N0626] austere[N0175] pithy, curt, simple, compact
2. (옷이) 몸에 착 붙는; (띠로) 걷어 올린 = tight, clinging

ⓐⓓ succinctly 간결하게 = briefly, tersely, laconically, curtly
ⓝ succinctness 간결, 간명

영영정의 및 예문
EXAMPLE

이미지 연상훈련
IMAGE TRAINING

▶ A. 1. extremely small 2. very careful and detailed
N. 1. a period of 60 seconds; a very short time
2. (pl.) a record or summary of what is discussed or decided at a formal meeting

- A lie detector detects **minute** changes in the temperature of a person's skin.
  거짓말 탐지기는 사람의 피부 온도의 미세한 변화를 감지한다.
- My grandma couldn't remember names, so she used to **take minutes of** them.
  할머니께서는 이름을 기억하지 못하셔서 기록을 해두곤 하셨다.
- Shall we hear the **minutes** of the last meeting?
  지난번 회의의 의사록을 들어 볼까요?

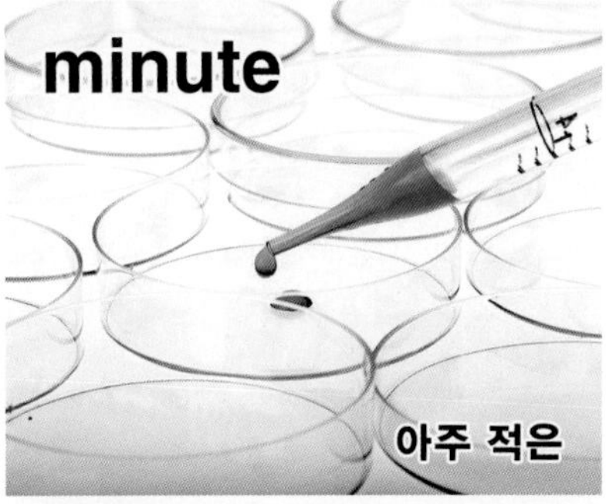

▶ 1. very small or much less than you need 2. having little flesh on the body

- The meal he served was rather **meager**.
  그가 내어 준 식사는 꽤 빈약했다.
- It was difficult to live on his **meager** earning.
  그가 버는 적은 수입으로는 살기가 어려웠다.

▶ 1. happening or done without delay 2. very near to a particular place or time; existing now, and needing to be handled quickly

- The result would be an **immediate** increase in oil prices.
  그 결과는 즉각적인 유가 인상으로 이어질 것이다.
- Rather than leaving **immediately**, they waited for the storm to abate.
  즉시 출발하기보다는 그들은 태풍이 잦아들기를 기다렸다. * abate 잦아들다

▶ quickly and without warning

- The landscape can change **abruptly** after a rainstorm in the desert southwest.
  사막 남서부에 폭풍우가 친 후에는 풍경이 급격히 바뀔 수 있다.
- Their meeting came to an **abrupt** end because of the power failure.
  정전 때문에 그들의 회의는 갑작스럽게 끝났다.
- He always talks to his parents in an **abrupt** manner.
  그는 항상 부모님께 퉁명스럽게 말한다.

▶ expressed in a clear and short way

- We are waiting for a **succinct** reply.
  우리는 간결한 회신을 기다리고 있습니다.
- Thanks to this book, which gives an admirably **succinct** account of the new technology, I can now understand the new skills used in the field.
  새로운 공학 기술에 대해 훌륭할 정도로 간결한 설명을 하고 있는 이 책 덕분에, 나는 그 분야에서 사용되고 있는 신기술들을 이제 이해할 수 있다.

Quick Review

0501
i ________

0502
s ________

0503
t ________

0504
i ________

0505
s ________

0506
r ________

0507
s ________

0508
e ________

0509
m ________

0510
r ________

0511
p ________

0512
m ________

0513
e ________

0514
u ________

0515
l ________

0516
s ________

0517
c ________

0518
u ________

0519
h ________

0520
u ________

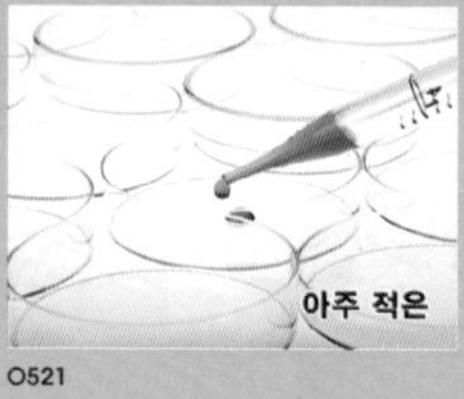

0521
m ________

0522
m ________

0523
i ________

0524
a ________

0525
s ________

Answer 0501 **intact** 0502 **spot** 0503 **tarnish** 0504 **immaculate** 0505 **squalid**
0506 **recurring** 0507 **sporadic** 0508 **endemic** 0509 **malicious** 0510 **remedy**
0511 **palpable** 0512 **manifest** 0513 **explicit** 0514 **utter** 0515 **luminous**
0516 **surreptitious** 0517 **cryptic** 0518 **unconscious** 0519 **hypocrite** 0520 **unwilling**
0521 **minute** 0522 **meager** 0523 **immediate** 0524 **abruptly** 0525 **succinct**

Preview

DAY 22

0526

0527

0528

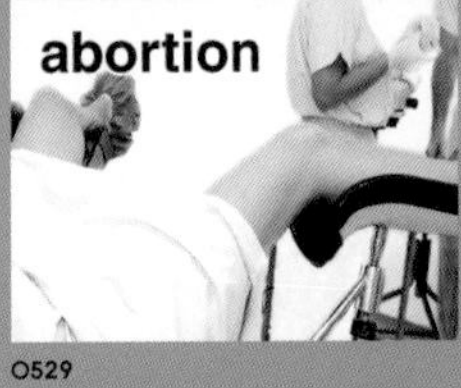

0529

0530

0531

0532

0533

0534

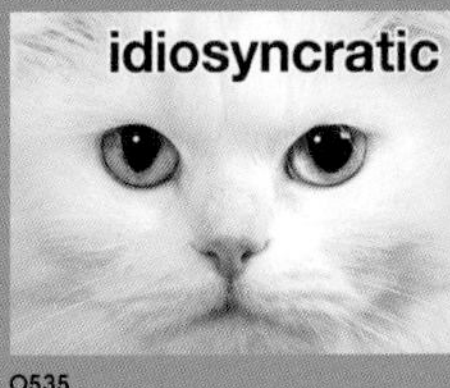

0535

0536

0537

0538

0539

0540

0541

0542

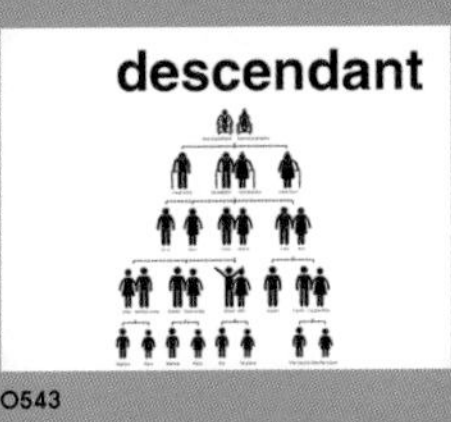

0543

0544

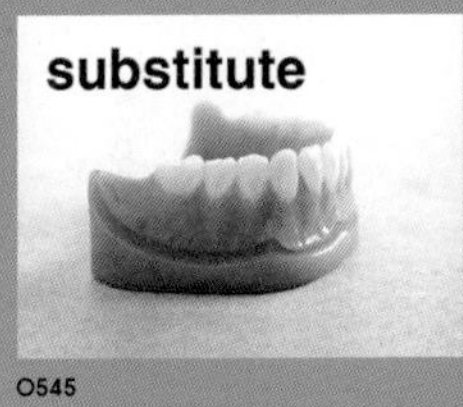

0545

0546

0547

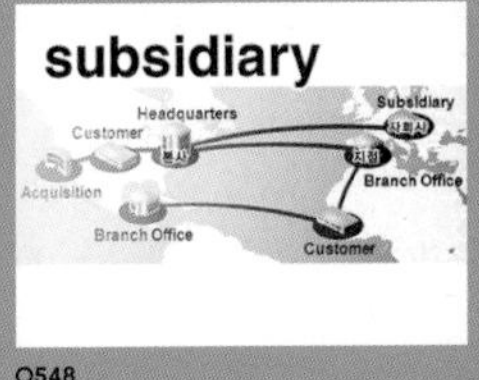

0548

0549

0550

Answer 0526 경범죄 0527 표절 0528 중독되다 0529 낙태 0530 악명 높은
0531 거만한 0532 과도한, 지나친 0533 터무니없는 0534 탈선적인 0535 특이한
0536 돌출한, 툭 튀어나온 0537 저명한 0538 돌출된, 탁월한 0539 유명인 0540 재능, 품질
0541 이전의 0542 사후에 생긴 0543 자손, 후예 0544 흔적, 자취 0545 대용품, 대신하다
0546 분류, 유형 0547 구체화하다 0548 자회사 0549 공평한 0550 상대역

정의 DEFINITION | 유사어휘군 SYNONYM·ANTONYM

0526 6+ **misdemeano(u)r** [misdimíːnər]

13.경찰2차/09.한양대 03.101단 2차/03.계명대 97.서강대/75.행정고시

【어원】 mis(=bad)+mean(=lead ➲ R136)+or ➡ 나쁜 쪽으로 이끌린 것

N. 경범죄, 비행, 악행 = wrongdoing, misconduct[R1353] misdeed, petty[minor, light, trivial] offense

관 **demeanor** 태도, 품행, 행실 **demean** 행동하다; 품위를 떨어뜨리다 ➲ R1365
반 **felony**[féləni] 중범죄(방화, 살인 등) - **felon** 중죄인, 흉악범 ➲ T1281

0527 6+ **plagiarism** [pléidʒərizm]

13.세종대/09.한양대/08.경희대 07.대구시7급/99.명지대

【어원】 plagi(=oblique)+ar+ism(명접) ➡ 도덕적으로 부정하게(oblique) 한 것 → 표절, 도용

N. 표절, 도용, 표절 행위; 표절물 = piracy[S0856] crib

ⓝ plagiarist 표절자

07.건국대 ⓥ plagiarize 표절하다 = pirate

표 **cut and paste** 스크랩하여 편집한

0528 6+ **addict** [ədíkt]

03.행자부9급/01.국민대 99-2.동덕여대

【어원】 ad(=to, near)+dict(=say ➲ R087) ➡ (콜라를) 달라고만 (줄곧) 말하다 → 중독되다

Vt. 〈수동형·재귀용법〉 중독되다, 탐닉하다[to] = very often eat, indulge in[D0939]
*be addicted to ~에 중독되다

N. (마약 등의) 중독자, 탐닉자 = narcotic, dopenik

14.명지대/07.세무사/97.한국외대 ⓐ addicted (to) ~에 빠져있는
addictive 중독의

ⓝ addiction 중독 cf. opiumism 아편중독

0529 6+ **abortion** [əbɔ́ːrʃən]

12.국회8급/08.세종대/06.영남대

【어원】 ab(=away)+ort<ori(=rise ➲ R171)+ion(명접) ➡ 생기는 것으로부터 멀어짐 → 유산 → 실패

N. 1. 낙태, 임신중절 (수술) = feticide[R1609(3)] aborticide
*voluntary abortion 낙태 ↔ spontaneous abortion 자연 유산(=miscarriage)
2. (계획 등의) 실패, 불발

13.경희대/01-2.대구대 ⓥ abort 낙태하다; 실패하다

02.경희대 ⓐ abortive 실패한; 유산의; 낙태약, 유산 = futile, fruitless, unsuccessful

ⓝ aborticide 인공 임신중절, 낙태
abortifacient 낙태약; 낙태용의

동 **feticide**[fíːtisàid] 태아살해, 낙태(=abortion) **cf. fetus** 태아 ➲ R1609(3)
07.충북 9급 관 **pro-life** 임신 중절 합법화에 반대하는(=anti-abortion) *생명(life)을 찬성하는(pro)
↔ **pro-choice** 임신 중절 지지의(=proabortion) *임산부의 선택권(choice)을 찬성하는(pro)

0530 6+ **infamous** [ínfəməs]

17.경찰1차/08.경희대/07.대구대 01.숙명여대/85.서울대학원

【어원】 in(=not)+fam(=say ➲ R089)+ous(형접) ➡ 차마 입에 담을 수 없는 → 악명 높은

A. 악명 높은, 악랄한, (질이) 나쁜 = notorious[N0130] ill-famed, arrant, egregious

ⓝ infamy 치욕, 불명예 = notoriety, disrepute, discredit

반 **famous** 유명한 **be famous for** ~으로 유명하다
관 **fame** 명성, 명망; 평판
94. 행정고시 *rise to fame 명성을 얻다
11.명지대 *be famed for(= be famous for, be renowned for)

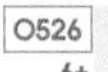

▶ a crime that is not serious; a bad action that is not serious

- Spitting on the street is **misdemeanor**.
  길거리에 침을 뱉는 것은 경범죄에 속한다.
- The child's **misdemeanours** were never taken seriously by his parents.
  아이의 비행을 부모는 심각하게 여기지 않았다.

▶ the act of using someone's words or ideas without permission;
something copied without permission

- **Plagiarism** is the use of another person's ideas or expressions in your writing without acknowledging the source.
  표절이란 원전을 알리지 않고서 자신의 글에 다른 사람의 생각이나 표현을 사용하는 것이다.
- He **plagiarized** several phrases from that book.
  그는 그 책에서 여러 문구를 표절했다.

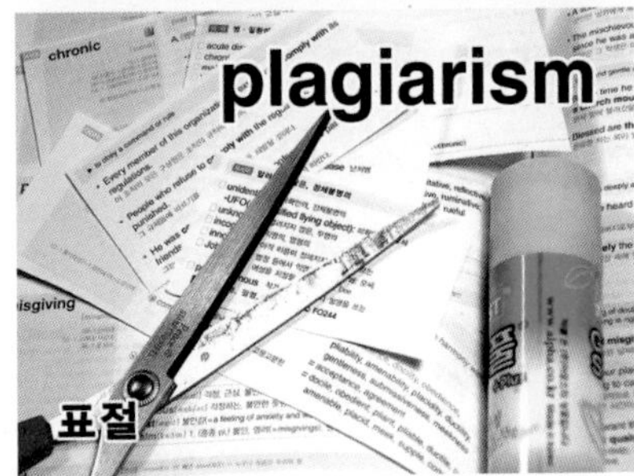

▶ V. to cause someone or oneself to become dependent on something harmful
N. someone who is unable to stop doing or using something harmful

- He **is addicted to** alcohol. Try to keep your distance from him.
  그는 알코올 중독이야. 그와 가까이 하지 않도록 해.
- The tobacco industry said that while nicotine may be **addictive**, it is naturally present in vegetables.
  담배 회사들은 니코틴이 중독성이 있긴 하지만 모든 식물에도 니코틴이 들어 있다고 했다.
- Luckily he could rid himself of drug **addiction**.
  다행히도 그는 마약중독에서 벗어날 수 있었다.

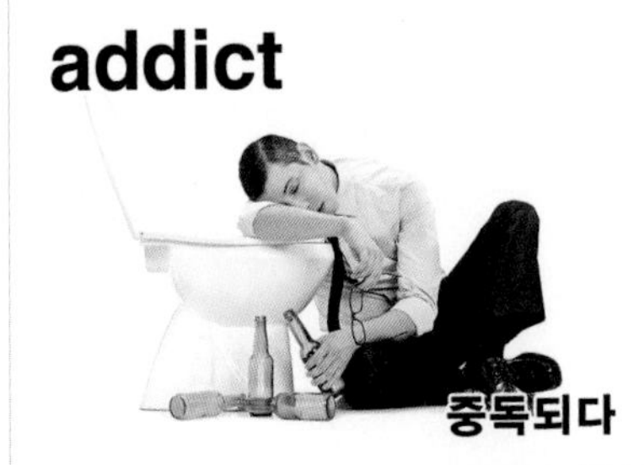

▶ 1. a medical operation to end a pregnancy so that the baby is not born alive
2. failure of a plan

- He opposes **abortions** except in cases of rape or incest, or when pregnancy endangers a woman's life.
  그는 성폭행이나 근친상간, 또는 임신으로 인해 임신부의 생명이 위험하게 되는 경우를 제외하고는 낙태하는 것을 반대한다. *incest 근친상간
- They were greatly depressed after their **abortive attempt** to reform society.
  사회를 개혁하려던 시도가 수포로 돌아가자 그들은 크게 낙담했다.
- Engineers **aborted** the test flight at the last minute because of engine problems.
  엔지니어들은 엔진결함 때문에 마지막 순간 시험비행에 실패했다.

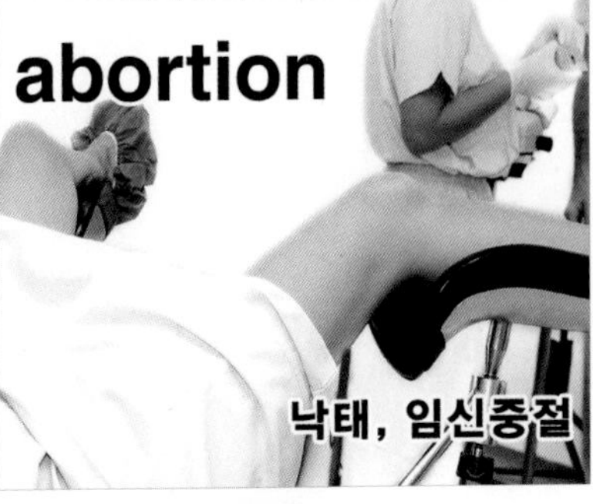

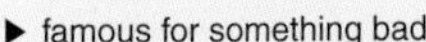

▶ famous for something bad

- Al Capone was **an infamous gangster**.
  알 카포네는 악명 높은 갱이었다.
- Chechnya became **infamous for** banditry and kidnappings.
  체체냐는 강도와 유괴로 악명을 떨치게 되었다.
- The presidential candidate **rose to fame swiftly**.
  그 대통령 후보는 빠르게 명성을 얻었다.
- He **is famed for** his cruelty.
  그는 잔인하기로 유명하다.

정의 DEFINITION | 유사어휘군 SYNONYM·ANTONYM

0531 6+ **arrogant** [ǽrəgənt]

14.홍익대/07.서울시9급/06.한국외대 99.명지대/96.강남대

【어원】 ar<ad(=to)+rog(=ask ⊃ R103)+ant(형접) ➡ (건방지게도 감히) 요구하는 → 건방진, 오만한

A. 거만한, 오만한, 젠체하는; 건방진 = haughty[N0621] pompous[N0622] supercilious[T0221] insolent[T0222] stuck-up[T0223] impudent, impertinent, overbearing, bumptious, domineering, imperious, lofty, assumptive, conceited, hubristic, contumacious, contumelious, perky, self-glory, self-conceited, swollen-headed

15.경찰2차

ⓝ arrogance 거만, 오만 = haughtiness, impertinence, insolence, pomposity

ⓐⓓ arrogantly 거만하게

arrogate[ǽrəgèit] 타인의 권리를 침해하다, 횡령하다 **arrogation** 사칭, 월권

0532 6+ **inordinate** [inɔ́:rdənət]

17.한국외대/12.11.홍익대/00.사법시험

【어원】 in(=not)+ordin(=order ⊃ R252)+ate(형접) ➡ 질서에 맞지 않는 → 지나친, 무절제한

A. 지나친, 과도한; 무절제한 = excessive[D0151] immoderate, exorbitant, undue, intemperate

ⓝ inordinacy 과도, 지나침; 무질서; 무절제 = intemperance, exorbitance, immoderation, incontinence, excess

14.한양대/06-10.경찰/02.행자부7급

ⓐⓓ inordinately 지나치게, 과도하게 = excessively[D0151] overmuch, unduly

ordinary 보통의, 통상적인, 평범한 ⊃ NO891
↔ **extraordinary** 이상한, 색다른; 임시의 ⊃ NO892

0533 6+ **exorbitant** [igzɔ́:rbətənt]

14.가톨릭대/13.서울시7급 09.이화여대,한국외대 01.가톨릭대/93.중앙대

【어원】 ex(=out)+orb(=track)+it(=go ⊃ RO39)+ant(형접) ➡ 정상적인 궤도를 벗어난

A. (가격 · 요구 등이) 과도한; 터무니없는 = excessive[D0151] too high, inordinate, expensive extravagant, unreasonable, extortionate; preposterous[N0639]

ⓐⓓ exorbitantly 엄청나게, 터무니없이

ⓝ exorbitance 과도, 엄청남

orbit (천문) 궤도; 생활의 궤도, 활동 범위; 세력권[범위] ⊃ RO395

0534 6+ **aberrant** [əbérənt]

14.경희대/10.한국외대 06.중앙대/00.건국대

【어원】 ab(=away)+err(=wander ⊃ R213)+ant(형접) ➡ (혼자) 떨어져 나가서 헤매는 → 정도를 벗어난 → 변종의

A. 1. (행위가) 도리를 벗어난, 탈선적인 = deviant[D0084] erratic
2. 비정상적인; 변종의 = abnormal, anomalous, eccentric; mutant
N. 괴짜, 기인; 변종, 돌연변이 = freak, weirdo, crackpot; mutant

16.단국대/05-2.광운대

ⓝ aberration 탈선; 변형, 변이 = anomaly[R2546] derailment, deviation

0535 6+ **idiosyncratic** [idiousiŋkrǽtik]

15.고려대/12.이화여대 12.덕성여대/11.국회8급

【어원】 idio(=one's own)+syncrat(=temperament)+ic(형접) ➡ 한 개인이 가진 성격인

A. 특유한; 기이한; 특이 체질의 = peculiar[N0479] eccentric[N0399] unusual, erratic, freakish weird; individual

10.단국대/98.인천대

ⓝ idiosyncrasy 특이한 성격, 별난 행동; 특이 체질 = peculiarity[D0479]

영영정의 및 예문
EXAMPLE

이미지 연상훈련
IMAGE TRAINING

▶ behaving in a proud, unpleasant way because they think they are more important than others

- An **arrogant** attitude comes from lack of restraint.
  오만한 태도는 절제의 부족에서 비롯된다. *restraint 억제, 자제
- I resent your **supercilious** and **arrogant** attitude.
  나는 당신의 거들먹거리고 오만한 태도에 분개합니다. *resent 분개하다

▶ far more than is usual or expected

- The workers made **inordinate** demands.
  그 직원들은 과도한 요구를 했다.
- He was **inordinately** fond of his dog.
  그는 지나치게 그의 개를 좋아했다.

▶ (of prices or demands) very high or unreasonable

- Mr. Smith's apartment is too **exorbitant**; he pays twice as much as I pay.
  스미스씨의 아파트는 너무 턱없이 비싸다. 그는 나보다 두 배나 많은 임대료를 지불하고 있다.
- They charged me an **exorbitant** price for it.
  그들은 나에게 터무니없는 가격을 청구했다.

▶ 1. not normal and socially unacceptable
2. deviating from the ordinary, usual, or normal type

- We notice that alcohol and drugs are a major factor influencing **aberrant** behavior.
  우리는 술과 마약이 일탈 행동에 영향을 미치는 중요한 요인이라는 것을 깨닫게 된다.
- Down's syndrome is caused by a chromosomal **aberration**.
  다운증후군은 염색체 이상으로 발생한다. *chromosomal 염색체의
- His long-forgotten youthful **aberrations** have now become impediments to his success.
  오래도록 잊고 있었던 그의 젊은 시절 일탈행위들이 이제 그의 성공에 장애물이 되고 있다.

▶ unusual or strange

- She has been known for her **idiosyncratic** use of language in the past.
  그녀는 과거에 독특한 언어의 사용으로 유명했었다.
- One of his personal **idiosyncrasies** was his habit of rinsing all cutlery given him in a restaurant.
  그의 개인적인 별난 버릇 중 하나는 식당에서 준 모든 나이프나 포크를 씻는 습관이었다.
  *cutlery 식탁용 날붙이

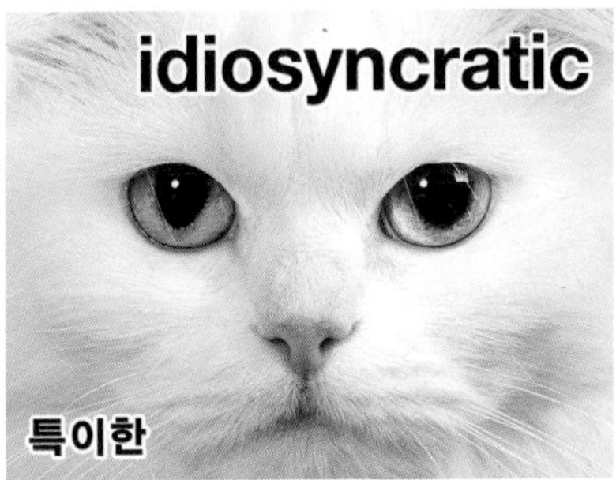

정의 DEFINITION | 유사어휘군 SYNONYM·ANTONYM

0536 protruding

6+

[proutrú:diŋ]

14.경희대/11.경기대
05.삼육대/98.명지대

07.경남9급/02.고려대

【어원】 pro(=forward)+trud(=thrust ➲ R120)+ing(형접) ➡ (턱이) 앞으로 툭 발사되어(삐져나와) 있는 → 돌출한

A. 돌출한, 툭 튀어나온 = prominent[N0538] projected, jutting, bulging

ⓥ protrude 밀어내다, 내밀다; 튀어나오다 = project[R1235]
ⓐ protrusive 튀어 나온, 돌출한; 주제넘게 나서는
ⓝ protrusion 돌출, 융기

관 **thrust**[θrʌ́st] V. 갑자기 세게 밀다, (칼 따위로) 찌르다
n. 밀기, 찌르기; 공격, 비난, 혹평

0537 eminent

6+

[émənənt]

12.이화여대/07.동아대
01-2.서울여대/00-2.경기대
90.고려대학원

【어원】 e<ex(=out)+min(=project ➲ R025)+ent(형접) ➡ 밖으로 쑥 내민 → 돌출한 → (무리 속에서 돌출한) 저명한

A. 1. 저명한; 훌륭한; (지위 · 신분이) 높은 = prestigious[R1193] distinguished[D0096] illustrious[R1485] prominent, lofty; notable, famous, well-known, noted, outstanding, conspicuous, marked, celebrated, lustrous, splendent
2. (산 · 건물 등이) 우뚝 솟은, 돌출한 = projecting, protruding

ⓝ eminence/~cy (지위 · 신분 등의) 높음, 고위; 저명, 탁월

관 **pre-eminent** (~보다) 우위의, 탁월한, 출중한

0538 prominent

6+

[prɑ́mənənt]

11.경기대/10.경희대,세종대
05.삼육대/02.고려대

【어원】 pro(=forward)+min(=project ➲ R025)+ent(형접) ➡ 앞으로 툭 불거진 → 저명한

A. 1. 돌출된 = protruding[N0536] projecting
2. (학문 등에서) 저명한, 탁월한 = eminent[N0537] notable[R1425] important

0539 celebrity

6+

[səlébrəti]

16.법원직
06.광운대/99.단국대

13.경찰2차/92.서경대

13.경희대

【연상】 셀럽(celeb)이란 연예인처럼 유명인을 의미합니다.

N. 1. 유명인, (유명) 연예인 [약.] celeb = celeb, notabilities, big name, bigwig, personage
2. 명성 = fame[S0832] prestige, reputation

ⓐ celebrated 유명한, 저명한 = renowned[T0561] famous, prominent, eminent, prestigious

ⓥ celebrate 경축하다; (기념식 등을) 거행하다 = commemorate
ⓝ celebration 축하, 축하연

혼 **cerebrate** 뇌를 쓰다, 생각하다 **cerebral** 뇌의, 지적인

0540 caliber

6+

[kǽləbər]

13.경희대/06.한양대
05-2.고려대,학사경장

13.중앙대/12.이화여대

【연상】 권총 이름 cal-38 과 cal-45는 총구 크기에서 유래 ➡ 총구의 크기(구경) → (사람의 크기) 인품, 도량 → (사물의 크기) 품질, 등급

N. 1. (사람의) 재능, 도량; (사물의) 품질 = quality[D0745] competence[D0208] capacity; character, personality
2. 직경; (총포의) 구경(탄피의 지름) = diameter

ⓥ calibrate (저울 등에) 눈금을 조정하다; (~을 향하여 대책 등을) 조정하다
ⓝ calibration 구경 측정; (pl.) (자 · 저울 등의) 눈금

영영정의 및 예문
EXAMPLE

이미지 연상훈련
IMAGE TRAINING

▶ projecting from a surface

- She has a **protruding** chin.
  그녀는 주걱턱이다.
- His doctor told him to **protrude** his tongue.
  의사는 그에게 혀를 내밀어 보라고 말했다.

▶ 1. famous and respected 2. standing out above others

- He is one of the most **eminent** scientists in the world today.
  그는 오늘날 세계에서 가장 훌륭한 과학자 중 한 명이다.
- She has been **eminent** as a painter for many years.
  그녀는 수년간 화가로서 명성이 높았다.

▶ 1. sticking out from a surface 2. well known and important

- The sawfish is easily recognized by its **prominent** sawlike head.
  톱상어는 툭 튀어나온 톱처럼 생긴 머리 때문에 쉽게 알아볼 수 있다.
- In this way, the school has continually produced many of the **prominent** artists today.
  이러한 방식으로 그 대학은 계속해서 많은 탁월한 예술가들을 배출시켰다.

▶ 1. a famous person 2. fame

- She became a **celebrity** overnight.
  그녀는 하루아침에 유명인이 되었다.
- venice **is celebrated for** its beautiful buildings.
  베니스는 아름다운 건축물들로 유명하다.
- The university is preparing to **celebrate** its centennial anniversary.
  그 대학교는 개교 100주년 기념행사를 준비하고 있다.

▶ 1. the level of quality or ability that someone or something has
2. the diameter of a bullet or other projectile

- A system of education should be judged by the **caliber** of the students it turns out, for quality is preferred to quantity.
  교육제도는 그 제도에 의해 배출된 학생들의 우수성에 의해 판단되어야 한다. 왜냐하면, 교육의 질이 양보다 중요하기 때문이다.
- The **caliber** is the diameter of a bullet or other projectile.
  구경은 총알이나 발사체의 직경이다. * diameter 지름, 직경

정의 DEFINITION | 유사어휘군 SYNONYM·ANTONYM

0541 6+ **prior** [práiər]

09.성균관대/04.상명대/02.홍익대 97.서울대학원/93.연세대학원

【어원】 pri(=first ➲ R204)+or ➡ 처음에 오는 → 이전의, 앞의 → ~보다 중요한

A. 1. (시간 · 순서가) 이전의, 앞의; ~보다 앞선 = earlier, former, previous, preceding, antecedent[R0381] anterior

*prior to ~에 앞서, 먼저 = before

2. ~보다 중요한, 우선하는

05-2.고려대 ⓝ priority (시간적으로) (~보다) 먼저임; (~보다) 중요함; 상석; 우선(권); 우선사항

*top priority 최우선 사항, 최우선 과제

반 **posterior**[pastíəriər] (시간 · 순서가) 뒤에 오는, 뒤의; ~ 이후의[to]

0542 6+ **posthumous** [pástʃuməs]

12.단국대,이화여대/06.서울시7급 04-2.건국대/95.산업대

【어원】 post(=after)+hum(=earth ➲ R219)+ous(형접) ➡ 땅에 묻힌 뒤에 → 죽은 뒤에 → (아버지가 죽은 뒤에 태어난) 유복의

A. 1. 사후(死後)의, 사후에 생긴 = after-death, postmortem[R1755]

2. 저자의 사후 출판된; 유복자인

*a posthumous child[son] 유복자

03-2.고려대 ⓐⓓ posthumously 죽은 뒤에; 유작으로서 = after one's death

반 **postnatal**[pòustnéitl] 출생 후의, 생후에 일어난 *post(=after)+nat(=birth)

0543 6+ **descendant** [diséndənt]

09.해양경찰/01.경원대/96.행자부7급

【어원】 de(=down)+scend(=climb ➲ R172)+ant(형접) ➡ 아래로 올라가는 것 → 자손

N. 자손, 후예, 후손; 제자, 문하생 = posterity[P0423] progeny, offspring, successor

ⓥ descend 내려가다, 경사지다; 계통을 잇다 = decline

10.서강대/04.명지대 ⓝ descent 하강, 내리받이; 혈통 = declivity 내리받이; lineage[R2104] 혈통

03.단국대 ⓐ descending 내려가는, 강하하는, 하향의 = precipitous ↔ *ascending*

descendent 하행성의, 전해 내려오는, 세습의

반 **ascend** (산이나 강 따위를) 올라가다, 오르다

- **ascend**ancy 주도권, 지배권; 우세
- **ascend**ant 우월, 지배; 선조; 상승하는
- **ascens**ion 오름, 상승, 값의 상승; 즉위; 승천
- **ascen**t 오름, 상승; 오르막; 경사도

0544 6+ **vestige** [véstidʒ]

11.명지대/10.국민대 07.이화여대,덕성여대 06.경기대/03.중앙대

【어원】 vestig(=footprint) ➡ 발자국이 남은 것 → 자취

N. (문화 등의) 자취, 흔적 = trace[R1345] remaining sign

ⓐ vestigial 기관이 퇴화해서 흔적만 남은

14.서울시9급/12.홍익대 관 **investigate**[invéstəgèit] 수사하다, 조사하다(=delve into, probe) *in(=into)+vestig(=footprint)+ate(동접)

investigation 수사, 조사

0545 6+ **substitute** [sʌ́bstətjù:t]

14.고려대/12.지방직9급/11.한양대 09.서강대/08.지방직9급/07.이화여대

【어원】 sub(대신에)+stit(=stand ➲ R018)+ute ➡ 대신에 근무를 서다

V. 대신하다, 대체하다[for] = replace[D0715] supplant[N0408] deputize, surrogate

N. 대리인, 대체물, 대용품, 대역, 교체 선수 = replacement, sub, fill-in

*substitute teacher (휴직 교사를 임시로 대신하는) 대체 교사, 임시 교사

ⓐ substituent 치환되는

ⓝ substitution 대신, 대용

*make a substitution 대신하다 a substitution for ~의 대용

영영정의 및 예문 EXAMPLE	이미지 연상훈련 IMAGE TRAINING

▶ 1. happening or existing before a particular time 2. more important

- Do you have a **prior engagement**?
  선약이 있으신가요?
- **Prior to** World War I, 20 percent of American homes had electricity.
  제1차 세계대전 이전에는, 미국 가정의 20퍼센트만이 전기를 이용하고 있었다.
- Patient safety is always **a top priority**.
  환자의 안전이 항상 최우선이다.

▶ published or done after someone's death

- The critics acclaimed him after the **posthumous** publication of his novel.
  그의 소설이 사후에 출판된 후에 비평가들은 그에게 갈채를 보냈다.
- The book, published **posthumously**, revived interest in the author who had just passed away.
  사후에 출간된 그 책은 막 세상을 떠난 작가에 대한 관심을 다시 불러일으켰다.

▶ a person who is related to someone and who lives after them

- You should keep in mind that we have to keep the earth clean for our **descendants**.
  우리 후손을 위해 지구를 깨끗이 보존해야 한다는 것을 명심해야 한다.
- Native Americans refer to Americans of Indian **descent**.
  북미 원주민이란 인디언의 혈통인 미국인을 가리킨다.

▶ a small part of something that still remains after the rest of it has disappeared

- These upright stones are the **vestiges** of some ancient religion.
  이 똑바로 서있는 돌들은 어떤 고대 종교의 흔적이다. *upright 똑바로 선
- There was not a **vestige** of the edifice.
  그 건물은 흔적조차 없었다. *edifice 건물

▶ V. to use something or someone instead of another thing or person
N. something or someone that is used instead of another thing or person

- We **substituted** this new system **for** the old one.
  우리는 기존 시스템을 이 새로운 시스템으로 교체했다.
- The automaker is trying to remain normal by mobilizing temporary workers as **substitutes**.
  그 자동차 회사는 임시직 근로자를 대체 인력으로 동원하여 정상을 유지하려고 애쓰고 있다.

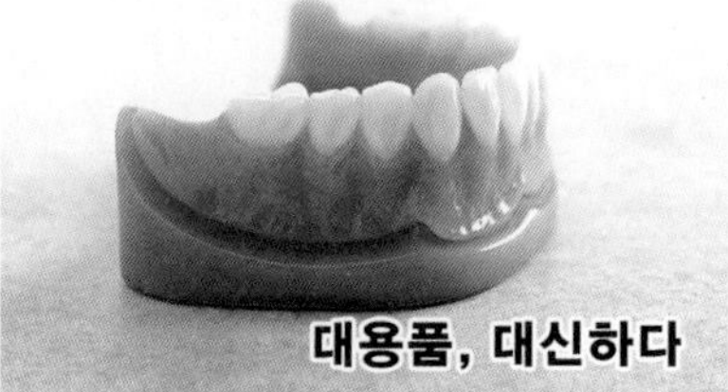

정의 DEFINITION	유사어휘군 SYNONYM·ANTONYM

0546 6+ **classification** [klæ̀səfikéiʃən]

【어원】 class(=class)+i+fic(=make ⊃ R060)+ation(명접) ➡ 그룹을 만드는 것 → 분류 → 범주

12.중앙대/99.행자부7급
N. 분류(법), 범주, 유형 = assortment, grouping, division, category, type

15.항공대/06.성균관대/05-2.단국대
ⓥ classify 분류하다 = assort, categorize[S0716] class, group
ⓐ classifiable 분류할 수 있는 = sortable, categorizable
ⓝ class 계층, 계급; 학급, 수업; 등급
15.고려대
*a class society 계급사회

0547 6+ **embody** [imbádi]

【어원】 em<en(=make)+body(⊃ R185) ➡ 몸통을 만들다 → 1. 구체화하다 2. 통합하다

12.한국외대/09.07.이화여대 06.성균관대
Vt. 1. (사상 따위를) 구체화하다, 구현하다 = represent[R1592] epitomize[D0422] incarnate, personify, concretize, materialize, give body to
2. ~을 포함하다; 통합하다 = include, embrace, cover

11.국민대/03-2.계명대
ⓝ embodiment 구체화, 구현; 화신 = incarnation[R1857]

0548 6+ **subsidiary** [səbsídièri]

【어원】 sub(=secondary)+sid(=sit ⊃ R021)+iary(명접) ➡ 보조적으로 자리잡은 것 → 자회사

06.세무사/96.동덕여대
N. 자회사; 보조물 = branch[T1422]; appurtenant, accessory
A. 보조의; 종속적인 = secondary[R2014] subordinate, adjunct, auxiliary, ancillary, adjuvant

12.동덕여대/99.홍익대/98.서울대학원
ⓥ subsidize 보조[장려]금을 지급하다 = support[R0499] finance
17.지방직9급(하)/96-2.고려대
ⓝ subsidy (국가의) 보조금, 장려금 = financial support by government, bounty, subvention, grant-in-aid

0549 6+ **equitable** [ékwətəbl]

【어원】 equ(=equal ⊃ R231)+it+able(형접) ➡ (대우가) 같은 → 공정한, 공평한 → 정당한

15.상명대/07.경희대/90.서울대학원
A. 공평[공정]한; 정당한 = impartial[N0036] unbiased[D0037] fair[T0721] just, square, due

07.홍익대/90.연세대학원
ⓝ equity 공평, 공정; 형평법 = justice[R2550] fairness[T0721]

반 **inequitable** 불공평한, 불공정한 = unfair[T0721] unjust
↔ **inequity** 불공평, 불공정
관 **equable** 균등한, 한결같은; 침착한, 온화한 ↔ **inequable** 불균등한

0550 6+ **counterpart** [káuntərpà:rt]

【어원】 counter(=contrary)+part(=part ⊃ R109) ➡ 반대되는 부분

15.가천대,국민대 14.법원직9급/11.국민대 06.감정평가사/01.상명대
N. 상대물, 상대역, 대응되는 흡사한 사람[물건] = equivalent, equal, opposite number

영영정의 및 예문
EXAMPLE

이미지 연상훈련
IMAGE TRAINING

▶ the process of putting people or things into a group or class; a group of people or things put by class or category

- Not until a **classification** of plant species was formulated did botany develop as a science.
  식물종의 분류(법)의 체계가 형성되고 난 다음에야 식물학은 하나의 학문으로 발전하게 되었다.
  * botany 식물학
- Each plant is **categorized** under a long list of **classifications** such as Kingdom, Division, Class, Genus, etc.
  각 식물은 계, 강, 문, 속 등과 같은 분류법의 긴 리스트로 분류될 수 있다.

▶ 1. to give definite form to something; to express an idea or a quality
2. to include something

- I tried to **embody** both good and evil in my painting.
  나는 그림에서 선과 악 모두를 구현해내려 했다.
- Many scholars in that country have striven to **embody** the democratic ideals, intellectual daring, and artistic creativity.
  그 나라의 많은 학자들이 민주주의적 이상과 지적 용기, 그리고 예술적 창조성을 구현하기 위해 힘써왔다.

▶ N. a company that is owned by a larger company A. furnishing added support

- In an effort to diversify its operations, the corporation announced it was acquiring a **subsidiary** company.
  사업을 다각화하려는 노력으로, 그 회사는 자회사를 인수하고 있다고 발표했다.
- Beginning next year, your company will **be subsidized** by the government.
  내년부터 귀사는 정부로부터 보조를 받게 될 것입니다.

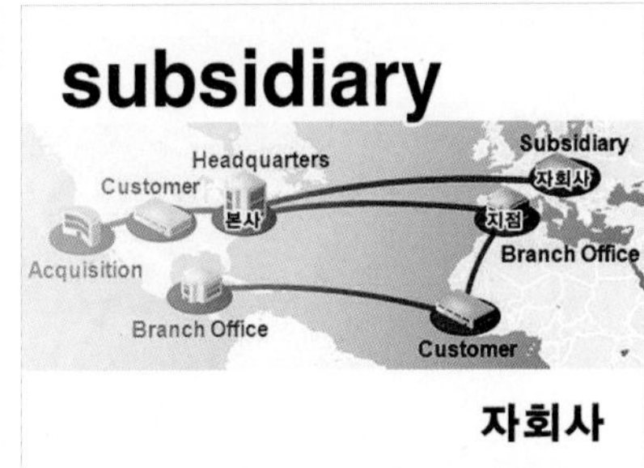

▶ treating every person in the same way

- The report refers to a more **equitable** distribution of wealth.
  그 보고서는 보다 공평한 부의 분배에 대해 언급하고 있다.
- Equal treatment is a matter of fairness and **equity**.
  공평한 대우는 공정성과 형평성의 문제이다.
- The new contract is riddled with unreasonable and **inequitable** clauses.
  새로운 계약은 불합리하고 불공평한 조항으로 가득하다. * be riddled with ~으로 가득하다

▶ a person or thing identical to or closely resembling another

- The Korean President is the **counterpart** of the Japan's Prime Minister.
  한국의 대통령은 일본의 수상과 대응되는 사람이다.
- Full-time women workers earn only three quarters of their male **counterpart's** wages.
  정규직 여성 직원은 남성 직원의 급여에 비해 3/4 밖에 받지 못한다.

Quick Review

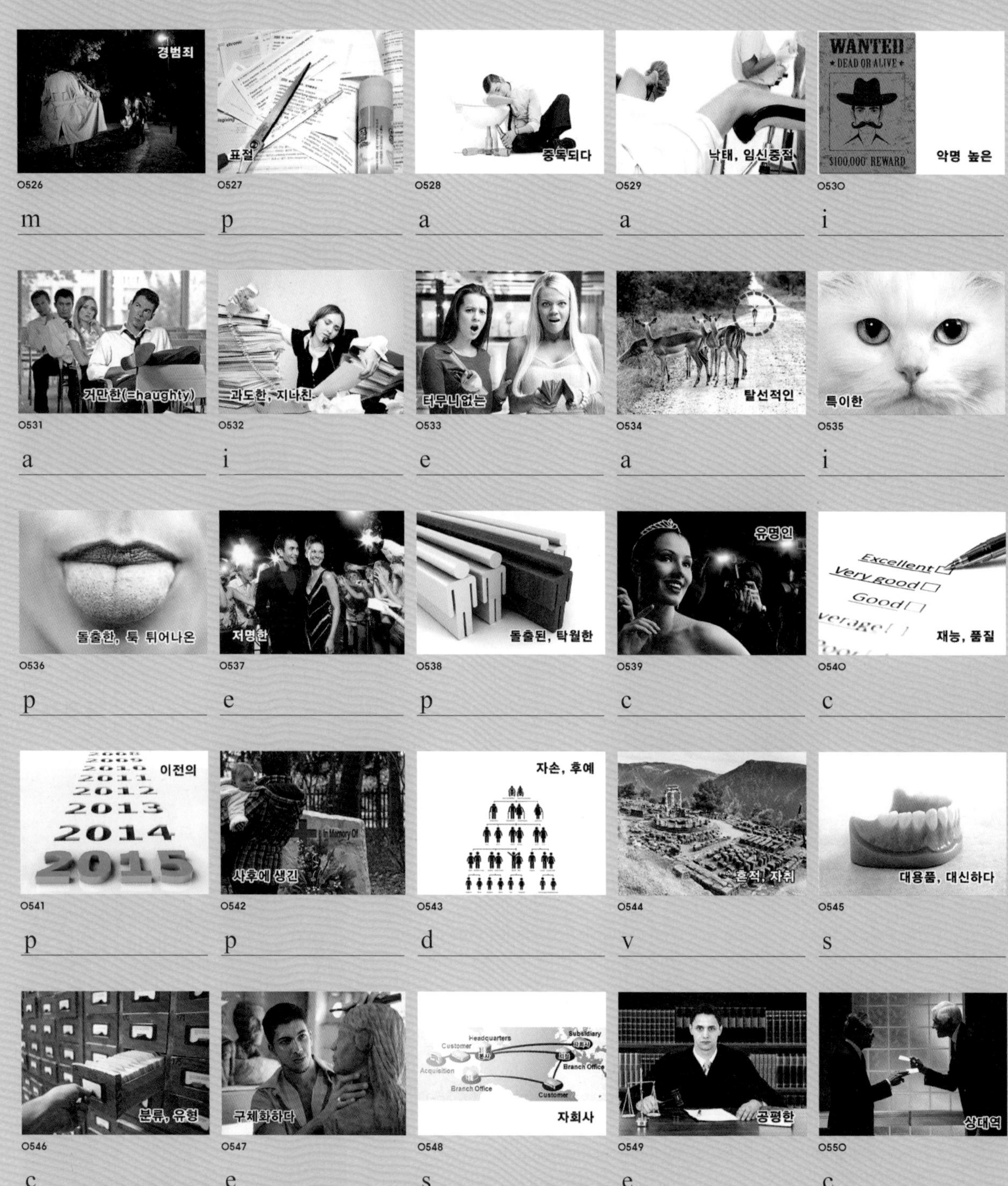

Answer 0526 **misdemeanor** 0527 **plagiarism** 0528 **addict** 0529 **abortion** 0530 **infamous**
0531 **arrogant** 0532 **inordinate** 0533 **exorbitant** 0534 **aberrant** 0535 **idiosyncratic**
0536 **protrude** 0537 **eminent** 0538 **prominent** 0539 **celebrity** 0540 **caliber**
0541 **prior** 0542 **posthumous** 0543 **descendant** 0544 **vestige** 0545 **substitute**
0546 **classification** 0547 **embody** 0548 **subsidiary** 0549 **equitable** 0550 **counterpart**

Preview

DAY 23

0551

0552

0553

0554

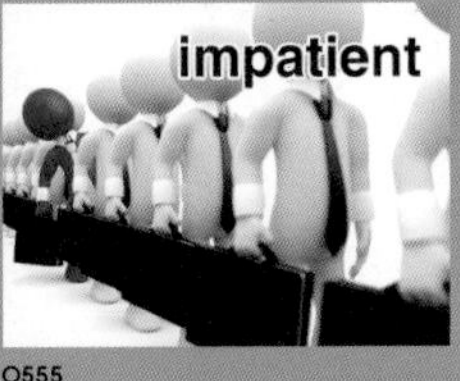

0555

0556

0557

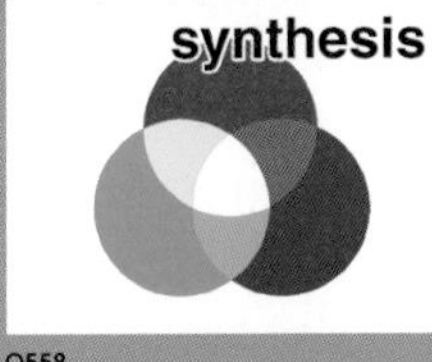

0558

0559

0560

0561

0562

0563

0564

0565

0566

0567

0568

0569

0570

0571

0572

0573

0574

0575

Answer 0551 경향 0552 보다 더 좋아하다 0553 익숙하게 하다 0554 참다 0555 참을성 없는
0556 육식성의 0557 섞어서 조리하다, 꾸며내다 0558 통합, 합성 0559 건물 단지 0560 불순물을 섞다
0561 짧은 기간 동안 묵다 0562 붙들어 두다 0563 돌아다니다, 방랑하다 0564 이주하다 0565 숙박시키다
0566 생태학 0567 건조한 0568 황량한 0569 낡아빠진 0570 불필요한 것을 버리다
0571 성숙기, 장년기 0572 아버지임 0573 껴안다 0574 꾸짖다 0575 술 취하지 않음

DAY 23-1

정의 DEFINITION	유사어휘군 SYNONYM·ANTONYM

O551 6+
propensity
[prəpénsəti]

13.이화여대/11.서강대/10.경희대 06.경기도7급/05.한국외대/98.변리사

【어원】 pro(=forward)+pens(=hang ⊃ R025)+ity(명접) ➡ (좋아하는) 쪽으로 매달리는 것 → 기호

N. (특정한 행동을 하는) 성향[to/for] = inclination[N0936] tendency[N0647] disposition

*have a propensity to R ~하는 경향이 있다 = be inclined to, be prone to, be apt to R

O552 6+
prefer
[prifə́:r]

15.경찰2차/08.상명대

【어원】 pre(=before)+fer(=carry ⊃ R048) ➡ 우선적으로 가지다 → 선호하다

Vt. ~보다 좋아하다, 선호하다 = like better, favor, go for

*prefer A to B B보다 A를 더 좋아하다

97.고려대학원 ⓐ preferable 차라리 나은, 오히려 더 나은

14.경기대 preferential 우선의; 선택적인, 차별적인; 특혜의 = favorable[N0448]

07.단국대 ⓝ preference 편애[for], 더 좋아함; 선취권 = partiality[D0036]

06.고려대 혼 **preferment** 승진, 승급 = advancement[D0962]

O553 6+
familiarize
[fəmíljəràiz]

13.숙명여대/06.감평사.한양대

【어원】 family(패밀리, 가족)+ize(=make) ➡ 가족같이 익숙하게 만들다

Vt. 익숙하게 하다[with] = acquaint[N0756]

*familiarize oneself with 익숙해지다 = be used to, get accustomed to

17.서강대/98.고려대학원 ⓐ familiar 잘 알려진, 익숙한; 정통한; 친한 = accustomed; skilled, experienced, practiced

*be familiar with ~에 정통하다 = be skillful at, be good at, be at home in, be well-versed in, be well-acquainted with, be conversant with

06.항공대 ⓝ familiarity 잘 앎; 정통[with]; 친함

07.동국대 반 **unfamiliar** 익숙지 못한, 경험이 없는; 낯선, 생소한

***be unfamiliar with** ~이 생소하다, 잘 모르다

O554 6+
tolerate
[tάlərèit]

17.국가직9급/07.세무직2차/02.숙명여대

【연상】 화장실(토일렛, toilet)의 악취를 참다

V. 1. (불쾌한 일이나 힘든 환경을) 참다, 견디다 = put up with[I04410] endure, stand, bear, forbear, resist

2. 용인하다 = allow, admit

13.세종대 ⓐ tolerant 관대한, 용인하는; 내성[저항력]이 있는

96.서울대학원 tolerable 참을 수 있는, 그럭저럭 봐 줄만한

03.숭실대 ⓝ tolerance 관용, 포용력; 인내, 내구성

toleration 관용, 묵인, 용인

반 **intolerable** 참을 수 없는; 애타는, 약 오르는 **intolerant** 편협한, 관용이 없는

표 **put up with** 참다; 싫은 것을 불평없이 받아들이다 ⊃ I04410

O555 6+
impatient
[impéiʃənt]

00-2.가톨릭대

【어원】 im<in(=not)+pat(feel ⊃ R149)+i+ent(형접) ➡ patient(참을성 있는)의 반대 → 참을성 없는 → 성급한

A. 1. 성급한, 참을성 없는 = hasty, impetuous, petulant, rash, testy, short-tempered, quick-tempered

2. 조바심하는; 몹시 ~하고 싶어하는[for] = very eager for[T0219(1)] itch for, anxious for

10.중앙대 ⓝ impatience 성급함, 안달

05건국대 ⓐⓓ impatiently 초조하게, 조바심하며; 성급하게

98.공인회계사 반 **patient**[péiʃənt] 인내심 있는, 끈기 있는; 환자, 병자 **inpatient** 입원환자 **cf. outpatient** 외래환자

13.성신여대/12.국가직9급 **patience** 인내(=forbearance)

***lose one's patience with** ~을 더는 참을 수 없게 되다

***have no patience with** ~을 참을 수 없다 ***the patience of Job** 성서에 나오는 욥과 같은 인내심

영영정의 및 예문
EXAMPLE

이미지 연상훈련
IMAGE TRAINING

▶ a natural tendency to behave in a particular way

- He **has a propensity to** exaggerate.
  그는 과장해서 말하는 경향이 있다.
- Employers need to screen out workers with a **propensity for** drug abuse.
  고용주는 약물 남용의 성향이 있는 노동자를 차단할 필요가 있다.

▶ to like someone or something more than another

- She **prefers** hard rock **to** soft ballad.
  그녀는 부드러운 발라드보다 하드 록을 더 좋아한다.
- A wife was the last thing Walter Pater wanted, and he searched instead for academic **preferment**.
  월터 페이터는 결코 아내를 원하지 않았고, 대신에 학문적인 발전을 추구했다.

▶ to make (oneself or another) well-acquainted or conversant with something

- The soldier ought to **familiarize himself with** all kinds of spectacles.
  그 병사는 모든 광경에 익숙해져야 한다.
- He **is familiar with** the subject.
  그는 그 주제에 대해 정통하다.

▶ 1. to be able to bear 2. to allow without prohibiting

- Some people can't **tolerate** noise when they are trying to concentrate.
  어떤 사람들은 집중하고자 할 때 소음을 참지 못한다.
- **Tolerance** is a fundamental element of respect for human rights.
  관용은 인권에 대한 존중의 기본적인 요소 중 하나이다.
- A nice breeze made the desert almost **tolerable**.
  상쾌한 산들바람이 사막을 거의 참을만하게 했다.

▶ 1. annoyed because you have to wait for something longer than you think
2. very eager for something to happen as soon as possible

- Though he is **impatient**, he never loses his temper easily.
  그는 비록 참을성은 없지만, 결코 쉽게 화를 내진 않는다.
- James waited for her **with impatience**.
  제임스는 그녀를 애타게 기다렸다.
- These young writers are **impatient for** the fame they regard as their due.
  이들 젊은 작가들은 그들이 당연히 받아야 한다고 생각하는 명성에 대해 조바심을 낸다.

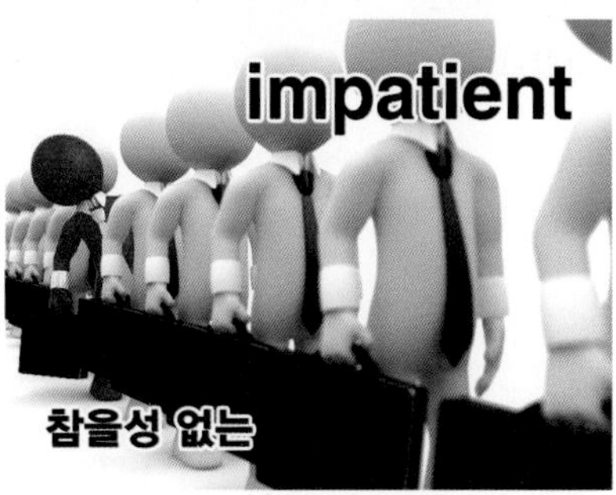

정의 DEFINITION	유사어휘군 SYNONYM·ANTONYM

0556 6+
carnivorous
[kɑːrnívərəs]

06.삼육대/04-2.고려대 04.국회사무직/93.변리사

【어원】 carn(=flesh)+vor(=eat ➲ R156)+ous(형접) ➡ 고기를 먹는 → 육식성의

A. 육식성의, 육식동물의 = predacious[D0850] meat-eating

ⓝ carnivore 육식동물 = predator

13.한국외대 / 13.한국외대/08.동덕여대

관 **herbivorous** 초식성의, 초식동물의 *herb(=grass) - **herbivore** 초식동물
omnivorous 잡식성의 *omni(=all) - **omnivore** 잡식성 동물
insectivorous 벌레를 먹는, 식충의 *insect(곤충) **vermivorous** 벌레를 먹는, 식충의 *vermin(해충)
piscivorous 물고기를 먹는 *pisc(=fish)
granivorous 곡류를 먹는 *gran(=grain)

0557 6+
concoct
[kənkɑ́kt]

15.성균관대,고려대/11.중앙대 10.경희대/01.덕성여대

【어원】 con(=together)+coct(=cook) ➡ 같이 섞어 요리하다 → 섞어서 만들다 → (변명을) 꾸며내다

Vt. 1. (변명이나 이야기를) 꾸며내다, 날조하다 = contrive[T1311] forge, invent, fabricate, frame up, cook (up), make up (a story), hatch up
2. (수프 · 음료 등을) 섞어서 만들다, 조리하다 = blend, mingle, dress

15.중앙대/10.서강대

ⓝ concoction (음료나 약의) 혼합물; 꾸며낸 이야기 = melange[T1377] blend[T1370]
ⓐ concoctive 조합한, 꾸며낸

관 **decoct** (약 등을) 달이다 **decoction** 달인 즙

0558 6+
synthesis
[sínθəsis]

14.경희대/13.세종대/03-11.경찰 94.행정고시/97.동덕여대 92.서울대학원

【어원】 syn(=together)+thes(=place ➲ R014)+is ➡ 같이 한곳에 둔 것 → 합성

N. 종합, 통합, 합성; 인조 = combination, mixture, composition

ⓐ synthetic 합성의, 인조의; 진짜가 아닌 = artificial[N0908] ↔ *natural*
ⓥ synthesize 종합하다; 합성하다 = integrate[D0100]
ⓝ synthesizer 신시사이저(악기)

0559 6+
complex
[kəmpléks]

10.경희대/05.광운대 94.서울대학원/92.행자부9급

【어원】 com(=together)+plex(=fold ➲ R129) ➡ 같이 겹쳐진 → 뒤얽힌 → 복잡한

A. 복합의, 복잡한, 뒤얽힌 = complicated[N0342] sophisticated[N0817] involved, knotty, entangled

N. 1. 복합체, 합성물; 복합건물, (건물) 단지 = compound
2. 콤플렉스, 강박관념

14.서강대/93.효성대

ⓝ complexity 복잡, 복잡한 것 = complication[D0342] ↔ *simplicity*

14.서강대

관 **multiplex** [mʌ́ltəplèks] 복합의, 다양한 *multi(=many)
혼 **complexion** [kəmplékʃən] 피부색, 안색; 외관, 겉모양 - **complexioned** 얼굴빛이 ~ 한
반 **simplicity** [simplísəti] 간단함, 단순함 **simple** 간단한, 단순한

0560 6+
adulterate
[ədʌ́ltərèit]

08.고려대/00.동국대

【어원】 ad(=to, near)+ulter<alter(=other ➲ R194)+ate(=make) ➡ 다른 것으로 만들다 → 불순하게 만들다

Vt. (음료나 음식에) 불순물을 섞다; (품질을) 떨어뜨리다 = spoil[N0683] contaminate, maculate, pollute, taint, degenerate, deprave; debase[R1742] degrade, deteriorate, corrupt

99-2.대구가톨릭대 / 12.중앙대

ⓐ adulterated 섞음질을 한; 불순한; 상한 = impure, spoiled
ⓝ adulteration 불순품, 조악품
adulterator 불순품 제조자, 통화 위조자
adultery 간통 adulterer 간통자

05.서울여대/05.고려대

반 **unadulterated** 순수한(=pure), 진짜의

영영정의 및 예문
EXAMPLE

이미지 연상훈련
IMAGE TRAINING

▶ mainly eating meat

- The fox is a **carnivorous predator** and a scavenger.
  여우는 육식성 포식동물이자 (썩은 고기를 먹는) 청소 동물이다. * scavenger 청소 동물
- A **herbivore** is an animal that feeds on plants.
  초식동물은 식물을 먹고 산다. * feed on ~을 먹고 살다
- Black bears are **omnivores** whose diet includes both plants and meat.
  흑곰은 풀이나 고기를 모두 먹고 사는 잡식성 동물이다.

carnivorous
육식성의

▶ 1. to invent a story or excuse to deceive someone
2. to make something by mixing different things

- The suspect **concocted** his preposterous alibi to avoid a murder charge.
  용의자는 살인 혐의를 벗기 위해 말도 안 되는 알리바이를 꾸며냈다. * preposterous 터무니없는
- She **concocted** the most amazing dish from all sorts of ingredients.
  그녀는 온갖 재료들을 섞어서 가장 환상적인 요리를 만들어냈다.

▶ a mixture or combination of ideas, beliefs, styles, etc

- In a new era, it is necessary for us to achieve a **synthesis** of traditional and modern values.
  새로운 시대를 맞아, 우리는 전통적 가치와 현대적 가치의 통합을 이뤄야 한다.
- The introduction of fabrics made from rayon, nylon, and other **synthetic** fibers has made many changes in our civilization.
  레이온(인조견사), 나일론 및 기타 인조섬유로 만들어진 직물의 도입이 우리 문명에 많은 변화를 가져왔다.

▶ A. consisting of many different parts and therefore difficult to understand
N. 1. a group of buildings or a building with many parts
2. a mental state that is not normal

- You must make the instructions more simple - they are too **complex** for children.
  당신은 좀 더 쉽게 지침서를 만들어야 한다. 그것들은 아이들이 이해하기에 너무 복잡하다.
- Malls have become social gathering places and entertainment **complexes**.
  쇼핑몰은 사교적인 모임장소이자 종합 오락시설이 되었다.

▶ to make food or drink less pure by adding something else to it

- There were reports that the beer had been **adulterated** with water.
  맥주에 물을 타서 질을 떨어뜨렸다는 보도들이 있었다.
- In an attempt to experience the **unadulterated**, they travel up obscure places.
  때 묻지 않은 것들을 체험하기 위해, 그들은 미지의 장소를 여행한다.

adulterate

정의 DEFINITION | 유사어휘군 SYNONYM·ANTONYM

0561 6+ **sojourn** [sóudʒəːrn]
02-11,98-5&12.경찰 99-2.동국대/99,94.경기대

【어원】 so<sub(=under)+journ(=day ⊃ R203) ➡ 집 아래에서 하루를 묵다 → 일시 체재하다 → 체류하다

Vi. 묵다, 체류하다; 일시 체재하다 = stay[I049] lodge, abide; reside temporarily
N. (일시적인) 체류, 체재 = brief stay, visit

ⓝ sojourner 일시 체류자

0562 6+ **detain** [ditéin]
05.명지대/01.건국대/96.고려대학원

【어원】 de(=down)+tain(=hold ⊃ R009) ➡ 아래(지하감옥)에 붙잡아두다 → 감금하다 → 기다리게 하다

Vt. 1. (사람을) 기다리게 하다, 붙들어 두다 = delay, hold
2. 감금[구류, 유치]하다; (병원에) 수용하다 = imprison, confine, keep sb in custody, incarcerate, intern, immure; hospitalize
↔ *loose*, *emancipate*, *liberate*, *release*

10.숙명여대/01.경찰/98.중앙대
ⓝ detainment/detention 구금, 구류; 방과 후 남게하기 = internment[T1247]
detainee 억류자, 구류자; 정치범
detainer 불법유치; 구금

0563 6+ **roam** [róum]
16.홍익대/10.명지대/04-2.경희대 04.경기대/00-2.경기대/96.계명대

【연상】 휴대폰의 해외 로밍(roaming) 서비스를 떠올리세요!

V. 돌아다니다, 거닐다, 배회하다; 방랑하다 = wander around[R2130] stroll[T0608] rove, hover, meander, vagabond, prowl, loaf, saunter, ramble, perambulate, nomadize
N. 돌아다님, 산책, 배회 = promenade, stroll, airing

ⓝ roaming 로밍(타국에서도 휴대폰을 사용할 수 있는 서비스)

0564 6+ **migrate** [máigreit]
07.국민대/00-2.홍익대

【어원】 migr(=move)+ate(동접) ➡ 사는 곳을 이동하다 → 이주하다

Vi. 이주하다; 새들이 정기적으로 이동하다 = move, travel
*migrate from A to B A에서 B로 이주하다

11.경기대
ⓐ migratory 이주하는, 방랑하는 = nomadic[T0603]

15.인하대
ⓝ migration (사람, 철새 등의) 이주, 이동
migrant (일자리를 구하기 위한) 이주자

관 **emigrate**[émigrèit] (타국으로) 이주하다, 이민하다 **emigration** (타국으로) 이주
- **emigrant**[émigrənt] (다른 나라로 가는) 이주자, 이민; 이주하는

92.명지대
immigrate[íməgrèit] (타국에서) 이주해오다 **immigration** (입국해오는) 이주; 출입국 관리소
- **immigrant**[ímigrənt] (외국에서 들어오는) 이주자, 이민; 이민에 관한
혼 **migraine**[máigrein] 편두통

0565 6+ **accommodate** [əkámədèit, əkɔ́-]
16.고려대,경기대,가천대 01.행자부7급

【어원】 ac<ad(=to)+com(=together)+mod(=fit ⊃ R063)+ate(=make) ➡ 다같이 적절하게 만들다

Vt. 1. (지낼) 공간을 제공하다, 수용하다 = take in, lodge, billet
2. 적응시키다, 조정하다, 맞추다 = adjust[P0213] suit[R1376] modify, adapt, fit

ⓝ accommodation (보통 pl.) 숙박 설비; 편의; 적응, 조정 = lodging

11.광운대
ⓐ accommodating 잘 돌봐주는, 친절한 = helpful

영영정의 및 예문
EXAMPLE

이미지 연상훈련
IMAGE TRAINING

▶ V. to stay for a period of time N. a stay for a short period

- They **sojourned at** the hotel for a week.
  그들은 그 호텔에서 일주일 동안 묵었다.
- After his **sojourn in** Florida, he began to long for the climate of his native New England.
  그는 플로리다에 머물게 된 후, 자신의 고국인 뉴잉글랜드의 기후를 그리워하기 시작했다.

▶ 1. to delay someone from going somewhere 2. to force someone officially to stay in a place

- They **were detained by** an accident.
  그들은 사고 때문에 발이 묶였다.
- The police **detained** the suspected murderer for further questioning.
  경찰은 추가 심문을 하기 위해 살인사건 용의자를 구류하였다.
- You may be worried that laws to allow **detention** of terror suspects without charge will give the police too much power.
  기소 없이 테러 용의자를 구금할 수 있게 하는 법률은 경찰에게 지나친 권력을 주게 될 것이라고 걱정할 수도 있다.

▶ to move about without purpose, often in search of food or employment

- At one time, our ancestors had been forced to **roam** the forests and plains of the Earth in search of wild game and edible plants.
  한 때 우리 조상들은 야생동물과 먹을 수 있는 식물들을 찾아서 지구의 숲과 평원을 떠돌아다녀야만 했다.
  * game 사냥감
- Farmers were encouraged to keep their livestock in pens rather than letting them **roam** freely.
  가축을 방목하기 보다는 축사에서 사육하도록 농부들에게 장려되었다.

▶ 1. travel in large numbers to a new place to live
2. to travel to a different place, usually when the season changes

- When birds **migrate**, they sometimes fly in formation.
  새들은 이동할 때, 이따금씩 편대비행을 한다.
- The Kims have decided to **emigrate** to the United States.
  김씨 가족들은 미국으로 이민가기로 결정했다.
- Thousands of **illegal immigrants** are caught and deported every year.
  매년 수천 명의 불법체류자들이 붙잡히고 추방된다. * deport 추방하다

▶ 1. to supply or provide, esp with lodging 2. to adjust or become adjusted

- The Hotel can **accommodate** up to 150 guests.
  그 호텔은 투숙객을 150명까지 받을 수 있다.
- A room air conditioner can be installed easily and adjusted to **accommodate** personal needs.
  실내 에어컨은 쉽게 설치할 수 있고 개인적 필요에 맞출 수 있도록 조절할 수 있다.

정의 DEFINITION	유사어휘군 SYNONYM·ANTONYM

0566 6+ **ecology** [ikάlədʒi]

10.계명대/04.서울여대

【어원】 eco(=house ⊃ R214)+(o)logy(=science ⊃ R091) ➡ 사는 곳에 대한 학문 → 생태학 → 자연환경 → 환경보존

N. 1. 생태학; 인간 생태학 = bionomics
2. 자연환경; 생태 = environment
3. 환경보존, 환경보존 정책 = conservation

13.국민대/98.명지대 · 98.총신대/93.연세대학원

ⓐ ecological 생태학적인
ⓐⓓ ecologically 생태학적으로, 환경보호적으로 = environmentally[T1511]

07.인하대/05-2.광운대

관 **ecosystem** [ékousistəm] 생태계

0567 6+ **arid** [ǽrid]

12.단국대/07.대구대/04.경기대 · 04.경찰/97.건국대/95.연세대학원

【어원】 ar(=dry, burn ⊃ R179)+id(형접) ➡ 바싹 마른 → 불모의 → 무미건조한

A. 1. 마른, 습기가 없는; 불모의 = dry; barren[T1522] sterile, jejune, unproductive, fruitless, unfruitful, infertile
2. (사상 등이) 무미 건조한, 재미없는 = uninteresting[R1595] dull, insipid, as dry as a chip

ⓝ aridity 불모, 무미건조

0568 6+ **desolate** [désələt]

18.서울시9급/15.서울여대/14.성균관대 · 13.경기대/07.국가직9급.강남대/96.입법고시

【어원】 de(=down or 강조)+sol(=alone ⊃ R246)+ate(형접) ➡ (무인도에) 혼자 떨어져 있는 → 황량한 → 적적한

A. 1. (사람이 없어) 황량한, 적막한 = abandoned[D0042] barren[T1522] deserted[D0386] bleak[N0887] dreary
2. 너무 슬프고 적적한, 쓸쓸한 = dismal, gloomy, solitary, lonesome
Vt. 황폐시키다; 쓸쓸[적적]하게 하다

ⓝ desolation 폐허; 슬픔, 고독감

혼 **disconsolate** 우울한, 위로할 수 없는, 절망적인(=dejected); 음울한 *dis(=not)+con+sol(=comfort)

0569 6+ **dilapidated** [dilǽpədèitid]

16.단국대/12.성신여대/03.입법고시 · 02.삼육대/99.경기대.행정고시

【어원】 di<dis(=away)+lapid(=stone ⊃ R220)+ate(동접)+d ➡ 돌(주춧돌이나 건물벽)이 빠져버린 → 헐어빠진

A. (건물이) 낡아빠진, 허름한 = disordered[R2521] worn-out[I12303] run-down[I05807] ruined

ⓥ dilapidate (건물 등을) 헐다; 황폐케 하다 = demolish, destroy, pull down, break, ruin, wreck, devastate, ravage, havoc, tear down

ⓝ dilapidation 황폐, 무너짐

관 **lapidary** 돌에 새긴; 꼼꼼한; 보석 세공인 *lapid(=stone)

0570 6+ **discard** [diskά:rd]

16.서울시9급/15.항공대/13.경희대 · 05-2.고려대/04-2.단국대/95.변리사

【어원】 dis(=away)+card(=heart ⊃ R189) ➡ 쓸모없는 카드를 버리다

Vt. (불필요한 것을) 버리다, 포기하다 = abandon[N0042] scrap[T1605] do away with[I07107] dispose of[N0010] throw away[I10301] throw out, cast out, cast away, chuck away, toss out, toss away

N. 버려진 것, 버려진 사람

ⓐ discardable 포기할 수 있는

혼 **discord** 불화, 다툼; 불화하다 ⊃ N0792

영영정의 및 예문
EXAMPLE

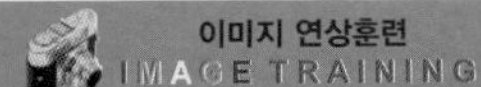

▶ the relationship between organisms and their environments or the study of this

- **Ecology** experts warn that time is running out on forestalling the erosion of the earth's delicate environment.
  생태학 전문가들은 지구의 취약한 환경이 붕괴하는 것을 방지할 수 있는 시간이 얼마 없다고 경고한다.
- Radioactive waste can cause terrible damage to the fragile **ecology**.
  방사성 폐기물은 깨지기 쉬운 생태계에 끔찍한 피해를 초래할 수 있다. *fragile 깨지기 쉬운
- Traveling the world's longest river, through the world's largest rainforest **ecosystem**, you will explore the geological and biological history of the region.
  세계에서 가장 큰 우림 생태계를 통하여 세계에서 가장 큰 강을 여행하다보면, 여러분은 그 지역의 지질학적, 생물학적 역사를 탐험하게 될 것입니다. *region 지역, 지대

▶ 1. having little or no rain and very dry 2. not very interesting

- Deserts are **arid** land areas where more water is lost through evaporation than is gained through precipitation.
  사막은 비로 인해 얻어지는 물보다 증발을 통해서 사라지는 물이 더 많은 건조한 지역이다.
  *desert 사막 evaporation 증발 precipitation 강수(량)
- She had given him the only joy his **arid** life had ever known.
  그녀는 그의 무미건조한 삶에 있어서 유일한 기쁨이었다.

▶ A. 1. completely empty and without people 2. extremely sad and lonely
V. to completely destroy a place; to make someone feel very sad and lonely

- Death Valley received its name because of its **desolate** desert environment.
  죽음의 계곡은 그곳의 황량한 사막 환경 때문에 그러한 이름을 얻게 되었다.
- The black plague broke out in the 14th century and **desolated** entire Europe.
  14세기에 흑사병이 발생하여 유럽 전체를 황폐하게 만들었다.
- She **was desolated** by her father's death.
  그녀는 아버지의 죽음에 몹시 슬퍼했다.

▶ old and in very bad condition

- When you go walking through the poorer districts of cities, you will find that many of the buildings are **dilapidated**, or **run-down**.
  도시의 빈민가를 지나치다 보면, 헐어빠졌거나 낡은 많은 건물들을 볼 수 있을 것이다.
- The hotel we stayed in was really **dilapidated**.
  우리가 묵었던 그 호텔은 정말 허름했다.

▶ V. to get rid of something N. a person or thing that is discarded

- The country is not willing to **discard** its nuclear programs despite heavy international sanctions.
  그 나라는 강력한 국제적 제재에도 불구하고 핵을 포기하지 않으려 한다.
- Every year each household in the United States **discards** approximately a ton of trash.
  미국의 각 가정에서는 매년 대략 1톤의 쓰레기가 버려진다. *trash 쓰레기

정의 DEFINITION | 유사어휘군 SYNONYM·ANTONYM

0571 6+ **maturity** [mətʃúərəti]

00.세무사/90.연세대학원

【어원】mat(=ripe)+ur+ity(명접) ➡ 충분히 익은 것 → 성숙기 → (어음의 기일이 익은) 만기일

N. 1. 성숙(기), 원숙(기), 완성(기); 장년기 = ripeness, mellowness
2. (어음 등의) 만기일 = the due date, the expiration date

ⓐ mature 잘 익은, 성숙한; 원숙한; 신중한; (어음이) 만기가 된; 성숙[발달]시키다 = mellow

96.세종대 16.경기대/13.고려대/02-2.세종대

반 **immature**[imətʃúər] 미숙한, 덜 발달된 **immaturity** 미숙, 미완성 *im/in(=not)
관 **premature**[prìːmətjúər] 조숙한; 조산의(=precocious, rareripe); 시기 상조의
- **prematurity** 조숙; 시기상조; 조산
동 **maturate** 곪다(=putrefy); 성숙하다 **maturation** 곪음, 화농; 성숙, 원숙

0572 6+ **paternity** [pətə́ːrnəti]

【어원】pater(=father ➲ R165)+nity ↔ mater(=mother)+nity ➡ 아버지임 ↔ 어머니임

N. 1. 부권, 아버지임 = fatherhood
05.영남대 2. 생각의 기원, 근원, 저작자임 = origin[R1713] authorship
ⓐ paternal[pətə́ːrnl] 아버지의, 부계의 = fatherly
10.중앙대 paternalistic[pətə̀ːrnəlístik] 가장적인, 온정주의적인
03단국대 ⓝ paterfamilias[pèitərfəmíliəs] 가장 = head of household

06.명지대
반 **maternal**[mətə́ːrnl] 어머니의, 어머니다운(=motherly) *mater/matri(=mother)
*maternal instinct 모성본능 **maternalism** 모성(애)
maternity[mətə́ːrnəti] 어머니임, 모성; 산과병원 ***maternity leave** 출산 휴가

0573 6+ **embrace**  [imbréis]

15.성균관대/14.가천대,경기대 13.지방직7급/04-2.가톨릭대 03.경찰

【어원】em<in(=in)+brace(=arm ➲ R188) ➡ 팔 안에 두다, 껴안다

Vt. 1. 포옹하다; 껴안다 = hug, cuddle
2. (사상을) 받아들이다; (기회를) 포착하다 = seize upon[R0011]
3. (많은 것을) 포괄하다, ~에 걸치다 = cover, include, involve, contain, comprise

ⓐ embracive 포괄적인
ⓝ embracement 포옹; (기꺼이) 받아들임, 수락
embracery 법관 · 배심원 매수죄

관 **brace** 버팀대; 꺾쇠 ➲ R1881

0574 6+ **reprimand** [réprəmæ̀nd]

17.가천대/12.국민대/03-2.명지대 02.단국대/02.사법시험 01-2.서울여대/98.중앙대

【어원】re(=again)+pri<press(=press)+mand(=order ➲ R252) ➡ 다시 내리 눌러서 명령하다 → 꾸짖다 → 징계하다

Vt. 꾸짖다, 질책하다; 견책[징계]하다 = reproach[T1227] blame, scold, reprove, rebuke, chide, censure, reprehend, condemn, denunciate, berate, castigate, chastise, punish, objurgate, discipline

N. 견책, 징계; 비난, 질책 = blame, criticism, reproof, rebuke, condemnation, reprobation, denunciation

표 **take to task** ~을 꾸짖다, 책망하다(=reprove) ➲ IO3721
dress down 꾸짖다(=reproach), 매질하다 ➲ I124O1

0575 6+ **sobriety** [səbráiəti]

12.지방직9급 99.서울여대/93.서울시7급

【어원】se<s(=without)+ebr(=drunk ➲ R157) ➡ 술을 마시지 않은

N. 1. 술 취하지 않은 상태, 맨 정신 = sanity[R1559]
*a sobriety test 음주측정
2. 절제된 생활; 진지함 = straight living, temperance[R1323] abstinence, abstemiousness

03.행정고시/02-2.경기대
ⓐ sober 술 취하지 않은; 냉철한; (옷이) 수수한 = abstinent[D0689] ↔ *intoxicated*[R2502]
Vt. 술을 깨게 하다[up]
12.중앙대 sobering 정신이 번쩍 들게 하는

관 **inebriated** 술에 취한 ➲ R1573

영영정의 및 예문
EXAMPLE

이미지 연상훈련
IMAGE TRAINING

▶ 1. the state of being fully grown or developed
2. the date on which a financial obligation must be repaid

- **Maturity** is the state of being adult or fully grown-up.
  성숙이란 성인이 되었거나 완전히 다 자란 상태를 말한다.
- A judgment made before all the factors are known must be called **premature**.
  모든 요인들이 알려지기 전에 내려진 결정은 너무 이른 결정으로 생각될 것이다. * factor 요소

▶ 1. the fact of being the father of a child 2. the origin of an idea or invention

- Male employees can also request **paternity leave**.
  남성 근로자 또한 출산휴가를 신청할 수 있다.
- Some men relish the role of **paterfamilias**.
  어떤 남성들은 가장의 역할을 즐긴다.
- My **paternal** uncle became a sailor and I have never seen him since.
  친삼촌은 선원이 되셨고, 그 후로 보지 못했다.

▶ 1. to take or clasp in the arms 2. to accept willingly
3. to include or contain as part of something

- The returning husband **embraced** his wife joyfully.
  돌아온 남편은 아내를 기쁘게 껴안았다.
- The Arabic people quickly **embraced** the new religion of Islam.
  아라비아 사람들은 신흥종교인 이슬람교를 빠른 속도로 받아들였다.
- The categories of animal, vegetable, and mineral **embrace** all things on earth except water and the atmosphere.
  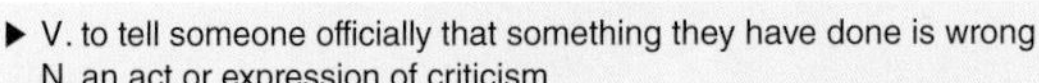
  동물, 식물, 그리고 광물의 범주는 물과 대기를 제외한 지구상의 모든 사물을 포함한다.

▶ V. to tell someone officially that something they have done is wrong
N. an act or expression of criticism

- Agnes **reprimanded** her son for driving too fast and getting a speeding ticket.
  아그네스는 아들이 과속해서 속도위반 딱지를 받은 것을 꾸짖었다.
- There'll be a **reprimand** from above for the circumstances surrounding the accident.
  사고 경위에 대한 상부의 문책이 있을 것이다.

▶ 1. not being drunk 2. the quality of refraining from excess

- He was given a field **sobriety test** by officers.
  그는 현장에서 경찰들에 의해 음주측정 검사를 받았다.
- The solemnity of the occasion filled us with **sobriety**.
  그 행사의 엄숙한 분위기가 우리가 맑은 정신으로 가득하게 만들었다.

Quick Review

Answer 0551 propensity 0552 prefer 0553 familiarize 0554 tolerate 0555 impatient
0556 carnivorous 0557 concoct 0558 synthesis 0559 complex 0560 adulterate
0561 sojourn 0562 detain 0563 roam 0564 migrate 0565 accommodate
0566 ecology 0567 arid 0568 desolate 0569 dilapidated 0570 discard
0571 maturity 0572 paternity 0573 embrace 0574 reprimand 0575 sobriety

Preview

DAY 24

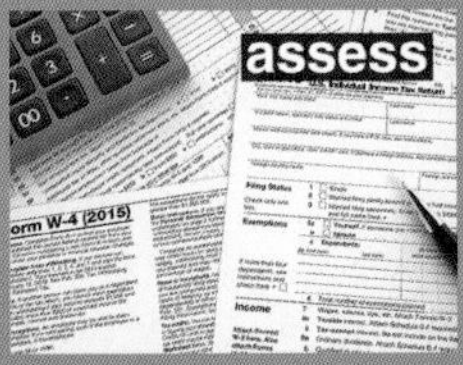

0576

0577

0578

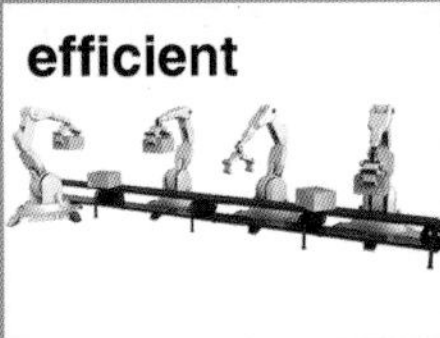

0579

0580

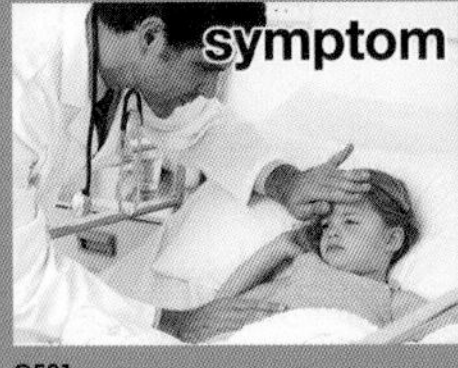

0581

0582

0583

0584

0585

decimate
0586

0587

0588

0589

0590

astronomer
0591

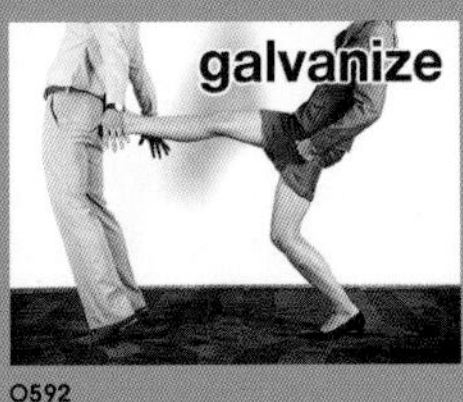

0592

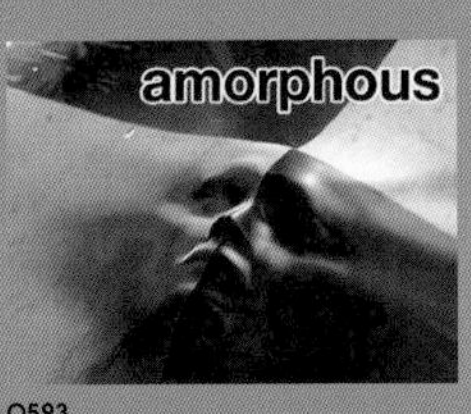

0593

0594

0595

0596

0597

0598

0599

0600

Answer 0576 가치를 평가하다 0577 신임, 신뢰, 확신 0578 잘 믿는 0579 효율적인 0580 결정적인
0581 증상 0582 어림짐작하다 0583 탐구하다 0584 밀어 올리다 0585 상쇄하다
0586 많은 사람을 죽이다 0587 말을 더듬다 0588 잦아들다 0589 놀리다, 비웃다 0590 괴롭히는
0591 천문학자 0592 충격을 주어 ~하게 하다 0593 무정형의 0594 유연한 0595 인양하다, 해난구조
0596 방해하다 0597 질식시키다 0598 놀라게 하다 0599 빈약한 0600 희석시키다

DAY 24-1

정의 DEFINITION | 유사어휘군 SYNONYM·ANTONYM

0576 6+ **assess** [əsés]

【어원】 as<ad(=to)+sess(=sit ➲ R021) ➡ 1. 부담이 되게 하다(sit) → 세금을 부과하다 2. 조사하다(sit) → 평가하다, 사정하다

13.국민대/04-2.영남대 01.동덕여대/98.서울대학원

Vt. 1. (재산·가치를) 평가하다, 사정[감정]하다 = appraise[R2253] value, estimate, evaluate, weigh, rate
2. (세금 따위를) 정하다, 부과하다 = impose, levy

07.서울시7급/88.행자부7급
ⓝ assessment 사정, 평가; 부과 = appraisal[R2253] estimation, evaluation, valuation
assessor 평가인, 사정인

0577 6+ **confidence** [kɑ́nfədəns]

【어원】 con(=together)+fid(=trust ➲ R229)+ence(명접) ➡ 서로 믿는 것 → 신뢰 → (믿는 사람에게만 말하는) 비밀

11.명지대/96.행정고시

N. 1. 신용, 신임, 신뢰 = trust[R2291] credit, reliance, belief, credence
2. 자신(감), 확신 = self-assurance, self-reliance, self-possession
*with confidence 자신[확신]을 갖고
3. 비밀; (비밀을) 털어놓음
*make a confidence to ~에게 터놓고 이야기하다 *in one's confidence 터놓고, 까놓고
*in confidence 은밀하게

05.경희대/94.서울대학원
ⓐ confident 확신하는, 자신만만한; 막역한 벗
ⓥ confide (비밀을) 털어놓다, 맡기다, 신용하다

86.행자부9급 관 **self-confidence** 자신, 자신 과잉(=belief in one's own abilities)
99.건국대 혼 **confidential** 기밀의, 비밀의(=secret); 비밀을 터놓는, 친밀한; 신임이 두터운

0578 6+ **credulous** [krédʒuləs]

【어원】 cred(=believe ➲ R229)+ul+ous(형접) ➡ 쉽게 믿어 버리는 → 잘 속는

13.서울여대/03-7.경찰 01-2.삼육대/85.사법시험

A. (남의 말을) 잘 믿는, 잘 속는 = ready to believe, gullible, overtrustful, unsuspecting, fleeceable, dupable

16.서강대
ⓝ credulity 경신(輕信), 믿기 쉬움

17.상명대/11.서강대 반 **incredulous** 쉽사리 믿지 않는, 회의적인 = skeptical[N0472] unbelieving, distrustful

0579 6+ **efficient** [ifíʃənt]

【어원】 ef<ex(=out 또는 강조)+fic(=make ➲ R060)+ient(형접) ➡ (결과를) 밖으로(또는 강하게) 만들어 내는 → 효과적인

08.명지대/03.고려대/02.공인회계사 98.입법고시

A. 능률적인, 효율적인; 유능한 = effective, well-oiled, efficacious; competent, talented, capable; eligible, qualified

13.숭실대
ⓝ efficiency 능력; 능률, 효율 = 능력: ability, capability, capableness

16.상명대
ⓐⓓ efficiently 능률적으로, 효과적으로

반 **inefficient** 비능률적인, 비효율적인; 무능한
02-2.세종대 **inefficacious** [inefikéiʃəs] (약 등이) 효력[효험]이 없는
↔ **efficacious** 효과 있는, (약이) 잘 듣는, 효험있는

0580 6+ **critical** [krítikəl]

【어원】 crit(=judge ➲ R225)+ic(형접)+al(형접) ➡ 판단하기 충분한 → 결정적인 → 비평하는

13.이화여대/07.가톨릭대/3.영남대 98.96.숙명여대/92.한성대

A. 1. 결정적인, 중대한 = extremely important, crucial[N0255] decisive, momentous, vital, conclusive
2. 위기의, 아슬아슬한 = dangerous, serious, risky, hazardous
3. 비평의; 비판적인, 혹평의 = censorious; disapproving, faultfinding

ⓝ crisis 위기, 중대국면
ⓐ hypercritical 혹평하는 *hyper(=excessive)

파 **criticize** 비평하다, 비판하다(=find fault with); 비난하다(=blame) ➲ R2254
- **critic** 비평가, 평론가, 혹평가; 비판하는 ➲ R2254

영영정의 및 예문
EXAMPLE

이미지 연상훈련
IMAGE TRAINING

▶ to judge or calculate the value or importance of something

• There are a few criteria scientists use to **assess** causation.
과학자들이 인과관계를 평가하기 위해 사용하는 몇 가지 기준이 있다.

• A specialist was called for to **assess** the original Van Gogh art work.
반 고흐의 진품을 감정하기 위해 전문가가 필요했다.

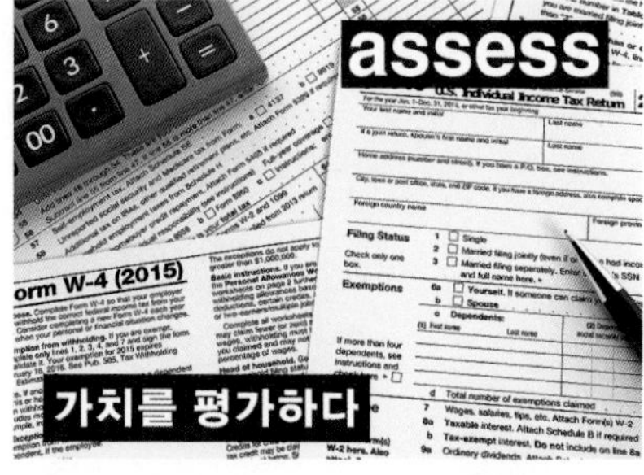

▶ 1. strong belief and trust 2. a feeling of assurance 3. a secret that you tell someone

• It is difficult to regain the **confidence** that has been lost.
한 번 잃어버린 신뢰는 되찾기 어렵다.

• The girl **made a confidence to** her mother.
소녀는 그녀의 어머니에게 터놓고 얘기하였다.

• Without the password, **confidential information** cannot be accessed.
암호가 없다면, 기밀정보에 접근할 수 없다. ＊access 접근하다

▶ tending to believe things and therefore easily deceived

• Most children are so **credulous** as to swallow everything that their parents say.
대부분의 아이들은 너무 잘 믿어서 부모들이 하는 말이면 무엇이든 곧이듣는다.
＊swallow 곧이곧대로 듣다

• The judge was **incredulous** when the defendant told his bizarre alibi.
판사는 그 피고인이 기괴한 알리바이(범죄 현장에 없다는 증명)를 댔을 때 의심스러워했다.

▶ doing something well and effectively without wasting time or energe

• Modern transportation, though more **efficient** than older modes of transport, often lacks the convivial atmosphere that was present in more leisurely conveyances such as streetcars.
현대 운송은 과거의 운송 방식보다 더 능률적이지만, 흔히 시내 전차와 같이 보다 느긋한 운송 수단에 있었던 쾌활한 분위기는 없다. ＊convivial 즐거운, 쾌활한

• Fred could finish his work in less time if he were more **efficient**.
프레드가 보다 유능하다면 더 짧은 시간에 일을 마칠 수 있을 것이다.

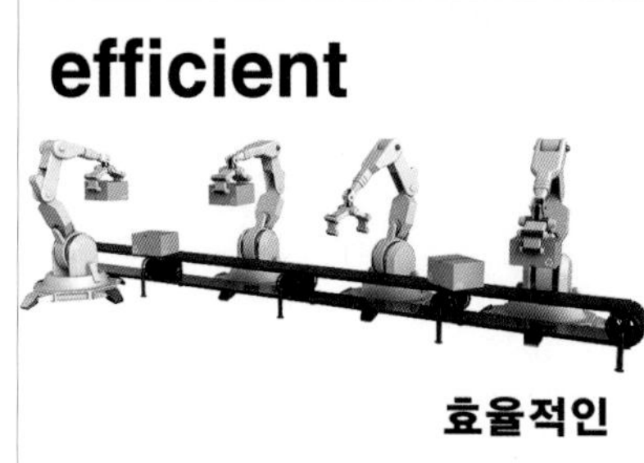

▶ 1. very important 2. extremely serious or dangerous 3. expressing disapproval

• He made a **critical** mistake and failed the exam.
그는 결정적 실수를 해서 시험에 낙제했다.

• The people in general looked upon the situation as **critical**.
결정적으로 국민들은 그 상황을 위기로 간주했다.

• He has apologised for **critical** remarks he made about the referee.
그는 심판에게 했던 험한 말에 대해 사과했다.

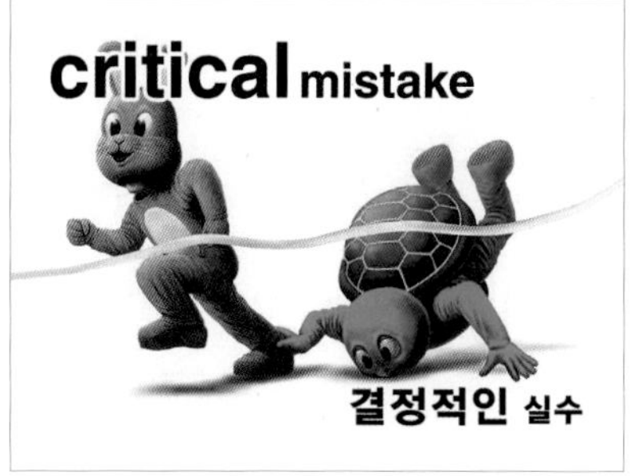

DAY 24-2

정의 DEFINITION	유사어휘군 SYNONYM·ANTONYM

0581 6+
symptom
E F P
[símptəm]
09.세종대
97.변리사/99.경원대
98.96.홍익대/94.서울여대

【어원】sym(=together)+ptom<pet(=rush, fly) ➡ 동시에 새들이 날아가는 것은 불길한 징조

N. 1. (의학적) 증상, 증세 = stigma[N0444] syndrome
2. 징후, 징조, 조짐 = sign, indication

ⓐ symptomatic 징후의, 증상이 되는 = symbolic

0582 6+
conjecture
S
[kəndʒéktʃər]
14.한성대/10.경원대/06.감평사
97.서울대학원
99.행자부7급/85.연세대학원

【어원】con(=with)+ject(=throw ⊃ R123)+ure ➡ (의심을) 가진 채 던져보다

V. 추측하다, 어림짐작하다 = surmise[R0522] suspect[R0739] infer[N0205] deduce[D0355] make a shot at

N. 어림짐작, 추측, 억측 = guess[T1100] guesswork, supposition, speculation

ⓐ conjectural 추측적인, 억측하기 좋아하는 = speculative[R0744]
conjecturable 추측할 수 있는

0583 6+
delve
F
[délv]
14.서울시9급/13.동국대/09.대구대
04.중앙대.한성대/94.기술고시

【어원】delve(=dig) ➡ 땅을 파헤치다 → 샅샅이 뒤지다 → 탐구하다

Vi. 1. (서적, 기록 등을) 탐구하다, 깊이 파고들다[into] = explore[R2452] examine, investigate[D0544] probe, scrutinize, winnow, search for, inquire into, sift
2. (가방이나 호주머니 등을) 샅샅이 뒤지다 = seek anxiously, ransack, beat about
3.〈고어〉 (땅을) 파다
N. 동굴, 움푹 팬 곳 = cavern, tunnel, grotto, cave, hollow

0584 6+
boost
E F P
[bú:st]
15.서울여대/13.상명대
11.고려대/06.경희대
04.서울시9급/95.한신대

【연상】카트라이더 게임에서 부스터 아이템을 쓰면 속도가 쭉 올라간다.

Vt. 1. (가격 · 경기 · 자신감을) 밀어 올리다[up] = promote[N0256] inflate, hike; elevate, heave, uplift, pick up
2. (사람을) 띄우다, 홍보하다, 선전하다 = propagate, propagandize, advertise, play up, publicize, enhance, ballyhoo
3. (양을) 증대시키다 = 증대, 팽창시키다: aggrandize, augment, enlarge, expand, extend, increase, magnify, swell, dilate

N. (가격 등의) 상승, 등귀; 후원, 격려 = boom, zoom, bulge, appreciation; patronage

ⓝ booster 승압기, 증폭기; 후원자

0585 6+
offset
F S
[ɔ́:fsèt]
16.고려대/14.한양대
13.가천대.동덕여대
12.동국대/07.세무사

【어원】off+set ➡ 떼내어(off) 맞추다(set)

Vt. 1. 상쇄하다, 차감계산하다 = balance, counterbalance
2. (장점이 단점을) 벌충하다 = make up for, compensate for
N. 상쇄하는 것; 오프셋 인쇄

관 **set off** 출발하다; 유발하다; 더 돋보이게 하다 ⊃ IO4515

영영정의 및 예문
EXAMPLE

이미지 연상훈련
IMAGE TRAINING

▶ 1. an indication of disorder or disease 2. a sign of something

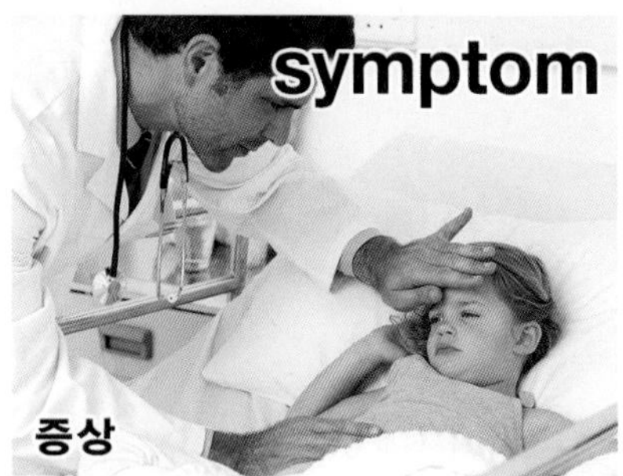

- A : What are your **symptoms**?
  B: I have a headache, a sore throat, a slight fever.
  A: 증상이 어떠세요? B: 두통이 있고요, 목이 따끔거리고 약간의 열이 있어요.
- The **symptoms** of influenza are fever, headache, and muscular pain.
  독감의 증상은 열, 두통, 그리고 근육통이다.
- The **symptoms** of overpopulation are quite clear.
  인구과잉에 대한 징후가 아주 분명하다.

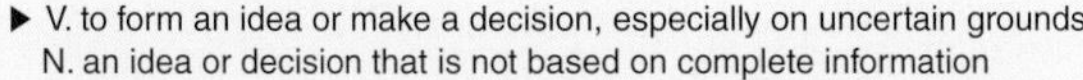

▶ V. to form an idea or make a decision, especially on uncertain grounds
N. an idea or decision that is not based on complete information

- Experts **conjecture** that the ceramic vase was made five hundred years ago.
  전문가들은 그 도자기가 500년 전에 만들어진 것으로 추측하고 있다.
- There has been some **conjecture** about possible merger.
  합병이 있을지도 모른다는 추측이 있었다.
- The scientist's explanation for the strange behavior of the test animals was **conjectural**.
  실험동물들의 이상한 행동에 대한 그 과학자의 설명은 추측성의 것이었다.

▶ 1. to try hard to find a thing or information
2. to search for something inside a bag, container, etc

- We must **delve** more deeply to find the reason for the frequent earthquakes in the area.
  그 지역에 지진이 자주 발생하는 이유를 알아내기 위해 우리는 보다 심층적으로 연구하여야 한다.
- It's not right to **delve** deeply **into** someone's past.
  남의 과거를 깊이 파헤치는 것은 옳지 못하다.
- He **delved into** his pocket to find some change.
  그는 잔돈을 찾기 위해 호주머니를 뒤졌다.

▶ V. 1. to move something to a higher position
2. to increase the importance or reputation of someone by favorable publicity
3. to increase in amount N. an increase in something

- Grocery prices were **boosted** again last month.
  식료품 가격이 지난달에 다시 인상되었다.
- Hawk tried to **boost** confidence in the Australian economic recovery.
  호크는 오스트레일리아의 경제회복에 대한 확신을 높이려고 노력했다.

▶ 1. compensate for or counterbalance 2. make up for

- The company raised its prices to **offset** the increased cost of materials.
  그 회사는 인상된 자재 가격을 상쇄하기 위해 가격을 올렸다.
- The better roads **offset** the greater distance.
  좋은 도로는 거리가 더 먼 단점을 벌충한다.

정의 DEFINITION | 유사어휘군 SYNONYM·ANTONYM

0586 6+ **decimate** [désəmèit]
15.중앙대/12.서강대/09.고려대 00-2.고려대/98.입법고시/97.광운대

【어원】dec(=ten ⊃ P062)+imate ➡ 10명중 1명을 제비뽑아 죽이다

Vt. (전쟁 · 질병 따위가) 많은 사람을 죽이다 = reduce[N0118] annihilate[R2348]
*be decimated by ~으로 많이 죽다

관 **Dacameron** 데카메론, 열흘 이야기(보카치오 작)

0587 6+ **falter** [fɔ́:ltər]
16.경기대/04.단국대 97-2.경원대/92.고려대학원

【어원】falt<fault(=fail)+er ➡ 말실수하다 → 말을 더듬다 → 비틀거리다

Vi. 1. 말을 더듬다, 우물거리다 = stammer[T1009(1)] stutter, bumble, fumble, prattle
2. 비틀거리다; 움찔하다, 머뭇거리다 = stumble, stagger, dodder, totter, reel; recoil, shrink back, boggle, blench, quail, flinch

05-2.중앙대/97-2.경원대
ⓐ faltering 비틀거리는; 더듬거리는
ⓐⓓ falteringly 비틀거리며; 말을 더듬거리며

0588 6+ **abate** [əbéit]
17.항공대/16.서강대,서울여대,중앙대 14.광운대/06.서울시9급

【어원】a(=not)+bat(=strike ⊃ R116)+e ➡ 비바람이 창문을 때리지 않다

Vi. 1. (비바람이) 잦아들다 = die down[D0883] let up[I11104] peter out
2. (열이) 내리다, 줄다 = lessen[S0732] decline, decrease, diminish, wane
Vt. 감소시키다, 줄이다, 누그러뜨리다 = reduce[N0118] decrease, diminish

13.이화여대
ⓝ abatement 감소, 경감 = reduction

파 **bate** 줄이다, 약화하다
혼 **abase** (지위 · 평가를) 떨어뜨리다(=debase), 비하하다

0589 6+ **deride** [diráid]
02-2.단국대/90.고려대학원

【어원】de(=down)+rid<ris(=laugh ⊃ R072) ➡ 깔아보며(down) 웃다 → 조롱하다, 비웃다

Vt. 비웃다, 놀리다, 바보 취급하다 = ridicule[R0725] mock[N0762] laugh at, make fun of, scoff, scorn, sneer, gibe, jeer, banter, taunt

12.지방직7급/98-2.세종대
ⓝ derision 비웃음, 조소, 조롱 = mockery, ridicule, scorn
14.건국대/09.서강대
ⓐ derisive 조롱하는, 비웃을 만한 = scornful[T0331] mocking
derisible 웃음거리가 되는

혼 **derisory** [diráisəri] 아주 시시한, 근소한

0590 6+ **harassing** [hərǽsiŋ]
16.상명대/08.경찰2차/04-2.홍익대

【연상】우리 오빠가 날 괴롭히는 애 있으면 말 하랬어! 때려준다고.

A. 괴롭히는, 귀찮게 구는 = bullying[T0305] bothering[T0301] harrowing[T0306] vexing, annoying, irritating

ⓥ harass 괴롭히다, 귀찮게 굴다 = annoy, harry, irk, distress, harrow, hassle
13.한양대
ⓐ harassed 몹시 시달린; (표정이) 성가신 듯한
11.세종대/05.세종대
ⓝ harassment 괴롭힘; 애먹음; 고민(거리) = distress[T0307]
*sexual harassment 성희롱

17.단국대/00.세무사
혼 **harrow** [hǽrou] 1. 써레질하다; 정신적으로 괴롭히다, 고민하게 하다; 써레 2. 약탈하다
- **harrowing** 1. 참혹한, 괴로운(=harassing, distressing) 2. 약탈

영영정의 및 예문
EXAMPLE

이미지 연상훈련
IMAGE TRAINING

▶ to destroy or kill a large number of something or people

- The disease **decimated** half of the villagers.
  그 질병으로 마을 사람들의 절반이 죽었다.
- Nearly **decimated** by disease and the destruction of their habitat, koalas are now found only in isolated parts of eucalyptus forests.
  질병과 서식지의 파괴로 거의 사라진 코알라는 고립된 유칼리나무 숲 지역에서만 발견될 뿐이다.

▶ 1. to speak in a weak and uncertain way 2. to walk in an unsteady way

- There was no time for him to **falter**.
  그에겐 머뭇거릴 시간이 없었다.
- He is working around the clock to save the **faltering** firm.
  그는 휘청거리는 회사를 살리기 위해 밤낮없이 일하고 있다.

▶ Vi. becomes much less strong or severe Vt. to reduce in amount, degree, or intensity

- The storm has **abated**.
  폭풍이 수그러졌다.
- New police programs may **abate** the recent rise in the crime rate.
  새 경찰 프로그램은 최근 치솟은 범죄율을 줄일지도 모른다.

▶ to laugh at someone or something because you think of them as rediculous

- The thoughtless children **derided** the different speech of the new boy.
  분별없는 아이들은 새로 온 소년의 독특한 말씨를 놀렸다.
- For his shameful conduct, the general became an object of **derision** to every soldier.
  그 장군은 부끄러운 행동으로 모든 병사에게 조롱거리가 되었다.

▶ continually causing someone to feel annoyed

- If you keep on **harassing** them, they will call the police.
  당신이 계속해서 그들을 괴롭힌다면, 그들은 경찰을 부를 것이다.
- **Sexual harassment** includes behavior that causes sexual humiliation.
  성희롱에는 성적 수치심을 유발하는 행동도 포함된다.
- Writing a speech can be a **harrowing** experience by itself.
  연설문을 쓰는 것은 그 자체로 괴로운 경험일 수 있다.

정의 DEFINITION | 유사어휘군 SYNONYM·ANTONYM

0591 6+ **astronomer** [əstránəmər]

11.세종대/08.세종대/02-2.한성대/98.한양대 93.대진대/92.명지대

【어원】 astro(=star ⊃ R221)+nom(=name ⊃ R093)+er ➡ 별 이름을 붙이는 사람 → 천문학자

N. 천문학자 = a scientist who studies astronomy

ⓝ astronomy 천문학
ⓐ astronomical 천문학(상)의

◈ 참고: **zodiac** (12궁(宮); 12궁도)
Aries 백양자리, Taurus 황소자리, Gemini 쌍둥이자리, Cancer 큰게자리, Leo 사자자리, Virgo 처녀자리, Libra 천칭자리, Scorpio 전갈자리, Sagittarius 화살자리, Capricorn 염소자리, Aquarius 물병자리, Pisces 물고기자리

13.광운대 관 **astronaut**[ǽstrənɔ̀:t] 우주비행사 **astronautical** 우주비행의
혼 **gastronomy**[gæstránəmi] 요리법(=recipe), 요리학; 미식법

0592 6+ **galvanize** [gǽlvənàiz]

15.서울시9급/13.경희대/07.인천시7급 97-2.동국대/96.외무고시 14.경희대

【연상】 트랜스포머4의 galvatron(갈바트론)은 전기충격으로 깨어난다.

V. 1. (충격요법을 써서) ~ 하게 하다[into] = stir[R1195] spur[N0694]
2. ~에 아연 도금을 하다

ⓝ galvanization 자극; 직류 전기 치료, 아연도금 = invigoration[R1936]
galvanism 직류 전기; 활발한 활동
ⓐ galvanic 전류의, 전류를 발생시키는; 자극적인

0593 6+ **amorphous** [əmɔ́:rfəs]

16.14.한양대/11.이화여대 08.삼육대/04.중앙대/94.사법시험

【어원】 a<an(=not)+morph(=form ⊃ R064)+ous(형접) ➡ 일정한 형태가 없는

A. 확실한 형태가 없는, 무정형의 = lacking in organization and form, indeterminate[D0083] formless

ⓝ amorphism 무정형

0594 6+ **flexible** [fléksəbl]

14.인하대 10.서울시9급/07.아주대 14.광운대

【어원】 flex(=bend ⊃ R128)+ible(=able) ➡ 구부릴 수 있는

A. 1. 구부리기 쉬운, 유연한 = bendable, pliant, pliable, supple
2. 신축성 있는, 융통성 있는 = elastic[N0918] supple, lithe

ⓝ flexibility 유연성; 융통성; 유순함
ⓥ flex 관절을 구부리다, 굽다

11.이화여대 반 **inflexible** 구부러지지 않는; 융통성 없는 = adamant[N0381]
- **inflexibility** 불굴, 불가변성
04.숭실대 관 **flextime** 탄력적 근무시간제

0595 6+ **salvage** [sǽlvidʒ]

13.기상직9급 05.고려대/01.변리사 96.고려대학원/94.명지대 05.경기대

【연상】 세월호 인양을 담당했던 해난구조업체 "상하이 샐비지"를 연상

Vt. 1. 구출하다; (침몰선을) 인양하다 = save[T0844] retrieve[N0843] extricate[N0675] rescue, succor
2. (폐품을) 이용하다 = recover[P0397]
N. 구출; (화재에서의) 인명 구조; 해난 구조 = save, lifesaving
ⓝ salvager/salvor 해난 구조자 savior 구조자; (the Saviour) 구세주, 예수
salvation 구제, 구조, 구원; 구세주 cf. Salvation Army 구세군
ⓥ salve 1. 해난을 구조하다, (배 · 화물을) 구하다
2. 고약을 바르다; 고통을 완화시키다
3. 달래다; 아첨하다
n. 고약, 연고; 위안, 위로; 아첨
ⓐ salvific 구원을 베푸는

혼 **savage**[sǽvidʒ] 야만적인, 미개한; 사나운 ⊃ T1276

영영정의 및 예문
EXAMPLE

이미지 연상훈련
IMAGE TRAINING

▶ a scientist who studies the stars and planets

- Many English words come from Greek words. For example, the Greek word for "star" is "aster." So the scientists who study the sky are called **astronomers**.
  많은 영어 단어가 그리스 단어에서 나온 것이다. 예를 들어, 'star'를 뜻하는 그리스어는 'aster'이다. 그래서 하늘을 연구하는 과학자들을 'astronomers'(천문학자)라 부르는 것이다.
- He has devoted himself to **astronomy**.
  그는 일생을 천문학에 헌신했다.

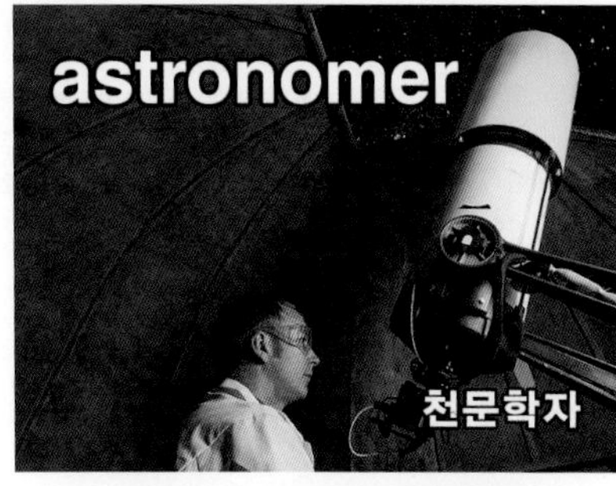

▶ 1. to stimulate to action 2. to coat iron with zinc

- Hidden, shadowy doubts that had been in men's minds concerning the school master were **galvanized into** belief.
  그 교사에 대한 사람들의 마음속에 있던 감추어져 있던 흐릿한 의심은 확신을 불러 일으켰다.
- Ideas alone were not enough to **galvanize** the public into action.
  사상 하나 만으로 대중들이 행동으로 나서게 하기에는 충분하지 않았다.

▶ having no definite form or distinct shape

- The sculptor will convert this **amorphous** piece of clay into a beautiful bust.
  그 조각가는 무형의 찰흙을 아름다운 흉상으로 바꾸어 놓을 것이다.
- As the temperature increases, an **amorphous** solid will become less viscous.
  온도가 올라감에 따라, 무정형의 고체는 점성이 덜해질 것이다. ＊viscous 점성이 있는

▶ 1. capable of being bent 2. able to change to cope with variable circumstances

- Do you know why the wings of an airplane are **flexible**?
  당신은 비행기의 날개가 왜 유연한지 아십니까?
- We need to find a more **flexible** solution.
  우리는 좀 더 융통성 있는 해결책을 찾아야 한다.

▶ V. to save something from bad situation N. the act of saving things

- The ship was lying in deep water, but they managed to **salvage** some of its cargo.
  배는 바다 밑에 깊이 가라앉아 있었지만, 그들은 일부 화물을 인양해낼 수 있었다.
- A great amount of reclaimed rubber is **salvaged** from used tires, old tubes, and other discarded rubber articles.
  많은 양의 재생고무가 중고 타이어, 낡은 튜브 및 기타 버려진 고무제품으로부터 이용된다.
- After the storm had subsided the **salvage** operation commenced.
  폭풍이 잠잠해진 다음에야 구조작업이 시작되었다. ＊subside (폭풍이) 가라앉다

정의 DEFINITION	유사어휘군 SYNONYM·ANTONYM

0596 6+ **cramp** [kræmp]
15.서울시9급/10.영남대

【연상】 clamp(죔쇠)나 cramp(꺾쇠)는 모두 무언가를 고정시켜 움직이게 못하게 하는 것

Vt. (발달이나 진행을) 막다, 방해하다 = hinder[N0014] circumvent[N0417] impede
N. 1. 경련, 쥐 = fit, convulsion, spasm, charley horse
2. 꺾쇠, 속박 = clamp, cramp iron
A. (필적 따위가) 읽기 힘든; 좁은

16.국회8급/15.한국외대 02.삼육대
ⓐ cramped 1. 답답한, 비좁고 갑갑한 2. (문체 · 필적 따위가) 읽기 힘든 = confined[D0115] oppressive[R1223]
11.국회8급
ⓐ cramping 속박하는, 질식할 것 같은 = suffocating[D0597]

clamp[klæmp] 죔쇠로 고정시키다, 꽉 물다; 죔쇠

0597 6+ **suffocate** [sʌfəkèit]
07.이화여대/06.국민대

【어원】 suf<sub(=under)+foc<fauces(목구멍)+ate(=make) ➡ 목구멍을 깔고 앉아 질식하게 만들다

V. 1. 질식사하다; 질식사시키다 = stifle[T0422] smother[T0421] asphyxiate, strangle
2. 숨 막히(게 하)다 = choke

16.11국회8급/14.가천대
ⓐ suffocating (규제 등으로) 질식할 것 같은, 숨막히는 = cramping[D0596] stuffy, choky, smothery
07.충북9급
ⓝ suffocation 질식 = asphyxiation[T0423]

0598 6+ **frighten** [fráitn]
04.경기대/00.고려대

【연상】 공포영화 "프라이트너(The Frighteners)"

Vt. 1. 놀라게 하다 = terrify, horrify, scare, consternate, appall, startle
2. 위협하여 (~을) 하게 하다[into] = intimidate ~ into[N0067]

15.숙명여대/10.경북교행9급
ⓐ frightened 깜짝 놀란, 겁이 난 = skittish[T0329] scared, terrified, horrified
18.지방직9급/01.국민대
frightening 깜짝 놀라게 하는, 소름끼치는 = intimidating[D0067] chilling[T1596] terrible, horrific, horrendous
frightful 무서운, 놀라운, 무시무시한; 몹시 불쾌한; 지독한 = awful, formidable, dreadful
ⓝ fright 공포, 놀람, 경악 = fear, dread, horror, panic

0599 6+ **tenuous** [ténjuəs]
17.이화여대/11.이화여대,단국대 02-2.세종대/99.중앙대/97.96.사법시험

【어원】 tenu(=thin)+ous(형접) ➡ 얇은 → 가느다란 → 희박한 → 중요하지 않은

A. 1. 얇은, 가느다란; 빈약한; 희박한 = thin, flimsy[T1505] slender, faint; scanty, sparse
2. 중요치 않은, 보잘 것 없는 = unsubstantial[D0017] insubstantial[D0017] insignificant, trifling, unimportant, slight, trivial, petty, paltry, fiddling

ⓝ tenuity 희박; 미약; 빈약; 얇음

attenuate 약화시키다; 가늘게 하다 ➲ N0600

0600 6+ **attenuate** [əténjuèit]
16.서강대/15.국민대 11/06.한국외대/03-2.경기대

【어원】 at<ad(=to)+tenu(=thin)+ate(=make) ➡ 가늘게 만들다

Vt. 약화시키다, 가늘게 하다, 희석시키다 = diminish[N0354] weaken[S0733] reduce[N0118] dampen[S0739(1)] rarefy, dilute, enfeeble, sap, water down
Vi. 약해지다, 가늘어지다, 묽어지다 = diminish, weaken, reduce

ⓝ attenuation 약화, 저하
ⓐ attenuant 희박하게 하는; 희석제

extenuate 정상을 참작하다, (벌을) 경감하다 *ex(=out)+tenu(=thin)+ate*

영영정의 및 예문
EXAMPLE

이미지 연상훈련
IMAGE TRAINING

▶ Vt. to prevent the progress or free movement of
N. 1. a painful involuntary contraction of a muscle 2. something that confines

- The government's excessively tight regulations will **cramp** market liquidity.
  과도하게 엄격한 정부의 규제들은 시장의 유동성을 저해할 수 있다.
- Common causes of muscle **cramps** include overuse and dehydration during physical activity in warm weather.
  근육 경련이 일어나는 흔한 원인들은 따뜻한 날씨에 신체활동을 하는 동안 근육의 혹사와 탈수이다.
- They had to wait in a confined and **cramped** area.
  그들은 비좁고 갑갑한 곳에서 기다려야 했었다.

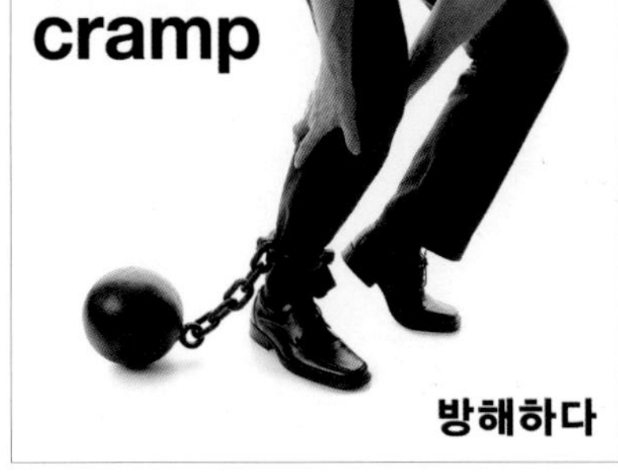

▶ 1. to kill or be killed by the deprivation of oxygen 2. prevent from breathing

- He felt **suffocated** by all their petty rules and regulations.
  그는 그들의 온갖 사소한 규칙들과 규정들에 숨이 막히는 기분이었다.
- The heat was tolerable at night but **suffocating** during the day.
  밤에는 열기가 참을만 했지만 낮 동안에는 숨이 막힐 지경이었다.

▶ 1. to make afraid or fearful 2. to drive or force by arousing fear

- Sorry, I didn't mean to **frighten** you.
  미안, 너를 놀라게 하려고 한 건 아니었어.
- Sometimes these tasks may be such formidable ones that we **are frightened by** them.
  이런 일들은 어떤 때는 너무나도 무시무시한 것들이어서 우리는 겁을 집어먹곤 한다.
- It was a very **frightening** experience.
  그것은 매우 소름끼치는 경험이었다.

▶ 1. thin and weak 2. having little significance

- They had to depend solely on a merely **tenuous** income that was less than $10 a day.
  그들은 하루 10달러도 되지 않는 단지 미미한 수입에만 의존해야 했다.
- Some legislators made a rather **tenuous** argument against the bill.
  일부 의원들은 그 법안에 대해 다소 빈약한 반론을 펼쳤다.

▶ Vt. to make slender, fine, or small Vi. to become thin, weak, or fine.

- The artillery could **attenuate** the force of the attack.
  포병대는 (적의) 공격력을 약화시킬 수 있다.
- The years will **attenuate** his desire for revenge.
  세월이 흐르면 복수하려는 그의 욕망도 줄어들 것이다.

Quick Review

0576 a

0577 c

0578 c

0579 e

0580 c

0581 s

0582 c

0583 d

0584 b

0585 o

0586 d

0587 f

0588 a

0589 d

0590 h

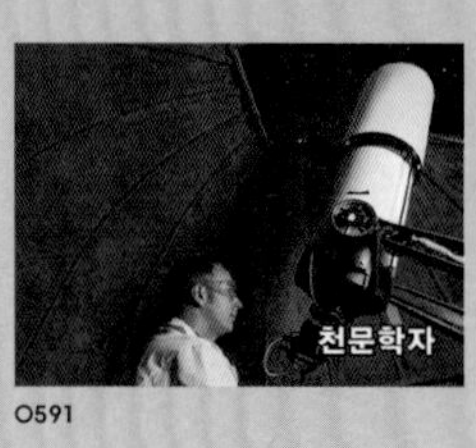

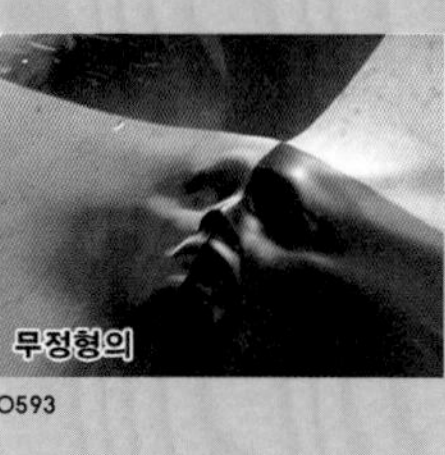

0591 a

0592 g

0593 a

0594 f

0595 s

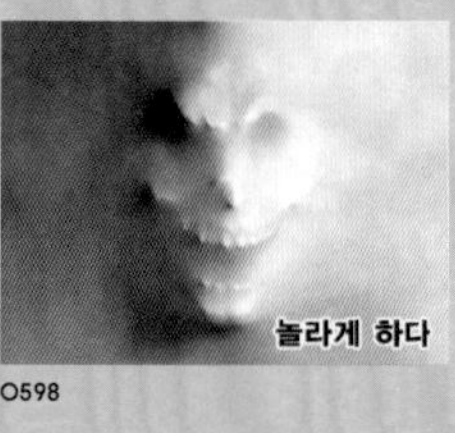

0596 c

0597 s

0598 f

0599 t

0600 a

Answer 0576 **assess** 0577 **confidence** 0578 **credulous** 0579 **efficient** 0580 **critical**
0581 **symptom** 0582 **conjecture** 0583 **delve** 0584 **boost** 0585 **offset**
0586 **decimate** 0587 **falter** 0588 **abate** 0589 **deride** 0590 **harassing**
0591 **astronomer** 0592 **galvanize** 0593 **amorphous** 0594 **flexible** 0595 **salvage**
0596 **cramp** 0597 **suffocate** 0598 **frighten** 0599 **tenuous** 0600 **attenuate**

Preview

DAY 25

0601

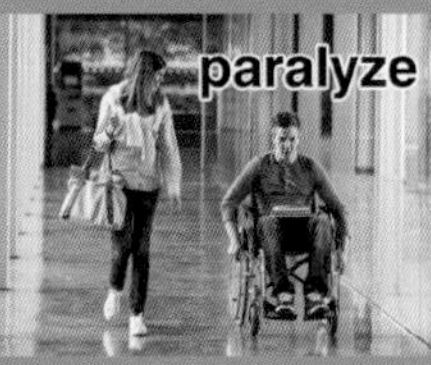

0602

0603

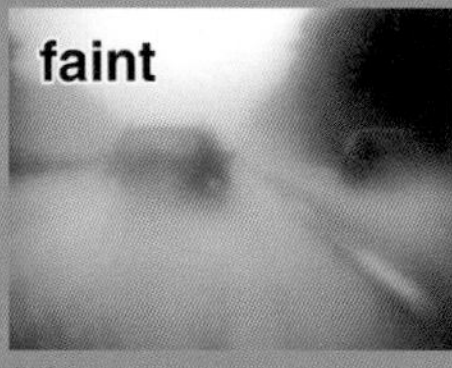

0604

0605

0606

0607

0608

0609

0610

0611

0612

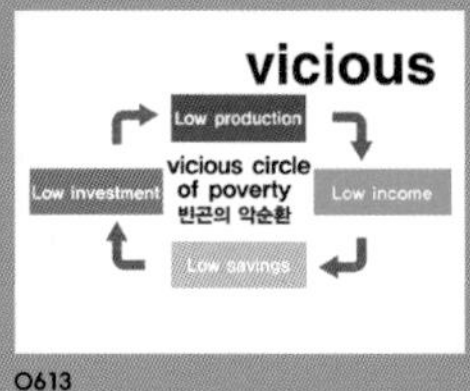

0613

0614

0615

0616

0617

0618

0619

0620

0621

0622

0623

0624

0625

Answer 0601 돌처럼 굳게 하다 0602 마비시키다 0603 무기력하게 하다 0604 흐릿한 0605 사망자 수
0606 상냥한 0607 순종하는 0608 우호적인 0609 환대하는 0610 온순한
0611 냉혹한 0612 사나운 0613 사악한 0614 흉악한 0615 악의가 있는
0616 질색하다 0617 몹시 싫어하다 0618 경멸, 멸시하다 0619 강력히 반대하다 0620 수치스러운
0621 오만한, 건방진 0622 거드름 피우는 0623 주제넘은, 건방진 0624 주제넘게 나서는 0625 노골적인

0601 6+
petrify
[pétrəfài]
08.한국외대/05.경희대/04-2.단국대 98.덕성여대.인천대/91.서울대학원

【어원】petr(=stone ⊃ R220)+i+fy(=make) ➡ 돌처럼 굳게 하다 → 깜짝 놀라게 하여 몸이 굳게 하다

Vt. 1. 돌처럼 굳게 하다; 석질로 만들다 = stone, lapidify
2. 무감각하게 하다; 경직시키다 = paralyze, stupefy; fossilize, ossify
3. 깜짝 놀라게 하다; 망연자실하게 하다 = terrify[R2472] stupefy, stun, astound, astonish
Vi. 돌이 되다; 굳어지다; 망연자실하다

ⓐ petrified (정신을 잃을 정도로) 술이 취한; 극도로 겁에 질린; 돌같이 된

혼 **putrefy**[pjú:trəfài] 부패시키다, 썩게 하다 ⊃ R1134
관 **petroleum** 석유/**petrology** 암석학

0602 6+
paralyze
[pǽrəlàiz]
06.전남9급/06.영남대/01-2.명지대 01-2.단국대/00.단국대

【어원】para(=beside)+ly(=loose ⊃ R029)+(i)ze(동접) ➡ 측면(손발)이 탁 풀리다 → 무력하게 하다, 마비시키다

Vt. 마비시키다; 무력하게 만들다 = disable[S0763] anesthetize, numb, palsy, petrify, stupefy

ⓝ paralysis[pərǽləsis] 1. 무기력 = loss of power of action, numb, enervation, inertia, lethargy, languor, leadenness
2. 마비; 중풍 = palsy, stupor, numbness
3. (교통의) 마비 상태 = congestion, jam

0603 6+
enervate
[énərvèit]
11.상명대/10.한국외대/05-2.세종대 01-2.고려대/01.변리사

【어원】e(=out)+nerv(=nerve)+ate(=make) ➡ 체력, 원기(nerve)를 빼앗다 → 무기력하게 하다

Vt. 기력을 빼앗다, 무기력하게 하다 = exhaust[N0016] drain[T0795] weaken, emasculate, debilitate, enfeeble, devitalize
↔ *strengthen, invigorate, reinforce*

ⓐ enervated 활력을 잃은, 무기력한, 나약한 = feeble, spiritless, languid
ⓝ enervation 쇠약, 허약, 무기력 = weakness, infirmity, feebleness, debility, languor

혼 **innervation**[inərvéiʃən] 신경을 자극하기, 신경 감응
15.한국외대 반 **energize**[énərdʒàiz] 기운을 북돋우다, 전류를 공급하다

0604 6+
faint
[féint]
08.명지대/06.경기대/00.경기대 95.협성대/92.연세대학원

【연상】페인트(paint)가 오래되어서 흐릿해진

A. 1. (시야 · 소리 · 냄새가) 희미한, 흐릿한 = indistinct[D0096] dim[T0275] thin, vague
2. (가능성 · 기회 등이) 희박한 = rare, scarce
3. 힘없는, 연약한 = feeble, weak
Vi. 졸도하다, 기절하다 = swoon, conk, go into fits, collapse

ad faintly 희미하게, 어렴풋이; 힘없이, 가냘프게
ⓝ faintness 희미함; 연약함, 심약함
ⓐ fainthearted 소심한, 용기 없는, 겁 많은

혼 **feint**[féint] 공격하는 시늉; 공격하는 체하다 **paint**[péint] 페인트, 그림물감; 페인트칠하다, 그리다

0605 6+
fatality
[feitǽləti]
07.영남대/07.울산9급/06.영남대

【어원】fat(=say ⊃ R089)+al+ity(명접) ➡ 신께서 미리 말씀하신 것 → 운명, 사망

N. 1. (재난 · 질병으로 인한) 사망자 수; 치사율 = casualties[R1257]
2. 운명을 피할 수 없다는 생각, 숙명론 = determinism

ⓐ fatal 치명적인; 결정적인; 숙명적인, 불가피한 = mortal; crucial; inevitable, predestined
16.국민대 ⓝ fatalism 운명론, 숙명론; 체념
fate[féit] 운명, 숙명; 죽음 = destiny

10.경희대 반 **nonfatal** 치명적이지 않은

영영정의 및 예문
EXAMPLE

이미지 연상훈련
IMAGE TRAINING

▶ 1. to change or to make something change into something like stone
2. to frighten someone extremely, so that they are unable to move or speak

- There are **petrified** forests, places where the remains of trees have turned to stone.
  석화된 숲이 있는데 그곳은 나무의 잔해가 돌로 변한 곳이다. *remain 잔해
- His mother hoped that he didn't **petrify** other small babies.
  그 아이의 엄마는 아들이 다른 어린 아기들을 놀라게 하지 않길 바랐다.

▶ to make someone or something unable to feel, move, or function normally

- After the first stroke, he was **paralyzed** down his waist.
  처음 뇌졸중의 발작이 있은 후, 그는 허리 아래가 마비되었다. *stroke 뇌졸중의 발작
- A leap of faith **paralyzes** your reason.
  맹신은 이성을 마비시킨다.
- Among the educated classes the tension may result in a profound melancholy and a **paralysis** of the will.
  교육을 받은 계층의 사람들 사이에서 정신적 긴장은 깊은 우울증과 의욕의 정체를 초래할 수도 있다.
  *melancholy 우울(증)

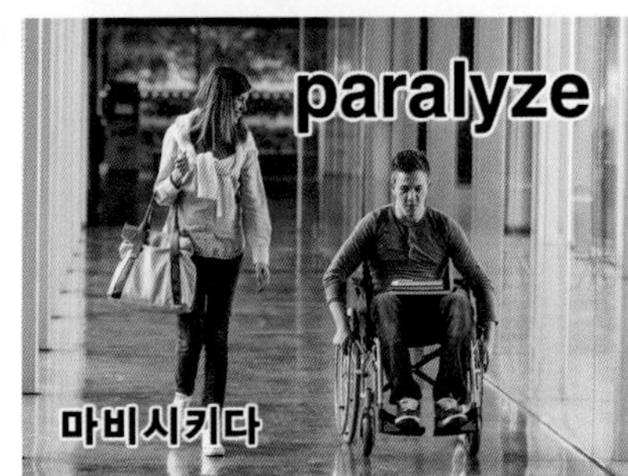

▶ to deplete the nerve, energy, or strength of someone

- I feel so **enervated** by this sultry heat.
  이 무더위 때문에 맥이 다 빠졌어.
- The dullness of the lecture as well as the heat of the day **enervated** the students, who were all too tired to do anything.
  그날의 더위에 못지않게 강의의 지루함도 학생들을 무기력하게 했고, 학생들은 너무 지쳐서 아무것도 할 수 없었다.

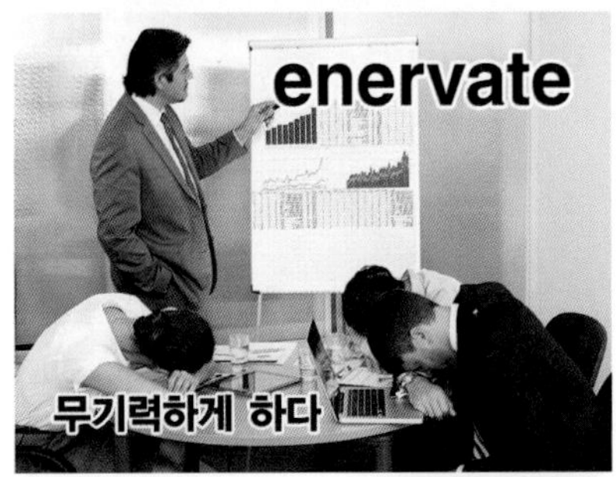

▶ A. 1. not clear 2. possible but unlikely 3. lacking strength or vigor
V. to suddenly become unconscious for a short time

- I followed the doctor into the **faint** light of the consulting room.
  나는 의사를 따라 흐릿한 조명의 상담실 안으로 들어갔다.
- After his long illness, the old man appeared so thin and **faint** that a gust of wind might have blown him away.
  오랫동안 질병을 앓고 난 후, 그 노인은 너무 야위고 허약해 보여서 돌풍이 불면 날아가 버릴 것 같았다.

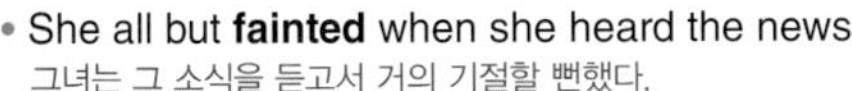

- She all but **fainted** when she heard the news.
  그녀는 그 소식을 듣고서 거의 기절할 뻔했다.

▶ 1. a death caused by an accident or disaster
2. the feeling or belief that human beings cannot change or stop what happens

- The cost of the war was high; there were many injuries and **fatalities** on both sides.
  전쟁의 대가는 컸다. 양측에 많은 부상자와 사망자가 발생했다.
- Today's **fatal** shooting underscores the need for stricter gun control legislation.
  오늘날 치명적인 총기 난사로 인해 보다 엄격한 총기 규제법에 대한 필요성이 강조되고 있다.

정의 DEFINITION | 유사어휘군 SYNONYM·ANTONYM

0606 6+
agreeable
[əgríːəbl]
11.서강대/11.10.경희대 07.성균관대

【어원】 agree(동의)+able(=able) ➡ 동의할 수 있는

A. 1. 기분 좋은, 쾌적한; 상냥한 = affable[N0155] amiable[R2433] pleasant, pleasing, enjoyable, pleasurable

2. 기꺼이 동의하는, 알맞은 = amenable[N0607] acceptable, acquiescent

ad agreeably 기분좋게, 기꺼이
n agreeableness 상냥함, 쾌적함
v agree 동의하다, 일치하다, 잘 맞다

00.건국대
반 **disagreeable** 불쾌한, 싫은, 비위에 거슬리는(=obnoxious); 사귀기 어려운

0607 6+
amenable
[əmíːnəbl]
12.11.경희대/11.서강대 10.경희대/08.덕성여대

【어원】 a<ad(=to)+men(=lead ➲ R136)+able(형접) ➡ 잘 이끌 수 있는 → 다루기 쉬운 → 순종하는

A. 1. 순종하는, 잘 받아들이는[to] = agreeable[N0606] receptive[R0015] responsive[D0304]

2. 복종할 의무가 있는[to] = accountable, answerable, liable

0608 6+
amicable
[ǽmikəbl]
17.서강대/12.경희대/05.행자부7급 97-2.건국대/95.기술고시.경찰간부

【어원】 am(=love ➲ R243)+ic+able(형접) ➡ 서로 사랑할 수 있는 → 우호적인 → 평화적인

A. 우호적인, 평화적인 = friendly[S0823] cordial, amiable, favorable, hospitable, fraternal ↔ belligerent[N0463]

n amicability 우호, 화친, 친선
ad amicably 우호적으로

혼 **amiable**[éimiəbl] 사귀기 쉬운, 붙임성 있는; 마음씨 고운, 상냥한(=agreeable) ➲ R2433
반 **inimical**[inímikəl] 비우호적인(=unfavorable), 적대적인(=hostile); 해로운(=harmful) ➲ TO189
*inimi<enemy(적)+cal: 적의

0609 6+
hospitable
[hάspitəbl]
12.경희대/07.고려대 01-7.경찰

【어원】 hospit(=guest)+able(형접) ➡ 손님(guest)를 맞을 수 있는 → 환대하는 → 친절한

A. 1. 손님 접대를 잘하는, 환대하는; 친절한 = friendly[S0823] warm, cordial, hearty

2. (환경 등이) 쾌적한, (생장에) 적합한 = congenial, genial, comfortable, grateful, agreeable, pleasant

3. 흔쾌히 받아들이는, 개방적인[to] = amenable[N0607] receptive

06.영남대 06. 숙명여대
n hospitality 환대, 친절히 접대함, 후대
*hospitality industry 서비스업(=hotel and dining industry)

반 **inhospitable** 손님을 냉대하는, 불친절한; (기후 등이) 살기에 적합하지 않은

0610 6+
docile
[dάsəl, -dóusail]
13.성균관대/11.경희대/07.국민대 05.성균관대.건국대/04.명지대

【어원】 doc(=teach ➲ R147)+ile(형접) ➡ 가르치기 쉬운 → 온순한

A. 온순한, 유순한; (사람이) 다루기 쉬운 = easily-handled, easy to manage, compliant[D0090] obedient[N0279] submissive, meek, ductile, tractable, pliable

n docility 다루기 쉬움, 온순함, 순종

혼 **dorsal**[dɔ́ːrsəl] 등의; 등지느러미(dorsal fin)

영영정의 및 예문
EXAMPLE

▶ 1. pleasant and friendly 2. willing or ready to agree or consent

• I like being with him because he is so **agreeable**.
나는 그가 아주 상냥하기 때문에 같이 있기를 좋아한다.

• Nobody was able to conceive of a plan that was **agreeable** to all because everyone thought of a different one.
모두가 다 받아들일 만한 계획을 창안하는 사람은 아무도 없었다. 모두들 다른 생각들을 하고 있었기 때문이다.

▶ 1. willing to accept what someone says or does without arguing
2. legally obligated

• The boy was disciplined for not being **amenable to** his elder.
그 소년은 선배들에게 순종하지 않는다고 벌을 받았다. * discipline 벌하다, 훈련하다

• Matters of this type are not **amenable to** legislation.
이런 유형의 문제들은 법률로 제정하기에 적합하지 않다.

▶ done in a friendly way

• The employer was **amicable** to his employees.
그 고용주는 직원들에게 우호적이었다.

• Dick and Jane made an **amicable** divorce settlement by dividing their property equally.
딕과 제인은 그들의 재산을 똑같이 분배함으로써 이혼 문제를 우호적으로 해결했다.

▶ 1. friendly and welcoming to guests 2. providing good conditions that things can grow
3. having a open mind

• The people were extremely **hospitable**.
사람들은 대단히 친절하게 대해주었다.

• The greenhouse effect is not in itself harmful; on the contrary, it establishes a temperature that is **hospitable** to life.
온실효과는 그 자체가 해로운 것은 아니다. 오히려, 생물이 살기에 적합한 온도를 설정해 준다.

▶ quiet and easy to control

• To carry our supplies, I'd bought a **docile** brown mule.
우리의 물자를 실어 나르기 위해 나는 유순한 갈색 노새 한 마리를 샀다. * mule 노새

• On the island, lions, wolves, and other wild animals roamed, but contrary to what you would expect, they were as **docile** as pet cats or dogs.
그 섬에는 사자, 늑대, 그리고 다른 야생동물들이 어슬렁거리며 돌아다녔다. 하지만 당신이 예상했을 것과는 반대로 그것들은 애완용 고양이나 강아지만큼 온순하였다. * roam 배회하다

0611 6+ **relentless** [riléntlis]
10.명지대/06.경희대/97.지방고시

【어원】 re(강조)+lent(=soft)+less(=without ➲ R031) ➡ 누그러지지 않는 → 가차없는 → 끈질긴

A. 1. 냉혹한, 가차 없는 = merciless[R2288] ruthless[N0450] cruel[T1274] heartless pitiless, unpitying, inexorable, scathing, stern, severe, rigorous, uncharitable

2. 수그러들지 않는, 끈질긴, 끊임없는 = unyielding[D0167] indefatigable[N0816] unstoppable constant[N0411]

16.경기대/15.숙명여대 ⓐⓓ relentlessly 가차 없이, 무자비하게; 끊임없이 = remorselessly[R1212] incessantly[N0985]

01.경기대 동 **unrelenting**[ʌnriléntiŋ] 가차[용서] 없는, 엄한; 무자비한(=inexorable)
relent[rilént] 누그러지다; 가엾게 여기다 **relentingly** 부드럽게, 고분고분
반 **lenient**[lí:niənt] 너그러운, 관대한 ➲ N0092

0612 6+ **ferocious** [fəróuʃəs]
03.경기대/00.동아대 95.경기대

【어원】 feroc<fierce(=savage)+ious(형접) ➡ 사나운, 흉포한 → 지독한, 굉장한

A. 1. 사나운, 흉포한; 잔인한 = savage[T1276] mean[N0302] fierce[T1277] cruel, violent, brutal, raging, atrocious, furious

2. 지독한, 맹렬한 = vehement

10.가천의대/94.연세대학원 ⓝ ferocity (몹시) 사나움, 잔인[흉악]성

0613 6+ **vicious** [víʃəs]
10.중앙대/07.숙명여대/05.명지대 02.사법시험/94.강남대

【어원】 vice(악, 부도덕)+ious(형접) ➡ 악이 있는 → 사악한, 부도덕한 → 잔인한

A. 1. 잔인한, 광포한 = cruel[T1274] savage, brutal, violent, ferocious, rampant, outrageous, atrocious

2. 악의가 있는, 심술궂은 = wicked[T1272] malicious[N0509] spiteful, vindictive, venomous, mean
*vicious circle 악순환

3. 사악한, 부도덕한, 타락한 = wicked, nefarious, iniquitous, devious

4. 〈구어〉 (기후 · 고통 등이) 지독한, 심한 = severe, harsh, rigid, stern

ⓝ vice[vais] 악, 부도덕, 악습; 결함, 약점; 나쁜 버릇

0614 6+ **heinous** [héinəs]
16.서강대/13.경기대,한양대 07.02-2.고려대

【연상】 지나가는 행인에게 "헤이! 너 서!"라고 하고 돈을 뺐는 흉악한 범죄자

A. (범죄 등이) 악랄한, 흉악한, 가증스러운 = hideous[N0865] very wicked[T1272] reprehensible[N0863] shocking and immoral, atrocious[D0855] abominable, odious, hateful, villainous, diabolic

0615 6+ **malign** [məláin]
15.경기대/02-2.고려대 99.경기대/98.고려대학원

【어원】 mal(=bad)+i+gn(=birth, kind ➲ R160) ➡ 나쁘게 만드는 → 악의가 있는, 해로운 → 헐뜯다

A. 1. 해로운, 악의가 있는 = evil[R1746] harmful, malicious, vicious, detrimental, noxious, nocuous, injurious

2. (병이) 악성인 = malignant, virulent

V. 헐뜯다, 중상하다 = slander[N0809] speak ill of

ⓝ malignity 악의, 앙심, 원한; (병의) 악성
malignance 앙심, 적의; (병의) 악성 = animosity, hostility, antagonism, spite, grudge, hatred

17.서강대/07.숙명여대 ⓐ malignant 해로운, 악의가 있는, (병이) 악성인 ↔ benign[N0373] 양성인

영영정의 및 예문
EXAMPLE

이미지 연상훈련
IMAGE TRAINING

▶ 1. strict and cruel 2. not stopping

- The Jewish people had managed to survive for so long, despite facing **relentless** persecution.
  유대인들은 가혹한 박해에 직면해서도 오랜 기간 동안 어떻게 해서든 살아남았다.

- The march of scientific progress has been **relentless** during the 20th century.
  과학적 진보의 행진은 20세기에 끊임없이 계속되었다.

▶ 1. fierce and violent 2. extremely intense

- The **ferocious** dog chased away the mail carrier.
  그 사나운 개는 우편배달부를 쫓아 버렸다.

- I was harrowed by the **ferocity** and carnage.
  나는 잔인함과 대량 살육에 마음이 괴로웠다. *carnage 대량 살육

▶ 1. cruel or fierce 2. having the nature of vice 3. very bad or severe

- A **vicious** enterpriser brings employees to his bow.
  악덕기업주는 직원들을 마음대로 부린다.

- The **vicious circle** of poverty keeps repeating all over the world.
  세계 곳곳에 빈곤의 악순환이 거듭되고 있다.

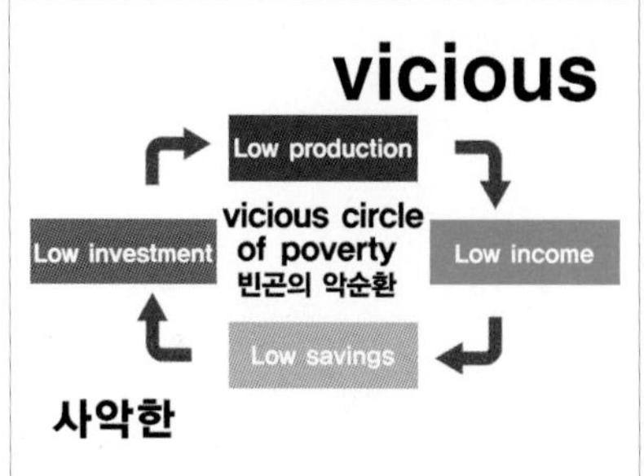

▶ extremely wicked or horrible

- To murder someone in cold blood is a **heinous** crime.
  사람을 냉혹하게 살해하는 것은 극악무도한 범죄이다 . *in cold blood 냉혹하게

- Some people who are immersed in horror imagery feel provoked to commit the same **heinous** crimes they just viewed.
  공포물에 푹 빠진 어떤 사람들은 그들이 방금 본 것과 같은 흉악한 범죄를 저지르고픈 충동을 느낀다.

▶ A. intending to cause harm or evil
V. to say unpleasant and untrue things about someone

- In a way, television seems to have a **malign** influence on society.
  어떤 면에서는, 텔레비전이 사회에 해로운 영향을 끼치는 것처럼 보인다.

- You **malign** a generous person when you call him a stingy person.
  당신이 그를 인색한 사람이라고 한다면 당신은 인심이 좋은 사람을 헐뜯는 것이다.

정의 DEFINITION	유사어휘군 SYNONYM·ANTONYM

0616 6+ **loathe** [lóuð]
06.고려대/05-2.가톨릭대/05.경희대 98.건국대/96-2.광운대

【어원】loath(=hateful)+e ➡ 몹시 싫어하다 → 질색하다

Vt. 몹시 싫어하다; 질색하다 = dislike[P0461] detest[N0617] abhor, hate
*dislike, abhor, hate 보다 뜻이 강함

ⓐ loath ~하기 싫어하는 = averse
*be loath to R ~하기 싫어하다
loathful/loathsome 혐오스러운; 메스꺼운 = disgusting, queasy, abominable, revolting
ⓝ loathing 혐오, 질색 = aversion, nausea, repugnance, repulsion
ⓐⓓ loathly 마지못해

0617 6+ **detest** [ditést]
17.국가직9급/08.명지대/05.경희대 00-2.강남대/95.경기대/82.서울대학원

【어원】de(=down)+test(=witness ➲ R069) ➡ 아래로(나쁘게) 증언하다 → 혐오하다, 몹시 싫어하다

Vt. 혐오하다, 몹시 싫어하다 = abhor[N0452] loathe[N0616] abominate, hate, dislike, execrate, disrelish, nauseate

ⓐ detestable 몹시 미운, 밉살스러운, 증오하는 = abominable
ⓝ detestation 증오, 혐오; 몹시 싫은 것[사람] = antipathy, aversion, abhorrence, abomination, revolt, repulsion, revulsion, repugnance, loathing, execration, disfavor, nausea, scunner

0618 6+ **disdain** [disdéin]
13.가천대,경희대/10.단국대 09.고려대/99.건국대

【어원】dis(=not)+dain(=worthy ➲ R226) ➡ 가치(존경)를 두지 않다 → 경멸하다, 멸시하다

N. 경멸, 경멸감, 모멸 = scorn[T0331] raillery[T0339] contempt
Vt. 1. 경멸하다, 멸시하다, 업신여기다 = snub[T0332] scorn, disparage, despise, slight, spurn, contemn, look down on
↔ *respect*, *esteem*, *venerate*, *look up to*
2. ~ 할 가치가 없다고 생각하다 = disregard

ⓐ disdainful 경멸적인, 무시하는; 오만한 = scornful, contemptuous, pejorative

0619 6+ **deprecate** [dépriкèit]
16.명지대/12.이화여대/05.경기대 98-2.동덕여대/94.경기대

【어원】de(=down)+prec(=pray)+ate(동접) ➡ 다른 사람의 명예가 떨어지기를 기도하다

Vt. 1. (강력히) 반대하다 = to express disapproval of, discountenance
2. 비하[비난]하다 = criticize, depreciate, belittle, disparage, derogate, vilipend, villify, run down

ⓐ deprecatory 반대의, 불찬성의; 사과하는
ⓝ deprecation 반대, 불찬성; 탄원, 애원
ⓐ self-deprecating 자기 비하적인

관 **precarious** 불확실한, 운에 맡기는; 위험한 ➲ N0011
precatory 기원하는 **imprecate** (~에게 재앙이 있기를) 빌다; 저주하다

0620 6+ **ignominious** [ìgnəmíniəs]
06.고려대/02.중앙대 01-2.경기대/01.행,외시

【어원】i<in(=not)+gno(=know ➲ R143)+minious ➡ 알지 못해서(무식해서) 수치스러운

A. 불명예스러운, 수치스러운 = disgraceful[R2417] discreditable, degrading, dishonorable, inglorious, ignoble, shameful
↔ 명예로운: *creditable*, *glorious*, *honorable*

ⓝ ignominy 불명예, 수치스러운 행위 ↔ *honor*, *glory*, *credit*
08.국회 8급
ⓐ ignoble 비열한, 천한; 불명예스러운, 수치스러운 = shameful[T0349(1)]

영영정의 및 예문
EXAMPLE

▶ to dislike someone or something greatly

- They moved to Florida because they **loathed** the cold winters in the Midwest.
  그들은 중서부지방의 추운 겨울을 싫어했기 때문에 플로리다로 이사했다.
- Those who had gained rank and power over us during the war **were loath to** relinquish the prestige they had obtained.
  전쟁 동안 우리를 지배할 수 있는 지위와 권력을 획득한 사람들은 이미 얻은 명성을 포기하기를 싫어했다.
- It's really upsetting to know that there are such **loathsome** individuals living in this world.
  그런 혐오스런 사람들이 이 세상에 살고 있다는 사실을 알게 되어 너무 화가 난다.

▶ to hate something or someone very much

- Martin Luther King **detested** injustice.
  마틴 루터 킹 목사는 부정을 몹시 혐오했다.
- They found the music **detestable**.
  그들은 그 음악을 몹시 싫어했다.

▶ N. the feeling that someone or something is not good enough to deserve any respect
V. to have no respect for someone or something

- George Bernard Shaw expressed his **disdain** for technological progress when he said that the human race is just interested in finding more efficient ways of exterminating itself.
  조지 버나드 쇼는 "인간은 자기 자신을 파멸시키는 데에 보다 효과적인 방법을 발견하는 데에만 관심이 있다."고 말하면서 기술적 진보에 대한 그의 경멸감을 표현했다.
- The Hispanic population charges that the U.S. **disdains** their people and heritage.
  히스패닉계 주민들은 미국이 자신들의 민족과 문화유산을 업신여기는 것을 비난한다.

▶ 1. to express strong disapproval of 2. to depreciate

- Those who profess to favor freedom and yet **deprecate** agitation are men who want crops without plowing up the ground.
  자유를 지지한다고 공언하면서도 시위를 반대하는 사람들은 땅을 갈지 않으면서 수확하기만을 원하는 사람이다.
- The teacher should not **deprecate** his student's efforts.
  교사는 자기 학생의 노력을 비하해서는 안 된다.

▶ bringing shame or disgrace

- The Vietnam War ended over 30 years ago, and a more **ignominious** ending could hardly have been imagined for the United States.
  베트남 전쟁이 끝난 지 30년이 넘었고 미국에게 이보다 더 불명예스러운 결과는 상상해 볼 수 없었다.
- I think it a less evil that some criminals should escape than that the government should play an **ignoble** part.
  몇몇 범죄자가 도망가는 것이 정부가 수치스러운 역할을 하는 것보다 덜 악하다고 생각한다.

0621 6+ **haughty** [hɔ́:ti]

17.국민대/07.서울시9급/00.동국대/98.경기대/96-2.강남대

【어원】haught(=high ⊃ R174)+y(형접) ➡ 자기가 굉장히 높은(high) 사람인것 처럼 구는 → 오만한

A. 오만한, 거만한, 건방진 = arrogant[N0531] supercilious[T0221] impertinent, impudent, impolite, insolent, rude, saucy

99.세종대 ⓝ haughtiness 오만, 불손 = arrogance[D0531]

ⓐⓓ haughtily 건방지게

17.중앙대 관 **hauteur**[houtə́:r] 건방짐, 오만(=hubris)

0622 6+ **pompous** [pámpəs]

14.홍익대/07.성균관대/05.경기대/03.명지대/92.한국외대

【연상】권력을 잔뜩 뽐(pomp)내는 → 거드름 피우는

A. 거드름 피우는, 거만한 = arrogant[N0531] pretentious[N0323]

ⓝ pomp[pámp] (공식행사 · 의식의) 화려함; 겉치레, 허영

pomposity 거만한 언행, 거드름

0623 6+ **presumptuous** [prizʌ́mptʃuəs]

12.국회8급/04.경기대/01.서강대/95.수원대

【어원】pre(=before)+sumpt(=take:가지다 ⊃ R004)+uous ➡ 어른보다 먼저 숟가락을 가지는 → 건방진 → 주제넘은

A. 주제넘은, 건방진, 뻔뻔스러운 = impudent[T0228] impertinent[D0093] insolent, arrogant, presuming, unabashed, unashamed, pert, saucy, cheeky, perky

99.단국대 혼 **sumptuous**[sʌ́mptʃuəs] 사치스러운, 화려한(=luxurious), 값지게 보이는

sumptuary[sʌ́mptʃuèri] 사치를 금지하는, 비용절감의

0624 6+ **officious** [əfíʃəs]

17.서울시9급/11.서울여대/06.서울여대/00-2.고려대/98.경희대

【어원】of<ob(=against; away)+fic(=make, do ⊃ R060)+ious ➡ 1.(주제)에 거슬러서 행하는 → 주제넘게 나서는 2.공식에서 벗어나(away) 행하는 → 비공식의

A. 1. 참견하기 좋아하는, 주제넘게 나서는 = obtrusive[N0815] intrusive[D0856] meddlesome[D0858] meddling, prying, interfering

2. (외교) 비공식의; 솔직한 = informal ↔ *formal*, *official*

12.한양대 혼 **officiary**[əfíʃièri] 관직상의; 관직의 직함이 있는

official[əfíʃəl] 공무원, 관리; 공식의; 공무상의 ↔ **unofficial, informal**

officiate 사회하다(=preside),직권을 행사하다; 집전하다

0625 6+ **blatant** [bléitənt]

17.단국대,산업기술대,한국외대/13.경희대/12.서울여대/07.경희대/02.중앙대/01.고려대

【연상】"네 집에 벌레있던데"라고 노골적으로 무시하는 친구

A. 1. (나쁜 행동이) 노골적인; 뻔뻔스러운 = obvious[N0341] obtrusive[N0815]

2. 뻔한, 명백한 = flagrant[T0105] conspicuous[N0153] overt

ⓐⓓ blatantly 주제넘게, 뻔뻔스럽게

영영정의 및 예문
EXAMPLE

이미지 연상훈련
IMAGE TRAINING

▶ behaving in a proud and unfriendly way

- Having a **haughty attitude**, she acted like she was superior to the other members.
  거만한 태도로, 그녀는 다른 멤버들보다 자신이 더 뛰어난 것처럼 행동했다.
  * superior to ~보다 뛰어난

- The newcomer's **haughty manner** made the girls in the class ask indignantly, "Who does she think she is?".
  새로운 아이의 거만한 태도 때문에 그 학급의 여학생들은 분개해서 물었다. "도대체 자기가 뭐라고 생각하는 거야?"(자기가 대단한 줄 아는 모양이지?)

▶ speaking or behaving in a very serious way because they think they are very important

- The railway guard was a **pompous** little official, who acted as though he controlled the whole railway system.
  그 철도 경비원은 거만하고 키가 작은 역원인데, 그는 마치 자신이 모든 철도 시스템을 통제할 수 있는 것처럼 행동했다.

- Even today, there are some Americans who think the British are too **pompous**.
  심지어 오늘날에도, 영국인이 너무 거만하다고 생각하는 미국인들이 있다.

▶ too confident, in a way that shows a lack of respect for other people

- It was **presumptuous** of the young senator to challenge the leadership so soon.
  그 젊은 상원의원이 그렇게도 이르게 지도부에 도전한 것은 당돌한 일이었다.

- They love his **sumptuous** croon and his songs about eggshell hearts breaking on the stones of romance.
  그들은 그의 화려한 낮은 목소리의 유행가와 사랑이라는 돌 위에서 부서지는 연인들의 마음에 대한 노래를 좋아한다. * croon 감상적인 유행가

▶ too eager to tell people what to do

- When people put on uniforms, their attitude becomes more confident and their manner more **officious**.
  사람들이 제복을 입을 때, 태도에 더 자신이 있고, 그들의 자세는 더 간섭하기를 좋아하게 된다는 것이다.

- She is good at organizing people without seeming arrogant or **officious**.
  그녀는 거만하거나 주제넘어 보이지 않으면서 사람들을 조직적으로 단결시키는데 능숙하다.

▶ 1. done in an obvious and open way 2. completely obvious

- Outsiders will continue to suffer the most **blatant** discrimination.
  이방인들은 가장 노골적인 차별을 계속 당할 것이다.

- The children's **blatant** disregard for conventional manners embarrasses their old relatives.
  전통적인 예의에 대한 그 아이들의 노골적인 무시가 나이든 친척들을 당혹케 한다.

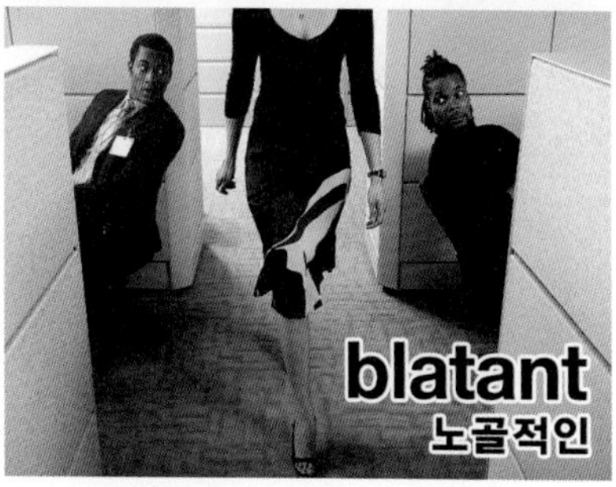

Quick Review

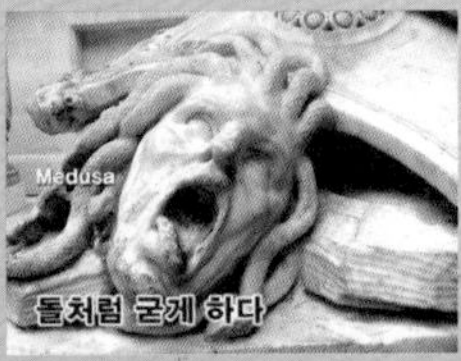

0601

p

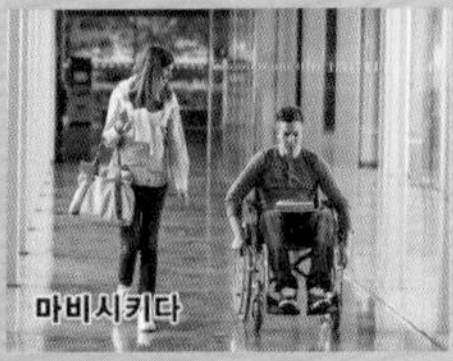

0602

p

0603

e

0604

f

0605

f

0606

a

0607

a

0608

a

0609

h

0610

d

0611

r

0612

f

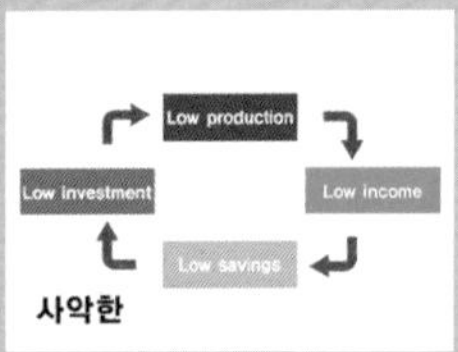

0613

v

0614

h

0615

m

0616

l

0617

d

0618

d

0619

d

0620

i

0621

h

0622

p

0623

p

0624

o

0625

b

Answer 0601 **petrify** 0602 **paralyze** 0603 **enervate** 0604 **faint** 0605 **fatality**
0606 **agreeable** 0607 **amenable** 0608 **amicable** 0609 **hospitable** 0610 **docile**
0611 **relentless** 0612 **ferocious** 0613 **vicious** 0614 **heinous** 0615 **malign**
0616 **loathe** 0617 **detest** 0618 **disdain** 0619 **deprecate** 0620 **ignominious**
0621 **haughty** 0622 **pompous** 0623 **presumptuous** 0624 **officious** 0625 **blatant**

DAY 26

Preview

0626

0627

0628

0629

0630

0631

0632

0633

0634

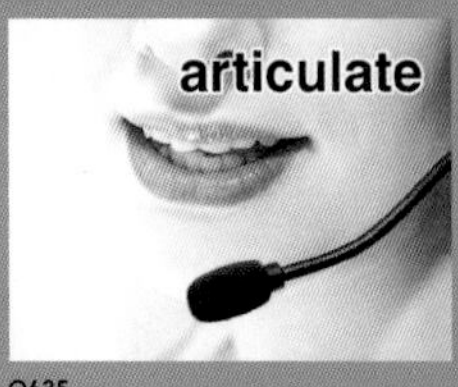

0635

0636

0637

0638

0639

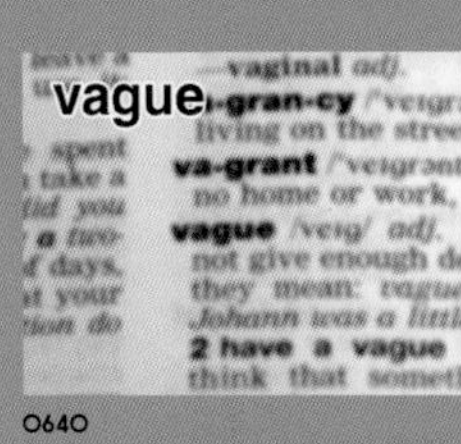

0640

0641

0642

0643

0644

0645

0646

0647

0648

0649

0650

Answer 0626 간결한 0627 말을 삼가는 0628 줄이다 0629 평범하고 재미없는 0630 말이 많은
0631 둔한, 멍청한 0632 무딘, 뭉뚝한 0633 말이 신랄한, 험악한 0634 칭찬의 0635 똑똑히 발음하다
0636 지우다 0637 암호를 해독하다 0638 얼빠진, 어리석은 0639 앞뒤가 뒤바뀐 0640 애매한, 흐릿한
0641 쌀쌀맞은 0642 마음이 내키지 않는 0643 마음을 사로잡다 0644 고의의 0645 동정, 조문
0646 수심에 잠긴 0647 동향, 추세 0648 소질, 취향 0649 편견 0650 주창자, 지지자

DAY 26-1

정의 DEFINITION	유사어휘군 SYNONYM·ANTONYM

0626 6+ laconic

[ləkɑ́nik]

17.서강대/07.감평사/06.경찰
99.중앙대/98.명지대/92.한국외대

【어원】Laconia 사람은 말이 간결했다는 데서 유래 ➡ 말수가 적은 → 말이 간결한

A. (말이나 표현이) 간결한, 간명한 = terse[N0811] succinct[N0525] concise[N0353] pithy[T0925] curt, simple

ⓝ laconism/laconicism 간결한 표현; 경구
ⓐⓓ laconically 간결하게 = concisely[D0353]

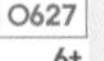

0627 6+ reticent

[rétəsənt]

12.명지대,서강대
10.이화여대/95.경기대
13.국민대

【어원】re(강조)+tic(=silent)+ent(형접) ➡ 조용히 입 다물고 있는

A. 과묵한, 말을 삼가는 = taciturn[N0298] reserved[D0106] silent, laconic, incommunicative, unforthcoming,

ⓝ reticence 과묵, 말수가 적음 = taciturnity[D0298]

0628 6+ abridge

[əbrídʒ]

14.한국외대
04.입법고시/02-2.숙명여대
15.기상직9급

【연상】다리(bridge)를 놓아 주행 거리를 단축하다

V. 1. (책 등을) 축약[요약]하다 = shorten[T1444] abbreviate, condense, summarize
2. 단축하다, 삭감하다 = curtail[N0117] reduce, lessen, diminish, retrench, cut down

ⓝ abridg(e)ment 요약본, 축약본, 발췌 = precis[R1082] compendium, summary
ⓐ abridged 짧게 한

98.안양대
반 unabridged 생략하지 않은; 무삭제본 = not shortened

0629 6+ prosaic(al)

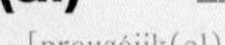

[prouzéiik(əl)]

11.중앙대/03-2.숭실대
97.한성대/96.고려대학원
90.고려대학원

【어원】prose(산문체)+ic(형접) ➡ 산문체의 → 재미없는 → 지루한

A. 1. 평범하고 재미없는, 지루한 = boring[T0922] tedious[N0352] dull[N0631] insipid, pedestrian
2. 산문(체)의 = prosy

ⓝ prose 산문; 산문체; 평범, 단조; 지루한 이야기 ↔ *verse* 운문
ⓐ prosy 산문체의; 평범한, 지루한, 단조로운 = monotonous, humdrum
ⓝ prosody 작시법, 운율학

0630 6+ verbose

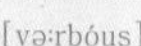

[və:rbóus]

14.숙명여대/12.단국대
11.한국외대/08.경기대
08.한성대

【어원】verb(=word ⊃ R092)+ose ➡ 말이 많은

A. 말이 많은, 장황한 = loquacious[N0351] prolix[T0921] talkative, wordy, garrulous redundant

ⓝ verbosity 장황, 쓸데없이 길게 쓰는 것
verbiage 쓸데없는 말이나 글로 오히려 이해하기 어려운 것

관 verb 동사

영영정의 및 예문
EXAMPLE

이미지 연상훈련
IMAGE TRAINING

▶ using very few words to express what you mean

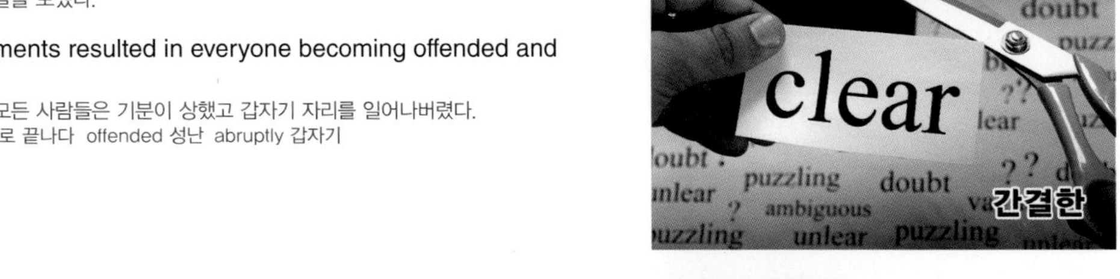

• She sent me a **laconic** message.
그녀는 내게 간단한 전갈을 보냈다.

• Her **laconic** comments resulted in everyone becoming offended and leaving abruptly.
그녀의 짧은 논평으로 모든 사람들은 기분이 상했고 갑자기 자리를 일어나버렸다.
*result in (결과가) ~으로 끝나다 offended 성난 abruptly 갑자기

▶ disposed to be silent or not to speak freely

• He was **reticent** about the reasons for the quarrel.
그는 그 싸움의 이유에 대해 말을 삼갔다.

• He had been characteristically **reticent** regarding the details of his own financial affairs.
그는 자신의 재정적인 문제의 자세한 내용에 관해서는 눈에 띌 정도로 말을 삼가했다.

▶ 1. to make (especially a book) shorter 2. to diminish

• An **abridged** version of a book is a shortened version: it's not complete because parts have been cut or omitted.
책의 요약본은 짧게 줄인 판으로서 일부가 생략되거나 잘라냈기 때문에 완전하지는 않다.

• I always prefer **unabridged** versions to abridged.
나는 항상 요약본보다는 무삭제본을 더 좋아한다.

▶ 1. ordinary and uninteresting 2. characteristic of prose

• A **prosaic** Sunday morning means to me sleeping late and lingering over a big pancake breakfast while browsing the Sunday newspaper.
내게 평범한 일요일 아침이란 늦잠을 자고 일요신문을 뒤적거리는 동안 대형 팬케이크를 미적거리며 먹는 것을 의미한다. *lingering over 미적거리며 시간을 끌다.

• He wrote **a lapidary prose** which illuminated both subject and author.
그는 글의 주제와 작가 모두를 각광받게 해준 비문체의 산문을 썼다.

▶ using an excessive number of words

• When drunk, he becomes pompous and **verbose**.
취했을 때 그는 거만하고 말이 많아졌다.

• The report is indeed more **verbose** than necessary.
그 보고서는 필요 이상으로 장황하다.

0631 6+ **dull** [dʌ́l]
17.경기대/07.덕성여대/02.101단 02.중앙대.서울여대

【연상】 칼을 덜 갈아놓은 → 무딘 → 재미없는

A. 1. (칼 등이) 무딘; (머리가) 둔한, 멍청한 = blunt[N0632] obtuse, insensible ↔ *sharp*, *acute*, *keen*
2. 단조롭고 지루한, 재미없는 = boring, insipid[R1576] vapid[R1558] tedious, flat, plain
3. (시장이) 침체된, 활기 없는 = sluggish, stagnant, slack, depressed
4. (날씨가) 흐린; (색상이) 우중충한 = cloudy, dim, gloomy, dismal; colorless, drab
5. (통증이) 심하지는 않지만 계속 아픈 ↔ *acute*

13.서강대 ⓝ dullness 둔함; 지루함 = drudgery[N0804]

반 **sharp** 1. 날카로운, 예리한(=shrewd) 2. (변화가) 급격한 3. 선명한, 분명한 4. 최신 유행에 따른, 멋진; 영리한
sharpness 날카로움, 선명, 격렬, 신랄(=acuity) **sharply** 날카롭게, 신랄하게, 급격히(=abruptly)

0632 6+ **blunt** [blʌ́nt]
17.경기대,국민대,한국외대/03.101단,경찰간부 08.경기대

【어원】 blund<blind(눈 먼) ➡ 눈 먼 → 사람이 둔한 → 칼날이 무딘 → 무뚝뚝한

A. 1. (칼 등이) 무딘, 뭉뚝한; (사람이) 둔한 = dull[N0631] unsharpened, unpointed, pointless
2. (사람이나 말이) 직설적인; 무뚝뚝한 = outspoken[P0058] forthright[N0795]; brusque, curt
*To be blunt ~ 솔직히 말하자면 = frankly speaking
V. 무디게 하다, 무뎌지다

11.국민대/07.인천9급 ⓐⓓ bluntly 직설적으로, 무뚝뚝하게 = brusquely[T0928]

혼 **brunt**[brʌ́nt] (공격 등의) 예봉
blurt[blə́:rt] 불쑥 말하다; 무심결에 누설하다

0633 6+ **acrimonious** [æ̀krəmóuniəs]
09.고려대/02.국민대/97.한양대 97.고려대학원/93.변리사

【어원】 acr(=sharp ⊃ R174)+i+mon(=warn ⊃ R145)+ious ➡ 날카롭게 충고하는 → 통렬한, 신랄한

A. (태도 · 말 등이) 통렬한, 신랄한, 험악한 = bitter[T0963] scathing[T0964] acrid, sharp, biting, cutting, poignant, pungent, incisive, severe, caustic, catty, sarcastic, trenchant

ⓝ acrimony 매서움, 신랄함, 통렬함 = harshness
ⓐⓓ acrimoniously 신랄하게

0634 6+ **laudatory** [lɔ́:dətɔ̀:ri]
14.가톨릭대/10.서울시9급/98.한국외대 12.서강대/00.동국대

【연상】 너 도토리 건강에 좋다고 항상 찬양하는 사람이잖아.

A. 칭찬[찬미]의 = complimentary[R1542] praising, commendatory, panegyrical, acclamatory, eulogistic
ⓥ laud [lɔ:d] 찬양하다, 찬미하다; 찬양, 찬미 = praise[R2252] commend, honor, extol, eulogize
ⓝ laudation 칭찬, 찬미 = praise, acclaim, acclamation, applause, celebration, commendation, compliment, encomium
ⓐ laudable 칭찬할 만한, 훌륭한, 기특한 = creditable[R2292]

혼 **loud**[laud] 소리가 큰, 시끄러운 **loudly** 큰 소리로
lord[lɔ:rd] 귀족, 경, 영주, 주인 **lordly** 잘난 체하는
road[roud] 길, 도로 **load**[loud] (많은 짐을) 싣다; 짐, 화물 ⊃ T1477

0635 6+ **articulate** [a:rtíkjulèit]
14.가천대/07.광운대/05.항공대 02-11.경찰/01.사법시험

【어원】 art(=skill, craft ⊃ RO62)+icul+ate ➡ (말하는 것이) 예술이다 → 1. 똑똑히 발음하다 2. 명료한

Vt. 1. 똑똑히 발음하다, 명료하게 표현하다 = enunciate[N0786] pronounce, voice, vocalize
2. (관절을) 잇다; 유기적으로 연관되다 = concatenate, integrate
A. [ɑ:rtíkjulət] (생각을) 잘 표현하는; (말이) 또렷한 = eloquent; distinct, perspicuous

ⓝ articulation 명확한 발음, 명확한 표현
ⓐⓓ articulately 명료하게

반 **inarticulate** 발음이 분명하지 않은, 모호한; 관절이 없는

▶ 1. not sharp or intelligent 2. not interesting or exciting
3. (of business) not active or brisk 4. very cloudy; not bright

- All work and no play makes Jack a **dull** boy.
  공부만 하고 놀지 않으면 아이는 바보가 된다.
- I could not find a **dull** page in the whole book.
  그 책 어디에서도 지루한 곳을 찾아볼 수 없었다.
- The market is extremely **dull**.
  시장 거래가 아주 침체되어 있다.

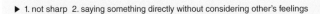

▶ 1. not sharp 2. saying something directly without considering other's feelings

- If you try to cut stone with a knife, you will **blunt** the edge.
  칼로 돌을 자르려고 한다면, 칼날 끝은 무디어질 것이다.
- She has a reputation for **blunt speaking**.
  그녀는 직설적으로 말하기로 평판이 자자하다.
- **To be blunt**, your work is appalling.
  솔직히 말하자면, 너의 작품은 엉망이다.

▶ arguing a lot with much anger or bitter feelings

- There was an **acrimonious dispute** about the new labor law between the two parties.
  두 정당 간에 새로운 노동관계법을 둘러싸고 신랄한 토론이 있었다.
- The debate grew more and more **acrimonious** and degenerated into a name-calling contest.
  그 토론은 점점 험악해져서 욕설 대회로 전락하고 말았다. * name-calling 욕하기

▶ expressing praise

- The chairman introduced the speaker with a few **laudatory** remarks.
  그 사회자는 몇 마디 칭찬하는 말로 그 연설자를 소개하였다.
- They **lauded** him as a hero.
  그들은 그를 영웅이라고 찬양했다.

▶ V. 1. to express or pronounce something clearly in words 2. to join something; to be joined to something else by a joint A. clearly expressed or pronounced

- John was very careful to **articulate** his speech this afternoon so that everyone in the lecture room could easily understand him.
  존은 오늘 오후 강연장에 있는 모든 사람이 쉽게 이해할 수 있도록 자신의 강연을 분명하게 발음하려고 매우 주의를 기울였다.
- These courses are designed to **articulate with** university degrees.
  이 과정은 대학 학위와 유기적으로 연관되도록 고안되었다.
- He is famous for his witty, entertaining and **articulate speech**.
  그는 재치가 넘치고 재미있으며, 또렷한 연설로 유명하다.

0636 6+ **obliterate** [əblítərèit]
12.명지대/11.국민대/08.고려대 05.서울여대/98.경기대

【어원】ob(=away)+liter(=letter ➲ R096)+ate(동접) ➡ 문자를 없애다

V. (흔적·기억을) 없애다[지우다] = efface[R1843] eradicate[N0047] erase, delete, wipe off, expunge, blot out, rub out

ⓝ obliteration 삭제, 말살

0637 6+ **decipher** [disáifər]
03.홍익대/01.한국외대/98.중앙대 93.기술고시/82.행정고시

【어원】de(=away)+cipher(암호) ➡ 암호를 제거하다 → (암호를) 해독하다 → 번역하다

Vt. (암호문 따위를) 해독하다, 번역하다 = decode[R2548] decrypt
↔ 암호화하다: *cipher*, *code*, *encode*, *encrypt*

N. (암호문의) 번역, 해독; 판독 = cryptanalysis

ⓐ decipherable 판독[해독]할 수 있는
ⓝ decipherment 해독, 판독

관 **cipher** (숫자의) 영(0), 숫자; 암호(=password, watchword, secret code)

0638 6+ **fatuous** [fǽtʃuəs]
10.이화여대/05-2.02-2.세종대

【어원】fatu(=foolish)+ous(형접) ➡ 얼이 빠지게 한 → 어리석은, 바보같은

A. (말이나 행동이) 얼빠진, 어리석은 = inane[R1559] ridiculous, absurd, foolish, stupid, silly; wooden, distrait; idiotic, imbecilic, asinine, dull-headed, dizzy, doltish, crass

ⓝ fatuity 어리석음; 어리석은 짓[말]
ⓐⓓ fatuously 멍청하게, 얼빠진 듯이

06.고려대/05-2.중앙대

관 **infatuation** [infæ̀tʃuéiʃən] (일시적으로 사랑에) 홀딱 빠짐, 열중
- **infatuate** 열중[도취]시키다; 홀리다; 열중한, 홀딱 빠진; 열중해 있는 사람
- **infatuated** ~에 열중한, 홀린, 이성을 잃은

0639 6+ **preposterous** [pripɑ́stərəs]
13.서울시7급/00-2.광운대 98-2.중앙대/98.세무사 96.외무고시

【어원】pre(=before)+post(=after ➲ P042)+er+ous(형접) ➡ 뒤에 와야 할 것이 먼저 오는 → 앞뒤가 뒤바뀐

A. 앞뒤가 뒤바뀐, 비상식적인, 터무니없는 = absurd[N0301] senseless[D0222] exorbitant[N0533] nonsensical, irrational, unreasonable, illogical

표 주객이 전도되었다, 본말이 전도되었다
That is putting the cart before the horse.
= The tables are turned.

0640 6+ **vague** [véig]
10.한국외대/08.06.경희대

【어원】vag(=wander ➲ R213)+ue ➡ (애매한 말로) 헤매게 만드는 → 모호한

A. 1. (말이나 행동이) 애매한, 모호한[about] = obscure[N0009] nebulous[N0272] equivocal, uncertain, ambiguous, inexplicit

2. (기억 등이) 희미한, (형체가) 흐릿한 = unclear, indistinct, dim, hazy, murky, bleary, misty, fuzzy, faint

12.경희대/97-2.단국대

ⓐⓓ vaguely 모호하게 = equivocally[D0073] nebulously[D0272]

혼 **vogue** [vóug] (대)유행, 성행(=popularity); 일시적 유행의 ➲ T0218

영영정의 및 예문
EXAMPLE

이미지 연상훈련
IMAGE TRAINING

▶ to remove or destroy something completely

- His attempt to **obliterate** the evidence failed.
  증거를 인멸하려는 그의 시도는 실패했다.
- She couldn't **obliterate** terrible memories from her mind.
  그녀는 끔찍한 기억을 마음에서 지울 수가 없었다.
- I had to **take out** a number of words from my report because it was too long.
  보고서가 너무 길었기 때문에 나는 많은 단어들을 삭제해야만 했다.

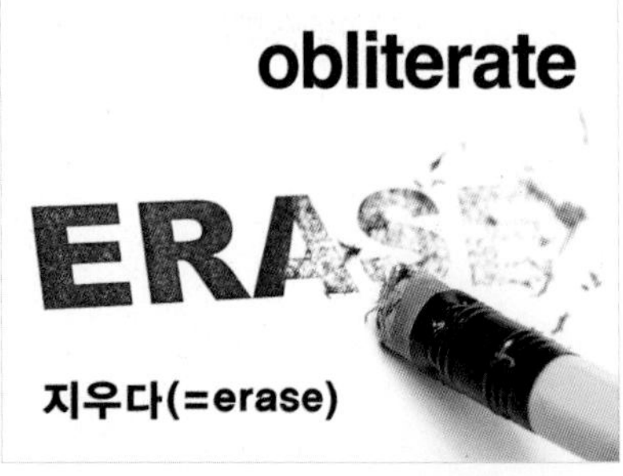

▶ to discover the meaning of something difficult to read or understand

- Scientists **are** gradually **deciphering** the genetic structure found in the cells of organisms.
  과학자들은 유기체의 세포 속에서 발견된 유전자 구조를 점차적으로 해독해내고 있다.
- The spies found that the secret code was impossible to **decipher**.
  첩자들은 그 비밀코드가 해독 불가능하다는 것을 알았다.

decipher
암호를 해독하다

▶ stupid and showing a lack of reason

- He has spent two months preparing for the **fatuous** speech.
  그는 그 얼빠진 연설을 준비하는 데 두 달을 보냈다.
- His comments were so **fatuous** that everyone in his class laughed at him.
  그의 논평은 너무 얼빠진 것이어서 그의 학급에 있던 모든 이들이 그를 비웃었다.
- Romeo's hasty actions were due to his **infatuation** with Juliet, not his love for her.
  로미오의 성급한 행동들은 줄리엣에 대한 사랑이 아니라 그녀에 대한 열병 때문이었다.

▶ extremely unreasonable or foolish

- The belief that the moon is made of green cheese is **preposterous**.
  달이 녹색의 치즈로 만들어져 있다는 믿음은 터무니없다.

- The excuse he gave for his lateness was so **preposterous** that everyone laughed.
  지각한 일에 대해서 그가 늘어놓은 변명은 너무나 터무니없는 것이어서 모두가 웃었다.

▶ 1. not clearly expressed or explained 2. not having a clear shape

- The **vague rumor about** her proved to be false.
  그녀에 대한 그 애매한 소문은 거짓으로 밝혀졌다.
- My memory is **vague** because the event happened so long ago.
  그 일은 너무 오래전 일이라 기억이 흐릿하다.
- Everything looked **vague** in the fog.
  안갯속에서 모든 것이 흐릿하게 보였다.

정의 DEFINITION	유사어휘군 SYNONYM·ANTONYM

0641 aloof
6+ P [əlúːf]

13.한국외대/12.서강대 11.이화여대/07.경남9급 82.사법시험

【연상】 그녀는 너무 쌀쌀맞아서 말 걸기가 어렵다.

A. 1. 무관심한, 냉담한, (태도가) 쌀쌀맞은 = detached[R0349(1)] distant[T0849] indifferent, cold
2. ~와 거리를 두는[from] = distant[T0849]
*keep aloof from ~에서 떨어져 있다 = stand off

ⓝ aloofness 무관심, 냉담

혼 **loop**[luːp] 고리, 순환
roof[ruːf] 지붕, 천장

0642 lukewarm
6+ P [lúːkwɔ́ːrm]

06.경기도7급/01-2.고려대/00-2.고려대 97-2.중앙대/94.변리사

【어원】 luke(=tepid)+warm(따뜻한) ➡ 미지근하게 따뜻한 → 미온적인

A. 1. 미지근한 = tepid[T0206] hypothermal, moderately warm
2. 미온적인, 마음이 내키지 않는 = indifferent[N0070] halfhearted

0643 fascinate
6+ IF [fǽsənèit]

01.숙명여대/99-2.경원대/90.서울대학원 12.인천대 02.숙명여대

【어원】 fas<fast(단단히 붙은 ➲ R012)+in+ate(동접) ➡ 자기에게 시선을 단단히 고정시키다 → 매혹하다

Vt. (흥미로운 것이) 마음을 사로잡다, 매혹[매료]하다 = charm[T0441] attract, enamor, bewitch, captivate, enchant, entice, allure, mesmerize
*be fascinated with ~에 매료되다 = be interested in[P0474]

ⓐ fascinating 대단히 흥미로운, 매력적인 = exciting[R1003] riveting
ⓝ fascination 매혹, 매료; 매력 있는 것 = attraction[D0326]
fascinator 마법사; 매혹적인 여자

0644 deliberate
6+ EF PS [dilíbərət]

11.한국외대/08.이화여대 06.경남9급/91.서울대학원 95.서울대학원

【어원】 de(강조)+liber(=weight, balance ➲ R028)+ate ➡ 신중하게 저울질하는 → 신중한, 사려 깊은 → 계획적인

A. 1. 고의의, 계획적인 = planned, intentional, designed, willful, scheming, calculated, premeditated
2. 신중한, 사려 깊은 = thoughtful, considerate, prudent, meditative, heedful, attentive
Vt. [dilíbəreit] 심사숙고하다 = consider, ponder, meditate, speculate

ⓝ deliberation 숙고, 곰곰이 생각함
ⓐ deliberative 깊이 생각하는, 심의하는
ⓐⓓ deliberately 신중히, 고의로 = intentionally[D0225] by design[R0983]

0645 sympathy
6+ IS [símpəθi]

17.숭실대/14.이화여대/12.경희대 08.성균관대/01.영남대 96. 외무고시

【어원】 sym(=together)+path(=feel ➲ R149)+y ➡ (슬픔이나 아픔을) 똑같이 느끼는 것

N. 1. 동정(심), 연민; 조문(弔問), 위문 = compassion[R1492] commiseration, pity; condolence
2. (주로 pl.) 공감, 동감 = empathy[R1494]
*in sympathy with ~에 공감[동정]하여; ~와 일치하여
*feel[have] sympathy for ~을 동정하다

ⓐ sympathetic 동정심 있는, 동정적인; 호의적인
ⓥ sympathize 공감하다, 동감하다; 동정하다; 위문하다

반 **antipathy** 반감, 혐오(=aversion); 지긋지긋하게 싫은 일[것] *anti(=against) ➲ R1493
- **antipathetic** 공연히 싫은

영영정의 및 예문
EXAMPLE

이미지 연상훈련
IMAGE TRAINING

▶ not sociable and friendly

- Although she may look **aloof**, she's really affable and kind.
  그녀가 차가워 보여도 실제로는 상냥하고 친절하다.
- His father remains **aloof** from the day-to-day activities of his family.
  그의 아버지는 가족의 일상적인 일들에 대해 무관심하다.

▶ 1. slightly warm 2. lacking enthusiasm or interest

- Frostbitten fingers and toes should be treated with **lukewarm** water.
  동상에 걸린 손가락과 발은 미지근한 물에 담궈서 치료해야 한다. * frostbitten 동상에 걸린
- **Lukewarm** acceptance is much more bewildering than outright rejection.
  미온적인 수락은 솔직한 거절보다 훨씬 더 당혹스런 것이다. * outright 솔직한

▶ to interest or attract someone a lot

- Many people **are** still **fascinated** by the Internet because it has been particularly important in shaping the new millenium global values.
  인터넷이 새 천년의 지구촌의 가치관을 형성하는 데 특히 중요하기 때문에, 사람들은 여전히 인터넷에 매혹되어 있다.
- It's **fascinating** that mothers can understand their baby's babbling.
  엄마들이 아기가 하는 말을 이해할 수 있는 것은 매우 흥미롭다.

▶ A. 1. intended or planned 2. slow and careful
V. to think about something very carefully

- The boy said he had broken the window **deliberately**.
  그 소년은 자신이 그 유리창을 고의적으로 깼다고 말했다.
- You should be **deliberate** in your speech.
  당신은 하시는 말씀에 신중하여야 합니다.

▶ 1. a feeling of pity or sorrow for a person in trouble
2. the state or feeling of being in agreement with

- I have no **sympathy** with such a stupid attitude.
  그런 어리석은 태도에 전혀 공감할 수 없다.
- **Sympathy** often engenders love.
  동정은 흔히 사랑을 낳는다.

정의 DEFINITION | 유사어휘군 SYNONYM·ANTONYM

0646 6+ **pensive** [pénsiv]

【어원】pens(=consider, weigh ➲ R008)+ive(형접) ➡ 깊이 생각하는 → 생각에 잠긴

02-2.경기대/96-2.고려대/94.효성대
A. (특히 슬픔·걱정 때문에) 깊은 생각[수심]에 잠긴 = thoughtful[T1056] musing, meditative, reflective, contemplative, deliberative, ruminative; sorrowful, mournful, doleful, rueful

12.명지대/02.숙명여대
ad pensively 생각에 잠겨 = thoughtfully[T1056]
ⓝ pensee[pɑːnséi] 생각, 사색; 명상; (pl.) 감상록, 금언, 경구 *프랑스 철학자 파스칼이 쓴 "팡세(pansees)"

prepense[pripéns] (명사 뒤에 붙여서) 계획적인, 고의적인

0647 6+ **tendency** [téndənsi]

【어원】tend(=stretch ➲ R131)+ency(명접) ➡ 좋아하는 쪽으로 손이 뻗은 것 → 동향, 성향

14.고려대/12.가톨릭대/97-2.홍익대
N. 1. 동향, 추세, 풍조[to/towards] = trend[T0701] drift, current
2. 기질, 경향, 성향[to/towards] = proclivity[R1283] inclination, penchant, bent, leaning

17.국민대/94.서울대학원
ⓐ tendentious 특정의 경향[목적]을 가진, 편향적인 = biased[N0037]
ⓥ tend 1. ~하는 경향이 있다[to], ~하기 쉽다
2. (길 등이) ~으로 향하다, 도달하다
3. 돌보다, 간호하다; 재배하다; 관리하다

03.국민대
ⓐ tender 1. 부드러운, 연한; 허약한, 약한
2. 돌보는 사람, 간호인; 감시인; 보급선
3. 제출하다; 제공하다, 제안하다(=offer)

0648 6+ **bent** [bént]

【어원】bent(bend: 구부리다 의 과거분사) ➡ 구부러진 → (어떤 쪽으로 굽어 있다는 것은) 취향

04.행자부7급/04-2.서강대 92.경주대
N. 소질, 취향[for] = disposition[D0010] predisposition, aptitude
A. 구부러진; (~하기로) 결심한, 마음이 쏠린
cf. be bent on ~ing ~하기로 마음먹다 = be determined to R

ⓥ bend 구부리다, 발길을 돌리다, 노력을 기울이다; 굴복시키다

14.숙명여대/11.국민대
ⓝ bender 구부리는 사람; 술 마시며 흥청거림 = spree, binge, splurge

vend[vend] 팔다, 팔러 다니다 **vendor**[véndər] 판매자, 노점상

0649 6+ **prejudice** [prédʒudis]

【어원】pre(=before)+jud(=judge ➲ R255)+ice ➡ 미리 판단하는 것 → 편견, 선입관 → 편파

11.서강대/00.대구대 96.공인회계사/96.외무고시
N. 1. (성별이나 인종에 대한) 편견 = bias[D0037] jaundice, prejudgment, preconception, preoccupation, prepossession, partiality, favoritism, predilection, preference
2. (차별대우로 입은) 손해, 불이익 = disadvantage
Vt. 1. 〈수동〉 편견을 갖게 하다
2. 해를 끼치다

15.경기대
ⓐ prejudiced 편견을 가진, 편파적인 = biased[N0037] jaundiced[T1256]
↔ *unprejudiced* 편견이 없는, 공평한 = unbiased[D0037]
prejudicial 해를 끼치는[to]; 편견을 갖게 하는

0650 6+ **exponent** [ikspóunənt]

【어원】ex(=out)+pon(=put ➲ R013)+ent(명접) ➡ 1.(안건을) 밖으로 내어 놓는 사람 → 주창자 2.바깥에 놓여진 동상 → 대표적 인물

05.서강대
N. 1. (사상·신념 등의) 주창자, 지지자 = supporter[R0499] initiator, advocator
2. 대표적 인물; (~의) 전형, 지침, 모범 = paragon, model, exemplar, prototype, archetype
3. (수학) 지수

16.서울여대/07.강원9급/97.경기대
ⓥ expound 상세히 설명하다; (경전 등을) 해석하다 = explain in detail, elucidate[N0267] expatiate, explicate
ⓐ exponential 전형의; 지수의; 기하급수적인 = typical

12.덕성여대
ad exponentially 전형적으로, 기하급수적으로 = dramatically[T1347]

opponent[əpóunənt] 적, 상대자, 반대자(=adversary) ➲ R0137

영영정의 및 예문 EXAMPLE	이미지 연상훈련 IMAGE TRAINING

▶ thinking deeply about something, especially because you are worried or sad

- After he heard the news from his father, he was in a very **pensive** mood.
  자신의 아버지로부터 소식을 듣고 난 후, 그는 깊은 생각에 잠긴 분위기였다.
- **Pensively** the woman reread the letter before locking it in the desk.
  여인은 책상 속에 챙겨 넣기 전에 생각에 잠긴 채 그 편지를 다시 읽었다.

▶ 1. prevailing movement in a given direction
2. an inclination to move or act in a particular way

- Juvenile crimes show a **tendency to** increase.
  소년범죄가 증가하는 추세를 보이고 있다.
- His claim that there has been some progress is extremely **tendentious**.
  어느 정도 진전이 있었다는 그의 주장은 매우 편향적이다.

▶ a tendency or a natural skill for something

- No American thinks every Muslim is a terrorist **bent on** destroying America.
  모든 이슬람교도가 미국을 파괴하려고 작정하는 테러리스트라고 생각하는 미국인은 아무도 없다.
- His mother had already found that he had a natural **bent for** languages when he was just two.
  그의 어머니는 그가 단지 두 살 때 이미 언어에 타고난 소질이 있다는 것을 발견했었다.

▶ N. an unfair and unreasonable feeling, especially based on sex or race
V. 1. to make someone have an unfair feeling about someone or something
2. to have a harmful effect on something

- Being morbidly obese can cause depression and social **prejudice**.
  병적인 비만은 우울증과 사회적 편견을 불러올 수 있다.
- “Pride and **Prejudice**” is the most famous of Jane Austen's novels.
  '오만과 편견'은 제인 오스틴의 소설 중 가장 유명하다.
- The manager's attitude towards her seemed to be **prejudiced**.
  그녀를 대하는 지배인의 태도는 편파적인 듯했다.

▶ 1. a person who supports an idea or belief 2. a symbol of something

- She was a **leading exponent** of free trade.
  그녀는 자유무역을 주도한 대표적인 인물이었다.
- Several theories of evolution had historically preceded that of Darwin, although he **expounded upon** the stages of development.
  비록 다윈이 (종의) 발달 단계들을 상세히 설명하였지만 역사적으로 그의 진화론 이전에도 여러 진화론이 있었다. ＊precede 앞서다, 선행하다

Quick Review

0626

l ______

0627

r ______

0628

a ______

0629

p ______

0630

v ______

0631

d ______

0632

b ______

0633

a ______

0634

l ______

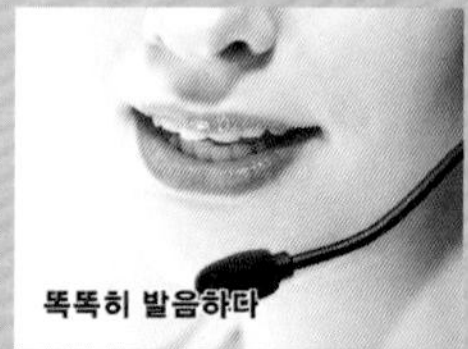

0635

a ______

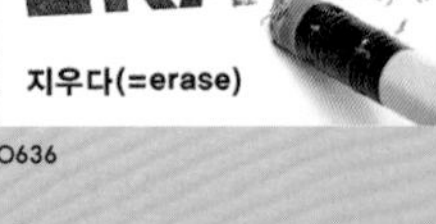

0636

o ______

PASSWORD
암호를 해독하다

0637

d ______

0638

f ______

0639

p ______

vague
2 애매한, 흐릿한

0640

v ______

0641

a ______

0642

l ______

0643

f ______

0644

d ______

0645

s ______

0646

p ______

0647

t ______

0648

b ______

0649

p ______

0650

e ______

Answer 0626 **laconic** 0627 **reticent** 0628 **abridge** 0629 **prosaic** 0630 **verbose**
0631 **dull** 0632 **blunt** 0633 **acrimonious** 0634 **laudatory** 0635 **articulate**
0636 **obliterate** 0637 **decipher** 0638 **fatuous** 0639 **preposterous** 0640 **vague**
0641 **aloof** 0642 **lukewarm** 0643 **fascinate** 0644 **deliberate** 0645 **sympathy**
0646 **pensive** 0647 **tendency** 0648 **bent** 0649 **prejudice** 0650 **exponent**

Preview

DAY 27

0651

0652

0653

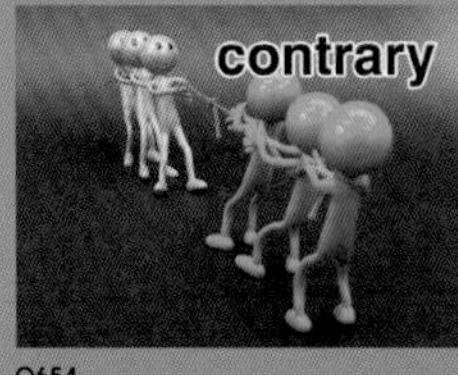

0654

0655

0656

0657

0658

0659

0660

0661

0662

0663

0664

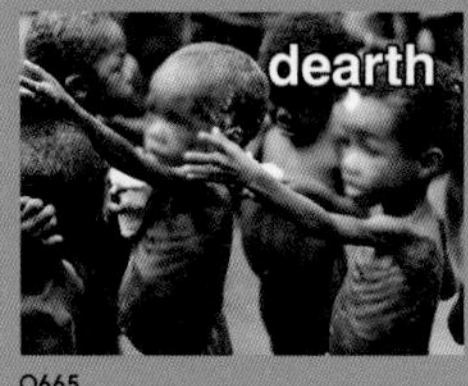

0665

0666

0667

0668

0669

0670

0671

0672

0673

0674

0675

Answer 0651 의견을 달리하다 0652 부인하다, 반박하다 0653 불일치, 괴리 0654 정반대 0655 암시하다
0656 (눈물 등이) 많은 0657 번영하는 0658 풍부한 0659 거대한 0660 복사하다
0661 구두쇠 같은 0662 가난한 0663 게을리하다, 늦추다 0664 고여 있는, 침체된 0665 기근, 식량부족
0666 파산한 0667 결심하다 0668 보수, 보상 0669 허락, 허가 0670 싸게 산 물건
0671 필요조건 0672 간청하다, 손님을 끌다 0673 묵인하다 0674 위로하다 0675 구해내다

정의 DEFINITION	유사어휘군 SYNONYM·ANTONYM

0651 6+ **dissent** [disént]

【어원】 dis(=not)+sent(=feel ➲ R150) ➡ 공감하지 않다

09.고려대,이화여대

V. 의견을 달리하다, 반대하다[from]	= differ, disagree, discord, vary
N. 반대, 반대 의견	= objection, protest
ⓐ dissenting 의견을 달리하는, 반대하는 (92.경주대)	= disagreeing[P0462] opposite[N0074]
ⓝ dissension / dissention 의견의 차이; 불일치; 불화 (16.항공대/11.경원대)	= strong disagreement[S0851]
dissenter (이미 공식적으로 수용된 것을) 반대하는 사람	

> 반 **consent**[kənsént] 동의하다, 승낙하다[to]; 승낙 *con(=together) ➲ R1502
> **assent**[əsént] (제안에) 동의[찬성 · 승낙]하다 *ad<as(=to, near) ➲ R1502

0652 6+ **contradict** [kɑ̀ntrədíkt]

【어원】 contra(=against)+dict(=say ➲ R087) ➡ 반대로 말하다 → 반박하다 → 부정하다

16.가천대/03-2.숭실대/96.행자부9급

Vt. 1. 부정[부인]하다; 반박하다, 항변하다	= deny[R2342] gainsay, repudiate, disclaim, veto, disapprove, say no, disavow, disaffirm, negate
2. (사실 · 진술이) 모순되다	= contravene
ⓝ contradiction 반박; 부인, 부정	= denial; disapproval, negation
ⓐ contradictory 모순된, 양립하지 않는 (07.건국대/03.공인회계사)	= discrepant, repugnant, conflicted, antilogous
contradictious 반대[논쟁]하기 좋아하는	
contradictable 반박할 수 있는	

0653 6+ **discrepancy** [diskrépənsi]

【어원】 dis(=apart)+crep(=rattle)+ancy(명접) ➡ (의견이 맞지 않고) 떨어져서 따로 덜걱거리는 것 → 차이점, 불일치점

09.전의경특채/06.대전시7급
99.전남대/93.상명대
92.연세대학원

N. (같아야 할 것들 사이의) 차이, 불일치, 괴리	= difference[D0284] disparity, gap, discord, dissimilarity
ⓐ discrepant 상위한, 일치하지 않는, 모순되는	= incompatible, incoherent

0654 6+ **contrary** [kɑ́ntreri]

【어원】 contra(=against)+ry ➡ ~에 거스르는 → 반대되는

06.광운대/03.숭실대/00-2.가톨릭대
01-2.강남대/93.세종대

N. 반대, 정반대, 상반되는 것	= opposition[D0074] opposite[N0074]
A. 1. ~에 반대되는, ~와 서로 용납치 않는	= opposed, contradictory, converse, diametric
2. 〈구어〉 엇나가는, 청개구리같이 행동하는	= perverse[R0552]

> 표 **on the contrary** (문두에서) 그와는 반대로, 이에 반해서, 그렇기는커녕
> **to the contrary** (수식되는 어구 뒤에서) 그와 반대로[의], 반대 결과로

0655 6+ **allude** [əlúːd]

【어원】 al<ad(=to)+lud(=play ➲ R072)+e ➡ ~에게 생각을 떠올리게 하다(play)

96.고려대학원/92.서울대학원,경찰간부

Vi. 암시하다, (암시적으로) 언급하다[to]	= insinuate, imply, hint, intimate, suggest, speak indirectly about
ⓝ allusion 암시, 언급; 넌지시 하는 말 (07.숙명여대)	= insinuation, implication, intimation
ⓐ allusive 암시적인, 빗대어 말하는	

> 혼 **illusion**[ilúːʒən] 환각, 착각, 환영, 환상(=erroneous belief) ➲ R0724
> **delusion**[dilúːʒən] 현혹, 기만; 망상, 착각 ➲ R0723
> **collusion**[kəlúːʒən] 공모(=secret agreement), 결탁, 유착 ➲ R0722

영영정의 및 예문
EXAMPLE

이미지 연상훈련
IMAGE TRAINING

▶ V. to disagree with other people about something N. strong disagreement

- Those who insist that **dissent** be silent are not the allies of science.
  반대의견을 입 다물라고 고집하는 사람들은 과학의 편이 아니다.
- No one has a chance to **dissent from** the major opinion.
  누구에게도 그 주요 사안에 반대할 기회가 없었다.
- Because there was much **dissension** among the members of the jury, they could reach no common verdict.
  배심원들 간에 많은 의견 불일치가 있었기 때문에, 그들은 공통된 평결에 이르지 못했다.

▶ 1. to disagree with something by saying that the opposite of what someone has said is true
2. to be so different from each other that one of them must be wrong

- These studies **contradict** the claim that being overweight leads to a shorter life.
  이러한 연구 결과는 과체중이 수명을 단축시킨다는 주장과 배치된다.
- The suspect's story **was contradictory to** that of the victim.
  그 용의자의 진술은 피해자의 진술과 모순되었다.

▶ a difference between things that should be the same

- A close examination will reveal **a discrepancy** in the final results.
  철저히 조사하면 최종 결과에서 어떤 차이가 나타날 것이다.
- There remain **discrepancies** between what the government thinks is right and what companies consider to be correct.
  정부가 옳다고 생각하는 것과 기업이 바르다고 여기는 것 사이에 여전히 차이가 있다.

▶ N. the opposite A. 1. completely different and opposed to something else
2. having a tendency to do the opposite of what is expected

- Does your back feel any better? "**On the contrary**, it feels much worse."
  허리는 좀 나아지셨나요? "그렇기는커녕 오히려 더 악화된 것 같아요."
- **Contrary to** some beliefs, raising the interest rate does not necessarily lead to an economic acceleration.
  일부 믿음과는 달리 금리 인상이 반드시 경기회복을 가속화시키는 건 아니다.
- She was such a **contrary** child that no one tried to talk to her.
  그녀는 너무 엇나간 아이여서 아무도 그녀에게 말을 걸려고 하지 않았다.

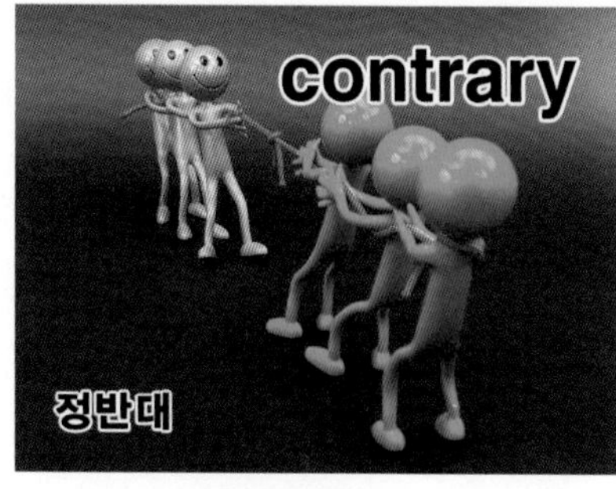

▶ to make an indirect reference

- She **alluded to** the problems of the current management system.
  그녀는 현 경영 시스템의 문제점에 대해 넌지시 언급했다.
- His novels are packed with literary **allusions**.
  그의 소설은 문학적 암시로 가득 차 있다.

정의 DEFINITION	유사어휘군 SYNONYM·ANTONYM

0656 6+ **profuse** [prəfjúːs]

【어원】pro(=forth)+fus(=pour ⊃ R126)+e ➡ (남아돌아) 밖으로 마구 쏟아붓는 → 많은

11.중앙대,경기대
A. 1. (땀 · 출혈 · 눈물 등이) 많은 = abundant[N0124] plentiful, copious, exuberant
2. (칭찬 · 사과 · 씀씀이가) 아낌없는 = lavish, prodigal, generous, liberal

11.명지대
ⓝ profusion 다량, 풍성, 남발 = large amount

14.이화여대/12.국민대
ⓐⓓ profusely 많이, 과다하게

0657 6+ **prosperous** [prɑ́spərəs]

【연상】돈이 플러스+플러스되어 매우 부유한

18.경찰1차/07.계명대/05.서강대
A. 번영하는; 부유한; 성공한 = thriving[D0020] affluent[N0170] wealthy

95.서울대학원
ⓥ prosper 번영하다, 번창하다, 성공하다 = flourish[N0229] thrive[N0020]

16.가천대/05.경기대
ⓝ prosperity 번영, 번창, 성공; (pl.) 호황기 = bonanza[P0552]

0658 6+ **ample** [ǽmpl]

【연상】야외 행사에서는 크고 충분한 소리를 내주는 앰프 스피커가 필수이다.

09.국가직7급/06.경희대
03-2.고려대/01.국민대
A. 1. (남을 정도로) 충분한, 풍부한 = sufficient[R0609] affluent[N0170] adequate, opulent, abundant, numerous, profuse, copious, plentiful, plenteous
2. (몸집이나 크기가) 큰; (집이) 넓은 = sizable; vast, spacious, commodious

ⓝ amplitude 충분함; 넓이, 크기, 도량

04.세종대
관 **amplify** [ǽmpləfài] 확대하다; 과장하다
- **amplification** 확대; 배율; 증폭 **amplifier** 증폭기, 확대경

0659 6+ **enormous** [inɔ́ːrməs]

【어원】e<ex(=out)+norm(=standard ⊃ R225)+ous(형접) ➡ (크기가) 표준을 벗어난 → 거대한, 엄청난

99.가톨릭대/96.효성대
95.서원대/96.전주대
A. 거대한, 막대한, 엄청난 = huge[T1474] vast[T1475] massive, immense, tremendous, stupendous, monstrous, titanic, gigantic, colossal, prodigious, bulky

ⓝ enormity 거대함, 터무니없음; 극악무도

01-2.강남대
ⓐⓓ enormously 엄청나게, 터무니없이 = immensely[R2245]

07.건국대
관 **norm** 표준, 기준(=criterion); 규범, 모범

0660 6+ **replicate** [réplǝkèit]

【어원】re(=again)+plic(=fold ⊃ R129)+ate(=make) ➡ 다시 겹치도록 만들다

13.한국외대/10.명지대/06.경희대
06.강원도9급/86.행정고시
V. 복사하다; (바이러스가) 자기복제를 하다; (실험을) 반복검증하다 = duplicate[N0976] copy, clone, reproduce

ⓝ replication 복사, 복제

15.지방교행
ⓝ replica [réplikə] (원작자에 의한) 복사, 복사본

관 **duplicate** 복사[복제]하다; 중복되다 *du(=double) ⊃ N0976
multiplication 증가, 곱셈

영영정의 및 예문
EXAMPLE

이미지 연상훈련
IMAGE TRAINING

▶ 1. produced or existing in large amounts 2. made or done freely and abundantly

- He was so **profuse** with his money that he is now poor.
  그는 돈을 너무 헤프게 썼고 그래서 지금은 가난하다.
- He was **sweating profusely** and was very feverish.
  그는 땀을 비 오듯 흘렸고 매우 열이 높았다.
- The manager apologized me **profusely**.
  지배인은 나에게 거듭 사과했다.

▶ rich and successful

- Your beginnings will seem humble, so **prosperous** will your future be.
  네 시작은 미약하였으나 나중은 심히 창대하리라.
- A man's dog stands by him in **prosperity** as well as in poverty.
  개는 사람이 번성할 때나 곤궁할 때나 그의 곁을 지킨다.

▶ 1. more than enough 2. fairly large

- This leaves her **ample** time to prepare three meals a day.
  이로 인해 그녀는 하루에 세끼 식사를 준비할 수 있는 충분한 시간을 갖게 된다.
- A good dressmaker will provide **ample** material in the seams.
  좋은 재단사는 솔기에 넉넉한 감을 넣어 줄 것이다. *seam 솔기, 이음매
- There would be **ample room** for restaurants and similar facilities.
  그곳에는 식당이나 유사한 편의시설들을 위한 넓은 공간이 있을 것이다.

▶ extremely large in size, amount, or degree

- Many thousands of years ago, glaciers, **enormous** masses of ice, covered the earth.
  수천 년 전, 지구는 거대한 얼음 덩어리인 빙하로 뒤덮여 있었다.
- Each group has certain standards of behavior called **norms**.
  각 집단은 규범이라고 불리는 일정한 행동의 기준을 가지고 있다.

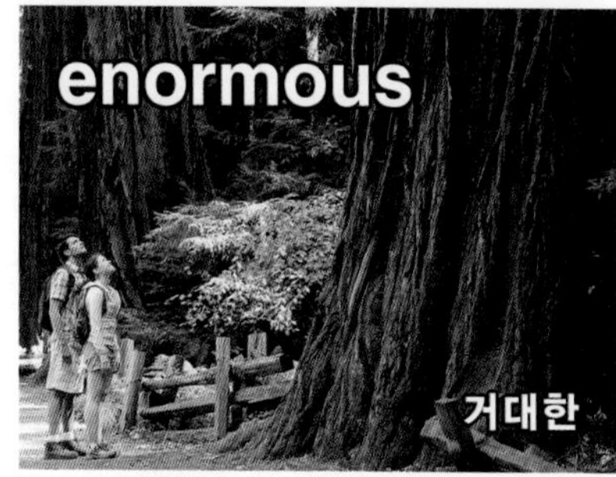

▶ to reproduce or make an exact copy

- This virus **replicate**, which means that this viral enzyme is no longer inhibited by the drug.
  이 바이러스는 복제되는데, 이 바이러스 효소가 약품에 의해 더 이상 억제될 수 없다는 것을 의미한다.
- He was not able to **replicate** this experiment.
  그는 이 실험을 반복 검증할 수 없었다.

정의 DEFINITION	유사어휘군 SYNONYM·ANTONYM

0661 6+ **miserly** [máizərli]

14.숭실대/09.경희대 07.공인노무사/98.건국대

【연상】 돈 많은 구두쇠가 물건을 사면서 하는 말 "마이 줘~"

A. 구두쇠 같은, 인색한 = stingy[N0435] parsimonious, niggardly, frugal

10.성균관대

ⓝ miser[máizər] 구두쇠, 노랑이 = stingy person, skinflint, tightwad

miserliness 인색함 = parsimony, stinginess, niggardliness

혼 **misery**[mízəri] 비참함, 고통, 고난; 불행의 원인 ➲ R1496

0662 6+ **impoverished** [impάvəriʃt]

10.이화여대/06.경찰/99.사법시험 97.경희대

【어원】 im<in(=in)+pover(=poor)+ish+ed(형접) ➡ 가난한 상태로 된 → 가난해진 → 메마른

A. 1. 가난해진, 가난한 = destitute[N0378] poor, indigent, impecunious, penniless, penurious, poverty-stricken, badly-off, hard-up, down and out

2. (토지 따위가) 메마른; 허약해진 = barren, unfertile, unproductive, sterile

13.숙명여대

ⓥ impoverish 〈종종 수동〉 가난하게 하다; (토지 등을) 메마르게 하다

0663 6+ **slack** [slæk]

17.국민대/03.강남대 99.경찰간부/94.행정고시

【어원】 s+lack(=loose) ➡ 느슨해지다 → 느슨한 → 굼뜬 → 불경기의

V. 1. (속력이) 느려지다(늦추다)[off] = become slow-moving; decelerate, retard

2. (직무 따위를) 게을리하다 = neglect, relax, pretermit

A. 1. 느슨한, 늘어진; 부주의한 = loose, relaxed, droopy, floppy, flappy

2. 느린, 굼뜬, 꾸물거리는 = dull, slow, tardy, sluggish, languid

3. (사업이) 부진한, 한산한 = dull, inactive, depressed

N. 느슨함, 늘어짐, 불경기

12.중앙대/92.강남대

ⓥ slacken 늦추다, 늦어지다; 느슨해지다; 게을리하다 = slow up, let up[I11104]

ⓝ slackness 느슨함, 태만

0664 6+ **stagnant** [stǽgnənt]

17.홍익대/15.한국외대/11.성신여대 85.행자부9급/10.경희대

【어원】 stag(=pool)+nant ➡ 웅덩이에 고여있는 → 정체된

A. 1. (물이) 흐르지 않는, 고여 있는 = still[T0130] stationary[R0185]

2. 침체된, 불경기의 = inactive[N0145]; sluggish[N0474] flat, slack

ⓥ stagnate (물 등이) 고이다; 썩다; 침체되다

14.이화여대

ⓝ stagnation 침체, 정체; 부진, 불경기 = depression[R1225] slump, dullness

관 **stagflation** 경기 침체하의 인플레이션 〈스태그플레이션〉

0665 6+ **dearth** [də́:rθ]

17.홍익대/13.국민대/03-2,00-2.세종대 98.변리사/97.경기대

【어원】 dear(=precious)+th ➡ 그만큼 부족해서 귀중한(precious) → 결핍, 부족 → 기근

N. 1. 기근, 식량부족 = famine[T1544] starvation[T1545] scarcity[D0835]

2. 결핍, 부족[of] = deficiency[N0121] want, lack, shortfall, shortage, insufficiency, inadequacy, scantiness

↔ *surfeit*, *excess* 초과, 잉여

혼 **death**[deθ] 죽음, 사망, 종말

영영정의 및 예문
EXAMPLE

이미지 연상훈련
IMAGE TRAINING

▶ not generous and unwilling to spend money

- The **miserly** millionaire refused to part with any of his money.
  그 인색한 백만장자는 자신의 돈을 한 푼도 나누어 주지 않았다.
- A **miser** grows rich by seeming poor; an extravagant man grows poor by seeming rich.
  구두쇠는 가난해 보임으로써 부유해지고 사치스런 사람은 부자처럼 보임으로써 가난해진다.

▶ 1. very poor 2. made less strong or worse in quality

- The **impoverished** family barely subsisted on for the last several months.
  그 곤궁한 가족은 지난 몇 달간 근근히 살아왔다.
- There are so many **impoverished** people who don't even get the chance to improve their economic situation.
  경제 상황을 개선할 기회조차 없는 빈곤한 사람들이 많이 있다.

▶ V. 1. to go or move slower 2. to be careless or remiss
A. 1. not tight; loose 2. moving slowly 3. lacking in activity; not busy

- Everyone **slacks off** a bit at the end of the week.
  모든 사람들이 주말에는 약간 느슨해지기 마련이다.
- The rope suddenly went **slack**.
  줄이 갑자기 느슨해졌다.
- He **slackened** his pace a little.
  그는 걷는 속도를 약간 늦추었다.

▶ 1. not flowing and smelling unpleasant 2. not changing or developing

- A shallow lake that is full of vegetation and **stagnant** waters is called a marsh.
  식물로 가득 차 있고 흐르지 않는 물이 있는 얕은 호수를 소택지라고 부른다.
- The rural economy has been left relatively **stagnant**.
  농촌 경제가 상대적으로 정체되어 왔다. * rural 시골의, 농업의 relatively 상대적으로

stagnant

▶ 1. shortage of food 2. a lack of something

- The country has a **dearth of** not only human resources but material resources.
  그 나라는 인적 자원뿐만 아니라 물적 자원도 부족하다.
- The economic stability of nations and continents is often affected by the abundance or **dearth of** precipitation.
  국가나 대륙의 경제적 안정성은 종종 강수량이 풍부하거나 부족한 것에 영향을 받는다.
  * stability 안정성 be affected by ~에 영향을 받다 abundance 풍부 precipitation 강수량(강우, 강설)

정의 DEFINITION | 유사어휘군 SYNONYM·ANTONYM

0666 6+ **insolvent** [insálvənt]

17.경기대/10.국가직9급 04.03.경희대/01.명지대 02.덕성여대

【어원】 in(=not)+solv(=loosen ➲ R030)+ent(형접) ➡ 돈 문제를 해결(solve)하지 못한 → 지불 불능한, 파산의

A. 지불 불능한, 파산(자)의 = bankrupt[N0842] flat broke
N. 지불 불능자, 파산자 = bankrupt, lame duck, goner

ⓝ insolvency 지불 불능, 채무 초과, 파산 = bankruptcy[D0842]

반 **solvent** 지불 능력이 있는; 용해력이 있는; 용매; 해결책

0667 6+ **resolve** [rizálv]

17.경기대/15.사회복지9급 06.경희대,영남대/98.국민대 97.행자부9급/92.성신여대

【어원】 re(again, 강조)+solve(=loosen ➲ R030) ➡ 1. 풀어졌던 마음을 다시 묶다 → 결심하다 2. 완전히 풀어 버리다 → 해결하다

V. 1. 결심하다; 결의하다, 의결하다 = determine[D0083] decide, settle, make up one's mind
2. (문제 등을) 풀다, 해결하다; 해명하다 = solve[D0667] settle[N0149] disentangle, fix it[things] up; explain
3. 분해[용해]하다 = melt, solve
4. (병이) 자연 치유하다 = recover, recuperate
N. 결심, 결의; 결단력 = determination[D0083]

동 **solve** [sálv] (문제 등을) 풀다(=unravel), 해결하다(=settle); 용해하다 - **solution** [səlú:ʃən] 해결, 해결책; 용해
파 **resolution** [rèzəlú:ʃən] 결심, 결단력; 해결 ➲ N0264

0668 6+ **remuneration** [rimjù:nəréiʃən]

13.서울시9급/02-2.세종대 98-2.중앙대/94.서울대학원 17.명지대 08.국회8급/99.동국대

【어원】 re(=again)+mun(=gift ➲ R007)+er+ation ➡ 일한 대가를 선물로 돌려 줌 → 보수, 보상, 급여

N. 보수, 보상; 급여 = pay[I040] reward[T0768] requital, recompense, compensation; fee, salary, wage

ⓥ remunerate 보수를 주다, 보상하다; 보답하다 = recompense, requite, repay
ⓐ remunerative 보수가 있는; 수지맞는 = lucrative[N0008] profitable, well-paying

반 **unremunerative** 보상[보수, 이익]이 없는(=unpaid), 벌이가 되지 않는(=unprofitable, profitless)

0669 6+ **allowance** [əláuəns]

03-2.경기대/01.중앙대 02.행자부7급/87.법원직 97-2.덕성여대

【어원】 al<ad(=to)+low<lot(=lot ➲ R110)+ance(명접) ➡ 몫을 준 것 → 용돈 → (용돈이란 쓰도록 허락해준 돈) 허락

N. 1. 허락, 허가, 용인; 승인, 인가 = consent, assent, approval, sanction, permission, agreement, admission, license, recognition, acknowledgment, approbation
*make allowances for ~을 참작 · 고려하다 = take into account[I03729] allow for[D0669]
2. 용돈; 수당 = pocket money

ⓥ allow 허락하다, 허가하다; 인정하다; 지급하다 = accept
ⓐⓓ allowedly 당연히

0670 6+ **bargain** [bá:rgən]

10.동덕여대/06.경북9급 99.96.법원직 12.중앙대

【연상】 백화점의 바겐세일에서 아주 싸게 샀다.

N. 1. 싸게 산 물건; 턱없이 쌈 = good buy, good deal
*What a bargain! 아주 싸게 샀네요.
2. 매매 계약; 합의, 흥정 = deal, agreement, contract, compact, negotiation
Vt. 1. 흥정하다, 값을 깎다 = haggle, deal
2. 기대하다, 예상하다 = expect
*You got what you bargained for. 자업자득이다.

표 **into the bargain** 또한, 게다가(=besides, in addition)

영영정의 및 예문
EXAMPLE

이미지 연상훈련
IMAGE TRAINING

▶ not having enough money to pay debts

- The executives should estimate their debt to income ratios to see whether they run the risk of becoming **insolvent**.
  임원들은 파산할 위험이 있는지 여부를 알기 위해서 자신들의 총부채상환비율(DTI)을 평가해야 한다.
- The company had deep structural issues from the start and was driven into **insolvency**.
  그 회사는 애초에 심각한 구조적 문제가 있었고 파산에 이르렀다.

▶ 1. to make a decision to do something 2. to solve a problem

- Some residual problems were very difficult to **resolve**.
  남은 몇 문제들은 풀기가 매우 어려웠다. ＊residual 남은, 잔여의
- Apologies are powerful. They **resolve** conflicts without violence, and repair schisms between nations.
  사과는 강력하다. 사과는 폭력을 쓰지 않고 갈등을 해결하며, 국가 간의 분열을 치료한다.
- Jack **made a resolve** to give up smoking and drinking.
  잭은 술과 담배를 끊기로 결심했다. ＊give up (술 · 담배 등을) 끊다

▶ an amount of money that you get for your work

- Many employees complained that their **remuneration was** too little.
  많은 종업원들은 그들의 급료가 너무 적다고 불평했다.
- Many who spend their working life in the city devote their weekends to voluntary and **unremunerative** toil in their gardens.
  도시에서 직장생활을 하는 많은 사람들이 자신들의 주말을 정원에서 스스로 돈이 되지 않는 노동에 헌신한다.

▶ 1. the act of allowing
2. an amount of money that be given regularly or for a particular purpose

- He may be an offender, but we must **make allowance for** his youth.
  그가 죄를 범했을 수는 있지만, 우리는 그가 젊다는 것을 고려해야 합니다.
- Besides the basic salary, you will be given a family **allowance** and extra pay for overtime.
  당신은 기본급 외에 가족수당과 별도의 야근수당을 받을 것이다.

▶ N. 1. something bought or offered at a low price
2. an agreement, especially one involving a sale or exchange
▶ V. 1. to argue about a price etc 2. to expect or take into consideration

- This wine was a real **bargain**.
  이 와인은 진짜 싸게 샀다.
- The treaty was based on a **bargain** between the governments.
  그 조약은 두 정부의 합의에 기초한 것이었다.
- The task was more difficult than I had **bargained** for.
  그 일은 내가 예상했던 것보다 더 힘들었다.

정의 DEFINITION	유사어휘군 SYNONYM·ANTONYM

0671 6+
prerequisite
[pri:rékwəzit]
07.울산9급/03-2.숭실대 00-2.광운대

【어원】 pre(=before)+re(강조)+quisit(=ask, seek ⊃ R103)+e ➡ 미리 요구되는

A. 미리 필요한, 전제가 되는, 불가결한[for] = required, requisite, necessary, essential, called for, mandatory, imperative, indispensable, obligatory

N. 필요조건; 선수과목[for] = requirement[R1033] precondition, requisite

03-2.세종대 04.광운대

관 **requisite** 필요한, 필수의; 필수품
- **requisition** n. 1. (권력에 의한) 요구(=request), 명령서; 징발, 징용 2. 국제적 범인 인도 요구
v. (공적으로) 요구하다; 징발[징용]하다

0672 6+
solicit
[səlísit]
17.성균관대/13.경희대/11.상명대 06.강원도9급/03.고려대/96.사법시험

【어원】 sol(=entire)+i+cit(=call ⊃ R246) ➡ 완전히 요구하는 것

Vt. 1. (돈 · 도움 · 의견을) 간청[구걸]하다 = ask for[I0910] entreat[P0704] beg for, petition, crave, implore, beseech, supplicate, tout

2. (매춘부가) 호객행위를 하다 = accost, hook

ⓝ solicitation 간청, 졸라대기; 유혹
solicitor 간청자; 선거 운동원; 사무변호사

17.경기대

혼 **solicitude** [səlísətjù:d] 배려; 걱정거리; 갈망
- **solicitous** (복지 등을) 걱정해주는, 세심히 배려하는(=considerate)

0673 6+
condone
[kəndóun]
12.경희대,이화여대/09.서강대 07.광운대/97.세종대

【어원】 con(강조)+don(=give ⊃ R006)+e ➡ 완전히 (용서를) 주다

Vt. 용납하다, 묵인하다 = pardon[R0062] overlook[P0135] excuse[R2582] forgive, turn a blind eye to, wink at

ⓐ condonable 용서할 수 있는
ⓝ condonation 용서, 묵과

관 **pardon** [pá:rdn] 용서하다, 사면하다; 용서, 관용
• I beg your pardon. ① 실례합니다
② (상대방의 말을 되물을 때) 다시 한 번 말씀해 주실래요.

0674 6+
console
[kənsóul]
14.한국외대/03.성균관대/02.세무사 00.동국대/97.서울대학원

【어원】 1. con(=together, with)+sol(=comfort ⊃ R246)+e ➡ 같이 위로하다 → 위문하다
2. con(=with)+sole(=single ⊃ R246) ➡ (여러 장치를 함께) 하나로 만드는 것

Vt. 위로하다, 위문하다 = comfort[R2598] solace[R2464] relieve, soothe, placate
N. [kánsoul] (기계 · 기기 등의) 제어 장치
ⓐ consoling 위로가 되는 = cheering
consolatory 위안이 되는, 위문의
consolable 위안할 수 있는, 마음이 진정되는
↔ disconsolate/inconsolable 우울한, 위로할 수 없는

16.한국외대

ⓝ consolation 위로, 위안; 패자부활전 = solace[R2464]

혼 **consolidation** 합병, 통합; (부채 등의) 정리; 강화 *con(=together)+solid(=firm)+ation ⊃ R0314
counsel [káunsəl] (전문가에 의한) 조언, 충고; (법정의) 변호인; 전문가와 상담하다 ⊃ T0501

0675 6+
extricate
[ékstrəkèit]
13.기상직9급/08.대구가톨릭대 07.서강대/97.행자부7급

【어원】 ex(=out)+tric(=obstacle ⊃ R256)+ate(동접) ➡ 구덩이(장애물) 안에서 바깥으로 빼내주다 → 위기에서 구해주다

Vt. (위기 등에서) 구해내다, 탈출시키다[from] = free, salvage[N0595] set free, rescue, deliver

ⓝ extrication 구출, 탈출
ⓐ extricable 구출[해방]할 수 있는

08.경희대 17.서울시9급

반 **inextricable** 탈출할 수 없는; 해결할 수 없는; 불가분의(=unseparable)
- **inextricably** 불가분으로, 떼려고 해도 뗄 수 없게(=inseparably)
관 **intricate** [íntrikət] 얽힌, 복잡한; 얽히게 하다

영영정의 및 예문
EXAMPLE

이미지 연상훈련
IMAGE TRAINING

▶ A. required as a prior condition N. something required as a prior condition

- There's no **prerequisite** for Professor Smith's Italian Renaissance course, is there?
  스미스 교수님의 이탈리안 르네상스 과목을 듣기 위해서 먼저 들어야 할 선수과목은 없는 것 맞지?
- George lacks both the **requisite** skills and experience for the job.
  조지는 그 일자리에 필요한 경험과 기술이 모두 부족하다.
- The department chairman refused to authorize the **requisition**.
  부장은 요청을 허가하기를 거부했다.

▶ 1. to try to obtain by earnest plea 2. to approach with an offer of sexual favors

- The charity decided to **solicit** aid for the new campaign.
  그 자선단체는 새로운 운동을 위해 지원을 요청하기로 결정했다.
- It is illegal to openly **solicit** for customers in the street.
  길거리에서 공공연히 손님을 끌려고 호객행위를 하는 것은 불법이다.

▶ to excuse or forgive

- I don't condemn it, but I don't **condone** it.
  나는 그것을 비난하지도 않지만, 그렇다고 용납하지도 않는다.
- I cannot **condone** the use of violence under any circumstance.
  나는 어떤 상황하에서도 폭력을 사용하는 것을 용납할 수 없다

▶ V. to make someone feel better by giving them sympathy when they are sad or disappointed

- The parents tried in vain to **console** the child who had lost his dog.
  그 부모는 자신의 강아지를 잃어버린 아이를 위로하려 했으나 헛수고였다. * in vain 헛되이
- As a teacher, you need to **console** your students when they are depressed due to failure.
  선생님으로서 당신은 제자들이 실패로 인해 낙담해 있을 때 그들을 위로할 줄 알아야 한다.
- She is **disconsolate** over the loss of her job.
  그녀는 일자리를 잃은 것 때문에 실의에 빠져 있다.

▶ to escape from a difficult situation; to help someone escape

- France and Britain won a pledge from Washington that it would not abandon its allies as they struggled to **extricate** their forces.
  프랑스와 영국은 그들이 자국의 군대를 구출하려 애를 쓸 때 워싱턴으로부터 동맹을 저버리지 않겠다는 서약을 받아냈다.
- **Rescue** work took several hours, as survivors had to be **extricated from** the wreckage of trains.
  열차의 잔해 속에서 생존자들을 구해야 했으므로 구조작업은 몇 시간이 걸렸다.
- The question of gender and the question of sexuality are **inextricable**.
  성에 대한 문제와 성적 특성에 관한 문제는 불가분한 관계에 있다. * gender 성

Quick Review

0651
d

0652
c

0653
d

0654
c

0655
a

0656
p

0657
p

0658
a

0659
e

0660
r

0661
m

0662
i

0663
s

0664
s

0665
d

0666
i

0667
r

0668
r

0669
a

0670
b

0671
p

0672
s

0673
c

0674
c

0675
e

Answer 0651 dissent 0652 contradict 0653 discrepancy 0654 contrary 0655 allude
0656 profuse 0657 prosperous 0658 ample 0659 enormous 0660 replicate
0661 miserly 0662 impoverished 0663 slack 0664 stagnant 0665 dearth
0666 insolvent 0667 resolve 0668 remuneration 0669 allowance 0670 bargain
0671 prerequisite 0672 solicit 0673 condone 0674 console 0675 extricate

Preview

DAY 28

0676

0677

0678

0679

0680

0681

0682

0683

Metal Jacket
(Stanley kubrick, 1987)
chasten

0684

0685

0686

0687

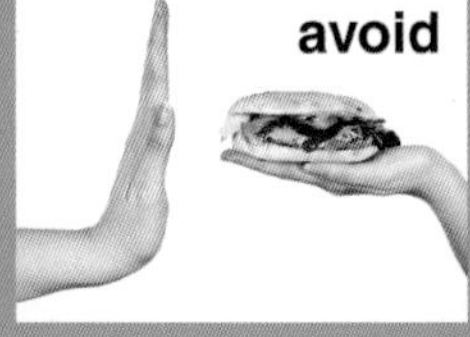

0688

0689

0690

0691

0692

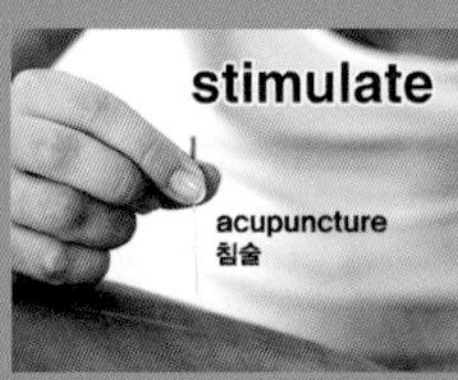

0693

0694

0695

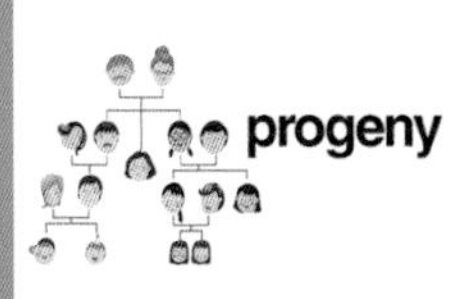

0696

0697

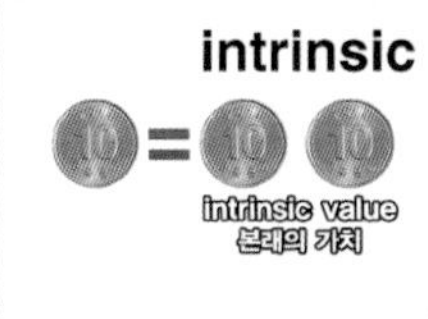

0698

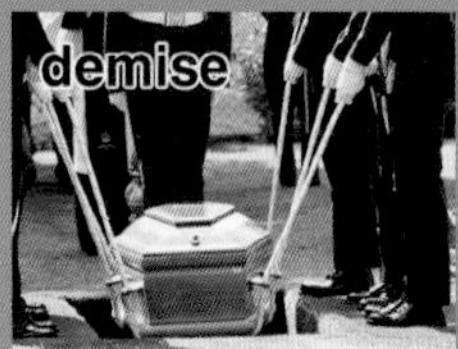

0699

0700

Answer 0676 초보, 풋내기 0677 사춘기 0678 급성장하는 0679 (노화의) 시작 0680 서서히 발전시키다, 진화하다
0681 기르다 0682 알을 까다, 기르다 0683 아이를 버릇없이 기르다 0684 잘못을 깨닫게 하다 0685 뉘우치는
0686 타락한, 부패한 0687 불운한 0688 피하다 0689 끊다 0690 굴복하다
0691 칭찬하다 0692 손발을 뻗다 0693 자극하다 0694 박차, 박차를 가하다 0695 ~와 경쟁하다
0696 자손, 후계자 0697 물려받다, 인계받다 0698 내재하는, 본질적인 0699 죽음, 사망 0700 거주지, 서식지

▶ 유튜브 바로가기

정의 DEFINITION	유사어휘군 SYNONYM·ANTONYM

0676 6+ **novice** [nάvis]
11.세종대/09.명지대/03.행자부7급 00-2.동국대/00.고려대

【어원】 nov(=new ⊃ R208)+ice ➡ 새로운 사람 → 신출내기

N. 초심자, 신출내기, 풋내기 = neophyte[R2085] apprentice, beginner, tyro, greenhorn ↔ *adept, expert, craftsman, skilled worker, maestro*

ⓝ novitiate 수련[견습] (기간); 수련자[견습] 신분
nova 신성(新星)

0677 6+ **adolescence** [æ̀dəlésns]
08.상명대/05.국민대 05.사법시험 07.충남9급/05-2.서울여대

【어원】 adol<adult(성인)+esce(=become ⊃ R169)+nce ➡ 성인(adult)이 되어 가는 기간

N. 사춘기 = puberty

ⓐ adolescent 사춘기의, 청소년의; 청소년 = growing

참 태아기(**the fetal life**) → 유아기(1~7세: **babyhood, infant**) → 유년기(5~11세: **childhood**)
→ 사춘기(12~17세: **adolescence**) → 청년기(**youth**) → 미성년자(**juvenile**)
→ 성인(**adult**: 한국 만 20세, 미 18세) → 장년기(**maturity**) → 노년기(**old age, senility**)

0678 6+ **burgeoning** [bə́:rdʒəniŋ]
12.가천대/07.경기대 03.01-2.숙명여대/98.세무사

【어원】 burg(=bud)+eon+ing ➡ 싹(bud)이 트다 → 갑자기 발전하다

A. 급증하는, 급성장하는 = flourishing[D0229] growing, quickly developing, soaring, surging, blooming

ⓥ burgeon 싹이 트다 → 갑자기 출현[발전]하다 = germinate, sprout, shoot forth
n. 움, 눈, 새싹 = bud, sprout, shoot, tiller

0679 6+ **onset** [άnsèt]
13.산업기술대/06.경희대/05-2.중앙대 96.세종대/93.부산공대

【어원】 1. 출발선 위(on)에 앉힘 → 착수, 개시 2. ~을 향하여(on) 공격하게 함(set ⊃ R017) ➡ 공격, 습격

N. 1. (싫은 것의) 시작; (병의) 발병 = beginning[T0460] starting, commencement, outset, initiation, inauguration, embarkation, setting about
2. 습격, 공격 = attack, assault, raid, aggression, onslaught

관 **outset**[áutsèt] 착수, 시초, 발단 ⊃ R0170
upset[ʌpsét] 뒤엎다; 당황하게 하다; 망쳐 놓다; 전복; 혼란; 당황; 역전패; 속상한 ⊃ P0128
inset[insét] 삽입(하다); 삽입광고

0680 6+ **evolve** [ivάlv]
11.국민대/00-2.고려대/98.홍익대 16.법원직/05.한국항공대

【어원】 e<ex(=out)+volv(=roll ⊃ R059)+e ➡ (주차장에서 차가) 바깥으로 구르기 시작하다 → 서서히 발전하다

Vt. 1. (논리·의견·계획 등을) 서서히 발전시키다 = develop[P0198] progress, advance
Vi. 서서히 발전하다; 진화하다

ⓝ evolution 발달, 발전, 진전; 진화
evolutionism 진화론 = Darwinism(the survival of the fittest: 적자생존)
ⓐ evolutionary 진화(론)적인 ↔ *creationism* 창조론

영영정의 및 예문
EXAMPLE

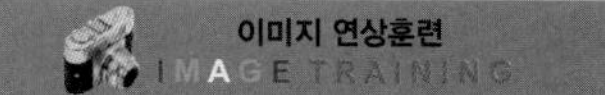

▶ a person who is new and has little experience in a job or a skill

- John Thompson is still a **novice** as far as film acting is concerned.
  영화 연출에 관한 한 존 톰슨은 아직도 풋내기이다.
- Tom may be an accomplished academician, but he is a **novice** in matters of national politics
  탐은 조예가 깊은 학자일지는 모르나, 국내정치 문제에 관해서는 풋내기다. *accomplished 조예가 깊은

▶ the period of time in sb's life when they are developing into an adult

- The central theme of **adolescence** is finding a identity, a sense of self, in relation to the world.
  청소년기의 주요한 주제는 세상과 관련한 자아의식, 즉 자기정체성을 찾는 것이다.
- **Adolescent** is used to describe young people who are no longer children but who have not yet become adults.
  사춘기 청소년은 아직 성인이 되지는 않았지만 더 이상 아이도 아닌 젊은 사람들을 칭할 때 쓰인다.

▶ beginning to grow or develop quickly

- As crime is **burgeoning**, the social fabric is collapsing faster.
  범죄가 급증함에 따라, 사회 구조는 더욱 빠르게 붕괴하고 있다.
- The town **burgeoned** into a city.
  그 마을은 도시로 급성장했다.

▶ 1. the beginning of something, especially something bad 2. an assault or attack

- The **onset** of sleep is determined by many factors.
  수면의 개시는 많은 요인에 의해서 결정된다.
- The **onset** of Alzheimer's disease is usually slow and gradual, and the rate of progression varies.
  알츠하이머병의 발병은 대개 느리고 점진적이며, 진행 속도는 다양하다.

▶ to develop gradually; to cause something or someone to develop gradually

- The pragmatic economic policies **evolved** our nation.
  실용적인 경제 정책이 우리나라를 발전시켰다.
- Biological oceanographers study how organisms live in the sea and how various species **evolve** and adapt to their environment.
  생물 해양학자들은 생물이 바다에 어떻게 살게 되었으며 다양한 종들이 어떻게 진화하고 환경에 적응하게 되었는지를 연구한다. *oceanographer 해양학자

정의 DEFINITION | 유사어휘군 SYNONYM·ANTONYM

0681 6+ **raise** [réiz]
08.경희대/06.홍익대/02.계명대 02.경찰3차/93.서울시9급

【기본】(raise-raised-raised) : 타동사로서"~을 들어 올리다"

Vt. 1. ~을 들어 올리다, ~을 일으키다 = lift, elevate, uplift, hoist, heave up
2. (건물이나 기념비를) 세우다, 건축하다 = construct, build, erect, put up
3. (수준이나 가격을) 높이다, 늘리다 = boost[N0584] increase, escalate, augment, amplify
4. (반응이나 감정을) 불러 일으키다 = give rise to, provoke, arouse, kindle
5. (질문이나 이의를) 제기하다 = bring up[I06505] put forward, advance, suggest, present
6. 기르다, 사육하다, 재배하다 = grow, breed[N0682] cultivate[N0849] rear, bring up, nurture
7. (기금을) 모으다, 조달하다 = collect[R0533] get together
8. (소리를) 지르다 = cry out, yell out
N. 올림, 인상; 증가 *pay raise 봉급 인상

혼 **rise** (rise-rose-risen): 자동사로서 "~이 오르다" *rise to fame 명성을 얻다
arise (arise-arose-arisen): 자동사로서 "사건이 발생하다" *arise from ~에서 발생하다
12.사복직9급 **arouse** (arouse-aroused-aroused): 타동사로서 "야기하다" *arouse anger 화를 부추기다

0682 6+ **breed** [bri:d]
15.광운대/08.법원직 03.세무사/01.사법시험

【어원】breed(=nourish) ➡ 영양분을 주다 → 알을 까다 → 불화 등을 야기시키다

V. 1. (새끼를) 낳다, (알을) 까다 = give birth to, bring forth
2. 기르다, 양육하다 = raise, rear, nurture, bring up
3. (불화 등을) 일으키다, 야기하다 = produce[R1357] cause, bring about, effect

N. (가축 등의) 품종; (사람의) 유형
07.이화여대 ⓝ breeding 번식, 부화, 사육, 양육 = reproduction[R1358]
breeder 번식하는 동식물, 양육자

96.중앙대 혼 **brood** [brú:d] n. 한 배의 병아리, 새끼; 종족, 품종
v. 알을 품다; 곰곰이 생각하다; (어둠 등이) 뒤덮다

0683 6+ **spoil** [spɔ́il]
07.경희대/03-2.경기대 93.서울시9급

【연상】스포일러(줄거리를 미리 말해버리는 것는 영화를 보려는 사람의 기분을 망치기 쉽다.

Vt. 1. 망치다, 상하게 하다, 못쓰게 만들다 = mar[T1514] damage, injure, despoil, ruin, wreck
2. (아이를) 버릇없이 기르다 = indulge, coddle, cosset, pamper, pet
Vi. (음식물 등이) 부패하다, 상하다; 못쓰게 되다 = go bad; come apart at the seams
N. 전리품, 약탈품; 관직, 이권 = loot, booty, prize, trophy, plunder, boodle
ⓝ spoilage 손상, 망치기; 손상물 = harm, detriment
15.중앙대 spoliation 약탈, 노획 = depredation, despoliation, plunder
spoiler 약탈자, 망치는 사람, 〈영화〉 스포일러 = despoiler, plunderer, looter, marauder
04.고려대/99.대구가톨릭대 ⓐ spoiled 상한, 썩은; 버릇없는 = adulterated[D0560] rancid[T0107]

17.중앙대 관 **despoil** [dispɔ́il] 약탈하다; 파괴하다; (가치 등을) 손상시키다
07.중앙대 **despoliation** 약탈; (자연환경의) 파괴

0684 6+ **chasten** [tʃéisn]
05.95.동덕여대

【어원】chaste(순수한)+en(=make) ➡ 순수하게 만들다 → 바로잡다

Vt. 잘못을 깨닫게 하다, 벌하여 바로잡다 = discipline[R0019] chastise, castigate, correct

85.연세대학원 ⓐ chaste [tʃéist] (육체적으로) 순결한, 정숙한, 순수한
13.중앙대 ⓥ chastise 혼내다, 벌하다, 몹시 비난하다 = discipline, castigate
ⓝ chastisement 혼내줌, 체벌

혼 **chase** [tʃéis] 뒤쫓다, 추격하다; 추구하다
11.서강대 **castigate** [kǽstəgèit] 혹평하다(=criticize), 징계하다(=rebuke) **castigation** 견책, 징계

0685 6+ **penitent** [pénətənt]
17.단국대/10.국가직7급 01-2.동국대/92.강남대

【어원】pen/pun(=punishment ➲ R257)+it+ent(형접) ➡ 처벌을 받고 있는 → 회개하는

A. 회개하는, 뉘우치는 = repentant[R2575] apologetic[R0911] remorseful, contrite, regretful, compunctious, rueful
N. 회개자, 참회자
17.가천대/12.서울여대 ⓝ penitence 회개, 참회, 뉘우침 = remorse[R1212] contrition[R1148] regret, repentance, rue
penance 참회, 속죄, 고해성사
*do penance for one's sins 자기의 죄를 속죄하다

반 **impenitent** [impénətənt] 회개하지 않는 = unrepentant, remorseless, unregenerate

영영정의 및 예문
EXAMPLE

▶ 1. to lift something 2. to build something 3. to increase the amount or level of something 4. to cause a particular reaction or emotion 5. to mention something for people to discuss 6. to take care of a person, animal or plant 7. to collect money

- Monuments **were raised** in honor of the dead.
  기념비는 망자를 기념하기 위해 세워졌다.
- The government plans to **raise taxes**.
  정부는 세금을 인상할 계획이다.
- His answers **raised suspicions** in my mind.
  그의 대답은 내게 의심을 불러 일으켰다.
- Our telemarketing fundraising section would like to **raise** $3,000 by the end of the year.
  우리의 텔레마케팅 기금 마련 부서는 올해 말까지 3,000달러를 모으길 원한다.

▶ V. 1. to produce young 2. to keep animals to produce young ones 3. to cause something to happen, especially something bad
N. a particular type of animal or person

- Mosquitoes **breed** in pools of standing water.
  모기는 물이 고인 웅덩이에 알을 낳는다.
- Pride only **breeds** quarrels, but wisdom is found in those who take advice.
  교만에서는 다툼만 일어날 뿐이라 권면을 듣는 자는 지혜가 있느니라.
- The color of an eggshell has nothing to do with nutritional value but is dependant on the **breed** of the chicken.
  달걀 껍데기의 색깔은 영양가와는 아무런 관계가 없으며, 닭의 품종에 따라 결정된다.

▶ Vt. 1. to impair the value of something 2. to impair the character of child by excessive indulgence Vi. to decay and become unfit to be eaten
N. things taken by an army or thieves

- One rotten apple **spoils** the barrel.
  썩은 사과 하나가 한 통의 사과를 망친다.(미꾸라지 한 마리가 온 웅덩이를 흐린다)
- Spare the rod, and **spoil** the child.
  매를 아끼면 아이를 망친다.
- To the victor belong **the spoils**.
  전리품은 승리자에게 속한다.

▶ to make someone realize that they have done something wrong

- I don't think that recent events will have **chastened** them.
  최근의 일들로 해서 그들이 잘못을 깨닫게 될 것이라곤 생각지 않는다.
- The defeat will be a **chastening** experience for you.
  그 패배가 너에겐 정신을 차리게 하는 경험이 될 것이다.
- In early American novels, the heroines were usually **chaste**.
  초기 미국 소설에서 여주인공들은 대개 정숙했다.

▶ feeling regret for something bad you have done

- Howard is not yet truly **penitent** for his sin.
  하워드는 아직 자신의 죄를 진심으로 뉘우치지 않고 있다.
- The time he spent working with young groups reflected his **penitence** for the indiscretions of his youth.
  그가 청년들과 일하며 보낸 시간은 그의 젊은 시절의 경솔한 언동에 대한 후회를 나타내었다.
  * reflect 반영하다 indiscretion 경솔한 언동

정의 DEFINITION	유사어휘군 SYNONYM·ANTONYM

0686 6+ **corrupt** [kərʌ́pt]

03.세종대/02.행자부7급

【어원】cor<con(=강조)+rupt(=break ⊃ R112) ➡ (도덕성을) 완전히 깨부수다 → 타락시키다 → 타락한

A. 타락한, 부도덕한; 부패한 = depraved[T1604] decadent, decayed, immoral; rotten, addled, spoiled, putrid

V. 타락시키다[하다], (뇌물로) 매수하다 = deteriorate, bribe, embrace

08.삼육대 ⓝ corruption 타락, 매수; 부패; 개악 = rot, decay, decadence, depravity

ⓐ corruptive 부패[타락]시키는, 퇴폐적인

corruptible 타락[부패]하기 쉬운, 뇌물이 통하는 = perishable, venal

14.한양대/01.건국대  반 **incorruptible** 매수되지 않는, 청렴결백한 = uncorrupted, unbribable

0687 6+ **sinister** [sínəstər]

13.국민대/12.한국외대/04.고려대 93.변리사/75.기술고시

【연상】sinist(왼손)+er ➡ 왼손의(예부터 왼손을 부정적으로 봄)

A. 1. 불길한, 재수 없는 = disastrous, unlucky, doomful, baleful, inauspicious, ominous, portentous

2. 사악해 보이는, 음흉한 = evil, wicked, nefarious, iniquitous, vicious, malevolent, malicious, vile

3. (익살) 왼쪽의

ⓐ sinistral 왼쪽의, 왼손잡이의

파 **ambisinister** 양손이 다 서투른 *ambi(=both)

↔ **ambidextrous** 양손잡이의 → 솜씨가 좋은, 다재다능한 ⊃ D0217

0688 6+ **avoid** [əvɔ́id]

17.14.항공대/10.경기대/06.아주대 01.경기대/00.행자부7급

【어원】a(=away)+void(=empty ⊃ R155) ➡ (빚쟁이를 피해) 자리를 비우다 → 피하다

Vt. 1. (의식적으로) 피하다, 회피하다 = circumvent[N0417] shun[T0846] avert[N0186] escape[T0845] steer clear of[I03308] keep away from, stay away from

2. (미리) 예방하다 = prevent[N0188] forestall

ⓝ avoidance 기피, 회피, 도피 *tax avoidance 절세 tax evasion 탈세

ⓐ avoidable 피할 수 있는

09.경희대/05.서강대/77.외무고시 반 **unavoidable** 불가피한(=inevitable), 어쩔 수 없는(=compelling)

0689 6+ **abstain** [əbstéin]

10.성균관대/97.행자부7급/95.성심대

【어원】abs<ab(=away)+tain(=hold ⊃ R009) ➡ 잡고 있던것(습관, 권리)으로부터 멀리 떨어지다

V. 1. 삼가다, 절제하다, 끊다[from] = hold back[I04210] refrain[N0418] avoid, constrain

2. 기권하다, 회피하다

ⓝ abstention 절제, 자제, 기권, 불간섭

abstinence 끊음, 금주, 자제, 금욕

abstainer 금주가, 절제하는 사람

06.가톨릭대 ⓐ abstinent 절제 있는, 금욕적인 = celibate[T0453] sober[D0575]

09.중앙대 abstemious 절제하는, 삼가는

0690 6+ **succumb** [səkʌ́m]

17.한국외대/09.국민대,한양대 06.아주대/02.중앙대/92.한국관광대

【어원】suc<sub(=under)+cumb(=lie ⊃ R021) ➡ 남의 발 밑에 엎드리다

Vi. 1. 유혹에 넘어가다; 굴복하다[to] = surrender[R0069] yield to[N0167] give in (to)[I03905] submit, capitulate, knuckle under, buckle under

2. 쓰러지다, 죽다 = give way[I03906] perish[D0431] decease, die, expire

표 **give way (to)** 지다; ~에게 자리를 내주다 *길을 비켜 주다 ⊃ I03906

give in (to) 항복하다, 굴복하다, 양보하다 *안방을 내주다 ⊃ I03905

= **throw in towel[sponge]** *기권의 표시로 링 안으로 타월을 던지다 ⊃ I10303

= **throw up one's hands (in defeat)** *패배를 인정하고 손을 든다 ⊃ I10304

= **lay[throw] down one's arms** *무기를 내려놓다 ⊃ I04608

영영정의 및 예문
EXAMPLE

이미지 연상훈련
IMAGE TRAINING

▶ A. immoral or dishonest
V. to make someone or something become immoral or dishonest

- It's a fallacy that all politicians are **corrupt**.
  모든 정치인이 부도덕하다는 것은 잘못된 생각이다.
- Power tends to **corrupt**, and absolute power **corrupts** absolutely.
  권력은 부패하고 절대 권력은 절대 부패한다.
- It is urgent to set up an exclusive body to investigate **corruption** of officialdom.
  공직사회의 부패를 조사할 독립적 기관을 설치하는 일이 시급하다.

▶ 1. making you feel something bad will happen 2. seeming evil

- He was incapacitated by a **sinister** accident.
  그는 불운한 사고를 당해 일을 할 수 없게 되었다. *incapacitate 무능력하게 하다
- The resolution is full of fabricated and false information pursuing nothing but a **sinister** political purpose.
  결의안은 오직 악의적인 정치적 의도에 따른 조작된 허위 정보로 가득 차 있다. *fabricated 꾸며낸

▶ 1. to stay away from someone or something
2. to prevent something bad from happening

- The fear of infection has prompted many people to **avoid** beef products.
  감염에 대한 공포 때문에 많은 사람이 쇠고기 제품을 피하고 있다.
- He stayed a few more days in bed in order to **avoid** suffering a relapse.
  그는 병이 재발하는 것을 막기 위해 며칠 더 침대에 누워 있었다. *relapse 재발

▶ 1. to avoid doing something enjoyable because it may be unhealthy or morally wrong
2. to choose not to vote

- My dentist said I would have fewer decayed teeth if I **abstained from** eating candy.
  내가 사탕 먹는 것을 자제했더라면 충치가 덜 생겼을 거라고 치과의사가 말했다.
- Some research suggests that people with an **abstemious** lifestyle tend to live longer than people who indulge their appetites.
  몇몇 연구는 자기가 좋아하는 것을 마음껏 즐기는 사람들보다 절제하는 삶을 사는 사람이 더 오래 사는 경향이 있다고 시사한다.

▶ 1. to accept defeat 2. to die

- If I **succumb to** this demand for blackmail, I am afraid that I will be the victim of future demands.
  갈취를 위한 이 요구에 굴하면, 앞으로의 요구들에 대해서도 내가 희생자가 될 것 같아 우려된다.
- Three were siblings who **succumbed** in rapid succession, leaving their grieving parents with just one surviving child.
  세 명의 형제들이 빠른 속도로 잇달아서 병에 걸렸고, 슬퍼하는 부모들을 남겨둔 채 오직 한 명만 살아남았다. *sibling 형제, 자매 in succession 연달아서 grieve 몹시 슬퍼하다

0691 6+ **exalt** [igzɔ́:lt]

17.14.가천대/13.국가직7급/11.서강대 08.서강대.상명대

【어원】ex(강조)+alt(=high ➲ R174) ➡ 사람을 높이 말하다

Vt. 1. 칭찬하다, 찬양하다 = extol[T0981] glorify[T0982] laud, applaud, praise, acclaim, eulogize

2. (신분 · 지위 등을) 높이다, 승진시키다 = promote[N0256] elevate, advance

ⓐ exalted 고귀한; 기뻐 날뛰는, 의기양양한

ⓝ exaltation 고양; 승진; 찬양

혼 **exult**[igzʌ́lt] 크게 기뻐하다 ➲ R0460

0692 6+ **extend** [iksténd]

15.항공대/12.법원직/07.서경대

【어원】ex(=out)+tend(=stretch ➲ R131) ➡ 바깥으로 늘리거나 뻗치다 → 연장하다, 확장하다

V. 1. (몸 · 손발을) 뻗다; (기한을) 연장하다; (영토를) 확장하다; 넓어지다, ~에 미치다[to] = stretch, reach out, enlarge, expand, broaden

2. (환영의 의사를) 나타내다; (동정을) 베풀다, 제공하다

*extend a warm welcome 따뜻하게 맞이하다

17.홍익대 ⓝ extent (크기 · 중요성 등의) 정도(=degree), 크기, 규모; 범위, 한계

08.대구가톨릭대 *to the extent that ~ ~인 정도까지, ~이라는 점에서

04.서울여대 *to what extent 어느 정도까지

0693 6+ **stimulate** [stímjulèit]

11.중앙대.고려대/07.경북9급 03.서울여대/02.숙명여대

【어원】stim(=prick ➲ R119)+ul+ate(동접) ➡ 엉구리를 찔러 ~하게 하다

V. 1. 자극하다, 활기 띠게 하다; 고무되다 = incite[R1003] fuel[T0851] spur[N0694] provoke, promote, invigorate, galvanize

2. 흥분시키다 = excite

ⓝ stimulus[stímjuləs] 자극, 격려; 흥분제; 침 = incentive[R1801] stir, inspiration

stimulant[stímjulənt] 흥분제, 자극성 음료; 자극물

0694 6+ **spur** [spə́:r]

15.서울시9급/11.국민대 09.경희대/07.경북9급

【연상】박차[말이 빨리 달리도록 발로 차는 것]를 가하다

V. 박차를 가하다; 격려하다, 자극하다 = galvanize[N0592] stimulate, encourage, promote

N. 박차; 자극, 격려

98. 경찰 표 **on the spur of the moment** 아무 생각 없이 당장(=without previous thought)

on the spur 전속력으로, 매우 급히

0695 6+ **vie** [vái]

【어원】vi(=way ➲ R212)+e ➡ 길에서 경주하다

Vi. 우열을 다투다, 경쟁하다 = compete[R1043] contend, contest, emulate, rival

10.경희대/06.국민대 *vie for sth ~을 놓고 경쟁하다 = compete for

14.홍익대/10.동국대/99.세종대 *vie with sb (for sth) (~을 두고) ~와 경쟁하다 = compete with

영영정의 및 예문
EXAMPLE

이미지 연상훈련
IMAGE TRAINING

▶ 1. to praise someone 2. to raise someone to a higher rank

- They **exalted her to the skies.**
  그들은 그녀를 극구 칭찬했다.
- The President **exalted** him to the rank of minister.
  대통령은 그를 장관으로 승격시켰다.
- The victorious baseball team ran through the streets **in an exalted state** of excitement.
  우승한 야구팀은 한껏 흥분된 상태로 거리를 질주했다.

▶ 1. to make something longer or larger; to become long or large
2. to give something to someone

- Biomedical research may soon discover a way to **extend** human life.
  생의학 연구는 조만간 인간의 생명을 연장할 방법을 발견할 지도 모른다.
- They **extended a warm welcome** to us.
  그들은 우리를 따뜻하게 맞아 주었다.
- It is still not clear **to what extent** this criticism is originating from within the opposition party.
  이 비판이 어느 정도까지 야당 내부로부터 비롯되었는지는 불분명하다.

▶ 1. to make something become active or develop
2. to make someone excited and interested about something

- The smell **stimulated** my vivid imagination and curiosity.
  그 냄새는 나의 생생한 상상력과 호기심을 자극했다.
- Rubbing the body **stimulates** the circulation of blood.
  몸을 문지르면 혈액 순환이 활발해진다.
- To **stimulate** domestic consumption, the government plans to scrap its special sales taxes on 24 high-end goods.
  정부는 내수를 촉진하기 위해 24개 고급품에 대한 특별소비세를 폐지할 계획이다.

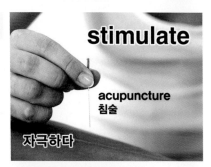

▶ 1. to make something happen faster 2. to encourage someone to do something

- Even if the movie version flops, it will **spur** book sales.
  각색한 영화가 실패하더라도 영화는 책의 판매를 촉진할 것이다.
- **On the spur of the moment** he signed with another company.
  앞뒤 가리지 않고 그는 다른 회사와 계약을 해버렸다.

▶ to compete for something

- The candidates are **vying for** the support of the voters.
  후보자들은 유권자들의 지지를 얻기 위해 경쟁하고 있다.
- He intends to **vie with** his colleagues for the coveted promotion.
  그는 열망하는 승진을 두고 동료들과 경쟁할 생각이다.

정의 DEFINITION	유사어휘군 SYNONYM·ANTONYM

0696 6+ **progeny** [prádʒəni]

12.서울여대/09.단국대 97.서울대학원/95.세종대

【어원】pro(=forward)+gen(=birth ➲ R160)+y ➡ 앞으로 태어날 사람 → 후손

N. 1. (집합적) 자손; 제자, 후계자 = offspring[P0101] posterity, successor, descendant
2. 결과 = outcome, result

ⓝ progeniture 자손을 낳음; (집합적) 자손
ⓐ progenitive 생식[번식]력이 있는

00-2.인하대
반 **progenitor**[proudʒénətər] 선구자; 선배; 조상 = originator[R1713] initiator, pioneer; father, ancestry, ancestor, forefather, ascendant

0697 6+ **inherit** [inhérit]

【어원】in(=on)+herit(=heir ➲ R161) ➡ 상속을 받다

15.가천대 09.고려대/06.성균관대
V. 1. (재산 등을) 상속하다, 물려받다 = be bequeathed
2. 유전하다
3. (전임자로부터) 인계받다 = take over, take on
Vi. 상속하다; 계승하다

17.가천대,숭실대/16.상명대
ⓐ inherited 물려받은, 유전적인 = native[R1612]
14.숙명여대
inheritable 상속권이 있는, 유전되는
*an inheritable trait 유전성 = gene[R1603]
ⓝ inheritance 상속 재산, 상속권; 유전 = heredity[N0034]

혼 **heritable** 상속 가능한; 유전성의 **heritability** 상속가능성; 유전성

0698 6+ **intrinsic(al)** [intrínsik(əl)]

17.단국대/14.경기대/08.세종대 04.경기대,세종대/97.한양대

【어원】intr<intra(=inward)+in+sic ➡ 안에 갖추어진 → 내재하는

A. 본래 갖추어진, 내재하는; 본질적인 = inherent[N0374] underlying[T0488] immanent, internal, innate; essential[R1593] quintessential

반 **extrinsic**[ikstrínsik] 외부의; 비본질적인 = foreign, adventive, outward, external; extraneous, unessential, nonessential

0699 6+ **demise** [dimáiz]

12.국민대/08.경북9급/07.단국대 03-2.고려대/97-2.총신대

【어원】de(=down, away)+mis(=send ➲ R052) ➡ 1. (땅) 아래로 보냄 → 사망 → (사망하면 발생하는) 상속 → 유증 → 왕위의 계승 2. 줘서 보내버림 → 양도

N. 1. 죽음, 사망 = death, decease, passing (away)
2. (제도·사상·기업 등의) 종말, 소멸 = disappearance[R2326] termination
3. 유증; 권리 양도; (왕위의) 양위 = testation, bequest
V. 사망하다; 유증하다; 양도하다

ⓐ demisable 양도할 수 있는
ⓝ demission 사직, 퇴위; 면직
ⓥ demit 사퇴하다, 사직하다

0700 6+ **habitat** [hǽbitæ̀t]

13.서강대/04.광운대/03.계명대 01-2.삼육대/98-2.중앙대

【어원】habit(=live ➲ R167)+at ➡ 해비타트(전세계 무주택 서민들의 주거문제를 해결할 목적으로 창설된 비영리 민간봉사단체)

N. (동식물의) 서식지; 거주지, 주소 = dwelling 사는 집; domicile 주소

파 **inhabitant** 거주자, 주민; 서식 동식물 ➲ N0388

영영정의 및 예문
EXAMPLE

이미지 연상훈련
IMAGE TRAINING

▶ 1. a person's children; the young of animals or plants 2. a result of creative effort

- He was never loquacious on the subject of his **progeny**.
  그는 자기 자손들에 대한 주제에 관해서는 결코 말이 많지 않았다. *loquacious 말이 많은

- He is the **progenitor** of modern music.
  그는 현대음악의 선구자이다.

▶ 1. to obtain from someone after their death 2. to receive by genetic transmission 3. receive from a predecessor

- Carl and Martin may **inherit** their grandmother's possessions when she dies.
  칼과 마틴은 할머니가 돌아가시면 그녀의 재산을 상속받을지 모른다.

- The concept of race is based on observable physical differences among people resulting from **inherited** biological traits.
  인종이라는 개념은 유전된 생물학적 특성에 연유한 사람들 간의 관찰 가능한 신체적 차이에 토대를 둔 것이다.

- Is there anyone working today who has **inherited** the Hitchcock mantle?
  현재 활동하는 사람들 중에서 히치콕의 책무를 계승한 사람이 있는가? *mantle 책무

▶ belonging or relating to the nature of something or someone

- Diamonds have little **intrinsic** value and their price depends almost entirely on their scarcity.
  다이아몬드의 본래의 가치는 거의 없다. 다이아몬드의 가격은 거의 전적으로 그 희소성에 의한 것이다.

- Nowadays there are fewer **extrinsic** pressures to get married.
  요즘에는 결혼해야 한다는 외적인 압박은 보다 적다.

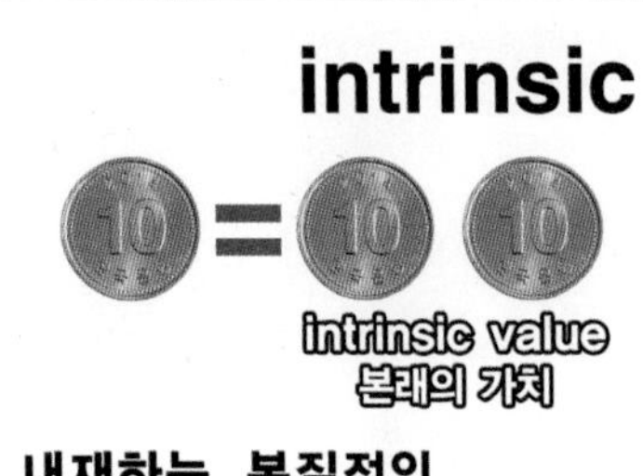

▶ 1. the death of a person 2. the end of existence 3. transfer of an estate by lease or will

- Marry's funeral was appointed to take place on the Friday after her **demise**.
  Marry의 장례식은 그녀가 사망한 후 금요일에 치러지기로 정해졌다.

- The introduction of the Internet signals the eventual **demise** of the letters written by hand as a means of correspondence.
  인터넷의 도입은 궁극적으로 서신왕래의 수단으로써 손으로 쓰는 편지가 소멸될 것이라는 신호탄이다.

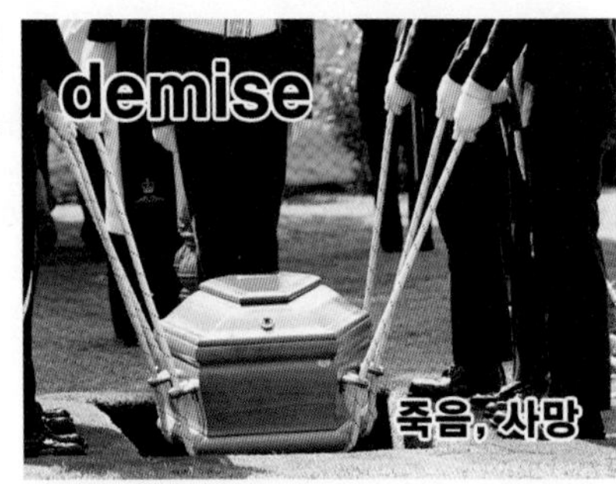

▶ the natural place where an animal or plant normally lives

- Most members of the camel family are found in arid **habitats**.
  대부분의 낙타과의 동물들은 건조한 서식지에서 발견된다. *arid 건조한

- The most serious threat to the majority of species at risk of extinction is **habitat** reduction.
  멸종의 위기에 처한 대부분의 종들에게 가장 심각한 위협은 서식지 감소이다. *extinction 멸종

Quick Review

0676

n ______

0677

a ______

0678

b ______

0679

o ______

0680

e ______

0681

r ______

0682

b ______

0683

s ______

0684

c ______

0685

p ______

0686

c ______

0687

s ______

0688

a ______

0689

a ______

0690

s ______

0691

e ______

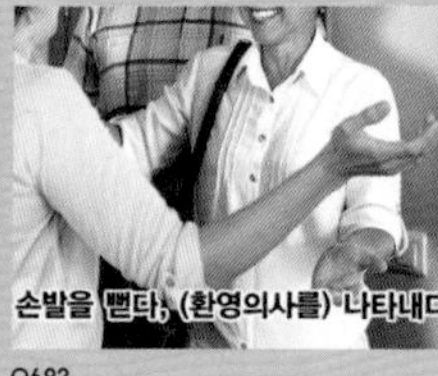

0692

e ______

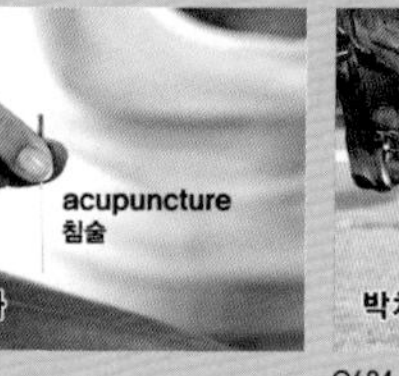

0693

s ______

0694

s ______

0695

v ______

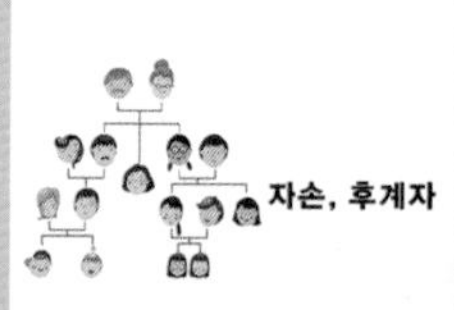

0696

p ______

0697

i ______

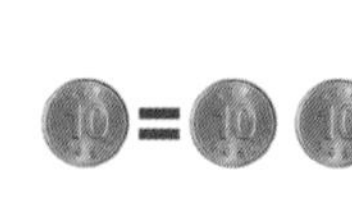

0698

i ______

0699

d ______

0700

h ______

Answer 0676 **novice** 0677 **adolescence** 0678 **burgeoning** 0679 **onset** 0680 **evolve**
0681 **raise** 0682 **breed** 0683 **spoil** 0684 **chasten** 0685 **penitent**
0686 **corrupt** 0687 **sinister** 0688 **avoid** 0689 **abstain** 0690 **succumb**
0691 **exalt** 0692 **extend** 0693 **stimulate** 0694 **spur** 0695 **vie with**
0696 **progeny** 0697 **inherit** 0698 **intrinsic** 0699 **demise** 0700 **habitat**

Preview

DAY 29

0701

0702

0703

0704

0705

0706

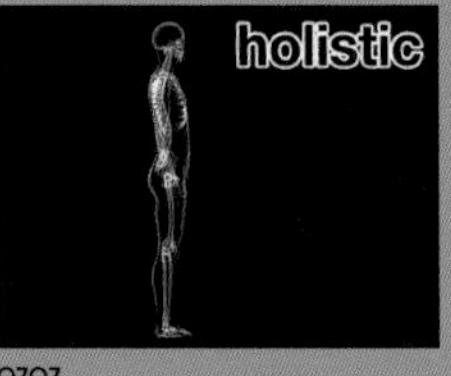

0707

0708

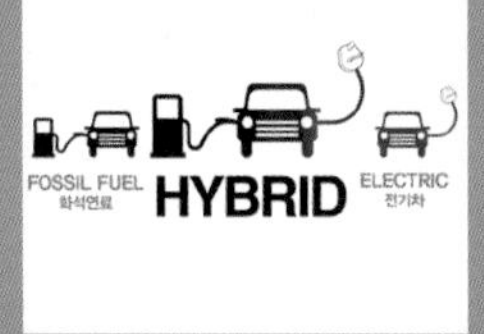

0709

0710

0711

0712

0713

0714

0715

0716

0717

0718

0719

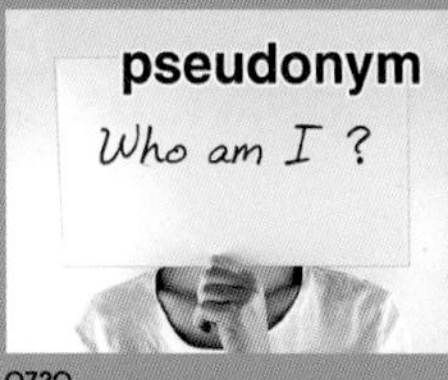

0720

0721

0722

0723

0724

0725

Answer 0701 모이다 0702 결합물 0703 동화되다 0704 물을 통과시키지 않는 0705 흠뻑 젖은
0706 협력, 조화, 콘서트 0707 전체의 0708 굳히다 0709 잡종의, 혼성의 0710 가지, 분기
0711 소외감을 느끼게 하다 0712 사이를 멀어지게 하다 0713 파견하다, 위임하다 0714 대체하다 0715 대신하다
0716 위증하다 0717 모조품, 가짜 0718 꾸며낸 말 0719 놀라운, 훌륭한 0720 가짜 이름
0721 진실된, 성실한 0722 증언하다, 증명하다 0723 진실인지 확인하다 0724 배심원 평결 0725 변호하다

정의 DEFINITION	유사어휘군 SYNONYM·ANTONYM

0701 6+ **congregate** [kάŋgrigèit]
11.서울여대/07.덕성여대 03-2.고려대.가톨릭대/00-2.경기대

【어원】 con(=together)+greg(=flock ➲ R033)+ate(동접) ➡ 같이 모이다(떼짓다) → 집합하다

V. 모이다, 집합하다; (~을) 많이 모으다 = flock[T0511] assemble[R2331] gather together[T0521] muster up, come together, aggregate, collect, amass; gather[T0521] assemble, round up, bring together, put together, amass, cluster, accumulate, garner

ⓐ congregative 모이는 경향이 있는, 집합적인 congregational 집회의; 회중의
ⓝ congregation 모임, 집합; (종교적) 집회

관 **aggregate** 모으다, 총계가 ~이 되다(=amount to); 집합하다, 모이다; 총계의(=total) ➲ R0331

0702 6+ **amalgam** [əmǽlgəm]
13.서울시9급/05-2.고려대

【연상】 아말감(치과에서 이를 치료할 때 채워 넣는 결합물)

N. 혼합물, 결합물 = combination[T1374] mixture, blend, fusion, medley potpourri, melange, compound, concoction

13.한양대/96.세종대 ⓥ amalgamate 합병시키다; 혼합하다, 융합하다
13.고려대 ⓝ amalgamation 결합, 합병

0703 6+ **assimilate** [əsíməlèit]
16.단국대/10.서강대 07.가톨릭대.광운대

【어원】 as<ad(=to)+simil(=same ➲ R231)+ate(=make) ➡ ~쪽으로 같게 만들다

V. 1. 동화되다[시키다][into] = conform, adapt, homogenize, mingle
2. (자기 것으로) 흡수하다, 소화하다 = absorb, take in, ingest, digest

13.경기대 ⓝ assimilation 동화, 동화 작용; 융화

반 **dissimilate** [disíməlèit] 같지 않게 하다 - **dissimilation** 이화(異化) (작용)

0704 6+ **impervious** [impə́:rviəs]
14.이화여대/09.중앙대/08.경기대 03.경기대/93.기술고시

【어원】 im<in(=not)+per(=through)+vi(=way ➲ R212)+ous(형접) ➡ 길을 통과할 수 없는 → 불침투성의 → 영향받지 않는

A. 1. (물·공기 등을) 통과시키지 않는[to] = impenetrable[T1571] impermeable
2. ~에 영향받지 않는[좌우되지 않는][to] = resistant[N0748] unaffected, insusceptible, invulnerable, immune

반 **pervious** [pə́:rviəs] 투과시키는, 통과시키는

0705 6+ **soaked** [soukt]
08.단국대/01.사법시험

【연상】 물에 쏙(soak) 빠진!

A. 흠뻑 젖은; 전념하는; 잔뜩 취한 = drenched[T1575] soggy[T0407] sopping, saturated

99.서울여대/96.중앙대 ⓥ soak (액체 속에 푹) 담그다, 흠뻑 적시다; 젖다 = wet, sop, dip, imbue, drench, sodden, saturate
n. (액체 속에) 담그기
15.경기대 ⓝ soaking 흠뻑 젖음; 흠뻑 젖은 = saturation[R1532]

영영정의 및 예문
EXAMPLE

이미지 연상훈련
IMAGE TRAINING

▶ to come together

• These little fish **congregate** in the cool coastal currents off the coast of Peru.
이 작은 물고기는 페루의 연안에서 떨어진 연안 한류에 모여든다.

• During times of danger, the settlers would **congregate** in the fort. They felt safe behind its strong log walls.
위험한 기간 동안 주민들은 요새로 모여들곤 했다. 그들은 튼튼한 통나무 벽 뒤에서 안전하다고 느꼈다.

▶ A combination of diverse elements

• His character is a strange **amalgam** of contradictory traits.
그의 성격은 모순된 성질이 기묘하게 혼합되어 있다.

• Dental **amalgam** is the most frequently used material for restoring decayed teeth.
치과용 아말감은 썩은 치아를 복원하는 데 가장 많이 사용되는 물질이다.

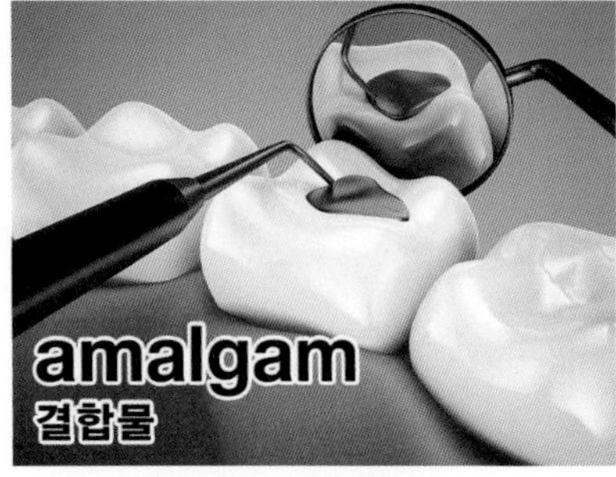

▶ 1. become similar to 2. to take in and incorporate as one's own

• Immigrants tried to **assimilate** into the mainstream society.
이민자들은 주류사회에 동화되기 위해 노력했다.

• The book is too difficult for them to **assimilate**.
그 책은 그들이 소화하기에는 너무 어려웠다.

▶ 1. not allowing a liquid or gas to pass through
2. not affected or influenced by something

• Being **impervious to** rain, the tent made a fine shelter during the storm.
비가 스며들지 않아서, 텐트는 폭풍우가 몰아칠 동안에 훌륭한 피난처가 되었다. * shelter 피난처

• The new boss is so arrogant that he is completely **impervious to** all criticism.
새로 온 사장은 너무 거만해서 모든 비판들에 끄떡도 하지 않는다. * arrogant 거만한

▶ extremely wet

• I got **soaked** because I didn't take an umbrella.
우산을 안 가지고 나가는 바람에 비에 흘딱 젖었다.

• Do not **soak** in alcohol or any other solution.
알코올이나 다른 용액에 담그지 마십시오.

정의 DEFINITION	유사어휘군 SYNONYM·ANTONYM

0706 6+ **concert** [kánsəːrt]

08.서울여대/98.동국대

【어원】 con(=together)+cert(=put, place ⊃ R015) ➡ 같이 한 곳에 있는 것 → 콘서트 → 협조, 조화

N. 1. 협조, 제휴, 협력; 일치, 조화 = 일치: agreement[S0851] accord, correspondence
*in concert with ~와 제휴[협력]하여, 일치하여 = 협력: cooperation, collaboration
= 조화: harmony, symmetry, balance
2. 음악회, 연주회, 콘서트
Vt. [kənsə́ːrt] ~을 계획하다, 안출하다 = scheme

ⓝ concertation (당파간의) 협조, 공동보조
08.국민대 ⓐ concerted 협정된, 합의된, 일치된

15.한양대/07.중앙대 ■ **disconcert** [dìskənsə́ːrt] 당황하게 하다(=embarrass); (계획 등을) 뒤엎다 **disconcerted** 당황한

0707 6+ **holistic** [hòulístik]

15.산업기술대/14.고려대
13.중앙대/12.,09.가톨릭대

【어원】 hol<whole(전체)+ist+ic(형접) ➡ 전체적인

A. 전체론의, 전체적인; (마취 등이) 전신용의 = whole, universe, catholic, general

ⓝ holism 〈철학〉 전체론, 전체관
ⓐⓓ holistically 전체적으로, 총체적으로

0708 6+ **solidify** [səlídəfài]

12.경희대/06.고려대/04.홍익대

【어원】 solid(=firm ⊃ R031)+i+fy(=make) ➡ 단단하게 만들다

V. 1. 굳히다; 굳어지다 = harden, congeal, coagulate, concrete
2. (자리를) 확고히 하다 = strengthen[R2591] consolidate

13.서울시9급 ⓐ solid 고체의; 단단한, 견고한; 고체
13.국민대 ⓝ solidarity 결속, 단결; 연대, 연대 책임
solidity 고체성, 고형성 ;실질적임; 튼튼함

0709 6+ **hybrid** [háibrid]

04.세종대/03.경기대
99.동덕여대/95.서울대학원

【연상】 하이브리드 카(hybrid car)는 휘발유와 전기를 다 먹는 잡종 승용차이다.

A. 잡종의; 혼성의 = mixed[T1375] half-bred, heterogeneous
N. 1. (동식물의) 잡종, 혼혈아 = mongrel, half-breed, crossbred, mutt, cur 잡견
2. 혼성물, 혼성어 = mixture, amalgam, compound, composite
*hybrid car 하이브리드(휘발유, 전기 겸용) 승용차

ⓥ hybridize 잡종을 만들다, 이종 교배시키다 = interbreed, crossbreed, outcross
13.고려대 ⓝ hybridity 잡종성

0710 6+ **ramification** [ræ̀məfikéiʃən]

16.국회8급/09.명지대/08.단국대
07.이화여대/05.서강대

【어원】 ram(=branch)+i+fic(=make ⊃ R060)+ation(명접) ➡ 곁가지가 나옴 → 결과

N. 1. 가지, 지류; 분기, 세분화 = branch[T1422]
2. (예기치 못한) 결과, 영향 = consequence[D0488] result[R0467]

ⓥ ramify 가지를 내다; 분기하다

영영정의 및 예문
EXAMPLE

이미지 연상훈련
IMAGE TRAINING

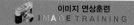

▶ 1. cooperation or agreement 2. a performance of music

- By acting in **concert**, the three boys were able to tip over the car that none of them had been able to tip over while acting alone.
  서로 협조하여 행동함으로써, 그 세 명의 소년들은 혼자서 할 때에는 결코 할 수 없었던 그 승용차를 뒤집는 일을 할 수 있었다.
- To survive in this world, we have to act **in concert with** others.
  이 세상에서 살아남기 위해서 우리는 다른 사람들과 협력하여 행동해야 한다.
- Mary **was** much **disconcerted by** the claim that to write well demanded arduous study.
  메리는 글을 잘 쓰려면 열심히 공부해야 한다는 주장에 무척 당황했다. * arduous 끈기 있는

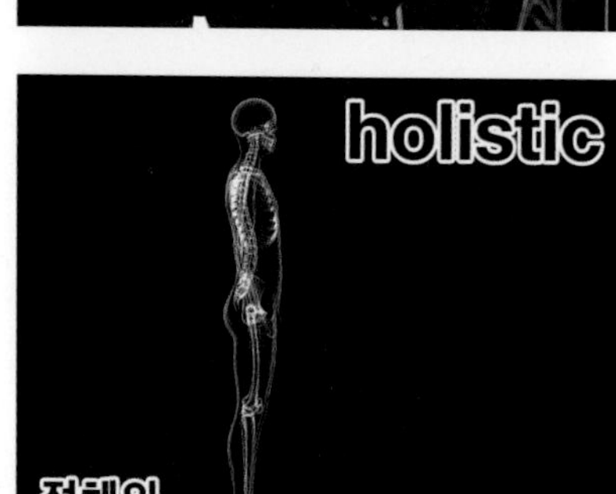

▶ emphasizing the importance of the whole and the interdependence of its parts

- The therapy takes a **holistic** approach to health and well-being.
  그 치료는 건강과 행복에 대한 총체적인 접근방식을 취합니다.
- Scientists have attempted to integrate all these dimensions within a **holistic** approach that looks at health and the individual as a whole, rather than part by part.
  과학자들은 건강과 개개인을 부분 부분으로 바라보기 보다는 전체적으로 바라보는 전체론적인 접근법 안에서 이 모든 차원들을 통합하기 위한 시도를 해왔다.

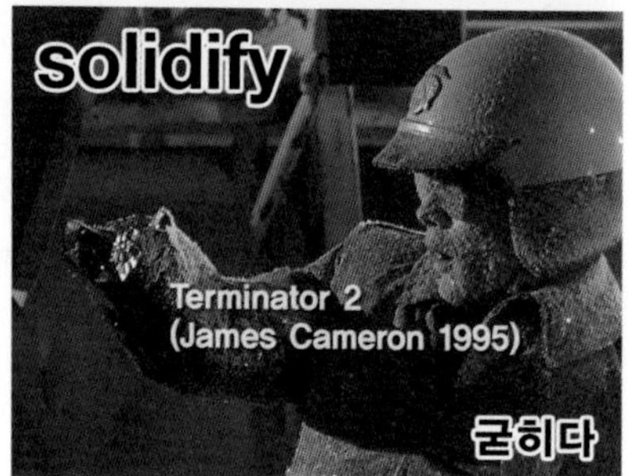

▶ to make solid or strong; become solid

- Jane Austin's novel, Pride and Prejudice, helped to **solidify** her position as English foremost female author.
  제인 오스틴의 소설 "오만과 편견"은 영국 최고의 여성 작가로서의 그녀의 입지를 확고히 해 주었다.
- Water becomes **solid** when it freezes.
  물은 얼게 되면 고체가 된다.

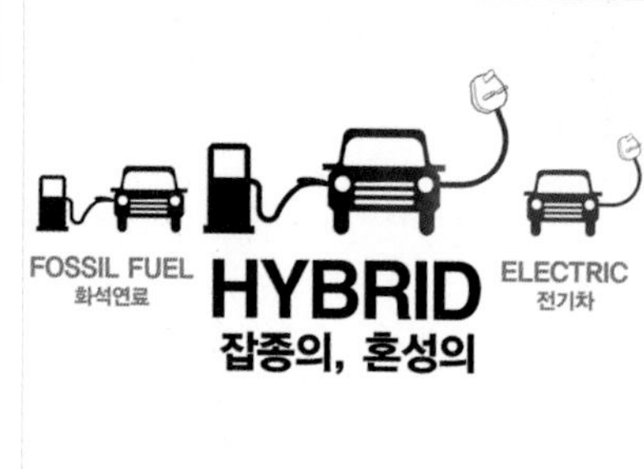

▶ A. produced from different breeds or types N. 1. an animal or plant produced from parents of different breeds or types 2. a mixture of different things

- A mule is a **hybrid** of a male donkey and a female horse.
  노새는 수탕나귀와 암말 사이에서 나온 잡종이다.
- **Hybrids** combine the usual internal combustion engine with a battery-operated electric motor.
  하이브리드 차량은 평범한 내연기관과 배터리로 작동되는 전기 모터를 결합시킨 것이다.

▶ 1. a branch 2. the unexpected results of an action

- People opposed a road-building program because they reckoned that its environmental **ramifications** had not been fully considered.
  사람들은 도로건설 프로그램의 환경적 영향이 완전히 고려되지 못했다고 생각했기 때문에 그 프로그램에 반대했다.
- No scientist ever knows every **ramification** of their theories.
  자신의 이론에 대한 모든 결과들을 알고 있는 과학자는 아무도 없다.

정의 DEFINITION	유사어휘군 SYNONYM·ANTONYM

0711 6+ **alienate** [éiljənèit]
12.명지대/10.이화여대/05.고려대
90.서울대학원/98.변리사

【어원】alien(=other ⊃ R194)+ate(=make) ➡ 남으로 느껴지게 하다 → 남의 것이 되게 하다

Vt. 1. (사이가) 멀어지게 하다, 소외감을 느끼게 하다 = estrange[N0712] distance
*be alienated from ~와 소원해지다
*alienate A from B A와 B를 이간하다
2. (재산 · 권리 등을) 양도하다 = alien, cede, make over, yield, surrender

ⓝ alienation 이간, 불화; 소외; 양도 = estrangement[D0712]
alienator 양도인 alienee 양수인

혼 **alien**[éiljən] 외국인; 외계인; 문외한; 외국의, 외래의; 이질의; 소외하다; 양도하다 ⊃ R1943
inalienable[inéiljənəbl] 양도할 수 없는 ⊃ R1944

0712 6+ **estrange** [istréindʒ]
09.이화여대/05.고려대
98.변리사/90.서울대학원
96.공인회계사

【어원】e<ex(강조)+strange ➡ 낯설게(서먹서먹하게) 만드는 것 → 소원

V. 사이를 멀어지게 하다, 이간질하다 = alienate[N0711] disaffect[D0018] split up

ⓝ estrangement (관계의) 소원; (부부간의) 별거 (기간)= alienation[D0711]; separation
ⓐ estranged 소원해진, 사이가 틀어진

관 **strange** 이상한, 색다른; 낯선, 미지의, 생소한
- **stranger** 낯선 사람, 모르는 사람, 이방인

0713 6+ **delegate** [déligət, -gèit]
10.강남대/08.중앙대
06.동덕여대/95.홍익대,경기대

【어원】de(=down)+leg(=send ⊃ R053)+ate(명접) ➡ (권한 등을) 아래로 내려 보내다 → 위임하다, 맡기다

Vt. 1. (권한 등을) 위임하다; 맡기다 = assign[R0985] deputize[R1514]
2. (대표나 대리인으로) 파견하다 = depute[R1514]
N. 대표, 사절, 대리인

ⓝ delegation 〈집합적〉 대표단; 대위원단; 위임
delegacy 대표 임명, 사절단

0714 6+ **supersede** [sù:pərsí:d]
13.경기대/12.경희대/11.중앙대
06.서울여대/97-2.단국대

【어원】super(=over)+sede(=sit ⊃ R021) ➡ 넘겨받아(over) 자리에 앉다

Vt. (낡은 것을 새로운 것이) 대체하다 = replace[D0715] supplant[N0408] take the place of[I03710]
*be superseded by ~에 의해 대체되다 = be replaced by

ⓝ supersession 대체, 교체, 경질

Ⅰ **take the place of** ~를 대신하다, 대체하다(=replace, supersede) ⊃ I03710

0715 6+ **irreplaceable** [iripléisəbl]
01.세무직9급
16.국민대/13.경기대
99.행자부7급/98.한국외대

【어원】ir<in(=not)+re(=again)+place(=place ⊃ R016)+able ➡ replace[대체하다] 할 수 없는

A. (너무 특별해서) 대체[대신]할 수 없는 = unexchangeable

ⓥ replace 대신하다(=supplant); ~의 후임자가 되다; 되돌리다; 바꾸다; 교환하다
*be replaced by ~에 의해 대체되다
ⓝ replacement 반환; 복직; 교체, 교환; 대체물; 교환품; 보충병

반 **replaceable** 대체할 수 있는 = permutable, exchangeable, interchangeable substituent, fungible

영영정의 및 예문
EXAMPLE

이미지 연상훈련
IMAGE TRAINING

▶ 1. to make someone less friendly or make someone feel that they do not belong to a group
2. to give someone property or rights

- His behavior has **alienated** most of his friends.
  그의 행동은 대부분의 친구들과 멀어지게 만들었다.
- Many people feel **alienated** in new places.
  많은 사람들은 새로운 장소에서 소외감을 느낀다.

▶ make unfriendly or hostile

- He **became estranged** from his parents after his marriage.
  그는 결혼 후에 부모님과 사이가 소원해졌다.
- The two brothers buried the hatchet after 5 years of **estrangement**.
  두 형제는 5년간 소원했다가 후에 화해했다. * bury the hatchet 화해하다

▶ V. 1. to give part of your work or authority to someone in a lower position than you
2. to choose someone to represent you N. a person appointed to represent others

- While there were some assignments the candidate could **delegate**, others she had to attend to herself.
  다른 사람에게 맡길 수 있는 일이 몇 가지 있었긴 해도, 그 밖의 일은 그 후보 스스로 챙겨야 했다.
  * assignment 주어진 임무
- **Delegates** from many countries will be present at the conference.
  여러 국가에서 파견된 사절들이 회의에 참석할 예정이다.

▶ to replace something that is considered to be old-fashioned

- The radio has **been superseded by** the TV.
  라디오는 텔레비전으로 대체되었다.
- This regulation will **supersede** all previous rules.
  이 규정은 이전의 모든 규칙들을 대신할 것이다.

▶ impossible to replace; too special and valuable

- Overpopulation may cause an exhaustion of **irreplaceable resources**.
  인구 과잉은 대체할 수 없는 자원의 고갈을 초래할 수 있다.
- With the emergence of highly skilled experts, one-man surgery **was** gradually **replaced by** team surgery.
  고도로 숙련된 전문가들이 등장함과 더불어, 한 개인이 하던 수술이 점차 팀 수술로 대체되었다.

정의 DEFINITION	유사어휘군 SYNONYM·ANTONYM

0716 6+ **perjure** [pə́ːrdʒər]
09.명지대/00-2.경원대/96.사법시험
06.경찰간부/03.경찰/00.경기대

【어원】 per(=falsely)+jur(=swear ➲ R255)+e ➡ 거짓으로 (진실을 말하겠노라고) 맹세하는 것 → 위증

Vt. (선서 후에) 위증하다[~oneself] = bear false witness, forswear

ⓝ perjury 위증; 위증죄 = lying under oath, false testimony

관 증언: **testimony, witness**
증언하다: **testify, attest, swear, give evidence**

0717 6+ **fake** [féik]
14.서울시7급/04.동국대
03.101단2차/01.고려대

【연상】 일상생활 속에서도 많이 쓰는 단어 "페이크"쓰지 마!

N. 모조품, 위조품; 가짜; 사기 = duffer, forgery; sham
A. 가짜의, 모조의, 위조의 = spurious[N0320] bogus, phony
Vt. 1. 위조하다, 속이다; 날조하다 = counterfeit, fabricate, falsify
2. ~인 체하다, 가장하다 = pretend, feign

ⓝ faker 위조자, 사기꾼; 〈미〉 노점 상인, 행상인 = swindler, quack, con man
fakement 사기, 협잡; 가짜
13.중앙대 fakery 가짜, 모조품 = pinchbeck[T0712] imitation, counterfeit, phony

0718 6+ **fabrication** [fæ̀brikéiʃən]
08.전남대/06.숭실대/94.연세대학원

【어원】 fabric(직물, 천)+ation ➡ 천을 짜다 → (천을 짜듯이) 이야기를 앞뒤로 맞추어 꾸며내다

N. 1. (속이기 위해) 꾸며낸 말 = invention[R0370] lie, fable, fiction, concoction
2. 제조; 조립; 구조물 = manufacture; assembly

17.한국외대/02-2.아주대 ⓥ fabricate 만들다, 조립하다; 꾸며내다, 조작하다 = make[I070] manufacture; fudge, concoct, forge
13.동국대 ⓐ fabricated 허구의, 조작된 = trumped-up[T1204]
ⓝ fabric 직물, 천; 구조, 조직, 구성; 구조물, 건물 = 직물: textile, woven stuff, drapery
fabricant 제조(업)자 = manufacturer

0719 6+ **incredible** [inkrédəbl]
10.계명대/09.광운대/96.세종대

【어원】 in(=not)+cred(=trust ➲ R229)+ible(=able) ➡ (너무 대단해서) 믿을 수 없는 → 놀라운

A. 1. (믿기 어려울 만큼) 놀라운, 훌륭한 = amazing[T0321] surprising, astonishing
2. 믿어지지 않는 = unbelievable, implausible

ⓝ incredibility 믿어지지 않음

11.한양대 반 **credible** [krédəbl] 신용할 수 있는, 확실한 = trustworthy, reliable, dependable
01.변리사 - **credibility** 진실성; 확실성
*__credibility gap__ 정치인의 언행 불일치, 성명 · 발표에 대한 불신감
혼 **creditable** [kréditəbl] 칭찬할 만한, 훌륭한

0720 6+ **pseudonym** [sú:dənim]
10.명지대/06.서울시9급
06-2.가톨릭대/05.경희대
98.가톨릭대

【어원】 pseud(=false ➲ R230)+onym(=name ➲ R093) ➡ 가짜 이름

N. (작가가 본명 대신에 쓰는) 필명이나 아호 등의 가짜 이름 = pen name, an assumed name

반 **autonym** 본명, 실명(으로 낸 저작)

영영정의 및 예문
EXAMPLE

이미지 연상훈련
IMAGE TRAINING

▶ to tell an untruth in a court of law after promising to tell the truth

- The witness **perjured himself** in court by lying about what he saw.
  그 증인은 그가 목격한 것에 대해 법정에서 거짓말을 함으로써 위증을 했다. *witness 증인
- **Perjury** in a serious court case can result in life imprisonment.
  중대한 소송 재판에서 위증하면 종신형을 받을 수도 있다.

▶ N. a copy of a valuable thing intended to deceive people
V. 1. to make something seem real to deceive others
2. to pretend to have a feeling or illness A. seeming to be real but not real

- The jeweler **palmed off a fake diamond** on a customer.
  그 보석상은 고객에게 가짜 다이아몬드를 속여 팔았다. *palm off 속여서 팔다
- Sorry to let you down, but this picture is **fake**.
  실망시켜드려 유감이지만, 이 그림은 위조품입니다. *let down 실망시키다
- Many instructors **faked** their records as the prestigious universities' graduates.
  많은 강사들이 명문대 졸업생인 것처럼 학력을 위조했다.

▶ 1. a piece of information or story that someone has invented in order to deceive people
2. the act of constructing something

- What a shock to find that the entire story was a **fabrication**!
  그 이야기 전부가 꾸며낸 것이라니 정말 놀랍군!
- The technique of putting colorful designs on **fabric** is called batik.
  직물에 다양한 색의 디자인을 넣는 기법을 납염법이라고 한다.
- The **fabric** of modern society is not immune from decay.
  현대 사회의 구조는 부패로부터 자유롭지 못하다.

Fabrication
꾸며낸 말

▶ 1. extremely good or extremely large 2. very difficult to believe

- The microscope enables scientists to distinguish an **incredible** number and variety of bacteria.
  현미경은 과학자들로 하여금 믿기지 않을 만큼이나 많고 다양한 박테리아를 구별하게 해준다.
- **It's incredible that** he survived the accident.
  그가 그 사고에도 살아남았다는 것이 믿기지 않는다.
- Her excuse was **barely credible**.
  그녀의 변명은 거의 믿을 수 없었다.

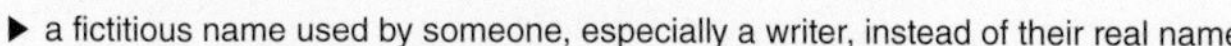

▶ a fictitious name used by someone, especially a writer, instead of their real name

- Many journalists are writing under **pseudonyms**.
  많은 기자들은 필명으로 글을 쓰고 있다.
- In the nineteenth century, many women writers used **pseudonyms** because they were afraid of being labeled "unladylike."
  19세기에는 많은 여성 작가들이 '여자답지 않다'고 여겨질까 두려워 필명을 썼다.

정의 DEFINITION	유사어휘군 SYNONYM·ANTONYM

0721 6+ **bona fide** [bóunə-fáid]

12.이화여대/11.중앙대/07.부산7급 04.입법고시/01.세종대

【어원】 bona(=good)+fid(=trust ➲ R229)+e ➡ 진짜임(good)을 믿을 수 있는 → 진짜의

A. 진실된, 진짜의, 진정한; 선의의; 성실한 = genuine[N0371] real; sincere ↔ *spurious*, *deceitful*, *false*

Ad. 진실하게

0722 6+ **testify** [téstəfài]

01-7.경찰/01-2.명지대 96.고려대학원

【어원】 test(=witness, test ➲ R069)+i+fy(=make) ➡ 증인으로 만들다 → 증언하다

V. 1. 증명[입증]하다; 증거가 되다 = attest, witness, bear testimony, validate, verify, confirm, substantiate, prove, establish

2. 선서 증언하다, 증인이 되다 = attest, bear witness to, give testimony

ⓝ testification 입증; 증언; 증거 = proof; testimony; evidence, witness

관 **testimony**[téstəmòuni] (법정에서의) 증언(=proof) — 13.동국대/12.가천대
testament[téstəmənt] 증거(=evidence); 유언(장); 성서 — 17.숭실대
testimonial[tèstəmóuniəl] (자격 등의) 증명서; 추천장; 감사장

0723 6+ **verify** [vérəfài]

04.세종대/02-2.고려대/98.고려대학원 97-2.인천대/85.행자부7급

【어원】 ver(=true ➲ R230)+i+fy(=make) ➡ 진실하게 만들다 → 증거를 대다 → 증명하다

Vt. 1. (진실인지 여부를) 확인하다 = confirm[N0160] ascertain, check out, check up on

2. 증명[입증]하다, 증거를 대다 = attest, witness, validate, prove, corroborate, authenticate, certify, establish, substantiate, demonstrate, justify, bear out, vindicate

ⓐ verifiable 확인할 수 있는, 실증할 수 있는
ⓝ verification 증명, 입증; 증거, 근거
verifier 입증자, 검증자; (계량기 등의) 검정기

0724 6+ **verdict** [və́:rdikt]

08.영남대/05.서울여대/01.경기대 99.건국대/95.홍익대

【어원】 ver(=true ➲ R230)+dict(=say ➲ R087) ➡ 배심원의 평결은 곧 진실을 말하는 것 → 판정

N. (배심원단의) 평결; 〈구어〉 판정, 판단 = judgment[R2550] decision[R1083]
*render a verdict 평결을 내리다

0725 6+ **defend** [difénd]

06.전북9급/05.한양대/01.사법시험

【어원】 de(=down)+fend(=strike ➲ R117) ➡ 아래에 깔린 채 때리다 → 방어하다

V. 방어하다; 변호하다, 옹호하다 = stand up for[I04705]

ⓝ defendant 〈주로 민사 소송에서의〉 피고(의) ↔ *plaintiff* 원고
cf. the accused 〈형사 소송에서의〉 피고인
defender 방어자 cf. public defender 관선(官選) 변호인
defense 방어, 변호, 수비; (the~) 피고측 — 09.세종대
ⓐ defensive 방어적인, 수비의; 수세의 — 14.기상직9급
defensible 방어할 수 있는 ↔ *indefensible* 방어하기 어려운

혼 **depend** 의존하다, 의지하다 ➲ N0002

영영정의 및 예문
EXAMPLE

이미지 연상훈련
IMAGE TRAINING

▶ real or sincere; made or done in good faith

- You're a **bona fide** member of our team now.
  넌 지금부터 우리 팀의 진정한 팀원이다.
- He has made a **bona fide** effort to support his family by working two jobs.
  그는 두 가지 일을 병행하면서 가족을 부양하려는 성실한 노력을 해왔다.

▶ 1. to provide evidence that something is true
2. to make a statement in a court as a witness

- Can you **testify** that you were nowhere near the office on the night of the break in?
  도둑이 든 날 밤에 당신이 사무실 근처에 있지 않았다는 걸 입증할 수 있습니까?
- The many awards she won **testify** to her artistic ability.
  그녀가 받은 많은 상들은 그녀의 예술적인 능력을 입증해준다.

▶ 1. to check that something is true 2. to prove that something is true

- I don't know if his statement is true; I'll have to **verify** it.
  그의 말이 사실인지 잘 모르겠다. 내가 한번 확인해 봐야 한다.
- We will repeat the experiment twice in order to **verify** the results.
  그 결과를 입증하기 위해서 우리는 그 실험을 두 차례 반복할 것이다.

▶ a decision that is given by the jury or judge at the end of a trial

- Amy finally gathered the courage to tell them that she would appeal the **verdict**.
  에이미는 마침내 평결에 항소할 것이라고 용기를 내어 그들에게 말했다. *appeal 항소하다
- The jury will **render a verdict** on the defendant's guilt, or civil liability.
  배심원단은 피고의 죄나 민사책임에 대해 평결을 내릴 것이다.

▶ to protect someone or something against attack or criticism;
to prove that something is right

- The law justifies killing someone to **defend** oneself.
  자신을 방어하기 위해 타인을 살해하는 것은 법적으로 정당화된다.
- **The defendant** thought that the jury gave the right verdict.
  피고는 배심원단이 올바른 평결을 했다고 생각했다.
- The obstinate juror refused to consider the evidence provided by **the defense**.
  고집 센 배심원은 피고가 제시한 증거를 고려하기를 거부했다.

Quick Review

0701
c

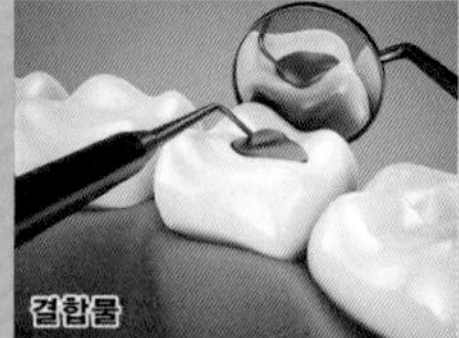

0702
a

0703
a

0704
i

0705
s

0706
c

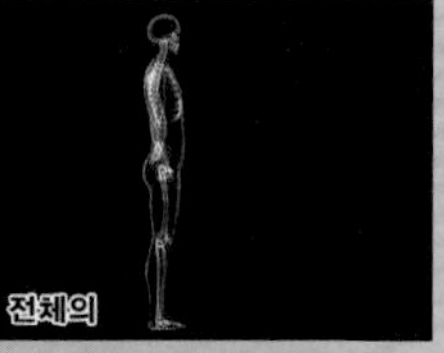

0707
h

0708
s

0709
h

0710
r

0711
a

0712
e

0713
d

0714
s

0715
r

0716
p

0717
f

0718
f

0719
i

0720
p

0721
b

0722
t

0723
v

0724
v

0725
d

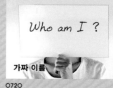

Answer 0701 **congregate** 0702 **amalgam** 0703 **assimilate** 0704 **impervious** 0705 **soaked**
0706 **concert** 0707 **holistic** 0708 **solidify** 0709 **hybrid** 0710 **ramification**
0711 **alienate** 0712 **estrange** 0713 **delegate** 0714 **supersede** 0715 **replace**
0716 **perjure** 0717 **fake** 0718 **fabrication** 0719 **incredible** 0720 **pseudonym**
0721 **bona fide** 0722 **testify** 0723 **verify** 0724 **verdict** 0725 **defend**

Preview

DAY 30

0726

0727

0728

0729

0730

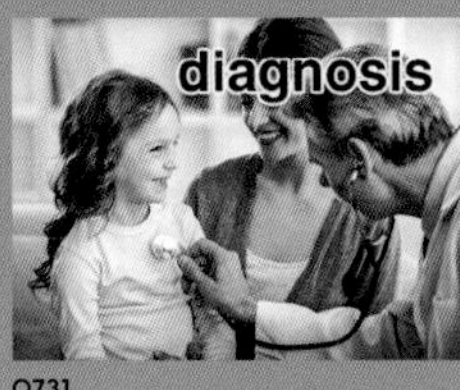

0731

0732

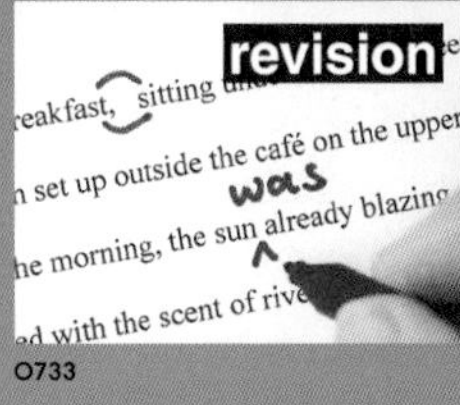

0733

0734

0735

0736

0737

0738

0739

0740

0741

0742

0743

0744

0745

0746

0747

0748

0749

0750

Answer 0726 결함 0727 어리석은 실수 0728 붕괴, 폭락 0729 훼방 놓다 0730 좌절감
0731 진찰, 진단 0732 재해의 여파 0733 개정, 교정 0734 교대 근무, 변화 0735 걸림돌
0736 맞닥뜨리다 0737 당당히 맞서다 0738 취소하다, 폐지하다 0739 잠정 (협정) 0740 예방 조치
0741 조사하다 0742 샅샅이 뒤지다, 빼앗다 0743 인가, 승인 0744 (날씨)에 달려 있는 0745 자격을 얻다
0746 현직자 0747 미루다 0748 저항하는 0749 잡아당기다, 긴장 0750 헛수고의

DAY 30-1

정의 DEFINITION	유사어휘군 SYNONYM·ANTONYM

0726 6+ **defect** [diːfekt]
12.서울여대/95.동국대

【어원】de(=down)+fect(=make ⊃ R060) ➡ 기준 이하로 만들어진 것 → 결함

N. 1. 결점, 결함, 약점 = flaw[N0994] foible[T1184] imperfection, fault, shortcoming, drawback, demerit, blemish, weakness
2. 결손, 부족액 = deficit
Vi. 탈퇴하다, 변절하다[from]; 도망가다[to] = secede

02.사법시험/97.동덕여대 ⓐ defective 결점[결함]이 있는; 심신장애자, 불량품 = faulty[R2301]
11.이화여대 ⓝ defection 이탈, 탈당

반 **perfect** 완전한, 완벽한; 정확한; 완료의 **perfection** 완전; 완벽, 완비; 이상적인 것
↔ **imperfect** 불완전한, 불충분한; 결함이 있는 **imperfection** 불완전, 결함

0727 6+ **blunder** [blʌ́ndər]
14.가천대/00-2.명지대/00.경기대 97.한양대/93.기술고시

【어원】blund<blind(눈 먼) ➡ 눈이 멀면 실수를 많이 하는 법 → 어리석은 실수

N. 어리석은 실수 = mistake, bungle, error, fiasco, screwup
Vi. (어리석게) 실수하다 = make a blunder, make a bungle of
Vt. (비밀 등을) 무심코 입 밖에 내다[out] = put one's foot in one's mouth[I04417] blurt

표 **make[commit] a blunder** 어처구니 없는 실수를 저지르다
= **make a bungle of** ~을 엉망진창으로 만들다
동 **flounder**[fláundər] 허둥대다; 허우적대다 ⊃ T1354

0728 6+ **collapse** [kəlǽps]
16.국민대/12.단국대/07.건국대 00.공인회계사/99-2.명지대

【어원】col<con(강조)+lapse(=fall ⊃ R125) ➡ 완전히 넘어짐 → 붕괴, 폭락

N. 무너짐, 붕괴; 폭락; 계획의 실패 = failure[T1357] breakdown[I09501] disruption
Vi. 1. (건물 등이) 무너지다, 붕괴하다 = fall[I105] break down, crumble, give way, crash
2. (계획 따위가) 실패하다, 망하다 = fold up[I00702] fail, miscarry, end in (a) failure, go wrong
3. (가격이) 폭락하다 = fall suddenly, slump, toboggan
4. (의식을 잃고) 쓰러지다 = go into fits, swoon
5. (열심히 일한 뒤 편안하게) 드러눕다 = fall down, crash
Vt. (의자 등을) 접다 = fold up, fold down

ⓐ collapsible (의자 등이) 접을 수 있는

0729 6+ **thwart** [θwɔ́ːrt]
16.항공대/07.경원대/05.고려대 96.고려대/90.고려대학원

【연상】네가 다 된 밥에 재 뿌리는 바람에 또 텄어.

Vt. 훼방 놓다, 방해하다, 좌절시키다 = hinder[N0014] discomfit[N0881] baffle[T0324] stymie[T0837]

ad athwart[əθwɔ́ːrt] 가로질러; 어긋나게

혼 **dwarf**[dwɔːrf] 난쟁이

0730 6+ **frustration** [frʌstréiʃən]
12.성신여대/05.한양대 04-2.서울여대/97-2.덕성여대 10.기상직9급

【연상】시험문제를 열심히 풀어썼더래! 근데 답안지를 밀려쓰는 바람에 좌절했대.

N. 좌절(감), 욕구불만; 좌절시킴 = setback[N0735] dissatisfaction

ⓥ frustrate 좌절시키다; 좌절시켜 화나게 만들다
ⓐ frustrated 불만스러워하는, 좌절한, 욕구불만인

영영정의 및 예문
EXAMPLE

이미지 연상훈련
IMAGE TRAINING

▶ N. 1. a fault or imperfection in someone or something 2. the lack of something necessary
V. to leave a place or group to join an opposing one

- This **defect** can jeopardize a driver's security.
  이 결함은 운전자의 안전을 위협할 수 있다. * jeopardize 위태롭게 하다
- Everyone has the **defects** of his qualities.
  누구든 장점에 따른 단점을 가지고 있기 마련이다.
- Some of them decided to **defect from** the North in search for food.
  그들 중 일부는 먹을 것을 찾아 탈북하기로 마음먹었다.

▶ N. a big mistake caused by lack of care
V. to make a big mistake because of lack of care

- She was deeply apologetic for her **blunder**.
  그녀는 자신의 실수를 깊이 사과했다.
- When one is unfamiliar with the customs, it is easy to **make a blunder**.
  사람이 관습을 잘 모르면, 실수를 하기가 쉽다.

▶ N. a sudden failure of something; a sudden fall in value Vi. 1. to fall down suddenly
2. to fail suddenly or completely 3. to decrease suddenly in amount or value
4. to become unconscious Vt. to fold down into a more compact shape

- Major financial institutions have teetered on the edge of **collapse**.
  주요 금융기관들은 금방이라도 붕괴될 듯이 비틀거렸다.
  * teeter on the edge of 금방이라도 ~할 듯 불안정하다
- Nobody was injured in the accident when the roof **collapsed** due to a heavy load of snow.
  무겁게 쌓인 눈 때문에 지붕이 무너져 내렸을 때 그 사고에서 다친 사람은 아무도 없었다.

▶ to prevent someone from doing what they want to do

- They **were thwarted** at every turn in their efforts to revolt against the authoritarian government.
  독재정권에 맞서 반란을 일으키려는 그들의 노력은 매번 좌절되었다. * revolt 반란
- To **thwart** the growing number of juvenile smokers, the government is planning to increase cigarette prices.
  증가하는 청소년 흡연을 억제하기 위해, 정부는 담뱃값 인상을 계획하고 있다. * juvenile 청소년의

▶ a feeling of dissatisfaction, often accompanied by anxiety or depression, resulting from unfulfilled needs or unresolved problems

- My enthusiasm and eagerness were supplanted by depression and **frustration**.
  나의 열정과 열의는 의기소침과 좌절감으로 바뀌었다.
- China has **frustrated** Obama's plan to further isolate the North.
  중국은 북한을 더욱 고립시키려는 오바마의 계획을 좌절시켰다.
- A few are dim-witted drones, but most are talented, **frustrated**, wasted people.
  몇몇은 멍청한 게으름뱅이이지만, 대부분은 재능은 있으나 좌절하고 지쳐 있는 사람들이다.

정의 DEFINITION | 유사어휘군 SYNONYM·ANTONYM

0731 6+
diagnosis
[dàiəgnóusis]
13.고려대/04.동덕여대 04-2.국민대/91.고려대학원 08.계명대

【어원】 dia(=through)+gno(=know ⊃ R143)+sis(명접) ➡ (병을) 철저히 아는 것 → 진단, 진찰 → 분석

N. 1. (의사의) 진찰, 진단 = medical examination
2. (원인 따위의) 진단, 분석, 판단 = dissection, analyzation

ⓥ diagnose 병을 진단하다; 원인을 규명하다
ⓐ diagnostic 진단[진찰]의, 특징적인; (병의) 특징
ⓝ diagnostics 〈단수취급〉 진단학, 진단법
diagnostician 진단 전문 의사, 분석가

0732 6+
aftermath
[ǽftərmæ̀θ]
15.서울여대/06.경희대/05.상명대 01.상명대/92.연세대학원

【어원】 after+math ➡ (셈해 본) 결과, 계산의 결과 → 여파

N. (전쟁 · 재해 등의) 여파, 결과[of] = resulting situation, fallout[I10503] consequence[D0488] outcome, result, aftereffect

* in the aftermath of ~의 결과로[여파로]
* the immediate aftermath of ~의 직접적인 여파
* the aftermath of the war 전쟁의 여파

관 **aftercare** 회복기의 요양; 갱생지도 **afterward** 뒤에, 나중에
afterlife 내세(=afterworld), 여생 **afterthought** 재고(=second thoughts), 되씹어 봄
after-school 방과 후의 **after-hours** 영업시간 외의, 폐점 후의

0733 6+
revision
[rivíʒən]
03-2.세종대/01-2.인천대 00.동국대 97.서울시립대/96.연세대학원

【어원】 re(=again)+vis(=look, see ⊃ R075)+ion(명접) ➡ (틀린 게 없나) 다시 보는 것 → 1. 교정, 개정 2. 복습

N. 1. 개정, 개정판; 교정, 수정, 정정; 개역 = reexamining and improving, amendment, rectification, correction
2. 〈영〉 (시험을 위한) 복습, 시험공부 cf. 〈미〉 review

ⓥ revise (의견 등을) 바꾸다; 교정[개정, 정정]하다 = revamp[T0585] amend[R2304]
ⓝ reviser 수정자; 성경개역자
ⓐ revisory/revisionary 교정의, 개정의
ⓝ revisionism 수정사회주의

0734 6+
shift
[ʃift]
07.숙명여대/05.항공대 94.연세대학원/93.중앙대 96.안양대

【연상】 키보드의 Shift키는 소문자를 대문자로 바꿔주는 기능

N. 1. 변화, 수정, 변경 = change[I067] alteration[D0026] conversion
2. 교대 근무, (특정 시간의) 교대조
V. 1. (방향 · 기어 · 견해 · 태도를) 바꾸다[바뀌다] = convert[N0497] change, alter, veer, swerve
2. (물건을) 이동시키다; (책임을) 전가하다 = move; pass the buck to

ⓐ shifting 이동하는(=moving), 바뀌는, 변하기 쉬운
n. 속임수, 농간; 이동, 변천

혼 **shifty**[ʃifti] 꾀가 많은; 교활한; 믿을 수 없는 **shiftless** 게으른, 의욕이 없는
관 **shift key** (컴퓨터 자판의) 시프트 키 **gearshift** (자동차) 변속기어(=transmission)

0735 6+
setback
[setbæk]
11.이화여대/04-2.서울여대 98.행자부7급 00-2.가톨릭대/93.기술고시

【어원】 set(앉히다 ⊃ R017)+back(뒤에) ➡ 뒤에 주저앉히는 것 → 방해 → 실패 → 좌절

N. (일 진행의) 걸림돌, 차질; 좌절, 실패 = frustration[N0730] letdown[I11105] discomfiture, hold-up, hitch, snag

표 **set back** 좌절시키다(=hinder), 퇴보시키다, 늦추다

영영정의 및 예문
EXAMPLE

이미지 연상훈련
IMAGE TRAINING

▶ the act of identifying the cause of a disease through examination

- Those blood tests are very important for proper **diagnosis**.
  그런 혈액 검사들은 적절한 진단을 위해 매우 중요하다.
- The doctor **diagnosed** her illness as diabetes.
  그 의사는 그녀가 당뇨병에 걸렸다고 진단했다. *diabetes 당뇨병

▶ the results or effects of something important and unpleasant

- Poverty and sickness are often the **aftermaths** of war.
  가난과 질병은 종종 전쟁의 소산물이다.
- **In the immediate aftermath of** the plane crash, no one was sure how many people had been killed or died.
  그 항공기 추락의 직접적인 결과로, 얼마나 많은 사람들이 죽게 되었는지 어느 누구도 확신하지 못했다.

▶ 1. the act of changing something to improve it
2. the work of studying for an exam

- The book is under **revision** now.
  그 책은 현재 개정 중이다.
- The **revision** of the rules shall be made by the mutual consent of the members.
  회칙 개정은 회원들 상호 간의 합의에 의해서 이루어진다. *mutual 상호의
- You will have to **revise** this report as there are some misstatements in it.
  이 보고서에는 잘못된 진술들이 몇 군데 있으므로 네가 다시 손봐야만 할 것 같다.

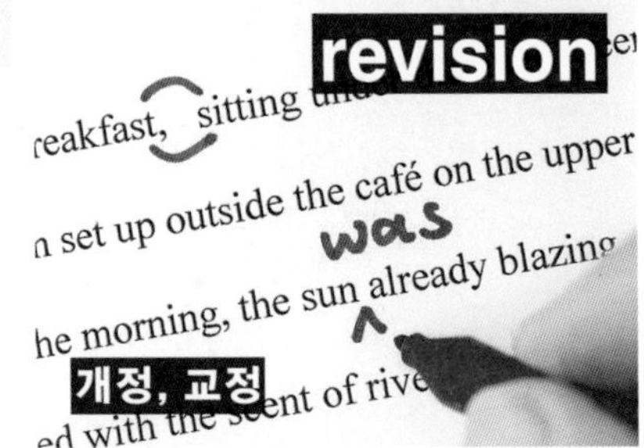

▶ N. 1. a change in direction or position 2. a group of workers that relieve another on a regular schedule; the working period of such a group
V. to change; to change direction, position, or gears

- Applicants must be able to work any **shift**, including night and weekends.
  지원자는 야간 또는 주말을 포함하여 어떤 교대조로도 일할 수 있어야 한다.
- He who was so capricious **shifted** his ground suddenly.
  변덕이 심한 그는 갑자기 입장을 바꿨다. *capricious 변덕스러운
- The wind **shifted** to the north.
  바람은 북쪽 방향으로 바뀌었다.

▶ a difficulty or problem that delays or prevents something

- This strike is a huge **setback** for the company's business this year.
  이번 파업이 올해 그 회사의 사업에 막대한 걸림돌이 되고 있다.
- Take this **setback** as an opportunity to turn over a new leaf.
  이번 실패를 심기일전의 기회로 삼거라. *turn over a new leaf 일신하다
- They intended to **set back** our plan but in vain.
  그들은 우리의 계획을 방해하려 했으나 허사였다.

정의 DEFINITION | 유사어휘군 SYNONYM·ANTONYM

0736 6+ **encounter** [inkáuntər]

16.한성대/11.성균관대/02.계명대 02.세무사/93.연세대학원

【어원】 em<en(=make)+counter(맞서다) ➡ 맞서게 만들다 → 위험에 부닥치다 → 우연히 마주치다

Vt. 1. (위험·어려움 등에) 맞닥뜨리다; (적과) 교전하다 = meet with, be confronted with; battle; collide

2. (뜻밖의 대상을) 접하다; (우연히) 만나다 = come across[I05401] run across, run into, bump into meet by chance

N. 1. 뜻밖의 만남, 조우[with]; 특별한 경험 = confrontation

2. (특정 팀·선수와 가졌던) 시합

표 **come across** ~을 (뜻밖에) 만나다(=encounter), (우연히) 발견하다 ➲ I05401
come upon (우연히) 마주치다; 우연히 발견하다(=find unexpectedly) ➲ I05402

0737 6+ **confront** [kənfrʌ́nt]

16.한양대/05.계명대 97-2.인천대/93.중앙대

【어원】 con(=together)+front(=face ➲ R184) ➡ 얼굴을 서로 맞대다 → 맞서다

Vt. 1. (힘든 상황에) 직면하[게 하]다 = encounter, front

*be confronted with ~에 직면하다 = be faced with[I12831] come up against[I05411]

2. (문제나 곤란한 상황에) 당당히 맞서다 = deal with

14.이화여대/07.서울시7급 ⓝ confrontation 직면, 대면; 대립 ↔ *evasion* 회피

표 **be faced with** ~에 직면하다(=be confronted with) ➲ I12831
come up against (곤란이나 반대에) 직면하다(=face, confront); (남과) 의견이 충돌하다 ➲ I05411

0738 6+ **revoke** [rivóuk]

14.서강대/12.명지대/10.동국대 00.사법시험/96.상명대

【어원】 re(=back)+vok(=call ➲ R101)+e ➡ 뒤로 되불러 들이다 → 철회하다 → 폐지하다

Vt. 1. (명령·약속·면허 등을) 취소[철회]하다 = withdraw[R1331] retract[R1334] overturn[P0138] cancel

2. (법령을) 폐지하다, 무효로 하다 = repeal[N0943] abrogate[N0942] rescind

ⓐ revocable 폐지[취소]할 수 있는

↔ irrevocable 변경할 수 없는, 철회할 수 없는

98.서울대학원 irrevocability 번복할 수 없음, 취소 불가능(=irreversibility)

혼 **evoke** (기억 따위를) 되살려내다, 환기하다; (웃음 따위를) 일으키다 ➲ R1014
invoke 빌다, 호소하다; (마음에) 떠오르게 하다 ➲ R1015
provoke 화나게 하다, (감정을) 불러일으키다, 유발하다 ➲ R1016

0739 6+ **tentative** [téntətiv]

15.서울여대/07.인천9급/03-7.경찰 04.가톨릭대/95.성균관대

【어원】 tent(=stretch ➲ R131)+ate+ive(형접) ➡ 구입 전에 시험 삼아 텐트를 쫙 펼쳐보는(stretch) → 시험적인

A. 1. 시험 삼아 하는, 임시의, 잠정적인 = temporary[N0078] provisional[N0972] casual, trial, experimental, preliminary, contingent

2. 주저하는; 불확실한, 모호한 = hesitant, irresolute, vacillating, pendulous; precarious, shaky, vague, ambiguous

N. 시험, 시도; 시안 = workup

17.성균관대 ⓐⓓ tentatively 시험적으로; 망설이며 = conditionally

0740 6+ **precaution** [prikɔ́:ʃən]

05-10.경찰/03-2.광운대 01-2.한성대/99.경찰 95.행자부7급

【어원】 pre(=before)+caution(경고하다) ➡ 미리 조심할 것을 경고하는 것

N. 사전 대책, 예방 조치; (pl.) 피임 = measures, caution; contraception

*take precaution/take precautions against 안전책을 강구하다, 미리 조심하다 = take care of beforehand, take measures

ⓐ precautionary 예방의

17.상명대 precautious 조심하는, 신중한

관 **caution** 훈계, 주의, 경고
- **cautious** 조심성 있는, 신중한[about] (=discreet) ➲ N0220
표 **nip in the bud** 봉오리 때에 따다; 미연에 방지하다

영영정의 및 예문
EXAMPLE

이미지 연상훈련
IMAGE TRAINING

▶ 1. to experience, especially something unpleasant
2. to meet someone unexpectedly

- Many women still **encounter** deep-seated prejudice in the work place.
  아직도 많은 여성들이 직장에서 뿌리 깊은 편견에 부딪히고 있다.
- Attitude training is necessary for all who are going to **encounter** young people as customers.
  젊은 고객들을 맞을 사람들은 태도 훈련이 필수적이다.

▶ 1. to (make someone) face a difficult situation 2. to deal with a difficult situation

- Our company **is confronted with** a serious financial difficulty.
  우리 회사는 심각한 재정난에 봉착해 있다.
- Some current research is trying to **confront** the increasing problem of mental illness in American life.
  현재의 일부 연구는 미국인의 삶에 있어 점차 증가일로의 정신질환의 문제에 맞서고자 노력하고 있다.

▶ to say officially that something is no longer valid

- He is the very man that made repeated attempts to **revoke** those decrees.
  그가 그 법령들을 폐지하려고 반복하여 시도했던 바로 그 사람이다.
- The state **revoked** his driver's license because he had too many accidents.
  너무 사고를 많이 내서 정부가 그의 운전면허를 취소했다.

▶ 1. not definite or certain 2. behaving or done without confidence

- They reached **a tentative agreement**.
  그들은 잠정협정을 맺게 되었다.
- Experts are showing **a tentative attitude** in talking about the prospect of interest rates.
  전문가들은 금리를 전망하는 데 조심스러운 모습을 보이고 있다.

▶ an action taken in advance to prevent problems or to avoid danger

- Residents in a city must **take precaution** not to pollute the air.
  도시의 거주자들은 공기오염이 되지 않게 미리 조심하여야 한다.
  * resident 거주자 pollute 오염시키다
- We didn't **take** any **precautions** and I got pregnant.
  우리는 어떤 피임도 하지 않았고 나는 임신해버렸다.

정의 DEFINITION	유사어휘군 SYNONYM·ANTONYM

0741 6+ probe [próub]

12.서강대,홍익대/07.서울여대 06.보험계리사/01-2.경기대

【어원】 prob/prov(=test, try, examine ➲ R070)+e ➡ 무언가를 검사하다 → 조사하다

V. 1. 캐묻다, 조사하다[into] = investigate[D0544] delve into, inquire into, examine
2. 탐사하다, 탐색하다 = explore
N. 탐침(探針), 탐사선; 철저한 조사 = reconnaissance[R1439(1)]

통 **prove**[prúːv] 입증[증명]하다(=attest), 시험하다; ~임이 판명되다 **proven** 증명된, 입증된
- **proof** 증명, 증거; 증거 서류; 시험, 테스트

0742 6+ ransack [rǽnsæk]

14.서울시7급/11.숙명여대 09.이화여대/07.광운대,홍익대

【연상】 ran(run)+sack(색) → 훔친 물건을 담은 색을 들고 달리다

Vt. 1. (집·호주머니·기억 등을) 샅샅이 뒤지다 = scour[R0426] search thoroughly, comb, rummage
2. 빼앗다, 약탈하다 = rob[T1280] loot[T0882] plunder, despoil, pillage, foray

관 **sack**[sæk] 1. (도시를) 약탈하다; (물건을) 앗아가다; 노략질 2. 자루; 침대; 해고(하다)(=fire) ➲ T1373

0743 6+ sanction [sǽŋkʃən]

14.아주대/06.세종대/01.세종대 00.행.외.지시/99.한국외대

【어원】 sanct(=holy ➲ R199)+ion(명접) ➡ 성스럽게 하는 것 → 도덕적 구속력 → 제재, 처벌 → 재가, 인가

N. 1. 재가, 인가, 시인; 허용, 찬성 = approval[R0701] ratification, validation, approbation
2. 도덕적[사회적] 구속력 = vigor
3. (법령·규칙 위반에 대한) 제재, 처벌 = punishment[R2574] chastisement, penalty, infliction
4. (pl.) (국제법 위반국에 대한) 제재 (조치)
Vt. 인가[재가]하다; 시인하다; 찬조하다 = approve[R0701] endorse[N0088] ratify, permit, allow

통 **sanctity** 존엄, 성스러움 ➲ R1997
sanctuary 신성한 곳; 도피처; 금렵구역 ➲ R1998

0744 6+ contingent [kəntíndʒənt]

11.중앙대/04.아주대 07.세무사/02.변리사

【어원】 con(=together)+ting(=touch ➲ R034)+ent(형접) ➡ 같이 따라 붙은 → 1. 조건으로 하는 2. 우연의

A. 1. (~에) 달려있는, 여부에 따라[on, upon] = depend on[N0002] dependent on
2. 불확정의; 우연의, 뜻밖의 = fortuitous, accidental, incidental
N. 파견대, 파병부대 = detachment, detached force

13.중앙대 ⓝ contingency (사건의) 우연성, 우발; 부수사건

0745 6+ qualify [kwɑ́ləfài]

04-2.광운대

【어원】 qual(=quality)+i+fy(=make) ➡ 자질이 있게 만들다

V. 1. (교육·시험을 거쳐) 자격을 얻다, ~할 자격이 있다 = be licensed, be certified, be entitled to, be authorized
2. (일을 하는데 필요한) 자격(증)을 주다 = license, entitle, accredit, authorize
3. (단어가 다른 단어의 의미를) 수식[한정]하다 = restrict, limit, confine

17.한국외대/12.숭실대/14.홍익대 ⓐ qualified 자격 있는; 조건부의; 제한된 (=limited) ↔ *unqualified* 자격이 없는; 적임이 아닌
10.중앙대 qualifying 자격을 주는; 한정하는
qualificatory 자격을 부여하는; 조건부의
12.한성대 ⓝ qualification 자격(증), (pl.) (어떤 일에 필요한) 자격

01-2.서울여대 반 **disqualify** 실격시키다, 부적임자로 판정하다 **disqualified** 자격을 잃은, 실격된
- **disqualification** 자격 박탈; 불합격, 실격
17.국민대 관 **quality** 질, 우수함, 자질; 특징(=attribute)

영영정의 및 예문
EXAMPLE

이미지 연상훈련
IMAGE TRAINING

▶ V. 1. to try to discover the truth or information by asking questions
2. to examine something in order to find something hidden
N. an attempt to discover information by asking questions

- He was **probing into** something that no one else understood completely.
그는 누구도 완전히 이해하지 못한 무엇인가를 탐구 중이었다.
- The prosecutors are conducting a **probe into** Internet gambling.
검찰은 인터넷 도박에 대한 수사를 진행하고 있다.
- A **probe** is a long thin instrument that doctors and dentists use to examine parts of the body.
탐침은 의사나 치과의사가 신체의 부분을 검사하기 위해서 사용하는 길고 가는 기구이다.

▶ 1. to search or examine a place thoroughly 2. to steal goods in a violent way

- They began to **ransack** her drawers for evidence of fraud.
그들은 사기를 증명할 증거를 찾기 위해 그녀의 서랍을 뒤지기 시작했다.
- People **ransacked** the town until there was nothing left to steal.
사람들은 더 이상 훔칠 것이 없을 때까지 도시를 약탈했다.

▶ N. 1. official approval 2. a strong action taken to make people obey a law or rule
3. the penalty imposed 4. a coercive measure adopted usually by several nations acting together against a nation violating international law
V. to formally permit something

- These changes will require the **sanction** of the court.
이들 변경에는 법원의 허가가 필요하다.
- In certain societies shame was the only **sanction** against wrongdoing.
어떤 사회에서는 수치심은 나쁜 짓을 한 데 대한 유일한 도덕적 구속력이었다.
- Plausible **international sanctions** should be organized against terrorism.
테러리즘에 대한 타당한 국제적인 제재조치가 마련되어야 한다. ＊plausible 타당성 있는

▶ A. depending on something that may happen in the future
N. a group of people representing a part of a military force, organization, or country

- The outcome is **contingent upon** the effort made to succeed.
결과는 성공하기 위해 기울인 노력에 달려 있다.
- The possibility of having an outdoor wedding is **contingent on** the weather.
야외에서 결혼식을 할 가능성은 날씨에 달려 있다.
- The government dropped plans to dispatch a **contingent** of noncombat troops to Iraq.
정부는 비전투병 부대를 이라크에 파견하려는 계획을 철회했다.

▶ 1. to gain qualification 2. to give authority to

- How long does it take to **qualify**?
자격증을 따려면 얼마나 걸리나요?
- This position requires someone better **qualified**.
이 자리(직책)는 자격을 더 잘 갖춘 사람을 필요로 한다.
- The **qualification** of the newly appointed secretary was adequate for taking charge of the responsible position
새로 임명된 비서의 자격은 책임이 무거운 자리를 떠맡는데 충분했다.

0746 6+
incumbent

[inkʌ́mbənt]

17.이화여대/11.경희대/06.경기도7급 06.한양대/02.공인회계사/99.경기대

【어원】 in(=in)+cumb(=lie ⊃ R021)+ent(형접) ➡ (현재 사무실 등을) 차지하고 있는 (사람) → 현직자

A. 1. 의무가 있는, 의무로서 지워지는[on, upon] = obligatory[N0139] compulsory, responsible
2. 현직의, 재직중의 = in-service
N. 현직자, 재임자; 〈미〉 현직의원; 거주자 = current office-holder

혼 **recumbent**[rikʌ́mbənt] 사람이 드러누운; 활발치 못한, 태만한 *뒤로 드러누운

0747 6+
procrastinate

[proukrǽstənèit]

11.이화여대/07.부산7급 98.중앙대/92.경주대

【어원】 pro(=forward)+cras(=tomorrow)+tin(=hold ⊃ R009)+ate ➡ (일의 스케줄을) 내일 할 일로 담아두다 → 미루다 → 늑장부리다

Vi. 늑장부리다, 꾸물거리다 = dawdle[T1036] delay, tarry, linger, lag, dally
Vt. 미루다, 연기하다 = put off[I04413] postpone[N0493] defer, adjourn, suspend, hold off

93.행정고시 ⓝ procrastination 미루는 버릇; 지연, 연기
17.한양대 ⓐ procrastinating/procrastinatory 질질 끄는 = idle[T0784]

0748 6+
resistant

[rizístənt]

【어원】 re(=against)+sist(=stand ⊃ R020)+ant(형접) ➡ ~에 대항해서 일어서는

A. 1. 저항하는, 반대하는[to] = renitent
06.감평사 2. 저항력이 있는, ~에 잘 견디는[강한][to] = tolerant, endurable, resistive, immune, insusceptible

07.05.가톨릭대 ⓝ resistance 저항, 반대; 레지스탕스 = opposition
95.행정고시 ↔ nonresistance 무저항
14.법원직 ⓥ resist ~에 저항하다, 반대하다; 참다 = 참다: stand, bear, tolerate
ⓝ resister 저항자

빈 **irresistible** 저항할 수 없는 **irresistibly** 거부할 수 없게(=compulsively)

0749 6+
strain

[stréin]

09.법원직/07.서울여대 99.경원대/96.고려대학원

【어원】 strain(=bind, tie ⊃ R027) ➡ 1. 근육을 꼭 죄다 → 긴장하다 → 애쓰다 2. 끈(tie) → 혈통, 계통

V. 1. 잡아당기다, 팽팽하[게 하]다 = stretch, tense, extend
2. (관계를) 긴장시키다; 껄끄러워지다
3. 힘껏 노력하다, 전력을 다하다 = exert, strive, struggle
4. (근육을 너무 많이 써서) 상하게 하다
N. 1. 팽팽함; (심신의) 긴장; 피로, 과로 = tension[R1312] pressure, stress
2. (동식물 · 질병의) 혈통, 계통, 품종 = stem, lineage, pedigree, genealogy, ancestry, stock, breed

12.중앙대 ⓐ strained 팽팽한, 긴장한, 절박한

0750 6+
vain

[véin]

14.이화여대/01-2.명지대 92.서울산업대

【어원】 vain(=empty ⊃ R155) ➡ 노력한 결과가 없는(empty) → 헛된, 무익한, 허영적인

A. 1. 헛된, 무익한, 헛수고의 = futile[N0022] void, fruitless, resultless, profitless, bootless
*in vain 헛되이, 공연히 = fruitlessly[T1523] without result
2. 자만심이 강한; 허영적인; 뽐내는 = conceited, overproud; vainglorious, sparkish, swanky

09.중앙대 ⓝ vanity[vǽnəti] 허영심, 자만심; 자랑거리
vainglory 자만심, (강한) 허영심, 허식, 과시
07.숙명여대/98.경기대 ⓐ vainglorious 자만심[허영심]이 강한 = haughty[N0621] conceited[D0992]

영영정의 및 예문
EXAMPLE

이미지 연상훈련
IMAGE TRAINING

▶ A. 1. necessary as a duty 2. currently holding an office
N. a person who has an official position

- She felt it **incumbent upon** her to answer the letter immediately.
  그녀는 그 편지에 답을 즉시 해주는 것이 의무적인 것이라고 생각했다.
- In a government election, **the incumbent** generally has a strong advantage over a newcomer.
  공직 선거에 있어서 경찰적으로 현직재임 후보가 새로 도전하는 후보보다 훨씬 유리하다.
  *have a advantage over ~보다 유리하다 newcomer 신참

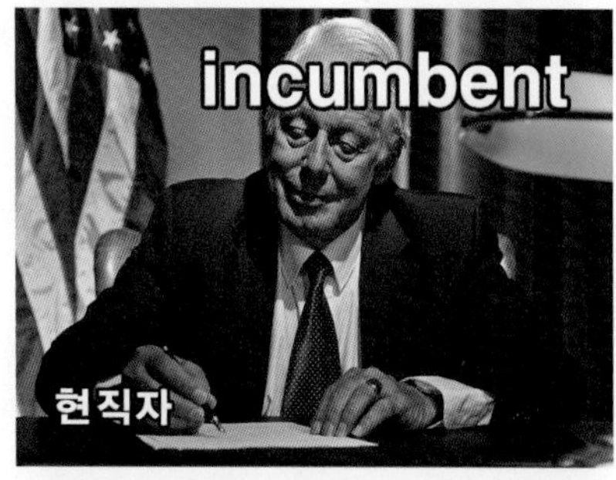

▶ to delay doing what one should do

- A study reveals that one of the reasons people **procrastinate** is because of fear.
  어느 한 연구에 따르면 사람들이 꾸물거리는 이유 중 하나는 두려움 때문이라고 한다.
- He warned her that her laziness and **procrastination** could result in her dismissal.
  그는 그녀에게 게으르고 늑장을 부리면 해고당할 수도 있다고 경고했다.

▶ 1. opposed to something and trying to stop it happening
2. not harmed or affected by something

- This product is very durable and **resistant to** moisture, decay and damage.
  이 제품은 내구성이 매우 좋고 습기와 부식, 손상에 잘 견딘다.
- Although a tiger can kill a bull more than three times its size, it prefers to attack young animals that put up less **resistance**.
  비록 자기의 세 배가 넘는 황소를 죽일 수 있다 할지라도, 호랑이는 저항이 적은 어린 동물들을 공격하는 것을 선호한다. *put up 저항을 나타내다

▶ V. 1. to pull or push something hard 2. to make a relationship uncomfortable and not friendly 3. to make an effort to do something 4. to injure yourself by twisting or stretching a muscle too much
N. 1. pressure on someone or something 2. a type of animal, plant, or disease

- Relations between the two countries have been **strained** recently.
  두 나라 간의 관계가 최근 껄끄러워졌다.
- Continuous **strain** can bring on a relapse of your illness.
  지속적인 과로는 병을 재발시킬 수 있다.
- Once a new **strain** appears, it can spread rapidly.
  한번 새로운 종이 나타나면, 그 종은 급속히 퍼져 나간다.

▶ 1. of no value 2. too proud of their appearances or abilities

- She is so **vain** and materialistic.
  그녀는 너무 허영심이 강하고 물질만능주의적이다.
- The nobles tried **in vain** to limit the powers of the autocrat.
  귀족들은 전제군주의 권력을 제한하려고 했지만 허사였다. *autocrat 전제 군주
- She was a **vainglorious** person.
  그녀는 자만심이 강한 사람이었다.

Quick Review

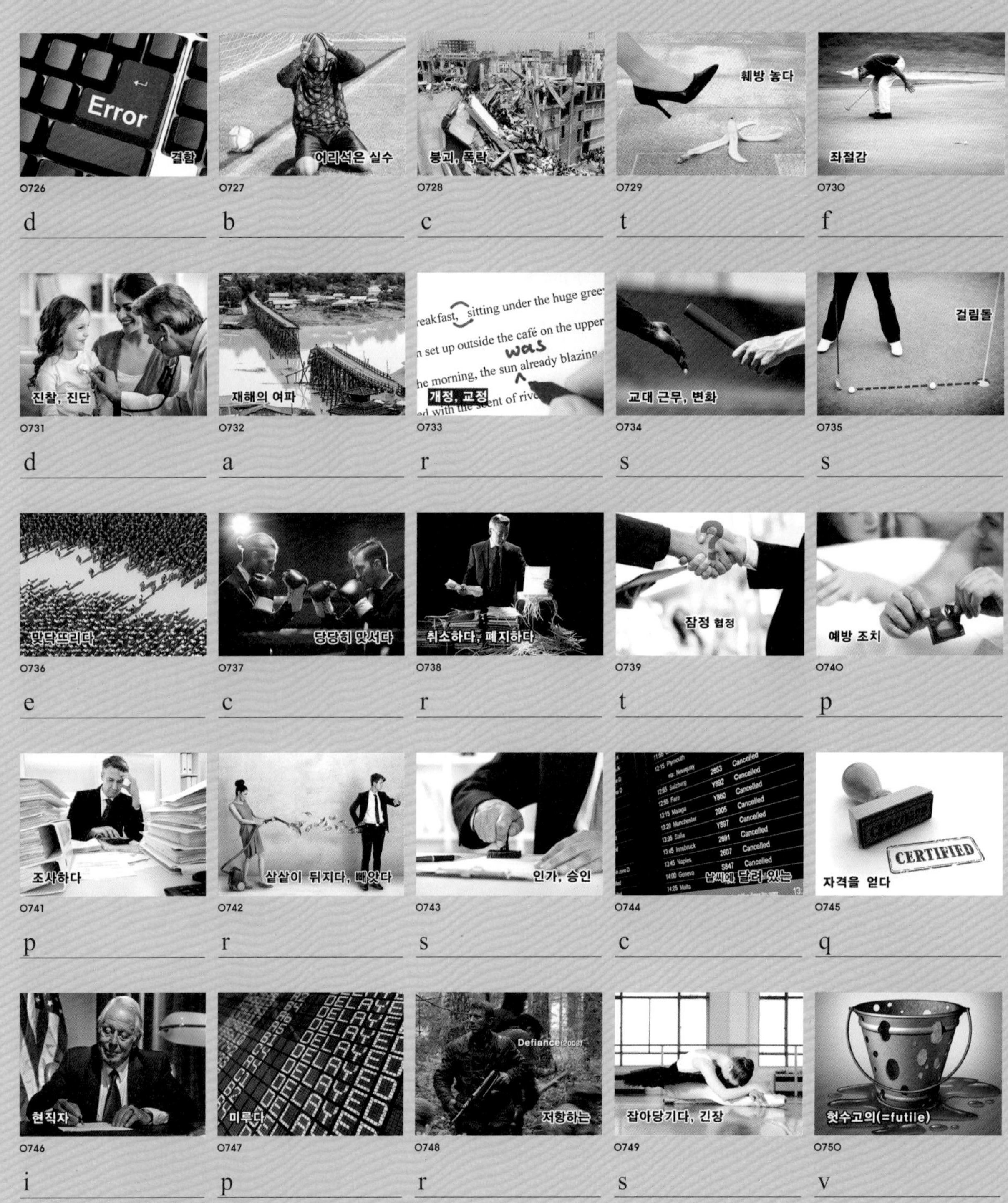

Answer 0726 defect 0727 blunder 0728 collapse 0729 thwart 0730 frustration
0731 diagnosis 0732 aftermath 0733 revision 0734 shift 0735 setback
0736 encounter 0737 confront 0738 revoke 0739 tentative 0740 precaution
0741 probe 0742 ransack 0743 sanction 0744 contingent on 0745 qualify
0746 incumbent 0747 procrastinate 0748 resistant 0749 strain 0750 vain

Preview

DAY 31

0751

0752

0753

0754

0755

0756

0757

0758

0759

0760

0761

0762

0763

0764

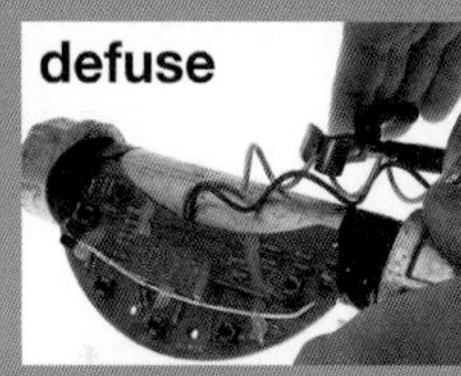

0765

0766

0767

0768

0769

0770

0771

0772

0773

0774

0775

Answer 0751 영리한, 창의적인 0752 상상력이 풍부한 0753 생각해내다 0754 슬기로운 0755 암시하다
0756 알게 하다, 소개하다 0757 날렵한 0758 좋아하는, 열렬한 0759 격렬한 항의 0760 몹시 놀라게 하다
0761 변장하다 0762 조롱하다, 깔보다 0763 원한, 앙심 0764 달래다 0765 위기를 해제하다
0766 직업, 종사 0767 놓아주다 0768 서류를 제출하다 0769 침해하다 0770 대표적인 건물
0771 감속하다 0772 발을 헛디디다 0773 교착상태, 막다른 골목 0774 교착상태 0775 고집 센

DAY 31-1

정의 DEFINITION	유사어휘군 SYNONYM·ANTONYM

0751 5+ **ingenious** [indʒíːnjəs]

12.이화여대/04.항공대/95.한국외대 98-2.강남대

【어원】 in(=in)+gen(=creation ⊃ R160)+ious ➡ 잘 만들어 내는

A. 재치 있는, 영리한; 창의력이 있는 = clever[T0060] shrewd, astute, smart, sharp, brilliant, talented; creative, originative

ⓝ ingenuity 영리함 = cleverness

17.경찰1차/10.이화여대

혼 **genius**[dʒíːnjəs] 천재; 비범한 재능; 특징, 경향
ingenuous[indʒénjuəs] 꾸밈없는(=artless); 순진한(=naive) *in(=not)+gen(=creation)+uous: 거짓말을 만들어내지 않는
↔ **disingenuous** 불성실한, 부정직한
- **ingenue**[ǽnʒənjùː] (영화에서) 순진한 소녀(의 역할)
indigenous (물건이나 병이) 지역 고유의; 토착의 ⊃ N0061

0752 5+ **imaginative** [imǽdʒənətiv]

94.행자부7급/03.세종대/99.국민대

【어원】 imagine(상상)+ative ➡ 상상력이 풍부한

A. 1. 상상력이 풍부한; 상상하기 좋아하는 = inventive, creative, fanciful, ingenious, original
2. 상상의, 가공의, 공상의 = fictitious, fantastic, fancied

13.광운대 14.이화여대

ⓐ imaginary 상상의, 가공의; (수학) 허수의
imaginable 상상할 수 있는, 생각할 수 있는
ⓝ imagination 상상; 상상력, 창작력; 공상 = fancy, vision
ⓥ imagine 상상하다, 마음에 그리다, 가정하다; ~라고 생각하다

0753 5+ **conceive** [kənsíːv]

10.성신여대/02.동아대/97.고려대학원

【어원】 con(강조)+ceive(=take ⊃ R001) ➡ 강하게 부여 잡다

V. 1. (보통 부정문) 상상[생각]하다[of]; (새로운 것을) 생각해 내다, 창안하다 = think of; believe, consider, imagine, devise
2. (아이를) 가지다[임신하다] = be pregnant

ⓐ conceivable 생각할 수 있는, 상상할 수 있는 ↔ *inconceivable* 상상할 수도 없는, 터무니없는

03.계명대 ⓝ concept 개념(=notion), 구상, 발상; (상품 등의) 콘셉트 *비표준어 "컨셉"
09.국민대 conception 개념; 구상, 착상; 임신 conceptual 개념의, 구상의

반 **contraception** 피임(법) **contraceptive** 피임(용)의; 피임약, 피임기구

0754 5+ **sagacious** [səgéiʃəs]

12.단국대/11.기상직9급 06.중앙대/02-2.고려대

【어원】 sag(=wise ⊃ R144)+acious ➡ 현명한

A. 현명한, 영리한, 슬기로운 = wise[R1442] discerning[D0273] sage, shrewd, clever, intelligent
↔ *unwise*, *stupid*, *dumb*, *unintelligent*

10.동국대 ⓝ sagacity 현명, 총명; 기민
ⓐ sage[séidʒ] 슬기로운, 현명한; 현명한 체하는
n. 현인, 철인; 박식한 사람 = savant, pundit, philosopher

혼 **saga**[sáːgə] 전설, 무용담, 모험담; 대하소설

0755 5+ **imply** [implái]

12.숙명여대/07.전남9급/02-2.경기대

【어원】 im<in(=in)+ply(=fold ⊃ R129) ➡ 안으로 접어 넣다 → 함축하다 → 암시하다

Vt. 1. 암시하다, 넌지시 비추다 = suggest[R0501] insinuate[N0796] allude, hint, intimate
2. 뜻을 내포하다, 함축하다, 수반하다 = implicate, comprehend, involve, connote

14.이화여대/94.연세대학원

ⓐ implicit[implísit] 1. 함축적인; 내재하는 ↔ *overt*
2. (신념 따위가) 절대적인, 맹목적인

반 **explicit** 명백한, 노골적인 ⊃ N0513

영영정의 및 예문
EXAMPLE

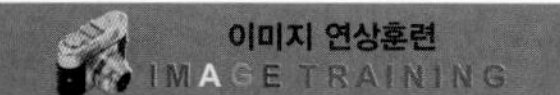

▶ very clever and good at thinking of new ideas or inventing things

- Since he was little, he has been **ingenious** and smart.
  그는 어렸을 때부터 재치있고 똑똑했다.
- The dolphin is noted for its **ingenuity**.
  돌고래는 그 영리함으로 유명하다. *be noted for ~으로 유명하다
- The teacher has been thought of as the most **ingenuous** resident in town.
  그 선생님은 마을 내에서 가장 순진한 주민으로 여겨져 왔다.

▶ 1. good at producing new and interesting ideas
2. created or characterized by imagination

- We don't have to worry about whether our children are too **imaginative**.
  우리 아이들이 지나치게 상상력이 풍부한 건 아닌지에 대한 걱정은 할 필요가 없다.
- Acting is defined as the ability to react to **imaginary** stimuli.
  연기란 상상에 의한 자극에 반응을 보이는 능력으로 정의된다.

▶ 1. to imagine or think of something 2. to become pregnant

- I **could not conceive** that she would do such a thing.
  그녀가 그런 일을 하리라고는 생각지 못했다.
- Nobody was able to **conceive of** a plan that was agreeable to all because everyone thought of a different one.
  모두가 다 받아들일 만한 계획을 창안하는 사람은 아무도 없었다. 모두 다른 생각들을 하고 있었기 때문이다.
- Their first child **was conceived** on their honeymoon.
  첫 아이는 그들의 신혼여행 때 임신이 되었다.

▶ showing understanding and the ability to make good decisions

- The leader made a **sagacious** decision.
  그 지도자는 현명한 결정을 내렸다.
- People drawn with big eyes and broad foreheads stood for **sagacity**.
  큰 눈과 넓은 이마를 가진 것으로 그려진 사람은 총명함을 나타내었다.

▶ 1. to express a feeling or idea indirectly
2. to involve something or make it necessary

- What he **implied** was that you didn't tell the truth.
  그가 암시한 것은 네가 진실을 말하지 않았다는 것이었다.
- Metaphor and allegory are rarely **explicit** though sometimes **implied**.
  은유와 풍유는 때때로 암시는 할지라도 거의 직설적이지는 않다.
- Johnson's statement included an **implicit** threat of U.S. intervention.
  존슨 대통령의 성명은 암시적인 미국의 무력적 개입이라는 위협을 포함하고 있었다.
  *intervention 무력적 개입

정의 DEFINITION | 유사어휘군 SYNONYM·ANTONYM

0756 5+
acquaint
[əkwéint]
13.숙명여대/06.감평사/06.한양대 00.건국대/92.한성대

【어원】ac<ad(=to, near)+quaint(=현명한) ➡ 현명하게 하다 → 정통하게 하다 → 알리다

Vt. 1. 정통하게 하다, 알게 하다 = familiarize[N0553] make familiar, inure oneself to
2. 알리다; ~에게 소개하다 = apprise, inform[P0017]
*acquaint A with B A에게 B를 알리다
*make A acquainted with B A에게 B를 소개하다
ⓐ acquainted 정통하고 있는; 사귀는 = conversant; be good at
*have a good acquaintance with ~에 정통한
ⓝ acquaintance 친지, 면식, 교우관계

반 **unacquainted** 낯선, 생소한[with]
04.중앙대 혼 **quaint**[kweint] 예스러워 흥취 있는; 기묘한, 별난 = old-fashioned

0757 5+
nimble
[nimbl]
13.지방직9급/12.서강대 06.전남9급/95.한국외대 03.덕성여대

【연상】"님 불 붙었어요."하고 재빨리 옷에 붙은 불을 꺼주는 모습

A. 1. (손이나 동작이) 빠른, 날렵한 = agile[N0369] quick-moving, spry
2. 영리한 = sharp, smart, keen, quick-witted
ⓝ nimbleness 민첩함 = agility[D0369]

0758 5+
keen
[ki:n]
16.서강대/14.기상직9급 99-2.경원대/96.세무사 92.홍익대

【연상】톡쏘는 킨 사이다를 간절히 원하는 열정적인 육상선수

A. 1. 간절히 ~하고 싶은, 좋아하는[on] = eager about, enthusiastic
2. (활동 · 사상 등에) 열정적인[열렬한] = ardent, passionate, fervent, fervid, vehement, zealous
3. 날카로운; (감각이) 예민한, 명민한 = sharp[D0631] acute[N0446]
4. 몹시 추운; (고통이) 심한, 통렬한; 강한 = pungent, acrid, incisive, trenchant, intense
5. 〈구어〉 훌륭한, 멋진 = great, dandy, groovy
N. 장송가, 통곡 = dirge
ad keenly 날카롭게, 통렬하게, 빈틈없이

혼 **kin**[kín] [집합적] 친척, 친족, 일가; 혈연 관계
ken[kén] (이해 · 지식의) 범위; 시야, 시계

0759 5+
vehement
[ví:əmənt]
02.세무사/97.효성대 12.덕성여대/06.공인회계사,보험계리사

【어원】vehe(=carry)+ment(=mind ⊃ R190) ➡ 마음을 나르는

A. (항의, 반대가) 격렬한, 맹렬한 = forceful[R2593] passionate, furious, rabid, violent, intense
ad vehemently 열정적으로; 격렬하게 = strenuously[D0464] hotly
ⓝ vehemence 열심, 열정; 격렬함

파 **vehicle** 차량, 운송 수단 *veh(=carry)

0760 5+
astound
[əstáund]
98.경찰/94.연세대학원/93.영남대 05.아주대/96.고려대학원

【어원】a(강조)+stound(=stun) ➡ 매우 놀라게 하다

Vt. 몹시 놀라게 하다, 망연자실하게 하다 = surprise[R0020] perplex[R1293] astonish, petrify
*be astounded by[at] ~에 몹시 놀라다
ⓐ astounding 몹시 놀라게 하는

00.고려대 96.중앙대
동 **astonish**[əstániʃ] 깜짝 놀라게 하다(=surprise) *a<ad(=near)+stone+ish → 돌로 만들다
- **astonishing** 정말 놀라운, 믿기 힘든
- **astonishment** 놀람, 놀랄만한 일

영영정의 및 예문
EXAMPLE

이미지 연상훈련
IMAGE TRAINING

▶ 1. to make someone familiar with something
2. to give someone information about something

- This event is designed to help foreigners **become** better **acquainted with** Korean history and culture.
  이번 행사는 외국인들이 한국의 역사와 문화에 보다 친숙해지도록 하기 위한 것이다.
- I am only slightly **acquainted with** the girl.
  그 소녀와는 단지 인사만 나누는 사이다.
- He **made** his girlfriend **acquainted with** his friends.
  그는 여자친구에게 친구들을 소개했다.

▶ 1. moving quickly and lightly 2. quick to understand or think.

- He had a very bright and **nimble** dog about the size of a fox.
  그는 여우 크기 정도의 매우 영리하고 재빠른 개 한 마리가 있었다.
- She has a **nimble** mind and can improvise in any situation.
  그녀는 영리한 머리를 가지고 있어서 어떤 상황에도 임기응변을 발휘할 수 있다.

▶ 1. intensely desirous 2. showing or having enthusiasm 3. intellectually acute
4. cold and painful 5. particularly excellent

- John is very **keen on** tennis.
  존은 테니스를 매우 좋아한다.
- Indeed, humanity's **keenest** evolutionary advantage has been its drive to create collective meaning.
  실제로 인류가 지닌 가장 강력한 진화적 장점은 집단적 의미를 만들어내려는 본능이었다.
- Some of the insects have such a **keen sense** of smell that they can locate their nests without hesitation.
  일부 곤충들은 척척 자신들의 둥지의 위치를 찾아낼 수 있는 예민한 후각을 가지고 있다

▶ showing very strong feelings, especially anger

- During the rest of the week the man continued his **vehement** protests.
  그 주의 나머지 기간 동안에도 그 남자는 격렬한 항의를 계속했다.
- The temperamental tennis player was known for his **vehement** dislike of linesmen.
  그 신경질적인 테니스 선수는 선심에게 격렬한 반감을 드러내기로 잘 알려져 있었다.

▶ to surprise or shock someone very much

- Sandy **was astounded at** her brother's news.
  남동생의 소식을 듣고서 샌디는 깜짝 놀랐다.
- He told us about some **astounding** events.
  그는 우리에게 아주 놀라운 사건들을 이야기해 주었다.
- Since none of the polls had predicted the winner, everyone **was astonished by** the results of the election.
  어떤 여론조사도 당선자를 예측하지 못했으므로, 모든 사람은 선거결과에 놀랐다.

DAY 31-3

정의 DEFINITION | 유사어휘군 SYNONYM·ANTONYM

0761 5+ **disguise** [disgáiz]
15.가천대/12.이화여대 07.세종대/02.고려대

【연상】 dis(=off)+guise(=appearance) ➡ 본래의 겉모습을 벗어버리다.

Vt. 1. 변장[위장]시키다, 가장하다 = masquerade[T0946] camouflage
2. (사실 · 감정 등을) 숨기다, 감추다 = hide[T0943] conceal, cover, cloak, mask
N. 변장(술), 위장, 거짓행동

03.숙명여대
guise[gáiz] 외관, 겉모양; 가장, 변장 = appearance; pretense
- **under the guise of** ~을 빙자하여 = under the pretense of[D0268]

0762 5+ **mock** [mák]
10.기상직9급/00-2.영남대 98-2.세종대/88.행자부7급

【연상】 발표시간에 말문이 막혀 조롱을 당했다.

V. (흉내 내며) 조롱하다; 깔보다, 무시하다 = scorn[T0331] deride[N0589] ridicule, jeer at, sneer at, scoff at, make fun of, laugh at, taunt, flout, gibe
A. 가짜의, 거짓; 모의의 = spurious
N. 조롱, 놀림감; 가짜, 흉내

14.경기대
ⓝ mockery 조롱, 놀림, 웃음거리; 가짜 = taunt[T0333]

0763 5+ **grudge** [grʌ́dʒ]
02.세종대/95.단국대.서울대학원

【연상】 거러지(거지의 사투리)에게 인색하게 굴다 → 그래서 거지는 앙심을 품다

N. 원한, 앙심, 유감 = unfriendly feeling, rancor, spite, enmity, animosity, malice, ill will, resentment
Vt. 1. 샘내다; 못마땅해 하다; 불만을 품다 = envy, begrudge
2. 인색하게 굴다; ~하기 싫어하다

ⓐ grudging 인색한; 마지못해 하는, 싫어하는 = reluctant, indisposed
02.서울여대/98.고려대학원
ⓐⓓ grudgingly 마지못해, 억지로 = unwillingly[D0520] reluctantly[D0134]

begrudge[bigrʌ́dʒ] 시샘하다; ~하기 싫어하다

0764 5+ **soothe** [su:ð]
16.사회복지9급 15.한국외대/10.경북교행 05.영남대/93.동국대

【연상】 술(soot)처럼 시커멓게 타들어가는 마음을 따뜻하게 위로하다.

Vt. 진정시키다, 달래다; 경감시키다 = calm[T0131] comfort[R2598] appease[N0296] placate, assuage, mollify, relieve, pacify, propitiate, dulcify, lull

ⓐ sooth 누그러뜨리는, 부드러운; 실제의

soot[sút] 그을음, 검댕

0765 5+ **defuse** [di:fjú:z]
16.경기대/13.국가직7급 12.한국외대/98-2.중앙대

【연상】 de(=off)+fuse(퓨즈 ⊃ R126) ➡ 퓨즈를 제거하다

Vt. 1. 위기를 해제하다, 진정시키다 = alleviate[N0012] calm[T0131] soothe, relieve, pacify
2. (폭탄 · 지뢰의) 신관을 제거하다 = deactivate

05-2.국민대
fuse[fjú:z] N. (전기) 퓨즈, (폭약의) 도화선
V. 녹이다, 녹다, 융합시키다
- **fusion** 용해; 융합; 합동; (음악 등의) 퓨전
diffuse 퍼뜨리다, 보급시키다; 흩어지다 ⊃ R1263

영영정의 및 예문
EXAMPLE

이미지 연상훈련
IMAGE TRAINING

▶ V. 1.to hide the identity of by altering the appearance 2. to hide one's intentions etc

- She **disguised** herself as a man.
  그녀는 남자로 변장했다.
- I couldn't **disguise** my disappointment.
  나는 실망감을 감출 수가 없었다.
- He spoke to us **under the guise of** friendship.
  그는 우정을 빙자하여 우리에게 말했다.

▶ V. to laugh at someone or something, especially by copying them; to show no respect for something A. not real but intended to seem real

- The professor openly **mocked** her appearance and hurt her feelings.
  그 교수는 대놓고 그녀의 외모를 조롱하여 그녀는 상처를 받았다.
- She couldn't join the party since she had to cram for her **mock test**.
  그녀는 모의고사 때문에 벼락치기를 해야 해서 파티에 참석할 수 없었다.
  * cram for ~을 대비해서 벼락치기 공부를 하다

▶ N. a feeling of anger for a person because of something bad they have done to you in the past V. 1. to think that someone does not deserve to have something good 2. to do or give something unwillingly

- She **held a grudge** and refused to speak to any of the others.
  그녀는 원한을 품고 다른 사람과 대화하기를 거부했다.
- He **grudges** me my success.
  그는 나의 성공을 시샘하고 있다.
- The supervisor **grudgingly** admitted Mr. Robinson had brought up an important issue.
  감독관은 로빈슨씨가 중요한 문제를 제기한 사실을 마지못해 인정했다.

▶ to ease the anger, pain or grief

- She tried to **soothe** her crying baby.
  그녀는 우는 아기를 달래려 했다.
- The medicine is going to **soothe** your pain.
  이 약이 통증을 완화시켜 줄 것입니다.

▶ 1. to remove the cause of tension 2. to remove the fuze from a bomb

- He has been instrumental in **defusing** tension and conflicts worldwide.
  그는 전 세계의 긴장과 분쟁을 완화하는데 중요한 역할을 해왔다.
- Six army bomb disposal experts **defused** the bomb successfully.
  여섯 명의 군 폭발물 처리 전문가들이 성공적으로 폭탄을 제거했다.

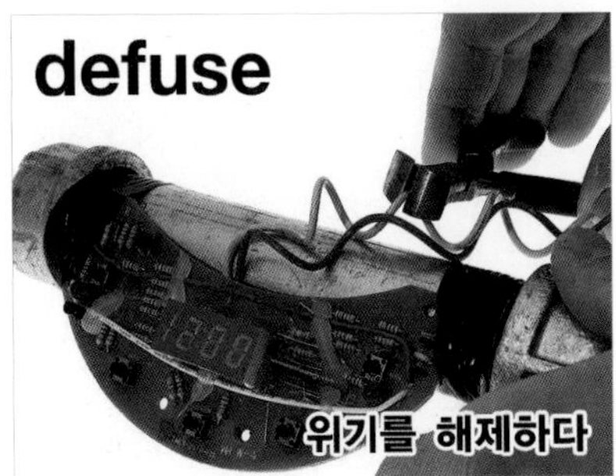

0766 5+ **occupation** [àkjupéiʃən]

【어원】oc<ob(강조)+cup<cap(=take, seize ➲ R001)+ation ➡ 강하게 잡고 있는 것(밥줄) → 직업 → 재직 → 점유

N. 1. 직업, 업무; 종사; 재직(기간), 임기 = walk of life[I05903] job, profession, career, vocation
2. 점유(권); 거주 = possession; residence
3. 점령, 점거

02.건국대

12.동국대 ⓥ occupy 1. (장소를) 차지하다, 점유하다; 종사하다 = populate, dominate; engage
2. (주의 등을) 끌다

07.경희대 *be occupied in ~에 몰두하다 = be engrossed in[N0938]

ⓝ occupancy 점유, 거주; 점유기간; 점유율
occupant/occupier 점유자; 임차인, 차가인 = tenant

08.계명대/06.경희대 ⓐ unoccupied 소유자가 없는, 사람이 살지 않는(=uninhabited), 공석인

관 **preoccupy** (아무를) 열중케 하다, 마음을 빼앗다, 선취하다; 먼저 점유하다
- **preoccupied** 열중한, 몰두한, 선취된 **preoccupation** 몰두, 선입관; 선취

0767 5+ **release** [rilíːs]

12.한국외대/10.기상직9급/09-경희대 07.인천9급/99.단국대

【어원】re(강조)+lease(=loose ➲ R029) ➡ 완전히 풀어놓다 → 석방하다 → 개봉하다

Vt. 1. 풀어주다, 놓아주다; 면제하다 = set free[I04508] exonerate[N0861] emancipate[N0317] discharge
2. (영화 · 제품 · 뉴스를) 개봉[발매 · 공개]하다 = make public, publish, distribute
3. (감정 등을) 표출하다; 배출하다 = discharge, let off steams
4. 날려보내다, 방출하다, 배출하다 = dissipate[N0945]
N. 석방, 방면; 개봉, 발표; 방출 = emission[D0111]

09.경기대

관 **lease**[liːs] 임대차 (계약), 리스; 임차[임대]하다
*get a new lease of life 물건이 수리되어 더 오래 견디게 되다, 새롭게 회생하다

0768 5+ **submit** [səbmít]

04-2.영남대/01-2.경기대/01.영남대 00-2.단국대/98.전남대

【어원】sub(=under)+mit(=send ➲ R052) ➡ 밑으로 보내다 → 종속(복종)시키다 → 제출하다, 맡기다

Vt. (서류 · 제안서를) 제출하다, (법정에서 의견을) 말하다 = hand in[I14217] turn in[I06613] present, subject, advance
Vi. 항복하다, (굴복하여) ~하기로 하다[to] = yield, succumb, surrender, give in, obey

ⓝ submission 복종, 굴복; 순종

15.가천대 ⓐ submissive 복종하는, 순종하는, 고분고분한 = acquiescent[D0195]

표 **hand in** 제출하다(=submit), 건네주다 ➲ I14217
turn in 제출하다(=submit); 잠자리에 들다 ➲ I06613

0769 5+ **infringe** [infríndʒ]

05.03.경기대 06.대구가톨릭대

【어원】in(=in)+fring(=break ➲ R111) ➡ 깨고 안으로 들어가다 → 침입하다

Vi. (법 등을) 위반하다; (권리를) 침해하다[on] = trespass on[R0411] encroach upon[N0499] violate

ⓝ infringement (법규) 위반; (특허권 등의) 침해 = encroachment[D0499] violation

04-2.한성대/02.입법고시

동 **impinge**[impíndʒ] (남의 재산, 권리 등을) 침해하다[on]; 영향을 미치다, 작용하다; 부딪치다
혼 **fringe**[frindʒ] 1. 술 장식; 가장자리, 변두리; 비주류(=periphery); 부수적인, 2차적인
2. 한 패, 패거리

0770 5+ **landmark** [lǽndmàːrk]

16.단국대/14.국회8급/12.국민대 09.가톨릭대/01.홍익대

【어원】land(=land ➲ R218)+mark ➡ 경계를 표시하는 것 → 획기적인 사건

N. 1. 경계표; 지역의 대표적 건물이나 장소
2. 현저한[획기적인] 사건 = milestone[N0902] turning point

영영정의 및 예문
EXAMPLE

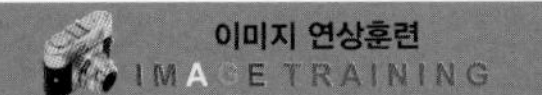

▶ 1. a job 2. the act of living or staying in a place
3. the act of moving into a place and taking control of it using military force

- He is a peasant by **occupation**.
  그의 직업은 농부이다. ＊peasant 소작농, 농부
- During the **occupation**, millions of residents of the country were killed.
  점령 기간 동안, 수백만 명에 달하는 그 나라의 시민들이 목숨을 잃었다.
- He **is** deeply **occupied in** studying geology.
  그는 지질학을 연구하는 데 전념하고 있다.
- The tenth floor office was vacated about two years ago and has remained **unoccupied** ever since.
  10층 사무실은 약 2년 전에 비워져서 그 이후로 여전히 비어 있다. ＊vacate 비우다

직업, 종사

▶ V. 1. to give freedom or free movement to someone or something
2. to make something available to the public 3. to express a feeling

- After the Civil War, blacks in America **were released** from slavery.
  남북 전쟁 후 미국의 흑인들은 노예 상태에서 해방되었다.
- After a six-month suspension, the **release** of the film will resume next month.
  6달 동안의 상영정지 후에 그 영화의 개봉은 다음 달에 재개될 것이다.
- A lot of environmental regulations have a direct impact on what's **released** into the environment.
  많은 환경상의 규제들은 주변 환경에 배출되는 것에 직접적인 영향을 미친다.

▶ Vt. to give a document, proposal, etc
Vi. to agree to obey someone or something unwillingly

- Students who are interested should **submit** their reports by Oct. 21.
  관심 있는 학생은 보고서를 10월 21일까지 제출해야 한다.
- The students should **turn in** their term papers on Monday.
  학생들은 월요일에 학기말 리포트를 제출해야 한다.
- She always **submits to** my decision.
  그녀는 항상 내 결정에 따른다.

▶ to break a law or interfere with someone's rights

- I think your machine **infringes on** my patent.
  당신의 기계가 저의 특허권을 침해하고 있다고 생각합니다. ＊patent 특허
- He was sued for **infringement** of copyright.
  그는 저작권 침해로 고소당했다.
- I've always liked offices during the **fringe hours**, early morning and in the evening.
  나는 항상 이른 아침이나 저녁의 자투리 시간 동안 사무실에 있기를 좋아했다.

▶ 1. a prominent identifying feature of a landscape
2. an event marking an important stage of development or a turning point in history

- The judge made two **landmark decisions**.
  그 판사는 두 건의 획기적인 판결을 했다.
- Included in each guide are exhaustive descriptions of towns, cities, and historical **landmarks**, along with vast collections of local history and folklore.
  각각의 안내책자에는 지역 역사와 민속의 방대한 컬렉션 이외에도 마을, 도시와 역사적 건물들에 대해 철저한 설명이 포함되어 있다.

정의 DEFINITION	유사어휘군 SYNONYM·ANTONYM

0771 5+ **decelerate** [diːsélərèit]
04-2.세종대

【어원】de(=down)+cel(=swift ⊃ R043)+er+ate(동접) ➡ 빠르기(속도)를 줄이다 → 속도를 줄이다

V. 속도를 줄이다, 감속하다 = retard, slow down

ⓝ decelerator 감속기
deceleration 감속, (물리) 감속도 = speed reduction, retardation, slowdown
*a deceleration lane 감속차선

16.중앙대/15.항공대
09.한국외대/04.경희대

반 **accelerate**[æksélərèit] 가속하다(=speed up); 빨라지다; 촉진하다(=precipitate)
- **accelerator** 가속장치, 가속페달

0772 5+ **stumble** [stʌ́mbl]
06.고려대/99.조선대
97.한국외대/94.대전시7급

【어원】stump(그루터기)+mble ➡ 그루터기(stump)에 걸려 넘어지다 → 비틀거리다 → 실수하다

Vi. 1. 발이 걸리다, 발을 헛디디다, 비틀거리다 = trip[T0732] stagger, falter, totter, reel, shamble, wobble, dodder, lurch
2. (말 · 연주를 하다가) 실수하다 = fail[T1357] mistake, make a slip, blunder, flounder
3. 우연히 마주치다[발견하다][on] = meet with, meet by chance, come across
Vt. 발부리가 걸리게 하다; 난처하게 하다 = stump, perplex, embarrass, obfuscate
N. 비틀거림; (도덕상의) 죄, 실수; 실패
*stumbling block 장애물, 방해물; 난점

동 **stump**[stʌmp] (나무의) 그루터기; 꽁초; 의족; (발부리를 돌 따위에) 차이다; 난처하게 하다
tumble[tʌ́mbl] 넘어지다, 폭락하다; 허둥지둥하다; 추락, 폭락, 공중제비
bumble[bʌ́mbl] 실수하다; 비틀거리다; 더듬거리며 말하다 *트랜스포머의 범블비

0773 5+ **impasse** [ímpæs]
10.명지대/05-2.경기대
05.경희대/02.경기대

【어원】im<in(=not)+pass(=step, stride ⊃ R041)+e ➡ 통과할 수 없는 길

N. 1. 교착상태, 답보상태 = deadlock[N0774] dilemma[T1057] standoff, gridlock
2. 막다른 골목, 궁지 = dead end, blind alley, cul-de-sac, stalemate

0774 5+ **deadlock** [dedlak, -lɔk]
14.경희대
08.경희대/02-2.광운대
02.경기대/00-2.경기대

【어원】dead(완전히)+lock(자물쇠로 꽉 잠겨있는 상태) ➡ 꼼짝달싹도 못하는 상태

N. (교섭 따위의) 막다른 상태, 교착상태 = impasse[N0773] standstill[R0192] standoff[R0192] stalemate, dead end, gridlock

0775 5+ **obdurate** [ɑ́bdjurit, ɔ́b-]
15.한양대/13.경희대/07.건국대

【어원】ob(=against)+dur(=endure ⊃ R023)+ate(형접) ➡ ~에 맞서서 견디는

A. 고집 센, 고집불통인 = unyielding, stubborn, persistent, determined, obstinate, tenacious, pertinacious, intractable, rigid, bigoted, pigheaded, intransigent

15.고려대/14.경희대
ⓝ obduracy 고집, 완고함 = stubbornness, pertinacity, persistence

▶ to reduce speed

• Seeing the emergency blinkers in the road ahead, he **decelerated** quickly.
길 앞에 비상등을 보고서 그는 재빨리 속도를 줄였다.

• Pollutants introduced into a lake can rapidly **accelerate** its natural aging process.
호수로 흘러드는 오염물질은 자연의 노화과정(부영양화)을 급속히 가속화할 수 있다.

▶ 1. to walk in an unsteady way 2. to make a mistake 3. encounter by chance

• A horse may **stumble** on four feet.
〈속담〉 원숭이도 나무에서 떨어진다.

• Tripping over a rock, Charles **stumbled** and fell down.
찰스는 바위에 발이 걸려서 비틀거리더니 철퍼덕 쓰러졌다. *trip over 걸려 넘어지다

• He wants to buy a foreign car, but the high price is **the stumbling block**.
그는 외제 차를 사고 싶어하지만, 비싼 가격이 걸림돌이다.

▶ 1. a situation in which progress is impossible 2. passage having no exit

• The United States is willing to change the terms and conditions of its proposals to resolve the **impasse** over North Korea's nuclear programs.
미국은 북한의 핵 프로그램에 대한 교착상태를 해결하기 위해 계약 조건들을 기꺼이 변경하고자 한다.

• The two countries tried to divide the land equally, but reached an **impasse**.
양국은 국토를 균등하게 나누려 했지만, 교착 상태에 이르렀다.

▶ a situation in which no progress can be made

• The summit talks have reached a **deadlock**.
정상회담은 교착상태에 빠졌다.

• Negotiations between the port employers and unions again ended in **deadlock**.
항만 고용주들과 노조들 간의 협상이 또다시 교착상태로 끝났다

▶ firmly, often unreasonably immovable in purpose or will

• We are once again face to face with an **obdurate** opponent.
우리는 다시 한번 고집불통인 상대와 얼굴을 마주하고 있다.

• They argued with him but his **obduracy** stood unaffected.
그들은 그와 논쟁을 벌였으나 그의 고집은 전혀 꺾이지 않았다.

Quick Review

0751

i ____________

0752

i ____________

0753

c ____________

0754

s ____________

0755

i ____________

0756

a ____________

0757

n ____________

0758

k ____________

0759

v ____________

0760

a ____________

0761

d ____________

0762

m ____________

0763

g ____________

0764

s ____________

0765

d ____________

0766

o ____________

0767

r ____________

0768

s ____________

0769

i ____________

0770

l ____________

0771

d ____________

0772

s ____________

0773

i ____________

0774

d ____________

0775

o ____________

Answer 0751 **ingenious** 0752 **imaginative** 0753 **conceive** 0754 **sagacious** 0755 **imply**
0756 **acquaint** 0757 **nimble** 0758 **keen** 0759 **vehement** 0760 **astound**
0761 **disguise** 0762 **mock** 0763 **grudge** 0764 **soothe** 0765 **defuse**
0766 **occupation** 0767 **release** 0768 **submit** 0769 **infringe** 0770 **landmark**
0771 **decelerate** 0772 **stumble** 0773 **impasse** 0774 **deadlock** 0775 **obdurate**

Preview

DAY 32

0776

0777

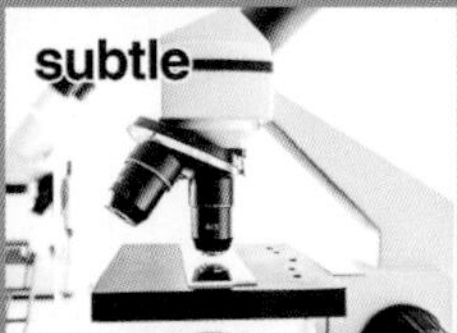

0778

0779

0780

0781

0782

0783

0784

0785

0786

0787

0788

0789

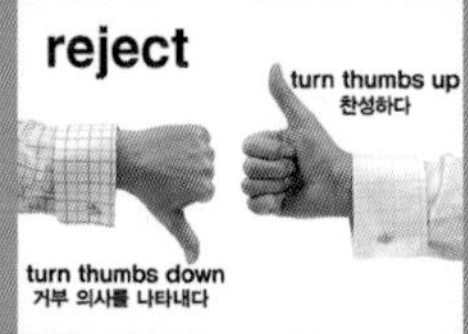

0790

0791

0792

0793

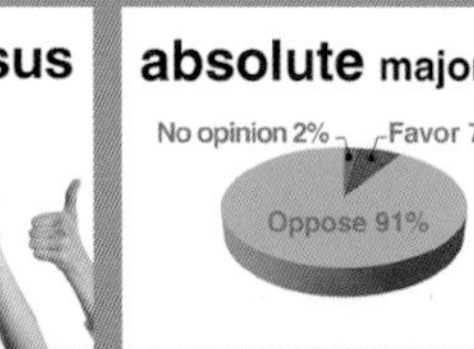

0794

0795

0796

0797

0798

0799

0800

Answer 0776 즙이 많은 0777 향기로운 0778 미세한, 묽은 0779 깨지기 쉬운 0780 게걸스럽게 먹는
0781 공표하다 0782 세관에 신고하다 0783 선언하다 0784 수하물 찾는 곳 0785 면책표시 경고문구
0786 또렷이 발음하다 0787 맹렬히 비난하다 0788 감정을 분명히 보여주다 0789 명료한 0790 거절하다
0791 설득하여 단념시키다 0792 불화, 다툼 0793 여론, 대다수의 의견 0794 (압도적) 다수 0795 단도직입적인
0796 교묘하게 환심을 사다 0797 범죄에 연루시키다 0798 주입하다 0799 주제를 벗어나기 쉬운 0800 말이 두서없는

DAY 32-1

정의 DEFINITION	유사어휘군 SYNONYM·ANTONYM

0776 **succulent** [sʌ́kjulənt] 5+
16.국민대/14.동덕여대/01.단국대 98-10.경찰/94.행자부7급

【어원】suc<suck(빨다)+ul+ent(형접) ➡ 빨 수 있는 → 즙이 많은

A. 1. (과일 등이) 즙이 많은, 물기가 많은 = juicy[T0405] sappy, moist
2. 매우 흥미로운 = interesting, exciting, enjoyable, riveting

ⓝ succulence (과실의) 다액, 다즙; 흥미진진

관 **juice** (과일 · 채소 · 고기 따위의) 즙 **sap** (초목의) 즙

0777 **odorous** [óudərəs] 5+
01-10.경찰/95.고려대
12.아주대/98-2.군산대

【어원】odor(=smell ➲ R083)+ous(형접) ➡ 냄새가 나는

A. 1. 향기로운; 냄새가 있는 = fragrant[T0105] aromatic[T0106]
2. (도덕적으로) 부당한, 구린

ⓝ odo(u)r 냄새, 악취; 기미, 낌새 = smell[T0100] scent, stench, aroma

동 **odoriferous** 향기로운; 도덕적으로 구린
반 **malodorous** 고약한 냄새가 나는 = stinky
inodorous/odorless 향기가 없는

0778 **subtle** [sʌ́tl] 5+
17.국민대/03-2.고려대/98.고려대학원 98-2.숙명여대/93.기술고시

【어원】sub(=under)+tle ➡ 밑바닥에 깔려 있어 (잘 알지 못하는) → 미세한 → 교묘한

A. 1. (알 수 없을 정도로) 미세한; 묽은; 희박한 = imperceptible, delicate, elusive, minute; thin, dilute, faint, weak; sparse, rare
2. (알아채지 못하게) 정교한, 교묘한, 치밀한 = sophisticated, exquisite, delicate, elaborate, finespun
3. (감각이) 남달리 섬세한 = sensitive, keen

ⓝ subtlety 희박; 미묘, 신비, 불가사의

0779 **delicate** [délikət] 5+
11.서강대/08.삼육대,경기대 97-2.총신대

【어원】delicious(맛좋은)

A. 1. 연약한, 깨지기 쉬운 = feeble[T0402] fragile[N0197] frail[T1503] breakable
2. (일 · 문제 · 상황이) 다루기 어려운, 민감한 = sensitive[N0223]
3. (냄새 · 빛깔 · 맛이) 미묘한, 고운 = subtle

ⓝ delicacy 맛있는 것, 진미; 섬세, 미묘; 연약
delicatessen 조제(調製) 식품(미리 조리된 통조림 등); 조제 식품 판매점〈deli〉
ⓐ delicious 맛있는, 유쾌한
delectable 즐거운, 기쁜; 맛있는

0780 **voracious** [vɔːréiʃəs] 5+
16.14.한국외대/07.강원7급 03-2.경기대

【어원】vor(=eat ➲ R156)+acious ➡ 마구 먹어 치우는 → 대식하는 → 탐욕적인

A. 1. 게걸스레 먹는, 식욕이 왕성한; 탐욕적인 = gluttonous[T0653] greedy, ravenous, rapacious, avaricious, grasping, miserly, covetous, predatory, piggish, swinish, hoggish
2. 열성이 대단한; 골몰하는 = enthusiastic[R1987] avid, eager

ⓝ voracity 대식, 폭식; 탐욕 = gluttony, overeating, surfeit; greed

혼 **veracious** [vəréiʃəs] 진실을 말하는, 정직한 ➲ R2305

영영정의 및 예문
EXAMPLE

이미지 연상훈련
IMAGE TRAINING

▶ 1. full of juice and tasting good 2. highly interesting or enjoyable

- The beef looked red and **succulent** when it was taken from the supermarket.
  그 쇠고기는 슈퍼마켓에서 가져왔을 때 붉고 물기가 많은 것처럼 보였다.
- The meat looked red and **succulent** when it was taken from the refrigerator.
  그 고기는 냉장고에서 꺼냈을 때 붉고 육즙이 많아 보였다.

▶ having a characteristic smell or odor

- This variety of hybrid tea rose is more **odorous** than the one you have in your garden.
  이 티로즈(장미의 한 품종) 잡종은 보통 정원에서 볼 수 있는 장미보다 더 향기롭다.
- The **odor** of fresh oil makes her hungry.
  신선한 가름냄새가 그녀로 하여금 허기를 느끼게 했다.

▶ 1. difficult to notice 2. behaving in a clever way, and using indirect methods 3. able to notice small things that other people do not

- They entered into a **subtle** and profound topic.
  그들은 미묘하고도 심오한 주제에 대한 논의를 시작했다.
- I think we need a more **subtle approach**.
  우리가 더욱 치밀하게 접근해야 한다고 생각한다.
- When a book goes into translation, all linguistic **subtleties** get lost.
  책이 번역되면, 모든 언어 고유의 미묘함은 상실된다.

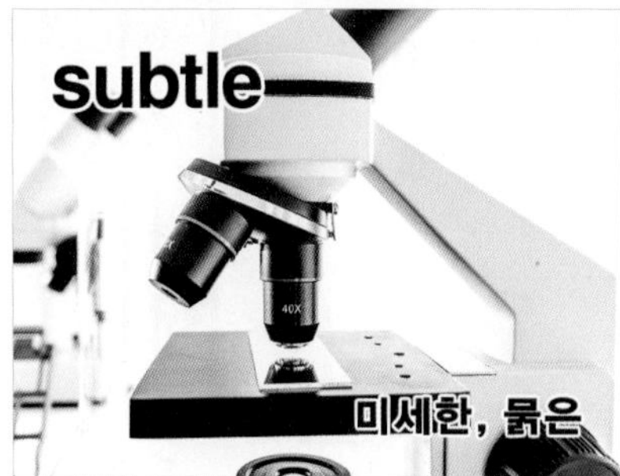

▶ 1. easily damaged or broken; needing careful treatment 2. needing or showing great skill and attention to detail 3. soft and pleasant

- Forests are such **delicate** systems that they can be easily destroyed by fire.
  숲은 너무나 깨지기 쉬운 체계라서 화재로 손쉽게 파괴될 수 있다.
- The negotiations went slowly because of the **delicate** nature of some of the issues involved.
  그 협상은 일부 관련된 문제들의 미묘한 성질 때문에 천천히 전개되었다.
- Try not to store them for long, or you'll lose the **delicate flavor**.
  그것들을 오래 보관하지 않도록 해라. 그렇게 되면 미묘한 맛을 잃을 것이다.

▶ 1. very eager for large amounts of food 2. very eager to learn or to do something

- These **voracious** toads have been known to eat small mammals along with other toads, lizards, and just about any insect within range.
  이러한 식욕이 왕성한 두꺼비는 다른 두꺼비나 도마뱀, 사정거리 내의 거의 모든 곤충뿐만 아니라 작은 포유동물도 먹는 것으로 알려져 있다.
- He was a **voracious** reader who taught himself English while he was in prison.
  그는 수감 중에 영어를 독학한 열렬한 독서광이었다.

0781 5+ **promulgate** [prάməlgèit, prɔ́m−]
16.명지대/06.국회사무처 96.부산외대

【어원】 pro(=forward)+mulg(=people ⊃ R195)+ate(동접) ➡ 사람들 앞으로 가져가다

Vt. (법률 등을) 선포[공포, 공표]하다, 널리 알리다 = officially declare[N0782] announce[R0881] make known popularize, proclaim, exclaim

12.경희대 ⓝ promulgation 공포, 선포 = proclamation[D0783] declaration, announcement

0782 5+ **declare** [dikléər]
10.동덕여대/07.명지대 05.가톨릭대

【어원】 de(=down)+clar(=clear ⊃ R239)+e ➡ 명백하게 (의견을) 내려놓다

Vt. 1. 선언하다, 선포하다, 공표하다; 단언하다 = strongly state, promulgate[N0781] proclaim, exclaim, announce; aver, assert
2. (세관이나 국세청 등에) 신고하다
3. 단언하다, 분명히 말하다 = affirm, announce, assert

08.이화여대 ⓝ declaration 선언, 발표, 포고; (세관 등의) 신고서 = statement[R0184] announcement[R0881]

0783 5+ **proclaim** [proukléim]
12.서울여대/09.이화여대 91.서울대학원

【어원】 pro(=forward)+claim(=shout ⊃ R102) ➡ 사람들 앞에서 큰 소리로 외치다

V. 선언(공포)하다, 정식 포고하다 = declare[N0782] publicize[R1953] trumpet[T1204] promulgate

12.경희대 ⓝ proclamation 선언, 선포, 포고; 성명서 = promulgation[D0781]

0784 5+ **claim** [kleim]
14.한국외대/06.영남대 04.고려대

【어원】 claim(=shout ⊃ R102) ➡ 권리나 주장을 크게 외치다

V. 1. (사실이라고) 주장하다 = assert, aver, allege, postulate, affirm
2. (권리를) 주장하다, (분실물을) 되찾다 = insist on, assert
3. (정부의 조치 · 회사의 보상을) 요구[청구]하다 = demand[R2527] ask for
4. (병 · 사고 등이) 목숨을 앗아가다 = kill
N. 권리의 주장; 청구, 손해배상 청구액 = assertion[R0151] allegation
*baggage claim 수하물(짐) 찾는 곳

16.국민대 ⓝ claimant 요구자, 신청인; 원고

관 **counterclaim** 반대 요구, (특히 피고의) 반소

0785 5+ **disclaimer** [diskléimər]
11.중앙대/04.한양대

【어원】 dis(=not)+claim(=shout ⊃ R102)+er ➡ 책임지지 않겠다고 외치는 것

N. 1. (방송 등에서) 면책을 표시하는 경고 문구 = escape clause, exemption clause
2. 부인, 거부; 포기, 권리포기각서; 포기자 = denial, negation, refusal, disavowal, repudiation, renunciation

05.중앙대/02-2.한양대 ⓥ disclaim 1. (책임 · 관계 따위를) 부인하다 = deny[R2342] disavow, say no, disaffirm, negate
2. (권리를) 포기하다 = abandon, relinquish, renounce
ⓝ disclamation 부인, 거부(행위); 권리의 포기

혼 **declaim** 맹렬히 비난하다; (시를) 낭독하다 **declamation** 낭독, 열변, 연설

영영정의 및 예문
EXAMPLE

이미지 연상훈련
IMAGE TRAINING

▶ to make known to the public

- As soon as the board of elections **promulgates** the list of candidates, a ballot is prepared.
  선거위원회가 후보자들의 명단을 공고하자마자 투표가 준비되고 있다.
- This act shall enter into force as from the day of its **promulgation**.
  이 법령은 공포한 날로부터 이를 시행한다.

▶ to bring to public notice or make known publicly

- We should **declare** war on the gangs and flush them out.
  우리는 범죄단체에 대해 전쟁을 선포하고 그들을 축출해야 한다. * flush out 쫓아내다
- The customs officer asked a foreign visitor. "Have you anything to **declare**?"
  그 세관원은 외국인 방문객에게 물었다. 신고하실 것이 있습니까?

▶ to bring to public notice or make known publicly

- Their religion encouraged them to **proclaim** their position on the issue.
  그들은 자신들의 종교에 힘입어 그 문제에 대해 그들의 입장을 표명하였다.
- The Emancipation **Proclamation** abolished slavery in the United States.
  노예해방선언은 미국에서 노예제도를 폐지했다.

▶ V. 1. to say that something is a fact 2. to demand as a right or property 3. to ask for legally
N. the act of demanding

- The scientists **claimed** that they had discovered a cure for Ebola.
  그 과학자들은 에볼라 바이러스의 치료법을 발견했다고 주장했다.
- Every citizen in a democratic country may **claim** the protection of the law.
  민주국가에서의 모든 시민은 법의 보호를 요구할 수 있다.
- Can you tell me where I can **claim** my baggage?
  수하물 찾는 곳이 어디입니까?

▶ a formal statement saying that you are not legally responsible for something

- Before allowing someone to deliver a personal opinion on the air, most television news programs issue a **disclaimer** that denies all responsibility for the views expressed.
  어떤 사람이 방송으로 개인적인 의견을 말하기 전에, 대부분의 텔레비전 뉴스 프로그램들은 (방송에) 표현되는 견해에 대해 모든 책임을 부인한다는 면책 경고문을 내보낸다.
- We **disclaim** all responsibility for damage caused by misuse.
  본사는 잘못된 사용으로 인해 생긴 손상에 대해서는 모든 책임을 지지 않습니다.

정의 DEFINITION	유사어휘군 SYNONYM·ANTONYM

0786 5+
enunciate
[inʌnsièit]
09.서울시9급/08.중앙대.한국외대 01.사법시험

【어원】 ex(강조)+nunci(=say ➲ R088)+ate(동접) ➡ 강조해서 말하다

Vt. (또렷이) 발음하다, (생각을 명확히) 밝히다 = articulate[N0635] pronounce, enounce, vocalize

ⓝ enunciation 발음, 명확한 진술

0787 5+
denounce
[dináuns]
17.단국대/98.동국대

【어원】 de(=down)+nounc(=say, report ➲ R088) ➡ 깎아내려서 말하다 → 비난하다 → 고발하다

Vt. 1. (공적으로) 맹렬히 비난하다 = condemn[R2492] excoriate[R1887] arraign, censure, reproach, reprove, rebuke, blame, criticize, charge, impugn, inveigh

2. (불법적인 활동을) 고발하다 = charge, accuse, prosecute, indict, impeach

ⓥ denunciate 공공연히 비난하다, 규탄하다

13.국회8급/99.변리사/93.중앙대 ⓝ denunciation 탄핵, 비난; 고발; (조약의) 폐기 통고 ↔ *panegyric*[T0983] 칭찬, 찬사

ⓐ denunciatory 비난의, 탄핵적인; 위협적인

0788 5+
evince
[ivíns]
14.단국대/07.세종대 03-2.경기대/97.세무사

【어원】 e<ex(=out)+vinc(=show ➲ R085)+e ➡ 바깥으로 드러내 보이다 → (감정을) 나타내다

Vt. (감정을) 분명히 밝히다; (능력을) 발휘하다 = show clearly[R2391] clarify[R2393] demonstrate[R0857] express, manifest, display, elucidate, explicate

ⓐ evincive 명시적인; 증명하는

0789 5+
perspicuous
[pərspíkjuəs]
05-2.고려대/03.경기대 01.원광대/98.동국대

【어원】 per(=through)+spic(=see ➲ R074)+uous(형접) ➡ 통과해서 보는 → 명쾌한, 명료한

A. (언어 · 문체 등이) 명쾌한, 명료한 = clear[R2391] lucid, pellucid, distinct, limpid, luculent, luminous, transpicuous

17.중앙대 ⓝ perspicuity (언어 · 문체의) 명확함, 명료함 = lucidity[D0343]

> 동 **transpicuous** [trænspíkjuəs] 투명한; (언어 등이) 명료한; 명백한
> 혼 **perspicacious** [pə̀:rspəkéiʃəs] 선견지명이 있는, 통찰력이 있는, 총명한
> - **perspicacity** 통찰력; 총명, 명민

0790 5+
reject
[ridʒékt]
10.한국외대/07.경희대/03.고려대

【어원】 re(=back)+ject(=throw ➲ R123) ➡ (서류를) 뒤로 던져버리다 → 거절하다

Vt. 거절하다, 각하하다; 퇴짜놓다; 불합격시키다 = turn down[I06615] spurn[T1033] rebuff[T1034] veto[T1035] dismiss[N0132] refuse[R1264] decline, deny

N. 불합격자[품]

14.숙명여대 ⓝ rejection 거절, 폐기, 부결 = renunciation[R0882] refusal, dismissal

> 표 **turn down** 1. 거절하다(=reject, refuse) 2. (소리, 불 등을) 줄이다 (↔ turn up) ➲ I06615

영영정의 및 예문
EXAMPLE

▶ express or state clearly

- An actor must learn to **enunciate** his words clearly.
  배우는 말을 분명하게 발음하는 법을 익혀야 한다.
- Her voice was calm, her **enunciation** a little slow, but perfectly distinct.
  그녀의 목소리는 차분했고 발음은 약간 느렸지만 확실히 분명했다.

▶ 1. to strongly criticize something or someone especially in public
2. to tell the police or the authorities that someone is responsible for a crime

- The drunkard who **denounces** drug abuse is a hypocrite.
  약물 남용을 비난하는 술고래는 위선자이다. ＊drunkard 술고래 hypocrite 위선자
- He wrote a stinging **denunciation** of his critics.
  그는 자신의 비평가들에 대해 신랄한 비난 글을 썼다.

▶ to show a feeling or quality clearly

- He **evinced** great sorrow for what he had done.
  자신이 한 행동에 대해 깊은 슬픔을 보였다.
- His extraordinary musical talent **evinced** itself at an amazingly early age.
  그의 비상한 음악적 재능은 놀라울 정도로 어린 나이에 나타났다.

▶ clearly expressed and easy to understand

- Pure, **perspicuous**, and musical diction is one of the grand beauties of lyric poetry.
  순수하고 명료하며 음악적인 어조가 서정시의 장중한 아름다움들 중 하나이다.
- One of the outstanding features of this book is the **perspicuity** of its author; her meaning is always clear.
  이 책의 뛰어난 특징 중의 하나는 작품의 명료함이다. 그녀가 뜻하는 바는 언제나 명확하다.

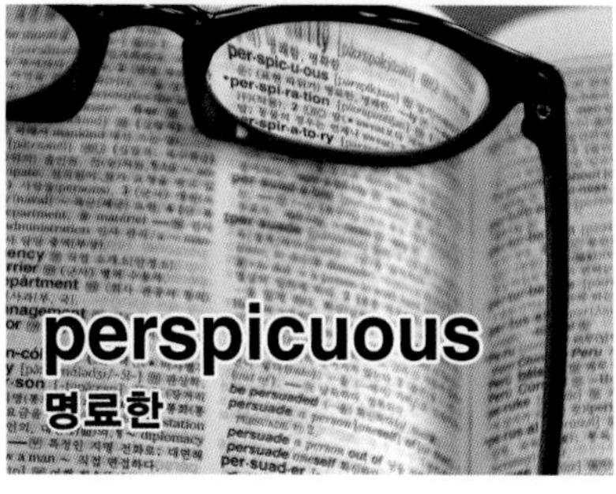

▶ V. to refuse to accept something or someone
N. a person or thing that is not accepted because of their low quality

- I couldn't help **rejecting** his offer.
  나는 그의 제안을 거절할 수밖에 없었다.
- The insurance company **rejected** his application for accident insurance.
  보험회사는 그의 사고 보험금 신청을 거부했다.

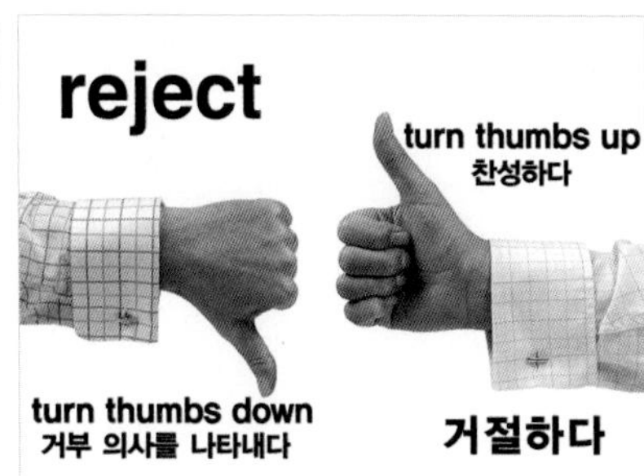

정의 DEFINITION | 유사어휘군 SYNONYM·ANTONYM

0791 5+ **dissuade** [diswéid]
11.기상직9급.경희대 03-2.고려대/00-2.세종대

【어원】 dis(=away)+suade(=persuade) ➡ 벗어나도록 설득하다 → 단념시키다

Vt. (설득하여) 단념시키다[from] = deter[N0102] discourage, prevent
*dissuade A from ~ing A 가 ~하는 것을 단념시키다

ⓝ dissuasion 그만두게 함, 말림
ⓐ dissuasive 그만두라고 설득하는, 말리는

01.사법시험
반 **persuade** ~하도록 설득하다(=induce) *per(=through)+suade 완전히 설득하다
- **persuasive** 설득력 있는 **persuasion** 설득, 권유; 종파, 교파; 신념, 신앙
관 **suasion**[swéiʒən] 설득, 권고 **suave**[swɑ́:v] (인품 · 태도 따위가) 온화한, 상냥한

0792 5+ **discord** [dískɔ:rd]
05.경희대/99.숭실대

【어원】 dis(=not, away)+cord(=heart ➲ R189) ➡ (하나의) 마음이 아닌, 마음이 따로따로인 → 불일치 → 불화

N. 1. 불화, 다툼, 알력, 불일치 = conflict[N0332] quarrel, friction, strife, feud; disharmony[T0906] disagreement
↔ *agreement*[S0851] *accord, correspondence, concert, consent*
2. 불협화음 = dissonance, cacophony
Vi. 조화[일치]되지 않다; 불화하다 = disharmonize; clash, conflict
ⓝ discordance 부조화, 불일치; 불화
ⓐ discordant 일치하지 않는, 귀에 거슬리는

16.한양대/14.경희대
반 **accord** 일치, 조화; 협정; 일치하다; 주다, 수여하다(=confer) **accordant** 일치한, 합치한 ➲ R1893

0793 5+ **consensus** [kənsénsəs]
12.성신여대/10.홍익대 06.경희대/04.경찰

【어원】 con(=together)+sens(=feel ➲ R150)+us ➡ 같이 느끼는 생각 → 여론

N. 여론, 대다수의 의견; (의견 등의) 일치, 합의 = unanimity

ⓐ consensual 합의상의, 합의에 의한

관 **consent**[kənsént] 동의하다, 승낙하다; 동의, 승낙 ➲ R1502
↔ **dissent**[disént] 의견을 달리하다, 동의하지 않다[from]; 불찬성 ➲ N0651

0794 5+ **absolute** [ǽbsəlù:t]
08.건국대/02.경원대 02.고려대학원

【어원】 ab(=away)+solu(=loosen ➲ R030)+te ➡ 어떤 제한이나 결함에서도 자유로운 → 절대적인

A. 1. (진리 등이) 절대적인, 의심의 여지가 없는 ↔ *relative*[R0511] 상대적인
2. 완전한; 확고한 = total, complete, utter, perfect
3. (권력이) 무소불위의; 독재적인 = unlimited; despotic, dictatorial, tyrannical, authoritarian

ⓝ absolutism 전제주의, 독재주의, 전제정치
07.고려대
ⓐⓓ absolutely 1. 절대적으로, 무조건으로; 완전히
2. 전혀 (~않다), 단연
3. 〈구어〉 정말 그래, 그렇고말고

0795 5+ **forthright** [fɔ:rθrait]
14.홍익대/13.이화여대 03-2.경기대/96.서울대학원

【어원】 forth(앞으로)+right(=straight ➲ R141) ➡ 대놓고 직접 말하는

A. 단도직입적인, 솔직한 = frank and direct[T0237] candid[N0021]
Ad. 똑바로 앞으로; 솔직히 = on the level[I00415] frankly

관 **right** a. 옳은, 정확한; 오른쪽의; 똑바른
n. 권리, 소유권; 정당, 정의; 정확

영영정의 및 예문
EXAMPLE

이미지 연상훈련
IMAGE TRAINING

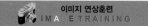

▶ to persuade someone not to do something

- I tried to **dissuade** her **from** investing her money in stocks and shares.
  나는 그녀가 돈을 주식이나 채권에 투자하는 것을 단념시키려 했다.
- It won't be easy to **persuade** them **to** invest in the local stock markets.
  그들로 하여금 국내 주식시장에 투자하라고 설득하는 것이 쉽지는 않을 것이다.

▶ N. 1. lack of agreement between people; difference of opinion
2. a harsh mixture of sounds V. to disagree

- There has been constant **discord** between the two countries.
  두 나라 사이에 항상 알력이 있었다.
- **Discord** between parents and children is a widespread phenomenon across the world and thus the term "generation gap" is no longer unfamiliar to us.
  부모와 자녀 간의 불화는 전 세계적으로 광범위한 현상이며 따라서"세대 차"라는 용어는 더 이상 우리에게 생소하지가 않다.

▶ N. general agreement or concord

- Although a few experts are worried about unemployment, the **general consensus** seems to be that economy will improve this year.
  일부 전문가들은 실업에 대해 걱정했지만, 올해 경기가 나아질 것이라고 보는 것이 일반적인 여론으로 보인다.
- All participating nations have reached a **consensus**.
  모든 참가국들이 합의에 도달했다.

consensus
turn thumbs up
찬성하다
여론, 대다수의 의견

▶ 1. true, correct, and not changing in any situation 2. total and complete
3. not restricted or limited

- An **absolute majority** of the people oppose the new economic policy.
  국민의 절대다수가 새 경제 정책에 반대한다.
- The theories are considered to be **absolute truth**, but they are actually false and unworkable.
  그 이론들은 절대적인 진리로 여겨지고 있지만, 사실은 그릇되고 쓸모없는 이론이다.
- The dictatorship of the proletariat refers to the **absolute power** of the working class.
  프롤레타리아 독재는 노동자 계급이 무소불위의 권력을 가지는 것을 의미한다.

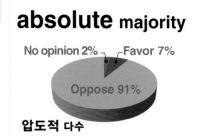

absolute majority
No opinion 2%
Favor 7%
Oppose 91%
압도적 다수

▶ A. direct and outspoken Ad. in a straightforward manner

- He is very honest and **forthright**.
  그는 매우 정직하고 솔직합니다.
- She made the point in her usual **forthright** manner.
  그녀는 평상시처럼 솔직하게 요점을 말했다.

forthright
단도직입적인

정의 DEFINITION | 유사어휘군 SYNONYM·ANTONYM

0796 5+
insinuate
[insínjuèit]
12.숙명여대/11.아주대
08.성균관대/02.경기대

【어원】 in(=in)+sinu(=bend)+ate(동접) ➡ 구부려서 말하다 → 암시하다

Vt. 1. (불쾌한 일을) 넌지시 말하다, 암시하다 = suggest indirectly[R0501] imply[N0755] hint, intimate
2. 교묘하게 환심을 사다[oneself into] = ingratiate[R2415]

ⓝ insinuation 암시, 풍자, 빗댐
ⓐ insinuative 넌지시 말하는, 교묘하게 환심을 사는

0797 5+
implicate
[ímplikèit]
11.서강대/08.국가직7급.경찰승진

【어원】 im<in(=in)+plic(=fold ➲ R129)+ate(동접) ➡ (범죄) 안으로 말아 넣다 → 연루시키다

Vt. 1. (범죄에) 관련시키다, 연루시키다 = incriminate, inculpate
*be implicated in ~에 연루되다 = be involved in[R0594] be entangled in[R0346]
2. (나쁜 것의) 원인임을 시사하다

11.숭실대
ⓝ implication 연루, 연좌; 관련; 함축, 내포, 암시 = connotation[R1426]; involvement

0798 5+
inculcate
[inkʌ́lkeit]
17.중앙대.한국외대/15.가톨릭대
14.국민대/12.서강대

【어원】 in(=in)+culc(=tread)+ate(동접) ➡ 머리안으로 밟아 다져넣다

Vt. (사상 · 감정 등을) 주입하다, 되풀이하여 가르치다 = infuse[R1261] indoctrinate[R1471] impart[N0840] instill, implant, drill, infiltrate, inoculate, inseminate, insinuate

ⓝ inculcation 주입, 터득시킴

calculate 계산하다, 산정하다; 예측하다 * calcul(=reckon) ➲ R2230
incalculable 셀 수 없이 많은, 막대한 ➲ R2235

0799 5+
digressive
[digrésiv, dai-]
11.광운대/08.세무직9급
02.세무사/98-2.광운대

【어원】 di<dis(=away)+gress(=go ➲ R040)+ive(형접) ➡ (주제와) 멀어져 가는 → 주제를 벗어나기 쉬운

A. 주제를 벗어나기 쉬운, 지엽적인 = deflectable[R1287] rambling[R0452] tangential[R0345] excursive

ⓥ digress (화제 · 논의 등이 본론에서) 벗어나다 (옆길로) 빗나가다, 탈선하다 = swerve, deviate, go astray
ⓝ digression 본론[주제]을 벗어남; 탈선

0800 5+
desultory
[désəltɔ̀:ri]
14.고려대/98.중앙대
99.변리사/97.행.외시

【어원】 de(=away)+sult(=leap ➲ R046)+ory(형접) ➡ 펄쩍 뛰어 가버리는 → 산만한

A. (말이나 행동이) 두서없는, 종잡을 수 없는 = unmethodical[T1058] random, rambling, discursive, excursive, digressive, unconnected

ⓐⓓ desultorily 산만하게, 두서없이

sultry [sʌ́ltri] (날씨가) 찌는 듯이 더운, 후덥지근한 * 어근 sult가 salt(소금)의 의미로 사용됨

영영정의 및 예문
EXAMPLE

이미지 연상훈련
IMAGE TRAINING

▶ 1. to suggest indirectly that something unpleasant is true
2. to succeed in gaining someone's love, respect, or trust by pretending to be sincere

- Do you want to **insinuate** that their motives are not pure enough?
  그들의 동기가 충분히 불순했다는 것을 암시하고 싶으신겁니까?
- She **insinuated herself into** her employer's favor.
  그녀는 교묘하게 고용주의 환심을 샀다.

▶ 1. to suggest that someone is involved in a crime or dishonest act
2. to show or suggest that something is the cause of something bad

- Two police officers **are implicated in** the bribery case.
  두 명의 경찰관이 그 뇌물 사건에 연루되었다.
- She denied any involvement, and police were not able to **implicate** her.
  그녀는 어떤 관련도 부정했고 경찰은 그녀를 연루시키지 못했다.
- Smoking **is implicated in** the cause of oral and many other cancers.
  흡연은 구강암이나 다른 많은 암의 원인이 될 수 있다.

▶ to fix (an idea, for example) in someone's mind by repetition

- We must **inculcate** the right attitudes in people at a very early age.
  우리는 매우 이른 나이부터 사람들에게 올바른 태도를 가르쳐야 한다.
- It is desirable to **inculcate** ideals of conduct and values in the young, when they are more impressionable than in later life.
  (인생의) 말년 보다는 젊은이들이 감수성이 예민할 때 그들에게 행동과 가치관의 이상을 심어주는 것은 바람직하다.

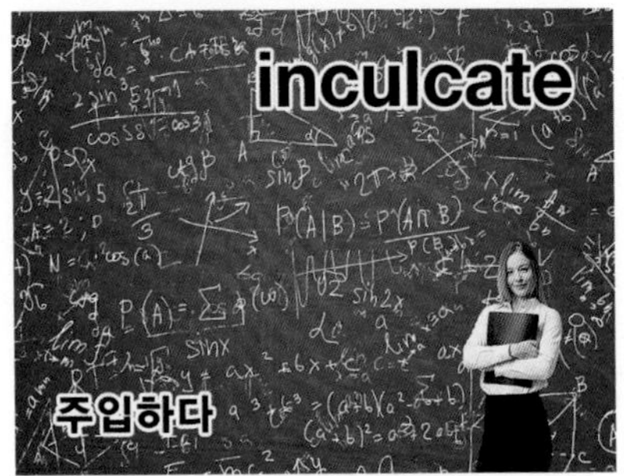

▶ tending to move away from the main subject

- Your **digressive** remarks spoil the effect of your speech; try not to stray from your point.
  주제를 벗어난 말로 당신의 연설을 망치고 있어요. 핵심을 벗어나지 않도록 하세요.
  * stray 옆길로 빗나가다
- At one point in his talk, the speaker **digressed** to tell us of an incident in his childhood, but then he got right back to his topic.
  그 연사는 말하던 도중 한번은 우리에게 그의 어린 시절에 있었던 한 사건에 관해 말하려고 본론을 벗어났으나 그 다음 그는 곧바로 자신의 논제로 돌아왔다.

▶ going from one thing to another, without a definite plan

- They kept up a **desultory** conversation about the weather.
  그들은 날씨에 대해 두서없는 대화를 계속 나눴다.
- The animals' **desultory** behavior indicated that they had no awareness of their predicament.
  그 동물들의 산만한 행동은 그들이 곤경을 깨닫고 있지 못하다는 사실을 보여주었다.

Quick Review

0776

s ______

0777

o ______

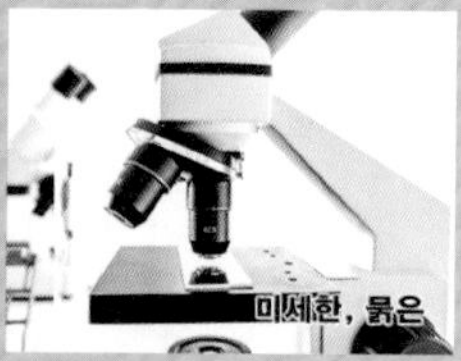

0778

s ______

0779

d ______

0780

v ______

0781

p ______

0782

d ______

0783

p ______

0784

b ______

0785

d ______

0786

e ______

0787

d ______

0788

e ______

0789

p ______

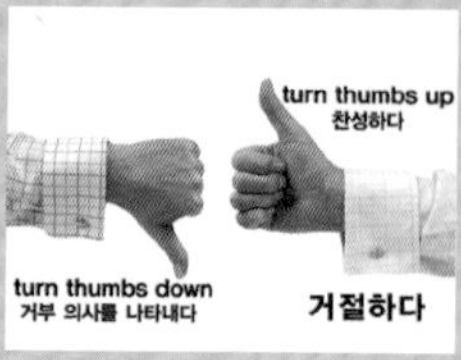

turn thumbs down
거부 의사를 나타내다

0790

r ______

절대 하면 안돼!

0791

d ______

0792

d ______

0793

c ______

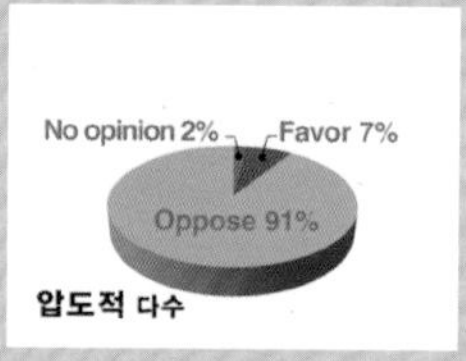

0794

a ______

0795

f ______

0796

i ______

0797

i ______

0798

i ______

0799

d ______

0800

d ______

Answer 0776 succulent 0777 odorous 0778 subtle 0779 delicate 0780 voracious
0781 promulgate 0782 declare 0783 proclaim 0784 baggage claim 0785 disclaimer
0786 enunciate 0787 denounce 0788 evince 0789 perspicuous 0790 reject
0791 dissuade 0792 discord 0793 consensus 0794 absolute 0795 forthright
0796 insinuate 0797 implicate 0798 inculcate 0799 digressive 0800 desultory

Preview

DAY 33

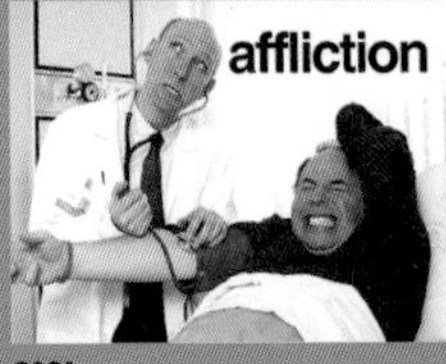

0801

0802

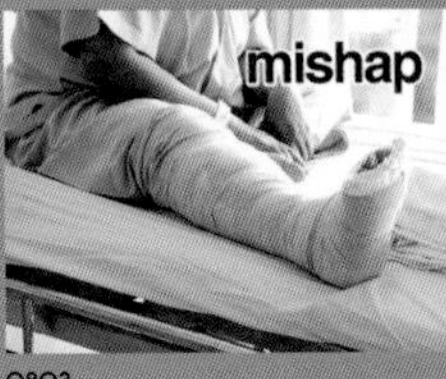

0803

0804

0805

0806

0807

0808

0809

0810

0811

0812

0813

0814

0815

0816

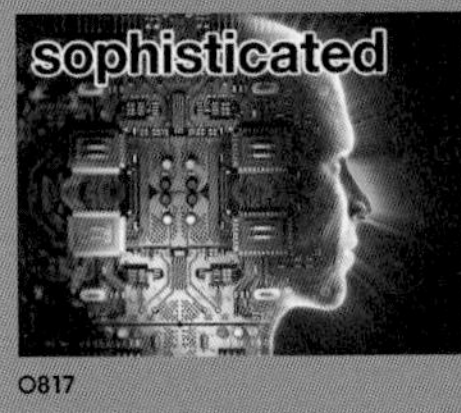

0817

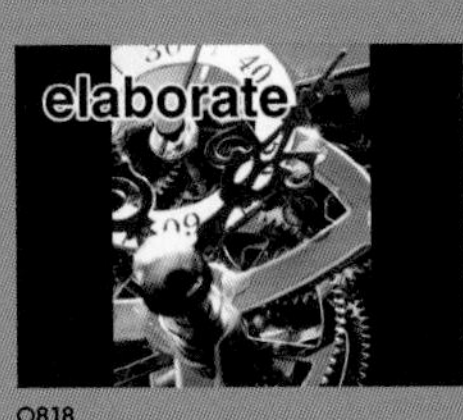

0818

0819

0820

0821

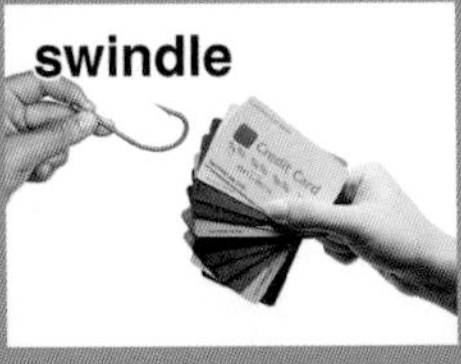

0822

0823

0824

0825

Answer 0801 고통, 고통의 원인 0802 불운, 불행 0803 가벼운 사고 0804 지루하고 따분한 일 0805 녹초로 만드는 0806 불만, 고충 0807 불평, 항의 0808 불만을 품은 0809 비방, 명예훼손 0810 경멸적인 0811 간결한 0812 말 많은 0813 경박한 0814 열렬한 (지지자) 0815 튀어나온, 주제넘은 0816 지치지 않는 0817 정교한 0818 정교한 0819 증거로 보강하다 0820 혁신 0821 매혹하다 0822 사취하다, 속이다 0823 사기 0824 홍보하다 0825 변명, 구실

▶ 유튜브 바로가기

DAY 33-1

정의 DEFINITION | 유사어휘군 SYNONYM·ANTONYM

0801 5+ **affliction** [əflíkʃən]
16.항공대/10.서울여대 05.중앙대/00.고려대 07.광주9급

【어원】af<ad(=to)+flict(=strike ⊃ R116)+ion(명접) ➡ 누구를 향해 때리는 것

N. 고통; 고통의 원인; 질병 = misery[T0362] anguish[T0364] distress, torment

ⓥ afflict[əflíkt] (심신을) 괴롭히다 = torment[R1304] anguish, torture, distress, bother, rankle, harrow, hassle
*be afflicted with ~에 시달리다

16.가톨릭대
inflict[inflíkt] 고통을 주다, 형벌 등을 과하다, 괴롭히다
- **infliction** 고통을 가하기; 형벌, 고통, 시련

0802 5+ **adversity** [ædvə́:rsəti]
11.중앙대/09.성균관대 07.계명대/01.영남대

【어원】ad(=to)+vers(=turn ⊃ R055)+ity(명접) ➡ (행운이 등을) 돌리는 것

N. 불운, 불행, 역경; 재난 = misfortune[R2423] mischance, mishap, bad luck, unfortunateness, hardship, trouble; disaster

0803 5+ **mishap** [míshæp]
02.고려대/98.덕성여대

【어원】mis(=bad)+hap(=chance, luck) ⊃ R242) ➡ 나쁜 운 → 불운 → 불상사

N. (가벼운) 사고, 재난, 불상사 = misfortune[R2423] mischance, unlucky accident

16.홍익대/06.아주대
hap 우연, 운, 요행; 우연히 일어나다
↔ **hapless** 운이 나쁜, 불운한(=unfortunate, unlucky)
- **happy** 행복한, 행운의

0804 5+ **drudgery** [drʌ́dʒəri]
13.고려대,서강대 03.경기대/98.동덕여대

【연상】너의 고된 일을 내가 덜어주리?

N. (지루하고 따분한) 고된 일, 싫은 일 = unpleasant work, travail[T0786] moil, toil

ⓝ drudge 틀에 박힌 지겨운 일; 악착스레 일하다
drudger (고된 일을) 악착스럽게 하는 사람
ⓐⓓ drudgingly 애써서, 악착스레, 꾸준히

0805 5+ **grueling** [grú:əliŋ]
10.경희대/08.한국외대 07.경기9급/04.동국대

【연상】세 끼를 죽(gruel)만 먹고 일하자니 정말 지친다.

A. (일 등이) 대단히 힘 드는, 녹초로 만드는 = extremely difficult, arduous[N0328] exhausting[D0016] strenuous, laborious, backbreaking

ⓝ gruel 오트밀 죽; 〈영 · 구어〉 엄벌; 〈구어〉 녹초가 되게 하다

06.서울여대
gruesome[grú:səm] 소름 끼치는, 섬뜩한(=horrible)

영영정의 및 예문
EXAMPLE

이미지 연상훈련
IMAGE TRAINING

▶ pain and suffering or something that causes it

- Their affections and assistance can bring relief during the heavy **affliction**.
  그 엄청난 고통을 겪는 동안 그들의 애정과 원조는 위안을 가져다 줄 수 있다.
  * affection 애정 relief 고통의 경감, 위안
- The instructor **was afflicted by** the fact that several students failed the entrance examination.
  그 교사는 몇몇 학생들이 시험에서 낙제했다는 사실 때문에 괴로워했다. * instructor 교사
- After Duke Ellington had **been afflicted by** cancer, his strength was decimated.
  엘링턴 공작은 암에 시달린 이후로 기력이 많이 쇠퇴하였다. * decimate 약화시키다

▶ a very difficult or unfavourable situation

- **Adversity** happens to all of us, and it happens all the time.
  불행은 누구에게나 일어나며, 그리고 언제나 일어난다.
- He had to **overcome many adversities** in his life.
  그는 인생에서 많은 역경을 극복해야 했다.

▶ a small accident or mistake; bad luck

- The cause of every **mishap** comes from carelessness.
  모든 사고의 원인은 부주의로부터 나온다.
- Many innocent people became **hapless victims** of this war.
  많은 죄없는 사람들이 이 전쟁의 불운한 희생자가 되었다.

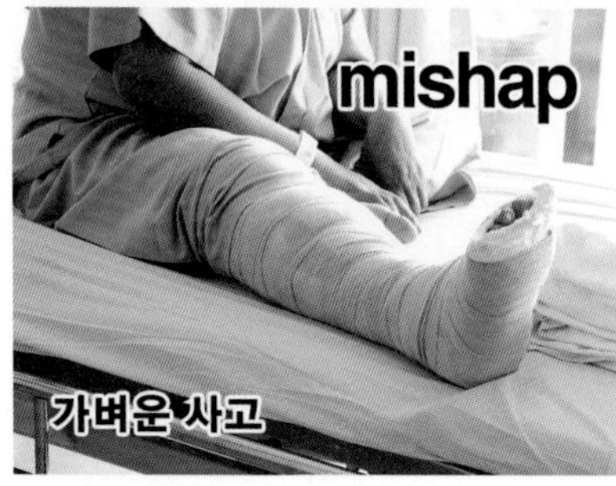

▶ routine and hard work

- Labor-saving devices have emancipated women from the **drudgery** of the kitchen.
  노동을 덜어주는 기구들 덕분에 여성들이 고된 부엌일에서 해방되었다.
- Everyman wants to escape distasteful **drudgery**.
  사람은 누구나 달갑지 않은 일에서 벗어나고 싶어한다.

▶ extremely difficult and tiring

- I was in a totally torpid state once after a **grueling** wrestling match.
  나는 기진맥진케 하는 레슬링 경기 후 한번은 완전히 무기력한 상태에 있었다.
- The team often played a **grueling schedule** of 15 to 20 games a season.
  그 팀은 종종 한 시즌에 15회에서 20회에 이르는 대단히 힘든 일정의 경기를 치렀다.

정의 DEFINITION | 유사어휘군 SYNONYM·ANTONYM

0806 5+
grievance
[gríːvəns]
10.경희대/07.덕성여대/98.경기대

【어원】 griev(=heavy ⊃ R237)+ance(명접) ➡ 마음을 무겁게 하는 것 → 불만

N. 불만, 고충(사항) = complaint[N0807] discontent, dissatisfaction

07.한국외대
관 **aggrieved** [əgríːvd] 고민하는, (부당한 처우로) 고통받은(=mistreated); 화가 난
- **aggrieve** 괴롭히다, 슬프게 하다(=mistreat)

0807 5+
complaint
[kəmpléint]
13.광운대/12.단국대
10.경희대/98.경기대

【어원】 com(=together)+plaint(=lament ⊃ R245) ➡ 같이 흐느끼는

N. 1. 불평, 불만(거리), 항의 = grievance[N0806] refrain[N0418] dissatisfaction, discontent, gripe, protest
2. (민사상의) 소제기, 고소 = lawsuit, litigation, accusation
3. (심하지 않은) 통증[질환] = pain, ache, ailment, affliction, torment

ⓥ complain 불평[항의]하다; 고발하다 = grumble, gripe, whine, whinge, beef, grouse
ⓝ complainant 〈민사소송〉 고소인, 원고 = plaintiff[D0807]
ⓐ complaintive 자꾸 불평하는 = complaining

관 **plaintiff** 원고, 고소인 ↔ **defendant** 피고

0808 5+
disgruntled
[disgrʌ́ntld]
12.상명대/11.이화여대
10.영남대/경찰간부

【연상】 지시가 있을 때마다 "그런데요?..."라고 불만이 많은 직원

A. 불만을 품은, 언짢은 = dissatisfied[R1531] discontented, displeased, unsatisfactory, disappointed, upset

ⓥ disgruntle 기분을 상하게 하다, 불만을 품게 하다 = dissatisfy, discontent, displease
ⓝ disgruntlement 불만

반 **gruntle** 만족시키다, 기쁘게 하다 = satisfy, please, gratify, delight, satiate
- **gruntled** 만족하고 있는, 기쁜 = satisfied, satisfactory, contented, pleased
관 **grunt** 돼지가 꿀꿀거리다, 불평하다

0809 5+
slander
[slǽndər]
14.경희대/04.고려대
02.국민대/01-2.가톨릭대

【어원】 scandal(추문)>slander ➡ 【연상】 모르는 여자에게 "너만 보면 설렌다!"라는 말은 욕이다.

N. 비방, 욕설; 〈법〉 구두 명예 훼손 = libel[R0285] aspersion[R1633] abuse, blasphemy, obloquy, revilement, calumny, defamation, vilification, slur, traducement, denigration, smear
Vt. 비방하다, ~의 명예를 훼손하다 = malign, revile, libel, asperse, blaspheme, slur, defame, traduce, denigrate, calumniate, vilify, blacken, bespatter

ⓝ slanderer 비방하는 사람
ⓐ slanderous 비방하는; 명예를 훼손하는 = calumnious, defamatory, libelous

0810 5+
derogatory
[dirάgətɔ̀ːri]
12.명지대, 덕성여대
11.09.한국외대

【어원】 de(=down)+rog(=ask ⊃ R103)+ate(=make)+ory(형접) ➡ 밑으로 갈 것을 요구하는

A. (말 · 표현이 명예를) 깎아내리는, 경멸적인 = contemptuous[D0214] rude, pejorative, disparaging, disdainful, scornful, belittling, offensive, dishonouring, defamatory

ⓥ derogate (명예를) 손상시키다, 비하하다
ⓐ derogation (명예 · 가치 등의) 폄하; (계약 · 법의) 부분적 수정

영영정의 및 예문
EXAMPLE

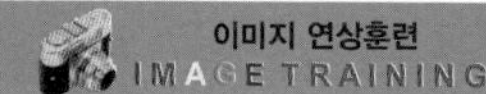

▶ a complaint or feeling about being treated unfairly

• Our company needs to have a meeting that enables employees to air their **grievances**.
우리 회사는 직원들이 불만 사항을 토로할 수 있게 해주는 회의를 가질 필요가 있다.

• He has many **grievances against** this social system.
그는 이런 사회 시스템에 많은 불만을 가지고 있다.

• The jury awarded ten million dollars to the **aggrieved** former employees of the company.
배심원단은 부당한 처우를 받은 그 회사의 전직 고용인들에게 천만 달러를 배상하도록 했다.

▶ 1. an expression of dissatisfaction 2. a formal statement initiating a lawsuit 3. a minor illness

• He worked silently without a **complaint**.
그는 불평 한마디 없이 열심히 일했다.

• I'm going to **file a complaint against** them.
나는 그들을 고소할 예정이다.

• Eczema is a common skin **complaint**.
습진은 흔한 피부질환이다. ∗eczema 습진

• I have nothing to **complain** of.
나는 아무런 불만이 없다.

▶ in a state of dissatisfaction

• A **disgruntled** employee can spread all sorts of nasty rumors about your company.
불만을 품은 직원은 회사에 대한 온갖 종류의 나쁜 소문을 퍼뜨릴 수 있다.

• It is better to be a Socrates **disgruntled** than a pig **gruntled**.
만족스러운 돼지보다 불만족스러운 소크라테스가 되는 것이 낫다.

▶ N. a false spoken statement which damages someone's reputation; the crime of making false spoken statements about someone
V. to damage someone's reputation by making a false spoken statement about them

• When the debate is over, **slander** becomes the tool of the loser.
토론이 끝나면 패자는 중상모략을 하기 마련이다.

• The accused could be punished for **slandering** the foreigner, and if convicted, he could face up to one year in prison.
그 피고인은 외국인에 대한 명예훼손죄로 처벌받을 수 있으며, 유죄가 확정되면 1년의 징역에 처해질 수 있다.

▶ intentionally offensive

• She was upset because his annual review was full of **derogatory** comments.
그녀는 그의 연례보고서가 경멸적인 말들로 가득했기 때문에 속이 상했다.

• His misdemeanor **derogates** from his reputation.
그의 비행은 그의 평판을 깎아내린다.

정의 DEFINITION	유사어휘군 SYNONYM·ANTONYM

0811 5+ **terse** [tə́:rs]
10.경희대/07.세종대 01.행자부7급/98-2.홍익대

【어원】 ters(=cleanse)+e ➡ (군더더기 없이) 깨끗하게 한 → 간결한, 간명한

A. (말이나 표현이) 간결한; 짧고 무뚝뚝한 = succinct[N0525] concise[N0353] brief, laconic, pithy, simple, compact; brusque, blunt, curt

ⓐⓓ tersely 무뚝뚝하게

0812 5+ **garrulous** [gǽrələs]
07.감정평가사/05.중앙대 99.세무사/98-2.경기대

【어원】 garrul(=chatter)+ous ➡ 말을 많이 하는 → 수다스러운

A. 말 많은, 수다스러운; 장황한 = loquacious[N0351] talkative[T1001] prattling, chattering, babbling, multiloquent, talky; verbose, wordy, redundant

ⓐⓓ garrulously 수다스럽게

0813 5+ **flippant** [flípənt]
13.서울여대/10.중앙대 03.세종대/01.광운대

【어원】 flip(=flip)+ant(형접) ➡ 경박하게 치마를 휙 뒤집는(flip)

A. 1. 경박한, 경솔한 = frivolous[N0362] careless, light, flirtatious, frisky
2. (태도 등이) 무례한 = impertinent[D0093]

ⓝ flippancy 경솔, 경박

16.국민대
관 **flip** (손 끝으로) 톡 던지다; 핵 뒤집다(=turn over); 화가나서 확 돌아버리다; 공중제비
flip-flop (태도 · 방침 등의) 급변, 전환; 역공중제비
flipping 지독한[하게], 괘씸한
cf. flap (기 · 커튼이) 펄럭이다; (새가) 날개를 치다(=flutter); 찰싹 때리다

0814 5+ **fervent** [fə́:rvənt]
03-2.고려대/94.변리사

【어원】 ferv(=boil ➲ R180)+ent ➡ 펄펄 끓는 → 뜨거운 → 열렬한, 강렬한

A. 1. 열렬한, 강렬한; (감정 따위가) 격한 = ardent[R1798] passionate, enthusiastic
2. 뜨거운, 타는 듯한; 백열의 = blazing, flaming, glowing, incandescent

ⓝ fervency 열렬; 열성, 열정
15.항공대 fervor 열렬; 열정, 열성; 백열, 무더위 = zeal[T0213]
ⓐ fervid 열렬한, 열정적인; 백열의 fervidity 열렬, 열심
08.명지대 ⓐⓓ fervently 열렬하게

혼 **ferment** [fərmént] 효소(=enzyme), 효모(=yeast); 발효; 대소동; 발효시키다

0815 5+ **obtrusive** [əbtrú:siv]
17.단국대/06.서울여대/02.중앙대

【어원】 ob(=against)+trus/trud(=thrust ➲ R120) ➡ ~에 비해 더 밀고 나온 → 튀어나온

A. 1. 튀어나온; (보기 싫게) 눈에 띄는 = protruding
2. 참견하고 나서는, 주제넘은 = officious[N0624] blatant[N0625] interfering, intrusive, meddlesome, meddling

01.서강대 ⓥ obtrude [əbtrú:d] 1. 쑥 내밀다 = emerge[N0281] thrust forward[D0536]
2. (의견을 무리하게) 강요하다; 참견하고 나서다

ⓝ obtrusion (의견 따위의) 강요; 참견

03-2.가톨릭대
반 **unobtrusive** 주제넘지 않은; 겸손한, 삼가는 = not meddlesome, unassuming; modest

영영정의 및 예문
EXAMPLE

이미지 연상훈련
IMAGE TRAINING

▶ using very few words, often in a way that seems unfriendly

- His remarks are always **terse** and pointed.
  그의 발언은 항상 간결하고 예리하다.
- The manual information is **terse** and to the point.
  그 메뉴얼 정보는 간단명료하다.

▶ talking a lot, especially about unimportant things

- Mary is so **garrulous** that nobody else gets a chance to say anything.
  메리는 너무 수다스러워서 어느 누구도 말할 기회를 얻지 못한다.
- The barber was a chatty man and enjoyed talking **garrulously** to his clients.
  그 이발사는 수다쟁이였고 손님들에게 수다스럽게 얘기하는 것을 좋아했다.

▶ 1. not serious enough about important matters 2. impertinent

- Most slang is too **flippant** and imprecise for effective communication.
  대부분의 속어는 효과적인 대화를 하기에는 너무나 경박하고 부정확하다.
- She **flipped** the pages of the diary.
  그녀는 일기장의 페이지를 휙휙 넘겼다.

▶ having very strong and sincere believing or feeling about something

- A good statesman always learns more from his opponents than from his **fervent** supporters.
  훌륭한 정치인은 항상 그의 열렬한 지지자보다는 반대자로부터 더 많은 것을 배운다.
  * opponent 반대자
- Lincoln is remembered as a politician who **fervently** defended what he believed in, the emancipation of the slaves.
  링컨은 그가 믿고 있는 것 즉 노예해방을 열렬히 옹호한 정치인으로 기억된다.

▶ 1. noticeable in an unpleasant way 2. given to intruding in other people's affairs

- We need a smaller government and a less **obtrusive** government.
  우리는 보다 작고 보다 덜 참견하는 정부를 필요로 한다.
- Try to wear a colour that is less **obtrusive**.
  눈에 덜 띄는 색으로 입도록 하세요.
- You should not **obtrude** your opinions into matters of no concern to you.
  당신과 관계없는 문제에 대해 당신의 주장을 강요해서는 안 된다.

DAY 33-4

정의 DEFINITION	유사어휘군 SYNONYM·ANTONYM

0816 5+ **indefatigable** [indifǽtigəbl]
14.경희대/13.단국대 06.중앙대/99.세무사

【어원】 in(=not)+de(=down)+fatigue(피로) ➡ 피곤해서 주저앉지 않는 → 지치지 않는

A. 포기할 줄 모르는; 지치지 않는 = untiring[T0797] tireless[T0797] unflagging

ⓝ indefatigability 끈덕짐, 인내 = patience, perseverance

09.명지대 반 **fatigue**[fətíːg] 피로, 피곤(=exhaustion); 피곤하게 하다

0817 5+ **sophisticated** [səfístəkèitid]
14.기상직9급/12.한양대 10.경희대/05.아주대

【어원】 soph(=wise ➲ R144)+istic+ated ➡ 현명하게 만든

A. 1. 매우 복잡한, 정교한 = complex[N0559] complicated, intricate, subtle, elaborate
2. 세련된, 교양 있는, 지적인 = refined, cultured, cultivated, urbane

ⓝ sophistication 교양, 세련

반 **unsophisticated** 단순한, 소박한; 복잡[정교]하지 않은
관 **sophistic** 궤변의 **sophist** 궤변론자

0818 5+ **elaborate** [ilǽbərət]
13.이화여대/11.경희대 97.세무사/96.연세대학원

【어원】 e<ex(강조)+labor(work ➲ R068)+ate(=make) ➡ 철저하게 일해서 만들어 내다 → 공들여 만들다, 정교하게 만들다 → 공들인, 정교한 → (시계같이 정교한 물건은 대체로) 복잡한, 뒤얽힌

A. 1. 정성 들인; 잔손질이 많이 간; 정교한 = sophisticated[N0817] exquisite, delicate, ingenious
2. 뒤얽힌, 복잡한 = complicated[N0342] complex, entangled, intricate
Vt. [ilǽbərèit] 공들여 만들다; 정교하게 만들다
Vi. 상세히 말하다 = give more details, explain[P0035]

ⓐ elaborative 공[정성]들인, 정교한, 고심한
ⓝ elaboration 공들여 만듦; 애쓴 작품, 역작 = masterpiece

0819 5+ **corroborate** [kərɑ́bərèit]
14.서울시7급/14.이화여대 11.덕성여대/06.가톨릭대

【어원】 cor<com(=together)+robor(=strong ➲ R259)+ate(동접) ➡ 합쳐서 강하게 만들다

Vt. (이론 등을) 확증하다; (증거로) 보강하다 = confirm[N0160] back up[I14802] support, sustain, validate

ⓝ corroboration 확증; 확증적인 사실, 보강 증거

0820 5+ **innovation** [inəvéiʃən]
17.상명대/03-2.숭실대/98-2.동덕여대

【어원】 in(=in)+nov(=new ➲ R208)+ation ➡ 안으로 새로운 것[제도]을 들여옴 → 혁신 → 신제도

N. 1. 혁신, 쇄신, 기술 혁신 = renovation, reformation, renewal, clean-up
2. 새 기틀, 신제도

ⓥ innovate 혁신하다, 쇄신하다
10.고려대 ⓐ innovative 혁신적인 = inventive[R0370]
16.한양대 ⓝ innovator 혁신자, 개발자

10.지방직7급 관 **renovate**[rénəvèit] (낡은 것을) 쇄신하다 = revamp[T0585] refurbish
- **renovation** 수리, 수선; 쇄신; 원기 회복
novation (채무 · 계약 따위의) 갱신(=renewal)

영영정의 및 예문
EXAMPLE

이미지 연상훈련
IMAGE TRAINING

▶ never giving up; never getting tired of doing something

- The **indefatigable** relief workers worked around the clock with an energy that never seemed to wane.
  지칠 줄 모르는 구조대원들은 결코 줄지 않을 것 같은 에너지로 24시간 꼬박 일했다.
  * around the clock 24시간 내내 * wane 줄어들다

- Overwork can often lead to severe **fatigue**.
  과로는 종종 심한 탈진에 이르게 한다. * severe 심한

indefatigable

지치지 않는

▶ 1. very complex or complicated 2. having a great deal of experience and worldly wisdom

- Language is our most flexible and most **sophisticated** medium of expression.
  언어는 우리의 가장 유연하고 복잡한 표현의 수단이다.

- If you are in a **sophisticated** urban restaurant, this behavior would demonstrate a lack of manners.
  당신이 교양 있는 도시의 식당에 있다면, 이런 행동은 예의가 없음을 나타내는 것이다.

▶ A. 1. carefully prepared and organized 2. very detailed and complicated
Vt. to develop something by making it detailed Vi. to give more details or information

- The north side of the building is very **elaborate**, decorated with fine stone carvings.
  그 건물의 북쪽 면은 훌륭한 석조물로 장식되어 매우 정교하다.

- She had prepared a very **elaborate** meal.
  그녀는 매우 정성들인 식사를 준비했다.

- The minister said he was resigning, but refused to **elaborate** on his reasons for doing so.
  그 장관은 사임한다고 했지만, 그 이유에 대해서는 자세히 말하지 않았다.

▶ to strengthen as with new evidence or facts

- There are many physical as well as moral facts which **corroborate** this opinion.
  이 견해를 확증해주는 윤리적이고, 실질적인 사실들이 많이 있다.

- This new evidence **corroborates** the testimony of the witness.
  이 새로운 증거는 그 증인의 증언을 보강해 준다.

▶ a new idea or method

- You should not confuse **innovation** with creativity.
  혁신을 창의력과 혼동해선 안 된다.

- We need **innovative ideas** to make our business successful.
  우리가 사업에 성공하기 위해선 혁신적인 사고가 필요하다.

- The school was built in 1976, **renovated** in 1987, then again remodeled in 2011.
  그 학교는 1976년에 세워져서, 1987년에 개조되었고, 다시 2011년에 개축되었다.

정의 DEFINITION | 유사어휘군 SYNONYM·ANTONYM

0821 5+ **beguile** [bigáil]
13.동국대, 중앙대 10.서울여대/08.경희대

【어원】 be(=make)+guile(교활) ➡ 교활한 사람이 되다

Vt. 1. 매혹하다, 매료시키다 = captivate[R0013] entice[N0327] allure[D0830] charm, enchant, fascinate
2. 구슬리다; 속여서 ~하게 하다[into] = delude, juggle, take in, cheat, bamboozle, hoodwink
3. (어린이들을) 기쁘게 하다 = entertain[R0097] amuse

관 **guile**[gáil] 교활, 엉큼함; 간계
- **guileful** 교활한, 음험한 ↔ **guileless** 교활하지 않은, 솔직한

0822 5+ **swindle** [swíndl]
16.단국대/06.경기도7급/04.입법고시
11.상명대/10.중앙대

【연상】 쉰들러는 나치를 속이고 유태인들을 빼돌렸다.

V. 사취하다, 남을 속이다 = hoax[T1301] defraud, deceive, hype, gyp, scam
*swindle sb out of his[her] money ~에게서 돈을 사취하다
N. 사기, 속임수 = deceit, trickery, wile, gimmick, chicanery
ⓝ swindler 사기꾼, 협잡꾼 = finagler[T1303] fraud, con-man, kidder, juggler, sharper, impostor, gypper, faitour, shammer

혼 **dwindle**[dwíndl] 점차 감소하다, 줄다 ⊃ N0119
swine[swáin] 돼지, 비열한 놈

0823 5+ **fraud** [frɔ́:d]
07.광운대/05.국민대
13.경희대
13.한국외대

【연상】 그 녀석은 사기치는 데 프로다.

N. 1. 사기, 기만 = swindling, deceit, trickery, wile, gimmick, chicanery
2. 사기꾼; 가짜 = swindler, con man
ⓐ fraudulent[frɔ́:dʒulənt] 사기의, 부정행위의
ⓐⓓ fraudulently 사기로 = deceitfully[D0215]

관 **defraud**[difrɔ́:d] 속이다(=cheat); 속여서 빼앗다, 횡령하다(=deprive)

0824 5+ **tout** [táut]
17.이화여대/14.서울여대/12.한양대 09.고려대/08.중앙대,국민대

【연상】 홍보 티(T)를 입고 밖에(out) 나가다

Vi. (제품 · 서비스를) 광고[홍보]하다[for] = brag publicly about[T1387] loudly trumpet[T1204]
Vt. (사람들을 설득하기 위해) 장점을 내세우다 = praise[R2252]

혼 **taut**[tɔ́:t] (밧줄이) 팽팽한, (신경이) 긴장된
taunt[tɔ́:nt] 조롱하다 ⊃ T0333

0825 5+ **pretext** [prí:tekst]
14.이화여대/07.세종대 07.대구시7급/95.중앙대

【어원】 pre(=before)+text(=weave ⊃ R258) ➡ 미리 짜 맞춘 이야기 → 구실

N. 구실, 변명, 핑계 = excuse[T1263] subterfuge[R0445] pretense
*under the pretext of ~이라는 구실로 = under the guise[cover, pretense] of[D0761]

혼 **context** 문맥, (문장의) 전후관계; 정황 ⊃ R2583

영영정의 및 예문
EXAMPLE

이미지 연상훈련
IMAGE TRAINING

▶ 1. to charm 2. to take away from by cheating or deceiving 3. to please greatly

- He was completely **beguiled** by her beauty.
  그는 그녀의 미모에 완전히 매료되었다.
- They **beguiled** unwary investors with tales of overnight fortunes.
  그들은 일확천금 얘기로 부주의한 투자자를 속였다.
- The television program has been **beguiling** children for years.
  그 TV프로그램은 수년 동안 아이들을 기쁘게 했었다.

▶ V. to deceive someone in order to get money N. the act of swindling

- He **swindled** his customers **out of** thousands of dollars.
  그는 자신의 고객들에게서 수천 달러의 돈을 사취했다.
- He **swindled** her **out of** money under the pretext of finding employment.
  그는 일자리를 알아봐 준다는 명목으로 그녀의 돈을 사취했다.
- He was a sophisticated **swindler** who liked to think of himself as a kind and generous benefactor to the needy.
  그는 가난한 사람들에게 친절하고 관대한 후원자로 생각되기를 좋아하는 노련한 사기꾼이었다.
  * think of A as B A를 B라고 생각하다

▶ 1. the crime of deceiving people to get money illegally
2. someone or something that deceives people illegally

- **Fraud** is the crime of gaining money or financial benefits by a trick or by lying.
  사기는 속임수를 쓰거나 거짓말을 하여 돈이나 경제적 이득을 취하는 범죄이다.
- The main reason people **commit insurance fraud** is that they need the money.
  사람들이 보험 사기를 하는 주된 이유는 돈이 궁하기 때문이다.
- The opposition candidates protested against the **fraudulent election**.
  상대당 후보들은 부정선거에 대해 항의했다.

▶ to try to persuade people to think someone or something is important or valuable by praising them or it

- The advertisements **touted** the chocolate-flavored toothpaste as getting rid of your sweet tooth while saving your teeth.
  광고들은 그 초콜릿맛의 치약이 단 것을 좋아하는 습관을 없애주는 동시에 치아를 보호해 준다고 크게 선전했다. * get rid of ~을 제거하다
- He **touted** wind as a prime source of renewable energy.
  그는 재생가능 에너지의 주된 원천으로 바람을 내세웠다.

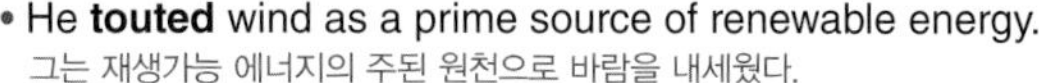

tout
홍보하다

▶ a false reason for doing something that is used to hide the real reason

- The border dispute was often used as a **pretext** for military intervention.
  국경 분쟁은 종종 무력개입의 구실로 이용되었다. * intervention 개입
- Early education is prevalent **under the pretext of** developing children's talents.
  어린이들의 재능을 계발한다는 구실로 조기교육이 성행하고 있다.

Quick Review

Answer 0801 **affliction** 0802 **adversity** 0803 **mishap** 0804 **drudgery** 0805 **grueling**
0806 **grievance** 0807 **complaint** 0808 **disgruntled** 0809 **slander** 0810 **derogatory**
0811 **terse** 0812 **garrulous** 0813 **flippant** 0814 **fervent** 0815 **obtrusive**
0816 **indefatigable** 0817 **sophisticated** 0818 **elaborate** 0819 **corroborate** 0820 **innovation**
0821 **beguile** 0822 **swindle** 0823 **fraud** 0824 **tout** 0825 **pretext**

Preview

DAY 34

0826

0827

0828

0829

0830

0831

0832

0833

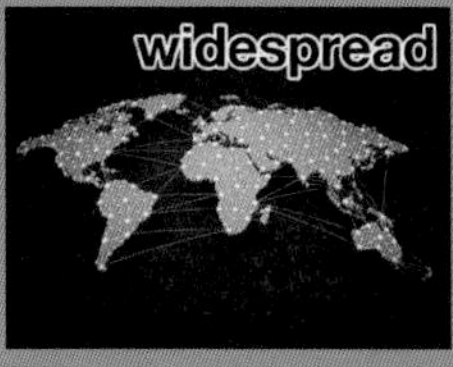

0834

0835

0836

0837

0838

0839

0840

0841

0842

0843

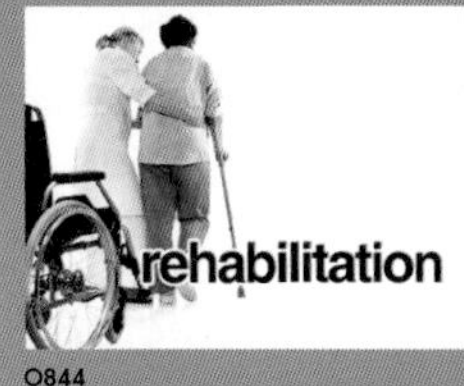

0844

0845

0846

0847

0848

0849

0850

Answer 0826 잠행성의, 교활한 0827 남몰래 하는 0828 아주 재미있는 0829 매혹적인 0830 가짜미끼, 미끼로 유인하다
0831 사상을 선전하다 0832 남아도는, 필요 이상의 0833 탕진하다 0834 널리 퍼진 0835 부족한, 귀한
0836 나누어 주다 0837 무료로 0838 공격을 피하다 0839 연주하다, 제공하다 0840 가르치다
0841 재산 0842 파산한 0843 회수하다, 회복하다 0844 재활, 갱생 0845 다시 채우다
0846 박애주의의 0847 금욕적인 0848 감사기도 0849 경작하다, 재배하다 0850 먹이, 포식자

0826 5+
insidious
[insídiəs]
15.명지대/07.동국대 02-2.경기대/99.한국외대

【어원】in(=in)+sid(=sit ⊃ R021)+i+ous(형접) ➡ 안에 자리잡고 있는 → 1.(병이) 잠행성의 2.(마음속에 딴마음이 자리잡은) 음흉한

A. 1. (병 등이) 잠행성의
2. 교활한, 음흉한

= furtive[N0275] creeping
= tricky, cunning, sly, shifty, wily, weaselly, feline, guileful, scheming

혼 **invidious**[invídiəs] 비위에 거슬리는, 불쾌한(=arousing dislike) ⊃ R0764

0827 5+
clandestine
[klændéstin]
17.이화여대/15.홍익대/04.명지대 02-2.경기대/02.변리사

【연상】그 clan(클랜, 씨족)은 암암리에 반란을 예정하고 있다(destine)

A. 은밀한, 암암리의, 남몰래 하는
= covert[T0933] secret[P0091] surreptitious[N0516] stealthy, furtive, creeping, undercover, under-the-table, hush-hush

ⓐⓓ clandestinely 비밀리에, 남몰래

0828 5+
enthralling
[inθrɔ́:liŋ]
15.고려대/07.부산시9급 02-2.숭실대/95.행정고시

【연상】en(=make)+thrall(반지의 제왕에나오는 노예괴물 트롤) ➡ 노예로 만드는

A. 마음을 사로잡는, 아주 재미있는
= captivating[R0013] riveting[N0829] bewitching, fascinating

ⓥ enthrall 매혹시키다; 노예로 만들다
= enslave

관 **thrall** 노예, 속박 *반지의 제왕 등 판타지에 나오는 트롤을 연상

0829 5+
riveting
[rívitiŋ]
11.성균관대/07.부산시9급/05.한양대 09.이화여대

【연상】너무 매혹적인 여성에게 인생을 다시(re) 베팅하는

A. 〈영·구어〉 매혹적인, 매우 흥미로운
= enthralling[N0828] fascinating[D0643]; very interesting[P0474]

ⓥ rivet 대갈못을 박다. (시선, 주의 등을) 집중하다
*rivet one's eyes on ~을 주시하다
= engross in

0830 5+
lure
[lúər]
05-2.가톨릭대/99.경찰 98.동국대

【연상】가짜 미끼를 달아서 하는 루어 낚시를 연상하세요! ➡ 미끼 → 유인하다, 유혹하다

Vt. (미끼 등으로) 유인하다; 유혹하다
= entice[N0327] allure, seduce, decoy, bait, snare

N. 1. 유인하는 것; 마음을 끄는 것
= attraction[D0326]

2. 미끼, (낚시용) 가짜 미끼; 올가미
= bait

07.서울여대
관 **allure**[əlúər] (미끼로) 꾀다; 유인하다; 매혹하다(=entice) *al<ad(to)+lure
- **alluring** 유혹하는; 매혹적인

▶ spreading gradually without being noticed and causing serious harm

- Cancer, which can spread rapidly from a small cluster of cells, is **insidious** disease.
  작은 세포 덩어리에서 급속히 퍼져 나가는 암은 잠행성 질병이다.
- Their **insidious** plan to sabotage the talks ended in failure.
  회담을 방해하려던 그들의 교활한 계획은 실패로 끝났다. *sabotage 방해공작을 하다

▶ held or done in secrecy or concealment

- They held a **clandestine** meeting yesterday.
  그들은 어제 비밀회의를 열었다.
- Some **clandestine** operations of the agency are not subject to prior congressional approval.
  정부 기관의 몇몇 비밀 작전은 국회의 사전 승인을 필요로 하지 않는다.

▶ holding the attention completely

- This book was **enthralling** from start to finish.
  이 책은 처음부터 끝까지 흥미진진했다.
- The audience **was enthralled by** the sheer beauty of the music played by the orchestra.
  청중들은 오케스트라가 연주하는 음악의 완전한 아름다움에 넋을 빼앗겼다.

▶ extremely interesting or exciting

- His lately film is **riveting** but also deeply touching.
  그의 최근 영화는 매혹적이면서 깊은 감동을 준다.
- They **seemed** absolutely **riveted** by my story.
  그들은 내 이야기에 완전히 빠져 있는 것 같았다.

▶ V. to persuade someone to do something or attract customers
N. 1. an attractive quality 2. an artificial bait used in catching fish

- The mountains around the Li River have **lured** poets and artists for centuries.
  Li강 주변의 산들은 수 세기 동안 시인과 예술가들을 매료시켜왔다.
- The primary **lure** of living on campus is that there is so much social activity in the dormitories.
  캠퍼스 내에서 사는 주된 매력은 기숙사에 매우 많은 사교 활동이 있다는 점이다.
- The audience **was allured by** the star's radiance.
  청중은 그 스타의 광채에 매료되었다.

정의 DEFINITION	유사어휘군 SYNONYM·ANTONYM

0831 5+ **propagate** [prápəgèit]
10.이화여대.숙명여대 10.단국대/03.입법고시

【연상】 제 블로그 게시물을 pro(앞으로) 퍼가셔.

Vt. 1. (사상을) 선전하다, 전파하다, 보급시키다 = spread[D0834] disseminate[N0166] disperse, distribute, promulgate, diffuse, sow, strew

2. (식물을) 번식[증식]시키다 = proliferate, multiply, reproduce

ⓝ propagation 번식, 증식; 선전, 전파

관 **propaganda** [pràpəgǽndə] (허위나 정치적 주장의) 선전, 선전단체
- **propagandism** 전도, 선교 - **propagandize** 선전하다, 선교하다

0832 5+ **superfluous** [su:pə́:rfluəs]
17.가천대/12.이화여대/08.고려대 01.국민대/96.서울대학원 17.단국대

【어원】 super(=over)+flu(=flow ➲ R217)+ous ➡ 너무 많아 넘쳐 흐르는 → 필요 이상의

A. 불필요한, 필요 이상의 = unnecessary[T0806] needless, excessive[D0151] redundant, superabundant

ⓝ superfluity 과다, 과잉; 남아도는 것, 사치품 = redundancy

0833 5+ **squander** [skwándər]
07.대전9급/07.중앙대 06.동덕여대/94.기술고시

【연상】 돈을 많이 s 꾼다

Vt. (돈·시간·기회 등을) 낭비하다, 탕진하다 = waste[T1530] prodigalize, dissipate
Vi. 흩어지다; 산재하다 = disperse, scatter
N. 낭비; 산재

0834 5+ **widespread** [waidspred]
14.항공대/07.단국대 06.숭실대/00.영남대

【어원】 wide+spread ➡ 넓게 퍼진

A. 널리 보급된, 넓게 펼쳐진, 광범위한 = prevalent[N0169] pervasive[N0228] pandemic[R1954] prevailing, rampant

관 **spread** v. 펼치다; 퍼지다(=permeate); 퍼뜨리다(=diffuse, disseminate, propagate); 분산하다(=diversify)
n. 확산, 전파
*__spread out__ 활짝 퍼지다; 전개되다, 퍼지다(=radiate); (사업 등의) 범위를 넓히다

0835 5+ **scarce** [skɛərs]
15.항공대/11.지방직9급 10.성신여대/08.명지대

【연상】 너무나 귀한 산삼이 있어서 슥 캐었어.

A. 부족한; 드문, 귀한 = meager, insufficient, deficient; rare

ⓐⓓ scarcely 거의 ~않다; 간신히 = hardly, barely, narrowly
ⓝ scarcity 부족, 결핍; 기근 = lack, paucity, shortage, deficiency; dearth[N0665] famine[T1544]

영영정의 및 예문
EXAMPLE

이미지 연상훈련
IMAGE TRAINING

▶ 1. to spread something to many people
2. to produce new plants from a parent plant

• These kinds of plants **propagate** themselves rapidly.
이러한 종류의 식물들은 빠르게 번식한다.

• We must defeat those ideas and the individuals, leaders and institutions that **propagated** them.
우리는 반드시 그러한 사상을 물리쳐야 하며, 그런 사상을 전파시키는 개인, 지도자, 기관 등도 물리쳐야 한다.

▶ more than is needed

• In the circumstances, his comments were **superfluous**.
그 상황에서 그의 말은 불필요했다. ＊circumstance 주위의 사정, 상황

• **Superfluous** wealth can buy **superfluities** only.
필요 이상의 많은 재산은 사치품만 사게 될 뿐이다.〈속담〉

▶ to carelessly waste money, time, opportunities, etc

• Sean has **squandered** his earnings on thousands of lottery tickets.
션은 자기소득을 수천 장의 복권에 탕진했다.

• The ordinary people of the world do not want war: they do not want the world's resources **squandered** on armament.
세상의 평범한 사람들은 전쟁을 원하지 않는다. 그들은 세계의 자원이 군비에 낭비되는 것을 원하지 않는 것이다. ＊armament 군비, 무장

▶ spread over a wide area

• Seaweed is a common ingredient in Asia and the Pacific, but it is not **widespread** in North America.
해초는 아시아나 남태평양에는 음식재료로 흔하지만, 북미에서는 널리 퍼져있지는 않다.

• Alcohol has **widespread** effects on the brain.
알콜은 뇌에 광범위한 영향을 미친다.

▶ deficient in quantity or number compared with the demand

• Water is chronically **scarce** in Southern California.
캘리포니아 남부에는 만성적으로 물이 부족하다.

• The patient was **scarcely** able to walk.
그 환자는 거의 걸을 수가 없었다.

0836 5+
dispense
[dispéns]
03-7.경찰/01.경원대 95.연세대학원

【어원】dis(=apart)+pens(=weigh, pay ⊃ R008)+e ➡ 저울에 달아 각각 나누어 주다 → 분배하다, 나누어 주다

Vt. 1. 분배하다, 나누어 주다 = distribute, give out, deal out, dole out, hand out mete out
*dispense with ~없이 지내다 = do without[I07105] go without
2. (약을 처방에 따라) 조제하다 = make up a prescription

00-2.고려대
ⓝ dispensary 의무실, 양호실; 약국, 조제실 = clinic[R1280]; pharmacy
dispenser 약제사, 조제자, 자판기
dispensation 분배, (약의) 조제, (법의)

0837 5+
gratis
[grǽtis]
98.경기대/91.고려대학원 09.서울시9급/02.서강대

【어원】grat(=thank, pleasing ⊃ R241)+is ➡ 감사의 표시로 → 공짜로

Ad. 무료로, 공짜로 = gratuitously[D0837] for nothing[I03518] without pay, free of charge, costfree, buckshee
ⓐ gratuitous[grətjúːətəs] 1. 무료의, 무상의 = free, no charge, concessional, complimentary
2. 까닭 없는 = unwarranted

0838 5+
fend
[fénd]
13.상명대/03.중앙대/05.중앙대

【어원】fend(=strike ⊃ R117) ➡ (질문에) 맞받아치다

Vt. (타격·질문 등을) 받아넘기다, 피하다[off]
*fend off 피하다, 다가오지 못하게 하다 = ward off[R0073] keep away from[I04124]
Vi. 1. 꾸려가다; 부양하다[for] = care for[R1401]
*fend for oneself 스스로 꾸려가다 = take care of oneself[I1401]
2. 저항하다, 방어하다
ⓝ fender (자동차 등의) 흙받이, 완충 장치

08.경남9급
*fender bender 경미한 자동차사고 *흙받이가 약간 구부러질 (bend) 정도의 사고

표 **ward off** 피하다, 물리치다(=fend off, keep away from) ⊃ R0073
stave off (위험, 파멸 등을) 저지하다, 막다(=prevent, avoid) ⊃ I00515

0839 5+
render
[réndər]
06.대전시7급/05.동국대 96.서울대학원

【어원】render(=give ⊃ R006) ➡ 주다

V. 1. ~을 ~하게 하다, ~이 되게 하다 = make[I070]
2. 주다; 제출하다 = give[I039] provide[R0756]; submit[N0768]
3. 표현·묘사하다; 연기[연주]하다 = portray, perform
4. 번역하다 = translate, interpret
5. (판결을) 내리다

06.동국대
ⓝ rendition 연주, 공연; 인도, 송환
rendering 연출, 연주; 번역

0840 5+
impart
[impáːrt]
17.한국외대/12.서강대,이화여대 96.입법고시/94.연세대학원

【어원】im<in(=in, to)+part(=part ⊃ R109) ➡ 내가 알고있는 부분을 남에게 나누어 주다

Vt. 1. (정보·지식 등을) 전하다, 가르치다[to] = inculcate[N0798]
2. (사물에 성질을) 덧붙히다

반 **impartial** 편견이 없는; 공평한 ⊃ N0036

영영정의 및 예문
EXAMPLE

이미지 연상훈련
IMAGE TRAINING

▶ 1. to give out something to people
2. to prepare and give out medicine to people

- The Red Cross **dispensed** food and clothing to the sufferers.
적십자사는 이재민들에게 식량과 옷을 분배했다.
- We can't **dispense with** sleep for too many days.
우리는 너무 많은 날 동안 자지 않고서는 견딜 수가 없다.
- **Pharmacists** must **dispense** the appropriate medicine according to the doctor's **prescription**.
약사들은 의사의 처방전에 따라 적절한 약을 조제해야 한다. 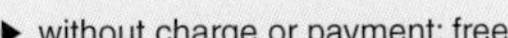 * prescription 처방전

▶ without charge or payment; free

- The company offered to give one package **gratis** to every purchaser of one of their products.
그 회사는 자사 상품 구입자 모두에게 무료로 포장 용기를 주겠다고 제안했다.
- Such magazines are of free use and for **gratuitous** distribution.
그러한 잡지는 누구나 자유롭게 이용할 수 있으며 무료배포이다.

▶ Vt. to defend yourself against an attack
Vi. to look after yourself without help from anyone else

- After lunch, take a stroll to someplace nearby to **fend off** the sleepiness and to re-energize yourself.
점심을 먹은 후에는 졸음을 피하고 재충전을 위해 가까이에 있는 장소에서 산책을 하라.
- With more mothers working outside the home, kids are left to **fend for themselves** more than in the past.
더 많은 여성이 밖에서 일을 함에 따라, 아이들은 과거보다 더 스스로를 꾸려나가도록 방치되고 있다.
- I got a **fender bender** on the way to work.
출근하는 길에 사소한 접촉사고가 났어.

▶ 1. to cause someone or something to be in a particular condition
2. to give something 3. to perform or express something 4.to translate something

- An expert in any field may be defined as a person who possesses specialized skills and is capable of **rendering** very competent services.
어떤 분야든 전문가는 전문화된 기술을 소유하며 요구에 매우 부합되는 서비스를 제공할 수 있는 사람이라고 정의될 수 있다.
- Thousands of people **were rendered** houseless by the massive floods and mudslides.
대규모 홍수와 진흙사태로 수천 명이 집을 잃었다.

▶ 1. to make known 2. bestow a quality on

- The ability to **impart** knowledge is the essential qualification for teachers.
지식을 전수하는 능력은 교사들에게 필수적인 자격요건이다.
- Beyond **imparting** these intellectual qualities, a college should lay a foundation for the creative use of leisure time.
지식을 전수하는 것을 넘어 대학은 여가를 창조적으로 활용할 수 있는 토대를 마련해야 한다.

정의 DEFINITION | 유사어휘군 SYNONYM·ANTONYM

0841 5+
asset
[ǽset]
10.한국외대/04-2.동국대 96.세무사/93.중앙대

【어원】as<ad(=to, near)+set(=enough ➲ R153) ➡ 충분히 갖춘 것 → 1. 자질, 이점 2. 자산

N. 1. (pl.) 자산, 재산 = properties[T1393] estate, means, possessions, capital, goods, fortune, wealth
2. 유용한 자질, 이점 = advantage or resource
3. (정치적인) 계급

0842 5+
bankrupt
[bǽŋkrʌpt, -rəpt]
04. 03.경희대
01-2.명지대/97-2.가톨릭대

【어원】bank(은행)+rupt(=break ➲ R112) ➡ 은행 잔고가 박살난

A. 파산한, 지불 능력이 없는 = insolvent[N0666]
N. 파산자, 지불 불능자
*go[turn, become] bankrupt 파산하다 = go broke

ⓝ bankruptcy 파산, 도산 = insolvency[D0666]
*go into bankruptcy 파산하다 = run out of money[I05810]

0843 5+
retrieve
[ritríːv]
04-2.고려대/01.입법고시 94.명지대
98.덕성여대

【어원】re(=again)+triev<trover(=find)+e ➡ 다시 찾다 → 회복하다 → 구출하다

Vt. 1. (잃은 것을) 되찾아 오다, 회수[회복]하다 = get back[I03823] recover, regain
2. (쓸만한 것을) 구하다, 구출하다[from] = salvage[N0595] rescue, extricate, save, succor

ⓝ retrieval 회복, 복구; 구조, 구출
ⓐ retrievable 돌이킬 수 있는; 만회할 수 있는 = recoverable, revertible, reversible

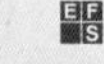
반 **irretrievable** 회복할 수 없는 = irreparable, irreversible

0844 5+
rehabilitation
[riːhəbilətéiʃən]
06.경북9급/02.삼육대
98-2.홍익대/94.동덕여대

【어원】re(=again)+hab(=live ➲ R167)+itation ➡ 새 삶의 기회를 줌 → 재활, 갱생

N. (장애자의) 재활, (범죄자의) 갱생; (건물의) 재건 = restoration[T1557]

ⓥ rehabilitate 1. (장애자 · 범죄자를) 사회 복귀시키다
2. 복구[재건]하다 = restore[T1557]
3. 신용을 회복하다, 복직[복위, 복권] 시키다

0845 5+
replenish
[ripléniʃ]
13.지방직7급/07.고려대 01-2.동국대/98.가톨릭대

【어원】re(=again)+plen<plet(=fill ➲ R154)+ish ➡ 다시 채우다 → 보충하다 → 공급하다

Vt. 1. 다시 채우다, 보충[보급]하다; 공급하다 = fill up again[I12104] refill, recruit; supply, supplement
2. (토지를) 사람으로[동물로] 가득 채우다

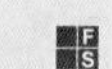
반 **deplete** 다 써버리다, 고갈[소모]시키다 ➲ N0440
deplenish 비우다

영영정의 및 예문
EXAMPLE

이미지 연상훈련
IMAGE TRAINING

▶ 1. a thing of value, especially property, that a person or company owns
2. a useful or valuable quality

• Researchers as well as skilled workers are important **assets** for the economic development of developing countries.
숙련근로자들뿐만 아니라 연구원들도 개발도상국들의 경제 발전을 위해서는 중요한 자산이다.

• The most important **asset** in business is a sense of humor.
사업에 있어 가장 중요한 자산은 유머 감각이다.

• Those sanctions include a visa ban on leading members of the regime, an **assets** freeze and an arms embargo.
그 제재조치는 정권의 주요 인사들에 대한 비자 발급금지, 자산 동결, 그리고 무기수출금지를 포함하고 있다.

▶ A. unable to pay one's debts N. a person who is unable to pay his debts

• If your liabilities exceed your assets, you may go **bankrupt**.
당신의 채무가 자산을 초과하면 파산할지도 모른다.

• Everyone expects that the company will go into **bankruptcy** soon.
모두들 그 회사가 곧 파산하게 될 것이라고 말한다.

▶ 1. to find and bring back something
2. to save or protect something that is going to be lost, damaged

• Prosecutors investigating an illegal campaign fund scandal said that they would attempt to **retrieve** diverted agency funds.
불법 선거 자금 스캔들을 조사하고 있는 검찰은 유용된 기관 자금을 회수하려 한다고 말했다.
* prosecutor 검찰관 investigate 수사하다 campaign fund 선거자금 divert 유용하다

• Eventually her marriage broke down **irretrievably**.
그녀의 결혼은 끝내 회복할 수 없을 정도로 파탄이 나버렸다.

▶ the process of restoring someone or something to a former state or capacity

• The cold weather has delayed a **rehabilitation** mission in some areas where the previous heavy snowfall inflicted severe damage on households.
앞선 폭설로 많은 가구가 극심한 피해를 당한 일부 지역에서 추운 날씨로 인해 복구작업이 지연되었다.

• He is reported to have begun **rehabilitation** after his operation.
그는 수술이 끝난 후에 재활 치료를 시작한 것으로 전해진다.

• Congress has appropriated funds to **rehabilitate** the disaster area.
의회는 그 재해지역을 복구하기 위해 자금의 지출을 승인했다.

▶ to fill something again by replacing what has been used

• To **replenish** the **depleted** treasury, the king imposed heavier taxes on the population.
고갈된 국고를 보충하기 위해, 왕은 전 주민에게 보다 무거운 세금을 부과했다. * impose on 부과하다

• Stem cells **replenish** the tissues that make up the body, ranging from bones and blood to brain cells.
줄기세포는 뼈와 혈액에서부터 뇌세포에 이르기까지 신체를 구성하는 세포 조직을 공급한다.

0846 5+ **philanthropic(al)** [filənθrápik(əl)]
07.충북9급/06.세종대

【어원】phil(=loving ⊃ R197)+anthrop(=man)+ic ➡ (다른) 사람을 사랑하는

A. 자선의, 인정 많은; 박애(주의)의 = benevolent, generous, charitable, kind-hearted; unselfish, altruistic, humanitarian
*philanthropic foundations 자선 재단

06.중앙대/02.경기대
ⓝ philanthropist 박애주의자; 자선가
philanthropy 박애, 인자, 자선; 자선행위

관 **misanthrope**[mísənθròup] 다른 사람을 싫어하거나 피하는 사람

0847 5+ **puritanical** [pjùərətǽnikəl]
15.중앙대,성명대
07.한국외대/99.변리사

【어원】pure(=clear ⊃ R239) → puritan(청교도)+i+cal ➡ 청교도인처럼 생활하는 → 금욕적인

A. 청교도적인; 엄격한, 금욕적인 = strict[N0330] moralistic[P0482] ascetic, stoic, austere, abstemious, abstinent

ⓝ Puritan 청교도; (종교 · 도덕적으로) 엄격한 사람

0848 5+ **benediction** [bènədikʃən]
13.서울여대/98.동국대

【어원】bene(=good)+dic(=say ⊃ R087)+tion ➡ 좋게 말함 → 축복 → 감사기도

N. 축복; (식전 · 식후의) 감사기도 = blessing[T1110]; saying grace, mercy

ⓐ benedictory 축복의, 찬송의

00-2.고려대/83.사법시험
반 **malediction** 저주, 악담; 비방, 욕 = curse, anathema; abuse
*male(=bad)+dict(=say)+ion
혼 **valediction** 고별(사) **valedictory** 고별의 *val(=worth)
동 **benison** 〈고어〉 축복

0849 5+ **cultivate** [kʌ́ltəvèit]
13.중앙대/05.총신대
02.경찰/93.서울시9급

【어원】cult(=grow ⊃ R140)+iv+ate ➡ 자라게 하다 → 1. 경작하다, 양식하다 2. 양성하다 3. 장려하다

V. 1. 경작하다, 재배하다; 양식하다 = raise[N0681] till, plow, crop, produce, farm; plant
2. 양성[연마]하다; (품성을) 도야하다 = develop[P0198]
3. (예술 · 학술 등을) 장려하다
4. (친구 · 교제를) 구하다, 깊게 하다

ⓐ cultivated 경작[재배, 양식]된; 교화[세련]된 ↔ *uncultured*, *incult*: 미개간의, 경작되지 않은; 세련되지 않은
cultivable 경작할 수 있는; 재배할 수 있는 = arable, tillable
ⓝ cultivation 경작, 재배, 양식, 배양; 양성, 교화; 수양
cultivator 경작자, 재배자; 수양자 cultivar [식물] 재배종, 품종

0850 5+ **predator** [prédətər]
14.한성대/01-2.단국대

【어원】pre+(e)d(=eat ⊃ R156)+ator ➡ (다른 것을) 잡아 먹는 사람이나 동물

N. 1. 육식 동물, 포식동물, 포식자 = carnivore
2. 약탈자, (경제) 기업사냥꾼

93.변리사
ⓐ predacious / predatory 포식성의, 육식성의 = carnivorous[N0556]
ⓝ predacity 포식성

10.상명대
98.변리사
반 **prey**[préi] (육식동물의) 먹이, 희생자(=victims); 잡아먹다
관 **depredation**[dèprədéiʃən] 약탈; (보통 pl.) 약탈 행위
- **depredate** 강탈[약탈]하다 **depredator** 약탈자

영영정의 및 예문
EXAMPLE

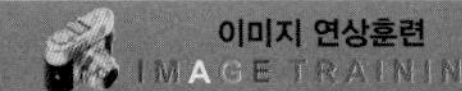

▶ helping poor people, especially by giving them money

- They established the largest **philanthropic foundations** in America.
  그들은 미국에서 가장 큰 자선재단을 설립하였다.
- The **philanthropist** was noted for his altruism.
  그 자선가는 애타주의(박애주의)로 널리 알려졌다.
- He was considered as **misanthrope** by his neighbors for he chose to live in seclusion, totally estranged from his family.
  그는 완전히 가족으로부터 등을 돌린 채 은둔해서 살았기 때문에 그의 이웃들은 그를 인간 기피주의자로 생각했다. * seclusion 격리, 은둔

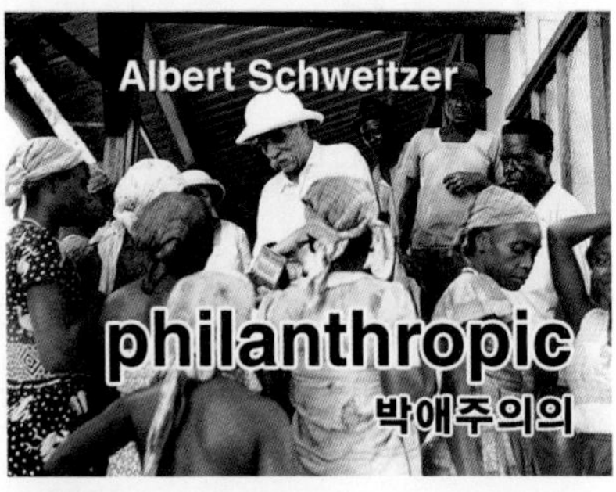

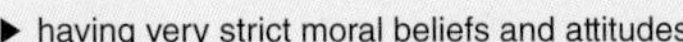

▶ having very strict moral beliefs and attitudes

- She is not at all **puritanical**, and she aims to make sure the team has fun.
  그녀는 전혀 도덕적으로 엄격하지 않으며, 동료들을 재미있게 해주려고 한다.
- My parents had a **puritanical** streak.
  우리 부모님은 청교도적인 성향을 가지고 있었다.

▶ a blessing or a prayer of blessing

- The priest **pronounced a benediction** over the happy pair.
  신부는 그 행복한 부부에게 축복을 기원했다.
- Don't forget to **give the benediction** before eating.
  식사하기 전에 감사기도를 드리는 것을 잊지 마라.
- The king, facing his enemies, **uttered a malediction** upon them.
  적과 정면으로 맞서게 되자 그 왕은 그들에게 저주를 퍼부었다.

▶ 1. to prepare land for growing crops or plants 2. to develop and improve something

- The potato can **be cultivated** successfully at high altitudes.
  감자는 높은 고도에서 성공적으로 재배할 수 있다.
- Some businesses **are cultivating** multilingual staffs because they want to sell products globally.
  어떤 기업들은 제품들을 전 세계에 팔기를 원하므로 여러 국가의 언어를 구사하는 직원들을 육성하고 있다.

▶ 1. an animal that kills and eats other animals
2. a person who uses weaker people to get advantages

- Most otters are solitary, but these rich warm waters can support large family groups and even bigger **predators**.
  대부분 수달은 혼자 생활을 하지만, 이처럼 풍요롭고 따뜻한 바다는 대가족의 수달과 더 큰 포식자도 부양할 수 있다. *otter 수달
- He was accused of being a sexual **predator** and lost his job.
  그는 성적 약탈자(성범죄자)로 기소되어 해고를 당했다.

Quick Review

0826

i

0827

c

0828

e

0829

r

0830

l

0831

p

0832

s

0833

s

0834

w

0835

s

0836

d

0837

g

0838

f

0839

r

0840

i

0841

a

0842

b

0843

r

재활, 갱생

0844

r

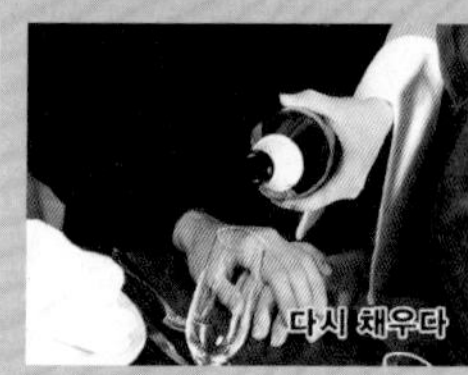

0845

r

0846

p

0847

p

0848

b

0849

c

0850

p ,p

Answer 0826 insidious 0827 clandestine 0828 enthralling 0829 riveting 0830 lure
0831 propagate 0832 superfluous 0833 squander 0834 widespread 0835 scarce
0836 dispense 0837 gratis 0838 fend off 0839 render 0840 impart
0841 asset 0842 bankrupt 0843 retrieve 0844 rehabilitation 0845 replenish
0846 philanthropic 0847 puritanical 0848 benediction 0849 cultivate 0850 prey, predator

Preview

DAY 35

0851

0852

0853

0854

0855

0856

0857

0858

0859

0860

0861

0862

0863

0864

0865

0866

0867

0868

0869

0870

0871

0872

0873

0874

0875

Answer 0851 배신행위 0852 비밀을 누설하다 0853 분노 0854 복수 0855 잔학한 행위
0856 침입하다 0857 중재하다 0858 참견하는 0859 싸우기 좋아하는 0860 취사선택하는
0861 무죄임을 입증하다 0862 유죄의 0863 비난받을 만한 0864 입증하다 0865 소름끼치는
0866 안달하다 0867 지루한 0868 갈망하다 0869 공포, 불안 0870 걱정, 불안감
0871 깊은 0872 표정이 알 수 없는 0873 명상하다 0874 숙고하다 0875 ~을 감안하면

DAY 35-1

정의 DEFINITION	유사어휘군 SYNONYM·ANTONYM

0851 5+ **perfidy** [pə́ːrfədi]

12.11.경희대/08.중앙대
11.서울여대

【어원】per(=falsely)+fid(=trust ⊃ R229)+y ➡ 믿음을 속이는 것 → 배신

N. 배반, 배신행위 = treachery[R1344] disloyalty[P0468] betrayal[D0852] unfaithfulness, infidelity, renegade, apostasy, false-heartedness

ⓐ perfidious 배반의, 믿을 수 없는 = disloyal[P0468] unfaithful, treacherous

0852 5+ **betray** [bitréi]

07.제주9급/05.국민대/92.연세대학원

【어원】be+tray<tract(=draw ⊃ R134) ➡ (믿는 사람에게) 칼을 빼들다 → 배신하다 → 밀고하다

Vt. 1. 배반하다, 배신하다 = turn against[I06605] renegade, sell out
2. (적에게) 비밀을 누설하다, 밀고하다 = reveal[T0961] disclose, divulge, tip off, rat on, fink, let slip, let the cat out of the bag, spill the beans
3. 무심코 (본성 · 무지 · 약점을) 드러내다 = reveal, show, expose

15.숭실대/12.경희대

ⓝ betrayal 배반, 배신; 밀고; 폭로 = perfidy[N0851]
betrayer 매국노, 배신자, 밀고자 = traitor, quisling, renegade, apostate, defector, turncoat, whistleblower

0853 5+ **indignation** [indignéiʃən]

13.국민대/04.경기대
02-2.고려대/93.사법시험

【어원】in(=not)+dign(=worthy ⊃ R226)+ation(명접) ➡ 알맞지(worthy) 않은 대우를 받아 화남 → 불의에 대한 분개

N. (악 · 부정 따위에 대한) 분개, 분노 = resentment[N0396] anger[T0281] outrage[N0177] rage, exacerbation, fury, wrath

ⓐ indignant (악 · 부정에 대해) 분개한, 성난

0854 5+ **revenge**  [rivéndʒ]

12.한성대/10.명지대
98.경찰/93.기술고시

【어원】re(=again)+veng(=take revenge ⊃ R151)+e) ➡【연상】골룸이 반지를 뺏기고"re+반지"하면서 복수심을 품다

Vt. (개인적인 감정으로) 복수하다[oneself on] = retaliate, avenge, repay, get even with
N. 복수, 앙갚음; 보복 = vengeance[R2514] retaliation, reprisal, requital, retribution

*take revenge on ~에게 복수하다 = get even with[I03807]

ⓐ revengeful 복수심에 불타는, 앙심 깊은

⊞ **get even with** 복수하다(=take revenge on) ⊃ IO3807
have it in for sb ~에게 원한을 품다 ⊃ IO4318

0855 5+ **atrocity**  [ətrɑ́səti]

07.경남7급/03.고려대,서강대
02.숙명여대

【어원】atro(=black)+city(명접) ➡ 검은 → 흉악한(black) → 잔악한 행위

N. (보통 pl.) 잔학한 행위; 흉악, 잔학 = brutalities[T1274] barbarities[T1275]; flagrance
*commit an atrocity 잔학 행위를 하다

ⓐ atrocious 흉악한; 형편없는, 지독한 = heinous[N0614] flagrant, fiendish; appalling, terrible

영영정의 및 예문
EXAMPLE

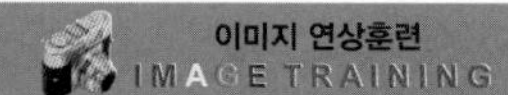

▶ the action of betraying someone

- **Perfidy** is an act of deliberate treachery or deception.
  배반은 의도적으로 배신하거나 기만하는 행위이다.
- The spy was hung at the gallows of his homeland for his **perfidious** deeds.
  그 스파이는 배신적인 행위를 이유로 조국에서 교수형을 당했다. *gallows 교수대

▶ 1. to be false or disloyal to someone 2. to give information to an enemy
3. to show feelings, thoughts, or a particular characteristic unintentionally

- He is the last man to **betray** his country.
  그는 결코 조국을 배반할 사람이 아니다.
- He **betrayed** his colleagues to the police.
  그는 자신의 동료들을 경찰에 밀고하였다.
- His comments **betrayed** a lack of understanding.
  그의 말은 그가 제대로 이해하지 못하였음을 드러내었다.

▶ a feeling of anger and surprise caused by an unfair situation

- The rise in train fares has aroused **public indignation**.
  기차요금의 인상은 대중의 분노를 불러 일으켰다.
- A storm of **indignation** swept over the country when corruption at the highest levels of government became common knowledge.
  정부 최고위층의 부패가 널리 알려지자 분노의 폭풍이 온 나라를 휩쓸었다.

▶ V. to punish someone because they have hurt you
N. something that you do to punish someone because they have hurt you

- He **revenged himself on** them for the insult.
  그는 모욕을 받은 것에 대해 그들에게 앙갚음을 했다.
- He couldn't sleep until he **had** his **revenge**.
  그는 복수를 할 때까지 잠을 이룰 수 없었다.
- The ghost of Hamlet's father ordered Hamlet to **take revenge on** Claudius.
  햄릿 아버지의 망령은 클라우디우스에게 복수할 것을 햄릿에게 명령했다.

▶ an extremely cruel and violent action, especially in a war

- History is loaded with examples of **atrocities** that have occurred when one culture comes into contact with another.
  역사는 어떤 문화가 다른 문화와 접촉할 때 일어났던 잔학 행위의 예들로 가득 차 있다.
- Bloody **atrocities** continue to occur in conflict areas.
  분쟁 지역에서는 피로 얼룩진 잔학행위가 계속 일어나고 있다.

정의 DEFINITION	유사어휘군 SYNONYM·ANTONYM

0856 5+ **intrude** [intrú:d] 14.홍익대/07.영남대

【어원】 in(=in)+trude(=thrust ⊃ R120) ➡ 남의 집 안방에 밀고 들어가다 → 침입하다

Vi. 1. (사유지에) 침입하다[into] = trespass[R0411] invade, break into, encroach upon, infringe, impinge

2. (남의 일에) 참견하다, 방해하다[on/upon] = intervene in[N0857] meddle in, interfere in, cut in, horn in, butt into

Vt. 억지로 들이닥치다, 강요하다[upon]

11.경희대 ⓝ intrusion (의견의) 강요; (장소에의) 침입; 방해

intruder 침입자, 방해자; 강도

11.서울여대 ⓐ intrusive 주제넘게 참견하는, 방해하는; 침입의 = officious[N0624]

관 **extrude** 밀어내다, 쫓아내다, 추방하다 **extrusion** 밀어냄, 내밈; 분출, 추방; 압출 성형

0857 5+ **intervene** [intərví:n] 14.홍익대/11.성신여대 97.고려대학원

【어원】 inter(=between)+vene(=come ⊃ R037) ➡ 둘 사이에 오다[끼어들다]

Vi. 1. 중재하다; 간섭하다, 개입하다[in] = intercede[R0382] mediate, arbitrate, intermediate; interfere, interpose, meddle, step in

2. (방해되는 일이) 생기다 = come between, interrupt, happen, occur

01.아주대 ⓝ intervention 조정, 중재; 간섭, 개입

intervenor 중재자, 조정자

0858 5+ **meddling** [médliŋ] 10.경희대/01.사법시험 96.공인회계사

【어원】 med(=middle ⊃ R205)+dling ➡ 가운데에 끼려는 → 참견하는, 간섭하는

A. 참견하는, 간섭하는 = interfering[R0484] interloping, tampering with

N. (쓸데없는) 간섭, 참견

ⓥ meddle 간섭하다, 말참견하다[in, with]; 손을 대다 = tamper with[N0496] intermeddle, interlope, kibitz

98.경희대 ⓐ meddlesome 간섭[참견]하기 좋아하는 = officious[N0624] prying

ⓝ meddler 쓸데없이 참견하는 사람 = interloper, busybody, backseat driver

0859 5+ **pugnacious** [pʌgnéiʃəs] 15.서강대/13.한성대 11.중앙대/92.연세대학원

【어원】 pugn(=fight ⊃ R118)+ac+ious(형접) ➡ 싸우기 좋아하는

A. 싸우기 좋아하는 = quarrelsome[T0894] combative[R1163] belligerent, bellicose, contentious, hostile, militant, warlike

ⓝ pugnacity 호전적임

0860 5+ **eclectic** [ikléktik] 14.이화여대/13.고려대 11.서강대/03.서강대/95.고려대

【어원】 ec<ex(=out)+lect(=choose ⊃ R053)+ic(형접) ➡ 좋은 것들만 골라내는

A. 절충적인, 취사선택하는; (취미 등이) 폭넓은 = selective[D0860]; diverse, broad, varied, comprehensive, extensive

11.서강대 동 **selective** 선택하는, 선택의(=eclectic)

- **selection** 선발, 선택, 정선; 발췌 **select** 선택하다, 고르다; 가려 뽑은

elective 선택의, 필수가 아닌(=optional)

영영정의 및 예문
EXAMPLE

이미지 연상훈련
IMAGE TRAINING

▶ 1. to enter a place where you are not allowed to go 2. to interrupt someone

- One of their planes **intruded into** our airspace.
  그들의 비행기 중 한 대가 우리의 영공을 침범했다.
- He hesitated to **intrude on** their conversation.
  그는 그들의 대화에 끼어들기를 망설였다.

▶ 1. to interfere in a quarrel 2. to occur between other events or periods

- The government will **intervene** if the strike is not settled soon.
  파업이 곧 타결되지 않는다면 정부가 개입할 것이다.
- Johnson's statement included an implicit threat of U.S. **intervention**.
  존슨 대통령의 성명은 암시적인 미국의 무력적 개입의 위협을 포함하고 있었다.

▶ A. having a tendency to try to change or influence a situation that does not concern you
N. the act of changing a situation that does not concern you

- He is always **meddling** in other people's affairs.
  그는 항상 남의 일에 잘 간섭한다.
- I can no longer endure America's insidious **meddling** across the face of the world.
  나는 더 이상 전 세계에 걸친 미국의 교활한 간섭을 참을 수 없다. *insidious 교활한
- She is really **meddlesome**.
  그녀는 정말 오지랖이 넓다.

▶ inclined to quarrel or fight readily

- The conciliatory gesture of the politician this morning comes as a sheer contrast to the **pugnacious** language he used for much of last month.
  그 정치인이 오늘 아침에 했던 회유적인 제스처는 지난달에 그가 많이 썼던 호전적인 언어와 극명하게 대조적이다.
- He has earned a reputation for being **pugnacious**, stubborn, and willing to fight to the end.
  그는 싸우기 좋아하고 고집이 세며, 끝까지 싸우려 한다는 명성을 얻었다.

▶ selecting or choosing from various sources

- The work of the writer Issac Asimov demonstrate that he had remarkably **eclectic** interests.
  작가 아이작 아시모프의 작품은 그가 놀랍도록 다방면에 관심을 가졌음을 보여준다.
- The Building consists of an **eclectic** combination of architectural styles.
  그 건축물은 건축 양식들의 절충적 결합으로 구성되어 있다.

DAY 35-3

정의 DEFINITION | 유사어휘군 SYNONYM·ANTONYM

0861 5+ **exonerate** [igzάnərèit]
13.12.국민대/10.동국대 02-2.세종대

【어원】 ex(=out)+oner(=load, burden ⊃ R238)+ate(동접) ➡ 짐에서 벗어나다 → 1. 무죄임을 입증하다 2. 의무를 면제하다

Vt. 1. (혐의 등이) 무죄임을 입증하다 = acquit[N0316] vindicate[N0864] exculpate
2. (의무 등에서) 면제하다 = release, exempt

ⓝ exoneration (의무의) 면제, 책임의 해제

관 **onerous** [άnərəs] 성가신, 귀찮은; 부담이 따르는(=burdensome) *oner(=burden) ⊃ T0473

0862 5+ **culpable** [kʌ́lpəbl]
08.경희대/07.이화여대/98경기대

【어원】 culp(=fault)+able(형접) ➡ 잘못을 물을 수 있는 → 유죄의

A. 유죄의; 비난할 만한, 과실이 있는 = guilty[T1261]; censurable, blameworthy, reproachable
↔ *innocent*[R2493] *not guilty*[T1261] 무죄의

ⓝ culpability 유죄
ⓐⓓ culpably 괘씸하게

반 **inculpable** 나무랄 데 없는, 죄 없는, 결백한 = innocent, impeccable
14.중앙대 관 **inculpatory** 죄를 씌우는, 비난하는
관 **culprit** 범인, 죄인; 용의자; 원인 ⊃ N0308

0863 5+ **reprehensible** [rèprihénsəbl]
07.고려대/06.세종대 05.광운대/04-2.고려대

【어원】 re(=again)+prehens(=seize ⊃ R002)+ible(=able) ➡ 다시 붙잡고 나무랄 만한 → 비난할 만한

A. (행위가 도덕적으로) 비난받을 만한 = blameworthy[R2263] heinous[N0614] blamable, reproachable

ⓥ reprehend 꾸짖다, 나무라다, 비난하다 = scold, blame, reproach, criticize, reprimand, chide, reprove, rebuke, censure, castigate, dress down

ⓝ reprehension 질책, 견책 = blame, reproof, rebuke, reprobation, denunciation

0864 5+ **vindicate** [víndəkèit]
13.경희대/07.홍익대 05.경기대/02-2.고려대

【어원】 vin(=show ⊃ R076)+dic(=say ⊃ R085)+ate(동접) ➡ 말로 보여주다 → 결백을 입증하다

Vt. 1. (혐의 등이) 무죄임을 입증하다 = exonerate[N0861] acquit, exculpate
2. (자신이나 결정의) 정당성을 입증하다 = prove[D0741] justify, rationalize

ⓝ vindication (비난 등에 대한) 변명, 해명; 정당성
ⓐ vindicative [vindíkətiv] 변호하는; 변명[변호]적인

혼 **vindictive** [vindíktiv] 복수심을 품은(=vengeful), 악의에서의(=malicious) ⊃ R2516

0865 5+ **hideous** [hídiəs]
05.서강대/01-2.서울여대 92.강남대.학사경장

【연상】 hide(숨다)+ous(형접) ➡ 너무나 소름끼쳐서 숨을 수밖에(hide) 없는

A. 1. 소름 끼치는, 섬뜩한, 무서운 = dreadful[D0869] ugly[T0040] grim, grisly, horrible, lurid
2. 극악한; 불쾌한, 가증스러운 = repulsive[D0131] heinous[N0614] atrocious, villainous, diabolic, fiendish, flagrant, infernal, hellish, wicked

혼 **heinous** [héinəs] 가증스러운, 괘씸한 ⊃ N0614

영영정의 및 예문
EXAMPLE

이미지 연상훈련
IMAGE TRAINING

▶ 1. to state officially that someone is not guilty 2. to free from a responsibility

• The confession of one prisoner **exonerated** the other suspects.
한 죄수의 자백이 다른 용의자의 무죄를 입증했다.

• After a trial which lasted five weeks, the defendant was **exonerated** of all charges.
5주 동안 계속된 심리 후에, 피고인은 모든 혐의에서 무죄로 인정되었다.
* defendant 피고(인) charge 혐의

▶ deserving to be blamed or considered responsible for something bad

• Those who stand by and do not interfere when youngsters commit malicious mischief are just as **culpable** as the wrongdoers.
젊은이들이 악의적인 비행을 저지를 때 방관하고 개입하지 않는 사람들은 그 비행을 저지르는 사람만큼이나 비난받아 마땅하다.

• As you had the better education and the greater advantage, stupidity or neglect on your part is much more **culpable**.
더 나은 교육을 받았고 더 유리한 입장에 있는 사람의 어리석음이나 태만은 그만큼 더 과실이 큰 법이다.

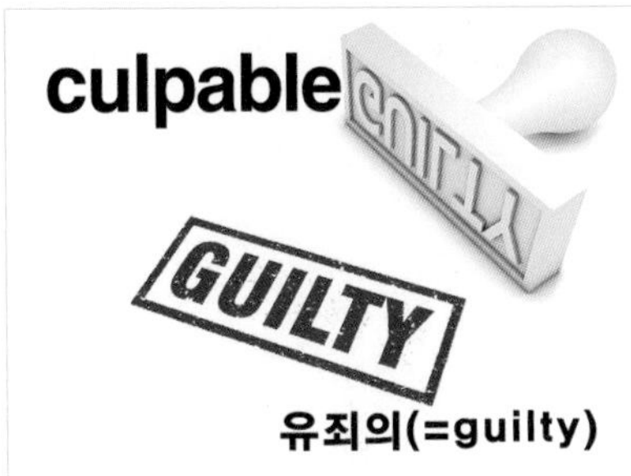

▶ very bad and morally wrong; deserving criticism

• The parents of the abused child demanded her teacher's resignation, saying his behaviour had been **reprehensible**.
학대를 당한 어린이의 부모는 그 선생님의 행동은 비난받아 마땅하다고 말하면서 사직을 요구했다.

• Human cloning, or making human beings for unnatural and selfish purposes such as for spare parts is morally **reprehensible**.
인간 복제, 즉 인간을 부속품과 같이 부자연스럽고 이기적인 목적으로 만드는 것은 도덕적으로 비난 받을 일이다.

▶ 1. to prove that someone is not guilty
2. to prove that someone or something is right or true

• The lawyer's goal was to **vindicate** her client and prove him innocent on all charges.
그 변호사의 목표는 그녀의 의뢰인을 변호하고 모든 혐의에 대해 무죄임을 증명하는 것이었다.
* innocent 무죄의 charge 혐의

• The compelling evidence **vindicated** his theory.
강력한 증거가 그의 이론의 정당성을 입증해주었다. * compelling 설득력 있는

▶ extremely ugly or unpleasant

• The night was made **hideous** by the sound of wolves howling at the door of the lodge.
오두막집 문가에서 울부짖는 늑대 소리에 그날 밤은 끔찍했다.

• He sidled up to her with ingratiating smiles on his **hideous face**.
그는 흉측한 얼굴에다 알랑거리는 미소를 띠며 그녀에게 쭈빗쭈빗 다가갔다.
* sidle up to ~에게 쭈빗쭈빗 다가가다

DAY 35-4

정의 DEFINITION | 유사어휘군 SYNONYM·ANTONYM

0866 5+ **fret** [fret]
12.성균관대/홍익대 02.서울여대/95.경기대

【연상】 쥬라기월드의 크리스 프렛(fret)은 안달하는 공룡들을 진정시킨다.

Vi. 초조해하다, 안달하다[over, about] = worry about, fuss about[T0145]
N. 야단법석, 호들갑; 불평

ⓐ fretful 조바심하는
ⓝ fretfulness 안달함, 짜증을 냄

0867 5+ **irksome** [ə́ːrksəm]
14.항공대/12.경희대 11.국민대/06.고려대

【연상】 마주치기만 해도 엌! 소리 날 정도로 짜증나는 사람들

A. 짜증나는, 귀찮은, 지루한 = tedious[N0352] tiresome[T0797] annoying, irritating

ⓥ irk (변화가 없는 것이) 짜증나게 하다 = irritate, vex, annoy

0868 5+ **crave** [kreiv]
00-2.명지대 98-2.성신여대/95.경기대 12.서울시9급

【연상】 킹크랩(crab)을 사달라고 간청하는 여자친구

V. 1. 간청하다; 갈망하다[for] = desire[R2210] beg, solicit, implore, entreat, beseech plead for, pant for, pine for, thirst for
2. (어떤 사정 등이) ~을 필요로 하다 = need, want, cry out for

ⓐ craving 갈망, 열망; 갈망하는 = urge[D0116]
ⓝ craver 간청하는 사람

혼 **craven** 겁쟁이; 겁 많은 ⊃ TO198
crab[kræb] 게, 게살 **crap**[kræp] 헛소리, 쓰레기 같은 것

0869 5+ **dread** [dréd]
17.항공대/08.서울여대/07.항공대 01-2.서울여대/98-2.동덕여대 97.고려대학원

【연상】 dread에서 r만 빼면 dead(죽은) → 누구나 죽음은 두려워 함

N. 공포, 불안; 무서운 사람 = fear, horror[S0762] apprehension[D0140]
Vt. 무서워하다, 두려워하다

ⓐ dreadful 1. 무서운, 두려운; 끔찍한 = hideous[N0865] appalling[N0451]
2. 〈구어〉 몹시 불쾌한, 지독한; 〈영〉 호러 소설 = grotesque
dreaded 두려운, 무서운 = formidable[N0097]
ⓐⓓ dreadfully 무시무시하게; 몹시(=terribly)

0870 5+ **misgiving** [misgívin]
09.단국대/05.고려대,서강대 96.호서대

【어원】 mis(=bad, wrong)+giving ➡ 엉뚱하게 잘못 주고 (불안해하는) → 의심, 걱정, 불안

N. (종종 pl.) 의심, 걱정, 불안감[about] = distrust[R2291] solicitude[D0672] qualm[T0142] anxiety, apprehension, uneasiness, concern, angst

ⓥ misgive 걱정 · 의심을 일으키다; 염려되다

영영정의 및 예문
EXAMPLE

이미지 연상훈련
IMAGE TRAINING

▶ V. worry unnecessarily or excessively N. an irritated state of mind

- Relaxation therapy teaches one not to **fret about** small problems.
  이완요법은 사람들에게 사소한 문제에 대해 초조해하지 마라고 가르친다.
- She was always **fretting about** something or other.
  그녀는 항상 무언가에 대해 초조해했다.

Jurassic World
(주연: Chris Pratt 2015)
fret
안달하다

▶ causing annoyance or weariness

- He found working on the assembly line **irksome** because of the monotony of the operation he had to perform.
  그가 진행해야 할 작업의 단조로움 때문에 조립라인에서의 일이 매우 지루하다고 생각했다.
- The negative reply to my complaint really **irked** me.
  내 항의에 대한 부정적인 답변은 정말 나를 짜증나게 했다.

▶ 1. to have an intense desire for 2. to need greatly or urgently

- Every child **craves** their parent's affection.
  모든 아이들은 부모님의 애정을 갈망한다.
- I'm bored with your childish **craving for** attention.
  난 네가 아이처럼 관심을 갈망하는 것에 질렸다.

▶ N. a strong fear of something that will happen in the future
V. to be afraid of something

- Ellis lived in **dread** of her finding out his true identity.
  엘리스는 그녀가 자신의 정체를 알아낼까 봐 두려워하며 살았다.
- The burnt child **dreads** the fire.
  불에 놀란 아이 부지깽이만 보아도 놀란다. (자라 보고 놀란 가슴 솥뚜껑 보고 놀란다.)
- It is **dreadful** to contemplate the possibility of another earthquake.
  또 다른 지진이 일어날지도 모른다는 생각을 하면 끔찍하다.

▶ a feeling of doubt or worry about what might happen or about whether something is right

- We had **misgivings about** flying near the mountains in such weather.
  우리는 그런 날씨에 산 근처로 비행하는 것에 대해 불안해 했다.
- I like your plan in principle; my only **misgiving** is that it may take too long to carry it out.
  나는 원칙적으로 당신의 계획을 좋아합니다. 저의 유일한 염려는 그것을 실행하는 데 너무 많은 시간이 걸릴 수 있다는 점입니다.

0871 5+ **profound** [prəfáund]
13.상명대/10.경북교행9급 01-2.대구대/95.서울대학원

【어원】pro(강조)+found(=bottom ➲ R126) ➡ 깊숙한 밑바닥에 있는

A. 1. (영향 · 느낌 · 경험 · 병 등이) 엄청난, 깊은 = deep, abysmal, intense
2. (지식 · 이해 · 질문 등이) 깊이가 있는[심오한] = abstruse, recondite, insightful, erudite
N. 심연; 심해; 깊은 곳 = deep sea, abyss

ⓐⓓ profoundly 깊이; 간절히
17.서강대 ⓝ profundity 심오; 심연; 심원한 문제

혼 **propound**[prəpáund] 제출하다, 제의하다 ➲ NO871

0872 5+ **inscrutable** [inskrúːtəbl]
14.한국외대/06.국가직7급 06경기대/97.사법시험

【어원】in(=not)+scrut(=examine ➲ R230)+able ➡ 조사할 수 없는

A. (사람이나 표정이) 헤아릴 수 없는, 불가해한 = incomprehensible[D0261] enigmatic[D0109] mysterious, unfathomable, cryptic, untraceable, inexplicable
ⓝ inscrutability 헤아릴 수 없음, 불가사의 = untraceability[R1345]

반 **scrutable** 판독할 수 있는; 이해할 수 있는 = decipherable
관 **scrutinize** 세밀히 조사하다, 철저히 검사하다, 유심히 보다 ➲ NO019

0873 5+ **meditate** [médətèit]
04.서울여대/96.상명대/92.경주대

【어원】med(=middle)+it(=go ➲ R223)+ate ➡ 갈림길(중간)에서 어디로 갈지 생각하다 → 숙고하다

Vi. 숙고하다[on]; 명상[묵상]하다 = muse about[T1051] reflect[R1288] ponder, deliberate, consider, contemplate, ruminate, cogitate, mull over
Vt. 꾀하다, 기도하다, 계획하다 = plan, intend, purpose
ⓝ meditation 명상, 묵상; 숙고; 명상록 = reflection, musing, pondering, rumination, cogitation, consideration, deliberation, contemplation
95.협성대 ⓐ meditative 명상에 잠기는; 심사숙고하는 = thoughtful[T1056] reflective, pensive, contemplative

관 **premeditate** 미리 숙고[계획]하다 **premeditated** 미리 생각한, 계획적인(=planned)
혼 **mediate**[míːdièit] 조정하다, 중재하다(=intervene, intercede); 화해시키다 ➲ R2054

0874 5+ **ponder** [pándər]
11.국민대/08.경희대 01.서울여대

【어원】pens/pond(=weigh ➲ R008)+er ➡ 이리저리 재보다(weigh) → 숙고하다

V. 숙고하다, 곰곰이[깊이] 생각하다[on] = think about, consider[R2211] muse about[T1051] mull over[I00803] deliberate, contemplate, meditate, ruminate, cogitate

ⓐ ponderable 무게를 달 수 있는, 일고의 가치가 있는
N. (pl.) 숙고할 만한 것, 중요성을 지닌 것
↔ imponderable 무게가 없는(=weightless); (중요성 등을) 평가할 수 없는

05.중앙대 혼 **ponderous**[pándərəs] 지루하고 답답한(=dull); 육중한
- **preponderance** (힘의) 우위, 우세; 다수(=majority) **preponderant** 우세한, 압도적인
- **preponderate** 다른 것보다 무게가 더 나가다; 우세한[over]

0875 5+ **considering** [kənsídəriŋ]
12.경북교행9급/11.고려대 94.협성대/87.법원직

【어원】con(=together)+sider(=star ➲ R221)+ing ➡ 별을 따져 보건대

Prep. ~을 고려하면, ~을 감안하면 = allowing for[I03729]

혼 **considerable** 중요한, 무시하지 못할; 상당한 ➲ NO384
considerate 사려깊은, 신중한 ➲ DO384
consider 1. 숙고하다; 고려하다, 감안하다; ~라고 간주하다 ➲ R2211

영영정의 및 예문
EXAMPLE

이미지 연상훈련
IMAGE TRAINING

▶ 1. deeply felt or held 2.showing or requiring great knowledge

• The development was to have a **profound** effect on our lives.
그 개발 사업은 우리의 삶에 깊은 영향을 미칠 것이었다.

• The Professor had both extensive knowledge and **profound** scholarship.
그 교수님은 방대한 지식과 깊이 있는 학식 모두를 가지고 있었다.

▶ mysterious and difficult to understand

• She came right up to him with an **inscrutable** smile.
그녀는 알 수 없는 미소를 지으며 그에게 바짝 다가섰다.

• **Inscrutable** are the ways of Heaven.
하늘의 뜻은 헤아릴 수 없다. (인간 만사 새옹지마.)

▶ Vi. 1. to think seriously for a long time; to think calm thoughts in order to relax or for religious purposes Vt. to plan to do something

• Mary **meditated on** the consequences of her decision.
메리는 자신의 결정이 가져올 결과에 대해서 숙고했다.

• He **meditates** each morning to relax and clear his mind.
그는 긴장을 풀고 마음을 맑게 하기 위해 매일 아침 명상을 한다.

▶ to think carefully about something for a long time

• He started to **ponder on** the reason for all of this.
그는 이 모든 일에 대한 이유를 곰곰이 생각하기 시작했다.

• She had written many **ponderous** articles about English morals and manners.
그녀는 영국의 도덕과 풍습에 관해 무거운 내용의 논문을 많이 썼다.

▶ taking into account the circumstances

• **Considering** his age, he did a good job.
= **For** his age, he did a good job.
= **Taking** his age **into consideration**, he did a good job.
= Compared with his age, he did a good job.
그의 나이를 고려하면, 그는 일을 잘 해냈다.

Quick Review

0851

p

0852

b

0853

i

0854

r

0855

a

0856

i

0857

i

0858

m

0859

p

0860

e

0861

e

GUILTY
유죄의(=guilty)

0862

c

비난받을 만한

0863

r

0864

v

0865

h

0866

f

0867

i

갈망하다

0868

c

공포, 불안

0869

d

0870

m

0871

p

표정이 알 수 없는

0872

i

명상하다

0873

m

숙고하다
The thinker by Rodin

0874

p

0875

c

Answer 0851 perfidy 0852 betray 0853 indignation 0854 revenge 0855 atrocity
0856 intrude 0857 intervene 0858 meddling 0859 pugnacious 0860 eclectic
0861 exonerate 0862 culpable 0863 reprehensible 0864 vindicate 0865 hideous
0866 fret 0867 irksome 0868 crave 0869 dread 0870 misgiving
0871 profound 0872 inscrutable 0873 meditate 0874 ponder 0875 considering

Preview

DAY 36

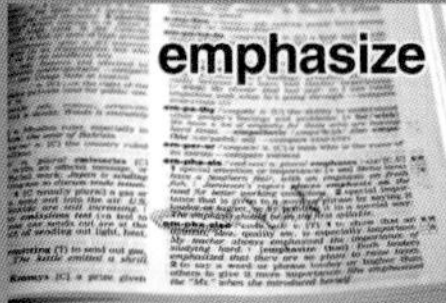

0876

0877

0878

0879

0880

0881

0882

0883

0884

0885

0886

0887

0888

0889

0890

0891

0892

0893

0894

0895

0896

0897

0898

0899

0900

Answer 0876 강조하다 0877 최후의, 궁극의 0878 절정에 이르다 0879 바닥 0880 시간의 경과
0881 좌절시키다 0882 모호한 0883 잠잠해지다 0884 떨어지다 0885 소동
0886 죽음에 대한 관심이 병적인 0887 암울한, 쓸쓸한 0888 버려진 0889 파괴하다 0890 침입하다
0891 보통의, 평범한 0892 색다른 0893 불규칙한 0894 별난, 기이한 0895 특색
0896 나무늘보, 게으름 0897 성장을 지체시키다 0898 즉각적인, 신속한 0899 임시변통의 0900 즉석에서 연주하다

▶ 유튜브 바로가기

정의 DEFINITION | 유사어휘군 SYNONYM·ANTONYM

0876 5+ **emphasize** [émfəsàiz]
14.경희대/01.행.외시 98.국민대/99.동덕여대

【어원】em(강조)+phas(=show ⊃ R084)+ize(동접) ➡ 강하게 보여주다 → 강세를 두다 → 강조하다

Vt. 1. 강조하다, 중시하다; 역설하다 = accentuate[R0824] underscore[P0194] punctuate[R1206] stress, urge, accent, lay emphasis on
2. 말 따위에 강세를 두다 = accentuate, punctuate, stress

ⓝ emphasis[émfəsis] 강조(하기), 역설, 중요시; 역점
*lay[place/put] emphasis on ~에 중점을 두다 = focus on
ⓐ emphatic[imfǽtik] (말 따위에) 강세가 있는, 어조가 강한
ⓐⓓ emphatically 강조하여; 단호하게, 힘주어

반 **deemphasize**[di:émfəsàiz] 덜 강조하다, 경시하다

0877 5+ **ultimate** [ʌ́ltəmət]
98.전남대/96.서울대학원 93.연세대학원 07.울산9급

【어원】ult(=end ⊃ R207)+im+ate(형접) ➡ 마지막인 → 최후의

A. 1. 최후의, 궁극적인 = final, last, terminal, conclusive
2. 근본적인 = fundamental[D0395] basic, elemental
3. 최고[최상/최악/최대]의 = maximum, supreme

ⓐⓓ ultimately 결국, 궁극적으로 = in the final analysis[I00134]
ⓝ ultimatum[ʌ̀ltəméitəm] 최종 제안, 최후통첩(=final statement of terms); 근본 원리

0878 5+ **culminate** [kʌ́lmənèit]
08.경기도9급/07.세무사 01.공인회계사/04.광운대

【어원】culmin(=top)+ate(동접) ➡ 꼭대기에 오르다 → 절정에 이르다 → 결국 ~이 되다

Vi. 1. 절정[최고조]에 이르다, 극에 이르다 = climax
2. 드디어 ~이 되다[in], ~으로 끝나다 = end, come to an end, be completed

ⓝ culmination 최고점, 정점, 정상; 성취, 완성 = climax[R1284]
ⓐ culminant 최고점[절정]의; 자오선상의
culminating 절정에 달하는, 궁극의

혼 **calumniate**[kəlʌ́mnièit] 중상하다, 비방하다
fulminate[fʌ́lmənèit] 폭발음을 내다; (비난 등을) 퍼붓다

0879 5+ **nadir** [néidər]
14.지방직7급/13.국회8급,이화여대 99-2.동국대

【연상】내 이 더러운 바닥에서 언제 빠져나갈 수 있을까?

N. 1. (인생이나 상황에서) 최악의 순간[바닥] = bottom, rock bottom, foot, base
2. 〈the ~〉 (천문) 천저 ↔ *apex*[T1172] *pinnacle*[T1173] *zenith*

0880 5+ **lapse** [lǽps]
17.한국외대/15.국가직7급/12.아주대 06.아주대/01.건국대

【어원】laps(=fall, slip ⊃ R125)+e ➡ 1. 미끄러지다 → 실수하다 2. 시간이 미끄러지듯(slip) 지나가다 → 시간의 경과

N. 1. (두 사건 사이의) 시간의 경과 = interval, passage
2. (순간적인) 작은 실수, 깜박함 = slip[R1251] oversight[R0774] error, mistake, muff, stumble
3. (도덕적인) 일탈, 탈선 = deviation[D0084] perversion, depravity, relapse
4. (지위 · 수량 등의) 감소, 하락 = decline[N0120]
Vi. 1. (~의 상태가) 되다, ~에 빠지다[into] = fall into
2. 시간이 경과하다 = elapse
3. (기한이 다 되어 권리 등이) 소멸하다

ⓐ lapsed 지나간; 타락한; 쇠퇴한, 폐지된 ⓝ lapsus 잘못, 틀림, 실수

파 **elapse** (시간이) 경과하다(=go by); (시간의) 경과; 짧은 시간 ⊃ R1259(1)

영영정의 및 예문
EXAMPLE

이미지 연상훈련
IMAGE TRAINING

▶ 1. to give special importance or attention to something
2. to make something more noticeable

- Last week's fire **emphasizes** the necessity of observing safety rules.
  지난 주의 화재는 안전규칙을 준수할 필요성을 역설해준다.
- Our country should **place** more **emphasis on** economic stability rather than on high growth.
  우리나라는 경제 성장보다 경제 안정에 중점을 두어야 한다.

▶ 1. happening at the end of a long process 2. relating to basic principle or element
3. the best, worst, or most important

- Truth as **ultimate** reality, if such there is, must be eternal, imperishable, and unchanging.
  궁극적인 실체로서의 진리는, 만일 그러한 것이 존재한다면, 영속적이고, 사라질 수 없으며 불변일 것임이 틀림없다.
- The **ultimatum** handed to opposition is simple: unconditional surrender.
  적들에게 전해진 최후통첩은 단순하다. 무조건적인 항복이다.

▶ 1. to reach the highest point or degree 2. to end with a particular result

- Their long struggle finally **culminated in** success.
  그들의 오랜 노력은 마침내 성공으로 마무리되었다. *struggle 노력
- The establishment of the Third Reich influenced events in American history by starting a chain of events which **culminated in** war between Germany and the United States.
  독일 제3제국의 설립은 독일과 미국 사이에 결국 전쟁으로 치달은 일련의 사건들을 시작으로 미국 역사의 사건들에 영향을 미쳤다.

▶ 1. the worst time in someone's life or in a situation 2.the point on the celestial sphere directly below an observer and diametrically opposite the zenith

- He is **at the nadir of** his political fortunes.
  그는 정치적 명운이 최악인 순간에 있다.
- The **nadir** is the point below the observer that is directly opposite the **zenith** on the imaginary sphere against which celestial bodies appear to be projected.
  천저는 천체가 투사되어 보이는 것 같은 가상적 구체의 천정 바로 반대편 관측자 아래에 있는 지점이다.

▶ N. 1. a period of time passing between two things happening 2. a small mistake
V. to pass by; to be no longer effective; to gradually stop or become weaker

- The usual time **lapse** between request and delivery is two days.
  주문하시면 보통 2일 정도면 배달이 됩니다.
- She **lapsed into** a coma and died two days later.
  그녀는 혼수상태에 빠졌고 이틀 후에 죽었다.

정의 DEFINITION	유사어휘군 SYNONYM·ANTONYM

0881 5+ **discomfit** [diskʌ́mfit]

06.울산9급/05.가톨릭대/96.고려대 03-2.경기대

【어원】 dis(=not)+com(강조)+fit(=make ⊃ R061) ➡ 완전히 만들지 못하게 하다 → 좌절시키다

Vt. (계획을) 좌절시키다; 당황케 하다 = upset[P0128] thwart[N0729] frustrate, baffle, dismay, confound; bewilder, embarrass, confuse, disconcert

ⓝ discomfiture (계획 등의) 실패; 좌절; 당황

0882 5+ **dubious** [djú:biəs]

10.경기대/06.가톨릭대.경원대 04.행.외시

【어원】 dub(=two)+ious ➡ 이쪽저쪽 다 되는 것 같은 → 애매한

A. 의심스러운; 모호한, 애매한 = doubtful[P0596] questionable[R1032] suspicious[R0741]; equivocal, vague, ambiguous

반 **obvious** (누가 봐도) 확실한, 분명한 ⊃ N0341

0883 5+ **subside** [səbsáid]

10.서울여대/08.대구가톨릭대 05-2.항공대/96.고려대학원

【어원】 sub(=under)+sid(=sit ⊃ R021)+e ➡ 아래로 가라앉다 → 잠잠해지다 → 침전되다

Vi. 1. (폭동 · 폭풍 · 파도가) 가라앉다, 잠잠해지다 = die down, let up, abate
2. 푹 꺼지다, 함몰하다, 침전되다 = sink, go down, go under, submerge

ⓝ subsidence 가라앉음, 함몰, 침전

혼 **subsidy** (국가의) 보조금, 장려금; 교부금 ⊃ D0548
동 **die down** 차차 진정되다(=subside), 사라져 버리다 05.항공대

0884 5+ **plunge** [plʌ́ndʒ]

07.세종대.성신여대 06.보험계리사/97.동덕여대

【어원】 plunge(=lead: 납) ➡ 납덩이를 매달다 → 추락하다

Vi. 1. 떨어지다, 추락하다[into] = plummet[T1351] fall, tumble, dip, go into nosedive
2. 뛰어들다; 갑자기 시작하다[into] = dive, jump; rush, dash
Vt. 떨어뜨리다; 던져넣다, 내던지다 = drop; throw, cast
N. 급락; 뛰어듦, 돌진, 돌입[into]; 큰 도박

동 **plummet**[plʌ́mit] (인기 · 물가 등이) 폭락하다(=plunge); 뛰어들다; (주가 등의) 폭락 ⊃ T1351

0885 5+ **commotion** [kəmóuʃən]

06.국민대.계명대/02.가톨릭대

【어원】 com(=together)+mot(=move ⊃ R058)+ion(명접) ➡ 같이 무리지어 움직이는 것 → 폭동 → 동요

N. (잠시 시끌벅적한) 소동, 동요 = agitation[D0370] riot[T0870] turmoil[N0290]

관 **locomotion**[lòukəmóuʃən] 운동(력), 이동(=movement); 운전; 교통기관; 여행 03.경기대
locomotive[lòukəmóutiv] 기관차; 운동의, 이동의
motion[móuʃən] 운동, 움직임, 동작, 신호
go through the motions 시늉만 해 보이다 02.서강대

영영정의 및 예문
EXAMPLE

이미지 연상훈련
IMAGE TRAINING

▶ to make someone feel embarrassed

• You don't have to feel **discomfited** by the most probing questions as long as you are prepared.
제대로 준비하는 한 가장 집요하게 파고드는 질문에도 당황할 필요가 없다.

• The candidate attributed her **discomfiture** to the lack of financial support from the party.
그 후보자는 자신의 패배를 당의 재정지원이 부족한 탓으로 돌렸다.

▶ not certain or feeling doubt about something

• His manners must have been unmarked, wavering, **dubious**, or she could not have been so misled.
그의 태도는 분명치 않고, 어정쩡하고 모호했음이 틀림없다. 그렇지 않았다면 그녀가 그렇게 오해하진 않았을 것이다. *unmarked 표시가 없는 wavering 주저하는, 어정쩡한

• The public is very **dubious** about the governor's plans for a tax cut.
대중들은 주지사의 세금감면 계획에 대해 매우 못미더워한다. *tax cut 세금감면

▶ 1. to become weaker or calmer 2. to sink to a lower level

• After two hours of heavy rain, the storm finally **subsided**.
두 시간 동안 아주 많은 비를 내리고 난 뒤 그 폭풍우는 마침내 잦아들었다.

• The outcry against president's policies will **subside** when a reasonable alternative suggestion is given by the ruling party.
대통령의 정책에 대한 격렬한 항의는 집권당이 합리적인 대안을 제시할 때 가라앉을 것이다.

▶ V. 1. to fall suddenly forwards or downwards 2. to throw oneself down
N. a sudden decrease in the amount or level of something

• In Paris share prices have **plunged** for the tenth successive day.
파리의 주가는 10일 연속 폭락했다.

• The company's exports have recently increased, offsetting the **plunge** in domestic sales.
회사의 수출이 최근 증가하여, 내수 매출의 저하를 상쇄하였다.

▶ a sudden short period of noisy confusion or excitement

• After the **commotion** of the city, he welcomed the tranquility of the state park where he camped for two weeks.
도시에서 소동이 있었던 후에, 그는 2주 동안 캠핑했던 국립공원에서의 고요함을 기쁘게 맞이했다.

• The whole unit was thrown into **commotion** when one of the soldiers ran away.
병사 한 명이 탈영하자 온 부대가 난리가 났다.

정의 DEFINITION	유사어휘군 SYNONYM·ANTONYM

0886 5+ **morbid** [mɔ́:rbid]
09.명지대/94.변리사/91.서울대학원

【어원】 morb(=dead ➲ R175)+id(형접) ➡ 죽음을 좋아하는 → 병적인 → 소름끼치는

A. 1. (질병 · 죽음에 대한 관심이) 병적인, 소름 끼치는 = macabre[T0425] unhealthy[T0690] unsound, pathological
2. 병과 관련된, 병의 = pathological

11.단국대
ⓝ morbidity (정신의) 병적 상태[성질], 불건전; (어떤 병의) 사망률, (특정 지역의) 질병률
ⓐ morbific 병원(病原)이 되는

0887 5+ **bleak** [bli:k]
13.경기대/08.숙명여대 01.공인회계사/98.숙명여대

【어원】 bleak<blanc(=white, pale ➲ R222) ➡ 방이 텅 비어 있어 왠지 황량하고 쓸쓸함을 느끼다

A. 1. (장래 · 전망 등이) 어두운, 암울한 = gloomy[N0397] harsh[T1265]
2. (장소가) 적막한, 쓸쓸한, 황량한 = desolate[N0568] dreary, deserted, dismal, gloomy
3. (날씨 · 바람 등이) 차가운 = chilly, frigid

0888 5+ **derelict** [dérəlikt]
15.숙명여대/12.국회8급 08.경기대/05.고려대

【어원】 de(강조)+re(=back)+lict(=leave ➲ R024) ➡ 등 뒤로 남겨진

A. 1. 버려진, 유기된 = deserted[D0386] forsaken[T0544] discarded, forlorn
2. 직무 태만의 = neglectful, negligent, remiss, delinquent
N. 버려진 배; 직무 태만자 = delinquent, neglecter, defaulter

혼 **relict** [rélikt] 생존자; 과부, 미망인
relic [rélik] (주로 pl.) 유해, 유물; 잔재, 유적

0889 5+ **ravage** [rǽvidʒ]
15.가톨릭대,한양대 06.보험계리사/99.건국대

【어원】 rav(=take, snatch ➲ R005)+age(명접) ➡ 완전히 잡아채다

Vt. 1. 파괴[유린]하다 = ruin[T1513] havoc[T1556] damage, devastate, wreck
2. 약탈하다 = pillage, sack, despoil, spoliate, plunder, loot
N. 파괴, 참혹한 피해, 황폐

0890 5+ **invade** [invéid]
17.국민대/12.한양대/07.경원대

【어원】 in(=in)+vade(=go ➲ R040) ➡ (남의 땅) 안으로 들어가다

Vt. 침략[침입]하다; (권리 등을) 침해하다 = trespass (upon)[R0411] penetrate[T1571] encroach, break in, intrude, burgle, enter into (forcibly)

12.한성대
ⓝ invasion 침입, 침략; (병 등의) 내습; 침해 = infringement, encroachment, intrusion
invader 침략자
10.서울여대
ⓐ invasive 침략적인; 침해의

영영정의 및 예문
EXAMPLE

이미지 연상훈련
IMAGE TRAINING

▶ 1. very interested in unpleasant things, especially death or disease
2. relating to or caused by disease

• He spent most of his childhood wandering around graveyards and having **a morbid interest** in death and pain.
그는 어린 시절 대부분을 공동묘지 근처를 배회하면서 지냈고 죽음과 고통에 대해 병적인 관심을 가졌다.

• The counselor evaluated her state of minds as **morbid** and unhealthy because of the death of her mother.
카운셀러는 그녀의 정신 상태가 어머니가 돌아가신 것 때문에 병적이고 건강하지 않다고 평가했다.

▶ 1. not hopeful 2. empty and barren 3. cold and piercing

• The picture is not as **bleak** as it appears.
상황이 겉보기만큼 암담하지는 않다.

• Many people suggest that a **bleak** landscape is the most characteristic feature of his paintings.
많은 사람들이 황량한 풍경은 그의 그림에서 가장 큰 특징이라고 한다.

▶ 1. deserted by an owner or keeper 2. neglectful of duty

• They have just made a final decision on exploding the **derelict** ship.
그들은 버려진 그 배를 폭파시키기로 막 최종결정을 내렸다.

• He was fired because he was **derelict** in his duties.
그는 그의 직무에 태만했기 때문에 해고당했다.

▶ 1. to cause extensive destruction 2. to deprive by force

• The town **was ravaged by** the devastating earthquake.
엄청난 지진으로 그 마을은 파괴되었다.

• The attackers **ravaged** the settlement.
공격자들은 부락을 약탈했다.

▶ to enter forcefully; to infringe on the privacy

• About 100 European soccer fans **invaded** the pitch after two of their team's players were ejected in two minutes.
2분 만에 자신들의 팀 선수 두 명이 쫓겨난 후에 약 100명의 축구팬들이 경기장에 난입했다.

• But residents say the scheme is an **invasion** of privacy and a Big Brother-style **intrusion**.
거주자들은 그 계획이 프라이버시 침해이고 국가권력에 의한 사생활 침해라고 말한다.

DAY 36-4

정의 DEFINITION	유사어휘군 SYNONYM·ANTONYM

0891 5+ **ordinary** [ɔ́ːrdənèri]
08.경희대/07.세종대/93.기술고시

【어원】 ordin(=order ⊃ R252)+ary(형접) ➡ 정상 상태인 → 보통의

A. 보통의, 통상적인, 평범한 = run-of-the-mill[I05812] conventional[N0192] commonplace, common, banal, mediocre

ⓐⓓ ordinarily 보통, 대개, 통상적으로 = usually, as a rule, normally, mostly, on the whole

run-of-the-mill 보통의, 평범한, 흔한(=ordinary) ⊃ IO5812

0892 5+ **extraordinary** [ikstrɔ́ːrdənèri]
15.경찰3차/09.서강대 01.국민대/92.연세대학원

【어원】 extra(=out)+ordin(=order ⊃ R252)+ary(형접) ➡ 정상적인 질서나 순서를 벗어난

A. 1. 이상한, 색다른; 대단한 = phenomenal[R0842] singular[P0588] uncanny[T0756] exceptional[R0019(1)]

2. 임시의 = temporary, provisional

ⓐⓓ extraordinarily 비상하게, 엄청나게, 유별나게

반 **ordinary** 보통의, 통상적인 ⊃ NO891

0893 5+ **erratic** [irǽtik]
14.항공대/10.중앙대 06.세종대/04.경찰

【어원】 err(=wander ⊃ R213)+at+ic(형접) ➡ 정상을 벗어난

A. 1. 불규칙한, 변덕스러운 = mercurial[T0163] irregular, unpredictable, inconsistent, capricious, desultory, changeable

2. (행동이) 별난 = eccentric[N0399] deviant, aberrant, strange, odd, queer, freakish, quaint, abnormal, eerie

ⓐⓓ erratically 괴상하게, 변덕스럽게

0894 5+ **bizarre** [bizáːr]
07.경북9급/05-2.항공대 04.01.고려대

【연상】 그 기괴하고 별난 나라에 가보기 위해 비자(visa)를 발급받았다.

A. 별난; 기묘한, 기이한, 기괴한 = strange, crazy[T0217] extraordinary, abnormal, odd, unaccountable; grotesque, erratic, eerie; mysterious, weird, uncouth, uncanny, antic, queer, freakish, eccentric, quaint

bazaar [bəzáːr] (중동의) 상점가; 시장; 자선 시장
visa [víːzə] 비자, 여행 허가증

0895 5+ **characteristic** [kæriktərístik]
11.서울시9급/07.감정평가사 92.행자부7급

【어원】 character(성격)+ist+ic(형접) ➡ 성격을 보여주는 것

N. 특질, 특색; 지표 = attribute[N0141] feature[R0614] trait[R1341] distinguishing[N0096] peculiarity, idiosyncrasy; indicator

A. 특징적인, 독특한; ~에 특유한 = typical, distinctive

07.서강대 ⓥ characterize 특징이 되다; 특성[성격]을 묘사하다 = distinguish[N0096]

ⓝ character (개인의) 성격, 인격; (물건의) 특성; 등장인물

▶ common, not special or interesting

• He was a normal peasant who just wanted to live an **ordinary** life.
그는 단지 평범하게 살길 바라는 평범한 소작농이었다.

• **Ordinary** people think merely how they will spend their time; a man of intellect tries to use it.
보통 사람들은 그저 시간을 어떻게 보낼지만 생각하지만, 지성인은 시간을 이용하려고 애쓴다.

▶ 1. very unusual or surprising 2. used for a special service

• I had an **extraordinary** experience yesterday.
나는 어제 색다른 경험을 했다.

• She has an **extraordinary** musical ability.
그녀는 비범한 음악적 재능을 가지고 있다.

▶ 1. having no fixed or regular course 2. deviating from the customary course

• He was unpredictable and **erratic** in his decision-making.
그는 의사결정에 있어서 예측불가능하고 변덕스러웠다.

• He is sensible and careful, but often has moments of impulsive and **erratic** behaviour.
그는 지각이 있고 조심성 있는 사람이지만, 종종 충동적일 때도 있고 이상한 행동을 한다.

▶ strange and difficult to explain

• I've not heard anything as **bizarre** and troubling as this.
나는 이만큼 기괴하고 말썽 많은 것을 들어본 적이 없다.

• It was **bizarre** that they bumped into each other on the street at that time.
그 시간에 그들이 서로 길에서 마주친 것은 기이한 일이었다. * bump into ~와 우연히 마주치다

▶ N. a distinguishing feature or quality A. indicating the character

• Optimism is a good **characteristic**, but if carried to an excess it becomes foolishness.
낙천주의는 좋은 특성이지만 너무 지나치면 어리석음이 된다.

• With **characteristic** generosity, he offered to buy tickets for all of us.
그는 특유의 관대함으로 우리 모두에게 표를 구입해 주겠다고 제안했다

정의 DEFINITION	유사어휘군 SYNONYM·ANTONYM

0896 5+
sloth

[slɔ́ːθ]
12.홍익대/10.중앙대/04-2.경기대
07.서울시7급

【어원】slo(+slow)+th ➡ 【연상】너무 슬로(slow) 하다

N. 1. 나태, 게으름, 태만 = indolence[D0475] idleness, laziness, sluggishness
2. **나무늘보; 게으름뱅이**

ⓐ slothful 나태한, 게으른, 느린, 굼뜬 = lazy[T0781]

0897 5+
retard

[ritάːrd]
13.가천대/12.경기대/07.서울여대
03.성균관대

【어원】re(=back)+tard(=slow) ➡ 느리게 만들어 뒤에 처지게 하다 → 지체시키다

Vt. (성장, 발달을) 지체시키다; 방해하다 = stunt[T0834] defer[N0159]; impede, hinder, obstruct, hamper
N. **지체, 지연; 방해, 저지; 지진아, 정신박약자**

ⓐ **retardate** 지능이 뒤진; 지능이 뒤진 사람

관 **tardy** [tάːrdi] 더딘, 느린; 뒤늦은; 〈미〉 지각한 = late, belated, slow

0898 5+
prompt
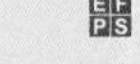
[prάmpt]
12.서울여대/03-2.경기대
92.연세대학원
01.서울여대

【연상】프롬프트(컴퓨터의 깜빡이는 명령어 요구창)에 명령어를 신속하게(즉시) 입력하시오!

A. 1. 즉각적인, 지체 없는, 신속한 = quick, swift, immediate, instant
2. (시간을) 엄수하는 = punctual[D0421]
Vt. 1. (결정이나 행동을) 불러일으키다, 부추기다 = motivate[R0582] stimulate, encourage, inspire, incite
2. **(질문·힌트로 말을) 유도하다; (연극) 대사를 일러주다** = recall, remind, call back, bring back
Ad. **〈구어〉 정확히, 정각에** = on time, punctually, on the dot

ⓐⓓ promptly 빠르게, 신속히; 즉석에서 = swiftly, quickly, rapidly; on the spot
ⓝ prompting (내부로부터의) 충동; 자극, 격려 promptitude 신속, 기민; 시간엄수

0899 5+
makeshift

[méikʃìft]
12.한양대/05.경희대
02.경기대/94.변리사

【어원】make+shift(변경) ➡ 나중에 변경할 것을 생각해 대충 만든

A. 임시변통의, 임시방편의 = temporary[N0078] provisional[N0972] interim, ad hoc, stopgap, rough-and-ready, tentative
N. 미봉책, 일시적인 방편 = Band-Aid[T1000] half measure, lash-up

표 **make shift (with** sth**)** 임시변통하다, 그럭저럭 꾸려나가다 ⊃ I07020
동 **make-do** 임시변통의 (물건), 대용의 (물건)

0900 5+
extemporize
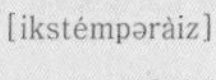
[ikstémpəràiz]
05-2.서울여대
07.덕성여대
09.고려대/01.덕성여대

【어원】ex(=out)+tempor(=time ⊃ R201)+ize(동접) ➡ (준비할) 시간 없이 하다

V. (사전 준비 없이) 즉석에서 연설[연주]하다 = improvise[N0146] play it by ear, wing it, freestyle

ⓐ extempore 준비 없이[없는], 즉석에서(의) = without preparation
extemporary 즉석의, 즉흥적인
extemporaneous 즉석의; 미봉책의 = impromptu[N0218] off-the-cuff[I00503] makeshift
ⓐⓓ extemporarily 즉석에서, 임시변통으로

영영정의 및 예문
EXAMPLE

이미지 연상훈련
IMAGE TRAINING

▶ 1. unwillingness to work or make any effort
2. an animal that lives in trees and moves slowly

• **Sloth** is the mother of poverty.
게으름은 가난의 어머니다.

• A bustling mother makes a **slothful** daughter.
부산하게 움직이는 어머니는 게으른 딸을 만든다. * bustling 부산스러운

▶ V. to delay the development or progress of something
N. a stupid or mentally slow person

• Apparently the long drought has **retarded** this tree's growth.
오랜 가뭄이 나무의 성장을 눈에 띄게 늦추었다.

• Our economic recovery has **been** to some extent **retarded** by strikes.
우리나라의 경기회복이 파업으로 인해 어느 정도 지체되었다.

• This is his third time that he has been **tardy** this year.
올해 들어 그가 지각한 것이 이번이 세 번째이다.

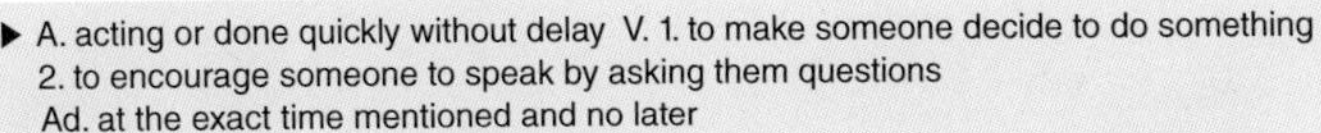

▶ A. acting or done quickly without delay V. 1. to make someone decide to do something
2. to encourage someone to speak by asking them questions
Ad. at the exact time mentioned and no later

• Had it not been for his **prompt** action, a tragic accident would have happened.
그가 신속하게 행동하지 않았다면, 끔찍한 사고가 일어났을 것이다.

• Officials are amazed that the exhibition **has prompted** so much interest in the public.
관리들은 그 전시회가 대중들에게 깊은 관심을 불러일으킨 것에 놀라워한다.

▶ used temporarily because of a sudden need

• The typhoon roared across Taiwan, bowling over power lines and trees and forcing thousands from their homes into **makeshift** rescue centers.
태풍이 대만 전역을 강타하여, 전선과 나무를 쓰러뜨리고 수천 명이 임시 구호 센터로 대피해야 했다.

• Dozens of **makeshift** cafes and food stalls create a carnival atmosphere.
임시로 설치한 수십 개의 카페와 음식 판매대는 카니발 축제의 분위기를 조성하고 있다.

▶ to speak or perform (something) without preparing or practising

• The gifted child **extemporized** on stage at the request of the audience.
그 천재적인 아이는 관객의 요청에 따라 무대에서 즉흥적으로 연주를 했다.

• Because his **extemporaneous** remarks were misinterpreted, he decided to write all his speeches in advance.
그의 즉흥 연설을 사람들이 제대로 이해하지 못하자, 그는 모든 연설문을 사전에 써놓기로 결정했다.

Quick Review

Answer 0876 **emphasize** 0877 **ultimate** 0878 **culminate** 0879 **nadir** 0880 **lapse**
0881 **discomfit** 0882 **dubious** 0883 **subside** 0884 **plunge** 0885 **commotion**
0886 **morbid** 0887 **bleak** 0888 **derelict** 0889 **ravage** 0890 **invade**
0891 **ordinary** 0892 **extraordinary** 0893 **erratic** 0894 **bizarre** 0895 **characteristic**
0896 **sloth** 0897 **retard** 0898 **prompt** 0899 **makeshift** 0900 **extemporize**

Preview

DAY 37

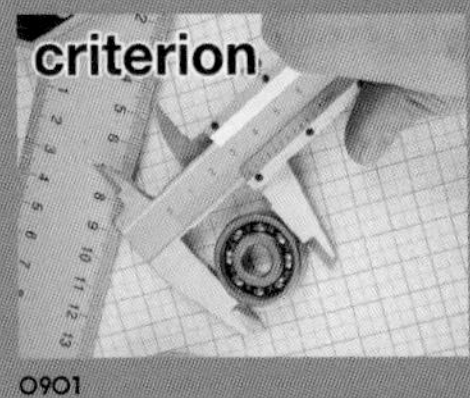

0901

0902

0903

0904

0905

0906

0907

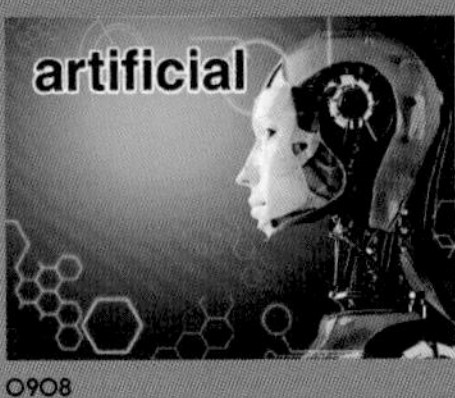

0908

0909

0910

0911

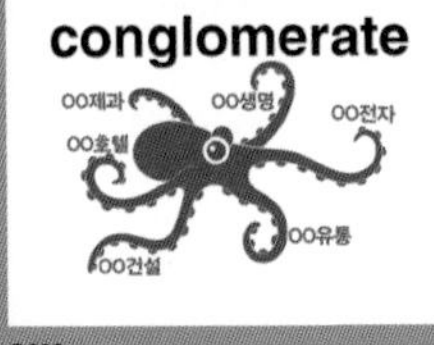

0912

0913

0914

0915

0916

0917

0918

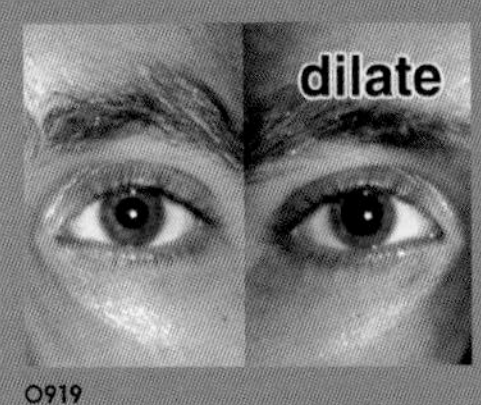

0919

0920

0921

0922

0923

0924

0925

Answer 0901 판단의 척도 0902 이정표 0903 중대한 0904 회전축의, 중추적인 0905 가장자리의, 한계의
0906 장식품, 꾸밈 0907 치장하다 0908 인조의 0909 통속적인 0910 도시풍의, 세련된
0911 소속, 제휴 0912 복합기업, 대기업 0913 분위기 0914 이웃한 0915 평행선, 아주 유사한
0916 떼 짓다 0917 오그라들다, 위축되다 0918 신축성이 있는 0919 팽창시키다 0920 장수
0921 지지하다 0922 뒷받침하다 0923 다루기 힘든 0924 마구, 동력화하다 0925 교묘하게 조작하다

정의 DEFINITION | 유사어휘군 SYNONYM·ANTONYM

0901 5+ **criterion** [kraitíəriən]

12.상명대/07.영남대 00-2.서울여대/93.덕성여대

【어원】 crit(=judge ⊃ R225)+erion ➡ 평가의 기준

N. [(pl.) criteria] (판단 · 평가의) 기준, 척도 = standard, yardstick, touchstone

0902 5+ **milestone** [máilstòun]

12.국민대/01.홍익대/98.한성대 96-2.고려대

【어원】 mile+stone ➡ 다음 도시까지 남은 마일을 표시하는 이정표 → (이정표적인) 획기적 사건

N. 1. (도로의) 이정표 = milepost, guidepost
2. (이정표적인) 획기적 사건 = landmark[N0770]

05-2.고려대

참 **steppingstone** 디딤돌; 출세를 위한 수단
bondstone 받침돌, 이음돌
cornerstone 초석(=quoin); 기초; 근본이념
foundation stone 초석, 주춧돌; 기초적 원리
footstone (묘의) 받침돌; 초석

0903 5+ **momentous** [mouméntəs]

11.강남대/07.경희대,명지대 97-2.중앙대

【어원】 mom(=move ⊃ R058)+ent+ous(형접) ➡ 결정 등을 움직이는 → 중대한, 중요한

A. (결정 · 사건 · 변화 등이) 중대한, 중요한 = important, significant[D0040] historic, crucial, vital, essential, considerable, substantial

혼 **momentary** 순간의, 찰나의; 덧없는(=transitory) ⊃ R0584

0904 5+ **pivotal** [pívətl]

13.가천대,경희대 12.국민대/04.행자부7급

【어원】 pivot(회전축)+al(형접) ➡ 회전축 같이 중심적인 역할을 하는

A. 중추적인, 중요한; 회전축의 = important, centrical, cardinal, significant
* play a pivotal role in ~에서 중추적인 역할을 하다

ⓝ pivot (기계의) 회전축; 중심점, 요점
v. (~을 중심으로) 회전하다; (~에 의해) 결정[좌우]되다

0905 5+ **marginal** [má:rdʒinl]

15.한국외대 02.입법고시/94.고려대학원

【연상】 여기까지가 "마지노(Magino)선"이다. 더 이상은 안 돼.

A. 1. 미미한, 별로 중요하지 않은 = insignificant[N0040] unimportant[T1460] minor, slight
2. 변두리[가장자리]의, 주변부의 = peripheral[D0356] borderline
3. 한계의, 최저한의 = minimal

04.고려대

ⓝ margin 최저한도, 한계; 가장자리, 변두리; 여백; 한계수익점; 특별 수당
- by a narrow margin 근소한 차로, 간신히
ⓥ marginalize 사회의 주류에서 처지게 하다
ⓐⓓ marginally 변두리[가장자리]에; 난외에

영영정의 및 예문
EXAMPLE

이미지 연상훈련
IMAGE TRAINING

▶ a standard by which something can be judged or decided

- Exam results shouldn't be the only **criterion** for your choice of school.
  시험 결과가 학교 선택의 유일한 기준이 되어서는 안 된다.
- These housing projects must be designed according to very strict **criteria**.
  이 주택 계획들은 매우 엄격한 기준에 따라 설계되어야 한다.

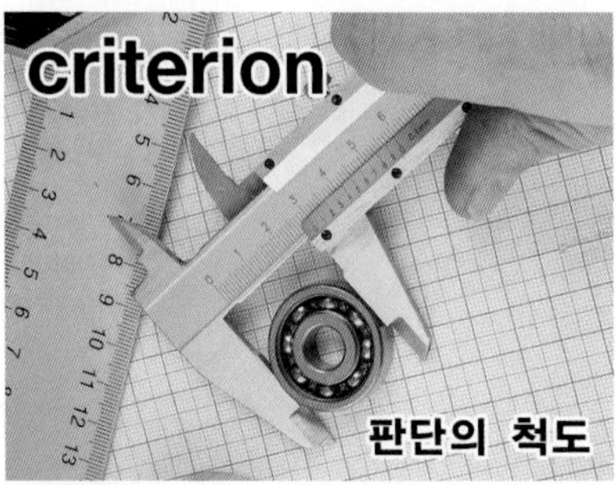

▶ 1. stone post at side of a road to show the distance to the next town
2. an important event in your life or in the development of something

- The old **milestones** along the railroad had fallen over.
  철로를 따라 서 있던 낡은 이정표들이 넘어져 있었다.
- Another **milestone** for this decade was the amazing accomplishments in the field of architecture.
  이번 10년간 또 하나의 획기적인 사건은 건축 분야에서 이룬 놀라운 업적이다.

▶ very important because of effects on future events

- The signing of the peace treaty was a **momentous** event in the nation's modern history.
  평화 협정에의 서명은 그 나라의 근대사에 중대한 사건이었다.
- We will have to make a **momentous** decision very soon.
  우리는 곧 중요한 결정을 해야 할 것이다.

▶ being of crucial importance

- They **played a pivotal role in** the negotiations.
  그들은 협상에서 중추적인 역할을 했다.
- It's a **pivotal** moment in human history.
  그것은 인류의 역사에 있어 중요한 순간이었다.

▶ 1. small or not very important 2. situated on a border 3. at the lower limits

- He was a **marginal** politician at best.
  그는 고작해야 보잘 것 없는 정치가였다.
- The challenge to man's future cannot be met by making **marginal** adjustments here and there.
  인간의 미래에 대한 도전은 여기저기의 한계의 조정을 해서는 충족될 수 없다.
- He won the election **by a narrow margin.**
  그는 선거에서 간신히 이겼다.

DAY 37-2

정의 DEFINITION	유사어휘군 SYNONYM·ANTONYM

0906 5+ **ornament** [ɔ́:rnəmənt]

【어원】orn(=deck)+a+ment(명접) ➡ 장식하는 것 → 장식품

98.경기대
N. 꾸밈, 장식, 장식품 = adornment, decoration, embellishment
Vt. 꾸미다, 장식하다 = decorate, adorn, beautify, embellish

06.세무사
ⓝ ornamentation 장식, 장식품 = adornment[D0907]
06.세종대/98.경기대
ⓐ ornate[ɔ:rnéit] 화려하게 장식한 = elaborate[N0818]
↔ inornate 꾸미지 않은, 간소한

0907 5+ **adorn** [ədɔ́:rn]

【어원】ad(=to)+orn(=deck) ➡ 【연상】 어! 돈으로 도배를 했네.

05-2.국민대/98-2.군산대
Vt. 장식하다; (보석 따위로) 치장하다[with] = decorate[T0673] ornament, beautify, embellish

06.세무사, 서울대학원
ⓝ adornment 장식, 장식품 = decoration[T0673] ornamentation[D0906] embellishment

adore[ədɔ́:r] 숭배하다, 흠모하다; 〈구어〉 아주 좋아하다

0908 5+ **artificial** [ɑ̀:rtəfíʃəl]

【어원】art(=skill, craft ➲ R062)+i+fic(=make ➲ R060)+ial ➡ 1. 기교, 손끝으로 만든 → 인조의, 인위적인 → 부자연스러운

17.산업기술대/07.경기교행
00.서울산업대/87.행자부7급
A. 1. 인조의, 인위적인; 부자연스러운 = synthetic[D0558] man-made, plasticated, plastic contrived, factitious; unnatural
2. (거짓으로) 꾸민, 가짜의 = unreal[T0710] spurious, contrived, fictitious
↔ 진짜의: *genuine*, *authentic*, *veritable*

15.단국대
ⓝ artificiality 인위적임, 부자연스러움; 꾸밈, 가짜 = affectation[D0018]
ⓐⓓ artificially 인위적으로, 부자연스럽게

11.국민대
artifact/artefact[ɑ́:rtəfæ̀kt] (천연물과 대비하여) 인공물, 가공물

0909 5+ **vulgar** [vʌ́lgər]

【어원】vulg(=common people ➲ R195)+ar(형접) ➡ 보통 사람들이 보는 통속소설 같은

14.한국외대/11.명지대
08.성균관대/07.강원9급
A. 1. (사람이나 작품이) 통속적인; 저속한 = indecent[T0682] unrefined, uncouth, coarse, kitschy, crude, rude, bawdy, obscene, indecorous
2. 일반 대중의, 평범한 = common[T0750]

ⓝ vulgarian 속물; 천한 벼락부자; 속물의 = snob, philistine; snobbish
vulgarism 저속한 말, 속어, 비어
vulgus [the ~] (집합적) 일반 대중, 민중
ⓥ vulgarize 통속화[대중화]하다, 보급시키다

0910 5+ **urbane** [ə:rbéin]

【어원】urb(=city, town)+ane ➡ 도시풍의 → 세련된 → 예의 바른

05-2.세종대/03.명지대/00-4.경찰
A. 도시풍의; 세련된, 예의 바른 = townish, civil; couth[T0616] polite, refined
↔ 시골풍의: bucolic, rural, rustic, pastoral

15.국민대
ⓐ urban[ə́:rbən] 도시의; 도시 특유의; 도시에 사는 ↔ suburban 교외의, 교외 거주자의
ⓝ urbanity 도회지 풍; 세련; 예의 바름 urbanite 도시인, 도시 거주자
urb 〈미 구어〉 도시, 도회지, 시내 ↔ suburb (주택지로서의) 교외; (도시의) 근교
ⓥ urbanize 도시화하다

outskirts 변두리, 교외; 한계 **environs** (도시의) 주위, 근교, 교외; 환경
exurb[éksə:rb] 〈미〉 준(準)교외(교외보다 더 떨어진 고급 주택지) **new town** 교외 주택지

영영정의 및 예문
EXAMPLE

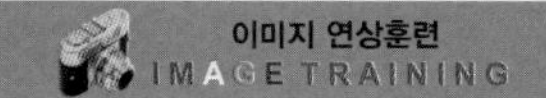

▶ N. a small object used as decoration V. to add decoration to something

- His small living room was full of china **ornaments**.
  그의 집 작은 거실은 도자기 장식품들로 가득 차 있었다.
- His wife chose very **ornate** furniture.
  그의 아내는 매우 화려한 가구를 골랐다.

▶ to make someone or something look more attractive by decorating them with something

- The young princess was richly attired and **adorned with** jewels.
  그 어린 공주는 호화로운 의상을 입고 보석으로 치장했다. * attire 차려입히다
- In many cultures, costumes are worn largely as **adornment** on social or religious occasions.
  많은 문화권에서, 전통 의상을 사회적 또는 종교적인 행사용으로 주로 착용한다.

▶ 1. made by people instead of something natural
2. not sincere or not what it appears to be

- Evolution cannot perform as in previous ages if natural environments have been crowded out by **artificial** ones.
  자연환경이 인위적인 환경에 밀려나게 된다면 과거와 같은 자연 진화는 이루어질 수 없다.
  * crowd out ~을 몰아내다, 설 자리를 없게 만들다
- She welcomed me with an **artificial** smile.
  그녀는 억지웃음을 지으며 나를 맞았다.

▶ 1. lacking refinement or cultivation or taste 2. of the common or ordinary people

- He was a very **vulgar** man.
  그는 매우 천박한 남자였다.
- People tend to use **vulgar language** when they are angry and frustrated.
  사람들은 화가 나거나 좌절했을 때 비속어를 쓰는 경향이 있다.

▶ behaving in a refined and polite way in social situations

- The **urbane** gentleman graciously accepted the honor bestowed upon him.
  그 예의 바른 신사는 그에게 수여된 훈장을 정중하게 받았다.
- Thousands were forced to migrate from **rural** to **urban** areas in search of work.
  수천의 사람들이 일자리를 찾아서 시골에서 도시 지역으로 이주할 수밖에 없었다.

정의 DEFINITION	유사어휘군 SYNONYM·ANTONYM

0911 5+
affiliation
[əfiliéiʃən]
08.대구가톨릭대 03-2.고려대 12.가천대/07.경남7급

【어원】af<ad(=to)+fil(=son, thread ➲ R166)+ation(명접) ➡ 1. 실로 서로 묶음 → 제휴 2. 아들로 만듦 → 입양

N. 1. (개인의 정치·종교적) 소속[가입] = joining, entry, admission
2. (단체의) 제휴, 가맹 = association, participation

ⓥ affiliate 1. 제휴하다[with], ~에 가입하다 = associate[T0536] consolidate
2. 양자로 삼다 = adopt

ⓐ affiliated 가입의, 지부의

0912 5+
conglomerate
[kənglάmərət]
07.서경대/06.대구가톨릭대/95.건국대 13.단국대

【어원】con(=together)+glomer(=gather)+ate(명접) ➡ 기업체를 한데 모은 것 → 대기업

N. (거대) 복합 기업, 대기업; 집합체 = large business, big company

ⓝ conglomeration 복합(체) = mixture[T1375] combination[T1374]

13.서강대
관 **glomer**ate 둥글게 모인
ag**glomer**ation 응집, 덩어리(=cluster) ag**glomer**ate 덩어리로 만들다[되다]

0913 5+
ambience/ambiance
[ǽmbiəns]
11.단국대/04-2.서강대 07.한국외대

【어원】amb<ambi(=around)+i(t)(=go ➲ R039)+ence(명접) ➡ 주변을 감도는 분위기

N. (어떤 장소의) 분위기; 주위, 환경 = atmosphere[R2216]; setting, surroundings, environment, milieu

ⓐ ambient 주위의, 주변을 둘러싼

11.서강대
관 **ambit**[ǽmbit] 주위; 경계, 범위; 세력권(=realm)

0914 5+
adjacent
[ədʒéisnt]
07.서강대/01-2.경기대 00.경기대/96.홍익대

【어원】ad(=near)+jac(=throw ➲ R123)+ent(형접) ➡ 던져서 닿을 만큼 가까운 → 인접한

A. 1. (장소적으로) 인접한, 이웃의[to] = nearby, neighboring[S0873] touching[R0341] adjoining, contiguous, abutting, next door to, vicinal
2. (시간적으로) 직전의, 직후의 = successive[R0383]

ⓝ adjacency 근접, 인접 = vicinity, contiguity, proximity

08.계명대
동 **nearby**[níərbái] 가까운; 가까이에
cf. nearly[níərli] 거의, 하마터면(=almost); 대략(=approximately)

0915 5+
parallel
[pǽrəlèl]
97.서울대학원/85.연세대학원

【어원】par(=equal ➲ R232)+all+el ➡ 모두 같은 → 유사한

A. 1. (두 개 이상의 선이) 평행한
2. (둘 이상의 일이) 아주 유사한 = analogous[N0202]
Vt. ~와 유사하다[병행하다]; ~에 필적하다 = be equal to; emulate
N. 1. 평행선
2. 유사점; ~와 유사한[상응하는] 사람[것] = analogy[D0202]; counterpart, equivalent

08. 대구대/04.경희대
ⓐ unparalleled 비할 바 없는, 미증유의 = unprecedented[N0035] unexampled, matchless

영영정의 및 예문
EXAMPLE

이미지 연상훈련
IMAGE TRAINING

▶ 1. a person's connection with a political party, religion, etc
2. one group or organization's official connection with another

• These banks have **affiliations with** several organizations abroad.
이들 은행들은 외국의 여러 기관과 제휴하고 있다.

• Many national trade union centers **are affiliated with** the International Trade Union **Confederation**.
많은 전국 직종별 중앙 노조들은 국제 직종별 노조 연맹에 가입하고 있다.

▶ a large business organization consisting of several different companies

• The **conglomerate** had to sell several companies in order to stay afloat.
그 대기업은 생존을 위해 몇몇 자회사를 매각해야만 했다. ＊stay afloat (파산하거나 빚지지 않고) 지탱하다

• American jazz is a **conglomeration** of sounds borrowed from such varied sources as American and African folk music, European classical music, and Christian gospel songs.
미국의 재즈는 미국과 아프리카의 민속 음악, 유럽의 고전 음악, 그리고 기독교의 복음성가 같은 다양한 원천으로부터 빌려 온 소리들의 복합체이다.

▶ the atmosphere of a place

• The restaurant had a delightful **ambiance**.
그 레스토랑은 밝은 분위기였다.

• It is possible to talk on the phone while hearing the **ambient** sounds of the environment.
주변 환경에서 들려오는 소리를 들으면서 전화로 얘기하는 것은 가능하다.

▶ 1. very near or next to something else 2. just before, after, or facing

• The island of Japan is **adjacent to** Korea.
일본 섬은 한국에 이웃해 있다.

• The site of the new building is **adjacent to** the park.
새 건물의 위치는 공원에 인접해 있다.

▶ A. 1. being an equal distance apart everywhere 2. very similar
V. to be similar or equal to something or someone
▶ N. 1. a line that keeps the same distance from another line at every point
2. similar features

• Nobody **paralleled** him in dancing.
춤에 있어 그에 필적할 사람이 없었다.

• The detective tried to **draw a parallel** between two cases.
그 탐정은 두 사건 사이에 유사점을 찾기 위해 애를 썼다.

• The country has been through **unparalleled** troubles.
그 나라는 전례없는 불행을 겪었다.

0916 5+ **cluster** [klʌ́stər]

17.가천대/13.서강대.서울여대 08.단국대/00.세무사

【어원】cluster(=bunch) ➡ 송이, 다발 → 무리 → 떼 짓다

V. 떼를 짓게 하다; 떼 짓다, 밀집하다[together] = concentrate[N0216] flock together, crowd, swarm, aggregate, close up
*in a cluster 떼 지어

N. (꽃, 과일 등의) 송이, 다발; (사람 등의) 무리 = bunch[T0510] bundle[T0510]; group, agglomeration[D0912]

0917 5+ **shrink** [ʃriŋk]

08.한양대/05.동국대 95.사법시험/89.법원직

【연상】shrimp(등이 오그라든 새우)의 사촌

V. 1. (천이) 오그라들다; (양이) 줄다; 줄이다 = become smaller, contract[N0482] shrivel
2. 움츠러들다, 뒷걸음치다, 주눅 들다 = recoil, cringe, flinch, wince
*shrink (away) from ~하는 것을 겁내다

N. 뒷걸음질, 위축 = recoil[T1361]

0918 5+ **elastic** [ilǽstik]

06.명지대/05-2.고려대 11/01-2.세종대/91.연세대학원

【어원】e<ex(강조)+last(=last ➲ R023)+ic(형접) ➡ (태풍에 나무가) 잘 견디는 → 탄력 있는, 신축성이 있는 → 융통성이 있는

A. 1. 탄력 있는, 신축성이 있는 = resilient, retractile ↔ *inflexible*, *rigid*
2. (상황에 따라) 융통성이 있는 = flexible[N0594] bendable, pliant, pliable, supple

ⓝ elasticity 탄력; 신축성 = resilience[N0410]

0919 5+ **dilate** [dailéit]

07.경기대.덕성여대 97.행자부7급/94.입법고시 12.경희대

【어원】di<dis(=away)+lat(=wide ➲ R051)+e ➡ 멀리까지 나르다 → 넓히다 → 팽창시키다

Vt. 넓히다, 팽창시키다 = widen[S0735] expand[T1345] distend, inflate
Vi. 넓어지다, 팽창하다 = widen[S0735] become wider

ⓝ dilatation/dilation 팽창, 확장 = distension[R1311]
ⓐ dilated 팽창한, 넓어진
dilative 팽창하기 쉬운, 확장시키는

혼 **dilatory** 더딘, 느린; 시간을 끄는 ➲ R0513

0920 5+ **longevity** [landʒévəti]

17.중앙대/16.서울시7급/14.국가직7급 03.명지대/00.동국대 97.지방고시

【어원】long(=long ➲ R202)+ev(=time, age ➲ R201)+ity(명접) ➡ 1. 나이(수명)가 긴 것 → 장수 2. 얼마나 오래 사느냐 → 수명

N. 1. 장수(長壽) = long life, macrobiosis
↔ 단명: *a short life*, *a brief span of life*
2. 수명 = life span

반 **brevity** 간결; 짧음, 순간 ➲ R2026
관 **life span** (생물 · 기계의) 수명; (조직의) 존속 기간

영영정의 및 예문
EXAMPLE

이미지 연상훈련
IMAGE TRAINING

▶ V. to form a small close group
N. a small group of people or things that are very close together

• They **clustered together** in a corner of the room.
그들은 방의 한구석에 모여 있었다.

• The crowd **clustered** around the entrance.
군중은 입구 주위에 무리를 이루었다.

▶ V. 1. to become smaller; to make something smaller
2. to move back and away from something because you are frightened

• When the plastic is exposed to the fire, it **shrinks**.
플라스틱은 불에 노출되면 오그라든다.

• Janet is doing her best to pass the English test because she **shrinks from** the thought of having to repeat it in summer school.
Janet은 여름학교에서 재시험을 봐야 한다는 생각이 싫어서, 영어시험을 통과하려고 최선을 다하고 있다.

• Chemotherapy is used to **shrink** the remaining tumor.
화학요법은 남아 있는 종양을 줄이는 데 사용된다.

▶ 1. able to stretch and return to its original size or shape
2. able to change when the situation changes

• When stretched, a rubber band produces an **elastic force**.
고무줄을 당기면 탄력이 발생한다.

• My timetable for this week is fairly **elastic**.
이번 주 내 시간표는 어느 정도 융통성이 있다.

• With age, veins and arteries lose their **elasticity** and ability to quickly transport blood throughout the body.
나이가 들면 정맥과 동맥은 탄력성과 몸 전체로 피를 빠르게 보내는 능력을 잃게 된다.
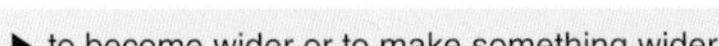
* vein 정맥 artery 동맥

▶ to become wider or to make something wider

• It will be necessary for the doctor to **dilate** the pupils of your eyes with some drops in order to examine them.
의사는 눈을 검진하기 위해 (안약을) 몇 방울 떨어뜨려 동공을 넓힐 필요가 있을 것이다.

• Tea has complex compounds called polyphenols which are believed to help the arteries to **dilate**.
차에는 폴리페놀이라 불리는 복합 합성물이 들어 있는데, 이 폴리페놀은 동맥을 확장시키는 데 도움이 되는 것으로 알려져 있다. * artery 동맥

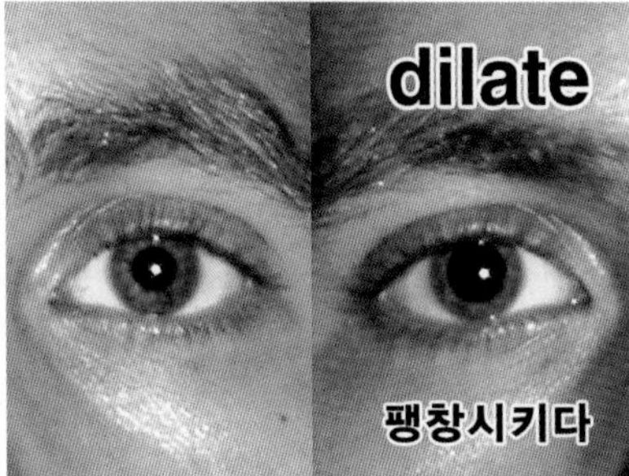

▶ 1. long life 2. length of life

• Elizabeth Israel, 125, as the world's oldest living person in Dominica, ascribes her **longevity** to her diet.
도미니카에 사는 세계최고령자인 125세의 엘리자베스는 자신의 장수를 식이요법 덕택으로 여긴다.

• Drinking and smoking can have a tremendous effect on the health and **longevity**.
음주와 흡연은 건강과 수명에 막대한 영향을 끼칠 수 있다. * tremendous 막대한

0921 5+ **buttress** [bʌ́tris]
17.경기대/10.경희대/05-2.세종대 00.건국대/93.행정고시

【연상】 앉을 때 몸을 받치는 엉덩이(butt)에서 연상 *butt 〈미〉 엉덩이

Vt. 지지하다; (주장에) 힘을 실어 주다 = support[R0499] beef up, prop up, bolster, underpin, uphold, hold, stand by, stand up for, back up

N. 버팀벽, 지지(물), 버티는 사람 = prop, brace

05-2.고려대 **butt**[bʌ́t] 1. (조롱의) 대상, 표적 2. 〈구어〉 엉덩이

0922 5+ **underpin** [ʌndərpin]
15.지방직9급/09.서강대

【어원】 under(=under)+pin(고정하는 핀) ➡ 아래에다 고정하는 핀으로 고정하다

Vt. (주장을) 뒷받침하다[근거를 대다] = support[R0499] bolster, corroborate, prop up, strengthen

13.가천대/09.경기대 ⓝ underpinning 지주, 받침대; 지지, 기반, 토대 = foundation[N0395]

0923 5+ **unwieldy** [ʌnwí:ldi]
11.국가직 9급/06.한성대

【어원】 un(=not)+wield(휘두르다)+y(형접) ➡ (칼이 너무 커서) 휘두르기 쉽지 않은

A. (무거워서) 다루기 힘든, 거추장스러운 = bulky, massive, burdensome, onerous

09.국민대/07.홍익대 반 **wieldy** 다루기 쉬운, 사용하기 알맞은
- **wield**[wi:ld] (칼 · 도구 · 권력 등을) 휘두르다, 사용하다(=use)

0924 5+ **harness** [há:rnis]
17.09.국민대/05.아주대 98.덕성여대/95.서울대학원

【연상】 높으신 분(Highness : 하이니스)들의 말에는 마구(Harness 하니스)가 채워져 있다.

Vt. 1. (자연력을) 동력화하다, 이용하다 = utilize[R1771] exploit[N0257] employ, mobilize, capitalize
2. (말 등에) 마구를 채우다
N. 마구, (자동차 좌석의) 고정벨트

0925 5+ **manipulate** [mənípjulèit]
17.상명대/16.고려대/13.성균관대 11.가톨릭대/07.건국대

【어원】 mani(=hand ➲ R186)+pul(=fill)+ate(동접) ➡ 손으로 채우다

Vt. 1. (도구를) 능숙하게 다루다 = operate with skill, use, handle, employ, wield
2. (시장 · 가격 · 장부 · 여론 등을) 교묘하게 조작하다 = doctor[R1472] influence, control, distort, tamper with

ⓝ manipulation 교묘한 처리, 시장 조작

영영정의 및 예문
EXAMPLE

▶ V. to support something N. a stone or brick structure that supports a wall

- This evidence will **buttress** his argument.
  이 증거가 그의 주장을 뒷받침해 줄 것이다.
- China has been a reliable **buttress** for North Korea for decades.
  중국은 수십 년 동안 북한에게 믿을 만한 버팀목이 되어왔다.

▶ to give corroboration

- The report is **underpinned by** extensive research.
  그 보고서는 광범위한 연구로 뒷받침되어 있다.
- The movie's story has a tragic **underpinning** that would puzzle even the professional reviewers.
  그 영화의 스토리는 전문 평론가들조차도 당황하게 하는 비극적 기반을 가지고 있다.

▶ difficult to use or handle or manage because of size or weight or shape

- Tablet PCs are often used where normal notebooks are impractical or **unwieldy**, or do not provide the needed functionality.
  태블릿 PC는 보통의 노트북이 비실용적이거나 거추장스러울 때, 또는 요구되는 기능을 제공하지 못할 때 종종 이용된다.
- She **wields** tremendous power in this country.
  그는 이 나라에서 엄청난 권력을 휘두른다.

▶ 1. to make use of 2. to put the harness on

- Techniques **harnessing** the energy of the sun are being developed.
  태양의 에너지를 이용하는 기술이 지금 개발되고 있다.
- The architect **harnessed** natural resources and used simple, local materials steel, sandbags, stone to create her home.
  그 건축가는 자신의 집을 짓기 위해 천연자원을 이용했고, 소박하고 그 지역에 흔한 자재들인 강철 모래주머니 돌을 사용했다.

▶ 1. to handle or use with skill 2. influence or control shrewdly or deviously

- Everyone agreed that two weeks is enough to learn to **manipulate** the apparatus.
  모든 사람들은 그 기계장치를 익숙하게 다루는 것을 배우는데 2주면 충분하다는데 동의했다.
- The government **manipulated** public opinion in their favor.
  그 정부는 여론을 그들에 유리하게 조작했다.

Quick Review

0901 c____

0902 m____

715
Hank Aaron
중대한

0903 m____

중추적인

0904 p____

가장자리의, 한계의

0905 m____

0906 o____

0907 a____

rtificial ntelligence
인공지능
인조의

0908 a____

통속적인

0909 v____

도시풍의, 세련된

0910 u____

0911 a____

0912 c____

0913 a____

0914 a____

0915 p____

0916 c____

0917 s____

0918 e____

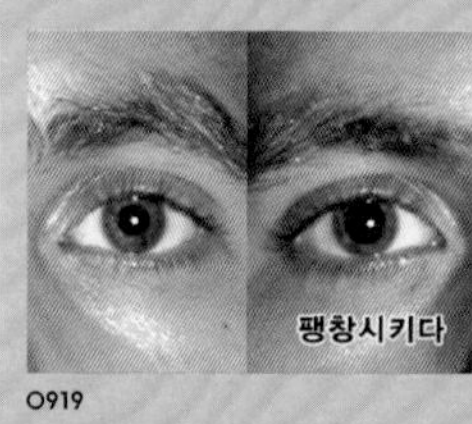

0919 d____

0920 l____

0921 b____

0922 u____

0923 u____

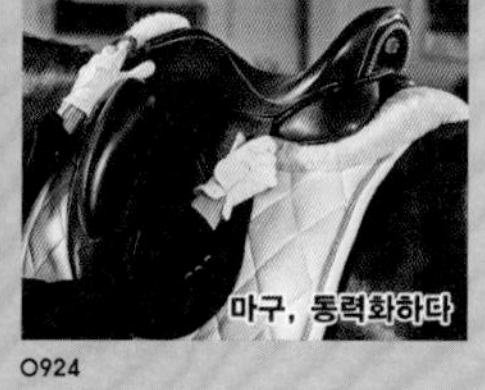

0924 h____

0925 m____

Answer 0901 criterion 0902 milestone 0903 momentous 0904 pivotal 0905 marginal 0906 ornament 0907 adorn 0908 artificial 0909 vulgar 0910 urbane 0911 affiliation 0912 conglomerate 0913 ambience 0914 adjacent 0915 parallel 0916 cluster 0917 shrink 0918 elastic 0919 dilate 0920 longevity 0921 buttress 0922 underpin 0923 unwieldy 0924 harness 0925 manipulate

Preview

DAY 38

0926

0927

0928

0929

0930

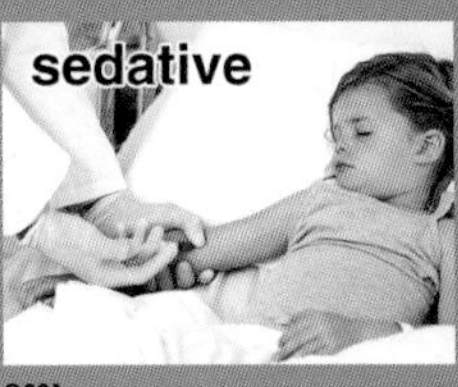

0931

0932

0933

0934

0935

0936

0937

0938

0939

0940

0941

0942

0943

0944

0945

0946

0947

0948

0949

0950

Answer 0926 진짜임을 확인하다 0927 증명하다 0928 신중한 0929 정비하다 0930 잘못되었음을 보여주다
0931 진정제, 진정시키는 0932 평온한, 잔잔한 0933 침착, 태연 0934 최면술 0935 엉망진창
0936 기울기, 경향 0937 봉헌하다, 헌정하다 0938 ~에 열중하다 0939 제멋대로 하게 두는 0940 해결을 위한 수단
0941 특권 0942 폐지하다 0943 법률을 폐지하다 0944 무효화하다 0945 흩어져 사라지다
0946 교의, 신조 0947 역설 0948 연속적인 0949 결과로 수반하다 0950 하급자, 부하

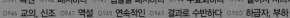

DAY 38-1

정의 DEFINITION	유사어휘군 SYNONYM·ANTONYM

0926 5+
authenticate
EEPP
[ɔːθéntikèit]
05.서강대 / 13.한국외대 / 02-2.고려대 / 17.단국대/05.세종대

【어원】aut<auto(=self ⊃ P068)+hentic(=being)+ate(동접) ➡ 증거를 자신이 직접 준비하다 → 확증을 세우다 → 입증하다

V. (필적 · 미술품 · 말 등이) 진짜임을 증명하다 = verify, testify, validate, identify

ⓐ authentic 진짜의; 신뢰할 만한 = genuine[N0371]; reliable[N0303]
ⓐⓓ authentically 확실히, 진짜처럼
ⓝ authenticity 확실성; 성실; 진품[진짜]임 = verisimilitude[R2316]

0927 5+
attest
ES
[ətést]
03.계명대/09.이화여대 / 96.고려대,공인회계사

【어원】at<ad(=to)+test(=witness, test ⊃ R069) ➡ 증거를 대다 → 증명하다

V. 1. (어떤 것이 ~을) 증명[입증]하다[to] = prove[D0741]
2. (자신의 생각이 사실임을) 확신하다 = confirm[N0160] affirm[R0313]
3. (법정 등에서) 증언하다 = testify[N0722] bear witness to

ⓐ attested 증명[입증]된; (제품이) 공정 기준을 통과한
ⓝ attester 입회 증인

표 **bear witness to** ~을 증언하다, ~을 입증하다(=attest, testify)

0928 5+
circumspect
EPS
[sə́ːrkəmspèkt]
15.숙명여대/11.서울여대 / 09.한국외대/98.변리사

【어원】circum(=around)+spect(=look, see ⊃ R073) ➡ 발을 내딛기 전에 이곳저곳을 둘러보는 → 신중한

A. 신중한, 용의주도한, 치밀한 = prudent[N0224] cautious, scrupulous, keen, thoughtful, considerate, attentive, tactful, wide-awake, shrewd, alert, canny
↔ 부주의한: *careless*, *negligent*, *neglectful*, *inattentive*, *incautious*, *imprudent*, *inadvertent*, *indiscreet*, *unheedful*, *unheeding*, *heedless*, *insouciant*, *unwary*, *reckless*, *unwatchful*

ⓝ circumspection 신중, 용의주도
*with circumspection 신중하게 = cautiously

0929 5+
overhaul
PS
[òuvərhɔ́ːl]
15.명지대/13.성균관대 / 07.충남9급/99.세무사

【어원】over(=완전히)+haul(끌어당기다) ➡ 정비를 위해 완전히 끌어당기다

Vt. (기계 · 제도 · 시스템을) 점검[정비]하다 = examine thoroughly, revamp[T0585] go over, inspect, check up
N. (기계 · 제도 · 시스템의) 총점검[정비] = inspection[R0735] examination, checkup

관 **haul**[hɔːl] v. (힘들여) 끌다, (법정에) 출두시키다
n. 많은 양, 많은 점수; 거리, 여정

0930 5+
debunk
S
[diːbʌ́ŋk]
11.국회8급,중앙대 / 08.이화여대 / 11.홍익대

【어원】de(=away)+bunk(헛소리) ➡ 헛소리를 한 방에 날려버리다

Vt. (생각 · 이론 등이) 잘못되었음을 보여주다 = expose[R0133] discredit, explode

ⓝ debunker 폭로자

관 **bunk**[bʌŋk] 1. 터무니없는 소리, 속임수 2. (배 · 기차의) 침대(=berth) 3. v. 결석하다

영영정의 및 예문
EXAMPLE

이미지 연상훈련
IMAGE TRAINING

▶ to prove that something is real, true, or what people say it is

• A **connoisseur** is able to **authenticate** the original painting from the imitation.
감정인은 원작품과 모조품을 구분해 낼 수 있다. * connoisseur 감정인

• The value of the evidence depends on its **authenticity**.
증거의 가치는 그것의 진위 여부에 달려있다.

▶ 1. to show or prove that something is true
2. to state formally that you believe something is true, especially in a court of law

• His ability **was attested to** by his rapid promotion.
그의 능력은 빠른 승진으로 증명되었다.

• His works **attest** his ability and industry.
그의 작품은 그의 능력과 근면을 입증해준다.

• I can **attest** that what he has said is true.
나는 그가 한 말이 사실이란 것을 증언할 수 있다.

▶ thinking carefully about something in order not to take risks

• In her usual **circumspect** manner, she had insured herself against this type of loss caused by fire.
그녀는 평소처럼 용의주도하게, 이러한 화재로 인한 손해에 대비해 보험을 들었었다.

• You should always act **with circumspection** in order not to commit mistakes.
실수를 저지르지 않으려면 항상 신중하게 행동해야 한다.

▶ Vt. to examine thoroughly and repair N. a thorough examination and repair

• A radical **overhaul** of the political system is necessary.
정치 체제의 근본적인 정비가 요구된다.

• He called for an **overhaul** of the tax system.
그는 조세 제도의 점검을 요구했다.

▶ to show that an idea, a belief, etc. is false

• His theories have **been debunked by** recent research.
그의 이론들은 최근의 연구에 의해 잘못되었음이 밝혀졌다.

• In her discussion she will **debunk** myths about Muslims and the religion of Islam.
토론에서 그녀는 무슬림과 이슬람 종교에 대한 근거없는 믿음들이 잘못된 것임을 알릴 것이다.

DAY 38-2

정의 DEFINITION | 유사어휘군 SYNONYM·ANTONYM

0931 5+ **sedative** [sédətiv]

【어원】 sed(=sit ➲ R021)+at+ive(형접) ➡ (차분히 가라) 앉히는 → 진정시키는 → 진정제

07.한국외대/00.경기대/97.고려대학원

N. 진정제 = tranquilizer[D0297] calmative, depressant
A. 진정시키는; 졸리게 하는 = tranquilizing[D0297] calmative; soporific[R1762]

ⓝ sedation 진정 (작용); 진정 상태 = mitigation, tranquility, appeasement

08.세종대

ⓥ sedate 진정시키다, 침착하게 하다; 침착한 = calm

0932 5+ **placid** [plǽsid]

【어원】 plac(=please ➲ R241)+id(형접) ➡ 만족한 → (만족해서) 조용한

09.서강대/96.지방고시/95.동국대/93.서울대학원

A. 1. 평온한, 잔잔한 = peaceful[T0903] tranquil[D0297] calm, quiet, still, serene
2. (성격이) 조용한, 차분한 = composed, poised, collected, restful, reposeful

ⓝ placidity 조용함, 평온, 온화, 차분함 = calmness, serenity, composure

0933 5+ **equanimity** [ìːkwəníməti]

【어원】 equ(=equal ➲ R231)+anim(=mind ➲ R190)+ity ➡ 마음이 동등한 상태 → 평온, 평정

10.중앙대/06.가톨릭대/03.경기대/86.외무고시

N. (마음의) 평정; 침착, 태연 = composure[D0148] equilibrium[R2311] coolness, calm, serenity, tranquility, aplomb

*with equanimity 차분하게 = calmly[T0131]

0934 5+ **hypnosis** [hipnóusis]

【어원】 hypno(=sleep)+osis(상태접미어) ➡ 잠이 오는 상태

15.단국대/14.인천대/00.행자부9급

N. 최면 상태; 최면술 = mesmerization

17.단국대/08.서울시7급

ⓥ hypnotize ~에게 최면을 걸다; 매료하다 = mesmerize[T0442]; captivate
ⓐ hypnotic 최면술의, 잠이 오게 하는; 수면제 = mesmeric, soporific, soporiferous, somnolent, somniferous

ⓝ hypnotist 최면술사 hypnotism 최면학, 최면연구
hypnotherapy 최면 요법

0935 5+ **mess** [més]

【연상】 인턴이 수술대에 메스(scalpel)를 엉망으로 어질러 놓아 수술이 엉망이 되었다.

05.법원직/98.경찰

N. 혼란, 뒤죽박죽, 엉망진창; 곤경 = muddle[T0872]
*in a mess 엉망으로 어질러져; 곤경에 빠져 = in a muddle[T0872]
V. 난잡하게 하다; 망쳐놓다[up]; 실패하다 = jumble, muddle, mull, clutter; spoil

14.명지대/04.고려대

ⓐ messy 1. (장소가) 어질러진, (사람이) 지저분한 = untidy, mussy, shambolic; dirty, slovenly
2. (일·상황 등이) 꼬인, 성가신 = disordered, confusing, muddled

혼 mass [mǽs] 큰 덩어리; 모임, 다수, 대부분; 대중 ➲ P0216

영영정의 및 예문
EXAMPLE

이미지 연상훈련
IMAGE TRAINING

▶ N. a drug that makes someone calm or go to sleep
A. tending to calm or inducing sleep

- She was in such a state when her son died that the doctor gave her a **sedative** to help calm her down.
그녀는 아들이 죽었을 때 의사가 그녀를 진정시키기 위해 진정제를 처방했을 만큼 심각한 상태였다.
- The first impression one gets of Holland is that it is a calm, **sedate** and simple land.
네덜란드에 대한 첫인상은 고요하고 차분하며 소박한 나라라는 것이다.

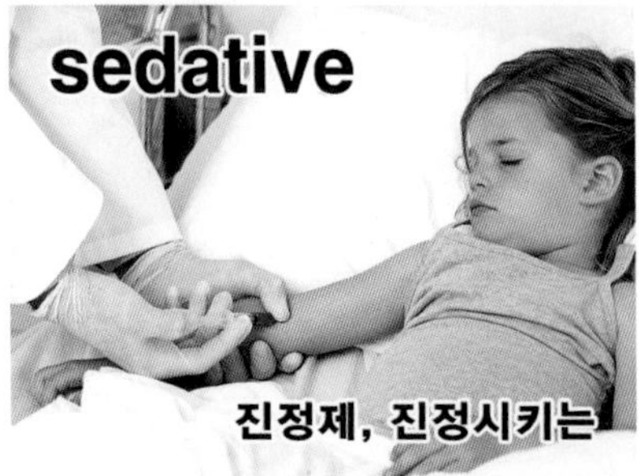

▶ 1. calm and peaceful 2. not easily irritated

- There is **a placid lake** near the small town.
그 작은 마을 근처에는 잔잔한 호수 하나가 있다.
- His father, normally **a placid man**, had become enraged at the sight of the damaged car.
그의 아버지는 평소에 조용한 분이신데, 부서진 차를 보고 격분하셨다.

▶ a calm state of mind, especially in a difficult situation

- She received the bad news **with** remarkable **equanimity**.
그녀는 좋지 않은 소식을 매우 담담하게 받아들였다.
- The mother of eleven boys viewed the mudball fight **with equanimity**; at least they weren't shooting bullets at one another.
열 한명의 아이를 둔 그 엄마는 진흙싸움을 침착하게 바라보았다. 적어도 아이들이 서로를 향해 던지고 있는 것이 총알은 아니었으니까.

▶ a state that resembles sleep but that is induced by suggestion

- A **hypnotist** typically brings about **hypnosis**, but it is possible to **hypnotize** yourself.
최면술사는 일반적으로 최면을 걸지만, 스스로 최면에 빠지는 것도 가능하다.
- A person in a **hypnotic** trance can become unaware of pain by focusing on some other sensation or imagining that the painful area as been made numb.
최면에 걸려 인사불성 상태에 있는 사람은 다른 감각에 집중하거나 통증이 있는 부위에 감각이 없어진 것처럼 상상하는 것을 통해 통증을 느끼지 못하게 될 수 있다. *trance 인사불성

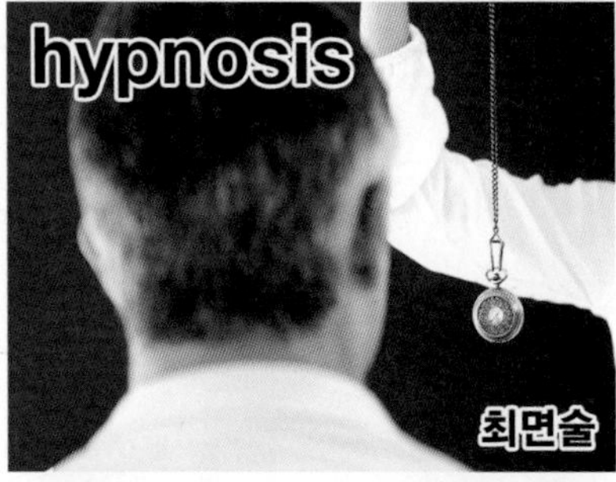

▶ N. untidy or disordered condition; a situation that is full of problems
V. to make something untidy

- Who **messed up** the kitchen?
누가 부엌을 엉망으로 어질러 놓았니?
- Julia started to clean her **messy** room.
줄리아는 지저분한 자신의 방을 청소하기 시작했다.
- John is determined to get his job back, even if it means **a messy lawsuit**.
존은 그의 직장으로 복귀하기로 결심했다. 비록 그것이 성가신 소송을 거쳐야 한다고 해도.

정의 DEFINITION | 유사어휘군 SYNONYM·ANTONYM

0936 5+ **inclination** [ìnklənéiʃən]

11.국회속기직/95.연세대학원

【어원】in(=in)+clin(=bend ⊃ R128)+ation ➡ (팔이) 안쪽으로 굽는 것 → 경향

N. 1. 기울기, 경사도 = tilt[T1458] leaning, slope, slant
2. (~하려는) 의향[to]; ~하는 경향[to] = tendency, disposition, propensity
*a natural inclination 타고난 성향, 천성

ⓥ incline 기울(이)다, 경사지다; 숙이다; ~하고 싶어하다

17.경기대

*be inclined to R ~하는 경향이 있다(=be likely to R), ~하기 쉽다, ~하고 싶다

97.건국대 / 한국외대

반 **disinclination**[disìnklənéiʃən] 싫음, 내키지 않음 = reluctance[D0134]
***be disinclined to R** ~하기 싫어하다

0937 5+ **dedicate** [dédikèit]

08.영남대/05.한양대

【어원】de(=down)+dic(=say ⊃ R087)+ate ➡ (자신을) 낮추어 말하다 → 봉헌하다

Vt. 1. 헌납하다, 봉헌하다, 헌정하다 = consecrate[R1995]
2. (일생을) 바치다, 전념하다 = devote[R1984]
*dedicate oneself to ~에 전념하다 = devote oneself to, give oneself up to

12.중앙대/06.영남대

ⓝ dedication 봉헌, 헌정; 헌신; 개관식 = devotion
ⓐ dedicated 전념하는, 헌신적인; ~전용의

0938 5+ **engross** [ingróus]

07.경희대/04-2.건국대 01.중앙대/98.경기대

【어원】en(=make)+gross(=large, thick ⊃ R036) ➡ (시선을) 하나에 총체적(gross)으로 두다 → 몰두시키다, 열중하게 하다 → 독점하다

Vt. 1. ~에 열중하게 하다, 몰두시키다 = attract[N0326] absorb, captivate, enthrall
*be engrossed in ~에 몰두[전념]하다 = be occupied in[D0766]
2. (시장 · 상품을) 독점[매점]하다 = monopolize

ⓐ engrossing 마음을 사로잡는, 전념[몰두]케 하는
ⓝ engrossment 전념, 몰두; 독점, 매점

0939 5+ **indulgent** [indʌldʒənt]

14.기상직9급/11.상명대 08.경기도9급

【연상】방 안으로(in) 들쥐(dulg)가 제멋대로 들어오는(enter)

A. 제멋대로 하게 두는, (결점에) 너그러운, 무른 = lenient, gentle, tender, permissive, tolerant

17.산업기술대/93.성균관대

ⓝ indulgence 하고 싶은 대로 함; 관용 = self-indulgence, intemperance, unrestraint
ⓥ indulge 1. (특히 좋지 않은 것을) 탐닉하다[in] = self-in
2. (아이를) 버릇없이 기르다 = pamper, spoil

관 **overindulge** 응석을 다 받아 주다 **self-indulgent** 방종한, 제멋대로 하는

0940 5+ **recourse** [ríːkɔːrs]

13.국회8급 08.세종대, 한국외대 07.충북9급

【어원】re(=again)+course(=run ⊃ R042) ➡ 일만 생기면 또 다시 (부모에게로) 쪼르르 달려가는 것

N. (어려운 상황을 타개하기 위해) 의지하는 것 = resort[T0472]
*without recourse to ~에 의지하지 않고
*as a last recourse 최후의 수단으로 = as a last resort

영영정의 및 예문
EXAMPLE

이미지 연상훈련
IMAGE TRAINING

▶ 1. a slope 2. a feeling that you want to do something or a tendency to do something

- Most boys have a natural **inclination to** admire their fathers.
  대부분의 소년들은 아버지를 존경하는 천성이 있다.
- When interviewing a candidate for a job, we **are inclined to** attach too much weight to the school and university background.
  입사 면접에서 우리는 학교 및 출신 대학과 학업 성적에 너무 중요성을 두는 경향이 있다.
- Environmental destruction in some Asian nations has reached alarming levels, but many leaders **are disinclined to** adopt tougher measures against it for economic reasons.
  일부 아시아 국가에서의 환경파괴는 심상치 않은 수준에 도달했지만, 많은 지도자들은 경제적인 이유로 이에 대한 더욱 강경한 조치를 채택하기를 꺼리고 있다. *alarming 놀라운, 심상치 않은

▶ 1. to offer something formally to a person as a way of showing respect
2. to give a lot of your time and effort to a particular purpose

- The memorial **was dedicated to** all who served in the war.
  그 기념비는 모든 참전 용사들을 기리기 위해 헌정되었다.
- The social reformer **dedicated** his life **to** working for the abolition of slavery and the fight for civil rights.
  그 사회개혁가는 자신의 인생을 노예제도폐지와 시민권리를 위한 투쟁을 위해 일하는 데에 바쳤다.

▶ to interest someone so much that they do not notice anything else

- He **was** so **engrossed in** his job that he lost track of time.
  그는 너무 일에 빠져 있어서 시간이 가는 줄도 몰랐다.
- After while, the men **became engrossed in** their own business conversation.
  잠시 후에, 그 남자들은 그들 자신의 사업이야기에 몰입했다.

▶ allowing someone to do or have what they want

- Unable to stick to his diet, the **indulgent** clerk ate 20 chocolate bars in a row.
  마음이 모질지 못해 다이어트를 계속할 수 없는 그 점원은 20개의 초콜릿바를 연달아 먹었다.
- The old man often **indulges in** the luxury of a good cigar.
  그 노인은 종종 좋은 품질의 시가를 탐닉한다.

▶ act of turning to for assistance

- They achieved their purpose without having **recourse to** arms.
  그들은 무력에 의지하지 않고 목적을 달성했다.
- Layoffs should be **the last recourse** to cut costs.
  해고는 비용을 절감하기 위한 최후의 수단이어야 한다. *layoff 해고

0941 5+ **prerogative** [prirágətiv, -rɔ́g-]
12.경희대/99.중앙대 91.사법시험/경찰간부

【어원】 pre(=before)+rog(=ask ➲ R103)+ative(형접) ➡ 먼저 요구할 수 있는

N. (관직 등에 따르는) 특권, 특혜 = special privilege[R2542] special right
A. 특권을 가진

0942 5+ **abrogate** [ǽbrəgèit]
15.경찰2차/14.서강대 11.고려대/02-2.명지대

【어원】 ab(=away)+rog(=ask ➲ R103)+ate(=동접) ➡ 멀리 치워버릴 것을 요구하다

Vt. (법령 · 합의 등을) 폐지[폐기]하다 = abolish[N0407] do away with[I07107] nullify, annul, rescind, revoke, repeal

ⓝ abrogation 폐지, 폐기
ⓐ abrogative 폐지한

0943 5+ **repeal** [ripí:l]
06.서울시교행/05.경기대 00,97.동국대

【어원】 re(=back)+peal<pel(=drive ➲ R066) ➡ (참고) 뒤쪽으로 몰고가다 → 폐지하다

Vt. (법률 등을) 폐지[폐기]하다 = cancel[T1210] rescind[R1088] do away with, abrogate, abolish, annul, revoke, nullify, void, quash, disuse
N. (법률 등의) 폐지, 폐기; 취소, 철회 = abolition, abrogation, annulment, disuse, revocation, nullification, voidance, defeasance; recall, recantation, withdrawal

ⓝ repealer 폐지론자; (기존 법령의) 폐지 법안

동 **appeal** 간청하다[to]; 항소하다[to]; 마음을 끌다[to] ➲ R0611

0944 5+ **nullify** [nʌ́ləfài]
14.한국외대/11.덕성여대 03,02-2.고려대

【어원】 null<ne(=not, zero ➲ R234)+i+fy(=make) ➡ 영으로 만들다 → 무효로 하다 → 헛되게 하다

Vt. (법적으로) 무효화하다, 효과가 없게 하다 = invalidate[D0238] annul[R2343] repeal, abolish, abrogate, make void, avoid, negate, neutralize, vitiate, annihilate, dissolve

ⓐ null 무효의; 무익한; 하나도 없는, 영의; 영, 제로
*null and void (법률상) 무효인
ⓝ nullification 무효, 파기, 취소

동 **annul** [ənʌ́l] (법률 · 규정 등을) 무효로 하다, 폐기하다 *an<ad(=to)+null(=not)* ➲ R2343
cf. anal [éinl] 항문의

0945 5+ **dissipate** [dísəpèit]
12.한국외대/02-2.세종대 00-2.한성대/96.단국대

【어원】 dis(=apart)+sip(=throw ➲ R124)+ate(동접) ➡ 따로따로 던져버리다

Vt. 1. (구름 · 안개 등을) 흩뜨리다; 방출하다 = scatter, disperse, diffuse; release, emit
2. (슬픔 · 공포 등을) 쫓아버리다 = dispel, repel, expel, drive away
3. (시간 · 재산 등을) 낭비[탕진]하다 = waste[T1530] squander[N0833] lavish[N0434]
Vi. (구름 따위가) 흩어져 사라지다, 소멸되다 = disappear[R2326] vanish, go away, fade up, evaporate

ⓝ dissipation 흩어져 사라짐; 낭비
ⓐ dissipated 방탕한, 무절제한
dissipative 흩어지는; 낭비적인

영영정의 및 예문
EXAMPLE

이미지 연상훈련
IMAGE TRAINING

▶ a special right or privilege belonging to a person

• Constitutional changes are exclusively the **prerogative** of the parliament.
헌법을 바꾸는 것은 오로지 의회의 특권이다. * constitutional 헌법의 exclusively 오로지

• Wild optimism is youth's **prerogative**.
길들지 않은 낙천주의는 젊음의 특권이다.

▶ to abolish by formal or official means

• Congress must **abrogate** the new tax law.
의회는 새로운 세법을 폐지해야 한다.

• The treaty was **abrogated** by bilateral agreement.
그 조약은 양국의 합의로 폐지되었다.

▶ to end a law officially and make it no longer valid

• The main job of the National Assembly is to **enact**, **revise** and **repeal** laws.
국회가 하는 주요한 일은 법률을 제정하고 개정하며 폐지하는 일이다.

• They are campaigning for the **repeal** of the abortion laws.
그들은 낙태법에 대한 폐지 운동을 벌이고 있다. * abortion 낙태

• President Obama has already stated that he would veto any **repeal bill** that comes to his desk.
오바마 대통령은 어떤 폐지법안이라도 자기에게 오면 거부권을 행사할 것이라고 이미 말한 바 있다.
* veto 법률안 거부권(을 행사하다)

▶ to make something lose its (legal) effect

• The Student Council voted to **nullify** some regulations passed by former councils.
그 학생회는 이전 학생회들에서 통과시켰던 일부 규칙들을 무효화시키기로 투표로 결정했다.

• He was able to **nullify** the testimony of a key prosecution witness.
그는 검찰측 핵심 증인의 증언을 무효화할 수 있었다.

▶ Vt. 1. to scatter in various directions 2. to drive away 3. to spend wastefully
Vi. to become scattered

• Most of the time, the clouds simply dump their load of rain and **dissipate**.
대부분의 경우, 구름은 그저 담고 있는 비를 쏟아버리고는 사라져 버린다.

• The young playboy **dissipated** his father's fortune in gambling and entertaining lavishly.
그 젊은 플레이보이는 도박과 향락으로 아버지의 재산을 헤프게 탕진해버렸다.

정의 DEFINITION	유사어휘군 SYNONYM·ANTONYM

0946 5+ **tenet** [ténit]

10.성균관대,명지대 02-2.단국대/97.경기대

【어원】ten<tain(=hold ➲ R009)+et ➡ (자신의 신념을) 유지하는 것 → 신조, 주의

N. 교의(敎義), 주의, 신조, 신념 = doctrine[R1471] creed, belief, dogma

동 **tenor**[ténər] 방침, 방향, 진로; 요지, 취지(=nature); 〈음악〉 테너 ➲ R0094
tenure[ténjər] (부동산 · 지위 등의) 보유(권); (대학교수 등의) 종신(終身) 재직권 ➲ R0095

0947 5+ **paradox** [pǽrədὰks]

05.고려대/86.행자부7급/06.경희대 15.가톨릭대

【어원】para(=beside)+dox(=opinion ➲ R147) ➡ 원래의 것을 벗어난 의견 → 역설

N. 역설, 자가당착의 말, 패러독스

ⓐ paradoxical 역설의, 자기모순의; 기이한
ⓐⓓ paradoxically 역설적으로

0948 5+ **consecutive** [kənsékjutiv]

07.세종대/07.울산9급/04.고려대 07.경남9급

【어원】con(=together)+secut(=follow ➲ R137)+ive ➡ 같이 따라오는 → 연속적인

A. 연속적인, 계속되는 = successive[R0383] continuous, continuative, sequential, uninterrupted

ⓐⓓ consecutively 연속적으로, 연달아 = in succession[R0383] successively, in a row, one after another, without a break

ⓝ consecution (사건 등의) 연속; 논리의 일관

0949 5+ **entail** [intéil]

06.단국대/95.기술고시 94.동덕여대/93.한국외대

【어원】1. en(=make)+tail(꼬리) 2. en(강조)+tail(=cut ➲ R106) ➡ 꼬리(tail)를 만들다 → 결과로서 수반하다

Vt. (필연적인 결과로서) 수반하다, 일으키다 = cause[R2581] involve[R0594]

ⓝ entailment 세습 재산

0950 5+ **subordinate** [səbɔ́:rdənət]

12.이화여대/09.단국대/08.명지대 14.서강대 00.사법시험

【어원】sub(=under)+ordin(=order ➲ R252)+ate ➡ 아래 순서로 위치한 것

A. 계급이 낮은, 하급의; 종속적인
N. 하급자, 부하; 종속절
Vt. 경시하다, 종속시키다

= subsidiary[N0548] secondary[R2014]
↔ *superior* 상급자

ⓝ subordination 예속, 종속; 복종

반 **insubordinate** 순종하지 않는, 반항하는

영영정의 및 예문
EXAMPLE

이미지 연상훈련
IMAGE TRAINING

▶ a principle that a theory or belief is based on

- I hold to the **tenet** that theory should be united with practice.
  이론에는 반드시 실천이 따라야 한다는 것이 내가 가지고 있는 신념이다.
- Preserving wilderness has for decades been a fundamental **tenet** of the environmental movement in the US.
  자연보호구역을 보존하는 것은 수십 년간 미국 환경 운동의 근본 원리였다.
  * preserve 보존하다 wilderness 자연보호구역

▶ a situation or statement which contains two opposing facts and therefore seems strange or impossible

- It's a real **paradox** that in such a rich country there are so many homeless people.
  그런 부유한 나라에 그토록 많은 노숙자들이 있다는 것은 참으로 역설적이다.
- It is interesting and **paradoxical** that obesity in this country is a disease of poverty.
  이 나라에서 비만이 가난의 질병이라는 점은 흥미롭고도 역설적이다. * obesity 비만

▶ following one after another without any interruptions

- In his speech the president said that agricultural exports went up for twelve **consecutive** years.
  연설에서 대통령은 농산물 수출이 연속적으로 12년간 증가했다고 말했다.
- The athlete set the world record twice **consecutively**.
  그 운동선수는 두 번 연속 세계 신기록을 세웠다.

▶ to involve something necessary as a result

- That kind of job always **entails** danger.
  그런 일에는 항상 위험을 수반한다.
- Regular maintenance and cleaning would **entail** the long life of household appliances.
  주기적인 정비와 청소를 하면 가정용 전자제품이 오래갈 것이다.

▶ A. having a lower or less important position
N. a person who has a lower position than someone else in an organization
V. to put someone or something into a less important position

- Woman is no longer **subordinate** to man.
  여성은 더 이상 남성에게 종속되어 있지 않다.
- Most often, managers bullied **subordinates** for the sheer pleasure of exercising power.
  흔히 매니저들은 권력을 휘두르는 기쁨 만을 위해 부하 직원들을 괴롭혔다.
- The environmental problems **are subordinated by** the president to the economic issues.
  대통령은 경제 문제보다 환경 문제를 경시한다.

Quick Review

0926

a

0927

a

0928

c

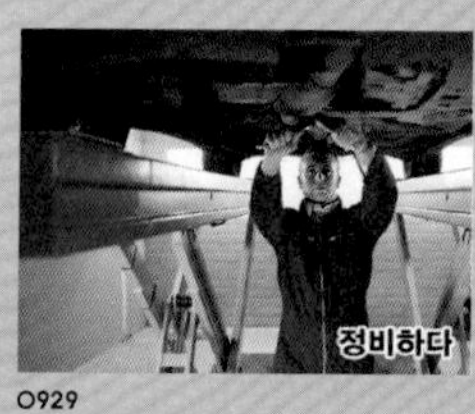

0929

o

0930

d

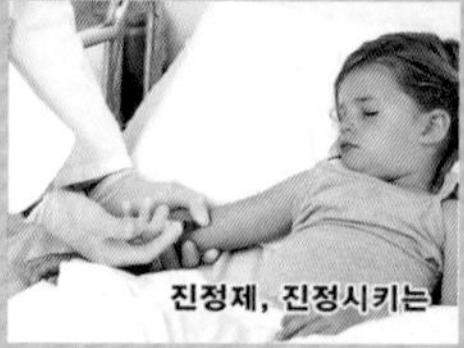

0931

s

0932

p

0933

e

0934

h

0935

m

0936

i

0937

d

0938

b

0939

i

0940

r

0941

p

0942

a

법률을 폐지하다

0943

r

무효화하다

0944

n

0945

d

교의, 신조

0946

t

0947

p

연속적인

0948

c

(결과로) 수반하다

0949

e

0950

s

Answer 0926 **authenticate** 0927 **attest** 0928 **circumspect** 0929 **overhaul** 0930 **debunk**
0931 **sedative** 0932 **placid** 0933 **equanimity** 0934 **hypnosis** 0935 **mess**
0936 **inclination** 0937 **dedicate** 0938 **be engrossed in** 0939 **indulgent** 0940 **recourse**
0941 **prerogative** 0942 **abrogate** 0943 **repeal** 0944 **nullify** 0945 **dissipate**
0946 **tenet** 0947 **paradox** 0948 **consecutive** 0949 **entail** 0950 **subordinate**

Preview

DAY 39

0951

0952

0953

0954

0955

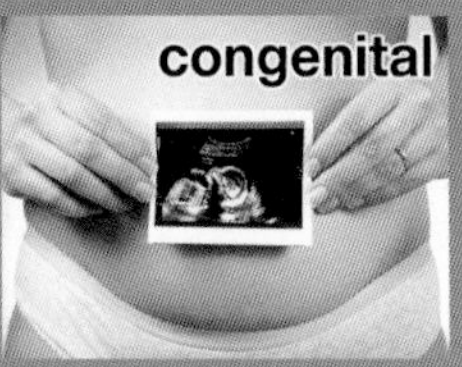

0956

0957

0958

0959

0960

0961

0962

0963

0964

0965

0966

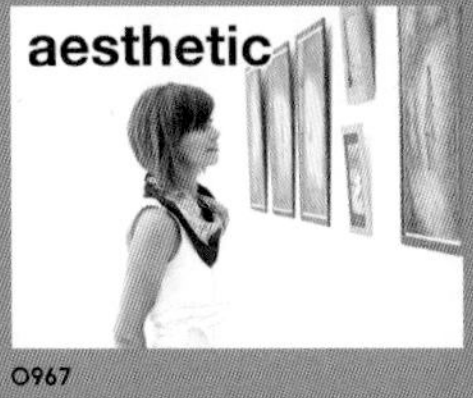

0967

0968

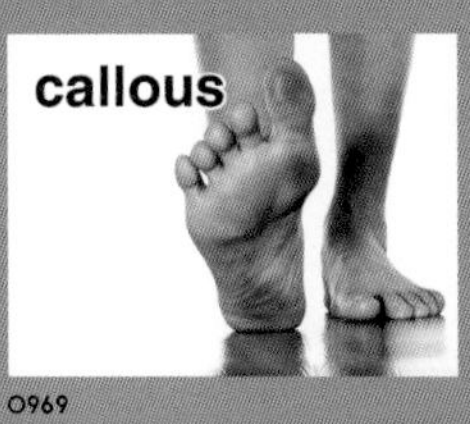

0969

0970

0971

0972

0973

0974

0975

Answer 0951 고대의, 구식의 0952 미가공의 0953 순수한, 완전한, 적나라한 0954 진부한 0955 허울만 좋은
0956 선천적인 0957 적절한 0958 초기의 0959 배에 타다, 착수하다 0960 수출입 금지
0961 출현, 등장 0962 진보하다, 전진하다 0963 (만기가 된) 만기일 0964 예견하다 0965 2년마다
0966 경고가 되는 0967 미적인 0968 불쾌한 0969 무감각한 0970 친밀한
0971 최저 생활, 생계 0972 임시운전면허 0973 부수적인 0974 야행성의 0975 자동화

DAY 39-1

정의 DEFINITION	유사어휘군 SYNONYM·ANTONYM

0951 5+ **archaic** [ɑːrkéiik]
09.고려대/08.건국대 06.경남9급/02.숙명여대

【어원】 arch(=old, ancient ➲ R253)+ic(형접) ➡ 오래된, 고대의 → 낡은, 고풍의

A. 1. 고대의, 고풍의 = ancient[P0373] prehistoric
2. 구식의; (언어가) 고어체의 = old, antiquated[T1133] outdated, old-fashioned
*an archaic word 고어

관 **arch(a)eology**[àːrkiálədʒi] 고고학; 고대의 유적, 유물
- **arch(a)eologist** 고고학자
혼 **arcane**[ɑːrkéin] 비밀의, 불가사의한(=mysterious) ➲ T1109

0952 5+ **crude** [kruːd]
15.국가직7급/08.세종대 00-2.홍익대/98.덕성여대

【연상】 c+rude(버릇없는)

A. 1. 원래 그대로의, 미가공의 = natural[R1610] raw, unartificial
*crude oil 원유 ↔ *artificial*, *synthetic*
2. 대충 만든, 대강의 = rough[T1590] rude, coarse
3. (사람 · 태도 따위가) 상스러운 = rude, uncouth, vulgar, rustic, boorish

ⓝ crudity 날것, 미숙; 미숙한 것, 미완성품

관 **rude** 버릇없는, 무례한; 미가공의; 투박한

0953 5+ **stark** [stáːrk]
11.국회8급/10.세종대 07.한성대/06.아주대

【연상】 성인 잡지의 완전히 스타킹(stocking)만 입고 찍은 사진이 너무 적나라해!

A. 1. 순전한, 순수한, 완전한 = complete[R1547]; pure
*stark contrast 현저한 대조, 극명한 차이 = sharp contrast, striking contrast
2. (묘사 등이) 있는 그대로의, 적나라한 = real[T1062] bare[R2562] naked
3. (불쾌하지만 피할 수 없는) 냉혹한[엄연한] = inexorable, inevitable, relentless
4. (경치 등이) 황량한, 삭막한 = bleak[N0887] desolate, dreary, dismal, gloomy
Ad. 완전히, 아주 = completely, extremely

혼 **spark** 불꽃, 섬광; 재능이 번득임; 유발시키다(=set off) ➲ R1817
stalk[stɔ́ːk] 줄기, 대; 몰래 접근하다; 성큼성큼 걷다

0954 5+ **banal** [bənǽl]
06.경북9급/06.국민대 02.성균관대/11.서강대

【어원】 ban(=prohibition, decree ➲ R256)+al(형접) ➡ 법령 포고문 같은 (법문장은 상투적임) → 진부한

A. 진부한, 상투적인 = stereotyped[R0648] cliche, hackneyed, trite, old-fashioned, cut-and-dried

ⓝ banality 진부한 것 ↔ *originality* 독창성

혼 **venal**[víːnl] 돈으로 좌우되는, 매수할 수 있는(=bribable) ➲ R2285

0955 5+ **specious** [spíːʃəs]
11.이화여대/05.국민대/04.단국대 93.성균관대

【어원】 spec(=look ➲ R074)+i+ous(형접) ➡ 보기에만 좋은 → 그럴듯한

A. 허울만 그럴듯한, 그럴싸한 = plausible[N0262] ostensible[D0126] spurious

ⓝ speciosity 허울만 좋음, 그럴듯함

혼 **spacious**[spéiʃəs] (방이나 공간이) 넓은(=roomy), 광대한; 광범위한, 포괄적인 ➲ T0594
spatial[spéiʃəl] 공간의, 공간적인; 장소의, 우주의 *spat<space+ial: 공간과 관련된 ➲ T0595
special[spéʃəl] 특별한, 특수한; 전문의; 매우 친한
species[spíːʃiːz] (생물 분류상의) 종(種), 종류

영영정의 및 예문
EXAMPLE

이미지 연상훈련
IMAGE TRAINING

▶ 1. relating to ancient times 2. old and no longer used

• We had difficulty in reading the **archaic** language.
우리는 고어를 읽는 데 어려움을 겪었다.

• The use of physical power as a means of discipline is **archaic**.
훈육의 수단으로 물리적 힘을 사용하는 것은 구시대적이다.

▶ 1. being in an unrefined or natural state 2. not carefully made
3. rough in manners or behavior

• The price of **crude oil** has plunged to a new low.
원유 가격이 최저가로 폭락했다.

• Early log cabins were **crude** if sturdy structures.
초기의 통나무집은 튼튼한 건물이긴 했지만 조잡했다.

▶ A. 1. complete or extreme 2. very plain without any decoration
3. unpleasantly clear and impossible to avoid Ad. completely or extremely

• **In stark contrast**, the fast-growing tube worms live a quick and short life, growing rapidly.
아주 대조적으로 빠르게 성장하는 서관충은 빠르게 성장하면서 빠르고 짧은 삶을 산다.

• The model stood **stark naked** in front of the camera.
모델은 전라 상태로 카메라 앞에 섰다.

• The **stark** reality is that many foreign brides have been "imported" for farmers and fishermen who could not find a Korean match.
엄연한 현실은 많은 외국인 신부들이 한국 신부를 찾지 못한 농부나 어부를 위해 수입되고 있다는 것이다.

▶ containing nothing new and very boring

• This essay lacks originality and freshness; in fact, it is quite **banal**.
이 논문은 독창성과 참신함이 부족하다. 사실 매우 진부하다.

• His **banal** advice was no help to me in solving my problem.
그의 진부한 충고는 내 문제를 해결하는 데 있어서 아무런 도움이 되지 않았다.

▶ seeming right or true but actually wrong or false

• A sophism is taken as a **specious argument** used for deceiving someone.
궤변은 사람을 속이기 위해 그럴듯한 주장을 펼치는 것이다. * sophism 궤변

• His argument is actually **specious** and groundless.
그의 주장은 실상 그럴싸하기만 하고 터무니없는 것이다.

정의 DEFINITION	유사어휘군 SYNONYM·ANTONYM

0956 5+ **congenital** EF PS
[kəndʒénətl]
14.경희대/06.아주대 05.중앙대/93.서울대학원

【어원】con(=together)+gen(=birth ➲ R160)+it+al (형접) ➡ 태어날 때부터 탈(병)이 있는

A. 1. (질병이) 선천적인 = inherited[D0697] inherent[N0374] innate[N0062] inbred
2. (성격 · 습성이) 타고난, 천성의 = natural, inborn

ⓐⓓ congenitally 선천적으로

혼 **congenial** 알맞은; 쾌적한; 마음이 맞는 ➲ NO372

0957 5+ **germane** S
[dʒə(:)rméin]
05.경희대/99.공인회계사 92.한국외대

【어원】germ(=germ: 배, 기원 ➲ R162)+ane ➡ 한 배에서 태어난 → 밀접한 관계가 있는

A. 밀접한 관계가 있는, 적절한[to] = relevant[D0038] pertinent[N0093] affinitive, fit, fitting, apt, proper, adequate, appropriate, well-timed, opportune, felicitous

0958 5+ **nascent** S
[nǽsnt]
08.동국대/07.고려대 05-2.경기대/03.세종대

【어원】nasc<nat(=be born ➲ R161)+ent(형접) ➡ 막 태어나려고 하는 → 발생하려고 하는 → 초기의

A. 발생하려고 하는; 초기의 = budding[T1421] fledgling[N0241] early, initial, embryonic, beginning, pristine, primitive
↔ 원숙한, 익은: *mature*[D0571] *ripe*

관 **renascent**[rinǽsnt] 다시 움트는, 부흥하는
- **renascence**[rinǽsns] 부흥, 재생, 신생
- **renaissance**[rènəsɑ́:ns] 부흥, 부활, 신생; (R~) 문예부흥, 르네상스

0959 5+ **embark** EF PS
[imbɑ́:rk]
10.세종대/01.중앙대/97.세무사

【어원】em<en(=make)+bark(개가 짖다, 대포가 울리다) ➡ 기공식에서 다이너마이트를 터트려 기공을 알리다 → 착수하다

Vi. 1. 착수하다; 종사하다[on, upon] = start, begin, depart[R1097]; engage[T0456]
2. (배 · 비행기 등에) 타다[on] = take, get on[in, into] ↔ *disembark*
Vt. 1. (배 · 비행기 등에) 태우다, 적재하다 = load, board ↔ *discharge*, *unload*, *disburden*
2. (사업 등에) 투자하다 = invest, lay out (one's money)

ⓝ embarkment/embarkation 승선, 탑재; 착수

98-2.세종대
반 **disembark**[dìsembɑ́:rk] (배 · 비행기 등에서) 내리다; 상륙하다

0960 5+ **embargo** EF PS
[imbɑ́:rgou]
14.성균관대/11.인천대 07.충북9급/98-2.숭실대

【어원】em(=make)+bar(=bar, prohibit ➲ R256)+go ➡ 나가는 것을 금지함

N. 입출항(수출입) 금지; (보도) 금지, 제한 = ban[N0057] prohibition[D0481] inhibition[D0389]
Vt. 금수 조치하다

혼 **embark** 착수하다, (배에) 타다 ➲ NO959

영영정의 및 예문
EXAMPLE

이미지 연상훈련
IMAGE TRAINING

▶ 1. existing at the time of birth 2. having by nature a specified character

• Some types of deafness are **congenital**.
청각장애의 일부 유형들은 선천적이다.

• **Congenital** heart disease is an abnormality in your heart's structure that you're born with.
선천적 심장병은 태어날 때부터 가지는 심장 구조의 이상이다.

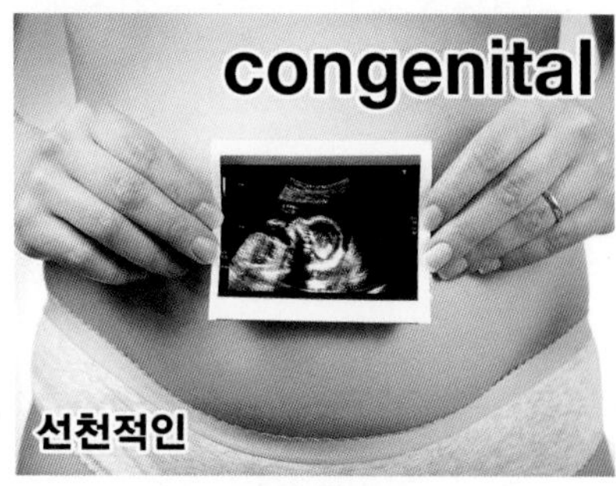

▶ related to something in an important and suitable way

• We excluded the problems with nuclear-generated fuels as they were not **germane to** our debate.
우리는 핵발전 연료에 관한 문제들을 배제했는데, 그것들은 우리의 논의에 적절치 못했기 때문이다.

• It is clearly not **germane to** present-day conditions.
그것은 분명히 오늘날의 상황에는 맞지 않는다.

▶ beginning to exist or develop

• Speech recognition is still **a nascent technology** that loses much in translation.
음성인식기술은 글자로 옮기는 과정에서 많이 놓치는 여전히 초기 단계의 기술이다.

• The economic policy-makers have chosen policy options that would not disrupt the **nascent** economic turnaround.
경제 정책 입안자들은 이제 막 시작되고 있는 경제의 호전을 붕괴시키지 않을 정책안을 택했다.
* disrupt 붕괴시키다 turnaround 선회, 흑자전환

▶ 1. to start something 2. to go onto a ship

• He will **embark on** a new career as a lawyer.
그는 변호사로서 새로운 인생을 시작할 것이다.

• You **are** collectively **embarking on** a great voyage to the frontiers of medical knowledge.
여러분들은 모두 의학 지식의 미개척 분야를 향한 위대한 항해를 시작하고 있습니다.

▶ an official order forbidding something, especially trade with another country

• During the recent petroleum **embargo**, motor fuels had to be rationed.
최근의 석유 통상정지 기간 동안, 자동차 연료는 배급되어왔다.

• The newspaper broke the **embargo** and published the article.
그 신문사는 엠바고(보도제한)를 깨고 그 기사를 내보냈다.

정의 DEFINITION	유사어휘군 SYNONYM·ANTONYM

0961 5+ **advent** [ǽdvent]
12.경희대/06.광운대 05.아주대/96.단국대

【어원】 ad(=to)+vent(=come ➲ R037) ➡ 향해서 다가오는 것

N. 출현, 등장, 도래; 예수의 재림 = appearance[R2326] arrival, coming, emergence, dawning

adventitious 우연한, 우발적인(=accidental)➲ R0371
adventure 우연한 사건, 모험(심) ➲ R0371

0962 5+ **advance** [ædvǽns]
10.상명대/07.세무사

【어원】 adv(=from)+ance(=before ➲ R209) ➡ 무엇으로부터 앞으로 나아가다

V. 1. 진보하다, 전진하다 = improve, evolve, develop, progress, proceed
2. 승진하다; 승진시키다 = promote, move up, upgrade, elevate
3. 의견을 제출하다 = raise, hand in, bring forward, submit, present
4. (날짜를) 앞으로 당기다; 가불[선불]하다 = bring forward
A. 사전의; 선불의 = up-front
N. 전진, 진보, 향상; 승진; 구애; 선불
ⓐ advanced (교과 과정이) 고급의, 고등의; (기술 등이) 진보한, 첨단의
ⓝ advancement 진보, 발전; 승진 = preferment

11.경북교행/00.여자경찰
in advance 사전에, 미리, 앞서서 **in advance of** ~에 앞서서(=before), 보다 나아가서

0963 5+ **due** [djuː]
13.성균관대/09.국가직9급 08.성균관대/06.강원소방직

【어원】 due(=lead ➲ R136) ➡ 약속된 날짜에 이르게 된

A. 1. (어음 등이) 만기가 된
2. 응당 받아야 할; 정당한
3. 도착할 예정인, ~하기로 되어 있는
N. 당연히 주어져야 할 것; 부과금, 세금, 요금, 수수료
Ad. (방향 앞에서) 정~

due to 1. ~에 기인하는, ~때문에(=because of, owing to)
2. ~하는 것은 당연한, ~에 돌려야 할, ~덕분인
3. ~할 예정인
overdue 지불기한이 넘은; 늦은, 연착한 ➲ R1361

0964 5+ **foresee** [fɔːrsíː]
05.서강대 96.호서대 05.국민대

【어원】 fore(=before)+see(알다) ➡ 미래를 미리 알다

Vt. 예견하다, 예지하다 = predict[D0085] prognosticate, foretell

ⓐ foreseeable 예견할 수 있는 = predictable
*in the foreseeable future 가까운 미래에

06.경원대
unforeseeable 예측할 수 없는 = unpredictable[N0085]

0965 5+ **biennially** [baiéniəli]
08.명지대/00-7.경찰/95.한신대

【어원】 bi(=two)+enni(=year ➲ R203)+al+ly ➡ 2년 마다 하는 → 격년으로

Ad. 2년마다, 격년으로 = every other year, biyearly

ⓐ biennial 2년마다의; 2년생 식물
ⓝ biennale 격년 행사, 비엔날레

00-2.홍익대 99-2.동국대 04-2.동덕여대
biannually 1. 반년마다, 연 2회의(=semiannually) 2. 2년마다(=biennially) **biannual** 연 2회의, 격년의
biyearly 2년에 한번 **biweekly** 격주의, 2주에 한 번(=fortnightly) **bimonthly** 2달마다
quarterly 연 4회 발행의, 한해 네번의(=every three months, every third month)
fortnightly 2주일마다, 격주발간의(=every second week, every two weeks)
- fortnight 〈영〉 2주일(=two weeks, fourteen nights: 14일 밤)

영영정의 및 예문
EXAMPLE

이미지 연상훈련
IMAGE TRAINING

▶ the introduction of a new product, idea, custom, etc

- **The advent of** the Internet has changed everything.
  인터넷의 등장은 모든 것을 바꾸어 놓았다.
- The traditional extended family system began to unravel with **the advent of** the Industrial Revolution.
  전통적인 대가족 제도는 산업혁명의 출현과 함께 해체되기 시작했다.

▶ V. 1. to go or move something forward, or to develop or improve something
2. to promote someone A. happening or done before an event

- The board of directors **advanced** him to president.
  이사회는 그를 사장으로 승진시켰다. *the board of directors 이사회
- The date of the meeting has been **advanced** from Friday to Monday.
  회의 날짜가 금요일에서 월요일로 당겨졌다.
- He paid the rent **in advance**.
  그는 임대료를 선불로 지불했다.

▶ 1. payable immediately 2. capable of being assigned 3. scheduled to arrive

- This bill is **due** next month.
  다음 달이 어음의 만기이다.
- The **dues** will be deducted from his weekly pay-checks.
  세금은 그의 주급에서 공제될 것이다.
- **Due to** the popularity of Blu-rays, DVDs will soon become obsolete.
  블루레이의 인기 때문에 DVD는 곧 쓸모가 없게 될 것이다.

▶ to know that something will happen in the future

- In fact, there were few wonders of the twentieth century that this man of the nineteenth century did not **foresee**.
  사실 19세기에 살았던 이 사람이 예견하지 않았던 20세기의 기적은 거의 없었다.
- Technology is sure to develop in directions we can only imperfectly **foresee**.
  기술은 분명히 우리가 완전하게 예측할 수는 없는 방향으로 발달할 것이다.

▶ every two years

- English-speaking summits have been held **biennially** since 1992, with delegates from 7 independent countries.
  영어권 국가 정상회담은 1992년부터 2년마다 한 번씩 개최되어왔으며 7개 독립 국가의 대표들이 모인다.
- The plants bore flowers **biennially**.
  그 식물은 2년마다 한 번씩 꽃을 피웠다.
- I receive a **biannual** report from the accountant in June and December.
  나는 6월과 12월에 회계사로부터 반기(연 2회) 보고서를 받는다. *accountant 회계사

정의 DEFINITION	유사어휘군 SYNONYM·ANTONYM

0966 5+
exemplary
[igzémpləri]

12.한양대/02.세무사 93.서울대학원

【어원】 e<ex(강조)+emp(=take ➲ R003)+lary(형접) ➡ (벌로서) 바깥에 세워 두고 사람을 잡고 있는

A. 1. 경고가 되는 = meant as a warning, admonitory
2. 본이 되는, 모범적인 = worthy of being imitated, commendable[R2526]
3. 전형적인 = typical

ⓝ exemplar 본보기, 모범; 전형, 원형 = paragon, model; prototype, archetype
exemplum 예, 모범; 교훈적 이야기, 훈화 = example, model; anecdote
98.국민대 ⓥ exemplify 예시하다; 좋은 예가 되다 = epitomize[D0422]
ⓝ exemplification 예증, 예시; 실례, 좋은 예
exempli gratia 예컨대, 예를 들면(略. e.g)

0967 5+
(a)esthetic
[esθétik, iːs-]

11.세종대/06-3.경찰/95.서울대학원

【어원】 esthet(=feel ➲ R150)+ic(형접) ➡ 느끼는 것과 관련이 있는

A. 미의; 심미적인, 미적 감각이 있는 = artistic[T0381] tasteful

01.중앙대 ⓝ (a)esthetics (단수 취급) 미학
(a)esthetician 미학자
(a)estheticism 유미주의, 탐미주의; 예술 지상주의

■ an(a)esthesia 마취 ➲ R1507

0968 5+
grim
[grim]

14.광운대 09.이화여대/05.숭실대

【어원】 음산한 그 그림(grim)을 보고나니 불쾌한 기분이 들었다.

A. 1. 불쾌한, 싫은 = unpleasant[R2411] grisly[T0315]
2. (장소 · 건물이) 음산한; (얼굴이) 험상궂은 = dismal, bleak; forbidding
3. (전망이나 처한 사정이) 암울한 = dismal[N0459]
4. (표정이나 목소리가) 엄숙한[단호한] = severe, stern

02.고려대 ⓐⓓ grimly[grímli] 엄하게, 무섭게, 잔인하게 = sternly[D0464]
ⓝ grimace[gríməs] 얼굴을 찌푸림, 찡그린 얼굴, 우거지상

■ **grime**[gráim] 때, 먼지; (도덕적인) 오점; 더럽히다
- **grimy**[gráimi] 때 묻은, 더러운(=filthy)

0969 5+
callous
[kǽləs]

17.서강대/98.경기대,고려대학원 96.사법시험/92.한국외대

【연상】 손바닥에 못이 박혀 감각이 없을 때까지 감자를 캐랬어!

A. 1. (남의 고통에) 무감각한, 냉담한 = unfeeling, insensitive[D0223]; phlegmatic, frigid merciless, harsh, hard, unkind, inclement, uncharitable, marble-hearted, cold-hearted, cold-blooded, stony-hearted, fish-eyed, inhuman ↔ compassionate[R1492]
2. (피부가) 굳어진, 못박힌 = hardened, thickened
ⓝ callus 피부의 굳은살
callousness 냉담함 = apathy[D0091]

■ **callow**[kǽlou] 아직 깃털이 나지 않은, 풋내기의(=immature) ➲ T0464

0970 5+
intimate
[íntəmèit]

13.08.중앙대/05-2.광운대 98.동국대

【어원】 inti<inter(=between)+mate(친구) ➡ 친구 사이인 → 1. 친밀한 2. (친구에게 단점을) 넌지시 알려주다

V. 암시하다, 넌지시 알리다 = hint[T1100] imply, suggest, allude, insinuate
A. [íntəmət] 1. 친밀한; 깊은 관계에 있는 = cordial, heartfelt, hearty, profound
2. 일신상의, 개인적인 = secret[P0091] private, personal, individual
N. (one's ~) 친한[허물없는] 친구 = second self, confident

ⓝ intimation 암시; 통고,고시 = threat
18.경찰1차/17.단국대 intimacy 친밀, 친교; 친한 사이; 육체 관계 = friendliness[S0823]
ⓐⓓ intimately 친밀하게; 상세하게; 마음속으로부터

■ **intimidate**[intímədèit] 협박하다; 위협하여 ~하게 하다 ➲ N0067

영영정의 및 예문
EXAMPLE

이미지 연상훈련
IMAGE TRAINING

▶ 1. serving as a warning 2. worthy of imitation 3. serving as a model

- People read biographies to find in **exemplary** lives patterns on which to mold our conduct.
  사람들은 우리의 행동의 틀을 형성하기 위해 모범이 되는 것을 찾기 위해 자서전을 읽는다.
- The punishment was **exemplary**.
  그 처벌은 본보기였다.

▶ pertaining to a sense of beauty

- Their furniture was more **aesthetic** than functional.
  그들의 가구는 기능적이기 보다는 미적이다.
- **Aesthetics** is a branch of philosophy concerned with the study of the idea of beauty.
  미학은 미적인 관념을 연구하는 철학의 한 분과 학문이다.

▶ 1. shockingly repellent 2. filled with melancholy 3. causing dejection
4. admitting of no compromise

- I was surprised that there was so much **grim** news on TV this evening.
  오늘 저녁 텔레비전 뉴스에서 많은 불쾌한 소식을 듣고는 놀랐다.
- The doctor gave Mr. Smith a **grim** prognosis of years of treatment.
  의사가 스미스 씨에게 몇 년간의 치료를 받아야 할 것이라는 암울한 진단을 내렸다.

▶ 1. not caring about the suffering of others
2. having skin made tough and thick through wear

- The representative of the company seemed very **callous** concerning the conditions of the workers.
  그 회사의 대표자는 노동자들의 근로 환경에 관하여 매우 무감각한 것처럼 보였다.
- She even accused her daughter of being **callous**.
  그 여자는 자기 딸을 냉정하다고 비난하기까지 했다.

▶ V. to tell people something in an indirect way
A. 1. having a very close and friendly relationship 2. private and personal

- Are you **intimating** that I am not strong enough to lift these measly little barbells?
  당신은 제가 이렇게 조그마한 바벨도 들지 못할 정도로 약하다고 말하는 건가요?
  * measly 아주 작은, 쥐꼬리만한
- He was my **intimate** friend as well as my rival.
  그는 내 라이벌이면서 친한 친구였다.
- The magazine revealed **intimate** details about his family life.
  그 잡지는 그의 가정사에 대한 사적인 내용까지 폭로했다.

정의 DEFINITION	유사어휘군 SYNONYM·ANTONYM

0971 5+ **subsistence** [səbsístəns]
13.중앙대, 한국외대 11.서울여대 06.감평사

【어원】 sub(=under)+sist(=stand ➲ R020)+ence(명접) ➡ 땅을 밟고 있는 상태

N. 최저 생활, 생계 = living, maintenance, upkeep

ⓥ subsist 먹고 살다, 살아가다[on]
*subsist on ~으로 연명하다

0972 5+ **provisional** [prəvíʒənl]
15.서울여대/08.건국대/02.경기대 10.숙명여대

【어원】 pro(=before)+vis(=see ➲ R075)+ion+al(형접) ➡ 미래를 보는 → 잠정적인

A. 일시적인, 임시의, (확정적이 아니라) 잠정적인 = temporary[N0078] tentative[N0739] interim

ⓐⓓ provisionally 일시적으로, 임시로

혼 **provision** [prəvíʒən] 법 조항, 규정; 준비; (음식물의) 공급; (pl.) 식량, 양식 ➲ R0756

0973 5+ **incidental** [insədéntl]
15.단국대/13.12.경희대 98.중앙대

【어원】 in(=on)+cid(=fall ➲ R125)+ent+al(형접) ➡ (우연히) 위로 떨어진

A. 부수적인; 우연히 일어나는 = accidental, secondary; fortuitous
N. 부수적 사건; (pl.) 잡비, 임시비

ⓝ incidence 1. (사건 · 영향의) 발생, 발생률 = occurrence[D0252]
2. (세금 등의) 부담 (범위), 귀착
incident 사건; (특히) 우발[부수]적 사건

혼 **coincidental** (우연적인) 동시 발생의 ➲ D0313
- **coincidence** (우연의) 일치, 동시발생

0974 5+ **nocturnal** [naktə́:rnl]
13.세종대/09.중앙대 05.아주대/02.세무사 92.한국외대

【어원】 noct(=night ➲ R203)+urnal ➡ 밤의, 야행성의 → 야상곡 같은

A. 밤의, 야간의; 야행성의 = nightly
*nocturnal animals 야행성 동물
*nocturnal flowers 밤에 피는 꽃

ⓐⓓ nocturnally 밤마다, 매일 밤

관 **nocturne** 녹턴, 야상곡 **nocturn** 저녁기도
반 **diurnal** [daiə́:rnl] 낮의, 주간의(=daily); 낮에 활동하는; 매일 일어나는

0975 5+ **automation** [ɔ̀:təméiʃən]
06.계명대/93.사법시험/97.고려대학원 08.광운대

【어원】 auto(=self ➲ P068)+mation ➡ 저절로 되는 것 → 자동화

N. 자동제어 기계, 자동화

ⓥ automate 자동화하다; 자동화되다
automated 자동화된 ↔ manual 수동의
ⓝ automatization 자동화 ↔ deautomatization 탈자동화
ⓝ automat 자동판매기; 자동 판매식 식당
automaton 자동장치, 로봇(=robot)

영영정의 및 예문
EXAMPLE

이미지 연상훈련
IMAGE TRAINING

▶ the condition of just having enough food or money to stay alive

• Many people in the country are living below the level of **subsistence**.
그 나라의 많은 사람들이 최저 생활수준 이하로 살아가고 있다.

• Hyenas have an undeserved reputation as thieves and scavengers that **subsist on** the leavings of the larger predator.
하이에나는 덩치가 더 큰 포식동물이 먹고 남긴 음식을 먹고 사는 도둑이자 청소부라는 부당한 평판을 가지고 있다. *scavenger 청소부

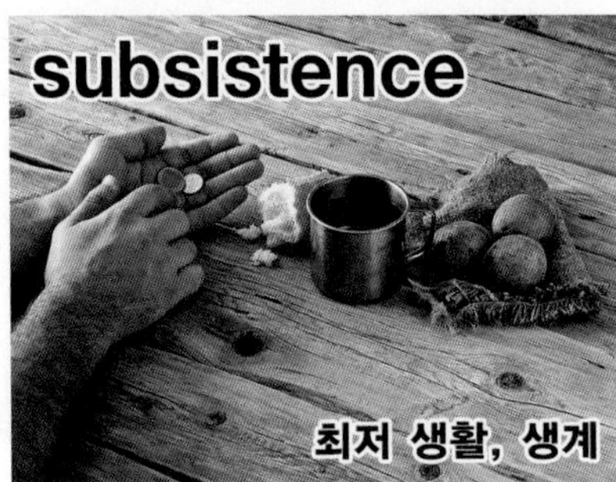

▶ likely to be changed in the future

• She has a **provisional** license.
그녀는 임시면허를 가지고 있다.

• The Korean **Provisional Government** in Shanghai was established on April 13, 1919
상하이의 대한민국 임시정부는 1919년 4월 13일에 수립되었다.

▶ occurring as a chance concomitant or consequence

• Fatigue is **incidental** to a journey in a strange land.
낯선 곳을 여행하면 피로는 부수적으로 따른다.

• Korean people are now enjoying better dental health, as shown by the declining **incidence** of tooth decay.
한국인들은 충치 발생률의 감소가 보여주듯이 이제는 보다 나은 치아건강을 누리고 있다.

▶ happening or active at night

• A **nocturnal animal** is an animal that is active after dark.
야행성 동물은 어두워진 후에 활발하게 활동하는 동물이다.

• The Yellow Mongoose is primarily **diurnal**, though **nocturnal** activity has been observed.
비록 야행성 활동이 관측되었을지라도 노랑 몽구스는 주로 낮에 활동한다. *diurnal 낮에 활동하는

▶ a system that uses computers or machines to do work instead of people

• **Automation** has introduced the tremendous problem of the retraining of the hundreds of workers replaced by machines.
자동화는 기계들에 의해 대체된 그 수백 명의 근로자를 재교육해야하는 엄청난 문제를 몰고 왔다.

• Although most manufacturing processes have **been automated**, some procedures remain manual.
대부분의 제조 공정이 자동화되었다고 해도, 일부 공정은 여전히 수작업으로 남아있다.

• You are behaving like an **automaton** if you act mechanically without using your intelligence.
만일 머리를 쓰지 않고 기계적으로 행동한다면 마치 자동인형처럼 행동하는 것이다.

Quick Review

0951
a

미가공의
0952
c

순수한, 완전한, 적나라한
0953
s

0954
b

0955
s

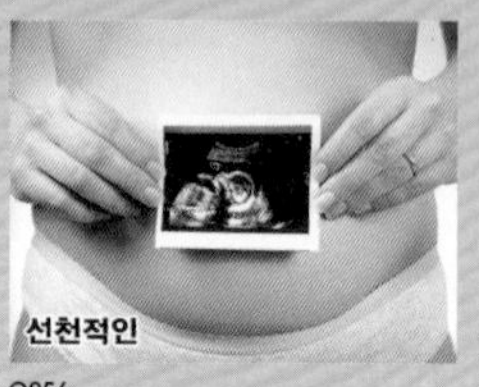

0956
c

적절한(=pertinent)
0957
g

초기의
0958
n

0959
e

0960
e

출현, 등장
0961
a

0962
a

0963
d

0964
f

0965
b

0966
e

0967
a

0968
g

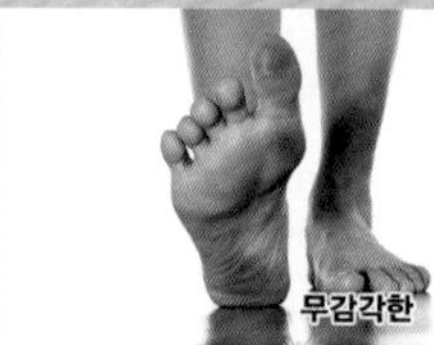

0969
c

0970
i

0971
s

PROVISIONAL DRIVING LICENCE
임시의
0972
p

0973
i

0974
n

0975
a

Answer 0951 archaic 0952 crude 0953 stark 0954 banal 0955 specious
0956 congenital 0957 germane 0958 nascent 0959 embark 0960 embargo
0961 advent 0962 advance 0963 due 0964 foresee 0965 biennially
0966 exemplary 0967 aesthetic 0968 grim 0969 callous 0970 intimate
0971 subsistence 0972 provisional 0973 incidental 0974 nocturnal 0975 automation

Preview

DAY 40

0976

0977

0978

0979

0980

0981

0982

0983

0984

0985

0986

0987

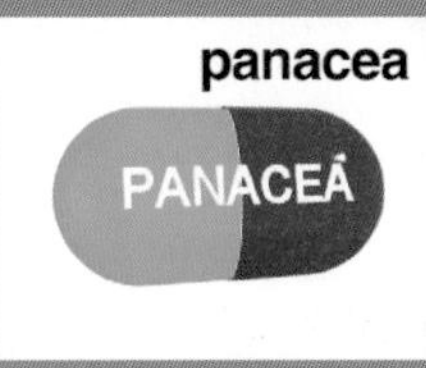

0988

0989

0990

0991

0992

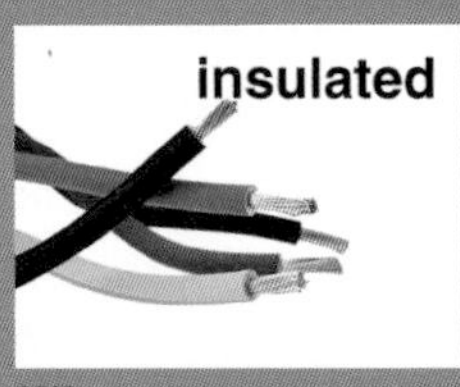

0993

0994

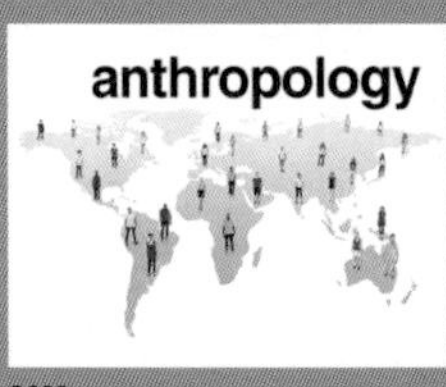

0995

0996

0997

0998

0999

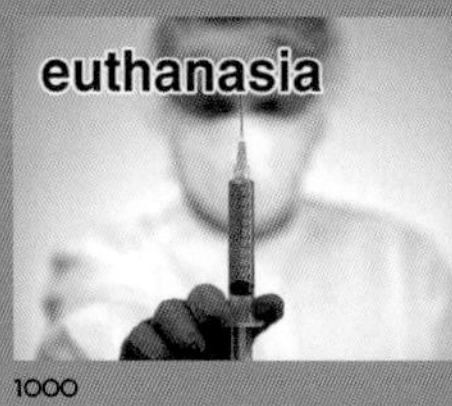

1000

Answer 0976 복사하다 0977 닮음, 공통점 0978 뽑다 0979 강제로 탈취하다 0980 구독하다
0981 불굴의 용기 0982 불길한 조짐 0983 지지하다, 주창하다 0984 강등시키다 0985 끊임없이
0986 서투른 0987 괴롭히다, 성가시게 하다 0988 만병통치약 0989 얽힌 것을 풀다, 해결하다 0990 제한하다
0991 옷, 의상 0992 자부심 0993 절연된, 격리된 0994 흠, 결함 0995 인류학
0996 형제, 자매 0997 비치는 0998 물가가 폭등하다 0999 쾌적한 편의시설 1000 안락사

정의 DEFINITION	유사어휘군 SYNONYM·ANTONYM

0976 5+ **duplicate** [djúːplikeit]
15.지방교행/13.한국외대 07.성신여대/98-2.단국대

【어원】du(=double)+plic(=fold ⊃ R129)+ate(=make) ➡ 두 개로 겹쳐 만들다

V. 복사[복제]하다; 중복되다 = copy[T0496] clone[T1416]
N. [djúːplikət] 복사본, 복제품 = replica[D0660]
A. [djúːplikət] 중복의, 사본의

ⓝ duplication 이중, 중복; 복사, 복제

replicate 복사하다, (바이러스가) 자기 복제를 하다 ⊃ N0660
- **replication** 복사, 복제
duplicity 사기, 기만; 표리부동 ⊃ R1296

0977 5+ **resemblance** [rizémbləns]
10.한국외대/07.성균관대
15.경찰2차/92.경성대

【어원】re(강조)+semble(=appear, seem ⊃ R233)+ance(명접) ➡ 서로 닮은 것 → 공통점

N. 닮음; 유사성, 공통점 = likeness, similitude
*a resemblance between ~사이의 유사점

ⓥ resemble ~을 닮다, ~와 공통점이 있다 = take after[I03734] be similar to

take after ~을 닮다(=resemble) ⊃ I03734
a chip off the old block (기질 등이) 부모를 꼭 닮은 자식 ⊃ T1495
as like as two peas (in a pod) 꼭 닮은 ⊃ I03403

0978 5+ **extract** [ikstrǽkt]
15.경기대/03-2.세종대 01-2.아주대/97-2.총신대

【어원】ex(=out)+tract(=draw ⊃ R133) ➡ 밖으로 뽑아내다

Vt. 1. (이빨 등을) 뽑다, (돈 따위를) 뽑아내다 = remove[P0391] pull out[I10804] draw, withdraw, uproot
2. (글 등을) 발췌하다, 인용하다 = excerpt from, quote from, select, cull
3. (정보·돈 따위를) 억지로 얻어내다 = milk[T1317] extort
4. 추출하다, 증류해 내다, 짜내다 = distill[R1274] abstract, squeeze out
N. 뽑아낸 것, 추출물; 발췌구, 인용 어구

ⓐ extractive 발췌적인; 추출성의; 추출물
ⓝ extractor 추출(분리)기; 적출기
extraction 적출, 추출; 발췌; 혈통, 태생

0979 5+ **extort** [ikstɔ́ːrt]
09.이화여대/05.서강대/98.경원대
04.단국대

【어원】ex(=out)+tort(=twist ⊃ R130) ➡ 밖으로 비틀어 짜냄 → 강요, 강탈; 착취

Vt. 강제로 탈취하다[from], (약속·자백을) 강요하다 = hold up[I04203] wrest, exact, squeeze, wring, milk

ⓝ extortion 강요, 강탈, 갈취; 착취 = seizure, exploitation
ⓐ extortionate 강요하는, (가격이) 터무니없이 비싼 = extravagant, exorbitant

hold up 강도질을 하다(=mug); 길을 막다, 방해하다 ⊃ I04203
- **holdup** 노상강도; 바가지, 터무니없는 값의 요구; 정체

0980 5+ **subscribe** [səbskráib]
14.서울시9급/05.경희대 01-2.서울여대/94.입법고시

【어원】sub(=under)+scribe(=write ⊃ R094) ➡ 아래에 있는 서명란에 (서명을) 쓰다

Vi. 1. (신문, 잡지를) 구독하다[to, for] = take in
2. 동의하다[to] = agree to, consent to, approve
Vt. 1. (돈의) 기부를 약속하다, 기부하다 = contribute, donate, give, endow, dole
2. (신청서나 계약서에) 서명하다 = sign

ⓝ subscription 기부; 예약 구독; 신청

영영정의 및 예문
EXAMPLE

이미지 연상훈련
IMAGE TRAINING

▶ V. to make an exact copy of; to become duplicate N. an exact copy
A. copied exactly from an original

- A copy is a **duplicate** of the original.
  사본은 원본의 복사본이다.
- They insist that academic records should neither be returned to the students nor **duplicated**.
  그들은 학업 성적표를 학생들에게 돌려주거나 복사해서는 안 된다고 주장한다.

▶ the fact of being or looking similar to someone or something

- He has a close **resemblance** to his father.
  = He strongly **resembles** his father
  = He closely **takes after** his father.
  = He **looks like** his father, **a chip off the old block**.
  = He **is the spit and image of** his father.
  = He **is the picture of** his father.
  = He **is the perfect image of** his father.
  = He **is a dead ringer for** his father.
  그는 아버지를 쏙 빼닮았다.

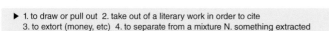

▶ 1. to draw or pull out 2. take out of a literary work in order to cite
3. to extort (money, etc) 4. to separate from a mixture N. something extracted

- After crude oil is **extracted from** a well in a country, it is usually conveyed to other regions of it or exported to other countries.
  원유는 한 나라에 있는 유정으로부터 추출되고 난 후에, 대개 그 나라의 다른 지역으로 운송되거나 다른 나라들로 수출된다.
- The lawyer tried to **extract** further information from the witness.
  변호사는 증인으로부터 더 많은 정보를 얻어내려고 애를 썼다.

▶ to obtain something from another by force or threat

- He has **extorted** large amounts of money **from** people by blackmailing them on account of their wrongdoings and weaknesses.
  그는 비리와 단점을 협박하여 사람들에게서 거액의 돈을 탈취했다.
- If an individual forces a neighbor to pay him money under threat of punishment, it's called **extortion**. If the state does it, it's called taxation.
  개인이 이웃에게 처벌의 위협을 가하여 강제로 돈을 내도록 할 때 그것을 갈취라고 하지만, 국가가 그렇게 할 때는 과세라고 한다.

extort
강제로 탈취하다

▶ Vi. 1.to pay a subscription 2. to give one's consent
Vt. 1. to promise to pay or contribute money 2. to sign one's name to (a document).

- I **subscribe for** Life, Time and the New Yorker.
  나는 『라이프』와 『타임』과 『뉴요커』지를 구독하고 있다.
- I **subscribe to** your opinion.
  전 당신의 생각에 동의합니다.
- He **subscribes to** the donations every year.
  그는 매년 그 자선단체에 기부한다.

DAY 40-2

정의 DEFINITION	유사어휘군 SYNONYM·ANTONYM

0981 5+
fortitude
[fɔ́:rtətjù:d]
16.가천대/04-2.숭실대 99-2.동국대.경찰간부

【어원】fort(=strong ➲ R259)+i+tude(상태 명접) ➡ 강한 상태

N. 불굴의 용기, 꿋꿋함 = tenacity[D0046] courage[P0111] courageousness, bravery, grit, gut, valour
*with fortitude 의연하게

0982 5+
portent
[pɔ́:rtent]
08.중앙대/00.사법시험

【어원】por<per(=through)+tent(=stretch ➲ R131) ➡ (불길한 느낌이) 완전히 뻗어 있는 것

N. 1. (불길한) 조짐, 전조 = foretoken[P0369] omen, boding
2. 경이적인 것(인물) = prodigy, marvel

13.경희대/96.행정고시
ⓐ portentous 전조의; 불길한, 흉조의 = threatening[T1295] ill-omened, ominous, boding
ⓥ portend 전조가 되다, 예고하다 = foretell, forecast; herald

圖 **potent**[póutnt] 강력한, 유력한, 힘센; 영향력이 있는 ➲ N0098

0983 5+
advocate
[ǽdvəkèit]
16.가천대/13.산업기술대 12.국민대/96.고려대학원

【어원】ad(=to)+voc(=call ➲ R101)+ate(동접) ➡ ~에 유리하게 외치다

Vt. (공개적으로) 지지하다, 주창하다 = support[R0499] uphold, buttress, bolster, stand up for
N. [ǽdvəkət] 1. 지지자, 주창자 = proponent[R0137] champion[R2206] supporter
2. (법정) 변호사 = lawyer, barrister, attorney

ⓝ advocacy 변호, 옹호; 지지 = support, favour, endorsement, back-up

0984 5+
relegate
[réləgèit]
10.중앙대.국민대/03.고려대 91.서울대학원

【어원】re(=back)+leg(=send ➲ R053)+ate(동접) ➡ 뒤(한직)로 보내버리다 → 좌천시키다 → 추방하다 → 위탁하다

Vt. 1. 좌천[강등]시키다[to], (덜 중요한 위치로) 밀쳐 버리다 = banish[T0541] exile, deport, expel, cast out, ostracize; demote, downgrade, unperson
2. (일 따위를) 이관[위탁]하다[to] = consign[R0986] commit, trust, entrust, confide
3. (종류 · 분야로) 분류[귀속]시키다 = classify

ⓝ relegation 좌천, 추방; 위탁

0985 5+
incessantly
[insésntli]
16.경희대/11.덕성여대/04-7.경찰

【어원】in(강조)+cess(=go ➲ R038)+ant+ly(부접) ➡ 멈추지 않고 계속 가는 → 끊임없이

Ad. 끊임없이, 쉴 새 없이 = perpetually[D0196] constantly[D0411] unceasingly[D0985] relentlessly[D0611] ceaselessly, continuously, continuately; assiduously, persistently, daily, unremittingly, unendingly

10.국가직7급
ⓐ incessant 끊임없는, 쉴 새 없는 = constant[N0411] ceaseless, continual, endless

12.경희대/07.건국대
圖 **cease**[si:s] 그만두다, 중지하다, 끝내다 **cf. cease-fire** 정전, 휴전; 사격중지
- **cessation**[seséiʃən] 중지, 중단; 휴지, 정지
unceasingly 끊임없이, 쉴 새 없이(=constantly) **ceaseless** 끊임없는(=continually), 부단한

영영정의 및 예문
EXAMPLE

이미지 연상훈련
IMAGE TRAINING

▶ strength of mind that enables one to endure adversity with courage

- The candidate displayed considerable **fortitude** during the debate.
  그 후보는 토론 중에 상당한 불굴의 용기를 보여주었다.
- She endured her illness **with great fortitude**.
  그녀는 불굴의 용기로 병을 견뎌내었다.

▶ 1. a sign or warning that something is going to happen in the future
2. something amazing or marvelous

- The distant rumbling we heard this morning was a **portent** of the thunderstorm that hit our area this afternoon.
  오늘 아침에 우리가 들었던 멀리서 우르르 하는 소리는 오늘 오후에 우리 지역을 강타한 폭풍의 전조였다. * rumbling 우르르 소리
- The word "eclipse" also means some **portentous** sign.
  식(蝕)이란 단어는 또한 불길한 징후를 의미하기도 한다.

▶ Vt. to support or recommend publicly
N. 1. a person who argues for a cause 2. a lawyer who pleads cases in court

- They **advocated** building more schools than roads.
  그들은 도로보다는 보다 많은 학교를 지을 것을 주창했다.
- He has been one of the foremost **advocates** of welfare legislation since the 1960's.
  그는 1960년 이래 복지입법의 가장 앞선 주창자 중 한 사람이다.

▶ 1. to move someone or something a less important rank or position than before
2. to refer or assign a matter or task

- He resigned when he **was relegated to** a desk job.
  그는 사무직으로 좌천되자 사직했다.
- The former baseball star **was relegated to** the minor squad last year.
  야구 스타였던 그 선수는 작년에 2군으로 강등되었다.
- The exploration of the human genome has long **been relegated to** elite scientists in research laboratories.
  인간 게놈에 대한 탐구는 연구소의 엘리트 과학자들에게 오랫동안 맡겨져 왔다.

▶ without stopping

- The great land masses are moving **incessantly**.
  거대한 땅덩어리는 끊임없이 이동하고 있다.
- It has been suggested that people who watch television **incessantly** may become overly passive.
  계속적으로 TV를 시청하는 사람들은 매우 수동적이 될 수 있다는 말이 있다.
- The residents of that country have completely modernized it through their **unceasing** efforts to improve.
  그 시골 주민들은 개선하고자 하는 끊임없는 노력을 통해서 시골을 완전히 현대화했다.

DAY 40-3

정의 DEFINITION | 유사어휘군 SYNONYM·ANTONYM

0986 5+ **clumsy** [klʌ́mzi]
08.광운대/03.고려대/02.고려대

【어원】 clums(=be numbed with cold)+y(형접) ➡ 손이 얼어 일이 어설픈

A. 1. (동작 등이) 어설픈, 서투른 = awkward[T0061] maladroit[D0367] all thumbs[I14401] inapt, unapt, unskilled, unartful, inexpert, butcherly, botchy, bungling

2. (말 · 행동 등이) 서툴러 남을 속상하게 하는

91.90.서울대학원
ad clumsily 서투르게, 어설프게

표 **all thumbs** 서투른 *all+thumbs: 손가락 다섯개가 모두 뭉툭한 엄지인 ➲ I14401
= **all fingers and thumbs** ➲ I14401

0987 5+ **plague** [pléig]
17.홍익대/16.가천대/07.동덕여대 00.세무사/94.서울대학원

【연상】 플라그(plaque: 치석)는 치아를 괴롭힌다.

Vt. 1. (고통 · 문제가 장기간) 괴롭히다 = annoy[N0176] disturb[R0673]
2. (질문이나 요구로) 성가시게 하다 = badger, bother, tease, irritate
N. 역병; (피해를 주는 수많은 동물 · 곤충의) 떼
cf. a plague of ~ 유해 동물이나 곤충의 대량 발생 또는 그 떼

혼 **plaque**[plǽk] (벽에 거는) 장식판; 치석

0988 5+ **panacea** [pæ̀nəsíːə]
13.서강대/10.서울여대 96.세종대/92.행정고시

【어원】 pan(=all)+acea(=cure) ➡ 모든 (병)을 다 치료하는 → 만병통치약

N. 만병통치약, 만능 해결책 = remedy for all disease, cure-all[R1405] nostrum, elixir, catholicon

관 **nostrum**[nɑ́strəm] (약효나 성분이 검증되지 않은) 가짜 특효약; 검증되지 않은 문제 해결책
placebo[pləsíːbou] 위약(환자를 안심시키기 위한 가짜약) ➲ R2412
혼 **panache**[pənǽʃ] (투구의) 깃털 장식; 당당한 태도, 허세

0989 5+ **unravel** [ʌnrǽvəl]
07.중앙대,서울여대/04.고려대 86.행정고시

【어원】 un(반대)+ravel(얽히게 하다) ➡ 얽히게 하다의 반대 → 풀다, 해명하다

Vt. 1. (엉클어진 것 · 매듭 등을) 풀다 = disentangle[R0346] unknot, untie, unwind
2. (이해하기 힘든 문제를) 풀다, 해결하다 = solve[D0667] explain, resolve

반 **ravel**[rǽvəl] 1. (실 등을) 얽히게 하다 2. 풀다, 풀리다; 해결하다
혼 **label**[léibəl] 라벨, 꼬리표; 라벨을 붙이다
revel[révəl] 주연을 베풀다, 마시고 흥청거리다; 술잔치
level[lévəl] 수평; (수평면의) 높이; 평지; 수준, 정도
libel[láibəl] 명예 훼손, 비방, 모욕 ➲ R0285

0990 5+ **circumscribe** [sə́ːrkəmskràib]
12.성균관대/07.경기대,고려대

【어원】 circum(=around)+scribe(=write ➲ R094) ➡ 빙 둘러서 그리다

Vt. 1. (권리 · 자유 등을) 제한[억제]하다 = restrict, confine, conscribe
2. 주위에 경계선을 긋다, 한계를 정하다 = encircle[P0271] define, limit,

15.국회8급
ⓝ circumscription 제한, 한정 = limit, restriction, limitation, constraint, restraint

영영정의 및 예문
EXAMPLE

이미지 연상훈련
IMAGE TRAINING

▶ 1. doing things in an awkward way
2. expressed without skill or thought in a way that is likely to upset people

- The troublemaker made a **clumsy** attempt to pull the wool over his teacher's eyes.
  그 문제아는 서투르게 선생님을 속이려고 했다. * pull the wool over sb's eyes 속이다
- When it comes to undoing the strings of the parcel, he is **all thumbs**.
  소포 끈 푸는 일이라면 그는 서투르다. * when it comes to ~에 관해서라면

▶ V. 1. to cause pain or trouble to someone for a long period of time
2. to annoy someone by asking continual questions
N. any serious and infectious disease that kills many people

- The cattle on the ranch were constantly **plagued** by cattle rustlers and predators.
  대목장의 소는 소도둑과 포식동물에 의해 끊임없이 괴롭힘을 당했다.
- The town was devastated by **a plague of** locusts, which consumed more than half of the field crops.
  그 마을은 수많은 메뚜기 떼에 의해 초토화되었는데, 그것들은 농작물의 절반 이상을 먹어치웠다.
  * devastate 철저히 파괴하다

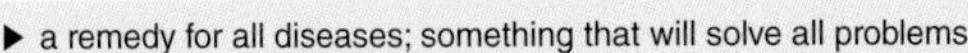

▶ a remedy for all diseases; something that will solve all problems

- The latest government stimulus plan is not a **panacea** to our economy.
  최근 정부의 부양정책이 우리 경제에 만병통치약은 아니다.
- Technology is not a **panacea for** all our problems.
  기술이 우리가 안고 있는 모든 문제들을 해결해 줄 수 있는 만능 해결책은 아니다.

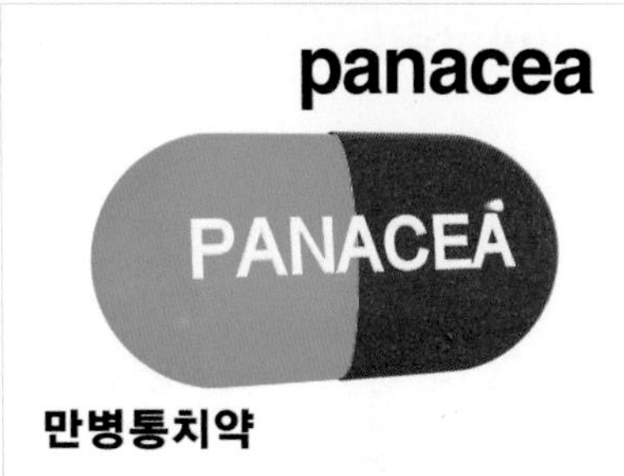

▶ 1. to become or cause something to become undone by separating the fibers or threads of something
2. to explain something that is mysterious or difficult to understand

- They tried to **unravel** the mystery of the missing cashbox.
  그들은 없어진 금고의 수수께끼를 풀려고 애썼다.
- His domestic economy was as tangled as the political economy that he sought to **unravel**.
  그의 국내 경제는 그가 해결하려고 한 정치 경제만큼 얽혀 있었다. * tangled 얽힌

▶ 1. to restrict or confine 2. to draw a line around

- The king's prerogative **was circumscribed by** the Constitution.
  왕의 특권은 헌법에 의하여 제한되었다.
- Not all persons whose lives are **circumscribed** remain provincial.
  제한된 삶을 사는 사람들 전부가 다 편협한 것은 아니다. * provincial 편협한

정의 DEFINITION | 유사어휘군 SYNONYM·ANTONYM

0991 5+ **apparel** [əpǽrəl]
02.계명대/01-2.삼육대
93.대신대/00.행자부7급

【어원】 ap<ad(=to, near)+par(=arrange ➲ R232)+el ➡ 몸을 가지런히 정돈하는 것 → 의복, 의상

N. (판매용) 옷(특히 겉옷), (집합적) 의류, 의상 = clothes[T0670] clothing[T0670]; garment, attire, garb dress, raiment, array

0992 5+ **conceit** [kənsíːt]
98.입법고시/97.고려대학원
07.숙명여대/01-2.영남대

【어원】 con(=together)+ceit(=take, seize ➲ R001) ➡ (원하는 것을) 모두 차지함 → 자부심, 자만심 → 우쭐대다

N. 1. 자부심, 자만심 = pride[T0220] self-sufficiency, vanity, vainglory, bighead, swelled head, pretension, egoism
2. 기발한 착상, 기발한 표현 = a clever[an original] idea

ⓐ conceited 자만심이 강한, 우쭐대는 = proud[I12808] vainglorious[D0750] pretentious, hubristic
ⓝ self-conceit 자만심, 자부심

0993 5+ **insulated** [ínsəlèitid]
95.외무고시
13.경희대/05-2.가톨릭대
09.명지대
12.중앙대
97.고려대학원

【어원】 insul(=island ➲ R218)+ate(=make)+ed(형접) ➡ 섬(고립된 장소)으로 만든 → 고립된, 격리된

A. 1. 외부의 영향을 막는, 격리된[from] = isolated[D0392] segregated, secluded, dissociated
2. (전기가) 절연된, 단열된

ⓥ insulate 절연하다; 고립시키다, 격리하다
ⓝ insulant 절연체
insulation 절연, 단열

관 **insular** 섬의, 섬나라의; 고립된 **cf. peninsula** 반도 **isle**[áil] 섬(=island), 작은 섬
insularism/insularity 섬나라 근성; 편협성
isolate 고립시키다, 격리[분리] 하다 ➲ N0392

0994 5+ **flaw** [flɔ́ː]
16.서울시9급/04.명지대/03.고려대
03-2.고려대

【연상】 도자기를 깨고서는 갈라진 금을 풀로(플로) 붙혀 놓았다.

N. 흠, 금; 결점, 약점, 결함; (절차·문서의) 불비(不備)한 점 = fault[R2301] defect[N0726] imperfection, shortcoming, drawback, weakness, failing, demerit; crack; inadequacy

ⓐ flawless 흠 없는; 완전한, 완벽한 = faultless, spotless, stainless, taintless

혼 **flow**[flóu] 흐르다; 범람하다; 물 흐르듯 지나가다
plow[pláu] 쟁기; 갈다, 경작하다

0995 5+ **anthropology** [æ̀nθrəpάlədʒi]
06.경기도교행/00.행자부9급
98.강남대
16.산업기술대

【어원】 anthrop(=man ➲ R197)+ology(=science ➲ R091) ➡ 인간을 연구하는 학문 → 인류학

N. 인류학, 문화인류학 = the scientific study of the human being

ⓝ anthropologist 인류학자

혼 **anthology**[ænθάlədʒi] 명시 선집, (개인의) 작품집, 명곡집
관 **어고노믹스(ergonomics):** 인간공학(=human engineering)
Ergonomics is the study of how equipment and furniture can be arranged in order that people can do work or other activities more efficiently and comfortably.

영영정의 및 예문 EXAMPLE | 이미지 연상훈련 IMAGE TRAINING

▶ clothing, when it is being sold in shops

- The aesthetic side of the **apparel** industry is creation of fashion.
  의류산업의 미학적인 면은 유행의 창조에 있다.
- They did not judge me by my **apparel**, instead I was judged by my personality.
  그들은 복장(겉모습)이 아닌, 인격을 보고 나를 판단했다.

▶ 1. feelings of excessive pride
2. a clever expression in writing or speech that involves a comparison between two things

- She has a great **conceit** regarding her own beauty.
  그녀는 미모에 대해 엄청난 자부심을 가지고 있다.
- His sermons were full of **puns and conceits**.
  그의 설교는 말장난과 기발한 표현으로 가득 차있었다. ＊sermon 설교 pun 말장난

▶ 1. protected from outside influences
2. protected with a material that prevents heat from passing through

- They **insulated** the walls in order to reduce their heating costs.
  그들은 난방비를 줄이기 위해 벽에 단열처리를 했다.
- Most houses today have good **insulation from** the cold weather.
  요즘의 대부분의 집은 추운 날씨에 단열이 잘된다.
- We do not want assemblymen who are **insulated from** public opinion.
  우리는 여론과 단절된 의원은 원치 않는다.

▶ a mistake, fault, or weakness that makes something imperfect

- Gems are usually cut to bring out their natural luster and remove **flaws**.
  보석들은 대개 그 천연색의 광택을 드러나게 하고 흠을 제거하기 위해 잘려진다. ＊luster 광택
- Institutional **flaws** can frustrate or demotivate the most competent people.
  제도적 결함은 가장 유능한 사람들을 좌절시키거나 의욕을 꺾어 놓을 수도 있다.

▶ the study of the human race, society, and culture

- **Anthropology** helps provide an understanding of various cultures, and thus can make major contributions to international harmony.
  인류학은 여러 문화에 대한 이해를 돕게 해주며, 따라서 국제적 화합에 주요한 공헌을 할 수 있다.
- He studied **anthropology** at the University of Amsterdam where he received a PhD in 1989.
  그는 1989년에 박사학위를 받은 암스테르담 대학에서 인류학을 전공하였다.

DAY 40 - 5

정의 DEFINITION | 유사어휘군 SYNONYM·ANTONYM

0996 5+ **sibling** [síbliŋ]
08.건국대/07.인하대 04.행자부9급

【어원】 sib(=related by blood)+ling(=small ⊃ S096) ➡ 핏줄이 같은 새끼들 → 형제, 자매

N. (양친 또는 부모 한쪽이 같은) 형제, 자매 = brothers and sisters
*sibling relationship 형제 관계, 형제간의 우애
*sibling rivalry 형제 자매간의 경쟁 의식[대립]

0997 5+ **sheer** [ʃiər]
07.서울여대/02.입법고시 98-2.세종대

【연상】 순수하게 오렌지로만 만든 주스는 너무 시어! ➡ 형용사이지만 부사"완전히, 전적으로"로 번역하는 것이 자연스러움

A. 1. [명사 앞에서 강조적으로] 완전한, 전적인 = absolute[N0794] entire, total, complete, utter; downright, out-and-out
2. (다른 것이 섞이지 않은) 순수한[순전한] = pure[S0722] unmixed
3. 얇은; (직물이) 비치는 = thin; transparent[R2328] translucent, gauzy, see-through, diaphanous
4. (낭떠러지가) 가파른 = steep, precipitous, cliffy, declivitous, abrupt
Ad. 수직으로, 똑바로; 완전히 = upright, forthright
V. 갑자기 방향을 바꾸다[away] = swerve, veer

혼 **sheen** [ʃiːn] 광채; 광택, 윤(=luster)

0998 5+ **soar** [sɔ́ːr]
10.중앙대/08.국가직7급 07.국회8급

【연상】 난장이가 쏘아(soar) 올린 작은 공(by 조세희) vs. 성난 벌에 쏘여(sore) 따끔거리는

Vi. 1. 높이 치솟다, 날아오르다; 활공하다 = fly high, shoot up; glide
2. 급상승하다, (물가가) 폭등하다 = rise rapidly, surge, zoom, rocket

ⓐ soaring 날아오르는, 급상승하는

혼 **sore** [sɔ́ːr] (상처가) 아픈; 성난
sour [sauər] (맛이) 신, 시큼한, 상한
cf. go sour 시어지다; 일이 못 쓰게 되다
sour grapes 맛이 신 포도 → 사실은 가질 수 없지만 마치 싫어하는 체하는 것 *「이솝 이야기」에서 유래

0999 5+ **amenity** [əménəti]
07.경기9급/96.행정고시 92.외무고시

【어원】 am(=love ⊃ R243)+en(=make)+ity ➡ (기분을) 좋게 만드는 것 → 1. 오락시설 2. 상냥함 3. 쾌적함

N. 1. (pl.) 쾌적한 편의[문화·오락] 시설; 화장실 = comforts[R2598] conveniences[R0375]
2. 기분 좋음, 쾌적함 = pleasantness, delightfulness
3. (pl.) 예의; 상냥함 = etiquette, courtesy; politeness

1000 5+ **euthanasia** [jùːθənéiʒə]
09.서울시9급/04-2.명지대 03.입법고시

【어원】 eu(=good)+than(=death ⊃ R175)+asia ➡ 좋은(고통스럽지 않은) 죽음 → 안락사

N. 안락사(安樂死) = mercy killing
*passive[negative] euthanasia 소극적 안락사 (치료 중지)
*positive[active] euthanasia 적극적 안락사 (약물 투입)
ⓥ euthanize 안락사시키다
ⓝ euthanasiast 안락사 찬성자

관 **생명윤리와 관련된 issue들**
· 낙태: **abortion, aborticide, feticide** · 유전자 복제: **genetic copying**
· 사형 제도: **death penalty**
guillotine 단두대 **gallows** 교수대 **electrocute** 전기로 죽이다

영영정의 및 예문
EXAMPLE

이미지 연상훈련
IMAGE TRAINING

▶ a brother or sister

- How many **siblings** do you have?
  형제 자매가 몇 명이나 되세요?
- Some parents make the mistake of treating the older child as a confidant, disrupting **the sibling** relationship.
  어떤 부모들은 큰아이에게 더 믿음을 주는 실수를 함으로써 형제간의 우애를 망가뜨린다.

▶ 1. used to emphasize the size, degree, or amount of something
2. not mixed with anything else 3. so thin as to transmit light
4. extremely steep V. change direction abruptly

- The concert was **sheer** delight.
  그 콘서트는 기쁨 그 자체였다.
- Attempts by early explorers to follow the valleys ended in **sheer** cliffs.
  계곡을 따라가려는 초기 탐험가들의 시도는 깎아지른 듯한 벼랑에서 끝이 났다.
- Women's blouses should not be sleeveless, **sheer** or low-cut.
  여성의 블라우스는 소매가 없거나, 속이 비치거나, 목이 깊게 파인 것은 허용되지 않는다.

▶ 1. to fly high in the air 2. to rise or increase very quickly

- It seems real estate prices won't **soar** again for the time being.
  당분간 부동산 가격이 다시 치솟지는 않을 것으로 보인다.
- As westward expansion continued, the nation's population **soared**.
  서부로의 확장이 계속되자, 이 나라의 인구는 급증했다. * expansion 확장

▶ 1. something that makes a place comfortable 2. pleasantness resulting from agreeable conditions 3. an agreeable way or manner

- This place is a home-away-from-home equipped with many modern and luxurious **amenities**.
  이곳은 현대적이고 고급스러운 편의시설을 갖추고 있는 내 집처럼 편안한 곳이다.
- Even under trying circumstances, we can make life more pleasant by paying attention to simple **amenities**, such as being polite to others.
  어려운 환경에서도, 다른 사람을 공손히 대하는 것과 같은 단순한 예의에 주의를 기울임으로써 삶을 더욱 즐겁게 만들 수 있다.

▶ the practice of killing a person who is very ill in order to end their suffering

- **Euthanasia** is a practice by which a doctor ends a patient's life after a long period of suffering.
  안락사는 의사가 긴 고통의 시간을 보낸 환자의 생명을 끝내는 시술이다.
- Since **involuntary euthanasia** is conducted without an individual's specifically given acquiescence, in the opinion of some, this equates to murder. While **voluntary euthanasia** is euthanasia with the person's direct consent, it is still controversial.
  비자발적인 안락사는 개인의 명시적 동의 없이 시행되기 때문에 일부 견해는 이것을 살인과 동일시 한다. 자발적 안락사는 환자의 직접적인 동의에 의한 안락사지만 여전히 논란이 많은 사안이다.

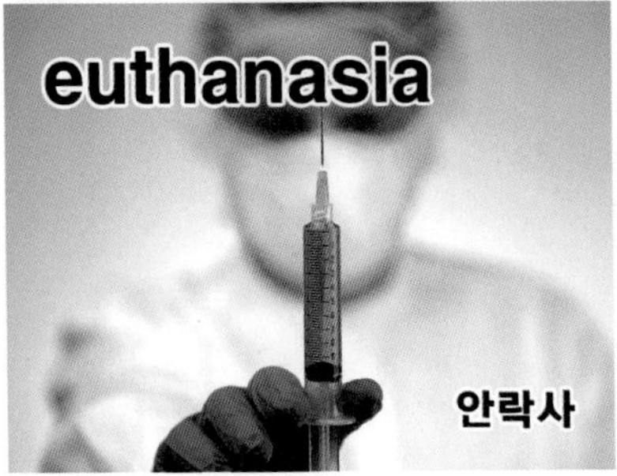

Quick Review

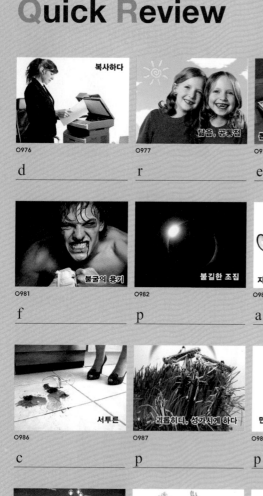

0976

d

0977

r

0978

e

0979

e

0980

s

0981

f

불길한 조짐

0982

p

0983

a

0984

r

0985

i

서투른

0986

c

0987

p

0988

p

0989

u

0990

c

옷, 의상

0991

a

0992

c

0993

i

0994

f

0995

a

0996

s

비치는

0997

s

0998

s

0999

a

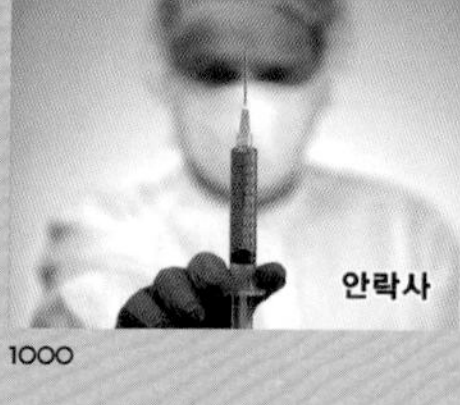

1000

e

Answer 0976 duplicate 0977 resemblance 0978 extract 0979 extort 0980 subscribe
0981 fortitude 0982 portent 0983 advocate 0984 relegate 0985 incessantly
0986 clumsy 0987 plague 0988 panacea 0989 unravel 0990 circumscribe
0991 apparel 0992 conceit 0993 insulated 0994 flaw 0995 anthropology
0996 sibling 0997 sheer 0998 soar 0999 amenities 1000 euthanasia

▶보카바이블 4.0[A권] - 표제어1000 이미지로 완전정복(총40강)

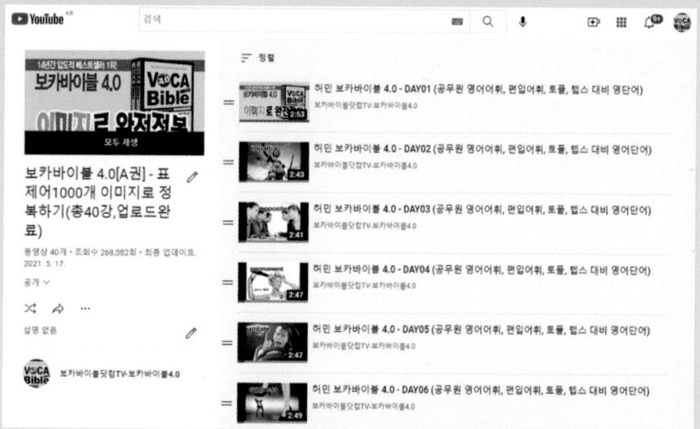

▶이미지로 완전정복[A권] - DAY5씩 묶음(총8강)

▶보카바이블 4.0[A권] - 동의어 자동암기(총40강)

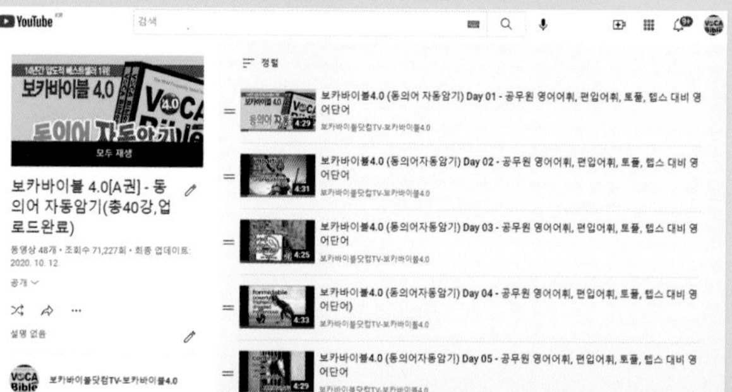

▶동의어 자동암기[A권] - DAY5씩 묶음(총8강)

YouTube

100만뷰 달성 유튜브 공식채널

보카바이블닷컴TV

▶보카바이블 4.0[B권] - 접두어로 어원훈련(기초편) (총10강)

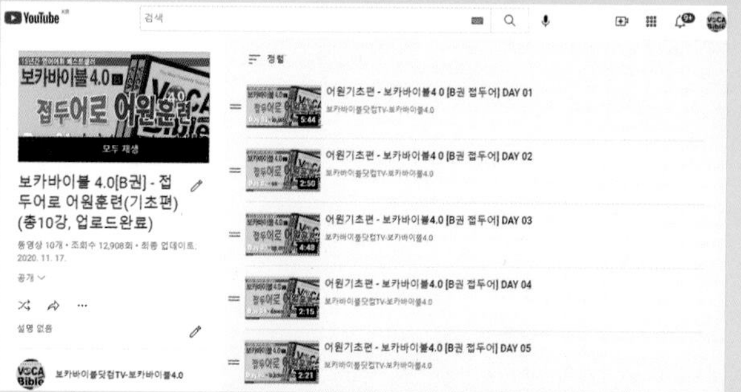

▶보카바이블 4.0[B권] - 어원으로 단어확장(어근편)(총30강)

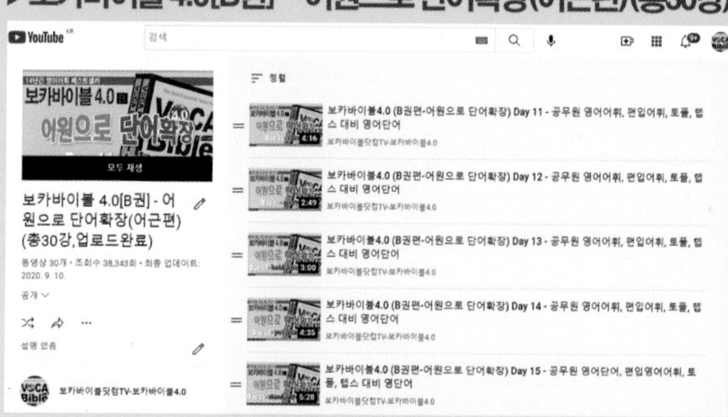

▶공무원기출숙어 하루 10문제 풀어보기 (총49강)

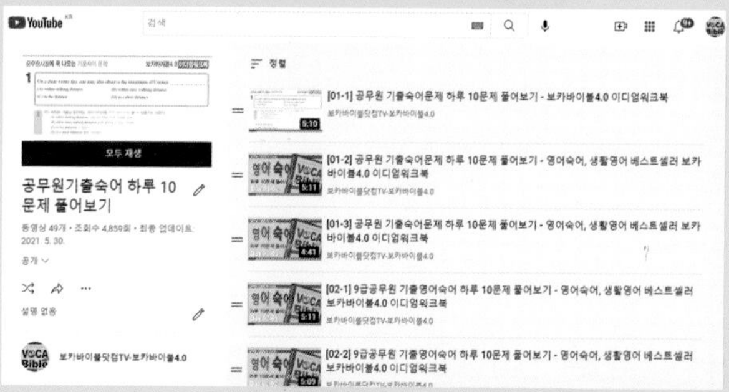

▶공무원 · 편입 영어단어 적중률 분석

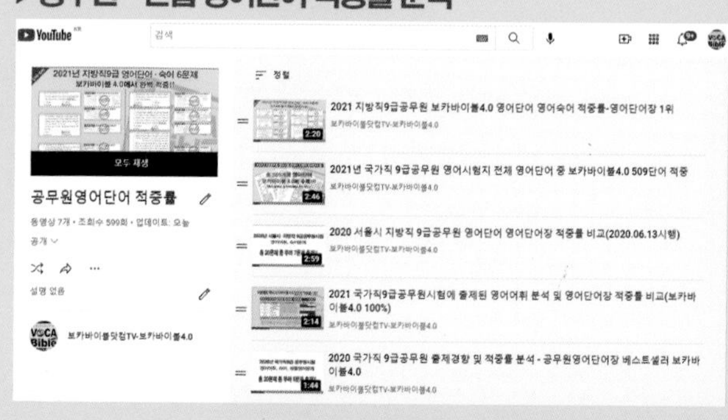